Schriften zu Wirtschaftsprüfung, Steuerlehre und Controlling

Reihe herausgegeben von

Remmer Sassen, Regensburg, Deutschland

Inga Hardeck, Duisburg, Deutschland

Carl-Christian Freidank, Hamburg, Deutschland

In der Schriftenreihe erscheinen ausgewählte, herausragende Dissertationen, Habilitationen und sonstige Forschungsarbeiten aus den Fachgebieten Wirtschaftsprüfung, Steuerlehre und Controlling unter Einbezug nachhaltigkeitsbezogener Fragestellungen, die aufgrund ihrer Aktualität, internationalen Ausrichtung, gewählten Untersuchungsmethode und ihren innovativen Forschungsergebnissen zu neuen wissenschaftlichen Erkenntnissen und einer Bereicherung des einschlägigen Schrifttums führen.
Für eine Veröffentlichung kommen Monografien, kumulative Schriftensammlungen und auch Sammelbände in Betracht, die aus den Wissenschaftsdisziplinen der Betriebswirtschaftslehre, des Rechts, der Mathematik und der Wirtschaftsinformatik stammen und in deutscher oder englischer Sprache abgefasst werden können. Besonders willkommen sind Arbeiten, die einen interdisziplinären Forschungsansatz gewählt haben. Die Entscheidung über eine Aufnahme in die Schriftenreihe wird von den Herausgebern in Kontakt mit dem Betreuer des Dissertations- oder Habilitationsprojekts bzw. den Autoren der Forschungsarbeiten getroffen.

Christian Merkel

Das Neutralitätsprinzip im harmonisierten Mehrwertsteuersystem

Springer Gabler

Christian Merkel
Fakultät für Wirtschafts- und
Sozialwissenschaften
Universität Hohenheim
Stuttgart, Deutschland

Zugl.: Dissertation Universität Hohenheim, 2024
D100

ISSN 2702-2145
Schriften zu Wirtschaftsprüfung, Steuerlehre und Controlling
ISBN 978-3-658-45423-4 ISBN 978-3-658-45424-1 (eBook)
https://doi.org/10.1007/978-3-658-45424-1

Die Deutsche Nationalbibliothek verzeichnet diese Publikation in der Deutschen Nationalbibliografie; detaillierte bibliografische Daten sind im Internet über https://portal.dnb.de abrufbar.

Springer Gabler ist ein Imprint der eingetragenen Gesellschaft Springer Fachmedien Wiesbaden GmbH und ist ein Teil von Springer Nature.
Die Anschrift der Gesellschaft ist: Abraham-Lincoln-Str. 46, 65189 Wiesbaden, Germany

Vorwort

Die vorliegende Arbeit entstand neben meiner Tätigkeit als auf Umsatzsteuerrecht spezialisierter Steuerberater. Sie wurde im Wintersemester 2023/2024 von der Wirtschafts- und Sozialwissenschaftlichen Fakultät der Universität Hohenheim als Dissertation angenommen. Die mündliche Prüfung erfolgte am 09. April 2024. Die relevante Rechtsentwicklung ist bis zum 31. März 2024 berücksichtigt.

Anstoß und Motivation für diese Arbeit waren die zahlreichen praktischen Probleme, die ich in meiner beruflichen Praxis kennengelernt habe und die meiner Meinung nach zu einem großen Teil auf die Verletzung des Neutralitätsprinzips zurückzuführen sind. Mein Ziel war es, dieses Prinzip interdisziplinär sowohl aus ökonomischer als auch aus juristischer Sicht zu analysieren, um Lösungen zu finden, die beide Perspektiven miteinander in Einklang bringen.

Zuallererst möchte ich meinem Doktorvater Prof. Dr. Holger Kahle danken, dass er es mir ermöglicht hat, an seinem Lehrstuhl als externer Doktorand diese Arbeit zu verfassen. Zudem danke ich ihm für die wertvollen Hinweise zur Gliederung der Arbeit und für die kurzfristige Erstellung des Erstgutachtens. Prof. Dr. Ulrich Palm gebührt Dank für die äußerst zügige Erstellung des Zweitgutachtens.

Meinen ehemaligen Kollegen Dr. Matthias Hiller und Prof. Dr. Dominik Rupp danke ich recht herzlich, dass sie mich ermutigt haben, dieses Projekt anzugehen. Tim Flad, wissenschaftlicher Mitarbeiter und Doktorand am Lehrstuhl von Prof. Dr. Kahle, danke ich vielmals für den anregenden fachlichen Austausch.

Abschließend möchte ich mich bei meinem Arbeitgeber FALK in Heidelberg, insbesondere bei Gerd Fuhrmann und Dr. Jan Voßmerbäumer, bedanken, die es mir ermöglicht haben, diese Arbeit neben meiner beruflichen Tätigkeit zu erstellen.

Gewidmet ist diese Arbeit meinem Großvater Otto Merkel, den ich stets in dankbarer Erinnerung behalte.

Niefern, im Mai 2024 Christian Merkel

Inhaltsüberblick

Inhaltsverzeichnis

Abbildungsverzeichnis

Abkürzungsverzeichnis

a. A./A. A.	anderer Ansicht
ABl.	Amtsblatt der Europäischen Union
Abs.	Absatz
Abschn.	Abschnitt
AEUV	Vertrag über die Arbeitsweise der Europäischen Union
AG	Aktiengesellschaft
Anm.	Anmerkung
AO	Abgabenordnung
AöR	Archiv des öffentlichen Rechts
arqus	Arbeitskreis Quantitative Steuerlehre
Art.	Artikel
Aufl.	Auflage
Ausg.	Ausgabe
BB	Betriebs-Berater
Bd.	Band
BeckRS	Beck-Rechtsprechung
Begr.	Begründer
Beschl.	Beschluss
BFH	Bundesfinanzhof
BFHE	Sammlung der Entscheidungen des Bundesfinanzhofs
BFH/NV	Sammlung amtlich nicht veröffentlichter Entscheidungen des Bundesfinanzhofs
BGB	Bürgerliches Gesetzbuch
BGBl.	Bundesgesetzblatt
BGH	Bundesgerichtshof
BGHZ	Sammlung der Entscheidungen des Bundesgerichtshofes
BHO	Bundeshaushaltsordnung
BMF	Bundesministerium der Finanzen
BR-Drs.	Bundesratsdrucksache
BStBl.	Bundessteuerblatt
BT-Drs.	Bundestagsdrucksache
BVerfG	Bundesverfassungsgericht
BVerfGE	Sammlung der Entscheidungen des Bundesverfassungsgerichts
bzw.	beziehungsweise

CDU	Christlich Demokratische Union
COM	Commission
CSU	Christlich Soziale Union
d. h.	das heißt
DB	Der Betrieb
DStJG	Deutsche Steuerjuristische Gesellschaft e.V.
DStR	Deutsches Steuerrecht
DStRE	Deutsches Steuerrecht Entscheidungsdienst
DStRK	Deutsches Steuerrecht kurzgefaßt
DStZ	Deutsche Steuer-Zeitung
DStZ/A	Deutsche Steuer-Zeitung / Ausgabe A
e. V.	eingetragener Verein
ECLI	European Case Law Identifier
EFG	Entscheidungen der Finanzgerichte
EG	Europäische Gemeinschaften
EGKS	Europäische Gemeinschaft für Kohle und Stahl
EStG	Einkommensteuergesetz
et al	et alii
EuGH	Gerichtshof der Europäischen Union
EU-GR-Charta	Charta der Grundrechte der Europäischen Union
EUR	Euro
EUV	Vertrag über die Europäische Union
EU-VO	Verordnung der Europäischen Union
EWG	Europäische Wirtschaftsgemeinschaft
f.	folgende
F.D.P./FDP	Freie Demokratische Partei
FA	FinanzArchiv
ff.	fortfolgende
FG	Finanzgericht
FGO	Finanzgerichtsordnung
Fn.	Fußnote
GA	Generalanwältin/Generalanwalt beim Gerichtshof der Europäischen Union
GbR	Gesellschaft des bürgerlichen Rechts
gem.	gemäß
Ges.	Gesellschaft
GG	Grundgesetz

ggf.	gegebenenfalls
GmbH	Gesellschaft mit beschränkter Haftung
GmbHR	GmbH-Rundschau
GRCh	Charta der Grundrechte der Europäischen Union
GST	Goods and Service Tax
HFR	Höchstrichterliche Finanzrechtsprechung
Hrsg.	Herausgeber
HVPI	Harmonisierter Verbraucherpreisindex
i. H.	in Höhe
ig.	innergemeinschaftlich/innergemeinschaftliche
i. S.	im Sinne
i. S. d.	im Sinne des/der
ifo	Institut für Wirtschaftsforschung
IFSt	Institut Finanzen und Steuern
Int. VAT Monitor	International VAT Monitor
IW	Institut der deutschen Wirtschaft
jM	juris - Die Monatszeitschrift
jPdöR	juristische Person(en) des öffentlichen Rechts
JStG	Jahressteuergesetz
jurisPR-SteuerR	juris PraxisReport Steuerrecht
KG	Kommanditgesellschaft
KN	Kombinierte Nomenklatur
KOM	Kommission
KStG	Körperschaftsteuergesetz
KStR	Körperschaftsteuer-Richtlinien
KWK	Kraft-Wärme-Kopplung
m. E. / M. E.	meines Erachtens
MoPeG	Personengesellschaftsrechtsmodernisierungsgesetz
Mrd.	Milliarden
m. w. N	mit weiteren Nachweisen
MwSt	Mehrwertsteuer
MWSTG	Mehrwertsteuergesetz Schweiz
MwStR	Mehrwertsteuerrecht
MwStSystRL	Mehrwertsteuer-Systemrichtlinie
MwStVO	Mehrwertsteuer-Verordnung (EU-VO 282/2001)
n. F.	neue Fassung

No.	number
Nr.	Nummer
NTJ	National Tax Journal
NVwZ	Neue Zeitschrift für Verwaltungsrecht
o. g.	oben genannte
OECD	Organisation für wirtschaftliche Zusammenarbeit und Entwicklung
OFD	Oberfinanzdirektion
ÖStZ	Österreichische Steuerzeitung
PKW	Personenkraftwagen
plc	Public Limited Company
PWB	Perspektiven der Wirtschaftspolitik
RdW	Recht der Wirtschaft
RFH	Reichsfinanzhof
RFHE	Sammlung der Entscheidungen und Gutachten des Reichsfinanzhofs
RGBl.	Reichsgesetzblatt
RL	Richtlinie
Rn.	Randnummer
Rs.	Rechtssache
RT-Drs.	Reichtagsdrucksache
Rz.	Randzahl, Randziffer
S.	Seite
s. o.	siehe oben
Slg.	Sammlung der Rechtsprechung des Gerichtshofes und des Gerichts Erster Instanz
sog.	so genannte
StuB	NWB Unternehmenssteuern und Bilanzen
StuW	Steuer und Wirtschaft
TAXUD	Directorate-General Taxation and Customs Union
u.	und
u. a.	unter anderem
u. U.	unter Umständen
Ubg	Die Unternehmensbesteuerung
UR	Umsatzsteuer-Rundschau

Urt.	Urteil
UStB	Der Umsatz-Steuer-Berater
UStB	Umsatz-Steuerberater
UStDV	Umsatzsteuer Durchführungsverordnung
UStG	Umsatzsteuergesetz
UVR	Umsatzsteuer- und Verkehrsteuer-Recht
v.	von, vom
VAT	Value Added Tax
Vfg.	Verfügung
vgl.	vergleiche
VO	Verordnung
VPI	Verbraucherpreisindex
vs.	versus
WTO	World Trade Organization
z. B.	zum Beispiel
ZfbF	Zeitschrift für betriebswirtschaftliche Forschung
ZögU	Zeitschrift für öffentliche und gemeinwirtschaftliche Unternehmen

Einführung

A. Problemstellung

Die in den Mitgliedstaaten der Europäischen Union erhobene Umsatzsteuer stellt eine Nettoumsatzsteuer bzw. Mehrwertsteuer dar. Ziel dieser Besteuerungsform ist es, die Aufwendungen des Endverbrauchers mit Steuer zu belasten. Konzeptionell unterscheidet sich diese Besteuerungsform von einer Einzelhandelssteuer, bei der nur die Umsätze an Endverbraucher der Besteuerung unterworfen werden (sog. Einphasensteuer) dadurch, dass diese Besteuerung auf allen Stufen erfolgt (sog. Allphasensteuer). Jedoch können sich die zur Abführung der Steuer verpflichteten Unternehmer im Regelfall von der Steuer, die auf ihren Leistungsbezügen lastet, durch den Vorsteuerabzug entlasten. Daher sollte die Mehrwertsteuer für die Unternehmer grundsätzlich belastungsneutral sein.

Ebenso erfordert das Besteuerungsziel, die (Konsum-)Aufwendungen des Endverbrauchers gleichmäßig mit Mehrwertsteuer zu belasten, sodass Unternehmer, die gleichartige Leistungen erbringen, den gleichen Besteuerungsfolgen unterliegen, d. h. die Besteuerung sollte wettbewerbsneutral sein.

Hinsichtlich des Neutralitätsgebots gibt es unterschiedliche Auffassungen, welchen Stellenwert diesem Postulat eingeräumt werden soll. Der EuGH führt den Neutralitätsgrundsatz nur im Hinblick auf die wettbewerbsneutrale Besteuerung der Unternehmer auf den allgemeinen Gleichheitssatz zurück, welchem als primärrechtlichen in der EU-GR-Charta niedergelegten Grundsatz Verfassungsrang zukommt.[1] Ebenso stellt die Ausprägungsform des Neutralitätsgrundsatzes, aus Verbrauchersicht gleichartige Waren nicht willkürlich ungleich zu behandeln, eine Konkretisierung des allgemeinen Gleichheitssatzes dar.[2] Im Übrigen sieht der Gerichtshof im Neutralitätsgrundsatz lediglich eine sekundärrechtliche Vorgabe.[3] In der Literatur sind die Meinungen hierzu gespalten. Während auf der einen Seite darauf hingewiesen wird, dass ökonomische Neutralitätskonzepte der Wettbewerbs-, Besteuerungs- oder Rechtsformneutralität keine harten Verfas-

---

[1] EuGH, Urteil v. 08.06.2006, C-106/05, L. u. P., Slg. 2006, I-5139, Rn. 48; EuGH, Urteil v. 10.04.2008, C-309/06, Marks & Spencer plc, Slg. 2008, I-2283, Rn. 49; EuGH, Urteil v. 29.10.2009, C-174/08, NCC Construction Danmark A/S, Slg. 2009, I-10567, Rn. 41; EuGH, Urteil v. 17.12.2020, C-449/19, WEG Tevesstraße, ECLI:EU:C:2020:1038, Rn. 48.

[2] *Kokott,* Steuerrecht der Europäischen Union, 2018, § 3, Rn. 13.

[3] Vgl. EuGH, Urteil v. 29.10.2009, C-174/08, NCC Construction Danmark A/S, Slg. 2009, I-10567, Rn. 42; EuGH, Urteil v. 19.07.2012, C-44/11, Deutsche Bank, ECLI:EU:C:2012:484, Rn. 45; EuGH, Urteil v. 13.03.2014, C-204/13, Malburg, ECLI:EU:C:2014:147, Rn. 43.

C. Merkel, *Das Neutralitätsprinzip im harmonisierten Mehrwertsteuersystem*,
Schriften zu Wirtschaftsprüfung, Steuerlehre und Controlling,
https://doi.org/10.1007/978-3-658-45424-1_1

sungsregeln oder -prinzipien darstellen[4], gibt es Stimmen, die eine konsequente Ausrichtung der Mehrwertsteuer an dem für Zwecke der Mehrwertbesteuerung konkretisierten Gleichheitssatz in Form der Konsumleistungsfähigkeit des Verbrauchers fordern.[5] Dabei soll jedoch keine Reduzierung auf ein steuerliches Neutralitätsgebot erfolgen[6], vielmehr solle die Neutralität auf den primärrechtlichen Gleichheitssatz zurückzuführen sein.[7]

B. Untersuchungsziele und Gang der Untersuchung

Aus der Problemstellung folgt zum einen die Frage, welche Bedeutung ökonomische Neutralitätskonzepte für das juristische Neutralitätsverständnis haben. Zum anderen ist zu untersuchen, ob es eine Konvergenz von ökonomischen und juristischen Zielsetzungen gibt. Ferner ist zu prüfen, ob die Einordnung des Neutralitätsprinzips als Subprinzip des Leistungsfähigkeitsprinzips, in seiner Ausprägung des für Zwecke der Mehrwertbesteuerung konkretisierten Gleichheitssatzes in Form der Konsumleistungsfähigkeit des Verbrauchers, auch ökonomisch gerechtfertigt werden kann.

In Kapitel 1 werden zunächst die rechtlichen und ökonomischen Grundlagen einer prinzipienorientierten Besteuerung dargestellt und die Neutralitätspostulate in einen systematischen Gesamtzusammenhang mit der intendierten Belastungskonzeption gestellt. Sodann erfolgt ein Abriss der historischen Grundlagen der Mehrwertbesteuerung in Kapitel 2. Besonderes Augenmerk liegt dabei auf den Neutralitätsdefiziten des Bruttoumsatzsteuersystems, deren teilweise Übernahme zu Systembrüchen im Mehrwertsteuersystem geführt haben.

Kapitel 3 eröffnet mit der Entwicklung des Neutralitätsprinzips durch die Rechtsprechung des EuGH. Daran anschließend folgt eine Prüfung des Zusammenhangs zwischen dem ökonomischen und dem juristischen Neutralitätsverständnis. Zudem wird untersucht, welche Bedeutung die Erkenntnisse einer ökonomischen Analyse der Steuerwirkung für die Gesetzgebung und Rechtsanwendung haben. Im weiteren Verlauf wird die gesetzliche Belastungskonzeption analysiert und der Zusammenhang zwischen dem Neutralitäts- und dem (Konsum-)Leistungsfähigkeitsprinzip dargelegt. Hierbei wird insbesondere die Be-

---

[4] Vgl. *Wagner* et al., ifo Schnelldienst 2/2017, S. 23.

[5] Vgl. *Tipke,* Steuerrechtsordnung Bd. I, 2000, S. 70; *Schaumburg*, in: Kirchhof/Dürrschmidt, Festschrift Reiss, 2008, S. 33; *Englisch*, in: Schön, Zukunftsfragen des deutschen Steuerrechts, 2009, S. 59; *Englisch*, in: Tipke/Lang, Steuerrecht, 2020, S. 1054, § 17 Rn. 25; *Zirkl,* Die Neutralität der Umsatzsteuer, 2015, S. 186 ff.

[6] Vgl. *Englisch*, in: Schön, Zukunftsfragen des deutschen Steuerrechts, 2009, S. 59.

[7] Vgl. *Zirkl,* Die Neutralität der Umsatzsteuer, 2015, S. 239.

deutung einer neutralen Besteuerung für das Erreichen der gesetzlichen Belastungskonzeption aufgezeigt. Zudem wird das Erfordernis einer verfassungsrechtlichen Verankerung des Neutralitätsprinzips als Subprinzip des Gleichheitssatzes in seiner Ausprägungsform einer gleichmäßigen, am Leistungsfähigkeitsprinzip orientierten, Besteuerung der Verbraucher (Verbrauchsteuerprinzip) erörtert. Das Kapitel 3 schließt mit dem Zwischenergebnis, das den Prüfungsmaßstab für die Analyse der Ausprägungsformen des Neutralitätsprinzips in Kapitel 4 bildet.

In Kapitel 4 werden verschiedene Themen hinsichtlich ihrer Neutralitätskonformität in den Bereichen Ausgangsleistungen, Eingangsleistungen und unentgeltlichen Wertabgaben untersucht. Bei der Aufdeckung von neutralitätsverletzenden Systembrüchen werden alternative neutralitätskonforme Lösungsvorschläge vorgestellt.

Die Arbeit schließt mit einer thesenförmigen Zusammenfassung der wesentlichen Erkenntnisse.

Kapitel 1: Prinzipienorientierte Mehrwertbesteuerung

A. Grundlagen prinzipienorientierter Besteuerung

Das Wort Prinzip folgt aus dem lateinischen Begriff principium, der für Anfang, Ursprung und Grundlage steht.[8] Die Besteuerung an Prinzipien zu orientieren bedeutet, sie bestimmten, übergeordneten Grundsätzen zu unterwerfen.[9] In seinem 1776 erstmals erschienenen Grundlagenwerk „An Inquiry into the Nature and Causes of the Wealth of Nations“ hat der schottische Nationalökonom Adam *Smith* vier Grundsätze für ein gutes Steuersystem[10] formuliert.[11] An erster Stelle forderte er, dass die Bürger zur Finanzierung öffentlicher Aufgaben nach dem

---

[8] Vgl. Duden Universalwörterbuch, 2019, S. 1404.

[9] Vgl. *Birk,* StuW 2011, S. 362; *Fuest,* in: Jachmann-Michel, DStJG Band 38, 2014, S. 66, versteht Besteuerungsprinzipien als Leitlinien für die Gestaltung des Steuersystems. Auf S. 81 schließt er mit dem Hinweis, dass eine an rein fiskalischen Zielen oder populären, aber schlecht durchdachten Umverteilungsargumenten orientierte Besteuerung auch Prinzipien folge, jedoch leider den falschen. *Hey*, StuW 2005, S. 317, sieht in der Ausrichtung des Steuerrechts an Regeln und Prinzipien ein Bollwerk gegen Steuerwillkür, auf dem die moderne Steuerrechtswissenschaft gründet. *Moes*, Steuerfreiheit Existenzminimum, 2011, S. 26–27, definiert Besteuerungsprinzipien als eine Auswahl von Handlungsoptionen des Steuergesetzgebers, die modellhaft beschrieben werden, wobei die Auswahl anhand eines sachlich begründeten Maßstabs getroffen wird. Wenn die normative Argumentation systematisch ist, kann demnach von einem Besteuerungsprinzip gesprochen werden. Ökonomische Besteuerungsprinzipien versuchen somit normativ herzuleiten, wie die Gestaltungsspielräume des Steuergesetzgebers genutzt werden sollten. Nach *Reimer*, StuW 2014, S. 37, stabilisieren Prinzipien das Recht. Insbesondere *Tipke*, Steuerrechtsordnung Bd. I, 2000, S. 257 f., hat auf die Bindung des Gesetzgebers an Systemvorgaben hingewiesen. Der Gesetzgeber dürfe keine beliebige Besteuerung anordnen, er sei nicht demokratisch zur Steuerwillkür und Systemlosigkeit legitimiert. Siehe auch *Seer*, BB 2021, S. 1433; *Weber-Grellet*, Steuern Verfassungsstaat, 2001, S. 149.

[10] Vgl. *Haller*, in: Neumark, Handbuch der Finanzwissenschaft Bd. 2, 1980, S. 174, der die rationale Lösung der Besteuerung als System beschreibt und von der bloßen Aneinanderreihung von Steuern, die lediglich ein Steuerkonglomerat darstellen, abgrenzt.

[11] Vgl. *Smith*, Wohlstand der Nationen, 1974, S. 703–705 (deutsche Übersetzung), erstmals veröffentlicht 1776 unter dem Titel: An Inquiry into the Nature and Causes of the Wealth of Nations. Weniger Beachtung in der Literatur findet das Werk des Kameralisten Johann Heinrich Gottlob von Justi, der bereits 1762 mit seiner „Ausführlichen Abhandlung von denen Steuern und Abgaben“ im Wesentlichen inhaltsgleiche Grundsätze aufstellte.

C. Merkel, *Das Neutralitätsprinzip im harmonisierten Mehrwertsteuersystem*,
Schriften zu Wirtschaftsprüfung, Steuerlehre und Controlling,
https://doi.org/10.1007/978-3-658-45424-1_2

Verhältnis ihrer Fähigkeiten beitragen sollten *(Gleichmäßigkeit der Besteuerung)*.[12]

Des Weiteren sollte die Besteuerung bestimmt erfolgen, d. h. in einer Art und Weise, die es dem Einzelnen ermöglicht nachzuvollziehen, wie sich die Steuer genau ermittelt *(Bestimmtheit der Besteuerung)*.[13]

Ferner wurde erwartet, dass die Erhebung der Steuer so umgesetzt wird, dass die Erfüllung der Steuerschuld dem zur Abgabe Verpflichteten möglichst leichtfällt *(Bequemlichkeit der Besteuerung)*.[14]

Zu guter Letzt sollte die Besteuerung über die Vermögenseinbuße hinaus, die dem Staat zur Finanzierung seiner öffentlichen Aufgaben zufließt, möglichst keine weiteren Lasten verursachen *(Billigkeit der Besteuerung)*.[15]

Die über die Steuerzahlung hinausgehenden Lasten sind in zwei Kategorien zu unterteilen. Zum einen die Last, die aufseiten des Staats aufgrund der Erhebung entsteht, sowie die Kosten, die den zur Entrichtung der Steuer Verpflichteten in Erfüllung ihrer Pflicht entstehen. Zum anderen hat *Smith* erkannt, dass die Erhebung von Steuern zu Verhaltensänderungen der Bevölkerung führen kann – z. B. hinsichtlich der Entscheidung zwischen Erwerbsarbeit und Freizeit oder im Hinblick auf Investitionsentscheidungen – und dass aufgrund dieser Verhaltensänderungen negative Auswirkungen auf die Gesamtwohlfahrt[16] entstehen können.[17] Diese Anforderung an die Besteuerung, über die unvermeidliche Vermögenseinbuße der Steuerzahlung selbst keine weiteren Einbußen zu verursachen,[18] wird heute als Neutralität der Besteuerung im Rahmen einer marktwirtschaftlichen Ordnung bezeichnet.[19]

---

[12] *Justi*, Steuern und Abgaben, 1977, S. 26, erhob diese Forderung jedoch bereits in seinem erstmals 1762 erschienen Werk, indem er feststellte, dass Abgaben mit einer gerechten Gleichheit erhoben werden müssen.

[13] Vgl. auch *Justi*, Steuern und Abgaben, 1977, S. 41; *Meyer*, Principien, 1884, S. 280.

[14] Vgl. ebenso *Justi*, Steuern und Abgaben, 1977, S. 42.

[15] Vgl. *Smith,* Wohlstand der Nationen, 1974, S. 703–705 (deutsche Übersetzung), erstmals veröffentlicht 1776 unter dem Titel: An Inquiry into the Nature and Causes of the Wealth of Nations. Siehe auch *Justi*, Steuern und Abgaben, 1977, S. 37 ff.

[16] Die über die Zahllast hinausgehende, durch die Besteuerung ausgelöste Nutzeneinbuße wird generell Zusatzlast der Besteuerung genannt. Im engeren Sinne sind unter Zusatzlast (auch excess burden oder dead-weight loss of taxation) solche Einbußen zu verstehen, die auch bei einer entrichtungskostenfreien Steuer auftreten würden. Vgl. *Homburg,* Allgemeine Steuerlehre, 2015, S. 141; *Schreiber/Kahle/Ruf,* Besteuerung der Unternehmen, 2021, S. 885, die die Zusatzlast (im engeren Sinne) als Einbuße definieren, die über die Steuerzahlung hinausgeht und die ihre Ursache in Verhaltensänderungen der Wirtschaftssubjekte hat.

[17] *Smith,* Wohlstand der Nationen, 1974, S. 703–705.

[18] Vgl. *Birk*, StuW 2011, S. 355, mit dem Hinweis, dass die Steuer die Privatwirtschaftssphäre möglichst wenig beeinflussen solle.

[19] Vgl. *Kiesewetter,* Zinsbereinigte Einkommen- und Körperschaftsteuer, 1999, S. 5.

Die vorgenannten Grundsätze haben auch heute nicht an Bedeutung verloren. Im Gegenteil, eine Orientierung an Besteuerungsgrundsätzen ist bei einer zunehmend komplizierteren Rechtssetzung, die auch Folge des technischen Fortschritts und der Globalisierung ist, erforderlich, um eine folgerichtige, in sich schlüssige Grundsystematik der Besteuerung sicherzustellen. Im deutschen Sprachraum wurde die Lehre der Besteuerungsprinzipien maßgeblich durch die Finanzwissenschaftler Fritz *Neumark*[20] und Heinz *Haller*[21] weiterentwickelt und führte zu einer weiteren Systematisierung und tieferen Untergliederung.

Im Bereich der Mehrwertbesteuerung hat die OECD Internationale Leitlinien[22] für die Besteuerung erarbeitet.[23] Als oberste Besteuerungsmaxime der Mehrwertsteuer hat die OECD die Besteuerung des Endverbrauchs auf einer breiten Bemessungsgrundlage hervorgehoben.[24] Dabei sei es notwendige Folge des Grundgedankens der Besteuerung des privaten Endverbrauchs, dass die Steuerlast nicht von den Unternehmen getragen werden sollte.[25] Darüber hinaus finden die für die (besonderen) Verbrauchsteuern allgemein anerkannten Prinzipien, die auf der in Ottawa 1998 abgehaltenen Ministerkonferenz angenommen wurden, ebenso im Bereich der Mehrwertbesteuerung Anwendung.[26] Es handelt sich um die folgenden Prinzipien:

Neutralität: Beruhend auf der Grundannahme, dass geschäftliche Entscheidungen auf Basis wirtschaftlicher und nicht steuerlicher Überlegungen getroffen werden sollten, verlangt der Grundsatz der Neutralität, dass die Besteuerung ohne Einfluss auf wirtschaftliche Entscheidungen bleibt,[27] also die Rangfolge der verschiedenen Handlungsoptionen durch die Besteuerung unverändert bleibt.[28]

---

[20] *Neumark,* Steuerpolitik, 1970, hat die Besteuerungsgrundsätze in vier Kategorien eingeteilt: 1. Fiskalisch-budgetäre, 2. Ethisch-sozialpolitische, 3. Wirtschaftspolitische und 4. Steuerrechtliche und steuertechnische Grundsätze.

[21] Vgl. *Haller,* Die Steuern, 1981.

[22] OECD, Internationale Leitlinien für die Mehrwertbesteuerung, 2017.

[23] Der Begriff „Mehrwertsteuer" bezieht sich in den Leitlinien der OECD auf jede nationale Steuer, ganz gleich, unter welcher Bezeichnung oder Abkürzung sie bekannt ist (z. B. als Goods and Services Tax – GST – bzw. „Güter- und Dienstleistungsteuer"), die die grundlegenden Merkmale einer Mehrwertsteuer aufweist, d. h. die der Besteuerung des Endverbrauchs auf einer breiten Bemessungsgrundlage dient und bei den Unternehmen in einem gestaffelten Verfahren (ganz gleich, nach welcher Methode, z. B. der Rechnungs- oder der Subtraktionsmethode) erhoben wird, aber im Prinzip nicht von ihnen getragen wird. Vgl. OECD, Internationale Leitlinien für die Mehrwertbesteuerung, 2017, S. 5.

[24] Vgl. OECD, Besteuerung digitale Wirtschaft, 2015, S. 47.

[25] Vgl. OECD, Internationale Leitlinien für die Mehrwertbesteuerung, 2017, S. 18.

[26] Vgl. OECD, Internationale Leitlinien für die Mehrwertbesteuerung, 2017, S. 23.

[27] Vgl. OECD, Internationale Leitlinien für die Mehrwertbesteuerung, 2017, S. 24.

[28] Vgl. *Schwinger,* Einkommens- und konsumorientierte Steuersysteme, 1992, S. 9; *Schneider,* Investition, Finanzierung und Besteuerung, 1992, S. 193; *Niemann/Schreiber,* ZfbF 2020, S. 5.

Außerdem sieht die OECD in diesem Postulat zusätzlich die Anforderung, Steuerpflichtige, die vergleichbare Geschäfte tätigen, gleichermaßen steuerlich zu belasten. Diese zweite Anforderung entspricht dem verfassungsrechtlichen Gebot, Steuerpflichtige bei gleicher Leistungsfähigkeit auch gleich hoch zu besteuern (horizontale Steuergerechtigkeit).[29] Sie findet in der Gleichmäßigkeit der Besteuerung ihren Ausdruck.[30] Setzt man dieses Neutralitätsverständnis in Bezug zu den von *Smith* aufgestellten Besteuerungsprinzipien, kommt man zu dem Ergebnis, dass mit der Gleichmäßigkeit der Besteuerung und der Billigkeit der Besteuerung gleich zwei Prinzipien berührt werden.

Effizienz: Die Erhebungskosten des Fiskus und die Entrichtungskosten der Steuerpflichtigen sollen auf ein Mindestmaß beschränkt werden. Insoweit deckt sich das Verständnis der Effizienz mit einem Teilaspekt der von *Smith* geforderten Billigkeit der Besteuerung.

Verlässlichkeit und Verständlichkeit: Die steuerlichen Normen sollen dem Steuerpflichtigen ermöglichen, die steuerlichen Konsequenzen seines Handelns zu überschauen und seine daraus entstehenden Verpflichtungen erfüllen zu können. Es ergeben sich hier Parallelen zur von *Smith* geforderten Bestimmtheit der Besteuerung.

Wirksamkeit und Fairness: Die Besteuerung sollte so ausgestaltet sein, dass sie den richtigen Steuerbetrag zur richtigen Zeit hervorbringt und Steuervermeidungshandlungen minimiert werden. Maßnahmen zur Verhinderung von Steuervermeidungshandlungen müssen jedoch verhältnismäßig sein. Diese Anforderung verlangt das Anknüpfen der Besteuerung an eine sinnvolle finanzielle Zielgröße, bei der der Steuerträger auch willens und in der Lage ist, die Last der Besteuerung tatsächlich zu tragen.

Flexibilität: Erfordert die Anpassungsfähigkeit der Besteuerung an technische und wirtschaftliche Entwicklungen.

Bei den vorgenannten Prinzipien sind teilweise Überschneidungen und Gemeinsamkeiten mit den von *Smith* formulierten Grundsätzen festzustellen. Besteuerungsprinzipien sind zum einen von dem Anliegen getragen, ein bestehendes Steuersystem zu optimieren, indem seine Gerechtigkeitsqualität und Effizienz verbessert werden. Zum anderen können sie auf den Erkenntnissen der Steuerwirkungslehre beruhen, die nachteilige Wirkungen der Besteuerung zutage gebracht haben.[31] Die weitere Untersuchung der Besteuerungsprinzipien erfordert aus Gründen der Übersichtlichkeit eine Abstraktion auf die übergeordneten Zielsetzungen der Besteuerung, von denen jeweils mindestens eine den vorge-

---

[29] Vgl. *Birk,* Leistungsfähigkeitsprinzip, 1983, S. 165; *Desens,* StuW 2016, S. 242.
[30] Vgl. *Kruschwitz/Husmann/Schneider,* Investitionsneutrale Steuersysteme, 2002, S. 2.
[31] Vgl. *Neumark,* Steuerpolitik, 1970, S. 17.

nannten Prinzipien innewohnt.[32] Der Primärzweck der Besteuerung ist im Regelfall der Fiskalzweck, also die Beschaffung von finanziellen Mitteln, die der Staat benötigt, um öffentliche Güter zur Verfügung zu stellen. Aus diesem Primärzweck folgen die Forderung der Wahrung der Rechte der Steuerpflichtigen, oder weiter gefasst, der von der Besteuerung betroffenen Personen, die durch den staatlichen Eingriff der Steuererhebung belastet sind und die volkswirtschaftliche Effizienz der Steuererhebung.[33] Im Folgenden werden zunächst die grundlegenden Leitgedanken der rechtsethischen und der ökonomischen Zielsetzungen der Besteuerung dargestellt.

I. Rechtsethische Zielsetzungen

1. Erfordernis der Systematisierung

An oberster Stelle der Zielsetzungen steht die Gerechtigkeit.[34] Ein Steuerrecht, das den Anforderungen der Gerechtigkeit genügen will,[35] muss sich in eine bestehende Rechtsordnung widerspruchsfrei einfügen.[36] Diese Forderung von *Tipke* an das Steuerrecht entspricht dem Systemdenken und dem Systembegriffsverständnis, das *Canaris* am Beispiel des Zivilrechts entwickelt hat. *Canaris* definiert das System als eine axiologische oder teleologische Ordnung allgemeiner Rechtsprinzipien. Wobei aus dem Merkmal der teleologischen Ordnung das Gebot der Folgerichtigkeit und aus dem Merkmal der allgemeinen Prinzipien das Gebot der inneren Einheit (der Rechtsordnung) abzuleiten sei.[37] Diese Forderung nach Systematisierung ist auch auf Besteuerungsprinzipien anzuwenden, jedenfalls insoweit sie als Rechtsprinzipien anzusehen sind oder aus ihnen als Subprinzipien abgeleitet werden.[38] Grundlage der Systematisierung sind an oberster

---

[32] Vgl. *Canaris,* Systemdenken und Systembegriff, 1983, S. 46.

[33] Vgl. *Neumark,* Steuerpolitik, 1970, S. 3. Siehe auch *Meyer*, Principien, 1884, S. 168.

[34] Vgl. *Birk*, StuW 2011, S. 354, der Gerechtigkeit, auch Steuergerechtigkeit als subjektives Empfinden beschreibt. Für die *OECD*, Besteuerung digitale Wirtschaft, 2015, S. 32, ist Gerechtigkeit ein wichtiger Gesichtspunkt bei der Gestaltung der Steuerpolitik.

[35] Vgl. *Meyer*, Principien, 1884, S. 170, der die Gerechtigkeitsprinzipien als Ausfluss der Interessen der Einzelbedarfe oder ihrer Gesamtheit sieht.

[36] Vgl. *Tipke,* Steuerrechtsordnung Bd. I, 2000, S. 61.

[37] Vgl. *Canaris,* Systemdenken und Systembegriff, 1983, S. 47.

[38] Übergeordnete Prinzipien, wie das Leistungsfähigkeitsprinzip, dienen der gedanklichen Sichtung und Systematisierung, vgl. *Birk*, StuW 1983, S. 297. Vgl. *Jenetzky*, System und Entwicklung, 1978, S. 120, hinsichtlich der logischen Einbettung der Besteuerungsprinzipien *Justi*s im Zeitalter des Kameralismus in ein geschlossenes System von staatswissenschaftlichen und populärhistorischen Prinzipien. Die Besteuerungsgrundsätze erschienen schon damals als Untersätze übergeordneter Obersätze.

Stelle die Grundwerte der Rechtsordnung, absteigend über deduktiv abgeleitete Prinzipien und Subprinzipien bis zur einzelnen Norm mit spezifischem Regelungsgehalt.[39] Umgekehrt erfolgt induktiv, über eine Abstraktion von einzelnen Normen über ihren teleologischen Regelungsinhalt, ein Rückschluss auf die der Norm zugrunde liegenden Prinzipien und von diesen weiter abstrahiert bis auf die Grundwerte der Rechtsordnung.[40]

An der Spitze der Rechtsordnung stehen die verfassungsrechtlichen Prinzipien, das sind insbesondere der allgemeine Gleichheitssatz, das Legalitätsprinzip, das Übermaßverbot und das Sozialstaatsprinzip.[41] Diese Prinzipien sind steuerbereichsspezifisch zu konkretisieren. Sie binden als verfassungsrechtliche Prinzipien den Gesetzgeber, indem sie einen Ordnungsrahmen setzen, innerhalb dessen die Ausgestaltung und Fortentwicklung des Steuerrechts als staatliches Eingriffsrecht folgerichtig zu vollziehen ist.[42] Im Vordergrund steht der allgemeine Gleichheitssatz, der eine Gleichbehandlung der von der Besteuerung Betroffenen verlangt. Bewusst wird hier nicht der engere Begriff des Steuerpflichtigen verwendet, da dieser, zwar formal zur Entrichtung der Steuer Verpflichtete, nicht zwangsläufig derjenige ist, der die Steuerlast auch wirtschaftlich trägt. Aus dem allgemeinen Gleichheitssatz ist ein Vergleichsmaßstab für die steuerliche Gleichbehandlung abzuleiten und für den Bereich der Mehrwertsteuer zu konkretisieren. Mit jedem Schritt die ‚Hierarchietreppe' hinunter nimmt der Konkretisierungsgrad zu und mündet am Ende in den spezifischen Regelungsgehalt der einzelnen Rechtsnorm. Folgt man diesem Systemdenken, welches nach *Canaris* der Rechtsidee immanent ist,[43] erfordert dies folgerichtig eine Systematisierung der Besteuerungsprinzipien.

Das Erfordernis der Systematisierung ergibt sich auch aus dem Postulat der Rechtssicherheit.[44] Denn stünde es im Belieben des Gesetzgebers, neues Recht zu schaffen, ohne es in die bestehende Rechtsordnung einzufügen, wäre dies mit einer erheblichen Rechtsunsicherheit verbunden. Die Systematisierung setzt dem Gesetzgeber und dem Rechtsanwender Schranken und führt zumindest zu einem gewissen Grad zu Sicherheit und Vorhersehbarkeit, jedenfalls insoweit, dass Normen nicht ohne weiteres mit Grundwerten der Rechtsordnung kollidieren

---

[39] Vgl. *Tipke,* Steuerrechtsordnung Bd. I, 2000, S. 73.

[40] Vgl. *Tipke,* Steuerrechtsordnung Bd. I, 2000, S. 71; *Grigoleit,* in: Grigoleit/Petersen, Festschrift Canaris, 2017, S. 276.

[41] Vgl. *Hey*, in: Tipke/Lang, Steuerrecht, 2020, S. 77, § 3 Rn. 13.

[42] Vgl. *Englisch*, in: Tipke, Festschrift Lang, 2011, S. 169.

[43] *Canaris,* Systemdenken und Systembegriff, 1983, S. 16.

[44] Vgl. *Goutier,* StuW 1989, S. 50.

dürfen. Tun sie es dennoch, bedarf dies einer besonderen Rechtfertigung im Rahmen einer Güterabwägung.[45]

2. *Prinzipien als explizite Träger von rechtlichen Wertungen*

Bydlinski definiert den Begriff des Rechtsprinzips als normative Maxime von großer Allgemeinheit, dem aufgrund seiner Unbestimmtheit präzise tatbestandliche Voraussetzungen und konkrete Rechtsfolgen fehlen.[46] Prinzipien ordnen im Gegensatz zu Normen keine Rechtsfolgen an, sondern sie sind deren teleologische Grundlage und mithin Rechtfertigung.[47] Häufig verweisen sie auf einen einzelnen Zweck und sind daher ebenso Optimierungsgebote.[48] Daher ist es aufgrund des Gedankens der Einheit der Rechtsordnung[49] geboten, von dem einzelnen Zweck eines Prinzips induktiv auf die wenigen tragenden Grundwertungen rückzuschließen.[50] Dieses teleologische System erfordert die rationale, folgerichtige Erfassung rechtlicher Wertungszusammenhänge.[51] Mithin sind Normen stets teleologisch und systematisch mit den übergeordneten Prinzipien in Bezug zu setzen, um sicherzustellen, dass die übergeordneten Wertungen in letzter Konsequenz zu Ende gedacht wurden.[52] Dabei hat eine Übertragung der Wertungen im Zuge eines Vergleichs auf ähnliche Fälle zu erfolgen, um Widersprüche in der Rechtssetzung und in der Rechtsanwendung zu vermeiden.[53] Die Notwendigkeit der generell abstrakten Formulierung von Normen aufgrund der Unmöglichkeit, jeden Einzelfall vorherzusehen und regeln zu können, führt zwangsläufig zu Regelungslücken. Zur systematischen Schließung dieser Regelungslücken sind Prinzipien notwendig, um eine logisch nachvollziehbare, folgerichtige und sys-

---

[45] Vgl. *Tipke,* StuW 1971, S. 6; *Englisch*, in: Tipke/Lang, Steuerrecht, 2020, S. 1053, § 17 Rn. 17.24.

[46] Vgl. *Bydlinski,* Fundamentale Rechtsgrundsätze, 1988, S. 121.

[47] Vgl. *Vogel,* DStZ/A 1975, S. 410; *Grigoleit*, in: Grigoleit/Petersen, Festschrift Canaris, 2017, S. 242, nach dem der im Prinzip verkörperte Zweck vielmehr Schöpfer des Rechts ist. Die rechtswissenschaftliche Systematisierung und Konkretisierung der Besteuerungsprinzipien baute weitgehend auf finanzwissenschaftlich erarbeiteten Vorgaben auf, vgl. *Birk*, StuW 1983, S. 296; siehe auch *Sahm*, Steuergerechtigkeit, 2019, S. 15; *Weber-Grellet*, Steuern Verfassungsstaat, 2001, S. 155.

[48] Vgl. *Grigoleit*, in: Grigoleit/Petersen, Festschrift Canaris, 2017, S. 265.

[49] Vgl. *Elschen*, StuW 1988, S. 8, der hervorhebt, dass unter dem Schlagwort der Einheit der Rechtsordnung darüber hinaus häufig auch eine Abstimmung der Gesamtrechtsordnung auf die Wirtschafts- und Gesellschaftsordnung gefordert werde.

[50] Vgl. *Canaris,* Systemdenken und Systembegriff, 1983, S. 46; *Grigoleit*, in: Grigoleit/Petersen, Festschrift Canaris, 2017, S. 247.

[51] Vgl. *Canaris,* Systemdenken und Systembegriff, 1983, S. 43.

[52] Vgl. *Hey*, StuW 2005, S. 317.

[53] Vgl. *Canaris,* Systemdenken und Systembegriff, 1983, S. 45 f.

tematische Urteilsfindung zu ermöglichen.[54] Prinzipien haben keinen Absolutheitsanspruch, da sie im Regelfall auf einen einzelnen Zweck beschränkt sind und mithin mit anderen Prinzipien in Bezug gesetzt und konkretisierend bewertet werden müssen, um ein ggf. vorhandenes Vorrangverhältnis von Prinzipien im Rahmen einer Güterabwägung zu ermitteln.[55]

Aus den obigen Ausführungen folgt, dass eine Norm, die in einem nicht auflösbaren Widerspruch zu den ihr übergeordneten Prinzipien und Grundwertungen steht, also auch nicht im Rahmen einer Güterabwägung gerechtfertigt werden kann, im Widerspruch zur Rechtsordnung im Ganzen steht und folglich aus ihr auszuscheiden ist.[56]

II. Ökonomische Zielsetzungen

An erster Stelle steht die Prämisse, dass funktionierende Märkte ein natürliches Gleichgewicht haben, die den Austausch von Gütern dergestalt ermöglichen, dass hierdurch der höchstmögliche gesamtwirtschaftliche Nutzen erzielt wird. Daraus folgt die Forderung, dass die Besteuerung diesen Marktmechanismus so wenig wie möglich beeinträchtigen soll, damit das Ziel des Allokationsoptimums nicht verfehlt wird.[57] Mit dem Allokationsoptimum (auch Wohlstandsmaximum) wird ebenso der Effekt der höchstmöglichen privaten Bedürfnisbefriedigung der Verbraucher verbunden,[58] was im Hinblick auf das Besteuerungsziel der Mehrwertsteuer als allgemeiner Verbrauchsteuer von großer Bedeutung ist.[59] Folgt man dieser Forderung in ihrer Reinform, führt sie zur Theorie der optimalen Besteuerung in Form einer Pauschalsteuer.[60] Freilich ist diese Form der Besteuerung aufgrund der offensichtlichen Interessenkollision mit der Forderung nach einer gerechten Besteuerung nicht praxistauglich, denn sie würde jedem, ungeachtet seiner finanziellen Möglichkeiten, eine absolut gleiche Steuerlast aufbürden.[61] Die Optimalsteuertheorie bildet jedoch einen Ausgangspunkt für weitere Untersuchungen mit dem Ziel, eine Besteuerungsform zu finden, welche best-

---

[54] Vgl. *Goutier,* StuW 1989, S. 40.

[55] Vgl. *Grigoleit*, in: Grigoleit/Petersen, Festschrift Canaris, 2017, S. 277; *Larenz/Canaris,* Methodenlehre der Rechtswissenschaft, 1995, S. 236.

[56] Vgl. *Bydlinski,* Fundamentale Rechtsgrundsätze, 1988, S. 116.

[57] Vgl. *Wagner,* StuW 1992, S. 4.

[58] Vgl. *Haller,* Die Steuern, 1981, S. 215.

[59] Nach Art. 1 Abs. 2 MwStSystRL stellt die Mehrwertsteuer eine allgemeine, zum Preis der Gegenstände und Dienstleistungen proportionale Verbrauchsteuer dar.

[60] Vgl. *Homburg,* Allgemeine Steuerlehre, 2015, S. 147.

[61] Dies wird seit jeher nach herrschender Meinung nicht als gerecht erachtet, vgl. *Scheer*, John Stuart Mill, 2002, S. 120.

möglich die Forderungen nach Gerechtigkeit und Allokationseffizienz vereint.[62] Da die Theorie der optimalen Besteuerung den Konsumenten, dessen Ziel es ist, seine Bedürfnisse zu befriedigen, in den Mittelpunkt der Betrachtung stellt,[63] ist sie als Ausgangspunkt zur Untersuchung einer allgemeinen Verbrauchsteuer besonders geeignet. Ziel der Untersuchung ist eine Besteuerung, die möglichst geringe Zusatzlasten verursacht.[64]

Während die Optimalsteuertheorie vornehmlich auf den Konsumenten mit dem Ziel seiner individuellen Bedürfnisbefriedigung abstellt, haben betriebswirtschaftliche Untersuchungen unternehmerische Entscheidungen im Fokus, die im Kontext der finanziellen Zielsetzungen der Unternehmung getroffen werden (Gewinnstreben).[65] Gefordert wird eine Besteuerungsform, die die Rangfolge unternehmerischer Entscheidungen nicht verzerrt, d. h. dass unternehmerische Entscheidungen durch die Besteuerung nicht beeinflusst werden.[66] Eine Besteuerung ist dann entscheidungsneutral, wenn sie bei vernünftig Handelnden zu keinen rechtlich zulässigen Ausweichhandlungen führt.[67]

Die beiden wesentlichen ökonomischen Anforderungen an die Besteuerung sind demnach die gesamtwirtschaftliche Allokationseffizienz und die einzelwirtschaftliche Entscheidungsneutralität, welche in einem ursächlichen Zusammenhang stehen.[68]

Ein Mangel an Entscheidungsneutralität führt, aufgrund der Beeinflussung der Marktentscheidungen durch die Besteuerung, zwangsläufig zu einer Störung des Allokationsoptimums.[69] Als Nebenbedingung wird die Forderung nach einer Besteuerung mit möglichst geringen Vollzugskosten[70] erhoben. Dies setzt eine

[62] Vgl. *Sahm*, Steuergerechtigkeit, 2019, S. 16, mit dem Hinweis, dass ökonomische Rationalität ein wichtiger Faktor der Sachgerechtigkeit ist. Demnach sind ökonomisch unvernünftige Besteuerungsformen in der Regel ungerecht.

[63] Vgl. *Elschen/Hüchtebrock,* FA 1983, S. 259.

[64] Vgl. *Homburg,* Allgemeine Steuerlehre, 2015, S. 141; *Schreiber/Kahle/Ruf,* Besteuerung der Unternehmen, 2021, S. 885.

[65] Vgl. *Elschen/Hüchtebrock,* FA 1983, S. 259. Die Betriebswirtschaftslehre kann jedoch auch die Vorteilhaftigkeit der Investitionen von Privatpersonen zum Gegenstand haben. Siehe hierzu *Wagner*, in: Bitz, Kompendium der Betriebswirtschaftslehre, 2005, S. 409.

[66] Vgl. *Schneider,* Investition, Finanzierung und Besteuerung, 1992, S. 193; *Niemann/Schreiber,* ZfbF 2020, S. 5.

[67] Vgl. *Schneider,* Investition, Finanzierung und Besteuerung, 1992, S. 193.

[68] Vgl. *Treisch*, SteuerStud 2000, S. 368.

[69] Vgl. *Haller,* Die Steuern, 1981, S. 215; *Wagner*, in: Elschen/Siegel/Wagner, Festschrift Schneider, 1995, S. 741; *Schreiber*, in: Droege/Seiler, Eigenständigkeit des Steuerrechts, 2019, S. 218.

[70] Erhebungs- und Entrichtungskosten bilden die Vollzugskosten der Besteuerung, vgl. *Homburg,* Allgemeine Steuerlehre, 2015, S. 54.

Besteuerung mit dem geringstmöglichen Aufwand für den Fiskus, als auch für den zur Entrichtung der Steuer verpflichteten Steuerzahler voraus.[71]

B. Besteuerungsprinzipien im Kontext des Belastungsgrunds

Ausgehend von der gesetzlichen Definition in § 3 AO sind Steuern Geldleistungen, die nicht eine Gegenleistung für eine besondere Leistung darstellen und von einem öffentlich-rechtlichen Gemeinwesen zur Erzielung von Einnahmen allen auferlegt werden. Es besteht also keine Zweckbindung des Steueraufkommens hinsichtlich der Verwendung. Der Steuerentrichtung steht auch kein Gegenleistungsanspruch gegenüber. Unter der Grundannahme, dass die Umsatzsteuer eine Fiskalzwecksteuer darstellt,[72] wirft dies die Frage auf, nach welchem Maßstab die Steuerlast zu verteilen ist.

I. Äquivalenzprinzip

Das Äquivalenzprinzip basiert auf der Theorie, dass ein Steuersystem dann gerecht sei, wenn sich der Anteil des Einzelnen an der Steuerlast danach bestimmt, in welchem Umfang er öffentliche Güter vom Staat erhält.[73] Damit wird der marktwirtschaftliche Grundgedanke auf die Besteuerung übertragen und es käme zu einer Äquivalenz von an den Staat geleisteten Zahlungen und vom Staat erhaltenen Leistungen in Form der Inanspruchnahme von öffentlichen Gütern.[74] Diese Form des Verteilungsmaßstabs scheitert jedoch zum einen an einer praktisch durchführbaren Bemessung der staatlichen Leistungen, die der Einzelne in Anspruch nimmt.[75] Zum anderen wäre sie schon deshalb nicht durchführbar, da diejenigen, die am meisten auf staatliche Leistungen angewiesen sind, überhaupt nicht in der Lage sind, den Wert der staatlichen Leistungen gleichwertig zu ersetzen.[76] Selbst wenn man unterstellt, jeder wäre in der Lage, einen zur bezogenen öffentlichen Leistung äquivalenten Beitrag zu bezahlen, wohnt diesem Prinzip kein sachgerechter Verteilungsmaßstab inne, da er lediglich das Steueraufkommen sichern, jedoch keine gerechte Verteilung steuerlicher Lasten schaf-

[71] Vgl. *Haller,* Die Steuern, 1981, S. 214; *Denison/Facer,* NTJ 2005, S. 594.
[72] Vgl. BFH, Beschluss v. 08.11.1972, II B 24/72, Sinn der Umsatzsteuer, BFHE 107, 315.
[73] Vgl. *Musgrave/Musgrave/Kullmer,* Finanzen in Theorie und Praxis, 1993, S. 11.
[74] Vgl. *Haller,* Die Steuern, 1981, S. 13.
[75] Vgl. *Musgrave/Musgrave/Kullmer,* Finanzen in Theorie und Praxis, 1993, S. 12; *Stiglitz/Schönfelder,* Finanzwissenschaft, 2000, S. 422 f.
[76] Vgl. *Schneider Fossati,* Leistungsfähigkeitsgrundsatz im Umsatzsteuerrecht, 2014, S. 236.

fen kann.[77] Zu guter Letzt verkennt das Äquivalenzprinzip, dass Steuern schon per gesetzlicher Definition gerade keine konkrete Gegenleistung im Sinne eines Tauschhandels bedingen.[78]

II. Leistungsfähigkeitsprinzip

Folgt man der gesetzlichen Definition des § 3 AO und geht davon aus, dass die Steuer aufgrund des Nonaffektationsprinzips keine Gegenleistung für eine staatliche Leistung darstellt,[79] ist die Steuer als Opfer[80] zu verstehen, das in einer Verminderung der persönlichen Bedürfnisbefriedigung besteht.[81] Ausgehend vom Verständnis der Steuerlast als Opfer stellt sich die Frage, wie der Beitrag des Einzelnen am Aufkommen bemessen werden muss.[82] Strebt man eine relative Gleichheit der Nutzeneinbuße des Einzelnen an, läge Opfergleichheit dann vor, wenn die Nutzeneinbuße durch die Besteuerung gleich ist.[83] Ein Maßstab zur Messung der relativen Gleichheit des Opfers muss in der Lage sein, die Steuerfähigkeit des Einzelnen anhand einer Zielgröße zu messen, die geeignet ist, die Einbußen an ökonomisch-finanzieller Dispositionskraft als relativ gleich schwer zu gewichten.[84] Als finanzielle Zielgrößen bieten sich Einkommen, Vermögen und Konsum an.[85]

Die Mehrwertsteuer versteht sich per gesetzlicher Definition als allgemeine Verbrauchsteuer[86] und ist aus ökonomischer Sicht eine Konsumsteuer.[87] Der

[77] Vgl. *Musgrave/Musgrave/Kullmer,* Finanzen in Theorie und Praxis, 1993, S. 19.

[78] Vgl. *Neumark,* Steuerpolitik, 1970, S. 43.

[79] Vgl. *Neumark,* Steuerpolitik, 1970, S. 5.

[80] Die Finanzwissenschaft hatte die gleiche Besteuerung nach der Leistungsfähigkeit auf Basis der Opfertheorien entwickelt, vgl. *Birk*, StuW 1983, S. 294.

[81] Vgl. *Schneider,* Grundzüge der Unternehmensbesteuerung, 1994, S. 84; *Kruschwitz/Husmann/Schneider,* Investitionsneutrale Steuersysteme, 2002, S. 2.

[82] Vgl. *Mill*, Principles of Political Economy, 1848, S. 348, der darauf hinweist, dass, wenn jemand weniger als seinen gerechten Anteil an der Last trägt, ein anderer mehr als seinen gerechten Anteil an der Last tragen muss, und dass die Erleichterung für den Ersten ceteris paribus kein so großer Vorteil für ihn ist, wie der erhöhte Druck auf den Zweiten ein Übel ist.

[83] Vgl. *Birk,* Leistungsfähigkeitsprinzip, 1983, S. 24. Das Leistungsfähigkeitsprinzip ist eine Negation des Äquivalenzprinzips, da die Steuer kein Preis für eine staatliche Leistung ist, sondern eine Abgabe, die nicht nach Art und Umfang der in Anspruch genommenen staatlichen Leistung, sondern nach den wirtschaftlichen Verhältnissen des Steuerträgers zu bemessen ist, vgl. *Scheer*, John Stuart Mill, 2002, S. 114.

[84] Vgl. *Neumark,* Steuerpolitik, 1970, S. 135; *Haller,* Die Steuern, 1981, S. 15.

[85] Vgl. *Birk,* Leistungsfähigkeitsprinzip, 1983, S. 167; *Desens,* StuW 2016, S. 243.

[86] Art. 1 Abs. 2 MwStSystRL.

[87] Vgl. *Grossekettler*, in: Kirchhof/Neumann et al., Freiheit, Gleichheit, Effizienz, 2001, S. 73; *Homburg,* Allgemeine Steuerlehre, 2015, S. 125.

Konsum verkörpert das Maß individueller Bedürfnisbefriedigung, die sich in den für den Konsum ausgegebenen Geldmitteln messen lässt.[88] Dieser Annahme liegt die Überlegung zu Grunde, dass der Nutzen proportional wächst, also höhere Konsumausgaben mit einem proportional entsprechend höheren Konsumnutzen einhergehen. Geht man hingegen von einem fallenden Grenznutzen[89] finanzieller Mittel aus, würde eine rein proportional[90] ausgestaltete Besteuerung des Konsums der Theorie des relativ gleichen Opfers der durch die Besteuerung eintretenden Nutzeneinbuße nicht entsprechen.[91] Wurde das Leistungsfähigkeitsprinzip[92] als Lastverteilungsmaßstab für die Besteuerung gewählt, muss dieser grundsätzliche Verteilungsmaßstab folgerichtig steuerartspezifisch konkretisiert werden.[93] Dies erfordert jedenfalls eine stringent am Systemdenken orientierte Einordnung von Prinzipien.[94] So findet das Leistungsfähigkeitsprinzip sowohl bei Steuern auf die Einkommenserzielung als auch auf die Einkommensverwendung grundsätzlich Anwendung.[95] Die Ausgestaltung der Mehrwertsteuer am

---

[88] Vgl. *Schmidt,* Konsumbesteuerung durch Mehrwertsteuer, 1999, S. 18.

[89] Aus dem fallenden Grenznutzen lässt sich die Forderung eines progressiven Tarifs ableiten, vgl. *Reimer*, StuW 2014, S. 36 zur Einkommensteuer.

[90] Bei einem proportionalen Tarifverlauf bleibt der Durchschnittssteuersatz konstant, vgl. *Pollak*, in: Neumark, Handbuch der Finanzwissenschaft Bd. 2, 1980, S. 243.

[91] Vgl. *Musgrave/Musgrave/Kullmer,* Finanzen in Theorie und Praxis, 1993, S. 29–32, zu Messkonzepten des gleichen Opfers im Hinblick auf den Leistungsfähigkeitsindikator Einkommen. Die getroffenen Aussagen gelten gleichermaßen für den Konsum als Indikator steuerlicher Leistungsfähigkeit. Auch wenn die Grenznutzenkurve unbekannt ist und somit eine exakte Bestimmung des relativ gleichen Opfers verwehrt bleibt, ist aus diesen Erkenntnissen abzuleiten, dass eine rein proportionale Besteuerung nicht geeignet ist, eine relative Gleichheit des Opfers zu gewährleisten. Zum fallenden Grenznutzen bei der Bezugsgröße Einkommen siehe auch: *Haller,* Die Steuern, 1981, S. 76.

[92] Das Leistungsfähigkeitsprinzip ist nach der Rechtsprechung des BVerfG ein Postulat der Steuergerechtigkeit, vgl. *Birk*, StuW 2011, S. 357. Die Besteuerung nach der Leistungsfähigkeit ist eine Grundforderung der Steuergerechtigkeit, die in die Erklärung der Menschenrechte von 1789 aufgenommen wurde, vgl. *Weber-Grellet*, Steuern Verfassungsstaat, 2001, S. 162.

[93] Vgl. *Tipke,* StuW 2007, S. 203; *Englisch*, in: Tipke, Festschrift Lang, 2011, S. 174; *Birk,* StuW 2011, S. 362. Die geforderte steuerspezifische Ausprägung des allgemeinen Gleichheitssatzes bedarf einer steuerartspezifischen Konkretisierung. Siehe auch *Lang*, in: Ebling, DStJG Band 24, 2001,S. 58.

[94] Siehe oben A. I. 1. So auch *Lang*, in: Ebling, DStJG Band 24, 2001, S. 56, mit dem Hinweis, dass das Leistungsfähigkeitsprinzip das Steuerrecht ebenso wie die Privatautonomie das Zivilrecht die Gerechtigkeitskonzeption eines Rechtsgebietes im Ganzen präge.

[95] Vgl. *Reiß*, in: Woerner, DStJG Band 13, 1990, S. 20; In diesem Sinne urteilt auch das BVerfG in einer Entscheidung zu einer Zweitwohnungssteuer. Der Konsum äußere sich in der Verwendung finanzieller Mittel. Der Aufwand im Sinne von Konsum sei typischerweise Ausdruck und Indikator wirtschaftlicher Leistungsfähigkeit: BVerfG, Beschluss v. 06.12.1983, 2 BvR 1275/79, Konsum als Indikator für Leistungsfähigkeit, BVerfGE 65, 325–359; *Zirkl,* Die Neutralität der Umsatzsteuer, 2015, S. 51. Zur Geltung des Leistungsfähigkeitsprinzips für die

Leistungsfähigkeitsprinzip in Form der bereichspezifischen Konkretisierung der Konsumleistungsfähigkeit[96] bedarf einer weitergehenden Untersuchung.[97] Insbesondere ist eine Überprüfung im Zusammenhang mit dem Neutralitätsprinzip angezeigt.

III. Neutralität als eigenständiges Besteuerungsprinzip?

Ausgehend vom zuvor definierten Systemdenken ist es zweckdienlich, das Neutralitätsprinzip in einen teleologischen Kontext zu anderen Rechtsprinzipien zu stellen. Hierzu muss zunächst der Neutralitätsbegriff inhaltlich näher bestimmt werden.

1. Begriffsbestimmung

Das Adjektiv *neutral*, das den Zustand bzw. die Beschaffenheit von Vorgängen und Handlungen beschreibt, stammt vom lateinischen Begriff *neuter* bzw. *neutralis* ab,[98] dessen Bedeutung kein(er) (von beiden) ist.[99] Der englische Begriff *neither* ist ebenso auf den Begriff *neuter* zurückzuführen und bedeutet u. a. weder/noch.[100] In diesem Sinn ist der Begriff als Enthaltung zu sehen, also weder für das eine noch für das andere Partei zu ergreifen. Dies entspricht auch dem völkerrechtlichen Verständnis von Neutralität, das neutrale Staaten von kriegsführenden Staaten abgrenzt.[101] Ebenso umschreibt es die Eigenschaft, nichts Hervorstechendes oder Besonderes aufzuweisen und daher mit anderem zu harmonieren.[102] Ausgehend von diesem Verständnis und übertragen auf das Neutralitätsprinzip als Besteuerungsprinzip folgt aus diesem Postulat eine Besteuerung, die sich, abgesehen von der unvermeidlichen Steuerzahlung, möglichst „unparteiisch“ verhält, also die von der Besteuerung Betroffenen weder in die eine noch in die andere Richtung lenkt.

Gesamtsteuerbelastung unabhängig von einzelnen Steuern siehe: *Weber-Grellet*, Steuern Verfassungsstaat, 2001, S. 166.

[96] Vgl. *Seer*, BB 2021, S. 1434, nach dem sich durch den Konsum am Markt die wirtschaftliche Leistungsfähigkeit des Endverbrauchers offenbare.

[97] Siehe Kapitel 3: D. II. 2. b) aa).

[98] Vgl. *Zirkl,* Die Neutralität der Umsatzsteuer, 2015, S. 57; Duden Universalwörterbuch, 2019, S. 1282–1283.

[99] Duden Universalwörterbuch, 2019, S. 1282–1283.

[100] Langenscheidt Universalwörterbuch Englisch, 2023, S. 208.

[101] Vgl. Internationale Übereinkunft vom 29. Juli 1899 betreffend die Gesetze und Gebräuche des Landkriegs (mit Reglement).

[102] Duden Universalwörterbuch, 2019, S. 1282.

Von der Mehrwertsteuer Betroffene sind der Unternehmer als Steuerpflichtiger und der Verbraucher als vom Gesetzgeber intendierter Steuerträger. Ihre Entscheidungen sollen durch die Besteuerung unbeeinflusst bleiben.[103] Ausgangspunkt des hier vertretenen Neutralitätsverständnisses bildet mithin die einzelwirtschaftliche Betrachtungsweise. Ursächlich hierfür ist der Kausalzusammenhang zwischen der Summe der einzelwirtschaftlichen Entscheidungen und ihrer gesamtwirtschaftlichen Auswirkungen.[104]

2. *Erfordernis der Systematisierung der Neutralitätspostulate*

Der Begriff der Neutralität wird in Gesetzen, der Rechtsprechung und in der rechts- sowie wirtschaftswissenschaftlichen Literatur in unterschiedlichen Ausprägungen verwendet.[105] Es gilt, die verschiedenen Ausprägungsformen des Neutralitätspostulats in einen systematischen Gesamtzusammenhang zu stellen und hierarchisch zu ordnen. Grundlagen dieser Systematisierung sollen zum einen das juristische Verständnis der Neutralität unter dem tragenden Gesichtspunkt der Gleichbehandlung der Verbraucher sein, sowie zum anderen das einzelwirtschaftliche Verständnis der Entscheidungsneutralität. Das hier dargelegte juristische Verständnis stützt sich teleologisch systematisch auf eine Ableitung vom allgemeinen Gleichheitssatz über das Leistungsfähigkeitsprinzip in seiner konkretisierten Ausprägungsform der Konsumleistungsfähigkeit des Verbrauchers (Verbrauchsteuerprinzip). Im Mittelpunkt der Begründung steht somit der Verbraucher, da er durch seine Konsumaufwendungen die Mehrwertsteuer wirtschaftlich tragen soll. Dies bedingt eine ökonomische Analyse der gesetzlichen Belastungskonzeption der Mehrwertsteuer als allgemeine Verbrauchsteuer, da

---

[103] Vgl. *Wagner,* StuW 1992, S. 3; *Schneider,* Investition, Finanzierung und Besteuerung, 1992, S. 194; *Jachmann-Michel,* Nachhaltige Entwicklung und Steuern, 2003, S. 56; *Niemann/Schreiber,* ZfbF 2020, S. 3.

[104] Einzelwirtschaftliche und gesamtwirtschaftliche Betrachtung basieren auf denselben Neutralitätsbedingungen, vgl. *Wagner*, FA 1986, S. 42.

[105] Bereits die Erste Richtlinie 67/227/EWG des Rates vom 11.04.1967, ABl. EG, S. 1301, sah es als Grundvoraussetzung der Besteuerung an, dass diese die Wettbewerbsbedingungen nicht verfälscht (Wettbewerbsneutralität). Der EuGH spricht, ohne weitere Konkretisierung, auch schlicht von der Neutralität der Mehrwertsteuer: EuGH, Urteil v. 19.09.2000, C-454/98, Schmeink & Cofreth und Strobel, Slg. 2000, I-6990, Rn. 59. Siehe *Schreiber/Kahle/Ruf,* Besteuerung der Unternehmen, 2021, S. 899, zum Begriff der Investitionsneutralität beim Vorsteuerabzug. Zur Finanzierungs- und Rechtsformneutralität vgl. *Wagner*, in: Elschen/Siegel/Wagner, Festschrift Schneider, 1995, S. 743 f. Zur freien Wahl des Organisationsmodells (Organisationsformneutralität) vgl. EuGH, Urteil v. 04.05.2006, C-169/04, Abbey National, Slg. 2006, I-4027, Rn. 68. *Zirkl,* Die Neutralität der Umsatzsteuer, 2015, S. 61, unterscheidet zwischen der Neutralität bei Eingangs- und Ausgangsumsätzen. *Henze*, in: Englisch/Nieskens, Umsatzsteuer-Kongress-Bericht 2010, 2011, S. 13, nennt die Begriffe Belastungs- und komparative Neutralität.

sich die Begründung nur dann als tragfähig erweisen kann, wenn die gesetzliche Belastungskonzeption mit der Belastungswirklichkeit grundsätzlich übereinstimmt.[106] Darüber hinaus ist die Orientierung am Verbrauchsteuerprinzip mit der ökonomischen Sichtweise abzugleichen, ausgehend von der einzelwirtschaftlichen Entscheidungsneutralität über die gesamtwirtschaftliche Allokationseffizienz. Denn eine vom ökonomischen Verständnis losgelöste Interpretation der Neutralität wird ihrem tatsächlichen wirtschaftlichen Gehalt nicht gerecht. Inhaltliches Fundament des Neutralitätsbegriffs ist die Entscheidungsneutralität; dies wird in Kapitel 3 der Arbeit konkretisiert und analysiert.

3. *Zwischenfazit*

In der Rechtsprechung des EuGH wurde das Neutralitätsprinzip bislang als eigenständiges Besteuerungsprinzip mit unterschiedlichen Ausprägungsformen verstanden. Eine unmittelbare Ableitung aus höherstehenden Prinzipien wurde dem Neutralitätsprinzip nur in seiner Ausprägungsform der Gleichbehandlung der im Wettbewerb stehenden Unternehmer zuerkannt, welches unmittelbar Ausfluss aus dem allgemeinen Gleichheitssatz sei.[107] Eine Herleitung über die Gleichbehandlung der Verbraucher als gesetzlich intendierte Träger der Umsatzsteuer hat der EuGH in seiner Rechtsprechung bisher hingegen vermissen lassen. Letztere Auffassung ist in der Literatur allerdings schon länger verbreitet und impliziert auch, das Recht auf Vorsteuerabzug auf den allgemeinen Gleichheitssatz zurückzuführen.[108] Im Gegensatz hierzu schreibt der EuGH der Neutralität in ihrer Ausprägungsform der Gleichbehandlung von Waren ungeachtet der Länge ihres Produktions- und Vertriebswegs, der Grundlage für das Recht auf Vorsteuerabzug, lediglich sekundärrechtlichen Charakter zu.[109]

Unter den folgenden Prämissen ist es von einem teleologisch-systematischen Standpunkt aus wenig überzeugend, dass sich der EuGH weiterhin verschließt, das Verbrauchsteuerprinzip in seiner Rechtsprechung zum Neutralitätsprinzip zu berücksichtigen:

---

[106] Vgl. *Jenetzky*, System und Entwicklung, 1978, S. 109, hinsichtlich der Forderung einer Kongruenz von rechtlicher und wirtschaftlicher Steuerträgerschaft.

[107] EuGH, Urteil v. 10.04.2008, C-309/06, Marks & Spencer plc, Slg. 2008, I-2283, Rn. 49; EuGH, Urteil v. 08.06.2006, C-106/05, L. u. P., Slg. 2006, I-5139, Rn. 48; *Kokott,* Steuerrecht der Europäischen Union, 2018, § 3 Rn. 13; *Hidien,* UR 2020, S. 253.

[108] Vgl. *Tipke,* Steuerrechtsordnung Bd. I, 2000, S. 70; *Schaumburg*, in: Kirchhof/Dürrschmidt, Festschrift Reiss, 2008, S. 33; *Englisch*, in: Schön, Zukunftsfragen des deutschen Steuerrechts, 2009, S. 59; *Englisch*, in: Tipke/Lang, Steuerrecht, 2020, S. 1054, § 17 Rn. 25; *Zirkl,* Die Neutralität der Umsatzsteuer, 2015, S. 186 ff.

[109] EuGH, Urteil v. 29.10.2009, C-174/08, NCC Construction Danmark A/S, Slg. 2009, I-10567, Rn. 42; EuGH, Urteil v. 19.07.2012, C-44/11, Deutsche Bank, ECLI:EU:C:2012:484, Rn. 45; EuGH, Urteil v. 13.03.2014, C-204/13, Malburg, ECLI:EU:C:2014:147, Rn. 43.

- Die Verbraucher sind im Wesentlichen tatsächlich die wirtschaftlichen Träger der Mehrwertsteuer (Steuerinzidenz).
- Der Konsum stellt einen dem Grunde nach geeigneten Maßstab dar, um die finanzielle Leistungsfähigkeit der Verbraucher zu messen und um das relativ gleiche Opfer der Steuerbelastung zu bestimmen (Bemessungsgrundlage).
- Der Tarif und die Steuerbefreiungen lassen sich so ausgestalten, dass sie sowohl Gerechtigkeits- als auch ökonomisch geleiteten Neutralitätspostulaten genügen (Tarifgestaltung und Steuerbefreiungen).

Die Untersuchung der beiden zuerst genannten Prämissen Steuerinzidenz und Bemessungsgrundlage wird im Zuge der rechtlichen und ökonomischen Einordnung des Neutralitätsprinzips in Kapitel 3 erfolgen. In Kapitel 4 werden die Tarifgestaltung und die Steuerbefreiungen im Rahmen der rechtlichen und ökonomischen Analyse der Ausprägungsformen des Neutralitätsprinzips analysiert. Würden die der Untersuchung zugrundeliegenden Prämissen bestätigt, wäre es geboten, das Neutralitätsprinzip als Subprinzip des Verbrauchsteuerprinzips anzusehen. Systembrüche im geltenden Recht müssten einer kritischen Untersuchung hinsichtlich ihrer Rechtfertigung unterzogen werden.

Kapitel 2: Historische Grundlagen der Mehrwertsteuer – Ursprung für neutralitätsverletzende Systemfehler?

A. Grundsätzliches

Die im Laufe der Entwicklung der Umsatzsteuer gewonnenen Erkenntnisse sind zum Verständnis der Funktionsweise und des Belastungsziels der Steuer hilfreich. Insbesondere unter dem Blickwinkel der Wettbewerbsneutralität sind die Auswirkungen der Steuer auf das Handeln der Unternehmer und die daraus resultierenden Anpassungen des Gesetzgebers zu beleuchten. Schon die Väter des Umsatzsteuergesetzes 1918 hatten erkannt, dass das Bruttoumsatzsteuersystem Auswirkungen auf den Wettbewerb hat und diesem System zwangsläufig Grenzen gesetzt sind.[110] Diese Grenzen waren offensichtlich allesamt der fehlenden Neutralität der Bruttoumsatzsteuer geschuldet. Mit dem Systemwechsel zur Nettoumsatzsteuer im Zuge der europäischen Integration wurden einige Eigenheiten des Bruttoumsatzsteuersystems fortgeführt. Dies mag zum einen historisch bedingt, zum anderen auch dem erforderlichen Konsens der Mitgliedstaaten geschuldet gewesen sein. Auf Basis der Analyse der historischen Grundlagen der Umsatzsteuer können Parallelen zu Systemschwächen des Nettoumsatzsteuersystems gezogen werden, die in Kapitel 4 der Arbeit untersucht werden.

B. Quellen der Umsatzsteuer

Die Quellen der Umsatzsteuer gehen bis ins Altertum zurück.[111] Eine durchgehende Entwicklung bis in die Neuzeit lässt sich jedoch nicht nachvollziehen.[112] Die im antiken Rom unter Kaiser Augustus eingeführte Steuer hatte die Besteuerung von unbeweglichem und beweglichem Vermögen zum Gegenstand, das im Rahmen von Auktionen veräußert wurde. Auktionen umfassten nicht lediglich

[110] Vgl. Entwurf eines Umsatzsteuergesetzes 1918, RT-Drs. Nr. 1461, S. 19.
[111] Vgl. *Grabower/Herting/Schwarz,* Die Umsatzsteuer, 1962, S. 1.
[112] Vgl. *Jacobs,* DStZ 2006, S. 654.

C. Merkel, *Das Neutralitätsprinzip im harmonisierten Mehrwertsteuersystem*,
Schriften zu Wirtschaftsprüfung, Steuerlehre und Controlling,
https://doi.org/10.1007/978-3-658-45424-1_3

den Verkauf von Ländereien und Gegenständen von beträchtlichem Wert, sondern ebenfalls Gegenstände des täglichen Lebens.[113]

Vorgänger der Umsatzsteuer waren außerdem im Mittelalter verbreitet. Das Frankenreich hatte sich an seinem römischen Vorbild orientiert und sog. Marktzölle eingeführt. Neben Budenstand-, Lagergeldern und Gebühren für den Marktzugang selbst gehörte auch die Umsatzsteuer zu den Marktzöllen. Zudem wurde die Umsatzsteuer neben den o. g. anderen Marktzöllen als Gegenleistung für die Vorteile des geregelten Marktverkehrs erachtet.[114] Daher hatte die Umsatzsteuer einen Gebührencharakter, da der Entrichtung – im Gegensatz zum Verständnis der Definition einer Steuer[115] – eine individuell zurechenbare Gegenleistung des öffentlich-rechtlichen Gemeinwesens gegenüberstand.[116]

Das Wirtschaftsleben war im deutschen Mittelalter ab 1150 durch die Städte geprägt, denn eine einheitliche deutsche Volkswirtschaft bestand nicht. Dementsprechend hatten die Städte die Steuerhoheit. Der Gegenstand der Steuer war im Gegensatz zum Altertum und frühen Mittelalter nicht auf bestimmte Märkte beschränkt, sondern zielte auf jegliche Kaufgeschäfte in Stadt und Bannmeile.[117]

Ab dem 15. Jahrhundert ist die Umsatzsteuer in immer weniger deutschen Kleinstaaten vertreten, an ihre Stelle treten andere Abgaben, insbesondere die Akzisen.[118] Bei den Akzisen handelte es sich um Abgaben, die eine Besteuerung des Verbrauchs zum Ziel hatten. Im Gegensatz zur Umsatzsteuer wurden die Akzisen nicht als allgemeine, sondern als besondere Verbrauchsteuern für bestimmte Güter wie Lebens- und Genussmittel oder sonstigen Verbrauch erhoben (Spezialakzise). Der Begriff Akzise, im Französischen Accise oder excise im Englischen, erinnert an die noch heute im englischen Sprachraum gebräuchliche Bezeichnung für spezielle Verbrauchsteuern (excise duties)[119]. Hatten die Akzisen nicht die Besteuerung des Verbrauchs bestimmter Waren zum Ziel (Spezialakzisen), sondern erfassten sie hingegen alle Waren, lagen sog. Generalakzisen vor.[120] Derartige Generalkonsumakzisen waren ab dem 18. Jahrhundert in den deutschen Territorien verbreitet und können mithin als Vorläufer der Warenumsatzsteuer angesehen werden.[121] Als weitere Quelle sind Quittungssteuern zu nennen. Diese Steuern knüpfen an den Zahlungsverkehr bei bestimmten Rechts-

---

113 Vgl. *Grabower/Herting/Schwarz,* Die Umsatzsteuer, 1962, S. 68.

114 Vgl. *Grabower/Herting/Schwarz,* Die Umsatzsteuer, 1962, S. 100–115.

115 Vgl. § 3 Abs. 1 AO. Nach der gesetzlichen Definition stellen Steuern Geldleistungen dar, die eben gerade nicht eine Gegenleistung für eine besondere Leistung darstellen.

116 Vgl. *Seer*, in: Tipke/Lang, Steuerrecht, 2020, S. 47, § 2 Rn. 2.20.

117 Vgl. *Grabower/Herting/Schwarz,* Die Umsatzsteuer, 1962, S. 116–122.

118 Vgl. *Grabower/Herting/Schwarz,* Die Umsatzsteuer, 1962, S. 135 ff.

119 Vgl. *Englisch*, in: Tipke/Lang, Steuerrecht, 2020, S. 1040, § 17 Rn. 17.1.

120 Vgl. *Jacobs,* DStZ 2006, S. 654.

121 Vgl. *Englisch*, in: Tipke/Lang, Steuerrecht, 2020, S. 1040, Rn. 17.1.

geschäften an.[122] Aufgrund der Beschränkung auf bestimmte Rechtsgeschäfte stellen Quittungssteuern Verkehrsteuern dar. Bei einer Ausweitung des Steuergegenstands von Quittungssteuern auf grundsätzlich alle Rechtsgeschäfte würden die Quittungssteuern von ihrer Wirkung her einer allgemeinen Verbrauchsteuer und somit der Umsatzsteuer entsprechen.[123] Akzisen und Quittungssteuern führten zu hohen Erträgen des Fiskus, belasteten die Volkswirtschaft jedoch schwer und wurden daher regelmäßig wieder abgeschafft.[124] Aufgrund des Scheiterns des Gesetzesentwurfs einer allgemeinen Quittungssteuer im Reichstag im Jahr 1916 war der Weg für eine Warenumsatzsteuer geebnet. Ursächlich für die Ablehnung der Quittungssteuer waren der Beurkundungszwang und der Zwang zur Stempelentwertung.[125]

Mit dem Gesetz über einen Warenumsatzstempel wurde im Jahr 1916 eine allgemeine Umsatzsteuer auf Warenumsätze eingeführt.[126] Auslöser war der durch den 1. Weltkrieg entstandene zusätzliche Finanzbedarf, der sich durch die übrigen Steuern und Anleihen nicht decken ließ.[127] Da die Steuererhebung in Bezug auf die gewerblichen Warenlieferungen im Zuge einer jährlichen Steueranmeldung erfolgte[128] und lediglich die Steuererhebung im Bereich der außergewerblichen Privatverkäufe von Waren durch Verwendung von speziellen gestempelten Vordrucken erfolgte, wirken die Bezeichnung als „Warenumsatzstempel" und die Stellung des Gesetzes als Teil des Reichsstempelgesetzes verfehlt.[129] Vielmehr wäre die Bezeichnung „Warenumsatzsteuer" treffend gewesen, denn es handelte sich um eine allgemeine Verbrauchsteuer auf Warenverkäufe. Neben den Warenlieferungen wurden auch Lieferungen aus Werkverträgen erfasst.[130] Die Steuer wurde zum einen auf Warenumsätze von Gewerbetreibenden[131] und zum anderen auf Warenlieferungen von mehr als einhundert Mark, die nicht im Rahmen eines inländischen Gewerbes erfolgten[132] (außergewerbliche Privatverkäufe), erhoben.

---

[122] Vgl. *Feld,* Die Entwicklung der Umsatzsteuer, 1927, S. 4 ff.
[123] Vgl. *Popitz/Kloss/Grabower,* Kommentar zum Umsatzsteuergesetz, 1928, S. 118.
[124] Vgl. *Feld,* Die Entwicklung der Umsatzsteuer, 1927, S. 5.
[125] Vgl. *Popitz/Kloss/Grabower,* Kommentar zum Umsatzsteuergesetz, 1928, S. 120 f.
[126] Siehe Gesetz über einen Warenumsatzstempel, RGBl. 1916, S. 639 ff.
[127] Vgl. *Jacobs,* DStZ 2006, S. 654 ff.
[128] Siehe Gesetz über einen Warenumsatzstempel, RGBl. 1916, S. 641.
[129] Vgl. *Popitz/Kloss/Grabower,* Kommentar zum Umsatzsteuergesetz, 1928, S. 121.
[130] Gesetz über einen Warenumsatzstempel, RGBl. 1916, S. 640.
[131] Siehe Gesetz über einen Warenumsatzstempel, RGBl. 1916, S. 640.
[132] Siehe Gesetz über einen Warenumsatzstempel, RGBl. 1916, S. 643.

C. Umsatzsteuer ab 1918 – Bruttoumsatzsteuer

I. Steuergegenstand

Mit dem ersten Umsatzsteuergesetz von 1918 wurde erstmals eine allgemeine Verbrauchsteuer auf Waren und sonstige Leistungen eingeführt.[133] Die Ausweitung des Steuergegenstands auf sonstige Leistungen folgte aus der notwendigen Gleichstellung von Lieferungen und sonstigen Leistungen, da alle letztlich dem Verbrauch dienen.[134] Vor dem Hintergrund, dass zur Erzeugung aller Waren letztlich auch Dienstleistungselemente erforderlich sind und somit beim Verkauf dieser Waren diese enthaltene – weil eingepreiste – Wertschöpfung besteuert wird, war diese Erweiterung aus Gründen der Wettbewerbsneutralität erforderlich. Anderenfalls hätte der Anreiz bestanden, möglichst unverarbeitete Waren zu beziehen, um diese am Ende der Wertschöpfungskette selbst oder durch einen Dienstleister zum Enderzeugnis verarbeiten zu lassen. Hierdurch wäre bei einer mehrstufigen Wertschöpfungskette eine Mehrfachbesteuerung auf die Teile der Wertschöpfung, die auf Dienstleistungen beruht, vermieden oder zumindest minimiert worden. Dieser mögliche steuerliche Anreiz hätte zu einer Konzentration der Dienstleistungstätigkeiten am Ende der Wertschöpfungskette und damit zu Wettbewerbsverzerrungen führen können. Bei diesem Besteuerungssystem handelte es sich um eine Allphasen-Bruttoumsatzsteuer, die erst knapp 50 Jahre später zum 01.01.1968 durch die Allphasen-Nettoumsatzsteuer (Mehrwertsteuer) abgelöst werden sollte.[135]

Neben den entgeltlichen Lieferungen und sonstigen Leistungen wurde die Entnahme aus dem Betrieb durch den Unternehmer[136] als fiktiver Umsatz besteuert, wenn die Entnahme von Waren zu dem Zweck erfolgte, diese außerhalb der geschäftlichen Tätigkeit zu gebrauchen oder zu verbrauchen.[137] Ursächlich für die Einführung dieser Fiktion war die Sicherstellung der Besteuerung auf der letzten Stufe, die ansonsten entfallen wäre. Die Zielsetzung der Besteuerung von Entnahmen liegt in der steuerlichen Belastung von Gegenständen zum Gebrauch oder Verbrauch im Privatbereich. Eine Verwendung in anderen Betriebszweigen soll hingegen ausdrücklich nicht Gegenstand der Besteuerung sein.[138] Als fiktive Bemessungsgrundlage wurde der Betrag herangezogen, der am Orte und zur Zeit

---

[133] Umsatzsteuergesetz vom 26.07.1918, RGBl. 1918, S. 779.
[134] Vgl. Entwurf eines Umsatzsteuergesetzes 1918, RT-Drs. Nr. 1461, S. 22.
[135] Umsatzsteuergesetz (Mehrwertsteuer) vom 29.05.1967, BGBl. I 1967, S. 558.
[136] Der Begriff des Unternehmers wurde erst im § 2 UStG 1934 kodifiziert. Vgl. Umsatzsteuergesetz 1934 nebst Durchführungsbestimmungen vom 16.10.1934, RGBl. 1934 I, S. 942.
[137] § 1 Abs. 2 Umsatzsteuergesetz vom 26.07.1918, RGBl. 1918, S. 779.
[138] Vgl. Entwurf eines Umsatzsteuergesetzes 1918, RT-Drs. Nr. 1461, S. 29.

der Entnahme von Wiederverkäufern gezahlt zu werden pflegt.[139] Mithin wurde auf die Wiederbeschaffungskosten des Unternehmers und nicht auf die Preise, die ein Verbraucher zu zahlen gehabt hätte, abgestellt.

Um importierte Waren auf dem inländischen Markt nicht zu bevorzugen, sondern hinsichtlich der Umsatzsteuerbelastung gleichzustellen, wurden das Einbringen von Gegenständen in das Inland (Importe) ab 15.02.1932 mit einer Umsatzausgleichsteuer[140] belegt.[141] Die Bezeichnungen „Einfuhr" und „Einfuhrumsatzsteuer" wurden erst im Zuge des Nettoumsatzsteuersystems eingeführt.[142]

Ferner wurde bei Einführung der Umsatzsteuer ein erhöhter Steuersatz auf Luxusgegenstände erhoben.[143] Der erhöhte Steuersatz zielte auf den Verkauf von Luxusgegenständen an den Endverbraucher ab und betrug 10 %[144], was das Zwanzigfache des regulären Steuersatzes von 0,5 % darstellte.[145] Im Rahmen der Gesetzesbegründung wurde die Frage gestellt, ob nicht generell ein abgestufter Steuertarif in Frage komme. Aufgrund der Vielgestaltigkeit und der erforderlichen umfangreichen Systematisierung wurde jedoch davon abgesehen.[146] Eine Unterscheidung zwischen Gegenständen, die notwendigen Bedürfnissen dienen, zu Gegenständen, die einen überflüssigen Aufwand darstellen, den sich im Wesentlichen nur bemittelte Klassen der Gesellschaft leisten können, wurde jedoch in Form des erhöhten Steuersatzes für Luxusgüter vorgenommen.[147]

War eine derartige Unterscheidung zwischen gewöhnlichen Umsätzen und Umsätzen mit Luxusgegenständen unter dem Gesichtspunkt einer Belastung des Steuerträgers nach seiner individuellen Leistungsfähigkeit geboten? Hochpreisige Güter werden bereits durch die höhere Bemessungsgrundlage proportional höher belastet. Dies genügt dem Prinzip der horizontalen Steuergerechtigkeit, nach der sämtliche Güter proportional zum Preis gleichermaßen belastet werden. Wie begütert der Steuerträger (Verbraucher) ist, spielt dabei keine Rolle. Um eine vertikale Steuergerechtigkeit herzustellen, müsste darüber hinaus der individuellen Leistungsfähigkeit des Verbrauchers Rechnung getragen werden. Dafür würde grundsätzlich ein progressiver Tarif benötigt. Dies kann eine allgemeine Verbrauchsteuer in Form einer indirekten Steuer jedoch nicht leisten. Die Grund-

[139] § 1 Abs. 2 Umsatzsteuergesetz vom 26.07.1918, RGBl. 1918, S. 779.
[140] § 1 Nr. 4 Umsatzsteuergesetz vom 30.01.1932, RGBl. I 1932, S. 39.
[141] Vgl. auch *Ammann*, in: UmsatzsteuerForum e.V./Bundesministerium der Finanzen, Festschrift 100 Jahre Umsatzsteuer, 2018, S. 48.
[142] § 1 Nr. 3 Umsatzsteuergesetz (Mehrwertsteuer) vom 29.05.1967, BGBl. I 1967, S. 545.
[143] Die Luxussteuer wurde bereits mit dem UStG 1926 wieder aufgehoben, siehe: Umsatzsteuergesetz vom 08.05.1926, RGBl I 1926, S. 218.
[144] § 8 Umsatzsteuergesetz vom 26.07.1918, RGBl. 1918, S. 782.
[145] § 6 Umsatzsteuergesetz vom 26.07.1918, RGBl. 1918, S. 781.
[146] Vgl. Entwurf eines Umsatzsteuergesetzes 1918, RT-Drs. Nr. 1461, S. 23.
[147] Vgl. Entwurf eines Umsatzsteuergesetzes 1918, RT-Drs. Nr. 1461, S. 23.

annahme, dass leistungsfähigere Verbraucher tendenziell eher Luxusgüter konsumieren, scheint plausibel. Jedoch ändert dies nichts daran, dass Begüterte teilweise Luxusgüter meiden und weniger Begüterte Luxusgüter, z. B. aus Prestigegründen, erwerben.[148] Das individuelle Verhalten beim Verbrauch ist nicht nur eine Frage der persönlichen Leistungsfähigkeit, sondern auch der individuellen Präferenzen. Daher ist *Homburg* im Grundsatz zuzustimmen, dass die vertikale Steuergerechtigkeit im Rahmen eines Gesamtsteuersystems einfacher über die Steuern vom Einkommen und Ertrag erreicht werden kann.[149] Eine Steuersatzdifferenzierung, wie z. B. höhere Steuersätze für Luxusgüter, sollte daher kritisch betrachtet werden.

II. Steuersystem der Bruttoumsatzsteuer

1. Funktionsweise

a) Grundlegendes

Das Allphasen-Bruttoumsatzsteuersystem besteuerte im Grundsatz den Umsatz auf jeder Handelsstufe. Eine Entlastung von den Vorleistungen, wie sie durch den Abzug der Vorsteuer in einem Allphasen-Nettoumsatzsteuersystem gewährleistet ist, war generell nicht vorgesehen. Somit ist die faktische Bemessungsgrundlage der Umsatz*erlös* und nicht der um die Vorleistungen geminderte Umsatzerlös (*Ertrag*).

Abbildung 1 soll die Funktionsweise der Bruttoumsatzsteuer veranschaulichen. Das in der Abbildung dargestellte Beispiel ist stark vereinfacht, da die tatsächlichen Leistungsbeziehungen wesentlich vielschichtiger sind. Auch Urerzeuger beziehen Vorleistungen, die mit Umsatzsteuer belastet sein können und auf jeder Wertschöpfungsstufe werden im Regelfall eine Vielzahl von umsatzsteuerbelasteten Vorleistungen bezogen. Im Übrigen kann die Wertschöpfungskette abhängig vom Produkt deutlich länger sein. Dennoch ist das Beispiel geeignet, um grundlegende Wirkungen des Bruttoumsatzsteuersystems aufzuzeigen. Der für das Beispiel gewählte Steuersatz beträgt 1 % vom vereinnahmten Entgelt. Der Umsatzsteuerbetrag ist aus dem vereinnahmten Betrag herauszurechnen.[150]

---

[148] Vgl. *Homburg,* Allgemeine Steuerlehre, 2015, S. 201.

[149] Vgl. *Homburg,* Allgemeine Steuerlehre, 2015, S. 137 ff. u. S. 200 ff.

[150] Siehe hierzu z. B. § 6 des UStG 1918 Umsatzsteuergesetz vom 26.07.1918, RGBl. 1918, S. 781.

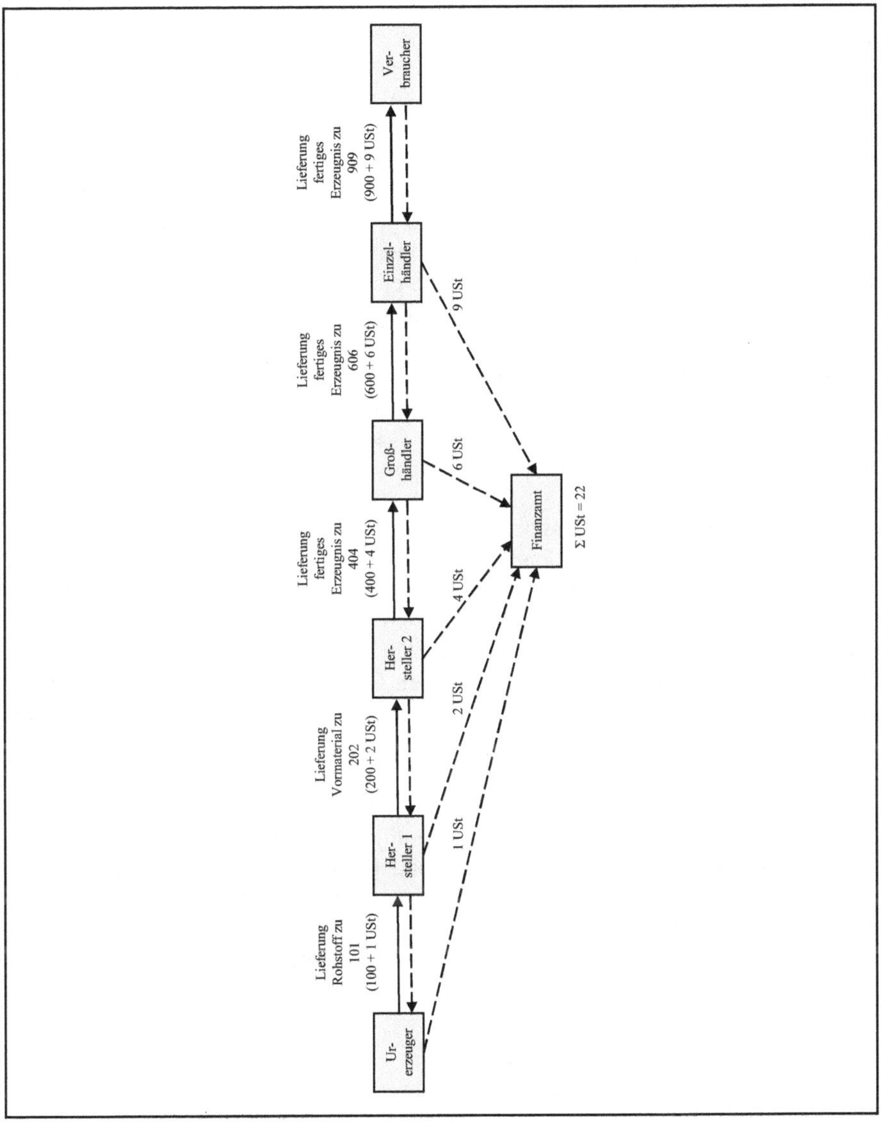

Abbildung 1: Beispiel zur Funktionsweise der Bruttoumsatzsteuer[151]

[151] Eigene Darstellung.

b) Auswirkung auf die Preisbildung

Auf jeder Handelsstufe fällt die Umsatzsteuer an, ohne dass der Unternehmer in der Lage ist, sich von der Umsatzsteuer, die bereits in den von ihm bezogenen Vorleistungen enthalten ist, zu entlasten. Somit stellt die Umsatzsteuer auf jeder Handelsstufe Kosten dar und der Unternehmer wird versuchen, diese Kosten auf seine Kunden überzuwälzen. Beim Warenumsatzstempel 1917 hatte die Einführung der Steuer – und das wohl zunächst übliche offene Ausweisen des Steuerbetrags – zu heftigen Verhandlungen zwischen Verkäufern und Käufern geführt, da keiner der Beteiligten bereit war, den Steuerbetrag zu tragen, was in ein gesetzliches Verbot des offenen Ausweises der Steuer mündete.[152] Ob der Unternehmer die auf den Nettobetrag entfallende Umsatzsteuer offen ausweist oder verdeckt im Rahmen der Preiskalkulation in den Verkaufspreis der Lieferung oder sonstigen Leistung einkalkuliert, ist wirtschaftlich nicht entscheidend.[153] Ein gesetzliches Verbot kann daher nicht ausschlaggebend dafür sein, wer die Steuer letztlich wirtschaftlich trägt, denn auch ohne offenen Ausweis ist der Leistungsempfänger in der Lage, die Steuer einfach zu berechnen, weshalb sich die formelle Steuerlast im Rahmen der Preisbildung auf Unternehmer (Steuerschuldner) und Leistungsempfänger verteilt.[154]

Der Unternehmer wird beim Angebot eines Guts[155], für das er als Steuerschuldner vom Verkaufspreis eine Steuer einbehalten und abführen muss, immer den (Netto-)Preis vor Augen haben, der ihm nach Abzug der Steuer, zur Deckung seiner Kosten und seines kalkulierten Gewinns verbleibt. Hingegen wird der Leistungsempfänger immer den von ihm zu bezahlenden (Gesamt- oder Brutto-)Preis für die Entscheidung für oder gegen den Bezug eines Guts heranziehen, unabhängig davon, ob ihm der darin enthaltene Steuerbetrag offengelegt ist. Generell ist davon auszugehen, dass bei Einführung einer Steuer auf ein Gut die umgesetzte Menge zurückgeht, der Bruttopreis, den die Leistungsempfänger zu bezahlen haben, steigt und der Nettopreis, der den Unternehmern nach Abzug der Steuer verbleibt, sinkt.[156] Diese Effekte sind bei einer allgemeinen Verbrauchsteuer wie der Umsatzsteuer geringer als bei besonderen Verbrauchsteuern auf spezielle Güter.[157] Da allgemeine Verbrauchsteuern alle angebotenen

---

[152] Vgl. Entwurf eines Gesetzes betreffend die Abwälzung 1917, RT-Drs. 808, S. 1570.

[153] Vgl. Entwurf eines Umsatzsteuergesetzes 1918, RT-Drs. Nr. 1461, S. 15.

[154] Zu diesem Ergebnis ist auch der Gesetzgeber 1918 gekommen, denn im UStG 1918 wurde das Abwälzungsverbot nicht in das Gesetz aufgenommen. Siehe hierzu auch Entwurf eines Umsatzsteuergesetzes 1918, RT-Drs. Nr. 1461, S. 38.

[155] Unter Gut bzw. Gütern sind sowohl materielle Güter als auch immaterielle Güter wie Dienstleistungen (sonstige Leistungen) zu verstehen.

[156] Vgl. *Homburg,* Allgemeine Steuerlehre, 2015, S. 97.

[157] Vgl. *Homburg*, Allgemeine Steuerlehre, 2015, S. 151.

Leistungen (Lieferungen und sonstige Leistungen) gleichermaßen treffen, wird sich die Steuer grundsätzlich in einem steigenden Marktpreis aller Güter wiederfinden. Ursächlich hierfür ist – bei Belastung der Güter mit demselben Steuersatz – das Ausbleiben von Substitutionseffekten. Den Verbrauchern fehlt der Anreiz zur Substitution, da potenzielle Substitutionsgüter ebenfalls der Steuer unterliegen. Dies wird bei der Umsatzsteuer als allgemeiner Verbrauchsteuer regelmäßig der Fall sein.[158] Mittelbar hingegen kann ein Ausweichen auf Güter mit einem geringeren Marktpreis oder generell ein Rückgang der nachgefragten Menge eines Guts die Folge sein, da der Leistungsempfänger aufgrund des Umstands, dass alle von ihm nachgefragten Güter mit Steuer belastet sind und er einen Teil dieser Steuerlast wirtschaftlich trägt, über ein vermindertes Gesamtbudget verfügt. Wie sich die Steuerlast auf den Unternehmer und den Leistungsempfänger[159] verteilt, ist letztlich von den Elastizitäten des Angebots und der Nachfrage abhängig.[160] Der mit Erhebung der Umsatzsteuer verbundene Umsatzrückgang bei den Unternehmen (verminderte, den Unternehmen verbleibende Nettoerlöse), ist nicht lediglich auf den von den Unternehmen zu tragenden Anteil an der formellen Steuerlast zurückzuführen, sondern zusätzlich auf die damit einhergehenden Zusatzlasten der Besteuerung. Diese äußern sich in einem Rückgang der Beschäftigung und führen folglich zu reduzierten Arbeitnehmer- und Lieferanteneinkommen.[161] Die materielle Steuerlast der Unternehmen (Steuerinzidenz) setzt sich aus dem von ihnen zu tragenden Anteil der formellen Steuerlast und der Zusatzlasten zusammen.[162] Zugleich geht die Erhebung der Umsatzsteuer mit einer Steigerung der von den Leistungsempfängern zu zahlenden Bruttopreise einher.[163] Auch diese Preissteigerung setzt sich aus dem Anteil der Leistungsempfänger an der formellen Steuerlast und den die Leistungsempfänger treffenden Zusatzlasten zusammen.

Der Gesetzgeber des UStG 1918 ging davon aus, dass eine Überwälzung der Steuer auf die nächste Handelsstufe im Regelfall gelingen werde und somit letztlich der letzte Abnehmer (Verbraucher) der wirtschaftliche Träger der Steuer sei. Die Umsatzsteuer belaste somit den Verbrauch.[164] Das Ausbleiben von unmittelbaren Substitutionseffekten und der zu Beginn relativ geringe Steuersatz spricht

[158] Entwurf eines Umsatzsteuergesetzes 1918, RT-Drs. Nr. 1461, S. 38.

[159] Der Leistungsempfänger ist im Bruttoumsatzsteuersystem, auch wenn er Unternehmer ist, gleichermaßen wie ein Verbraucher von der Steuer betroffen, da sie Bestandteil seines Einkaufspreises ist und eine Entlastung generell (Ausnahmen: Export, Sonderregelungen) nicht vorgesehen ist.

[160] Vgl. *Homburg,* Allgemeine Steuerlehre, 2015, S. 99.

[161] Vgl. *Schneider,* Grundzüge der Unternehmensbesteuerung, 1994, S. 64.

[162] Vgl. *Homburg,* Allgemeine Steuerlehre, 2015, S. 90 f.

[163] Vgl. *Schneider,* Grundzüge der Unternehmensbesteuerung, 1994, S. 64.

[164] Vgl. Entwurf eines Umsatzsteuergesetzes 1918, RT-Drs. Nr. 1461, S. 16.

zwar für diese These, letztlich sind jedoch auch bei einer allgemeinen Verbrauchsteuer die Elastizitäten des Angebots und der Nachfrage entscheidend dafür, wer die Steuerlast wirtschaftlich trägt. Denn Unternehmer haben im Regelfall einen Spielraum bei der Preisfindung, weshalb die Umsatzsteuer – wie dargestellt – zu steigenden Preisen sowie zu einem Rückgang der nachgefragten Mengen und somit zu einer Preisbeeinflussung auf den Märkten führen kann.[165]

Zusammenfassend kann festgestellt werden, dass die Bruttoumsatzsteuer auch aufgrund der fehlenden Entlastung für die bezogenen Vorleistungen (kein Vorsteuerabzug) zu einer Beeinflussung des Marktpreises zwischen den Unternehmern führte und somit keinesfalls neutral war.[166]

2. *Folgewirkungen aufgrund fehlender Neutralität der Umsatzsteuer*

a) Mehrfachbesteuerung der Umsätze der Vorstufen

Im System der Allphasen-Bruttoumsatzsteuer, bei der die Umsatzsteuer auf jeder Stufe anfällt, kommt es zu einer Kumulation der Steuer. Die formelle Steuerlast beträgt im Beispiel (siehe Abbildung 1) insgesamt 22 Geldeinheiten. Dies ist die Summe der Umsatzsteuer, die auf jeder Wertschöpfungsstufe auf den jeweiligen Erlös anfällt. Im Ergebnis unterliegt die Wertschöpfung der Vorstufen einer mehrfachen Besteuerung. Der maßgebliche Kumulationseffekt ist daher im Wesentlichen nicht darauf zurückzuführen, dass etwa Umsatzsteuer auf Umsatzsteuer erhoben wird, sondern darauf, dass die Wertschöpfung jeder Stufe auf den nachfolgenden Stufen erneut besteuert wird (Kaskadeneffekt). Im Beispielsfall führt dies zu einer Gesamtsteuerbelastung, die 2,42 % des Entgelts auf der letzten Wertschöpfungsstufe beträgt und entspricht somit dem 2,4-fachen des exemplarischen Steuersatzes von 1 %.[167] Zum Ende des Bruttoumsatzsteuersystems betrug die durchschnittliche Gesamtsteuerbelastung 10 % des Entgelts der letzten Wertschöpfungsstufe und entsprach somit dem 2,5-fachen des zugrunde liegenden Steuersatzes von 4 %.[168] Setzt man das Umsatzsteueraufkommen des

---

[165] Vgl. zur Nettoumsatzsteuer *Schreiber/Kahle/Ruf,* Besteuerung der Unternehmen, 2021, S. 214.

[166] Vgl. zur Problematik der Überwälzbarkeit und der Belastung der Unternehmen *Schmölders*, in: Gerloff, Handbuch der Finanzwissenschaft Bd. 2, 1956b, S. 569 f.

[167] Die Annahme, dass es je Wertschöpfungsstufe zu einer Multiplikation des nominalen Steuersatzes kommt, ist somit nicht zutreffend. Siehe hierzu *Birkenfeld,* UR 1993, S. 322, dort Fn. 24.

[168] Im Entwurf des UStG 1967 war statt von einer durchschnittlichen Gesamtsteuerbelastung von einer durchschnittlichen Endbelastung die Rede. Dieser Begriff ist vermutlich auf die Annahme zurückzuführen, dass die Überwälzung der Steuer auf jeder Stufe vollumfänglich erfolgen konnte und der Endverbraucher die Endbelastung (Verbrauchsbelastung) wirtschaftlich trägt. Siehe Entwurf eines UStG, BT-Drs. IV/1590, 30.10.1963, S. 20.

Jahres 1962 von 19,2 Mrd. DM mit dem privaten Verbrauch von 190 Mrd. DM ins Verhältnis, so wird die durchschnittliche Gesamtsteuerbelastung von ca. 10 % bestätigt.[169]

b) Systeminheränte Grenzen des Steuersatzes

Der historische Gesetzgeber hat auf die Gefahr, die ein zu hoher Steuersatz birgt, bereits im Gesetzesentwurf hingewiesen.[170] Mit steigendendem Steuersatz steigt auch die wirtschaftliche Steuerbelastung des Unternehmers, da der Marktmechanismus dem Überwälzungswillen des Unternehmers faktisch Grenzen setzt. Ursächlich hierfür ist der Kaskadeneffekt, der bei einer Anhebung des Steuersatzes um einen Prozentpunkt faktisch zu einer Erhöhung von ca. zweieinhalb Prozentpunkten führt. Die unerwünschte Beeinflussung der Marktpreise zwischen den Unternehmen, also vor der Einzelhandelsstufe, nimmt mit einem steigenden Steuersatz zu. Bei zunehmender Steuerlast ist davon auszugehen, dass die Leistungsempfänger immer weniger bereit sein werden, die Verteuerung der Produkte durch die Steuer zu tragen.[171] In der Folge ist ein Rückgang der nachgefragten Menge zu erwarten, welche den Unternehmer zwingt, seine Preise auf Kosten seiner Gewinnspanne zu senken. Zudem wirken sich mit zunehmendem Steuersatz die Zusatzlasten der Besteuerung[172] (Beschäftigungsrückgang verbunden mit reduzierten Arbeitnehmer- und Lieferanteneinkommen) verschärfend aus. Die vom Gesetzgeber vorgesehene Überwälzung wurde zunehmend zu einem Problem.[173] Je weniger die Überwälzung gelingt, desto mehr verliert die Umsatzsteuer ihren Charakter als allgemeine Verbrauchsteuer und wandelt sich entgegen ihrer Zielsetzung zur Unternehmenssteuer.[174]

Die Erhöhungen des Steuersatzes auf 3 % im Jahr 1946 und auf 4 % im Jahr 1951 machten weitere Sonderregelungen für einige Wirtschaftszweige erforderlich, um die wettbewerbsverzerrenden Wirkungen abzumildern.[175] Derartige Maßnahmen erschweren die Administrierbarkeit der Umsatzsteuer sowohl auf Seiten der Unternehmer als auch der Finanzverwaltung und stellen mithin keine zufriedenstellenden Lösungen dar, sondern führen zu unerwünschten zusätzlichen Kosten der Steuerentrichtung und Steuererhebung. Vielmehr wies die Vielzahl von Regelungen, die der Abmilderung von wettbewerbsverzerrenden Effekten diente, darauf hin, dass das gewählte Steuersystem unter inhärenten

[169] Vgl. *Böhm/Frickhöfer/Wesemann,* Politische Wegbereiter der Mehrwertsteuer, 1967, S. 120.
[170] Vgl. Entwurf eines Umsatzsteuergesetzes 1918, RT-Drs. Nr. 1461, S. 17.
[171] Vgl. Entwurf eines Umsatzsteuergesetzes 1918, RT-Drs. Nr. 1461, S. 15.
[172] Vgl. *Schneider,* Grundzüge der Unternehmensbesteuerung, 1994, S. 64.
[173] Vgl. *Popitz/Kloss/Grabower,* Kommentar zum Umsatzsteuergesetz, 1928, S. 5 f.
[174] Vgl. *Schmölders*, in: Gerloff, Handbuch der Finanzwissenschaft Bd. 2, 1956b, S. 588.
[175] Vgl. *Klenk*, in: 50 Jahre Steuerreformen in Deutschland, 2003, S. 161.

Schwächen litt und von Grunde auf reformiert werden sollte. Im Bundesfinanzministerium war man sich im Jahr 1954 der Nachteile des Systems zwar bewusst, hatte diese als jedoch nicht so schwerwiegend eingestuft, sodass ernsthafte Reformbemühungen zunächst ausblieben.[176]

c) Beeinträchtigung des internationalen Wettbewerbs

Exportierte Waren wurden von der Besteuerung ausgenommen.[177] Durch diese Steuerbefreiung wurde zwar die Wertschöpfung des exportierenden Unternehmens nicht mit Umsatzsteuer belastet, jedoch lastete auf den zu exportierenden Waren die Umsatzsteuer, die auf den Exporteur von den vorangehenden Handelsstufen übergewälzt und somit Preisbestandteil der exportierten Ware wurde. Ohne weitere Maßnahmen, die die zu exportierenden Waren von dieser Steuerlast zumindest teilweise entlasten, wären deutsche Waren im internationalen Wettbewerb benachteiligt gewesen. Eine exakte Entlastung war unmöglich, da schon die Zahl der Handelsstufen sowie die Steuerlast je Vorhandelsstufe nicht ermittelt werden konnten und mithin nur eine Schätzung möglich war.[178]

Man behalf sich zunächst mit einer sog. Ausfuhrhändlervergütung und entlastete die Ware zumindest von der Umsatzsteuer, die auf der unmittelbar vorangehenden Handelsstufe angefallen war. Ab 1932 trat die Ausfuhrvergütung hinzu, die es exportierenden Unternehmern ermöglichte, einen pauschalen Prozentsatz des von ihnen für ihre Exporte vereinnahmten Entgelts vergütet zu bekommen.[179] Im Prinzip handelte es sich um eine Art pauschalen „Vorsteuerabzug", der jedoch niemals eine exakte und damit – wohl in den meisten Fällen – auch keine vollständige Entlastung sicherstellen konnte. Mithin stand diese Art der Entlastung in der Kritik, eine ausfuhrhemmende Wirkung zu haben.[180] Denn deutsche Unternehmer waren im internationalen Wettbewerb aufgrund einer nicht konkret quantifizierbaren, jedoch dem Preis jeder Ausfuhrware innewohnenden Umsatzsteuerlast gegenüber Unternehmern aus anderen exportierenden Ländern benachteiligt.[181]

---

[176] Vgl. Denkschrift über eine Änderung des UStG, BT-Drs. 2/1924, S. 6.

[177] Vgl. § 2 Nr. 1 UStG Umsatzsteuergesetz vom 26.07.1918, RGBl. 1918, S. 780.

[178] Vgl. Entwurf eines Umsatzsteuergesetzes 1918, RT-Drs. Nr. 1461, S. 17.

[179] Vgl. Verordnung über Umsatzsteuervergütung vom 28.11.1932, RGBl. I 1932, S. 536.

[180] Vgl. *Ammann*, in: UmsatzsteuerForum e.V./Bundesministerium der Finanzen, Festschrift 100 Jahre Umsatzsteuer, 2018, S. 47 f.

[181] *Schmölders*, FA 1963, S. 58.

d) Förderung der Unternehmenskonzentration

Die Steuerkumulation führte zu einer Begünstigung von Unternehmungen, die mehrere Wertschöpfungsstufen in sich vereinten und schaffte mithin den Anreiz zur vertikalen Unternehmenskonzentration.[182] Sobald ein Unternehmen mehrere Wertschöpfungsstufen in sich vereinte, z. B. indem es aus Rohstoffen die für das Endprodukt erforderlichen Vormaterialien selbst herstellte, aus diesen Vormaterialien das Endprodukt selbst fertigte und direkt ohne Zwischenhändler an die Endkunden vertrieb, sparte es sich die Umsatzsteuerlast, die angefallen wäre, wenn die jeweiligen Wertschöpfungsstufen auf verschiedene Unternehmen verteilt gewesen wären. Bei Konzentration der gesamten Wertschöpfungskette innerhalb eines Unternehmens ist hier nur einmal auf die gesamte Wertschöpfung Umsatzsteuer angefallen, während bei einer Verteilung auf mehrere Unternehmen auf jeder Stufe die dortige Wertschöpfung und die Wertschöpfung der Vorstufen mit Umsatzsteuer belastet wurde. So wurden einstufige Unternehmen gegenüber Unternehmen, die mehrere Wertschöpfungsstufen in sich vereinten (mehrstufige Unternehmen), benachteiligt.[183]

Eine vertikale Unternehmenskonzentration konnte nicht nur durch die Vereinigung mehrerer Wertschöpfungsstufen unter dem Dach einer Rechtseinheit erfolgen, sondern auch unter dem durch die Rechtsprechung des Reichsfinanzhofs geschaffenen Rechtsinstitut der umsatzsteuerlichen Organschaft.[184] Eine umsatzsteuerliche Organschaft lag demnach vor, wenn eine juristische Person dem Willen eines Unternehmers derart untergeordnet ist, dass sie keinen eigenen Willen hat.[185] Dies führte unvermeidlich zu einer weiteren Begünstigung von Unternehmensgruppen, wenn mehrere Gruppenunternehmen im Zuge der Rechtsfolge der umsatzsteuerlichen Organschaft als ein umsatzsteuerliches Unternehmen angesehen wurden und folglich die Innenumsätze zwischen den Gruppenunternehmen nicht der Umsatzsteuer unterlagen. Die vertikale Unternehmenskonzentration führte mit zunehmendem Steuersatz zu signifikanten Wettbewerbsverzerrungen. Bereits bei der Begründung des Gesetzesentwurfs des UStG 1918 wurde erkannt, dass der Steuersatz bei einer kumulativen Umsatzsteuer Grenzen hat.[186] Die Umsatzsteuer sollte nach den Vorstellungen des Ge-

---

[182] Vgl. *Juretzek,* DStZ/A 1967, S. 171; *Müller,* DStZ/A 1966, S. 290.

[183] Vgl. BVerfG, Urteil v. 06.05.1964, 1 BvR 320/57, 1 BvR 70/63, BVerfGE 18, S. 1; BVerfG, Urteil v. 20.12.1966, 1 BvR 320/57, 70/63, Mangel an Wettbewerbsneutralität, BVerfGE 21, S. 12

[184] RFH, Urt. v. 26.09.1927, RFHE 22, S. 69.

[185] Das Rechtsinstitut der umsatzsteuerlichen Organschaft wurde erstmals 1934 kodifiziert. Siehe Umsatzsteuergesetz 1934 nebst Durchführungsbestimmungen vom 16.10.1934, RGBl. 1934 I, S. 942.

[186] Vgl. Entwurf eines Umsatzsteuergesetzes 1918, RT-Drs. Nr. 1461, S. 15.

setzgebers möglichst keine Lenkungswirkung entfalten, sondern vielmehr neutral und nicht ausschlaggebend für oder gegen bestimmte wirtschaftliche Entwicklungen sein.[187]

Die Problematik unerwünschter Lenkungswirkungen einer kumulativ wirkenden Umsatzsteuer und die damit einhergehende Wettbewerbsverzerrung waren evident. Der historische Gesetzgeber suchte nach Lösungen, um diese unerwünschten Effekte zu beseitigen, scheiterte jedoch an der fehlenden Effizienz, die bei einer fiktiven Umsatzbesteuerung von mehrstufigen Betrieben auf der Hand lag.[188] Der Vorschlag der fiktiven Umsatzbesteuerung sah zur Herstellung der Wettbewerbsgleichheit zwischen Betrieben, die mehrere Produktionsstufen in sich vereinten, und Betrieben, die nur eine Produktions-/Vertriebsstufe beinhalteten, vor, dass die Betriebe mit mehreren Produktionsstufen mit einer fiktiven Umsatzsteuerlast belegt werden sollten.[189]

Es war nur eine Frage der Zeit, wann die unerwünschten Wirkungen eine Tragweite erreichen, die die Wettbewerbsfähigkeit in einer Weise beeinträchtigen, die verfassungsrechtlich nicht mehr tragbar war. Dies hat das Bundesverfassungsgericht hinsichtlich der Zulässigkeit der Verfassungsbeschwerde festgestellt, in dem es einräumte, dass der gezahlte Umsatzsteuerbetrag bei Unternehmern Teil ihrer Selbstkosten bildet und dass einstufige Unternehmer mit höheren Selbstkosten belastet sind. Daher sind diese im Wettbewerb gegenüber mehrstufigen Unternehmen oder Unternehmensgruppen, die unter die Regelung der umsatzsteuerlichen Organschaft fallen, benachteiligt.[190]

e) Regelungen zur Linderung unerwünschter Wirkungen

aa) Geschäftsveräußerung im Ganzen

In der Gesetzesbegründung des UStG 1918 wurde bereits dargelegt, dass der Verkauf eines Unternehmens im Ganzen generell nicht als eine der Leistungen anzusehen sei, die unter das Tatbestandsmerkmal der geschäftlichen Tätigkeit falle.[191] Die Ausnahme der Geschäftsveräußerung im Ganzen von der Besteuerung sollte eine Steuerkumulation verhindern, die letztlich zu Wettbewerbsnachteilen bei Betriebsübernahmen geführt hätte.

---

[187] Vgl. Entwurf eines Umsatzsteuergesetzes 1918, RT-Drs. Nr. 1461, S. 18.
[188] Vgl. Entwurf eines Umsatzsteuergesetzes 1918, RT-Drs. Nr. 1461, S. 18.
[189] Ab 1951 wurde eine branchenübergreifende Zusatzsteuer eingeführt. Vgl. § 8 UStG 1951 i. V. m. § 58 UStDB 1951. (Umsatzsteuergesetz vom 01.09.1951, BGBl. I 1951, S. 944, 958).
[190] BVerfG, Urteil v. 06.05.1964, 1 BvR 320/57, 1 BvR 70/63, BVerfGE 18, S. 1. Zu diesem Zeitpunkt waren die Vorbereitungen zum Systemwechsel im Rahmen der europäischen Integration bereits im Gange.
[191] Vgl. Entwurf eines Umsatzsteuergesetzes 1918, RT-Drs. Nr. 1461, S. 28.

bb) Ausnahmen von der Besteuerung

§ 2 UStG hat bestimmte Umsätze von der Besteuerung ausgenommen, also festgelegt, dass diese Umsätze außerhalb des Anwendungsbereichs des UStG stehen und mithin nicht steuerbar sind.[192] Neben der bereits oben genannten Befreiung von Waren des Exports fallen hierunter insbesondere Umsätze, die heute weiterhin als unechte Steuerbefreiungen nicht der Umsatzsteuer unterliegen.[193] Insbesondere die Kreditgewährung, die Vermietung und Verpachtung von Grundstücken sowie die Gewährung von Versicherungsschutz sind hier exemplarisch zu nennen.

cc) Steuerbefreiungen

§ 3 UStG 1918 regelt hingegen die Steuerbefreiung von Umsätzen, die unter das UStG fallen, also steuerbar sein können, jedoch von der Steuer befreit werden.[194] Hierunter fällt auch die Befreiung der Kleinunternehmer von der Besteuerung. Diese dient lediglich der Verwaltungsvereinfachung, da eine Erfassung und Veranlagung von kleinen Betrieben mehr Kosten verursacht als Steueraufkommen generiert würde. Die Begründung der Ausnahme der Kleinunternehmer ist konsequent und fördert die Wettbewerbsgleichheit. Denn eine allgemeine Verbrauchsteuer soll in Wettbewerb stehende Leistungen gleichermaßen belasten. Das gebietet einerseits die Gleichbehandlung der untereinander in Wettbewerb stehenden Unternehmer und andererseits eine gleichmäßige Belastung der Verbraucher, die diese Leistungen beziehen. Eine Betrachtung der Unternehmungen und der Verbraucher sind zwingend erforderlich, da sich beide Gruppen die Steuerlast teilen.[195]

dd) Weitere Maßnahmen

In § 4 UStG 1918 wurde eine Regelung zur Vermeidung des Kumulationseffekts bei Reihengeschäften getroffen.[196] Bei einem Reihengeschäft handelt es sich um mehrere aufeinanderfolgende Umsatzgeschäfte, bei denen der Liefergegenstand

---

[192] Entwurf eines Umsatzsteuergesetzes 1918, RT-Drs. Nr. 1461, S. 1.

[193] Bei unechten Steuerbefreiungen ist die Vorsteuer auf Eingangsleistungen, die in einem direkten und unmittelbaren Zusammenhang mit den steuerbefreiten Ausgangsleistungen stehen, nicht abzugsfähig (§ 15 Abs. 2 Nr. 1 UStG vom 21.02.2005 BGBl. I S. 386; geändert durch Artikel 3 G. v. 21.12.2019, BGBl. I S. 2886). Im Gegensatz zur ursprünglichen Regelung handelt es sich nun um steuerbare, jedoch steuerbefreite Vorgänge.

[194] Entwurf eines Umsatzsteuergesetzes 1918, RT-Drs. Nr. 1461, S. 2.

[195] Vgl. Entwurf eines Umsatzsteuergesetzes 1918, RT-Drs. Nr. 1461, S. 32.

[196] Vgl. Entwurf eines Umsatzsteuergesetzes 1918, RT-Drs. Nr. 1461, S. 20.

unmittelbar vom ersten Unternehmer zum letzten Abnehmer gelangt.[197] Der Endabnehmer bestellt bei einem Unternehmer, der wiederum denselben Gegenstand bei seinem Lieferanten bestellt. Diese Kette kann theoretisch beliebig lang sein. Gerade im Fall eines Reihengeschäfts wäre die kumulierte Steuerbelastung verhältnismäßig hoch ausgefallen, da sich der Verkaufspreis auf den einzelnen Stufen mangels signifikanter Wertschöpfung nicht wesentlich unterschieden hätte und somit eine Multiplikation der Steuerbelastung eingetreten wäre.[198] Dieser – oben beschriebene – Kaskadeneffekt, der bei solchen Geschäften offensichtlich eingetreten wäre, wurde dadurch beseitigt, indem nur das Umsatzgeschäft mit Umsatzsteuer belastet wurde, welches dem Erwerber den unmittelbaren Besitz übertrug. Ähnlich verhielt es sich bei Lieferungen mittels Traditionspapieren wie Konnossement, Ladeschein oder Lagerschein. Bei diesen Geschäften ergibt sich wie beim Reihengeschäft in der Regel keine wesentliche Wertschöpfung, da jeweils durch Übertragung des Papiers die darin genannte Ware den Eigentümer wechselt. Der Kaskadeneffekt wurde dadurch vermieden, dass nur das Umsatzgeschäft mit Umsatzsteuer belastet wurde, das durch den ersten inländischen Inhaber des Papiers bewirkt wurde.[199]

Kosten für die Versendung und Versicherung von Waren wurden von der Bemessungsgrundlage für die Lieferung von Waren ausgenommen, soweit diese lediglich die Kosten des Veräußerers deckten.[200]. Diese Regelung diente ebenfalls der Vermeidung der Steuerbelastung. Denn der leistende Unternehmer wird sich regelmäßig Dritter bedienen, um für ihn die Versendung und Versicherung der Ware zu besorgen. Beförderungen von Gütern und Versicherungen waren gem. § 2 UStG 1918 von der Besteuerung ausgenommen und wären ohne diese Regelung – sofern sie als Teil des Entgelts für die Lieferung von Waren angesehen worden wären – mit Umsatzsteuer belastet worden.[201]

Zur Abschwächung der Kumulationswirkungen und daraus folgenden Wettbewerbsbeeinträchtigungen wurden mit dem UStG 1934 weitere Maßnahmen eingeführt:[202]

- Die Umsätze des Großhandels unterlagen grundsätzlich einer ermäßigten Besteuerung.[203]

---

[197] Vgl. Umsatzsteuergesetz vom 26.07.1918, RGBl. 1918, S. 781.
[198] Entwurf eines Umsatzsteuergesetzes 1918, RT-Drs. Nr. 1461, S. 2.
[199] Entwurf eines Umsatzsteuergesetzes 1918, RT-Drs. Nr. 1461, S. 2.
[200] Vgl. Entwurf eines Umsatzsteuergesetzes 1918, RT-Drs. Nr. 1461, S. 33 f.
[201] Entwurf eines Umsatzsteuergesetzes 1918, RT-Drs. Nr. 1461, S. 3.
[202] Vgl. *Stadie,* MwStR 2018, S. 906.
[203] Vgl. § 7 Abs. 3 Umsatzsteuergesetz 1934 nebst Durchführungsbestimmungen vom 16.10.1934, RGBl. 1934 I, S. 944.

- Die Lieferung von notwendigen Rohstoffen und Halberzeugnissen im Großhandel wurden, da diese im Regelfall in Fertigerzeugnisse einfließen, die bei Verkauf ihrerseits der Umsatzsteuer unterliegen, von der Umsatzsteuer befreit.[204]
- Zudem erfolgten Maßnahmen für einstufige Unternehmen, um die wettbewerbsverzerrenden Nachteile gegenüber mehrstufigen Unternehmern auszugleichen. Hierbei handelte es sich zum einen um eine Art Vorsteuerabzug, der es dem Unternehmer ermöglichte, die Umsatzsteuer, die auf einem von ihm gezahlten Veredelungslohn lastete, von seiner eigenen Steuerlast zu kürzen.[205] Ferner wurden mehrstufige Unternehmen, also Unternehmen, die Ware herstellen und diese im Einzelhandel veräußern (zunächst im Rahmen der Textilindustrie[206] und ab 1951 branchenunabhängig), mit einer Zusatzsteuer belegt.[207]

Letztere Regelung hingegen wurde vom Bundesverfassungsgericht aufgrund ihrer Verfassungswidrigkeit als nichtig verworfen.[208] Die Ermächtigung war nicht hinreichend bestimmt genug, da sie den Verordnungsgeber zwar ermächtigte, jedoch nicht ausdrücklich verpflichtete, allgemein Maßnahmen zum Ausgleich zu treffen. Die erforderliche Bestimmtheit hätte vorausgesetzt, dass für sämtliche Wirtschaftsbereiche eine Unterscheidung durchgeführt hätte werden müssen, unter welchen Voraussetzungen einstufige bzw. mehrstufige Unternehmen vorliegen. Im nächsten Schritt wäre festzulegen gewesen, wie die unterschiedlichen Umsatzsteuerbelastungen zu bestimmen sind und auf welche Weise ein Ausgleich dieser unterschiedlichen Belastungen erreicht werden kann.[209] Die Nichtigkeit der Norm beruhte zwar darauf, dass dem Verordnungsgeber mangels Bestimmtheit der Ermächtigungsnorm § 8 UStG 1951 zu große Kompetenzen eingeräumt wurden und ihm so eine Aufgabe der Legislative zugewiesen wurde, die dem Verordnungsgeber aufgrund der Gewaltenteilung nicht zusteht. Jedoch zeigt diese Regelung exemplarisch die Systemschwächen des Bruttoumsatzsteuersystems auf. Sie war geschaffen worden, um der dem System innewohnenden

---

[204] Vgl. § 4 Nr. 4 Umsatzsteuergesetz 1934 nebst Durchführungsbestimmungen vom 16.10.1934, RGBl. 1934 I, S. 943.

[205] Vgl. § 8 UStG 1934 i.V.m. § 56 UStDB 1934 Umsatzsteuergesetz 1934 nebst Durchführungsbestimmungen vom 16.10.1934, RGBl. 1934 I, S. 944, 959.

[206] Vgl. § 8 UStG 1934 i.V.m. § 54 UStDB 1934 Umsatzsteuergesetz 1934 nebst Durchführungsbestimmungen vom 16.10.1934, RGBl. 1934 I, S. 944, 958.

[207] Vgl. § 8 UStG 1951 i.V.m. § 58 UStDB 1951 Umsatzsteuergesetz vom 01.09.1951, BGBl. I 1951, S. 808.

[208] Vgl. BVerfG, Urteil v. 05.03.1958, 2 BvL 18/56, Ausgleich verschiedener Umsatzsteuerbelastung, BVerfGE 7, S. 282.

[209] Vgl. BVerfG, Urteil v. 05.03.1958, 2 BvL 18/56, Ausgleich verschiedener Umsatzsteuerbelastung, BVerfGE 7, S. 282.

Förderung der Unternehmenskonzentration entgegenzuwirken und die wettbewerbsverzerrenden Effekte mit der Zielsetzung zu beseitigen, eine wettbewerbsneutrale Besteuerung zu erreichen. Wäre die Ermächtigungsnorm ehemals bestimmt genug ausgestaltet worden, so wäre sie nicht für nichtig erklärt worden. Dies ändert jedoch nichts daran, dass die Zusatzsteuer auch in diesem Fall eine komplizierte und somit schwer administrierbare Regelung gewesen wäre. Es mutet wie eine Behandlung von Symptomen an. Denn die durch diese Regelung gewonnene Wettbewerbsgleichheit und somit Wettbewerbsneutralität wurde mit einem Mangel an Effizienz des Steuersystems erkauft, anstatt dessen strukturimmanente Ursachen durch strukturelle Reformen zu beseitigen.[210]

D. Umsatzsteuer ab 1967 – Systemwechsel zur Mehrwertsteuer

I. Ursachen des Systemwechsels

Die eigentliche Ursache des Systemwechsels beruht auf der Überwälzung der Umsatzsteuer, denn das Funktionieren der Umsatzsteuer ist darauf angewiesen, dass die Überwälzung auf den Verbraucher gelingt.[211] Soweit die Überwälzung auf den Verbraucher nicht gelingt, belastet die Umsatzsteuer den Unternehmer. Bei der Bruttoumsatzsteuer stellte sich diese Problematik nicht erst auf der letzten Stufe, da sie sich ebenso auf die Preisbildung zwischen den Unternehmern auswirkt.[212] Der Kumulationseffekt, der daraus entstehende Fehlanreiz zur Unternehmenskonzentration und die Nachteile im internationalen Wettbewerb machten eine grundlegende Reform erforderlich. Diese unerwünschten Effekte waren allesamt auf die fehlende Neutralität der Bruttoumsatzsteuer zurückzuführen, da sie den Preis und damit das Verhalten der Unternehmer beeinflussten. Die europäische Integration[213] und die drohende Verfassungswidrigkeit, die sich durch die Rechtsprechung des Bundesverfassungsgerichts bereits abzeichnete,[214]

[210] Vgl. hierzu *Weiss,* UR 1993, S. 330, der diese Regelungen als Reparatur- bzw. Korrekturgesetzgebung bezeichnet.
[211] Vgl. *Popitz/Kloss/Grabower,* Kommentar zum Umsatzsteuergesetz, 1928, S. 8; *Schmölders,* in: Gerloff, Handbuch der Finanzwissenschaft Bd. 2, 1956b, S. 588.
[212] Siehe hierzu Kapitel 2: Abschnitt C. II. 2. a).
[213] Vgl. *Müller,* DStZ/A 1966, S. 292; *Weiss,* UR 1993, S. 329.
[214] Vgl. BVerfG, Urteil v. 05.03.1958, 2 BvL 18/56, Ausgleich verschiedener Umsatzsteuerbelastung, BVerfGE 7, 282; BVerfG, Urteil v. 06.05.1964, 1 BvR 320/57, 1 BvR 70/63, BVerfGE 18, 1; BVerfG, Urteil v. 20.12.1966, 1 BvR 320/57, 70/63, Mangel an Wettbewerbsneutralität, BVerfGE 21, S. 12.

waren Beschleuniger der Reformbestrebungen und nicht deren Auslöser. Vereinzelt wurden auch innerstaatliche Gründe als eigentlicher Motor der Steuerreform angeführt.[215] Im Ergebnis spielt dies keine Rolle. Unabhängig vom Urheber der Reformen war das Bruttoumsatzsteuersystem aufgrund seiner fehlenden Neutralität wettbewerbsverzerrend und führte zu Ungleichbehandlungen. Aufgrund dessen wäre es nicht geeignet gewesen, im Rahmen der europäischen Integration mit dem Ziel eines gemeinsamen Marktes zu bestehen.

II. Harmonisierung der Umsatzsteuer im Zuge der europäischen Integration

Eines der Ziele im Vertrag über die Gründung der Europäischen Wirtschaftsgemeinschaft war die Herstellung eines Systems, das den Wettbewerb innerhalb des Gemeinsamen Marktes vor Verfälschungen schützt.[216] Im Zuge der Errichtung eines gemeinsamen Marktes bestand somit Einigkeit über das Erfordernis einer Umsatzsteuer, die den Wettbewerb möglichst nicht beeinflusst, also vielmehr neutral ist und somit keine Fehlanreize schafft. Im Mittelpunkt stand die Schaffung von Rahmenbedingungen, die den freien Waren-, Dienstleistungs-, Kapital- und Personenverkehr ermöglichen sollten. Ferner war sicherzustellen, dass mit fortschreitender Entwicklung des Gemeinsamen Marktes der freie Wettbewerb nicht durch steuerliche Maßnahmen zu Lasten der vorteilhaftesten Arbeitsteilung verfälscht wird.[217] Aufgrund ihres integrationsfördernden Charakters (Förderung der vertikalen Unternehmenskonzentration) beeinflussten die in einigen Mitgliedstaaten bestehenden Bruttoumsatzsteuersysteme das freie Spiel der Märkte, indem sie für bereits integrierte Unternehmen vorteilhaft waren. Hieraus wurde geschlossen, dass die Bruttoumsatzsteuersysteme eine Hürde für die industrielle Spezialisierung und damit für den Fortschritt sowie die Produktivität darstellten.[218] Die zu Prüfungszwecken gebildeten Arbeitsgruppen hinsichtlich der Möglichkeiten einer Umsatzsteuerharmonisierung für die Mitgliedstaaten sind daher zu dem Ergebnis gekommen, dass die Kaskadensteuern beseitigt wer-

---

[215] *Juretzek,* DStZ/A 1966, S. 295; *Juretzek,* DStZ/A 1967, S. 174.

[216] Art. 3 Buchstabe f desVertrags zur Gründung der Europäischen Wirtschaftsgemeinschaft vom 25.03.1957, S. 15.

[217] Vgl. Vorschlag der Kommission für eine RL zur Harmonisierung der Umsatzsteuern vom 17.12.1962, BT-Drs. IV, S. 2; vgl. *Juretzek,* DStZ/A 1967, S. 171.

[218] Vgl. Vorschlag der Kommission für eine RL zur Harmonisierung der Umsatzsteuern vom 17.12.1962, BT-Drs. IV, S. 4.

den müssen. Sie beeinträchtigten das Funktionieren des Gemeinsamen Markts und seien somit ungeeignet.[219]

Eine Wettbewerbsneutralität bei der Umsatzbesteuerung kann nur dann erreicht werden, wenn die Abgaben – die Kostenbestandteile der Ware werden – für die einzelnen Produkte innerhalb der Gemeinschaft gleich hoch sind.[220] Durch ein Mehrwertsteuersystem, also eine Allphasen-Nettoumsatzsteuer mit Vorsteuerabzug, kann dieses Erfordernis erfüllt werden, da sich die Umsatzsteuer aufgrund des Vorsteuerabzugs grundsätzlich nicht auf die Preisbildung zwischen den Unternehmen auswirkt. Lediglich auf der letzten Handelsstufe, der Erbringung von Leistungen an den Verbraucher, tritt eine Kostenbelastung ein.

Zur Harmonisierung der Rechtsvorschriften der Mitgliedstaaten über die Umsatzsteuer hat der Rat zwei Richtlinien erlassen. Aus den Erwägungsgründen der Ersten Richtlinie sind die beiden folgenden, weil maßgebenden, Aspekte besonders hervorzuheben:

> „Die größte Einfachheit und Neutralität eines Mehrwertsteuersystems wird erreicht, wenn die Steuer so allgemein wie möglich erhoben wird und wenn ihr Anwendungsbereich alle Produktions- und Vertriebsstufen sowie den Bereich der Dienstleistungen umfaßt; es liegt folglich im Interesse des Gemeinsamen Marktes und der Mitgliedstaaten, ein gemeinsames System anzunehmen, das auch auf den Einzelhandel Anwendung findet.“[221]

> „[...] eine Wettbewerbsneutralität in dem Sinne bewirken, daß gleichartige Waren innerhalb der einzelnen Länder ungeachtet der Länge des Produktions- und Vertriebswegs steuerlich gleich belastet werden und daß im grenzüberschreitenden Handelsverkehr die steuerliche Belastung der Waren bekannt ist, damit ein genauer Ausgleich dieser Belastung vorgenommen werden kann [...]“[222]

Kernaspekte des Mehrwertsteuersystems sind somit ein breiter Anwendungsbereich, eine steuerlich gleiche Belastung von gleichartigen Waren und eine Steuerentlastung im grenzüberschreitenden Handelsverkehr.

In der Ersten Richtlinie wurde festgehalten, dass die Mitgliedstaaten ihre derzeitigen Umsatzsteuersysteme durch ein gemeinsames Mehrwertsteuersystem zu

---

[219] Vgl. Vorschlag der Kommission für eine RL zur Harmonisierung der Umsatzsteuern vom 17.12.1962, BT-Drs. IV, S. 5; *Weiss,* UR 1993, S. 329. Zu diesem Ergebnis ist auch der Wissenschaftliche Beirat beim Bundesministerium der Finanzen bereits im Jahr 1953 gelangt, indem er eine Umgestaltung forderte, die eine Beseitigung der Kumulativwirkung und die Herstellung von Wettbewerbs- und Konzentrationsneutralität beinhaltete. Siehe hierzu *Juretzek,* DStZ/A 1967, S. 172.

[220] Vgl. *Juretzek,* DStZ/A 1966, S. 295.

[221] Erste Richtlinie 67/227/EWG des Rates vom 11.04.1967, ABl. EG, S. 1301 f.

[222] Erste Richtlinie 67/227/EWG des Rates vom 11.04.1967, ABl. EG, S. 1302.

ersetzen haben.[223] Dieses System ist auf Gegenstände und Dienstleistungen, ungeachtet der Zahl der Umsätze, die auf den vor der Besteuerungsstufe liegenden Produktions- und Vertriebsstufen bewirkt wurden, als eine allgemeine, zum Preis der Gegenstände und Dienstleistungen genau proportionale Verbrauchsteuer anzuwenden.[224] Ferner wird das Mehrwertsteuersystem auf alle Stufen der Wertschöpfungskette einschließlich der Einzelhandelsstufe angewandt.[225] Vorbild für die Mehrwertsteuer war die in Frankreich nach dem Zweiten Weltkrieg eingeführte Taxe sur la valeur ajoutée (TVA). Die Grundgedanken einer Mehrwertbesteuerung hat jedoch Carl Friedrich von Siemens bereits im Jahr 1919 entworfen.[226]

Dabei bildet der Vorsteuerabzug – der es den steuerpflichtigen Unternehmern gestattet, die Umsatzsteuer, die auf den von ihnen bezogenen Vorleistungen lastet, von der Umsatzsteuer, die sie für die von ihnen erbrachten Leistungen schulden, abzuziehen – ein Kernelement. Ferner wurde der Sofortabzug der Vorsteuer, die auf Investitionsgütern lastet, ebenfalls zugelassen.[227] Die Befürworter eines ratierlichen Vorsteuerabzugs waren in der Minderheit.[228] Ein ratierlicher Vorsteuerabzug auf Anlagegüter hätte dazu geführt, dass die Vorsteuer finanziert hätte werden müssen. Dies hätte zu Finanzierungskosten und zu einer Liquiditätsbelastung geführt. Demnach wären die durch die erforderliche Finanzierung entstandenen Kosten durch den Unternehmer bei der Preisfindung kalkulatorisch zu berücksichtigen gewesen mit dem Ziel, diese Kosten auf den Abnehmer – unabhängig davon, ob es sich um einen Unternehmer oder einen Verbraucher handelt – überzuwälzen. Der Vorsteuerabzug wäre zwar möglich gewesen, bei einer lediglich ratierlichen Vergütung anstelle eines Sofortabzugs wäre jedoch keine vollkommene Neutralität erzielt worden, da die Finanzierungskosten innerhalb der Wertschöpfungskette und nicht erst auf der letzten Stufe zu einer unerwünschten Preisbeeinflussung geführt hätten. Im Ergebnis hätte vielmehr ein zinsloses Darlehen der Unternehmen an den Fiskus vorgelegen, denn dieser hätte

---

[223] Art. 1 Erste Richtlinie 67/227/EWG des Rates vom 11.04.1967, ABl. EG, S. 1302.
[224] Art. 2 Abs. 1 Erste Richtlinie 67/227/EWG des Rates vom 11.04.1967, ABl. EG, S. 1302.
[225] Art. 2 Abs. 3 Erste Richtlinie 67/227/EWG des Rates vom 11.04.1967, ABl. EG, S. 1302. Die erste Fassung des Entwurfs der Ersten Richtlinie sah, in Anlehnung an das französische System, ein Zwei-Säulen-System vor. Demnach sollte auf der Großhandelsstufe eine Mehrwertsteuer und auf der Endstufe eine Umsatzsteuer eingeführt werden. Letztlich konnte sich der deutsche Wunsch nach einem die Einzelhandelsstufe einschließenden Mehrwertsteuersystem durchsetzen. Vgl. Schriftlicher Bericht des Finanzausschusses, S. 2, *Weiss,* UR 1993, S. 332.
[226] *Siemens,* Veredelte Umsatzsteuer, 1921 (Zweite erweiterte Ausgabe des 1919 erstmals erschienenen Werks); *Grabower/Herting/Schwarz,* Die Umsatzsteuer, 1962, S. 236; *Pohmer/Pflugmann-Hohlstein,* UR 1993, S. 39; *Birkenfeld,* UR 1993, S. 326.
[227] Vgl. *Juretzek,* DStZ/A 1967, S. 107.
[228] Vgl. *Juretzek,* DStZ/A 1967, S. 172 f.

die Umsatzsteuer aus der Veräußerung des Anlageguts in voller Höhe vereinnahmt, während er auf der Seite des erwerbenden Unternehmers diesen Betrag nur ratierlich vergütet hätte. Es wäre auch nicht auszuschließen gewesen, dass Unternehmen Investitionen in Anlagegüter zurückgestellt hätten, da der erforderliche Kapitalbedarf durch eine lediglich ratierlich vergütete Vorsteuer signifikant gestiegen wäre.

Kapitel 3: Rechtliche und ökonomische Einordnung des Neutralitätsprinzips

A. Rechtliche Grundlagen des Neutralitätsprinzips

I. Grundsätzliches

Der Begriff der Neutralität bedeutet im weiteren mehrwertsteuerlichen Sinne eine Ausgestaltung der Mehrwertbesteuerung in einer Art und Weise, die den Wettbewerb nicht beeinflusst. Diese Besteuerungsmaxime geht auf die historische Entwicklung zurück und ist insbesondere den bereits aufgezeigten negativen Erfahrungen mit dem Bruttoumsatzsteuersystem geschuldet. Dessen Kernprobleme waren die Auswirkung auf die Preisbildung in Abhängigkeit von der Länge der Liefer-/Produktionskette, die konzentrationsfördernde Wirkung und die Beeinträchtigung des internationalen Wettbewerbs durch den nicht exakten Grenzausgleich.[229] Orientiert man sich an der Zielsetzung einer Besteuerung, die Wettbewerbsbedingungen nicht verfälscht und den freien Waren- und Dienstleistungsverkehr nicht behindert,[230] ist das Wort Neutralität im Sinne einer Einflusslosigkeit der Besteuerung zu verstehen.[231]

Zunächst sind die verschiedenen Ausprägungsformen der Neutralität systematisch und begrifflich zu ordnen. An dieser Stelle soll zunächst auf die vom EuGH vorgenommene Unterteilung in zwei (Haupt-)Ausprägungsformen abgestellt werden.[232] Systematisch ist zwischen den Ausprägungsformen der Steuerbelastungsgleichheit unabhängig von der Zahl der Umsätze,[233] also des Rechts auf Vorsteuerabzug, welches die *Neutralität hinsichtlich der Eingangsumsätze* sicherstellen soll[234] und der *Neutralität bei Ausgangsumsätzen*, die weitere Un-

---

[229] Siehe Ausführungen in Kapitel 2: D. I.

[230] Vgl. 2. Erwägungsgrund der Ersten Richtlinie 67/227/EWG des Rates vom 11.04.1967, ABl. EG, S. 1301.

[231] Vgl. zur sprachlichen Einordnung des Begriffs *Zirkl,* Die Neutralität der Umsatzsteuer, 2015, S. 58 und die Ausführungen in Kapitel 1: B. III. 1.

[232] *Englisch*, in: Tipke/Lang, Steuerrecht, 2020, S. 1052, § 17 Rn. 17.23.

[233] *Kokott,* Steuerrecht der Europäischen Union, 2018, § 8 Rn. 12.

[234] *Henze* verwendet hier den Begriff Belastungsneutralität, da die Umsatzsteuer den Verbraucher und nicht den Unternehmer belasten soll. Allerdings wird dieser Begriff auch verwendet im Sinne einer Belastungsneutralität zur Vermeidung von Doppelbesteuerung im Binnenmarkt und im internationalen Kontext, vgl. *Henze*, in: Englisch/Nieskens, Umsatzsteuer-Kongress-

C. Merkel, *Das Neutralitätsprinzip im harmonisierten Mehrwertsteuersystem*,
Schriften zu Wirtschaftsprüfung, Steuerlehre und Controlling,
https://doi.org/10.1007/978-3-658-45424-1_4

terausprägungen beinhaltet, zu unterscheiden. Die Neutralität bei Ausgangsumsätzen umfasst das Gebot, gleichartige Waren und Dienstleistungen proportional zum dafür aufgewendeten Entgelt gleich zu belasten.[235] Abgeleitet wird es aus der Wettbewerbsneutralität, die es gebietet, die Unternehmer, die als Anbieter gleichartiger Waren am Markt in einem Wettbewerbsverhältnis stehen, umsatzsteuerlich gleich zu behandeln. Aufgrund der Gleichbehandlung von Leistungen oder Unternehmern, die zueinander in Wettbewerb stehen, spricht *Henze* auch von komparativer Neutralität.[236] Der EuGH stellt in seiner Rechtsprechung zur Rechtsform- und Organisationsformneutralität darauf ab, die Unternehmer als Wettbewerber am Markt steuerlich gleich zu behandeln und spricht insoweit vom Grundsatz der steuerlichen Neutralität.[237]

Das Neutralitätsprinzip in seinen unterschiedlichen Ausprägungsformen ist auf allen Ebenen des harmonisierten Mehrwertsteuerrechts verankert. Es finden sich Grundlagen im Primärrecht der Union, im Sekundärrecht und in den nationalen Umsetzungsakten. Jedoch werden nicht alle Ausprägungsformen auf den primärrechtlichen Gleichheitssatz zurückgeführt.[238]

II. Primärrecht

Zum Primärrecht der Union gehören insbesondere die Verträge[239] und die Charta der Grundrechte der Europäischen Union.[240]

In Art. 113 AEUV, der die Grundlage für die Rechtsakte der Union im Mehrwertsteuerrecht darstellt, ist der Erlass von Bestimmungen zur Harmonisierung der Umsatzsteuern vorgesehen, die der Errichtung und Funktion des Binnenmarkts sowie der Vermeidung von Wettbewerbsverzerrungen dienen, soweit die-

Bericht 2010, 2011, S. 10. Es bietet sich daher unter Abgrenzungsgesichtspunkten an, diese Ausprägungsform schlicht als Neutralität der Eingangsumsätze zu bezeichnen. Vgl. *Zirkl,* Die Neutralität der Umsatzsteuer, 2015, S. 61.

[235] Vgl. Erwägungsgrund 7 Richtlinie 2006/112/EG des Rates vom 28.11.2006 über das gemeinsame Mehrwertsteuersystem, ABl. 2006, L 347, S. 1.

[236] Vgl. *Henze*, in: Englisch/Nieskens, Umsatzsteuer-Kongress-Bericht 2010, 2011, S. 13.

[237] Vgl. EuGH, Urteil v. 10.11.2011, C-259/10 u. C-260/10, The Rank Group, Slg. 2011, I-10951, Rn. 32 m. w. N. zur Rechtsformneutralität; EuGH, Urteil v. 13.03.2014, C-464/12, ATP PensionService, ECLI:EU:C:2014:139, Rn. 64 m. w. N. zur Organisationsformneutralität; *Englisch,* Wettbewerbsgleichheit, 2012, S. 624, hält diesen auf die Anbieter ausgerichteten Maßstab für verfehlt, da die Unternehmer nicht die mit der Umsatzsteuer belasteten Steuerträger seien. Er plädiert für eine Ausrichtung am Maßstab der Konsumleistungsfähigkeit der mit der Steuer belasteten Verbraucher.

[238] Vgl. *Kokott,* Steuerrecht der Europäischen Union, 2018, § 3, Rn. 13 und § 8 Rn. 12.

[239] Konsolidierte Fassungen des Vertrags über die Europäische Union und des Vertrags über die Arbeitsweise der Europäischen Union, ABl. EU Nr. C 202.

[240] Charta der Grundrechte der Europäischen Union (2010/C 83/02), ABl. 2010, C 83/389.

se Harmonisierung notwendig ist. Dies bedingt eine Umsatzbesteuerung, die möglichst wenig Einfluss auf die Wettbewerbssituation am Markt hat und vor allem keine Fehlanreize schafft. Gefordert wird mithin der Erlass von Vorschriften, die eine wettbewerbsneutral wirkende Besteuerung sicherstellen, weshalb Art. 113 AEUV als eine primärrechtliche Grundlage des Postulats der Wettbewerbsneutralität angesehen werden kann.

Ferner wird die Wettbewerbsneutralität unmittelbar auf den allgemeinen Gleichheitssatz des Art. 20 EU-GR-Charta zurückgeführt.[241] Dieser gebietet, alle Personen vor dem Gesetz gleich zu behandeln. Daraus lässt sich das Gebot ableiten, dass die Unternehmer als Schuldner der Umsatzsteuer gleich zu behandeln sind. Konkretisiert hat sich dies durch die Rechtsprechung des EuGH in den Unterfällen der Rechtsformneutralität und der Organisationsformneutralität. Demnach hat die Besteuerung von Leistungen unabhängig von der Rechtsform[242] und der Organisationsform[243] zu erfolgen. Rechtsform und Organisationsform dürfen also keinen Einfluss auf die Besteuerung haben. Des Weiteren wird die Gleichbehandlung von aus Verbrauchersicht gleicher bzw. gleichartiger Waren als weitere Ausprägung des Neutralitätsgrundsatzes auf den allgemeinen Gleichheitssatz zurückgeführt.[244] Um dem Belastungsziel einer allgemeinen Verbrauchsteuer gerecht zu werden, sollte der Begriff der gleichartigen Waren nicht zu eng ausgelegt werden. Eine Substituierbarkeit sollte – analog zu der Regelung des Protektionsverbots des Art. 110 Abs. 2 AEUV[245] – ausreichend sein, um von gleichartigen Waren auszugehen. Denn sollten untereinander substituierbare

---

[241] *Englisch*, in: Schön, Zukunftsfragen des deutschen Steuerrechts, 2009, S. 59; *Englisch*, in: Weber, Routes to European tax integration, 2010, S. 240; *Kokott,* Steuerrecht der Europäischen Union, 2018, § 3 Rn. 13; EuGH, Urteil v. 29.10.2009, C-174/08, NCC Construction Danmark A/S, Slg. 2009, I-10567, Rn. 42; EuGH, Urteil v. 11.07.2002, C-62/00, Marks & Spencer, Slg. 2002, I-6348, Rn. 49.

[242] EuGH, Urteil v. 07.09.1999, C-216/97, Gregg, Slg. 1999, I-4965, Rn. 20; EuGH, Urteil v. 17.02.2005, C-453/02 u. C-462/02, Linneweber u. Akritidis, Slg. 2005, I-1131, Rn. 25; EuGH, Urteil v. 08.06.2006, C-106/05, L. u. P., Slg. 2006, I-5139, Rn. 50; EuGH, Urteil v. 10.11.2011, verb. Rs. C-259/10 und C-260/10, The Rank Group, Slg. 2011, I-10947, Rn. 46.

[243] EuGH, Urteil v. 04.05.2006, C-169/04, Abbey National, Slg. 2006, I-4027, Rn. 68; EuGH, Urteil v. 21.06.2007, C-453/05, Ludwig, Slg. 2007, I-5083, Rn. 35; EuGH, Urteil v. 03.04.2008, C-124/07, J.C.M. Beheer BV, Slg. 2008, I-2101, Rn. 28; EuGH, Urteil v. 07.03.2013, C-275/11, GfBk, ECLI:EU:C:2013:141, Rn. 31; EuGH, Urteil v. 13.03.2014, C-464/12, ATP PensionService, ECLI:EU:C:2014:139, Rn. 64.

[244] *Kokott,* Steuerrecht der Europäischen Union, 2018, § 3 Rn. 13.

[245] EuGH, v. 27.02.1980, 171/78, Kommission / Dänemark, Slg 1980, S. 447, Rn. 6; EuGH, Urteil v. 27.02.1980, 169/78, Kommission / Italien, Slg. 1980, S. 385, Rn. 6; EuGH, Urteil v. 11.08.1995, C-367/93 bis C-377/93, Roders u.a., Slg. 1995, I-2248, Rn. 38; EuGH, Urteil v. 08.04.2008, C-167/05, Kommission / Schweden, Slg. 2008, I-2127, Rn. 41; siehe auch *Waldhoff*, in: Calliess/Ruffert, EUV/AEUV, 2022, Art. 110 AEUV, Rn. 18; *Kamann*, in: Streinz, EUV/AEUV, 2018, Art. 110 AEUV, Rn. 26.

Güter unterschiedlich steuerlich behandelt werden, würde dies zwangsläufig dazu führen, dass eine steuerlich bedingte Preisbeeinflussung vorläge, die den Wettbewerb zwischen den Gütern verzerrt und die Besteuerung somit nicht neutral wäre.

III. Sekundärrecht

Strittig ist hingegen, ob die Neutralität bei Eingangsumsätzen gleichsam auf den allgemeinen Gleichheitssatz des Art. 20 EU-GR-Charta zurückgeführt werden kann. Nach der Rechtsprechung des EuGH wird dieser Ausprägungsform lediglich ein sekundärrechtlicher Rang zugeschrieben.[246] Niedergelegt ist der vorgenannte Grundsatz im 7. Erwägungsgrund der MwStSystRL, der sich unmittelbar auf die Wettbewerbsneutralität bezieht. In Art. 167ff. MwStSystRL ist das Recht auf Vorsteuerabzug näher ausgestaltet und soll den Unternehmer durch den Vorsteuerabzugsmechanismus vollständig von der im Rahmen seiner gesamten wirtschaftlichen Tätigkeit geschuldeten oder entrichteten Mehrwertsteuer entlasten, wenn diese der Mehrwertsteuer unterliegt.[247] Der EuGH stellt in diesem Zusammenhang klar, dass auf diese Weise das gemeinsame Mehrwertsteuersystem eine völlige Neutralität hinsichtlich der steuerlichen Belastung aller wirtschaftlichen Tätigkeiten gewährleiste, die selbst der Mehrwertsteuer unterliegen.[248] Hieraus folgt zum einen, dass die Mehrwertsteuer auf Eingangsleistungen den Unternehmer, der diese bezieht, um sie für wirtschaftliche Tätigkeiten zu verwenden, nicht belasten soll.[249] Zum anderen wird klar, dass das Recht auf Vorsteuerabzug einen Bestandteil eines Mehrwertsteuersystems darstellt,[250] das insgesamt eine wettbewerbsneutrale Ausrichtung verlangt. Die durch den Vorsteuerabzug hergestellte Belastungsneutralität des Unternehmers ist kein von der Wettbewerbsneutralität losgelöstes Neutralitätspostulat. Es ist vielmehr Ausfluss der Wettbewerbsneutralität, was sich auch unmittelbar aus dem 7. Erwägungsgrund der MwStSystRL ergibt. Den Grundsatz der steuerlichen Neutralität, den der EuGH

---

[246] Vgl. EuGH, Urteil v. 29.10.2009, C-174/08, NCC Construction Danmark A/S, Slg. 2009, I-10567, Rn. 42; EuGH, Urteil v. 19.07.2012, C-44/11, Deutsche Bank, ECLI:EU:C:2012:484, Rn. 45; EuGH, Urteil v. 13.03.2014, C-204/13, Malburg, ECLI:EU:C:2014:147, Rn. 43.

[247] EuGH, Urteil v. 08.05.2019, C-712/17, EN.SA. Srl, ECLI:EU:C:2019:374, Rn. 30.

[248] EuGH, Urteil v. 08.05.2019, C-712/17, EN.SA. Srl, ECLI:EU:C:2019:374, Rn. 30.

[249] In diesem Zusammenhang wird auch von Belastungsneutralität gesprochen: *Henze*, in: Englisch/Nieskens, Umsatzsteuer-Kongress-Bericht 2010, 2011, S. 10; *Günther,* Vertrauensschutz bei Angaben Dritter, 2013, S. 229.

[250] Vgl. u. a. EuGH, Urteil v. 06.07.1995, C-62/93, BP Soupergaz, Slg. 1995, I-1907, Rn 18 n. w. N.

als Grundlage des Rechts auf Vorsteuerabzug ansieht,[251] leitet er aus dem allgemeinen Grundsatz der Gleichbehandlung ab.[252] Während dem Grundsatz der Gleichbehandlung Verfassungsrang zukomme, gelte dies nicht für den aus dem Grundsatz der Gleichbehandlung abgeleiteten Grundsatz der steuerlichen Neutralität. Dieser bedürfe einer gesetzgeberischen Ausarbeitung durch Rechtsakte des abgeleiteten Gemeinschaftsrechts (Sekundärrecht bzw. Tertiärrecht).[253] Vor dem Hintergrund, dass sich das Recht auf Vorsteuerabzug mittelbar über den Grundsatz der steuerlichen Neutralität aus dem Grundsatz der Gleichbehandlung ableitet und dieses Recht ein integraler Bestandsteil des gemeinsamen Mehrwertsteuersystems ist, das eine allgemeine Besteuerung des Verbrauchs zum Ziel hat, die den Wettbewerb möglichst nicht verzerren soll, überrascht dieses Ergebnis.

Söhn hat für die Einordnung der Mehrwertsteuer auf die wirtschaftlichen Wirkungen der Steuer abgestellt.[254] Ziel sei eine indirekte Belastung des Verbrauchs der Konsumenten, wobei das entrichtete Entgelt den Aufwand des Verbrauchers indiziere.[255] *Tipke* differenziert zwischen der (Konsum-)Leistungsfähigkeit der Verbraucher als Maßstab für eine gerechte Besteuerung und der Wettbewerbsneutralität als Erfordernis für eine Überwälzung der Steuer. Die Wettbewerbsneutralität ziele jedoch nicht auf die Verbraucher, sondern auf die Unternehmer, die auf ein Funktionieren der Überwälzung angewiesen seien.[256] Später erfolgt eine Verknüpfung des Verbrauchsteuerprinzips mit der Wettbewerbsneutralität. Eine Ausrichtung anhand des Verbrauchsteuerprinzips sei geboten, da dieses geeignet sei, eine wettbewerbsneutrale Besteuerung sicherzustellen.[257] Im jüngeren Schrifttum wird ebenfalls für eine gleichmäßige Besteuerung der Verbraucher am Maßstab der Konsumleistungsfähigkeit als Konkretisierung des allgemeinen Gleichheitssatzes plädiert.[258] An diesem Maßstab sei das Sekundärrecht, namentlich die MwStSystRL, durch den EuGH zu messen. Aus-

[251] Der EuGH erwähnt im Zusammenhang mit dem Grundsatz der steuerlichen Neutralität insbesondere das Recht auf Vorsteuerabzug. Dies impliziert, dass das Recht auf Vorsteuerabzug Bestandteil bzw. eine Ausprägungsform des Grundsatzes der steuerlichen Neutralität darstellt: EuGH, Urteil v. 29.10.2009, C-174/08, NCC Construction Danmark A/S, Slg. 2009, I-10567, Rn. 40.

[252] EuGH, Urteil v. 29.10.2009, C-174/08, NCC Construction Danmark A/S, Slg. 2009, I-10567, Rn. 41.

[253] EuGH, Urteil v. 29.10.2009, C-174/08, NCC Construction Danmark A/S, Slg. 2009, I-10567, Rn. 42.

[254] *Söhn,* StuW 1975, S. 10.

[255] *Söhn,* StuW 1975, S. 4 u. 17.

[256] *Tipke,* StuW 1992, S. 113.

[257] Vgl. *Reiß*, in: Lang, Festschrift Tipke, 1995, S. 440; *Tipke,* Steuerrechtsordnung Bd. I, 2000, S. 70; *Schaumburg*, in: Kirchhof/Dürrschmidt, Festschrift Reiss, 2008, S. 33.

[258] *Englisch*, in: Tipke/Lang, Steuerrecht, 2020, S. 1054, § 17 Rn. 17.25; *Englisch,* Wettbewerbsgleichheit, 2012, S. 632; *Zirkl,* Die Neutralität der Umsatzsteuer, 2015, S. 239.

schlaggebend hierfür sei der umfassende Regelungsgehalt des Sekundärrechts, der dem nationalen Gesetzgeber im Mehrwertsteuerrecht nur noch geringe Umsetzungsspielräume einräume und daher die national-verfassungsrechtlichen Maßstäbe (weitgehend) verdrängt habe.[259] Verstöße gegen den Neutralitätsgrundsatz seien implizit als Verstoß gegen den allgemeinen Gleichheitssatz zu werten[260] und bedürften daher einer Rechtfertigung.[261] Daher seien Richtlinienbestimmungen, die die Neutralität einschränken, stets rechtfertigungsbedürftig und nicht etwa als inhärente Begrenzung der Neutralität zu verstehen.[262]

Nachfolgend wird das Grundverständnis des EuGH im Hinblick auf das Recht auf Vorsteuerabzug und der Wettbewerbsneutralität dargelegt.

B. Entwicklung des Neutralitätsprinzips durch den EuGH

I. Vorsteuerabzug als integraler Bestandteil der Mehrwertbesteuerung

1. Grundlagen

Der Gerichtshof hat in ständiger Rechtsprechung die elementaren Grundlagen des in den Art. 167 ff. der MwStSystRL geregelten Rechts auf Vorsteuerabzug dargelegt. Beim Recht auf Vorsteuerabzug handle es sich um einen integralen Bestandteil des Mechanismus der Mehrwertsteuer, der grundsätzlich nicht eingeschränkt werden könne. Der Vorsteuerabzug könne darüber hinaus für die gesamte Steuerbelastung der vorausgehenden Umsätze sofort ausgeübt werden.[263]

---

[259] Vgl. *Englisch*, in: Schaumburg/Englisch et al., Europäisches Steuerrecht, 2020, Rn. 12.22. Der Mangel an einer steuergerechtigkeitsorientierten Rechtfertigung des Umsatzsteuerrechts im Gemeinschaftsrecht und die Beschränkung des EuGH auf binnenmarktbezogene Konformität wurde von *Tipke* schon kritisch betrachtet: *Tipke,* Steuerrechtsordnung Bd. II, 2003, S. 969.

[260] *Englisch*, in: Schaumburg/Englisch et al., Europäisches Steuerrecht, 2020, S. 505, Rn. 12.23.

[261] *Zirkl,* Die Neutralität der Umsatzsteuer, 2015, S. 241.

[262] *Englisch*, in: Tipke/Lang, Steuerrecht, 2020, S. 1054, § 17 Rn. 17.25; *Kokott* führt die Zurückhaltung des EuGH bei der Überprüfung des harmonisierten Steuerrechts am Maßstab des Neutralitätsgrundsatzes und des allgemeinen Gleichheitssatzes auf die Achtung vor dem Gesetzgeber und den Mitgliedstaaten zurück: *Kokott,* Steuerrecht der Europäischen Union, 2018, § 3 Rn. 14. Diese Zurückhaltung ist jedoch bedenklich, wenn sie so weit geht, dass Wertungen des Unionsgesetzgebers als ultimativ hingenommen werden und damit per se ein Verstoß gegen den Gleichheitssatz ausgeschlossen wird. Hierdurch wird das Sekundärrecht vielfach einer grundrechtlichen Kontrolle entzogen und dem Unionsgesetzgeber sind insoweit keine Grenzen gesetzt.

[263] EuGH, Urteil v. 06.07.1995, C-62/93, BP Soupergaz, Slg. 1995, I-1907, Rn. 18; EuGH, Urteil v. 21.03.2000, C-110/98 bis C-147/98, Gabalfrisa, Slg. 2000, I-1595, Rn. 43; EuGH,

2. *Vorsteuerabzug als systemprägender Bestandteil der Mehrwertsteuer*

Der Vorsteuerabzug stellt einen integralen Bestandteil des Mechanismus der Mehrwertsteuer dar, da er charakteristisch und systemprägend für das Mehrwertsteuersystem ist. Die in Deutschland bisher erhobenen Umsatzsteuern waren allesamt Allphasen-Umsatzsteuern, d. h. diese Form der Umsatzbesteuerung knüpft an jeder Produktions- bzw. Handelsstufe an. Dies hat die Mehrwertsteuer mit der zuvor erhobenen Allphasen-Bruttoumsatzsteuer[264] gemeinsam.[265]

Bei der Umsatzsteuer in der Form einer Mehrwertsteuer wird jedoch lediglich die auf der jeweiligen Wertschöpfungsstufe geschaffene Wertschöpfung, der sogenannte „Mehrwert", der Besteuerung unterworfen.[266] Zunächst ist die Steuerbelastung auf die Ausgangsleistungen zu ermitteln, um diese durch den Vorsteuerabzug von der Steuerbelastung der Vorstufen (Steuerbelastung aller bisherigen Wertschöpfungsstufen) zu entlasten.[267] Abbildung 2 soll die Funktionsweise einer Allphasen-Nettoumsatzsteuer (Mehrwertsteuer) veranschaulichen.

Das Beispiel geht vereinfachend davon aus, dass stets Ausgangsleistungen vorliegen, die steuerpflichtig sind und somit vollumfänglich den Vorsteuerabzug aus Leistungsbezügen ermöglichen. Der gegebene Steuersatz τ beträgt 10 %. Auf jeder Wertschöpfungsstufe wird somit nur die dort geschaffene Wertschöpfung der Besteuerung unterworfen. Der Einzelhändler hat eine Ausgangssteuerlast von 90 und kann von dieser Vorsteuern in Höhe von 60 abziehen. Seine Umsatzsteuerzahllast gegenüber dem Finanzamt beträgt mithin 30. Subtrahiert man vom Bruttopreis der Ware des Einzelhändlers (990) den Bruttopreis seiner Vorleistung (660) erhält man eine Wertschöpfung inklusive Umsatzsteuer von 330. Die Umsatzsteuer auf die Wertschöpfung des Einzelhändlers beträgt

$$330 * \frac{\tau}{(100 + \tau)} = 30$$

und entspricht somit dem Saldo aus Ausgangssteuer und Vorsteuer. Addiert man die Steuerzahllast der Unternehmer sämtlicher Wertschöpfungsstufen, entspricht

Urteil v. 06.07.2006, C-439/04 u. C-440/04, Kittel u. Recolta Recycling, Slg. 2006, I-6177, Rn. 47; EuGH, Urteil v. 30.09.2010, C-392/09, Uszodaépítő, Slg. 2010, I-8791, Rn. 34; EuGH, Urteil v. 26.04.2018, C-81/17, Zabrus, ECLI:EU:C:2018:283, Rn. 33; EuGH, Urteil v. 12.05.2021, C-844/19, technoRent International GmbH, ECLI:EU:C:2021:378, Rn. 35.

[264] Entwurf eines Umsatzsteuergesetzes 1918, RT-Drs. Nr. 1461.

[265] Vgl. *Blankart,* Öffentliche Finanzen in der Demokratie, 2017, S. 232. Hinsichtlich der Besteuerungssystematik der Allphasen-Bruttoumsatzsteuer wird auf das Kapitel 2: C. II. 1 verwiesen.

[266] Vgl. *Bohley,* Die öffentliche Finanzierung, 2003, S. 351.

[267] Vgl. *Homburg,* Allgemeine Steuerlehre, 2015, S. 125.

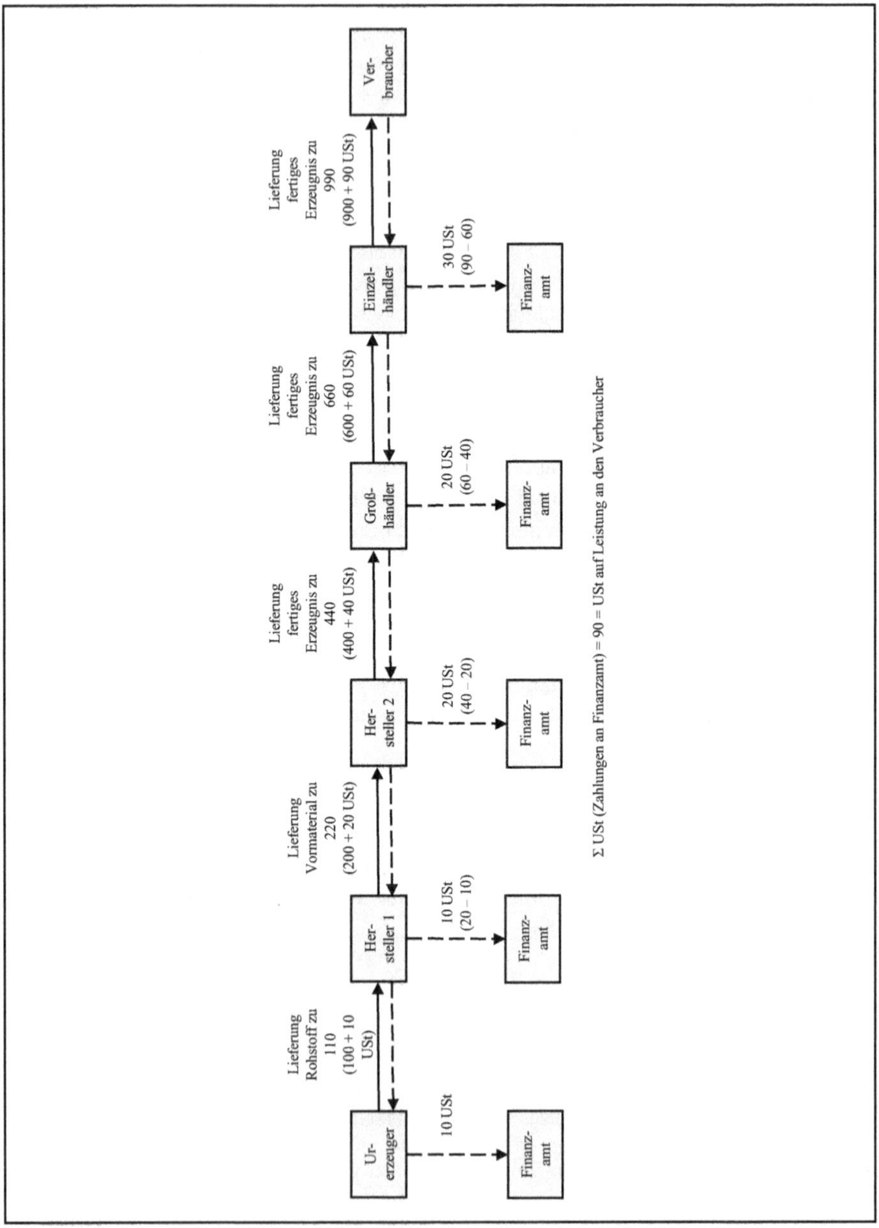

Abbildung 2: Beispiel zur Funktionsweise der Mehrwertsteuer

diese Summe der Umsatzsteuerlast auf die gesamte Wertschöpfung und somit der Umsatzsteuer auf den Umsatz, der gegenüber dem Endverbraucher bewirkt wird. Im Gegensatz zur Bruttoumsatzsteuer wird die Gesamtwertschöpfung grundsätzlich nur einmal der Umsatzsteuer unterworfen.[268] Kumulationseffekte bleiben daher regelmäßig aus.[269] Zwischen den Unternehmern ist die Umsatzsteuer im Regelfall neutral, soweit ein Recht auf Vorsteuerabzug besteht. Eine vollkommene Neutralität der Umsatzsteuer zwischen den Unternehmern darf jedoch bezweifelt werden, da dieses in Art. 1 Abs. 2 MwStSystRL verankerte Grundprinzip durch in der Richtlinie[270] vorgesehene Ausnahmen durchbrochen wird.

3. *Einschränkungen mit Folgewirkung*

Dementsprechend hat der Gerichtshof wiederholt, dass das Recht auf Vorsteuerabzug grundsätzlich – also im Regelfall – nicht eingeschränkt werden kann, woraus implizit hervorgeht, dass Einschränkungen des Vorsteuerabzugs jedoch ausnahmsweise möglich sind.[271] Mit Einschränkungen sind nicht lediglich die in Art. 176 und 177 MwStSystRL genannten Einschränkungen gemeint (insbesondere Repräsentationsaufwendungen), sondern der Ausschluss vom Vorsteuerabzug bei der Verwendung von Leistungsbezügen für bestimmte steuerbefreite Umsätze (unechte Steuerbefreiungen).[272]

Denn nach ständiger Rechtsprechung des Gerichtshofs setzt das Recht auf Vorsteuerabzug voraus, dass die – die Neutralität gewährleistende – Entlastung auf der Eingangsseite bedingt, dass die wirtschaftliche Tätigkeit auf der Aus-

---

[268] Siehe zur Bruttoumsatzsteuer (kumulative) Allphasen-Bruttoumsatzsteuer Kapitel 2: C. II. 1. a).

[269] Vgl. *Schneider,* Grundzüge der Unternehmensbesteuerung, 1994, S. 207, daher wird die Allphasen-Nettoumsatzsteuer auch nicht kumulative Allphasen-Umsatzsteuer genannt.

[270] Richtlinie 2006/112/EG des Rates vom 28.11.2006 über das gemeinsame Mehrwertsteuersystem, ABl. 2006, L 347, S 1.

[271] EuGH, Urteil v. 06.07.1995, C-62/93, BP Soupergaz, Slg. 1995, I-1907, Rn. 18; EuGH, Urteil v. 21.03.2000, C-110/98 bis C-147/98, Gabalfrisa, Slg. 2000, I-1595, Rn. 43; EuGH, Urteil v. 06.07.2006, C-439/04 u. C-440/04, Kittel u. Recolta Recycling, Slg. 2006, I-6177, Rn. 47; EuGH, Urteil v. 30.09.2010, C-392/09, Uszodaépítő, Slg. 2010, I-8791, Rn. 34; EuGH, Urteil v. 26.04.2018, C-81/17, Zabrus, ECLI:EU:C:2018:283, Rn. 33; EuGH, Urteil v. 12.05.2021, C-844/19, technoRent International GmbH, ECLI:EU:C:2021:378, Rn. 35.

[272] Die Systematik der MwStSystRL sieht nach Art. 168 einen Vorsteuerabzug bei der Verwendung von Leistungsbezügen für besteuerte Umsätze (= steuerpflichtige Umsätze) vor. Ferner wird der Vorsteuerabzug bei einer Verwendung von Umsätzen gestattet, die außerhalb des jeweiligen Mitgliedstaats bewirkt werden und die, würden sie im jeweiligen Mitgliedsstaat ausgeführt, der Besteuerung unterlägen (Art. 169 Buchst. a). Darüber hinaus wird bei einer Verwendung für Ausgangsumsätze, die nach den in Art. 169 Buchst. b genannten Artikeln steuerfrei sind, der Vorsteuerabzug gestattet (echte Steuerbefreiungen).

gangsseite selbst der Mehrwertsteuer unterliegt.[273] Diesen Zusammenhang zwischen Eingangs- und Ausgangsumsätzen hat der EuGH näher präzisiert. Die auf den Eingangsumsätzen lastende Mehrwertsteuer könne dann abgezogen werden, wenn die Eingangsumsätze direkt und unmittelbar mit zum Abzug berechtigenden Ausgangsumsätzen zusammenhängen, d. h. wenn die hierfür getätigten Aufwendungen zu den Kostenelementen der auf der Ausgangsstufe versteuerten, zum Abzug berechtigenden Umsätze gehörten.[274] Sofern kein unmittelbarer Zusammenhang zwischen einem bestimmten Eingangs- und einem oder mehreren zum Abzug berechtigenden Ausgangsleistungen gegeben sei, sind die Vorsteuerbeträge jedoch dann berücksichtigungsfähig, wenn die zugrundeliegenden Kosten zu den allgemeinen Aufwendungen des Steuerpflichtigen gehörten und somit ebenfalls Preisbestandteile der von ihm erbrachten (vorsteuerunschädlichen) Leistungen seien.[275] Im Fall der gemischten Verwendung von Vorleistungen – d. h. die Vorleistungen stehen sowohl mit vorsteuerunschädlichen als auch mit vorsteuerschädlichen Ausgangsumsätzen in Zusammenhang – hat eine ratierliche Aufteilung der Vorsteuerbeträge auf einen abzugsfähigen und auf einen nicht abzugsfähigen Teil zu erfolgen.[276] Von dieser Aufteilung innerhalb der wirtschaftlichen Tätigkeit ist jedoch eine Verwendung von Vorleistungen sowohl für wirtschaftliche als auch für nichtwirtschaftliche Zwecke zu unterscheiden.[277] Insoweit hat zunächst eine Aufteilung auf die wirtschaftliche und nichtwirtschaftliche Tätigkeit zu erfolgen. Die Festlegung der Methoden und Kriterien dieser Aufteilung legt der Gerichtshof in das Ermessen der Mitgliedstaaten.[278]

---

[273] EuGH, Urteil v. 21.03.2000, C-110/98 bis C-147/98, Gabalfrisa, Slg. 2000, I-1595, Rn. 44; EuGH, Urteil v. 06.07.2006, C-439/04 u. C-440/04, Kittel u. Recolta Recycling, Slg. 2006, I-6177, Rn. 48; EuGH, Urteil v. 21.06.2012, C-80/11 u. C-142/11, Mahagében u. Dávid, ECLI:EU:C:2012:373, Rn. 38.

[274] EuGH, Urteil v. 27.09.2001, C-16/00, Cibo Participations, Slg. 2001, I-6679, Rn. 31; EuGH, Urteil v. 06.09.2012, C-496/11, Portugal Telecom, ECLI:EU:C:2012:557, Rn. 36; EuGH, Urteil v. 16.07.2015, C-108/14 u. C-109/14, Larentia + Minerva, ECLI:EU:C:2015:496, Rn. 23. Siehe jedoch Kapitel 4: B. II. 1. b) bb) (1) hinsichtlich der These, dass Aufwendungen zu Kostenelementen der versteuerten Ausgangsumsätze werden müssen.

[275] EuGH, Urteil v. 27.09.2001, C-16/00, Cibo Participations, Slg. 2001, I-6679, Rn. 33; EuGH, Urteil v. 06.09.2012, C-496/11, Portugal Telecom, ECLI:EU:C:2012:557, Rn. 37; EuGH, Urteil v. 16.07.2015, C-108/14 u. C-109/14, Larentia + Minerva, ECLI:EU:C:2015:496, Rn. 24. Denn insoweit sieht der EuGH einen direkten und unmittelbaren Gesamtzusammenhang mit der wirtschaftlichen Gesamttätigkeit des Steuerpflichtigen.

[276] EuGH, Urteil v. 06.09.2012, C-496/11, Portugal Telecom, ECLI:EU:C:2012:557, Rn. 40; EuGH, Urteil v. 16.07.2015, C-108/14 u. C-109/14, Larentia + Minerva, ECLI:EU:C:2015:496, Rn. 26. Grundlage für diese Aufteilung ist Art. 173 MwStSystRL.

[277] In der Terminologie des UStG unternehmerische Zwecke und Zwecke, die außerhalb des Unternehmens liegen (auch nichtunternehmerische Zwecke).

[278] EuGH, Urteil v. 13.03.2008, C-437/06, Securenta, Slg. 2008, I-1597, Rn. 33 u. 39; EuGH, Urteil v. 06.09.2012, C-496/11, Portugal Telecom, ECLI:EU:C:2012:557, Rn. 42; EuGH,

Der BFH hat mangels einer expliziten Richtlinienvorgabe entschieden, dass § 15 Abs. 4 UStG, welcher auf Art. 173 MwStSystRL beruht, analog anzuwenden sei, um der Vorgabe des EuGH nach einer objektiven Zurechnung zu entsprechen.[279]

Die vorgenannten Einschränkungen des Rechts auf Vorsteuerabzug ergeben sich ausdrücklich aus der MwStSystRL, woraus vom EuGH abgeleitet wird, diese Einschränkungen seien systeminhärent, da das Vorsteuerabzugsrecht selbst lediglich sekundärrechtlichen Rang habe und daher eingeschränkt werden könne.[280] Demnach steht der Grundsatz der steuerlichen Neutralität einem Vorsteuerausschluss nach Auffassung des Gerichtshofs nicht entgegen, soweit der mit den Vorsteuerbeträgen in Zusammenhang stehende Ausgangsumsatz steuerbefreit ist.[281]

4. *Prinzip des Sofortabzugs*

Hinsichtlich des Zeitpunkts des Vorsteuerabzugs hat der Gerichtshof entschieden, dass dieses Recht sofort ausgeübt werden kann.[282] In der Rs. „Terra Baubedarf" hat der Gerichtshof klargestellt, dass der Abzug der Vorsteuer für den Erklärungszeitraum vorzunehmen ist, in dem die erforderlichen Voraussetzungen erfüllt sind. Demnach muss die Leistung erbracht worden sein und der Steuerpflichtige muss im Besitz einer entsprechenden Rechnung sein.[283]

5. *Zwischenfazit*

Der EuGH erkennt im Recht auf Vorsteuerabzug eine Ausprägungsform der steuerlichen Neutralität und sieht dieses Recht als einen integralen Bestandteil des Mehrwertsteuersystems. Einschränkungen des Rechts auf Vorsteuerabzug, die, wie das Recht auf Vorsteuerabzug selbst, sekundärrechtlich verankert sind, hält der Gerichtshof jedoch für zulässig, ohne dass diese Einschränkungen einer

---

Urteil v. 16.07.2015, C-108/14 u. C-109/14, Larentia + Minerva, ECLI:EU:C:2015:496, Rn. 27.

279 BFH, v. 03.03.2011, V R 23/10, BStBl II 2012 S. 74, Rn. 31.

280 Vgl. EuGH, Urteil v. 13.03.2014, C-204/13, Malburg, ECLI:EU:C:2014:147, Rn. 43.

281 EuGH, Urteil v. 29.10.2009, C-174/08, NCC Construction Danmark A/S, Slg. 2009, I-10567, Rn. 43 und 47.

282 EuGH, Urteil v. 06.07.1995, C-62/93, BP Soupergaz, Slg. 1995, I-1907, Rn. 18; EuGH, Urteil v. 29.04.2004, C-152/02, Terra Baubedarf, Slg. 2004, I-5597, Rn. 35; EuGH, Urteil v. 06.07.2006, C-439/04 u. C-440/04, Kittel u. Recolta Recycling, Slg. 2006, I-6177, Rn. 47; EuGH, Urteil v. 12.05.2021, C-844/19, technoRent International GmbH, ECLI:EU:C:2021:378, Rn. 35 m. w. N.

283 EuGH, Urteil v. 29.04.2004, C-152/02, Terra Baubedarf, Slg. 2004, I-5597, Rn. 34.

weiteren Rechtfertigung bedürfen.[284] *Kokott* führt an, dass der Gerichtshof, sollte er das gesamte Mehrwertsteuerrecht auf den „Prüfstand des Gebots einer gleichmäßigen Belastung der Endverbraucher“ stellen, sehr viele Einzelfragen berühren würde.[285] Dem ist grundsätzlich zuzustimmen, da jegliche Ausnahmen vom Grundprinzip einer steuerpflichtigen Ausgangsleistung und damit verbunden einem vollumfänglichen Vorsteuerabzug auf die damit in Zusammenhang stehenden Eingangsleistungen zu überprüfen wären. Jedoch ist damit nicht gesagt, dass ein Mehrwertsteuerrecht, das aufgrund der Ergebnisse einer solchen Überprüfung modifiziert würde, um den Anforderungen einer gleichmäßigen Belastung der Endverbraucher zu genügen, weniger effizient als die gegenwärtige Mehrwertbesteuerung wäre. Die Einschränkungen des Vorsteuerabzugs führen zu evidenten Abgrenzungs-, Aufteilungs- und ggf. Berichtigungsproblemen. Dies lässt sich allein an der hohen Zahl der Urteile des Gerichtshofs messen, die sich allein mit den vorgenannten Problemstellungen beschäftigen. Während die Aufteilung von Leistungsbezügen auf einen wirtschaftlichen und einen nichtwirtschaftlichen Bereich unentbehrlich scheint, um einen unversteuerten Letztverbrauch zu verhindern, könnte eine Aufteilung von Vorsteuern innerhalb des wirtschaftlichen Bereichs bei abweichender Ausgestaltung des Mehrwertsteuersystems entbehrlich sein. Zumindest ist es geboten, die Einschränkungen des Vorsteuerabzugs – auch wenn diese dem Willen des Unionsgesetzgebers entsprechen – einer tieferen Untersuchung hinsichtlich ihres Sinn und Zwecks sowie ihrer Auswirkungen auf die Effizienz der Besteuerung zu unterziehen. Dabei ist es aufgrund des ursächlichen Zusammenhangs der Einschränkungen des Vorsteuerabzugs mit bestimmten vorsteuerschädlichen, in der Regel (unecht-)steuerbefreiten Ausgangsumsätzen erforderlich, vorab die systematisch-teleologische Konzeption dieser Steuerbefreiungen zu untersuchen.[286]

II. Wettbewerbsneutralität

Das Gebot der Wettbewerbsneutralität[287] beruht auf dem Prinzip, gleichartige Umsätze auf allen Produktions- und Vertriebsstufen sowie im Bereich der

---

[284] Vgl. *Kokott,* Steuerrecht der Europäischen Union, 2018, § 3 Rn. 13 und 14. Grundlegend anderer Ansicht: *Englisch,* in: Tipke/Lang, Steuerrecht, 2020, S. 1054, § 17 Rn. 17.25, der gleichheitsrechtlich eine Prüfung für geboten erachtet und Verletzungen der Neutralität stets für rechtfertigungsbedürftig hält.

[285] Vgl. *Kokott,* Steuerrecht der Europäischen Union, 2018, § 3 Rn. 14.

[286] Siehe Kapitel 4: A. III. 1. c).

[287] *Englisch,* Wettbewerbsgleichheit, 2012, S. 220–225, leitet aus der Wettbewerbsneutralität im Binnenmarkt insbesondere die Marktfreiheit (Freiheit des Marktgeschehens von staatlichen Eingriffen und staatlicher Beeinflussung) und das Gebot der Wettbewerbsgleichheit ab. Markt-

Dienstleistungen proportional gleich mit Steuer zu belasten.[288] Gleichartige und daher miteinander im Wettbewerb stehende Waren oder Dienstleistungen sind aufgrund des Grundsatzes der steuerlichen Neutralität hinsichtlich der Mehrwertsteuer nicht unterschiedlich zu behandeln.[289] Ursächlich für das Wettbewerbsverhältnis[290] ist nach der Rechtsprechung des Gerichtshofs, dass es sich bei den zu vergleichenden Leistungen um Leistungen handelt, die dieselben Bedürfnisse der Verbraucher befriedigen.[291] Vergleichsmaßstab ist mithin die Auffassung des Durchschnittsverbrauchers hinsichtlich der Substituierbarkeit der Güter.[292] Aus der Gleichartigkeit von Waren bzw. Dienstleistungen ergibt sich, dass diese Produkte und letztlich somit die Steuerpflichtigen, die diese am Markt anbieten, zueinander im Wettbewerb stehen. Hieraus folgt die Verpflichtung, diese Vorgänge proportional gleich mit Mehrwertsteuer zu belasten. Anderenfalls würde eine Verzerrung des Wettbewerbs vorliegen. Demnach ist der Grundsatz der steuerlichen Neutralität eine Form des Grundsatzes der Gleichbehandlung im Mehrwertsteuerrecht.[293]

1. Rechtsformneutralität

Weiter konkretisiert der EuGH, dass es bei der Prüfung der Gleichartigkeit der Waren und Dienstleistungen nicht auf die Identität des Herstellers oder Dienst-

freiheit ziele nicht auf staatliche Eingriffe an sich. Vielmehr solle sie einen rechtlichen Ordnungsrahmen gewährleisten, dessen Zielsetzung durch gleiche Wettbewerbsbedingungen und -chancen für alle miteinander konkurrierenden Güter und Wirtschaftsteilnehmer geprägt ist. Verdeutlicht werde dies durch die Wettbewerbsregeln des Art. 101 ff. AEUV.

[288] Erwägungsgrund 5 der MwStSystRL; EuGH, Urteil v. 10.11.2011, C-259/10 u. C-260/10, The Rank Group, Slg. 2011, I-10951, Rn. 32 ff; EuGH, Urteil v. 10.04.2008, C-309/06, Marks & Spencer plc, Slg. 2008, I-2283, Rn. 47.

[289] EuGH, Urteil v. 10.11.2011, C-259/10 u. C-260/10, The Rank Group, Slg. 2011, I-10951, Rn. 32; EuGH, Urteil v. 17.12.2020, C-449/19, WEG Tevesstraße, ECLI:EU:C:2020:1038, Rn. 48; EuGH, Urteil v. 04.03.2021, C-581/19, Frenetikexito, ECLI:EU:C:2021:167, Rn. 32; EuGH, Urteil v. 03.06.2021, C-182/20, Administraţia Judeţeană a Finanţelor Publice Suceava u. a., ECLI:EU:C:2021:442, Rn. 39.

[290] Europarechtstauglichkeit und Wettbewerbsfähigkeit sind als Argumentationsmuster der Steuergesetzgebung fest etabliert, vgl. *Hey*, StuW 2005, S. 318.

[291] EuGH, Urteil v. 17.12.2020, C-449/19, WEG Tevesstraße, ECLI:EU:C:2020:1038, Rn. 48 m. w. N; EuGH, Urteil v. 04.03.2021, C-581/19, Frenetikexito, ECLI:EU:C:2021:167, Rn. 32 .

[292] Siehe auch Ausführungen unter Kapitel 3: A. II.

[293] EuGH, Urteil v. 08.06.2006, C-106/05, L. u. P., Slg. 2006, I-5139, Rn. 48; EuGH, Urteil v. 10.04.2008, C-309/06, Marks & Spencer plc, Slg. 2008, I-2283, Rn. 49; EuGH, Urteil v. 29.10.2009, C-174/08, NCC Construction Danmark A/S, Slg. 2009, I-10567, Rn. 41; EuGH, Urteil v. 17.12.2020, C-449/19, WEG Tevesstraße, ECLI:EU:C:2020:1038, Rn. 48.

leistungserbringers und dessen Rechtsform ankomme.[294] Insbesondere bei Steuerbefreiungen sei nicht entscheidend, unter welcher Rechtsform der Unternehmer seine in den Anwendungsbereich der Mehrwertsteuer fallende Tätigkeit betreibe. Maßgebend sei, ob die ausgeübte Tätigkeit den Tatbestand der Steuerbefreiung erfülle.[295] Dementsprechend urteilte der Gerichtshof in der Rs. „Larentia und Minerva", als es u. a. um die Frage ging, ob die Bildung einer Mehrwertsteuergruppe allein juristischen Personen vorzubehalten sei, die mit dem Organträger durch ein Unterordnungsverhältnis verbunden sind. Der EuGH ist zu dem Ergebnis gekommen, dass eine nationale Regelung, die eine derartige Einschränkung vorsieht, grundsätzlich nicht mit der Richtlinienvorgabe des Art. 4 Abs. 4 Unterabs. 2 der Sechsten Richtlinie in Einklang stehe. Eine Beschränkung auf juristische Personen sei jedoch dann zulässig, wenn dies für die Erreichung der Ziele der Verhinderung missbräuchlicher Praktiken oder Verhaltensweisen und der Vermeidung von Steuerhinterziehung oder -umgehung erforderlich und geeignet sei.[296] Das Gebot der Rechtsformneutralität leitet der Gerichthof unmittelbar aus dem allgemeinen Gleichheitssatz ab. Dieser gebietet es, die in Wettbewerb stehenden Unternehmer gleich zu behandeln.[297]

2. *Organisationsformneutralität*

Ebenso steht es den Wirtschaftsteilnehmern unter Berufung auf den Grundsatz der steuerlichen Neutralität frei, das Organisationsmodell zu wählen, das ihnen, rein wirtschaftlich betrachtet, am besten zusagt, ohne dass dies nachteilige Folgen in Bezug auf die Mehrwertsteuer nach sich zieht (z. B. bei Beanspruchung einer Steuerbefreiung).[298] Aufgrund des Erfordernisses der proportional gleichen Belastung gleichartiger Umsätze dürfen Unterschiede in Bezug auf die Rechts- und die Organisationsform von Wirtschaftsteilnehmern nicht ausschlaggebend für eine unterschiedliche mehrwertsteuerliche Behandlung sein. Obwohl der Grundsatz der steuerlichen Neutralität eine Form des Grundsatzes der Gleich-

---

[294] EuGH, Urteil v. 07.09.1999, C-216/97, Gregg, Slg. 1999, I-4965, Rn 20; EuGH, Urteil v. 17.02.2005, C-453/02 u. C-462/02, Linneweber u. Akritidis, Slg. 2005, I-1131, Rn. 25; EuGH, Urteil v. 15.04.2021, C-868/19, M-GmbH, ECLI:EU:C:2021:285, Rn. 65.

[295] EuGH, Urteil v. 07.09.1999, C-216/97, Gregg, Slg. 1999, I-4965, Rn. 20.

[296] EuGH, Urteil v. 16.07.2015, C-108/14 u. C-109/14, Larentia + Minerva, ECLI:EU:C:2015:496, Rn. 46.

[297] EuGH, Urteil v. 10.04.2008, C-309/06, Marks & Spencer plc, Slg. 2008, I-2283, Rn. 49; EuGH, Urteil v. 08.06.2006, C-106/05, L. u. P., Slg. 2006, I-5139, Rn. 48; *Kokott,* Steuerrecht der Europäischen Union, 2018, § 3 Rn. 13; *Hidien,* UR 2020, S. 253.

[298] EuGH, Urteil v. 04.05.2006, C-169/04, Abbey National, Slg. 2006, I-4027, Rn. 62 u. 68; EuGH, Urteil v. 21.06.2007, C-453/05, Ludwig, Slg. 2007, I-5083, Rn. 35; EuGH, Urteil v. 03.04.2008, C-124/07, J.C.M. Beheer BV, Slg. 2008, I-2101, Rn. 28; EuGH, Urteil v. 02.07.2020, C-231/19, BlackRock Investment Management, ECLI:EU:C:2020:513, Rn. 50.

behandlung darstelle, judiziert der Gerichtshof, dass es sich lediglich um eine Auslegungsregel für die Mehrwertsteuersystemrichtlinie und keine gegenüber den Bestimmungen dieser Richtlinie höherrangige Norm handle. Mithin könne der Grundsatz der steuerlichen Neutralität den Geltungsbereich einer Steuerbefreiung – der durch die Richtlinie begrenzt ist – nicht ausweiten.[299] Bewusste Beschränkungen der Organisationsfreiheit stünden dem Unionsgesetzgeber zu und seien inhärente Folgen des Gemeinsamen Mehrwertsteuersystems.[300] Der Generalanwalt *Maduro* spricht angesichts der Einschränkungen des Vorsteuerabzugs in Zusammenhang mit (unechten) Steuerbefreiungen gar von einer „normalen Folge“ des Mehrwertsteuersystems und einem „natürlichen Widerspruch“ in dem die Existenz von Steuerbefreiungen zum Grundsatz der Neutralität und zum Grundsatz der Gleichbehandlung stehe.[301]

3. *Zwischenfazit*

Die Judikatur des Gerichtshofs macht deutlich, dass eine trennscharfe Unterscheidung der unterschiedlichen Ausprägungen des Neutralitätsgrundsatzes nicht gegeben ist. Eine solche scheitert zwangsläufig aufgrund des Zusammenhangs zwischen unecht steuerbefreiten Ausgangsleistungen und dem Vorsteuerabzugsverbot für damit verbundene Eingangsleistungen. Dies führt am Ende dazu, dass auch das Gebot der Wettbewerbsneutralität – obwohl der Gerichtshof dieses aus dem allgemeinen Gleichheitssatz ableitet – nicht darin mündet, dass eine Durchbrechung der Organisationsformneutralität, etwa am Primärrecht, insbesondere dem allgemeinen Gleichheitsgrundsatz des Art. 20 EU- GRCharta, zu messen wäre. Vielmehr wird unterstellt, dass durch den Unionsgesetzgeber vorgegebene Systembrüche geradezu natürlich seien und keinerlei Rechtfertigung bedürften. Mitunter bringt diese Sichtweise dem Gerichtshof scharfe Kritik ein. *Englisch* erhebt den Vorwurf des Mangels an grundrechtsdogmatischer Stringenz.[302] Diese gegensätzlichen Sichtweisen geben Anlass, die Neutralität im Mehrwertsteuersystem auch aus einem ökonomischen Blickwinkel zu betrachten. Analysiert werden soll, welche der beiden Sichtweisen den übergeordneten Zielsetzungen von Gerechtigkeit und Effizienz am ehesten gerecht werden kann. Ziel der Un-

---

[299] EuGH, Urteil v. 02.07.2020, C-231/19, BlackRock Investment Management, ECLI:EU:C:2020:513, Rn. 51.

[300] EuGH, Schlussanträge des GA v. 23.12.2015, C-40/15, Aspiro, ECLI:EU:C:2015:850, Nr. 53.

[301] EuGH, Schlussanträge des GA v. 12.01.2005, C-472/03, Arthur Andersen, Slg. 2005, I-1721, Nr. 39.

[302] *Englisch*, in: Tipke/Lang, Steuerrecht, 2020, S. 1053, § 17 Rn. 24. In diesem Sinne auch *Zirkl,* Die Neutralität der Umsatzsteuer, 2015, S. 225 u. 239.

tersuchung ist eine systematische Einordnung des Neutralitätsgrundsatzes innerhalb der Hierarchie der Rechtsordnung.

C. Konvergenz von Entscheidungsneutralität, Allokationseffizienz und Neutralitätsprinzip?

I. Ökonomisches Neutralitätsverständnis

Sowohl gesamtwirtschaftlich als auch einzelwirtschaftlich beruht das ökonomische Neutralitätsverständnis auf der Grundannahme, dass funktionierende Märkte durch die Besteuerung so wenig wie möglich beeinflusst werden dürfen.[303] Es handelt sich mithin bei der Neutralität der Besteuerung um keine spezifische steuerliche Zielvorstellung, stattdessen soll sich die Besteuerung in die marktwirtschaftliche Ordnung einfügen.[304]

1. Einzelwirtschaftliche Perspektive

Gegenstand der Betriebswirtschaftslehre ist die Untersuchung der Vorteilhaftigkeit von einzelwirtschaftlichen Investitionsentscheidungen im Hinblick auf die Erreichung einer finanziellen Zielgröße. Dabei bezieht sich die Untersuchung auf Unternehmen als von Investoren gebildeten Institutionen, gleichwohl können auch Investitionsentscheidungen von Privatpersonen, respektive Haushalten, Gegenstand der Untersuchung sein.[305] Führt die Besteuerung zu keiner Veränderung der Rangfolge von verschiedenen Entscheidungsalternativen, liegt eine entscheidungsneutrale Besteuerung vor.[306] Zum einen muss die Rangfolge zwischen beliebigen Realinvestitionen erhalten bleiben (Rangfolgebedingung) und zum anderen darf sich die Rangfolge zwischen einer beliebigen Realinvestition und einer zu dieser alternativen Finanzinvestition nicht verändern (Realisierungsbedingung).[307] *Schneider* hat drei Voraussetzungen für eine deckungsgleiche Rangordnung für Investitionsalternativen vor und nach Steuern definiert:

---

[303] Vgl. *Elschen,* StuW 1991, S. 101; *Wagner,* StuW 1992, S. 4; *Musgrave/Musgrave/Kullmer,* Finanzen in Theorie und Praxis, 1993, S. 9; *Niemann/Schreiber,* ZfbF 2020, S. 5.
[304] Vgl. *Wagner,* StuW 1992, S. 4.
[305] Vgl. *Wagner*, in: Bitz, Kompendium der Betriebswirtschaftslehre, 2005, S. 409.
[306] *Niemann/Schreiber,* ZfbF 2020, S. 5.
[307] Vgl. *König,* ZfbF 1997, S. 45; *Kruschwitz/Husmann/Schneider,* Investitionsneutrale Steuersysteme, 2002, S. 3.

a) Das Steuerrecht dürfe die finanzielle Zielgröße nicht ändern, die ein Entscheider anstrebt, sondern lediglich das Ausmaß seiner Zielerreichung.
b) Weder die Handlungsmöglichkeiten, unter denen gewählt wird, noch die Anfangsausstattung an Mitteln dürfe durch die Besteuerung berührt werden.
c) Das Steuerrecht dürfe keinen Einfluss auf das Ausmaß der Rationalität haben, unter dem Menschen handeln.[308]

Als finanzielle Zielgröße kann für Unternehmen der Überschuss der Einzahlungen gegenüber den Auszahlungen oder der Gewinn herangezogen werden. Letztlich unterscheiden sich die beiden Zielgrößen in der Gesamtbetrachtung einer Investition nicht, da sie lediglich auf einer unterschiedlichen zeitlichen Berücksichtigung von Zahlungsströmen beruhen. Insbesondere bei der Mehrwertsteuer ist es erforderlich, die Untersuchung des Einflusses der Besteuerung auf Entscheidungen nicht lediglich auf die Entscheidungen der Unternehmer zu beschränken, sondern die Konsumentscheidungen der Verbraucher miteinzubeziehen.[309] Anderenfalls wäre die Untersuchung nur beschränkt aussagekräftig, da die Mehrwertsteuer als allgemeine Verbrauchsteuer vom Konsumenten (Verbraucher) nach dem Willen des Gesetzgebers getragen werden soll.[310] Nach der gesetzlichen Belastungsintention wäre der Verbraucher wirtschaftlich mit der Mehrwertsteuer belastet, weshalb sich die Besteuerung grundsätzlich auf seine Konsumentscheidungen auswirken kann. Beim Verbraucher sind seine getätigten Konsumaufwendungen als Maß für seine persönliche Bedürfnisbefriedigung heranzuziehen.[311] Inwieweit der Verbraucher die Umsatzsteuer wirtschaftlich trägt, wird im Zuge einer Analyse der gesetzlichen Belastungskonzeption im weiteren Verlauf dieser Arbeit noch untersucht werden.[312]

Durch die Verknüpfung der Besteuerung mit der wirtschaftlichen Zielrealisation der Unternehmer bzw. der Konsumenten geht ein legales Ausweichen von der Besteuerung stets mit Einbußen bei der Höhe der Zielerreichung einher. Eine legale Reduzierung der Steuerlast ist somit nicht ohne einen niedrigeren Gewinn bzw. durch niedrigere Konsumaufwendungen und damit eingeschränkter Bedürfnisbefriedigung zu erreichen.[313] Beim rationalen Entscheider wird die Besteu-

[308] Vgl. *Schneider,* Investition, Finanzierung und Besteuerung, 1992, S. 193.
[309] Vgl. *Schwinger,* Einkommens- und konsumorientierte Steuersysteme, 1992, S. 71; *Wagner*, in: Elschen/Siegel/Wagner, Festschrift Schneider, 1995, S. 742.
[310] Art. 1 Abs. 2 MwStSystRL; *Söhn,* StuW 1975, S. 10; *Walden,* Die Umsatzsteuer als indirekte Verbrauchsteuer, 1988, S. 33 ff; *Tipke,* StuW 1992, S. 107; *Birk*, in: Kirchhof/Neumann et al., Freiheit, Gleichheit, Effizienz, 2001, S. 64; OECD, Internationale Leitlinien für die Mehrwertbesteuerung, 2017, S. 18.
[311] Vgl. *Tipke,* StuW 1992, S. 107; *Schaumburg*, in: Kirchhof/Dürrschmidt, Festschrift Reiss, 2008, S. 32.
[312] Siehe Kapitel 3: D. II. 1.
[313] Vgl. *Wagner*, in: Bitz, Kompendium der Betriebswirtschaftslehre, 2005, S. 445 f.

erung bei einer Verknüpfung mit der wirtschaftlichen Zielrealisation daher keinen Einfluss auf seine Entscheidungen haben. Er wird weiterhin bestrebt sein, einen möglichst hohen Gewinn zu erzielen bzw. ein möglichst hohes Maß an Bedürfnisbefriedigung zu erwirken. Eine Zielgrößenbesteuerung wirkt daher entscheidungsneutral.[314]

Entscheidungsneutralität knüpft im Regelfall an Investitionsrechnungskalküle an. Sie liegt vor, wenn die Besteuerung den Kapitalwert von Investitionen jeweils proportional in Höhe des Steuersatzes belastet.[315] Auf diese Weise verteuern sich die Investitionsalternativen durch eine proportionale Besteuerung gleichermaßen, was zur Folge hat, dass sich die Relativpreise der unterschiedlichen Investitionsalternativen nicht verändern. Demnach entsprechen die Relativpreise vor Steuern den Relativpreisen nach Steuern. Eine steuerliche Verzerrung von Investitionsentscheidungen würde hingegen vorliegen, wenn sich durch die Besteuerung die Relativpreise ändern würden, d. h., dass das vor Steuern günstigere Gut A im Vergleich zu Gut B relativ teurer werden würde, da Gut B nicht oder zu einem geringeren Steuersatz als Gut A besteuert wurde.

Der Begriff der Investition bezieht sich nicht lediglich auf den Erwerb von Anlagegegenständen (Sach- und Finanzanlagen), sondern kann auch den Erwerb eines Unternehmens umfassen.[316] Entscheidungsneutralität im Hinblick auf investive Unternehmensentscheidungen ist nicht lediglich bei der Wahl von Investitionsgütern ausschlaggebend, sondern auch bei der Wahl verschiedener Finanzierungs- und Rechtsformalternativen. Diese unterschiedlichen Ausprägungen der Entscheidungsneutralität sind unter den Begriff „intersektorale Neutralität" zu fassen.[317] Die Finanzierungs- und Rechtsformneutralität sind Unterformen der Investitionsneutralität, wobei die Rechtsformneutralität eine Unterform der Finanzierungsneutralität darstellt.[318] Ausgangspunkt für diese Einordnung ist die realwirtschaftliche Investition. An das Investitionsvorhaben schließt sich die Frage seiner Finanzierung an und es stellt sich die Frage, in welchem Rechtskleid das Vorhaben erfolgen soll.[319]

Auf Haushaltsebene steht zunächst die Entscheidung zwischen Konsum oder Ersparnis im Vordergrund (intertemporale Neutralität).[320] Die intertemporale Neutralität ist gegeben, wenn die Besteuerung keinen Einfluss auf die Entscheidung hinsichtlich der Einkommensverwendung für gegenwärtigen oder zukünfti-

---

[314] Vgl. *Schneider,* Investition, Finanzierung und Besteuerung, 1992, S. 206.

[315] Vgl. *Elschen/Hüchtebrock,* FA 1983, S. 269.

[316] Vgl. *Wöhe/Döring/Brösel,* Einführung in die Allgemeine Betriebswirtschaftslehre, 2020, S. 466.

[317] *Kruschwitz/Husmann/Schneider,* Investitionsneutrale Steuersysteme, 2002, S. 1.

[318] *Wagner*, in: Elschen/Siegel/Wagner, Festschrift Schneider, 1995, S. 743 f.

[319] Vgl. *Schwinger,* Einkommens- und konsumorientierte Steuersysteme, 1992, S. 11.

[320] Vgl. *Kruschwitz/Husmann/Schneider,* Investitionsneutrale Steuersysteme, 2002, S. 1.

gen Konsum (Ersparnisbildung) hat.[321] Im Zuge der Einkommensverwendung für Konsumzwecke gelten die vorherigen Ausführungen zu verschiedenen Investitionsalternativen sinngemäß. Denn eine entscheidungsneutrale Besteuerung verlangt, dass sie keinen Einfluss auf die Konsumentscheidung hat. Dies ist gegeben, wenn die Relativpreise der Konsumgüter vor Steuern den Relativpreisen nach Steuern entsprechen.[322]

Eine entscheidungsneutrale Besteuerung hat den Vorteil, dass Entscheidungskalküle vereinfacht und somit Planungskosten reduziert werden.[323] Dieses Ergebnis ist wenig überraschend, da eine entscheidungsneutrale Besteuerung keine bzw. so wenig wie möglich Differenzierungen erfordert. Unterliegen sämtliche Tatbestände denselben Rechtsfolgen, führt dies zu einer erheblichen Vereinfachung. Eine steuerliche Vorteilhaftigkeitsrechnung zwischen Alternative A und Alternative B entfällt, wenn beide Alternativen eine relativ gleiche steuerliche Belastung treffen. Ferner führt ein entscheidungsneutrales Steuersystem zu niedrigeren Befolgungs- und Erhebungskosten,[324] weil Steuern nicht in Entscheidungskalküle einbezogen werden müssen und folglich keine legalen Ausweichhandlungen erfolgen. Voraussetzung hierfür ist jedoch, dass dies ohne signifikanten Aufwand von den Entscheidungsträgern erkannt werden kann. Anderenfalls werden durch das Prüfen der Vorteilhaftigkeit einer Variante gegenüber einer oder mehrerer Alternativen Ressourcen verschwendet, wenn das Endergebnis der Untersuchungen zutage bringt, dass keine der Varianten aus steuerlicher Sicht vorteilhafter oder der Planungsaufwand höher als der Vorteil einer der Varianten ist (unsystematische oder kompensatorische Neutralität).[325] Lediglich im Fall von systematischer Entscheidungsneutralität ist von geringeren oder bestenfalls keinen Planungskosten auszugehen.[326]

Zur Überprüfung der Entscheidungsneutralität einer Steuer in einem theoretischen Modell bietet es sich an, die Entscheidungsbedingungen als gegeben vorauszusetzen[327] und zu untersuchen, ob die Besteuerung unter den gegebenen Entscheidungsbedingungen entscheidungsneutral ist. Als fixe Entscheidungsbedingungen[328] sollen rationales Handeln, Nutzung der zur Verfügung stehenden Informationen im Rahmen einer effizienten Informationsbeschaffung und Orientierung an einer finanziellen Zielgröße, die das Maß des Nutzens und damit auch

---

[321] Vgl. *Hiller,* Cash-Flow-Steuer und Umsatzsteuer, 2003, S. 15.
[322] Vgl. *Schmidt*, in: Neumark, Handbuch der Finanzwissenschaft, 1980, S. 153.
[323] Vgl. *Wagner*, in: Bitz, Kompendium der Betriebswirtschaftslehre, 2005, S. 412.
[324] Vgl. *Eichfelder* et al., Auswirkungen von Steuervereinfachungen, 2010, S. 159.
[325] Vgl. *Elschen,* StuW 1991, S. 103.
[326] Vgl. *Wagner,* StuW 1992, S. 3.
[327] Vgl. *Elschen/Hüchtebrock,* FA 1983, S. 266.
[328] Vgl. *Wöhe/Döring/Brösel*, Einführung in die Allgemeine Betriebswirtschaftslehre, 2020, S. 6.

die Höhe der Nutzeneinbuße durch die Besteuerung bestimmt, angenommen werden. Unter diesen Prämissen erfolgt im weiteren Verlauf der Arbeit die Analyse verschiedener mehrwertsteuerlicher Regelungen im Hinblick auf deren Entscheidungsneutralität.

2. *Gesamtwirtschaftliche Perspektive*

Aus Sicht der Finanzwissenschaft wird ein anderer Blickwinkel für die Betrachtung der Thematik der Neutralität der Besteuerung eingenommen. Im Gegensatz zur Betriebswirtschaftslehre wird häufig nicht der Standpunkt des individuellen Entscheiders eingenommen, sondern aus Sicht eines beobachtenden Dritten beurteilt.[329] Durch eine neutrale Besteuerung sollen Verzerrungen der gesamtwirtschaftlichen Ressourcenallokation vermieden werden, womit gleichermaßen Effizienzvorteile verbunden sind.[330] Im Mittelpunkt der Betrachtung der steuerlichen Neutralität steht die allgemeine Wohlfahrt. Ein Steuerrecht, das bestimmten Gruppen Privilegien gewährt oder der Durchsetzung von Partikularinteressen dient, steht zu diesem Neutralitätsverständnis in Widerspruch.[331] Um eine bestmögliche Nutzung der Ressourcen zu ermöglichen, müssen diese in optimalster Weise verwendet und in vollem Umfang genutzt werden.[332] Da unklar bleibt, ob die Besteuerung die Ressourcenallokation verbessern oder verschlechtern kann, wird die Forderung erhoben, die Besteuerung solle auf die Ressourcenallokation keinen Einfluss nehmen, da die Möglichkeit einer Verbesserung ebenso ungewiss sei, wie die einer negativen Beeinflussung.[333] Diese Forderung beruht auf der Annahme, dass funktionierende Märkte aufgrund marktwirtschaftlicher Abstimmungsprozesse von selbst eine optimale Ressourcenallokation sicherstellen und somit zur Wohlstandszielsetzung beitragen.[334]

Methodischer Ausgangspunkt der Untersuchung im Hinblick auf Neutralität eines Steuersystems bildet die Optimalsteuertheorie, die den Konsumenten mit dem Ziel der Bedürfnisbefriedigung in den Mittelpunkt ihrer Betrachtung stellt.[335] Die Besteuerung sollte neben den unvermeidlichen Folgen, nämlich dem Entzug von finanziellen Mitteln durch die Steuerzahlung selbst und den damit einhergehenden Erhebungs- und Entrichtungskosten möglichst keine weiteren Einbußen verursachen. Diese weiteren, über die eigentliche Steuerzahlung hin-

---

[329] Vgl. *Elschen/Hüchtebrock,* FA 1983, S. 253.
[330] *Wagner*, in: Bitz, Kompendium der Betriebswirtschaftslehre, 2005, S. 412.
[331] Vgl. *Schreiber*, in: Droege/Seiler, Eigenständigkeit des Steuerrechts, 2019, S. 219.
[332] Vgl. *Haller,* Die Steuern, 1981, S. 215.
[333] Vgl. *Elschen/Hüchtebrock,* FA 1983, S. 255.
[334] Vgl. *Haller,* Die Steuern, 1981, S. 215.
[335] *Elschen/Hüchtebrock,* FA 1983, S. 259.

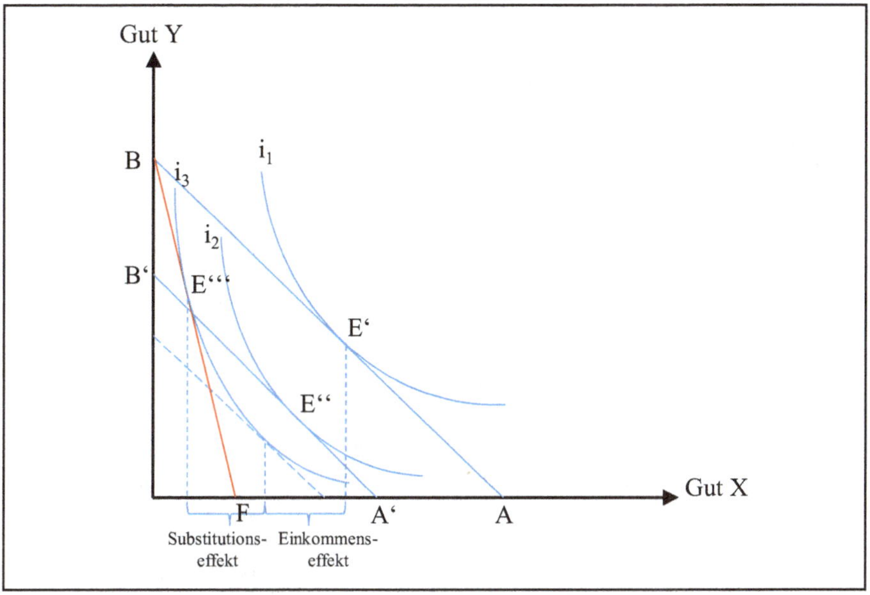

Abbildung 3: Anpassungsverhalten bei Steuern auf Güter[336]

ausgehenden Einbußen, die auch bei einer erhebungs- und entrichtungskostenfreien Besteuerung eintreten, werden Zusatzlast der Besteuerung genannt.[337] Zusatzlasten entstehen, wenn es am Markt aufgrund steuerlich bedingter Preisverzerrungen zu Abweichungen vom Allokationsoptimum kommt, denen keine anderweitigen Wohlfahrtzuwächse gegenüberstehen.[338]

Der Effekt der Zusatzlast der Besteuerung soll exemplarisch anhand des Zwei-Güter-Modells veranschaulicht werden. In Abbildung 3 werden auf der x-Achse die Mengen des Gutes X und auf der y-Achse die Mengen des Gutes Y angezeigt.

Aus Vereinfachungsgründen ist die Betrachtung auf die beiden Güter beschränkt und die Entscheidungen zwischen Einkommenserwerb und Freizeit sowie gegenwärtigem und zukünftigem Konsum sollen feststehen.[339] Das Verhältnis der Preise von Gut X und Gut Y ist gleich, daher kann der Konsument entlang der Budgetgerade AB eine beliebige Güterkombination von X und Y

---

[336] Vgl. *Musgrave/Musgrave/Kullmer,* Finanzen in Theorie und Praxis, 1993, S. 104.

[337] Siehe auch Kapitel 1: A. und Vgl. *Homburg,* Allgemeine Steuerlehre, 2015, S. 142.

[338] Vgl. *Stier,* Der Einfluss des EuGH auf die ökonomische Effizienz, 2020, S. 6.

[339] Vgl. *Musgrave/Musgrave/Kullmer,* Finanzen in Theorie und Praxis, 1993, S. 103.

auswählen.[340] Die individuellen Vorlieben des Konsumenten werden durch die Indifferenzkurve i_1 dargestellt. Am Schnittpunkt von i_1 und der Budgetgerade AB ergibt sich der optimale Konsumpunkt E'.[341] Werden nun sowohl Gut X als auch Gut Y gleichermaßen besteuert, werden die Güter teurer und die Steuer wirkt als Budgetbeschränkung des Konsumenten. Unter Berücksichtigung der gleichmäßigen Besteuerung beider Güter verschiebt sich die Budgetgerade parallel und das neue Budget wird durch die Gerade A'B' dargestellt.[342] Die Preisrelation der Güter zueinander bleibt somit unverändert, sodass sich durch die Besteuerung die individuelle Rangfolge der Vorliebe des Konsumenten für Gut X oder Gut Y nicht ändert. Durch die Budgetbeschränkung ist der Konsument jedoch gezwungen, entsprechend weniger von Gut X und Gut Y zu konsumieren, was sich graphisch in Punkt E'', seinem neuen Konsumoptimum zeigt.[343] Das Steueraufkommen beträgt A'A ausgedrückt in Gut X bzw. B'B ausgedrückt in Gut Y.

Wird statt einer einheitlichen Steuer auf beide Güter lediglich eine Steuer auf Gut X erhoben mit dem Ziel, ein gleich hohes Aufkommen zu generieren, wird Gut X im Verhältnis zu Gut Y teurer. Hierzu ist die Budgetgerade so im Punkt B nach links zu drehen, dass sie an dem Punkt, in dem sie A'B' schneidet, eine Indifferenzkurve tangiert.[344] Dieser Punkt stellt das Konsumoptimum E''' dar. Dadurch dreht sich die Budgetgerade von AB auf FB (dargestellt in rot). Aufgrund der steuerbedingten Verteuerung von Gut X wird Gut Y im Verhältnis attraktiver, was sich auf die Konsumentscheidung auswirkt und im neuen Konsumoptimum E''' zeigt, an dem FB die neue Indifferenzkurve i_3 tangiert. Die Bewegung der Budgetgeraden lässt sich auf zwei Effekte zurückführen. Soweit die Bewegung auf einer Parallelverschiebung der alten Budgetgeraden AB beruht (unterbrochene Linie), bis diese die neue Indifferenzkurve i_3 im Punkt C tangiert, liegt lediglich ein Einkommenseffekt vor. Da Punkt C jedoch nicht auf der neuen Budgetgeraden FB liegt, kann an diesem Punkt kein Konsum erfolgen. Dies kann erst im neuen Konsumoptimum E''' geschehen, wo FB i_3 tangiert. Der Abstand zwischen C und E''' bildet die steuerlich bedingte Verzerrung der Konsumentscheidung, den Substitutionseffekt, ab. Es kommt zu einer Zusatzlast der

340 Vgl. *Musgrave/Musgrave/Kullmer,* Finanzen in Theorie und Praxis, 1993, S. 103.

341 Vgl. *Schmidt*, in: Neumark, Handbuch der Finanzwissenschaft, 1980, S. 152; *Musgrave/Musgrave/Kullmer,* Finanzen in Theorie und Praxis, 1993, S. 103; *Homburg,* Allgemeine Steuerlehre, 2015, S. 147.

342 Vgl. *Zimmermann/Henke/Broer,* Finanzwissenschaft, 2017, S. 137.

343 Vgl. *Blankart,* Öffentliche Finanzen in der Demokratie, 2017, S. 156.

344 Vgl. *Schmidt*, in: Neumark, Handbuch der Finanzwissenschaft, 1980, S. 153; *Zimmermann/Henke/Broer,* Finanzwissenschaft, 2017, S. 137.

Besteuerung, da Punkt E" bei gleichem Steueraufkommen ein höheres Nutzenniveau aufweist als E'''.[345]

In anderen Worten: Bei E" kann der Konsument sowohl von Gut X als auch von Gut Y eine höhere Menge konsumieren als dies bei E''' der Fall ist, während das Steueraufkommen für den Fiskus in beiden Fällen gleich hoch ist. Derart nachteilige Folgen treten nicht nur auf, wenn – wie im Beispielsfall – ein Gut besteuert und ein anderes Gut nicht besteuert wird, sondern auch bei Tarifunterschieden tritt eine Veränderung der Relation der Nettopreise zu den Bruttopreisen ein. Daher steht das geltende Mehrwertsteuerrecht, das bereits in der MwStSystRL unterschiedliche Steuersätze[346] und Steuerbefreiungen[347] vorsieht, nicht im Einklang mit dem ökonomischen Verständnis von steuerlicher Neutralität. Dies wird bei der Analyse der Tarifgestaltung noch im Detail verdeutlicht werden.[348]

Eine Besteuerung, die zu einer Veränderung der Relativpreise führt und damit die Konsumneigungen beeinflusst und verändert, ist aus ökonomischer Sicht abzulehnen.[349] Derartige preisverzerrende Effekte sind gesamtwirtschaftlich nachteilig und zur Erzielung des Steueraufkommens nicht erforderlich.

Daraus folgt, dass das Steuerrecht als normativer Handlungsrahmen der Wirtschaftssubjekte in einer Volkswirtschaft in einer Weise ausgestaltet sein muss, die den funktionierenden Markt nicht behindert, um die optimale Verteilung von Ressourcen nicht zu beeinflussen.[350] Daher ist die Neutralität der Besteuerung keine originäre steuerliche Zielvorstellung, vielmehr ergibt sie sich aus dem Ziel, einen funktionierenden Marktmechanismus nicht zu behindern.[351] Eine neutral wirkende Besteuerung vermindert die Kostenbelastung der Steuerträger auf das notwendige Maß, da sie lediglich den unvermeidbaren Einkommenseffekt zur Folge hat und weitergehende, durch Substitutionseffekte ausgelöste Wohlfahrtseinbußen vermeidet.[352]

Eine Pauschalsteuer würde lediglich einen Einkommenseffekt und keine Substitutionseffekte auslösen.[353] Eine allgemeine Verbrauchsteuer mit einem einheitlichen Steuersatz wäre hierzu äquivalent unter der Prämisse, dass die nicht erfassbare Wahl des Konsumenten zwischen Erwerbsarbeit und Freizeit sowie die nicht erfassbare Eigenproduktion für die weitere Betrachtung grundsätzlich aus-

---

345 Vgl. *Schmidt*, in: Neumark, Handbuch der Finanzwissenschaft, 1980, S. 153.
346 Art. 96 ff. MwStSystRL.
347 Art. 132 ff. MwStSystRL.
348 Siehe Kapitel 4: A. III.
349 Vgl. *Fuest*, in: Jachmann-Michel, DStJG Band 38, 2014, S. 75.
350 Vgl. *Elschen*, StuW 1991, S. 101; *Wagner*, StuW 1992, S. 4.
351 Vgl. *Wagner*, StuW 1992, S. 4; *Wagner*, DStR 2014, S. 1134.
352 Vgl. *Fuest*, in: Kahle, Overesch et al., Symposium Schreiber, 2016, S. 30.
353 Vgl. *Homburg*, Allgemeine Steuerlehre, 2015, S. 149.

geblendet werden.[354] Es soll jedoch eine Einschränkung gelten. Aus der Theorie der Zweitbesten Besteuerung folgt, dass freizeitkomplementäre Güter höher besteuert werden sollen.[355] Dies wird jedoch nicht weiterverfolgt werden, da diese Differenzierung zu Abgrenzungsproblemen und Ausweichhandlungen führt und mit einer weiteren Verkomplizierung einhergeht. Jedoch ist hieraus im Umkehrschluss die Forderung abzuleiten, Güter, die komplementär zur Erwerbsarbeit sind – und hier wird ausdrücklich die nichtselbständige Erwerbsarbeit eingeschlossen – weniger zu besteuern oder gar vollständig von der Besteuerung auszunehmen bzw. zu entlasten sind.[356]

Vergleichsmaßstab für das gegenwärtige Mehrwertsteuersystem soll daher eine allgemeine Verbrauchsteuer mit einem einheitlichen Steuersatz sein. Daraus folgt, dass im Grunde jede Abweichung von einer Besteuerung zum Regelsteuersatz, wie sie die MwStSystRL ausdrücklich vorsieht, zu Zusatzlasten und somit zu Wohlfahrtseinbußen führt.

3. *Auswirkung der Mehrwertbesteuerung auf Entscheidungen*

a) Entscheidungsneutralität als Indikator für Neutralitätsverletzungen

Aus ökonomischer Sicht können Neutralitätsverletzungen aus zwei Perspektiven betrachtet werden. Zum einen aus dem Blickwinkel der Entscheidungsneutralität und zum anderen aus dem Blickwinkel der Allokationseffizienz. Dies wirft die Frage auf, in welchem Zusammenhang die Entscheidungsneutralität und die Allokationseffizienz stehen.

Ausgehend vom Blickwinkel der Allokationseffizienz wird die Forderung nach einer Besteuerung erhoben, die eine gesamtwirtschaftlich optimale Allokation der Ressourcen nicht behindert, also keine Zusatzlasten, welche zwangsläufig mit Wohlfahrtseinbußen verbunden sind, verursacht.[357] Durch Allokationsverzerrungen würde das Substrat der Besteuerung – im Fall der Mehrwertsteuer der Konsum – und somit die Basis für das Steueraufkommen selbst vermindert. Diese gesamtwirtschaftliche Forderung ist daher geeignet als Orientierungsmaßstab für das Steuerrecht. Denn ein Steuerrecht, dass neben dem Opfer der individuellen Zahllast sowie unvermeidbaren Erhebungs- und Entrichtungskosten weitere Einbußen verursacht, ist gesamtwirtschaftlich schädlich. Ursächlich für die Wohlfahrtseinbußen sind die steuerlichen Auswirkungen auf den Alloka-

[354] Vgl. *Homburg,* Allgemeine Steuerlehre, 2015, S. 151–153.

[355] Vgl. *Homburg,* Allgemeine Steuerlehre, 2015, S. 155.

[356] In diesem Zusammenhang ist zwangsläufig die Frage zu stellen, ob eine Belastung dieser Güter überhaupt geboten ist. Aus ökonomischer Sicht stellen Erwerbsaufwendungen eines Arbeitnehmers jedenfalls keinen Konsum dar. Siehe Kapitel 4: B. II. 1. c).

[357] Vgl. *Wagner*, StuW 1992, S. 4; *Sahm*, Steuergerechtigkeit, 2019, S. 16.

tionsprozess, die auf individuellen Anpassungshandlungen der Wirtschaftsteilnehmer beruhen, welche eine Minimierung ihrer Steuerbelastung zum Ziel haben. Dieser Zusammenhang macht deutlich, dass es notwendig ist, den Einfluss der Besteuerung auf das Entscheidungsverhalten des einzelnen Wirtschaftsteilnehmers zu betrachten.[358]

Im Rahmen der einzelwirtschaftlichen Betrachtung stellt eine neutrale Besteuerung eine das Kalkül vereinfachende Indifferenzbedingung dar.[359] Auch wenn der Vorteil des kalkulierenden Einzelnen der Hintergrund dieses Standpunkts ist, führt ein Steuerrecht, welches indifferent auf das Kalkül des Einzelnen wirkt, dazu, dass es zu keinen Allokationsverzerrungen kommt. Daher beruhen sowohl die einzelwirtschaftliche als auch die gesamtwirtschaftliche Betrachtungsweise auf denselben Neutralitätsbedingungen.[360] Aus diesem Grund wird die Entscheidungsneutralität auch als Diagnosehilfe für finanzpolitisch unerwünschte Entscheidungswirkungen angesehen.[361] Zwischen der Entscheidungsneutralität und der Allokationseffizienz besteht ein kausaler Zusammenhang, da Entscheidungsneutralität nicht nur eine Diagnosehilfe, sondern eine Voraussetzung für eine allokationseffiziente Besteuerung darstellt.[362] Aus der Summe einzelwirtschaftlicher Entscheidungen folgen als Resultat stets gesamtwirtschaftliche Auswirkungen. Darüber hinaus führt die Entscheidungsneutralität auch zu den geringsten Planungskosten und ist daher als Grundlage einer effizienten Besteuerung anzusehen. Voraussetzung für diese Wirkung ist jedoch, dass die Besteuerung nicht nur im Endergebnis entscheidungsneutral ist, sondern, dass diese Wirkung ex ante ohne signifikanten Aufwand vom Entscheider erkannt werden kann. Anderenfalls müssten zunächst – im Ergebnis vergebliche – Aufwendungen getätigt werden, um festzustellen, dass die Besteuerung mangels Auswirkung überhaupt nicht ins Kalkül hätte gezogen werden müssen.[363]

---

[358] Vgl. *Kiesewetter,* Zinsbereinigte Einkommen- und Körperschaftsteuer, 1999, S. 5.
[359] Vgl. *Wagner,* FA 1986, S. 42.
[360] Vgl. *Wagner,* FA 1986, S. 42.
[361] Vgl. *Elschen,* StuW 1991, S. 107; *Schneider,* Investition, Finanzierung und Besteuerung, 1992, S. 202.
[362] Vgl. *Elschen,* StuW 1991, S. 101.
[363] Siehe Ausführungen zu Kapitel 3: C. I. 1. und *Elschen,* StuW 1991, S. 103, zur systematischen Entscheidungsneutralität; *Hundsdoerfer,* Die einkommensteuerliche Abgrenzung von Einkommenserzielung und Konsum, 2002, S. 14 f., bezeichnet die von Ressourceneinsatz für Informationsbeschaffung und Planung abhängige Erkenntnis, ob dieser Einsatz überhaupt notwendig gewesen wäre, als Dilemma.

Für die Untersuchungen im Rahmen dieser Arbeit gelten die folgenden Prämissen:

- Es wird davon ausgegangen, dass funktionierende Märkte vorliegen bzw. dass Steuern nicht das geeignete Mittel sind, um unvollkommene Märkte zu regulieren, da die Auswirkungen steuerlicher Intervention auf das freie Spiel der Märkte ungewiss sind.[364]
- Die Besteuerung führt aufgrund des unvermeidlichen Einkommenseffekts stets zu Auswirkungen auf Entscheidungen. Daher genügt ein Steuersystem dann der Entscheidungsneutralität, wenn es bei vernünftigen Marktakteuren zu keinen rechtlich zulässigen Anpassungshandlungen (Ausweichhandlungen) führt.[365] Die Mehrwertsteuer hat nicht lediglich Auswirkungen auf den Steuerpflichtigen, weshalb die von *Schneider* getroffene Definition eines entscheidungsneutralen Steuersystems entsprechend modifiziert wurde. Die Normen sollen weder die Entscheidungen der steuerpflichtigen Unternehmer noch die Entscheidungen der Verbraucher beeinflussen.
- Der Begriff der Entscheidungsneutralität ist weiter als der der Allokationseffizienz, da er nicht nur die reale Güterallokation berührt, sondern auch die Form der Finanzierung und damit auch die Rechtsformwahl umfasst.[366] Zwar muss eine steuerlich bedingte Veränderung der Finanzierungsentscheidung oder Rechtsformwahl nicht zwangsläufig zu einer Allokationsveränderung führen, jedoch kann es dennoch zu einer Rückwirkung auf die reale Güterallokation kommen, wenn sich Kapitalkosten sowie Anreiz- und Risikostrukturen ändern.[367] Mithin wird als Maßstab für eine effiziente Besteuerung grundsätzlich der weitere Begriff der Entscheidungsneutralität zugrunde gelegt.
- Flankierend können jedoch auch die Erkenntnisse aus der Theorie der optimalen Besteuerung einfließen und somit die Entscheidungsneutralität als Maßstab ergänzen.

Eine effiziente Besteuerung in diesem Sinne ist eine Besteuerung, die keine Zusatzlasten im engeren Sinne verursacht (keine Verminderung der Gesamtwohl-

---

[364] Siehe Ausführungen zu Kapitel 3: C. I. 2. und *Elschen/Hüchtebrock*, FA 1983, S. 255.
[365] *Schneider*, Investition, Finanzierung und Besteuerung, 1992, S. 193: *„Steuerrechtsetzungen, die bei vernünftigen Steuerpflichtigen keine Ausweichhandlungen verursachen, heißen* **entscheidungsneutral**".
[366] *Schwinger*, Einkommens- und konsumorientierte Steuersysteme, 1992, S. 13, weist darauf hin, dass eine steuerliche Beeinflussung der Finanzierungsentscheidung oder Rechtsformwahl nicht zwangsläufig zu einer Abweichung vom Allokationsoptimum führen muss.
[367] Vgl. *Kiesewetter*, Zinsbereinigte Einkommen- und Körperschaftsteuer, 1999, S. 20; *Hundsdoerfer*, Die einkommensteuerliche Abgrenzung von Einkommenserzielung und Konsum, 2002, S. 18.

fahrt) und zudem Erhebungs-, Planungs- und Entrichtungskosten auf ein möglichst geringes Maß beschränkt. Dass letzteres eine möglichst einfache, auf zahlreiche Differenzierungen und Ausnahmen verzichtende Besteuerung erfordert, ist evident.

b) Unternehmerische Entscheidungen

Der Unternehmer hat als Steuerpflichtiger die Aufgabe, die Umsatzsteuer, die auf seinen Ausgangsleistungen lastet, von den Abnehmern seiner Güter als Steuereinsammler für den Staat zu vereinnahmen.[368] Dabei darf er sich im Regelfall von der Umsatzsteuer, die auf seinen Eingangsleistungen lastet, durch das Instrument des Vorsteuerabzugs entlasten. In diesem Zusammenhang wird eine Vielzahl der Entscheidungen, die der Unternehmer zu treffen hat, von der Umsatzsteuer tangiert.

Der steuerpflichtige Unternehmer wird hinsichtlich seiner getätigten Ein- und Auszahlungen lediglich dann indifferent sein, wenn die Umsatzsteuer keinen Einfluss auf die Höhe seines Gewinns hat. Davon ist bei Eingangsleistungen auszugehen, die es dem Unternehmer gestatten, sich vollumfänglich von der Vorsteuer zu entlasten. In sein Kalkül fließt dann lediglich der Nettopreis ein. Sobald den Unternehmer jedoch Einschränkungen beim Vorsteuerabzug treffen, werden diese zu einem Kostenbestandteil. Deshalb wird er bestrebt sein, diese Kosten zu vermeiden oder zumindest zu verringern. Aufgrund des Zusammenhangs des Rechts auf Vorsteuerabzug mit den Ausgangsleistungen des Unternehmers können damit auch Entscheidungen hinsichtlich der Ausgangsleistungen verbunden sein.

Bei den Ausgangsleistungen wird der Unternehmer dann indifferent sein, wenn seine Umsatzerlöse gleichermaßen, d. h. proportional zum Preis, gleichmäßig von der Umsatzsteuer getroffen werden. In diesem Fall kann er der Besteuerung nicht ausweichen. Werden die Ausgangsleistungen jedoch unterschiedlich behandelt, führt dies zwangsläufig zu Vorteilhaftigkeitsüberlegungen. Die unterschiedliche Behandlung von Ausgangsleistungen kann auf im gegenwärtigen Recht bestehenden Tarifunterschieden, echten und unechten Steuerbefreiungen, besonderen Besteuerungsregimen oder Ausnahmeregelungen basieren. Auch an dieser Stelle wird auf die gegenseitige Beeinflussung der Ausgangsleistungen und des Rechts auf Vorsteuerabzug verwiesen.

Ebenso stellen die Gründung, der Erwerb, die gesellschaftsrechtliche Strukturierung oder die Veräußerung eines Unternehmens den Entscheider vor verschiedene Handlungsalternativen. Bereits bei den Gründungskosten stellt sich die

[368] Vgl. *Reiß*, in: Lang, Festschrift Tipke, 1995, S. 440.

Frage des Vorsteuerabzugs und bei Veräußerung/Liquidation die Frage, ob Umsatzsteuer anfällt oder ggf. Vorsteuerberichtigungen ausgelöst werden.

Somit kann die Umsatzsteuer u. a. Auswirkungen auf Investitions- und Finanzierungsentscheidungen sowie auf die Wahl der Rechts- und Organisationsform haben.

c) Konsumentscheidungen

Bei der Mehrwertsteuer handelt es sich um ein konsumbasiertes Steuersystem. Der Steuerzugriff erfolgt in dem Zeitpunkt, in dem eine steuerpflichtige Leistung bewirkt wird.[369] Im Regelfall ist dieser Zeitpunkt identisch mit der Zahlung des Konsumenten, weshalb die im Kaufpreis enthaltene Steuerbelastung den Konsumenten erst im Zeitpunkt des Konsums trifft.[370] Die Bildung von Ersparnissen unterliegt nicht der Besteuerung. Erst im Zeitpunkt der Verwendung von Mitteln für Konsumzwecke erfolgt ein Steuerzugriff. Daher hat die Mehrwertsteuer auf die Entscheidung, Einkommen zeitnah für den Konsum zu verwenden oder zunächst zu sparen, um die Mittel zu einem späteren Zeitpunkt für den Konsum zu verwenden, keinen Einfluss und ist ebenso wie eine Cashflow-Steuer intertemporal neutral.[371]

Eine vollkommene Neutralität[372] der Mehrwertsteuer auf die Konsumentscheidungen wäre gegeben, wenn alle Konsumgüter proportional gleichermaßen mit Mehrwertsteuer belastet wären. In diesem Fall würden sich die Relativpreise vor und nach Steuern entsprechen. Eine steuerliche Preisbeeinflussung läge somit nicht vor. Mithin hätte die Besteuerung den gleichen Effekt wie eine Pauschalsteuer, sie würde lediglich in Höhe des Aufkommens Mittel entziehen, die dann nicht mehr für den Konsum zur Verfügung stünden (Einkommenseffekt). Da es jedoch Tarifunterschiede, unechte Steuerbefreiungen sowie besondere Besteuerungsregime gibt, unterscheidet sich auch die im Preis der Güter enthaltene prozentuale Steuerbelastung.[373] Aus diesem Grund entsprechen sich Brutto- und Nettopreisverhältnisse nicht und es kommt zu einer steuerlich bedingten Preisverzerrung. Dies ist Anlass, Ausnahmen vom Prinzip der Regelbesteuerung

---

[369] Art. 63 MwStSystRL.

[370] An dieser Stelle wird davon ausgegangen, dass der Konsument die Steuerbelastung im Regelfall im Wesentlichen trägt. Hinsichtlich der Untersuchung der Steuerinzidenz wird auf Kapitel 3: D. II. 1. verwiesen.

[371] Vgl. *Kruschwitz/Husmann/Schneider,* Investitionsneutrale Steuersysteme, 2002, S. 15.

[372] Die Entscheidung zwischen Arbeitszeit und Freizeit wird bei der Betrachtung außer Acht gelassen.

[373] Dieser These liegt die Annahme zugrunde, dass es den Unternehmern regelmäßig gelingt, die Steuerbelastung auf die Konsumenten vorzuwälzen.

kritisch zu hinterfragen.[374] Insbesondere der Sinn und Zweck der jeweiligen Ausnahmen sind zu ergründen und zu prüfen, ob die den jeweiligen Ausnahmeregelungen zugrundeliegenden Zielsetzungen auch durch andere Mittel erreicht werden könnten, ohne zu Neutralitätsverletzungen zu führen.

II. Verbindung des ökonomischen mit dem juristischen Neutralitätsverständnis

1. Quelle des juristischen Neutralitätsverständnisses

a) Wirtschaftspolitische Forderung nach Wettbewerbsneutralität als Zweck

Ausgangspunkt für die Forderung einer Reform der Bruttoumsatzsteuer waren die Erkenntnisse hinsichtlich ihrer unerwünschten wirtschaftlichen Wirkungen.[375] Aufgrund dieser Erfahrungen haben sich die Mitgliedstaaten der Europäischen Wirtschaftsgemeinschaft entschlossen, eine harmonisierte Umsatzbesteuerung einzuführen, die den Wettbewerb innerhalb des Gemeinsamen Marktes vor Verfälschungen schützt.[376] Eine wettbewerbsneutrale Ausgestaltung der Umsatzbesteuerung ist daher ein Ausfluss des Binnenmarktkonzepts. Seit dem Vertrag von Lissabon[377] wurde der Begriff des Gemeinsamen Marktes aufgegeben und an seiner Stelle wurde von nun an allein der Begriff des Binnenmarkts verwendet.[378] Die Errichtung des Binnenmarkts ist ein fundamentales Ziel der Union (Art. 3 Abs. 3 Unterabs. 1 S. 1 EUV[379]) und stellt das wirtschaftliche Herzstück der Integration dar.[380] Der Begriff des Binnenmarkts ist in Art. 26 Abs. 2 AEUV definiert als ein Raum ohne Binnengrenzen, in dem der freie Verkehr von Waren, Personen, Dienstleistungen und Kapital gemäß den Bestimmungen der Ver-

---

[374] Siehe Kapitel 4.
[375] Siehe Kapitel 2: C. II. 2.
[376] Art. 3 Buchstabe f des Vertrag zur Gründung der Europäischen Wirtschaftsgemeinschaft vom 25.03.1957.
[377] Vertrag von Lissabon, ABl. EU Nr. C 306, S. 1.
[378] Vgl. *Streinz,* Europarecht, 2016, S. 304; *Korte*, in: Calliess/Ruffert, EUV/AEUV, 2022, Art. 26 AEUV, Rn. 6.
[379] Konsolidierte Fassungen des Vertrags über die Europäische Union und des Vertrags über die Arbeitsweise der Europäischen Union, ABl. EU Nr. C 202, S. 17.
[380] Vgl. *Pechstein*, in: Streinz, EUV/AEUV, 2018, Art. 3 EUV, Rn. 7; siehe auch *Ruffert*, in: Calliess/Ruffert, EUV/AEUV, 2022, Art. 3 EUV, Rn. 22, der den Binnenmarkt als einen ökonomischen Raum ohne Binnengrenzen bezeichnet, der Kernstück der Integration und somit primärer Garant für Wohlstand in der EU sei.

träge gewährleistet ist.[381] Ursächlich für die Schaffung eines Binnenmarkts sind die ökonomischen Vorteile, die sich die Mitgliedstaaten dadurch versprechen.[382]

b) Verwirklichung durch harmonisierte Besteuerung als Mittel

aa) Grundlagen des Harmonisierungsauftrags

Zur Verwirklichung des Binnenmarkts wurde der Union gem. Art. 2 Abs. 1 i.V. mit Art. 3 Abs. 1 Buchst. b AEUV die ausschließliche Zuständigkeit für die Festlegung der für das Funktionieren des Binnenmarkts erforderlichen Wettbewerbsregeln übertragen. Zu diesen Regeln gehören nach Titel VII des AEUV auch „Gemeinsame Regeln betreffend Wettbewerb, Steuerfragen und Angleichung der Rechtsvorschriften" und somit auch steuerliche Vorschriften. Bei den steuerlichen Vorschriften in Art. 110 ff. AEUV handelt es sich – aufgrund des Fehlens von maßgebenden eigenen Besteuerungskompetenzen der Union – im Wesentlichen um Regelungen zur Vereinheitlichung der Abgaben der Mitgliedstaaten. Dies überrascht nicht, handelt es sich beim Bereich des Abgabenrechts um ein Gebiet, bei dem die Mitgliedstaaten ihre Kompetenzen bislang weitestgehend bewahren wollen.[383] Zielsetzung der steuerlichen Vorschriften ist die gleiche steuerliche Belastung von inländischen Waren und Waren aus anderen Mitgliedstaaten (Diskriminierungs- und Protektionsverbot gem. Art. 110 AEUV) sowie die Harmonisierung der indirekten Steuern, die sich aus Art. 113 AEUV ergibt. Das Diskriminierungsverbot und das Harmonisierungsgebot sind Ausfluss und Konkretisierung der Grundfreiheiten und sollen im Verbund eine wettbewerbsneutrale Besteuerung im Binnenmarkt bewirken.[384] Die Zielsetzungen der Art. 110 und Art. 113 AEUV unterscheiden sich jedoch im Einzelnen. Ziel des Diskriminierungs- und Protektionsverbots ist die sofortige Beseitigung von steuerlichen Maßnahmen, die eine diskriminierende Wirkung auf (EU-)ausländische oder eine schützende Wirkung auf inländische Waren zur Folge haben und setzt nicht etwa eine bereits erfolgte Rechtsangleichung voraus. Ziel der Steuerharmonisierung ist die Beseitigung bzw. Milderung von nationalen steuerlichen Regelungen, auf denen Handelshindernisse beruhen.[385]

[381] Konsolidierte Fassungen des Vertrags über die Europäische Union und des Vertrags über die Arbeitsweise der Europäischen Union, ABl. EU Nr. C 202, S. 59.

[382] Vgl. *Böhmer/Weisser/Drechsler,* 20 Jahre Binnenmarkt, 2014, S. 7.

[383] Vgl. *Waldhoff*, in: Calliess/Ruffert, EUV/AEUV, 2022, Art. 110 AEUV, Rn. 1–2.

[384] Vgl. *Kamann*, in: Streinz, EUV/AEUV, 2018 vor Art. 110 AEUV, Rn. 4; *Waldhoff*, in: Calliess/Ruffert, EUV/AEUV, 2022 Art. 110 AEUV, Rn. 4.

[385] EuGH, v. 27.02.1980, 171/78, Kommission / Dänemark, Slg 1980, 447, Rn. 20; EuGH, Urteil v. 27.02.1980, 55/79, Kommission / Irland, Slg 1980, 481, Rn. 12; EuGH, Urteil v.

Die in Art. 113 AEUV kodifizierte Harmonisierungskompetenz stellt neben dem Diskriminierungs- und Protektionsverbot die zweite Säule der steuerlichen Vorschriften zur Herstellung einer wettbewerbsneutralen Besteuerung – ohne Steuergrenzen – im Binnenmarkt dar.[386] Zu den Kernbereichen mitgliedstaatlicher Souveränität gehört deren Steuerhoheit. Diese Kompetenz wurde bislang nicht von den Mitgliedstaaten auf die Union übertragen und verbleibt daher grundsätzlich bei den Mitgliedstaaten. Jedoch begrenzt Art. 113 AEUV die mitgliedstaatliche Souveränität, indem der Erlass von Vorschriften zur Harmonisierung vorgesehen ist, soweit diese für die Errichtung und das Funktionieren des Binnenmarkts und die Vermeidung von Wettbewerbsverzerrungen notwendig sind.[387] Eine Notwendigkeit lässt sich zum einen aus der beeinträchtigenden Wirkung von unterschiedlichen steuerlichen Regelungen auf den Waren-, Personen-, Dienstleistungs- und Kapitalverkehr und den daraus folgenden administrativen und materiellen Steuergrenzen ableiten. Zum anderen können unterschiedliche steuerliche Belastungen – die sich insbesondere aus uneinheitlichen Regelungen zur Bestimmung des Leistungsorts[388] oder einer nicht einheitlichen Bemessungsgrundlage ergeben können – wettbewerbsverzerrende Wirkungen hervorrufen. Dies ist der Fall, wenn wirtschaftlich vergleichbare Vorgänge nicht nach gemeinsam koordinierten Kriterien besteuert werden.[389] Mithin stellt die der Union eingeräumte Kompetenz einen Kompromiss dar, einerseits die mitgliedstaatliche Steuersouveränität weitestgehend zu gewährleisten und andererseits Recht zu setzen, um die Ziele eines funktionierenden Binnenmarkts mit einem möglichst wettbewerbsneutralen Besteuerungsrahmen zu erreichen.[390] Eine Definition des Begriffs Harmonisierung ist im AEUV nicht enthalten. Nach herrschender Meinung ist hierunter eine Rechtsangleichung bzw. Koordinierung der nationalen Normen zu verstehen.[391] Es handelt sich hingegen nicht um eine Vereinheitlichung oder gar Europäisierung der Besteuerung.[392] Im Zuge einer weiter voranschreitenden europäischen Integration ist jedoch auch eine Verein-

09.12.1981, 193/80, Kommission / Italien, Slg 1981, 3019, Rn. 17; vgl. *Stumpf*, in: Schwarze et al., EU-Kommentar, 2019, Art. 110 AEUV, Rn. 44.

[386] Vgl. *Kamann*, in: Streinz, EUV/AEUV, 2018, Art. 113 AEUV, Rn. 2.

[387] Vgl. *Stumpf*, in: Schwarze et al., EU-Kommentar, 2019, Art. 113 AEUV, Rn. 1.

[388] Hierdurch besteht die Gefahr einer Doppel- oder Nichtbesteuerung.

[389] Vgl. *Stumpf*, in: Schwarze et al., EU-Kommentar, 2019, Art. 113 AEUV, Rn. 2.

[390] Vgl. *Khan*, in: Geiger/Khan et al., EUV, AEUV, 2023, Art. 113 AEUV, Rn. 2. Gleichzeitig enthält die Ermächtigung zur Rechtssetzung eine funktionale Begrenzung, da diese nur insoweit zu erfolgen hat, als es für die Erreichung der genannten Ziele (Errichtung und Funktionieren des Binnenmarkts und die Vermeidung von Wettbewerbsverzerrungen) notwendig ist.

[391] Vgl. *Bahns* et al., in: Groeben/Schwarze et al., Europäisches Unionsrecht, 2015, Art. 113 AEUV, Rn. 2; *Waldhoff*, in: Calliess/Ruffert, EUV/AEUV, 2022, Art. 113 AEUV, Rn. 2; *Khan*, in: Geiger/Khan et al., EUV, AEUV, 2023, Art. 113 AEUV, Rn. 2.

[392] Vgl. *Seiler*, in: Nettesheim, Das Recht der Europäischen Union, 2023, Art. 113, Rn. 4.

heitlichung der Steuerrechtsysteme denkbar; die gegenwärtige Regelung des Art. 113 AEUV legt mit dem Harmonisierungsauftrag lediglich den zur Zielerreichung erforderlichen Mindeststandard fest.[393] Dieser ermöglicht jedoch im Einzelfall den Erlass von Richtlinien mit detaillierten Vorgaben für den nationalen Gesetzgeber.[394] Der Unionsgesetzgeber ist beim Erlass von Bestimmungen an das Diskriminierungsverbot der Art. 110 – 112 AEUV gebunden.[395]

Aufgrund der Anordnung in Art. 113 AEUV findet beim Erlass von Maßnahmen das besondere Gesetzgebungsverfahren des Art. 289 Abs. 2 AEUV Anwendung. Im Gegensatz zum ordentlichen Gesetzgebungsverfahren, welches ein Zusammenspiel von Rat und Europäischem Parlament vorsieht, gibt es vorliegend mit dem Rat nur einen Protagonisten. Das Europäische Parlament und der Wirtschafts- und Sozialausschuss sind lediglich anzuhören. Dem Europäischen Parlament steht im Gegensatz zum ordentlichen Gesetzgebungsverfahren kein Mitentscheidungsrecht zu.[396] Geschuldet ist dieses besondere Verfahren der Steuerhoheit der Mitgliedstaaten, da jedwede Maßnahme einen Eingriff in die mitgliedstaatliche Souveränität bedeutet. Da es sich bei der Steuerhoheit um einen äußerst sensiblen Bereich der mitgliedstaatlichen Souveränität handelt, ist zudem Einstimmigkeit erforderlich, was den Erlass von Maßnahmen gegen den Willen eines Mitgliedstaats ausschließt.[397] Das Einstimmigkeitserfordernis erschwert jedoch Reformen, da bereits ein einzelner Mitgliedstaat Reformbestrebungen blockieren kann. Eine Verweigerungshaltung muss nicht auf inhaltlichen Bedenken am Reformvorschlag beruhen, sondern könnte auch schlicht als Verhandlungsmasse für vollkommen andere Themen in der politischen Auseinandersetzung verwendet werden.

bb) Weitreichende Konkretisierung durch Sekundärrecht

Neben der Ersten Richtlinie,[398] die die Grundsätze des gemeinsamen Mehrwertsteuersystems darlegte[399] und der Zweiten Richtlinie,[400] die die Struktur und die Anwendungsmodalitäten regelte, stellte die 6. Richtlinie[401] einen bedeutsamen

---

[393] Vgl. *Bahns* et al., in: Groeben/Schwarze et al., Europäisches Unionsrecht, 2015, Art. 113 AEUV, Rn. 2.

[394] Vgl. *Waldhoff*, in: Calliess/Ruffert, EUV/AEUV, 2022, Art. 113 AEUV, Rn. 2.

[395] Vgl. *Kamann*, in: Streinz, EUV/AEUV, 2018, Art. 113 AEUV, Rn. 2.

[396] Vgl. *Stumpf*, in: Schwarze et al., EU-Kommentar, 2019, Art, 113 AEUV, Rn. 8.

[397] Vgl.*Kamann*, in: Streinz, EUV/AEUV, 2018, Art. 113 AEUV, Rn. 10; *Stumpf*, in: Schwarze et al., EU-Kommentar, 2019, Art. 113 AEUV, Rn. 8; *Bahns* et al., in: Groeben/Schwarze et al., Europäisches Unionsrecht, 2015, Art. 113 AEUV, Rn. 20.

[398] Erste Richtlinie 67/227/EWG des Rates vom 11.04.1967, ABl. EG, S. 1301.

[399] Siehe hierzu Kapitel 2: D. II.

[400] Zweite Richtlinie 67/228/EWG des Rates vom 11.04.1967, ABl. EG, S. 1303.

[401] Sechste Richtlinie 77/388/EWG des Rates vom 17.05.1977, ABl. EG, L 145/1.

Schritt im Zuge der Rechtsangleichung dar. Hintergründe für die Einführung der 6. Richtlinie im Jahr 1977 waren u. a. die unterschiedliche Behandlung von bestimmten Wirtschaftszweigen, von Steuerbefreiungen, des Abzugs der Einfuhrumsatzsteuer als Vorsteuer und vor allem die unterschiedliche Behandlung von grenzüberschreitenden Dienstleistungen, was zu mitunter schwerwiegenden Problemen führte. Insbesondere die nationalen Regelungen hinsichtlich des Orts und des Zeitpunkts der Ausführung von Dienstleistungen, die Abgrenzung zwischen Lieferungen und Dienstleistungen und ob eine Lieferung als steuerfreie Ausfuhr zu behandeln war, waren uneinheitlich in den Mitgliedstaaten geregelt. Im Ergebnis kam es – aufgrund von Doppel- oder Nichtbesteuerungen – zu einer Verzerrung des innergemeinschaftlichen Handels.[402] Neben dem Bestreben einer weitergehenden Harmonisierung, u. a., um die vorgenannten Probleme durch umfassende materiell- und verfahrensrechtliche Regelungen zu beseitigen, war die geplante Eigenfinanzierung der EG[403] ausschlaggebend für den Erlass der Richtlinie. Die im Eigenmittelbeschluss ab 1975 vorgesehene Finanzierung des Haushalts der Gemeinschaften mit eigenen Mitteln sah unter anderem vor, dass Mehrwertsteuereinnahmen, aus Anwendung eines Satzes von bis zu 1 % der einheitlichen steuerpflichtigen Bemessungsgrundlage zur Finanzierung des Haushalts beitragen.[404] Daraus ergibt sich das Erfordernis einer einheitlichen Bemessungsgrundlage, auf welches auch in den Erwägungsgründen der 6. Richtlinie hingewiesen wird.[405] Aufgrund ihrer umfassenden und deutlich weitergehenden Regelungen stellte die 6. Richtlinie die Basisrichtlinie des gemeinsamen Mehrwertsteuersystems dar, bis sie durch ihre Neufassung im Jahr 2006 durch die Mehrwertsteuer-Systemrichtlinie[406] ersetzt wurde.[407] Die Erneuerung der bisherigen 6. Richtlinie erfolgte – jedoch grundsätzlich ohne inhaltliche Änderungen vorzunehmen – zur Neufassung der Struktur und des Wortlauts unter Übernahme der noch geltenden Bestimmungen der Ersten Richtlinie.[408] Die Mehrwertsteuer-Systemrichtlinie bildet die Grundlage für die Mitgliedstaaten und

402 Vgl. *Terra,* The Ordeal of VAT Harmonisation, 2019, S. 6.

403 Siehe Erwägungsgründe zur 6. RL: Sechste Richtlinie 77/388/EWG des Rates vom 17.05.1977, ABl. EG, L 145/1; unter Verweis auf Beschluss des Rates vom 21.04.1970 über die Ersetzung der Finanzbeiträge der Mitgliedstaaten durch eigene Mittel der Gemeinschaften (70/243/EGKS, EWG, Euratom) vom ABl. 1970, L 94, 19.

404 Vgl. Art. 4 Beschluss des Rates vom 21.04.1970 über die Ersetzung der Finanzbeiträge der Mitgliedstaaten durch eigene Mittel der Gemeinschaften (70/243/EGKS, EWG, Euratom) vom ABl. 1970 L 94, S. 21.

405 Vgl. Sechste Richtlinie 77/388/EWG des Rates vom 17.05.1977, ABl. EG, L 145/1.

406 Richtlinie 2006/112/EG des Rates vom 28.11.2006 über das gemeinsame Mehrwertsteuersystem, ABl. L 347, S. 1.

407 Vgl. *Kamann*, in: Streinz, EUV/AEUV, 2018, Art. 113 AEUV, Rn. 15.

408 Vgl. Erwägungsgründe 1-3 Richtlinie 2006/112/EG des Rates vom 28.11.2006 über das gemeinsame Mehrwertsteuersystem, ABl. L 347, S. 1.

erteilt ihnen zugleich den Auftrag, ihre nationalen Umsatzsteuergesetze im Rahmen der Richtlinienvorgaben umzusetzen.

c) Zwischenfazit

Das juristische Neutralitätsverständnis beruht auf ökonomischen Erkenntnissen. Aus der wirtschaftspolitischen Forderung eines Binnenmarkts, der ohne Verzerrungen des Wettbewerbs eine optimale Ressourcenverteilung sicherstellen soll, ergab sich das Erfordernis eines rechtlichen Ordnungsrahmens, der zur Verwirklichung dieser Forderung geeignet ist. Die wettbewerbsneutrale Besteuerung stellt neben wettbewerbsrechtlichen Regelungen[409] einen Baustein dar, um die Ziele des Binnenmarkts zu verwirklichen. Daher kann es kein von den ökonomischen Anforderungen an die Neutralität losgelöstes juristisches Verständnis im steuerlichen Sinne geben. Das derzeit geltende Recht, namentlich die MwSt SystRL sowie das deutsche UStG steht – aufgrund zahlreicher Ausnahmen von der Regelbesteuerung mit vollem Recht auf Vorsteuerabzug – nicht im Einklang mit dem ökonomischen Neutralitätsverständnis. Ob eine Neutralitätsverletzung vorliegt, ist anhand ökonomischer Kriterien zu beurteilen. Ob diese im Rahmen einer Güterabwägung gerechtfertigt werden kann, ist hingegen eine juristische Frage. Hierauf wird im Rahmen der Analyse der Ausprägungen des Neutralitätsprinzips in Kapitel 4 noch näher eingegangen.

2. *Ökonomische Analyse der Steuerwirkungen als Grundlage für Gesetzgebung und Rechtsanwendung*

a) Notwendigkeit der wirtschaftlichen Betrachtungsweise

Der Mehrwertsteuer unterliegen wirtschaftliche Vorgänge des Marktgeschehens.[410] In Bezug auf die Belastungsintention knüpft die Besteuerung an wirtschaftliche Zielgrößen wie Einkommen, Vermögen oder bei der Mehrwertsteuer indirekt an den Konsum an.[411] Die Besteuerung schöpft folglich aus dem Streben der Marktbeteiligten, welches sich anhand wirtschaftlicher Zielgrößen messen lässt, einen Anteil ab, um damit die öffentlichen Aufgaben zu finanzieren. Aufgrund dieser tatbestandsmäßigen und zielgrößenorientierten Verknüpfung des Steuerrechts ist eine wirtschaftliche Betrachtungsweise desselben notwendig.[412] Vor allem ist die wirtschaftliche Betrachtungsweise bei der Rechtsanwendung,

---

[409] Art. 101 ff. AEUV.
[410] Eine Ausnahme hiervon kann die Einfuhr darstellen oder auch Entnahmen.
[411] Vgl. *Urbas,* Die wirtschaftliche Betrachtungsweise im Steuerrecht, 1987, S. 46 f; *Löhr,* Optionsrecht, 2003, S. 271. Siehe auch *Elschen*, StuW 1988, S. 3–4.
[412] Vgl. *Beker*, Steuerrecht u. Wirtschaftsordnung, 1978, S. 24.

insbesondere bei der Ergründung des wirtschaftlichen Gehalts eines Sachverhalts[413] und grundsätzlich bei der Auslegung von Steuergesetzen zu beachten. Zwar wird durch die Übernahme eines Begriffs in eine Rechtsnorm dieser Begriff zum juristischen Begriff und damit Gegenstand der juristischen Auslegungsmethoden, jedoch sind im Rahmen der Auslegung Sinn- und Zweckerwägungen zu beachten.[414] Darüber hinaus sind wirtschaftliche Erkenntnisse – dabei wird im Speziellen auf die Erkenntnisse der Steuerwirkungslehre verwiesen – zur Aufdeckung von unerwünschten steuerlichen Wirkungen geeignet, um Kritik am geltenden Recht mit dem Ziel zu üben, die künftige Rechtssetzung zu verbessern.[415]

b) Wirtschaftliche Betrachtungsweise in der Rechtsanwendung

aa) Grundlegendes

Auch wenn jeder wirtschaftliche Vorgang (zivil-)rechtliche Rahmenbedingungen hat, kann dieser Rahmen nicht entscheidend für die steuerrechtliche Qualifikation sein, da Sinn und Zweck die Besteuerung des wirtschaftlichen Gehalts eines Sachverhalts ist.[416] Der wirtschaftliche Gehalt eines Sachverhalts lässt sich durch die wirtschaftliche Betrachtungsweise ergründen.[417] Dieses Erfordernis ergibt sich schon aus der Terminologie der MwStSystRL, die bewusst nicht an die zivilrechtliche Eigentumsübertragung anknüpft, sondern eigenständig definiert, was unter einer Lieferung im mehrwertsteuerlichen Sinne zu verstehen ist.[418] Ebenso verhält es sich mit dem Begriff der Dienstleistung, bei dem aufgrund seiner weiten Definition als *„jeder Umsatz, der keine Lieferung von Gegenständen ist"*[419], durch Auslegung mit Leben zu füllen ist. Zudem ergibt sich aufgrund der unterschiedlichen Sprachfassungen der MwStSystRL und des Erfordernisses eines unionsrechtsautonomen Verständnisses[420] der dort verwendeten Begriffe eine besondere Notwendigkeit, den wirtschaftlichen Gehalt dieser Begriffe zu ergründen. Denn ein Rückgriff auf das jeweilige Zivilrecht der Mitgliedstaaten

---

[413] Es ist erforderlich, die Lebenswirklichkeit bzw. das wirtschaftliche Ist zu erfassen, vgl. *Ismer*, in: van Aaken, Beiträge zur ökonomischen Theorie, 2003, S. 69.

[414] Vgl. *Urbas,* Die wirtschaftliche Betrachtungsweise im Steuerrecht, 1987, S. 49.

[415] *Beker*, Steuerrecht u. Wirtschaftsordnung, 1978, S. 25.

[416] Vgl. *Lehner*, in: Lang, Festschrift Tipke, 1995, S. 237 f; *Drüen*, in: Droege/Seiler, Eigenständigkeit des Steuerrechts, 2019, S. 109.

[417] Es kommt im Steuerrecht regelmäßig auf die tatsächlichen (wirtschaftlichen) und nicht lediglich auf rechtliche Verhältnisse an, vgl. *Weber-Grellet*, Steuern Verfassungsstaat, 2001, S. 147.

[418] Art. 14 MwStSystRL.

[419] Art. 24 Abs. 1 MwStSystRL.

[420] Vgl. *Wegener*, in: Calliess/Ruffert, EUV/AEUV, 2022, Art. 19 EUV, Rn. 13.

wäre aufgrund der Uneinheitlichkeit des jeweils nationalen Begriffsverständnisses eine untaugliche Methode. Eintrittspforte für die wirtschaftliche Betrachtungsweise in die juristische Methodik ist die teleologische Auslegung.[421]

bb) Berücksichtigung über die teleologische Auslegung

Gibt es anhand des Wortlauts mehrere Deutungsmöglichkeiten, ist die Möglichkeit maßgebend, die im Einklang mit der Zielsetzung des Gesetzes steht. Im Zuge der teleologischen Auslegung wird das Telos (altgriechisch τέλος für Ziel), mithin die Zielsetzung des Gesetzes hinterfragt. Im Kern geht es darum, den objektiven „Willen des Gesetzes" zu ergründen.[422] Die nationalen Bestimmungen sind im Lichte der Zielsetzung der Richtlinie zu interpretieren. Darüber hinaus ist stets inzident auf die der Richtlinie zugrunde liegenden Erwägungen aus den Verträgen anzuknüpfen.[423] Da der nationale Umsetzungsakt sich an der Zielsetzung der Richtlinie zu orientieren hat, sind die Sinn- und Zweckerwägungen des nationalen Gesetzgebers nur insoweit maßgebend, als die Richtlinie den Mitgliedstaaten einen Umsetzungsspielraum einräumt.

Im Rahmen der teleologischen Auslegung kommt der wirtschaftlichen Betrachtungsweise[424] im Mehrwertsteuerrecht eine erhebliche Bedeutung zu.[425] Die Tatbestände, an die das Mehrwertsteuerrecht anknüpft, sind vornehmlich aus einem wirtschaftlichen Blickwinkel zu betrachten. Vergleichsmaßstab ist der wirtschaftliche Gehalt von Vorgängen, die rechtliche Ausgestaltung tritt in den Hintergrund.[426]

Verdeutlichen lässt sich dies am Beispiel von Leasingverträgen. Bei der mehrwertsteuerlichen Beurteilung ist es erforderlich zu ergründen, ob es sich um eine Lieferung oder eine Dienstleistung handelt. Für die Einordnung als Liefe-

---

[421] Vgl. *Eibelshäuser,* DStR, 2002, S. 1426.

[422] Vgl. *Zippelius,* Juristische Methodenlehre, 2012, S. 17, zur objektiven Auslegungstheorie. Diese besagt, dass nicht die Vorstellungen einzelner Personen entscheidend sind, sondern auf z. B. rechtspolitische Zielvorstellungen oder Gerechtigkeitsauffassungen, die von einer Mehrzahl von Personen geteilt werden, zurückgegriffen wird.

[423] Vgl. *Englisch*, in: Schön, Zukunftsfragen des deutschen Steuerrechts, 2009, S. 46.

[424] *Ismer*, in: van Aaken, Beiträge zur ökonomischen Theorie, 2003, S. 70, bezeichnet die wirtschaftliche Betrachtungsweise als eine Variante der objektiv-teleologischen Auslegung zur Ermöglichung einer Besteuerung nach der wirtschaftlichen Leistungsfähigkeit.

[425] Siehe Kapitel 3: C. II. 2. a).

[426] Nach ständiger Rechtsprechung des EuGH ist die wirtschaftliche und geschäftliche Realtität ein grundlegendes Kriterium für die Anwendung des gemeinsamen Mehrwertsteuersystems: EuGH, Urteil v. 07.10.2010, C-53/09 u. C-55/09, Loyalty Management u. Baxi, Slg. 2010, I-9191, Rn. 39 u. 40; EuGH, Urteil v. 20.06.2013, C-653/11, Newey, ECLI:EU:C:2013:409, Rn. 42; EuGH, Urteil v. 22.11.2018, C-295/17, MEO, ECLI:EU:C:2018:942, Rn. 43; EuGH, Urteil v. 11.06.2020, C-43/19, Vodafone Portugal, ECLI:EU:C:2020:465, Rn. 40.

rung ist nicht zwingend eine automatische Übertragung des Eigentums vom Leasinggeber auf den Leasingnehmer am Ende der Vertragslaufzeit erforderlich, es genügt auch eine Kaufoption, wenn deren Ausübung aus wirtschaftlichen Gesichtspunkten die einzig sinnvolle Option für den Leasingnehmer darstellt.[427]

Ferner stellt das Gebot der Wettbewerbsneutralität, die es erfordert, gleichartige Gegenstände und Dienstleistungen ungeachtet der Länge des Produktions- und Vertriebswegs steuerlich gleich zu belasten,[428] ebenfalls eine Grundlage für die wirtschaftliche Betrachtungsweise dar. Leistungen im wirtschaftlichen Sinne sind im Hinblick auf ihre Vergleichbarkeit anhand wirtschaftlicher Kriterien zu beurteilen. Nach ständiger Rechtsprechung des EuGH liegen gleiche bzw. gleichartige Gegenstände und Dienstleistungen vor, wenn diese ähnliche Eigenschaften haben, beim Verbraucher derselben Bedürfnisbefriedigung dienen und dabei bestehende Unterschiede die Entscheidung des Verbrauchers nicht erheblich beeinflussen.[429] Aus der Gleichartigkeit folgt der Schluss, dass derartige Güter miteinander in Wettbewerb stehen[430] und daher eine mehrwertsteuerlich gleiche Behandlung (relativ gleiche steuerliche Belastung) geboten ist.

In Anlehnung an das ökonomische Verhaltensmodell, welches bei der Beschreibung des Verhaltens von Unternehmen und Haushalten auf den Märkten auf das Modell des *homo oeconomicus* zurückgreift,[431] hat der EuGH ein eigenes Konzept eines „Modellmenschen" entworfen, das ihm bei der Auslegung als Maßstab für die Subsumtion dient. Bei der Frage der Gleichartigkeit von Waren und Dienstleistungen greift der EuGH auf das Konzept des *Durchschnittsverbrauchers* zurück.[432] Jedoch ebenso bei anderen Fragestellungen, wie der Abgrenzung, ob eine einheitliche oder voneinander unabhängige selbständig zu beurteilende Leistungen vorliegen, wird das Konzept des *Durchschnittsverbrau-*

---

[427] Vgl. EuGH, Schlussanträge des GA v. 31.05.2017, C-164/16, Mercedes-Benz Financial Services UK Ltd, ECLI:EU:C:2017:414, Nr. 51.

[428] Siehe 6. Erwägungsgrund der Richtlinie 2006/112/EG des Rates vom 28.11.2006 über das gemeinsame Mehrwertsteuersystem, ABl. 2006, L 347, S. 1.

[429] EuGH, Urteil v. 09.11.2017, C-499/16, AZ, ECLI:EU:C:2017:846, Rn. 31; EuGH, Urteil v. 11.09.2014, C-219/13, K, ECLI:EU:C:2014:2207, Rn. 25; EuGH, Urteil v. 27.02.2014, C-454/12 u. C-455/12, Pro Med Logistik und Pongratz, ECLI:EU:C:2014:111, Rn. 54; EuGH, Urteil v. 10.11.2011, C-259/10 u. C-260/10, The Rank Group, Slg. 2011, I-10951, Rn. 34.

[430] EuGH, Urteil v. 10.11.2011, C-259/10 u. C-260/10, The Rank Group, Slg. 2011, I-10951, Rn. 33.

[431] Vgl. *Eidenmüller,* Effizienz als Rechtsprinzip, 2015, S. 28 f.

[432] EuGH, Urteil v. 10.11.2011, C-259/10 u. C-260/10, The Rank Group, Slg. 2011, I-10951, Rn. 43; EuGH, Urteil v. 19.07.2012, C-44/11, Deutsche Bank, ECLI:EU:C:2012:484, Rn. 21; EuGH, Urteil v. 27.02.2014, C-454/12 u. C-455/12, Pro Med Logistik und Pongratz, ECLI:EU:C:2014:111, Rn. 53; EuGH, Urteil v. 11.09.2014, C-219/13, K, ECLI:EU:C:2014:2207, Rn. 25; EuGH, Urteil v. 09.11.2017, C-499/16, AZ, ECLI:EU:C:2017:846, Rn. 31.

chers bemüht.[433] Während das Konzept des *homo oeconomicus* auf einen stets rationalen, eigennützigen Nutzenmaximierer abstellt,[434] weichen die Attribute des vom EuGH entworfenen Modells ab. Im Hinblick auf den zugrunde liegenden Gedanken einer wettbewerbsneutralen Besteuerung soll das Modell auf eine Person abstellen, die theoretisch-abstrakt den Wertungen des durchschnittlichen Konsumenten möglichst nahekommt. Dementsprechend definiert der EuGH das Konzept als einen durchschnittlich informierten, aufmerksamen und verständigen *Durchschnittsverbraucher.*[435] Freilich handelt es sich um ein stark typisierendes Modell, insbesondere, weil das tatsächliche Verbraucherverhalten individuell sehr unterschiedlich ist, da nicht jeder Verbraucher die ihm zur Verfügung stehenden Informationen nutzt, beachtet oder wahrnimmt und auch der zeitliche Einsatz für eine Entscheidung sowie die individuellen kognitiven Fähigkeiten unterschiedlich sind.[436] Dennoch ist es grundsätzlich geeignet, um typisierend eine Vielzahl von individuellen Sachverhalten konzeptionell zu beurteilen. Das Modell des *Durchschnittsverbrauchers* soll einen objektivierten Blick mit den Augen desselbigen auf den zu beurteilenden Lebenssachverhalt werfen und dabei nicht den individuellen Willen der tatsächlich involvierten Personen ergründen,[437] sondern theoretisch-abstrakt und mithin objektiviert analysieren, zu welchem Schluss ein durchschnittlicher Verbraucher kommen würde.

Für eine einheitliche Anwendung des Unionsrechts ist es unerlässlich, dass das Verständnis des Konzepts des *Durchschnittsverbrauchers* und dessen Anwendung bei der Rechtsfindung unionseinheitlich erfolgt. Auch wenn der EuGH in der Rechtsprechung zum Mehrwertsteuerrecht den Begriff des *Durchschnittsverbrauchers* ohne die näher beschreibenden Attribute ‚durchschnittlich informiert, aufmerksam und verständig‘ verwendet, so kann hieraus nicht geschlossen werden, dass er im Mehrwertsteuerrecht einen grundsätzlich anderen Maßstab zugrunde legen will.[438] Gerade das harmonisierte Mehrwertsteuerrecht erfordert

---

[433] EuGH, Urteil v. 27.10.2005, C-41/04, Levob, Slg. 2005, I-9463, Rn. 22; EuGH, Urteil v. 19.07.2012, C-44/11, Deutsche Bank, ECLI:EU:C:2012:484, Rn. 21.

[434] Vgl. *Eidenmüller,* Effizienz als Rechtsprinzip, 2015, S. 31.

[435] Vgl. EuGH, Urteil v. 13.01.2000, C-220/98, Estée Lauder, Slg. 2000, I-135, Rn. 30 zum freien Warenverkehr – Vertrieb eines kosmetischen Mittels mit der Bezeichnung „Lifting".

[436] Vgl. *Schmitt,* Das unionsrechtliche Verbraucherleitbild, 2018, S. 102 f.

[437] *Schmitt,* Das unionsrechtliche Verbraucherleitbild, 2018, S. 546, geht beim Modell des Durchschnittsverbrauchers zutreffend von einem objektivierenden Hilfsmittel aus. Der Verbraucherschutz ist, wie von Schmitt angemerkt, aus mehrwertsteuerlicher Sicht nicht entscheidend, weil letztlich irrelevant. Vielmehr muss das Modell des Durchschnittsverbrauchers m. E. vom Standpunkt der Besteuerungsmaxime der Wettbewerbsneutralität betrachtet werden.

[438] A. A. *Schmitt,* Das unionsrechtliche Verbraucherleitbild, 2018, S. 545 f., der von einem mitgliedstaatlich geprägten Steuerrecht ausgeht. Dies ist beim harmonisierten Mehrwertsteuerrecht nicht zutreffend, da der Begriff des Durchschnittsverbrauchers in den Mitgliedstaaten auf einem einheitlichen Verständnis beruhen muss.

ein unionseinheitliches Verbraucherleitbild, um eine gleichmäßige Besteuerung sicherzustellen. Zudem impliziert der Begriff des *Durchschnittsverbrauchers*, dass es sich um einen durchschnittlich informierten, aufmerksamen und verständigen Verbraucher handelt, da Information, Wahrnehmung und Verständnis die für eine Kaufentscheidung typischen Faktoren eines Verbrauchers sind. Es handelt sich um einen Begriff, der ein autonomes Verständnis erfordert, da er in allen Mitgliedstaaten gleichermaßen zur Rechtsfindung herangezogen werden muss.

c) Ökonomische Erkenntnisse als Grundlage für die Rechtssetzung

Um festzustellen, ob die vom Gesetzgeber intendierten Zielsetzungen von mehrwertsteuerlichen Normen tatsächlich erreicht werden, ist es erforderlich, die Auswirkungen der Besteuerung zu analysieren.

Zuvorderst ist zu prüfen, ob die gesetzliche Belastungskonzeption mit der Belastungswirklichkeit grundsätzlich übereinstimmt. Denn nur in diesem Fall macht eine am Belastungsgrund orientierte, teleologische Auslegung Sinn. Darüber hinaus offenbart die Kenntnis von Steuerwirkungen nicht nur Effizienz- sondern auch Gerechtigkeitsdefizite.

Gerade weil die betriebswirtschaftliche Steuerlehre Steuerminimierungskalküle erarbeitet, ist sie geeignet, um gesamtwirtschaftlich und/oder rechtsethisch nicht gewünschte Effekte der Besteuerung aufzudecken.[439] Nach *Schneider* erfüllt sie die Aufgabe eines „Eichstrichs“, anhand dessen geprüft werden kann, ob die Entscheidungsalternativen durch das gegenwärtige Recht neutral behandelt werden.[440] Als Grundlage für die Gestaltung des Steuerrechts kann daher die Entscheidungsneutralität dienen. Da dieses Kriterium mit der gesamtwirtschaftlichen Allokationseffizienz korrespondiert,[441] stellt es einen ersten Schritt in Richtung einer gerechten Besteuerung dar.

An ihre Grenzen stoßen ökonomische Erkenntnisse jedoch dann, wenn ein Zielkonflikt mit Gerechtigkeitsprinzipien entstünde.[442] In diesem Fall wäre im Rahmen einer Güterabwägung zu prüfen, ob das Effizienzargument gegenüber dem anderen Prinzip zurückzutreten hätte oder umgekehrt.

---

[439] Vgl. *Elschen*, StuW 1988, S. 6; a. A. *Gröschner*, StuW 1986, S. 322, der die Minimierungskalküle als Widerspruch zur Philosophie und Methodologie des Steuerrechts versteht, anstatt sie als sinnvolle Erkenntnisquelle zur Kritik von offensichtlich verbesserungsbedürftigen Normen zu begreifen.

[440] *Schneider*, Investition, Finanzierung und Besteuerung, 1992, S. 196; *Niemann/Schreiber*, ZfbF 2020, S. 7.

[441] Vgl. *Elschen*, StuW 1991, S. 101.

[442] Vgl. *Franck*, in: Riesenhuber, Europäische Methodenlehre, 2015, S. 93.

3. *Fazit*

Die Besteuerung hat stets Einfluss auf die Entscheidungen der von ihr tangierten Personen, es gibt daher faktisch keine wirkungsneutrale Besteuerung.[443] Vom ökonomischen Prinzip ausgehend liegt es im Interesse des rational handelnden Menschen, seinen persönlichen materiellen Nutzen zu mehren.[444] Die Besteuerung hat für die Betroffenen materielle Einbußen zur Folge, weshalb sie stets geneigt sind, eine alternative Entscheidung zu treffen, wenn diese bestenfalls zu keiner oder wenigstens zu einer geringeren Nutzeneinbuße führt. Aus diesem Grund beruhen Steuersysteme stets auf ökonomischen Zwängen.[445] Es ist daher erforderlich, die Besteuerung auch an ökonomischen Prinzipien auszurichten.

Die ökonomische Analyse des Steuerrechts beruht auf modelltheoretischen und empirischen Untersuchungen der Steuerwirkungen und trifft Aussagen zum Einfluss der Besteuerung auf die wirtschaftlichen Entscheidungen der Marktakteure.[446] Ziel der Untersuchung ist, festzustellen, inwieweit das bestehende Steuersystem oder Reformpläne die Entscheidungen der Betroffenen verzerren, also ob wirtschaftliche Entscheidungen aufgrund der Besteuerung in anderer Weise getroffen würden, als dies in einer Welt mit keiner bzw. einer geringeren Steuerbelastung der Fall wäre. Führt die Besteuerung zu keiner Veränderung der wirtschaftlichen Entscheidungen, so ist sie entscheidungsneutral.[447]

Aus der Summe einzelwirtschaftlicher Entscheidungen ergeben sich die gesamtwirtschaftlichen Auswirkungen der Besteuerung auf die Allokationseffizienz. Daher ist die ökonomische Analyse geeignet, um unerwünschte, sich negativ auf die Gesamtwohlfahrt auswirkende Besteuerungsfolgen aufzudecken. Ein Steuerrecht, das möglichst entscheidungsneutral ist, vermindert Steuerumgehungen und vermeidet zahlreiche Abgrenzungsfragen. Letzteres trägt zur Verein-

---

[443] Vgl. *Neumark,* Steuerpolitik, 1970, S. 261. Theoretische Ausnahmen davon bilden eine Pauschalsteuer oder eine Allgemeine Verbrauchsteuer mit einem einheitlichen Steuersatz. Für letztere gilt dies jedoch nur, wenn man die Auswirkungen auf die Entscheidung zwischen Erwerbsarbeit und Freizeit außer Acht lässt. Diese Formen der Besteuerung haben lediglich einen Einkommenseffekt und lösen keine Substitutionseffekte aus, vgl. *Homburg,* Allgemeine Steuerlehre, 2015, S. 147; 151.

[444] Vgl. *Wöhe/Döring/Brösel,* Einführung in die Allgemeine Betriebswirtschaftslehre, 2020, S. 41; *Mankiw* et al., Grundzüge der Volkswirtschaftslehre, 2012, S. 586.

[445] Vgl. *Wagner,* DStR 2014, S. 1133.

[446] Vgl. *Schreiber,* Das Steuerrecht der Unternehmen, 2018, S. 3.

[447] *Fuest*, in: Kahle/Overesch et al., Symposium Schreiber, 2016, S. 29 f., weist darauf hin, dass auch in diesem Fall, aufgrund der Tatsache, dass die Besteuerung den Betroffenen Mittel entzieht, stets eine Verhaltensänderung erfolgt. Einschränkend muss Entscheidungsneutralität in diesem Sinne wohl so verstanden werden, dass neben dem Einkommenseffekt nicht zusätzlich Subsitutionseffekte ausgelöst werden. Dies ist dann der Fall, wenn sich die Relativpreise nicht ändern; siehe auch *Schmidt*, in: Neumark, Handbuch der Finanzwissenschaft, 1980, S. 153.

fachung und Effizienz des Steuerrechts bei. Somit kann eine ökonomische Ausrichtung auch zu einer einfacheren und gerechteren Besteuerung führen. Dabei muss beachtet werden, dass die ökonomische Betrachtung von der Effizienz der marktwirtschaftlichen Ordnung ausgeht.[448] Zur Verwirklichung von steuerlicher Gerechtigkeit reicht diese Betrachtung jedoch allein nicht aus, sie muss um rechtsethische Maßstäbe ergänzt werden.

Das Ziel der Neutralität der Besteuerung stellt ungeachtet dessen selbst einen ersten Schritt in Richtung einer gerechten Besteuerung dar. Die Neutralität der Besteuerung sollte daher auch im steuerrechtlichen Verständnis dieselbe Bedeutung wie in den Wirtschaftswissenschaften aufweisen, nämlich eine Besteuerung, die entscheidungsneutral wirkt und somit allokationseffizient ist (Effizienz der Besteuerung). Effizienz im steuerjuristischen Sinne darf daher nicht lediglich die Effizienz der Steuererhebung umfassen – im Sinne einer Wirtschaftlichkeit von Kosten und Nutzen – sondern muss vielmehr in erster Linie die gesamtwirtschaftliche Allokationseffizienz zum Ziel haben.[449] Eine Besteuerung mit möglichst geringen Zusatzlasten verkleinert den Markt nicht mehr als nötig und verkleinert somit die Zielgröße der Mehrwertsteuer, die Konsumausgaben der Verbraucher, nicht mehr als erforderlich. Eine allokationsverzerrende Besteuerung würde zu einer höheren Zusatzlast führen und bei selbem Aufkommen eine höhere Belastung der von der Besteuerung Betroffenen erfordern. Effizienz der Besteuerung ist somit eine Grundlage, um in einem zweiten Schritt Verteilungsgerechtigkeit herzustellen.[450] Sehr plastisch wurde dies von *Schneider* beschrieben: „Das Steuerrecht unter den Vorrang der Effizienz zu stellen, heißt zugleich, einer ersten Stufe von Gerechtigkeit zu genügen; denn ein Wachstum des Kuchens Volkseinkommen erlaubt, den Ärmsten mehr zu geben, ohne den anderen ihr Bisheriges zu nehmen."[451]

Aufgrund der Zusammenhänge der betriebswirtschaftlichen Entscheidungsneutralität, der volkswirtschaftlichen Allokationseffizienz und dem steuerrechtlichen Postulat der Neutralität der Besteuerung ist eine interdisziplinäre Betrachtung aus den unterschiedlichen Blickwinkeln aller drei Steuerwissenschaften für eine effiziente und gerechte Besteuerung vorzunehmen.[452] Als konzeptionelle Grundlagen der Untersuchung von mehrwertsteuerlichen Normen dienen die einzelwirtschaftliche Entscheidungsneutralität, die auf dem ökonomischen Verhaltensmodell beruht, und das gesamtwirtschaftliche wohlfahrtsökonomische

---

[448] *Wagner,* StuW 1992, S. 6.

[449] Vgl. *Eidenmüller,* Effizienz als Rechtsprinzip, 2015, S. 56 f., zum Effizienzbegriff im juristischen Sinne.

[450] Vgl. *Moes*, Steuerfreiheit Existenzminimum, 2011, S. 90.

[451] *Schneider,* StuW 1989, S. 329.

[452] Vgl. *Elschen,* StuW 1991, S. 100; *Schreiber,* Das Steuerrecht der Unternehmen, 2018, S. 4.

Effizienzziel.[453] Mit ihnen sollen zum einen die Folgen der Besteuerung ermittelt und zum anderen auch bewertet werden. Wird das Effizienzziel verfehlt, bedarf dies nach der hier vertretenen Auffassung eines besonderen Rechtfertigungsgrunds, der im Rahmen einer Güterabwägung schwerer wiegt als das Effizienzziel selbst und somit eine Durchbrechung desselben rechtfertigen kann. Für Rechtfertigungen soll jedoch die Einschränkung gelten, dass eine Durchbrechung des Effizienzziels nur dann geboten sein soll, wenn die rechtfertigende Zielsetzung nicht ohne Verletzung des Effizienzziels erreicht werden kann. Diese starke Einschränkung beruht auf der fundamentalen Überlegung, dass dem Effizienzziel selbst eine Gerechtigkeitszielsetzung inhärent ist,[454] es somit bereits ökonomische und juristische Zielsetzungen in sich vereint und ihm daher im Gefüge der Hierarchie der Rechtsprinzipien eine herausgehobene Stellung zukommen sollte.

Auch wenn das einzelwirtschaftliche, das gesamtwirtschaftliche und das juristische Verständnis von Neutralität nicht kongruent sind, besteht aufgrund des ursächlichen Zusammenhangs zwischen Entscheidungsneutralität, Allokationseffizienz und der Neutralität der Besteuerung im rechtlichen Sinne eine Konvergenz in den Zielsetzungen.

D. Konvergenz von Neutralitäts- und Leistungsfähigkeitsprinzip?

Im vorangegangenen Abschnitt wurde die Konvergenz der Zielsetzungen von Entscheidungsneutralität, Allokationseffizienz und der Neutralität der Besteuerung im rechtlichen Sinne aufgezeigt. Nachfolgend wird untersucht, ob eine Konvergenz zwischen dem zuvor entwickelten Neutralitätsverständnis und dem Leistungsfähigkeitsprinzip besteht.[455] Hierzu ist zunächst die Belastungsintention des Gesetzes zu untersuchen, um festzustellen, ob der gesetzlich vorgesehene Endverbraucher tatsächlich die Umsatzsteuer trägt. Anschließend ist der damit verbundene Lastverteilungsmaßstab Leistungsfähigkeit zu analysieren, insbesondere welche Bedeutung ihm im Mehrwertsteuerrecht zukommt. Darüber hinaus

---

[453] Vgl. *Eidenmüller,* Effizienz als Rechtsprinzip, 2015, S. 57.

[454] Vgl. *Reimer*, StuW 2014, S. 35, weist darauf hin, dass die Ausdifferenzierung materieller Nichtdiskriminierung oft durch ökonomische Neutralitätspostulate inspiriert sei.

[455] Zur vordergründigen Gegensätzlichkeit dieser normativen Leitbilder vgl. *Moes*, Steuerfreiheit Existenzminimum, 2011, S. 89, der feststellt (S. 92 ff.), dass effizienzorientierte Besteuerungsprinzipien gerecht sein können. Siehe auch *Homburg*, Allgemeine Steuerlehre, 2015, S. 223; *Stiglitz/Walsh*, Mikroökonomie, 2010, S. 441; *Ismer*, in: van Aaken, Beiträge zur ökonomischen Theorie, 2003, S. 70.

wird geprüft werden, in welchem Hierarchieverhältnis die beiden Prinzipien zueinander stehen und welchen Einfluss das Neutralitätsprinzip auf die Zielverwirklichung des Leistungsfähigkeitsprinzips hat.

I. Neutralität als vom Belastungsgrund losgelöstes Besteuerungsprinzip?

Die Einordnung der Umsatzsteuer war bereits zu Beginn ihrer Geschichte, als sie als Bruttoumsatzsteuer ausgestaltet war, umstritten. Je nach Blickwinkel wurde an die juristisch-technische Ausgestaltung[456]oder aus finanzwissenschaftlicher Perspektive an das Belastungsziel[457] angeknüpft. Stellt man auf die technische Ausgestaltung ab, handelt es sich um eine Verkehrsteuer, da sie an Gegenstände des Rechtsverkehrs anknüpft.[458] Wird hingegen auf die Belastungswirkung abgestellt, handelt es sich um eine allgemeine Verbrauchsteuer.[459] Entscheidend für die Klassifizierung der Umsatzsteuer ist nach mittlerweile herrschender Meinung ihre (beabsichtigte) wirtschaftliche Belastungswirkung.[460] Das Mehrwertsteuersystem ist nach der Rechtsprechung des EuGH dergestalt konzipiert, dass die Steuerpflichtigen (Unternehmer) als Steuereinnehmer für Rechnung des Staates handeln. Obgleich die Unternehmer Schuldner der Umsatzsteuer seien, werde diese als (allgemeine) Verbrauchsteuer letztlich vom Endverbraucher getragen.[461] In der unionsrechtlichen Vorgabe, namentlich in Art. 1 Abs. 2 MwSt SystRL, ist das Verbrauchsteuerprinzip kodifiziert. Die Umsatzsteuer knüpft zwar regelmäßig, aber nicht ausschließlich, an Verkehrsakte an. Sowohl die Einfuhr als Realakt[462] als auch die unentgeltlichen Wertabgaben[463], die keinen Verkehrsakt voraussetzen, unterliegen ebenfalls der Besteuerung. Ziel ist in bei-

---

[456] Vgl. *Popitz/Kloss/Grabower,* Kommentar zum Umsatzsteuergesetz, 1928, S. 13.
[457] Vgl. *Popitz/Kloss/Grabower,* Kommentar zum Umsatzsteuergesetz, 1928, S. 8.
[458] *Söhn,* StuW 1975, S. 1; *Reiß*, in: Woerner, DStJG Band 13, 1990, S. 18; *Kirchhof,* in: Isensee/Kirchhof, Handbuch des Staatsrechts, 2003, S. 1079.
[459] *Söhn,* StuW 1975, S. 1; *Reiß*, in: Woerner, DStJG Band 13, 1990, S. 18; *Kirchhof,* in: Isensee/Kirchhof, Handbuch des Staatsrechts, 2003, S. 1079.
[460] BVerfG, Beschluss v. 04.02.1958, 2 BvL 31/56, 2 BvL 33/56, BVerfGE 7, 244, Rn. 39; *Söhn,* StuW 1975, S. 10; *Reiß*, in: Woerner, DStJG Band 13, 1990, S. 18; *Reiß*, in: Lang, Festschrift Tipke, 1995, S. 433; *Theile,* StuW 1996, S. 155; *Breinersdorfer*, in: Kube, Morgenthaler et al., Festschrift Kirchhof, 2013, S. 2007, § 184 Rn. 1; *Lippross,* Umsatzsteuer, 2022, S. 57; *Englisch*, in: Tipke/Lang, Steuerrecht, 2020, S. 1046, § 17 Rn. 17.12.
[461] EuGH, Urteil v. 21.02.2008, C-271/06, Netto Supermarkt, Slg. 2008, I-771, Rn. 21; EuGH, Urteil v. 20.10.1993, C-10/92, Balocchi, Slg. 1993, I-5133, Rn. 25; EuGH, Urteil v. 03.10.2006, C-475/03, Banca popolare di Cremona, Slg. 2006, I-9440, Rn. 22 u. 28.
[462] Vgl. *Sterzinger*, in: Küffner/Zugmaier, UStG, 2023, § 1 Rn. 547.
[463] Vgl. *Theile,* StuW 1996, S. 157.

den Fällen die Verhinderung eines unversteuerten Letztverbrauchs.[464] Als allgemeine Verbrauchsteuer belastet die Umsatzsteuer Güter mit Ausnahme von Tarifunterschieden gleichmäßig, weshalb Substitutionseffekte grundsätzlich ausbleiben sollten.[465]

Mit der Bezeichnung als „allgemeine Verbrauchsteuer“ soll zum Ausdruck gebracht werden, dass die Steuer nicht den Unternehmer als Steuerschuldner, sondern den Verbraucher belasten soll.[466] Dieser Zielsetzung liegt die Annahme zugrunde, dass die steuerpflichtigen Unternehmer im Regelfall in der Lage sind, die Mehrwertsteuer im Rahmen des Preises ihrer Güter an den Verbraucher weiterzureichen.[467] Vom Gelingen der Überwälzung der Steuerlast ist abhängig, ob die vom Gesetzgeber intendierte Belastung und die daraus folgende konzeptionelle Ausgestaltung des Gesetzes tatsächlich sinnvoll ist, denn anderenfalls wäre die Zielsetzung verfehlt.[468] Der Belastungsgrund einer Steuer ist maßgebend für die teleologische Auslegung.[469] Entscheidendes Auslegungskriterium ist die rechtlich beabsichtigte Steuerbelastung des Verbrauchs[470], welcher sich in den Geldbeträgen äußert, die für den Konsum aufgewendet werden.[471] Da der Normzweck das prägende Element der juristischen Auslegung darstellt[472], würde ein Verfehlen der beabsichtigten Belastungswirkung den entsprechenden Normen mit ihrer Rechtfertigung auch der sich darauf stützenden Auslegungsmethode jede Grundlage entziehen.[473]

Zwar darf von einem Gesetz als generell abstrakte Regelung nicht gefordert werden, dass die beabsichtige Belastungswirkung in jedem Einzelfall gewährleistet ist. Als Rechtfertigungsgrund ist es jedoch erforderlich, dass die gesetzliche Belastungskonzeption im Regelfall erreicht wird.[474] Dies bedingt eine Über-

---

[464] Vgl. *Söhn,* StuW 1975, S. 11; *Robisch,* in: Bunjes/Geist, UStG, 2023, § 1 Rn. 157.

[465] Vgl. *Cansier,* Finanzwissenschaftliche Steuerlehre, 2004, S. 61.

[466] Vgl. *Reiß,* in: Woerner, DStJG Band 13, 1990, S. 18.

[467] Vgl. *Söhn,* StuW 1996, S. 166; a. A. *Theile,* StuW 1996, S. 160, der davon ausgeht, dass die Umsatzsteuer schon deshalb keine Verbrauchsteuer darstelle, da die ausschließliche Belastung des Endverbrauchers nicht gewährleistet sei, da auch die Unternehmer belastet seien.

[468] Vgl. bereits *Schmölders,* in: Gerloff, Handbuch der Finanzwissenschaft Bd. 2, 1956b, S. 588.

[469] Vgl. *Söhn,* StuW 1975, S. 2.

[470] Vgl. *Reiß,* in: Lang, Festschrift Tipke, 1995, S. 434.

[471] Vgl. *Hey,* in: Tipke/Lang, Steuerrecht, 2020, S. 94, § 3 Rn. 70; *Schneider,* Grundzüge der Unternehmensbesteuerung, 1994, S. 31; *Schaumburg,* in: Kirchhof/Dürrschmidt, Festschrift Reiss, 2008, S. 31.

[472] Vgl. *Grigoleit,* in: Grigoleit/Petersen, Festschrift Canaris, 2017, S. 275.

[473] Vgl. *Grigoleit,* in: Grigoleit/Petersen, Festschrift Canaris, 2017, S. 242, nach dem sich der Gerechtigkeitsgehalt von Normen darin erschöpfe, dass mit ihnen bestimmte Zwecke verfolgt werden und sie auch geeignet sind, diese zu erfüllen.

[474] Vgl. *Söhn,* StuW 1996, S. 165.

prüfung der Belastungskonzeption mittels einer ökonomischen Analyse. Eine rein juristische Betrachtung verkennt, dass sich die tatsächliche Belastung einer Steuer nicht aus der gesetzlichen Zielsetzung ergeben kann, sondern von den Marktgesetzen abhängig ist.[475]

Bei Überprüfung der Belastungskonzeption ist nicht lediglich auf das Gesetz als Ganzes abzustellen, sondern auf Ebene einzelner Normen zu entscheiden. Denn anderenfalls könnten einzelne Normen, die nicht mit dem beabsichtigten Zweck gerechtfertigt werden können, im Schatten der übrigen Normen weiterbestehen, was zur Folge hätte, dass sie die Gerechtigkeitsqualität des Gesetzes insgesamt verringern.

Soweit im Rahmen von ökonomischen Untersuchungen bewiesen werden kann, dass in bestimmten Fällen eine Überwälzung von vornherein nicht oder im Wesentlichen nicht möglich ist, verfehlt die entsprechende Norm die durch sie beabsichtigte Wirkung. In diesem Fall würde eine nicht systemgerechte Besteuerung vorliegen. Die gesetzliche Belastungskonzeption wird Gegenstand der anschließenden ökonomischen Analyse sein, bei der sie mit den theoretischen Modellen der Steuerwirkungslehre und den Erkenntnissen der empirischen Forschung abgeglichen wird.

Die Erkenntnisse aus der ökonomischen Analyse dienen zum einen als Grundlage für die Rechtssetzung und haben darüber hinaus bei der Rechtsanwendung im Zuge der teleologischen Interpretation einzufließen.[476] Vor dem Hintergrund der Rechtssicherheit und einer effizienten Besteuerung hat die Auslegung, auch unter Einschluss der Rechtsfortbildung,[477] jedoch ihre Grenzen. Es ist Aufgabe des Gesetzgebers, Normen zu setzen, die im Einklang mit grundlegenden Besteuerungsprinzipien stehen und deren Befolgung für die Betroffenen nicht mit unverhältnismäßig hohen Kosten verbunden ist.

---

[475] Vgl. *Reiß*, in: Woerner, DStJG Band 13, 1990, S. 21, der das Scheitern der Überwälzung auf den Verbraucher als „eine im Einzelfall zutreffende Beobachtung“ einordnet. Siehe auch *Schneider,* Grundzüge der Unternehmensbesteuerung, 1994, S. 5, der die Kenntnis der einzelwirtschaftlichen Steuerbelastung und Steuerwirkung als notwendige Voraussetzung ansieht, damit der Gesetzgeber erkennen kann, ob er seine Absichten tatsächlich erreicht.

[476] Vgl. *Heuermann,* UR 2018, S. 500 f.

[477] EuGH, Urteil v. 16.06.2005, C-105/03, Pupino, Slg. 2005, I-5309, Rn. 44; vgl. *Nettesheim,* in: Nettesheim, Das Recht der Europäischen Union, 2023, Art. 288 AEUV, Rn. 134.

II. Neutralität als Subprinzip des Leistungsfähigkeitsprinzips

1. Ökonomische Analyse der gesetzlichen Belastungskonzeption

a) Steuerdestinatar vs. wirtschaftlicher Träger der Steuer

Die Belastungskonzeption einer Steuer für sich, die bei der Umsatzsteuer den Konsum und somit den Verbraucher treffen will,[478] sagt noch nichts über den tatsächlichen Träger der Steuerlast aus. Sie bestimmt lediglich den Steuerdestinatar, also denjenigen, der nach dem Willen des Gesetzgebers die steuerliche Last tragen soll.[479] Eine Belastung der Unternehmer ist nicht erwünscht, da sie diese Leistungen im Regelfall nicht zu Konsumzwecken beziehen.[480]

Aus ökonomischer Sicht ist nicht nur danach zu fragen, wer die formelle Steuerlast, also die Geldbeträge wirtschaftlich trägt, die der Steuerpflichtige an das Finanzamt abführt, sondern welche Wohlstandseinbußen die Besteuerung durch Zusatzlasten darüber hinaus auslöst.[481] Die Summe aus formeller Steuerlast und der durch die Besteuerung ausgelösten Zusatzlasten stellt die tatsächliche wirtschaftliche Belastung, die materielle Steuerlast, dar.[482]

b) Steuerträger nach theoretischen Modellen

aa) Steuerwirkung aus Sicht der Marktakteure

Um der Frage nach den tatsächlichen Trägern der Steuerlast nachzugehen, sind das Marktgeschehen vor Erhebung oder Erhöhung und das Marktgeschehen ab Erhebung oder Erhöhung einer Mehrwertsteuer miteinander zu vergleichen. Die nachfolgenden Beispiele und die dazugehörigen Abbildungen sind angelehnt an

---

[478] BVerfG, Beschluss v. 04.02.1958, 2 BvL 31/56, 2 BvL 33/56, BVerfGE 7, S. 244, Rn. 39; *Söhn,* StuW 1975, S. 10; *Reiß*, in: Woerner, DStJG Band 13, 1990, S. 18; *Reiß*, in: Lang, Festschrift Tipke, 1995, S. 433; *Theile,* StuW 1996, S. 155; *Breinersdorfer*, in: Kube, Morgenthaler et al., Festschrift Kirchhof, 2013, S. 2007, § 184 Rn. 1; *Lippross,* Umsatzsteuer, 2022, S. 57; *Englisch*, in: Tipke/Lang, Steuerrecht, 2020, S. 1046, § 17 Rn. 17.12.

[479] Vgl. *Tipke,* Steuerrechtsordnung Bd. II, 2003, S. 976; *Reiß*, in: Lang, Festschrift Tipke, 1995, S. 434; EuGH, Urteil v. 21.02.2008, C-271/06, Netto Supermarkt, Slg. 2008, I-771, Rn. 21; EuGH, Urteil v. 20.10.1993, C-10/92, Balocchi, Slg. 1993, I-5133, Rn. 25; EuGH, Urteil v. 03.10.2006, C-475/03, Banca popolare di Cremona, Slg. 2006, I-9440, Rn. 22 u. 28.

[480] Vgl. OECD, Internationale Leitlinien für die Mehrwertbesteuerung, 2017, S. 18; *Reiß*, in: Lang, Festschrift Tipke, 1995, S. 440.

[481] Vgl. *Homburg,* Allgemeine Steuerlehre, 2015, S. 90.

[482] Vgl. *Theile,* Wettbewerbsneutralität, 1995, S. 100; *Homburg,* Allgemeine Steuerlehre, 2015, S. 90.

Homburg.[483] Im nachstehenden Modell gelten die folgenden Annahmen: Es liegt ein vollkommener Wettbewerbsmarkt vor, d. h. es gibt keine Unternehmer (nachfolgend Anbieter) oder Verbraucher (nachfolgend Nachfrager) mit signifikantem Einfluss auf die Marktpreise.[484] Aufgrund des Besteuerungsziels (Endverbrauch) bezieht sich das Beispiel auf den Absatz von Gütern an die Endverbraucher und geht davon aus, dass die Umsatzsteuer auf Vorleistungen auf Ebene der Anbieter vollumfänglich als Vorsteuer geltend gemacht werden kann und somit keinen Einfluss auf die Marktpreise hat. Die Menge der auf diesem Markt gehandelten Güter wird auf der x-Achse (Menge x), der Preis auf der y-Achse (Preis p) in den entsprechenden Abbildungen dargestellt. Zunächst ergibt sich vor Einführung einer Mehrwertsteuer das in den Abbildungen 4 und 5 bei der Menge x_0 dargestellte Marktgleichgewicht am Schnittpunkt von Angebots- und Nachfragekurve. Alle Nachfrager sind Verbraucher und können sich somit nicht von der im Bruttopreis enthaltenen Mehrwertsteuer entlasten. Demgemäß werden sich die Nachfrager an dem von ihnen zu zahlenden Bruttopreis q (Preis inklusive Mehrwertsteuer), die Anbieter hingegen an dem ihnen nach Abführung der Steuer (t) an den Fiskus verbleibenden Nettopreis p (Preis exklusive Steuer) orientieren. Aus der Summe von Nettopreis und Steuer ergibt sich der Bruttopreis, es gilt also: $q = p + t$.[485] Von Substitutionseffekten, die auf Preisverzerrungen aufgrund von güterdifferenzierenden Steuersätzen beruhen, ist bei einer allgemeinen Verbrauchsteuer mit einheitlichem Steuersatz regelmäßig nicht auszugehen, da sie gleichermaßen alle Güter trifft.[486]

Der formalen Verpflichtung der Anbieter zur Abführung der Steuer kommt aufgrund der folgenden Erwägungen keine Bedeutung zu. Wären die Nachfrager zur Abführung der Steuer verpflichtet, würden sie sich ebenfalls an dem für den Bezug einer Leistung insgesamt aufzuwendenden Betrag orientieren.[487] Dieser würde sich aus dem an den Anbieter zu zahlenden Preis und der an den Fiskus zu zahlenden Steuer zusammensetzen, was der Orientierung am Bruttopreis q ent-

---

[483] Vgl. *Homburg,* Allgemeine Steuerlehre, 2015, S. 95–101, die Ausführungen zu Steuern auf spezielle Güter am Beispiel einer Mengensteuer gelten sinngemäß auch für eine allgemeine Verbrauchsteuer, die als Wertsteuer ausgestaltet ist (S. 104).

[484] Vgl. *Homburg,* Allgemeine Steuerlehre, 2015, S. 96; *Brümmerhoff/Büttner,* Finanzwissenschaft, 2018, S. 225.

[485] Vgl. *Homburg,* Allgemeine Steuerlehre, 2015, S. 96.

[486] Vgl. *Cansier,* Finanzwissenschaftliche Steuerlehre, 2004, S. 61.

[487] Vgl. *Homburg,* Allgemeine Steuerlehre, 2015, S. 96; *Brümmerhoff/Büttner,* Finanzwissenschaft, 2018, S. 227.

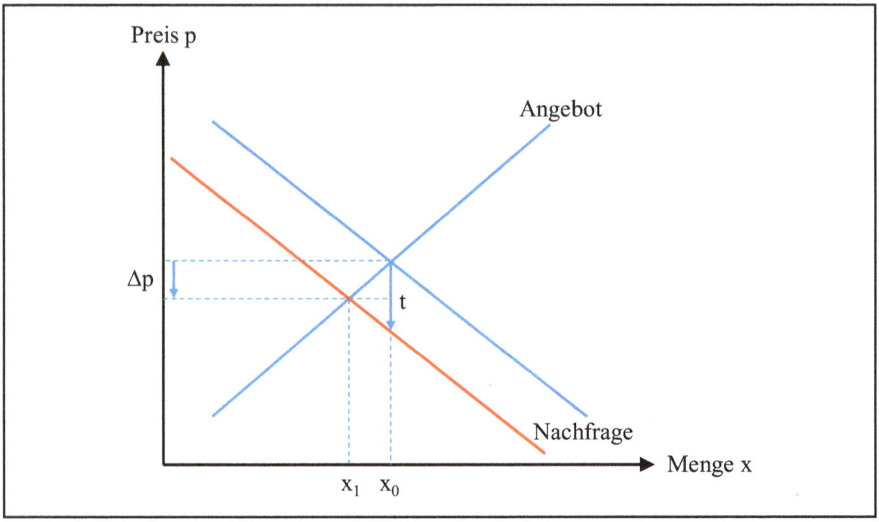

Abbildung 4: Steuerwirkung aus Sicht der Anbieter[488]

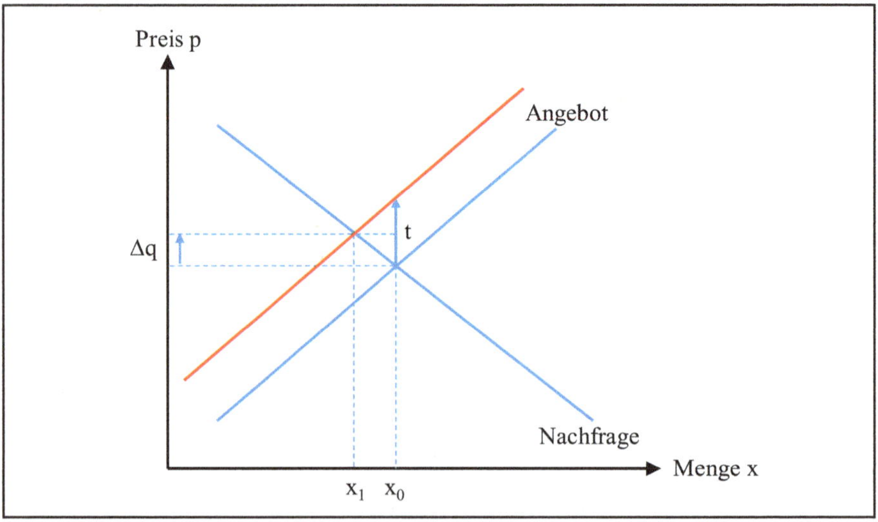

Abbildung 5: Steuerwirkung aus Sicht der Nachfrager[489]

488 *Homburg,* Allgemeine Steuerlehre, 2015, S. 97.
489 *Homburg,* Allgemeine Steuerlehre, 2015, S. 97.

spricht.[490] Dem Anbieter würde es gleichermaßen auf den Preis ankommen, der ihm verbleibt; er wäre lediglich von der Abführungspflicht entlastet.

Da die Nachfrager sich an dem von ihnen zu zahlenden Preis orientieren und die Zahlungsbereitschaft nicht größer als vor Einführung der Steuer ist, reduzieren sie den Bruttopreis q um den Steuerbetrag t ($q = p - t$). Es verringert sich also der von den Nachfragern gebotene Nettopreis, während der von ihnen zu zahlende Bruttopreis unverändert bleibt (Preis vor Einführung der Steuer entspricht Bruttopreis nach Einführung der Steuer).[491] Somit kommt es zu einer parallelen Verschiebung der Nachfragekurve (in Abbildung 4 die rote Nachfragekurve) um den Steuerbetrag. In der Folge fällt der Nettopreis p, jedoch ist die Senkung des Preises Δp geringer als der Steuerbetrag t.[492] Damit geht automatisch eine Verknappung der nachgefragten Menge einher, sie reduziert sich von x_0 auf x_1.

Aus der Perspektive der Nachfrager hat die Einführung der Steuer zu einer Verteuerung des Angebots geführt. Da die Anbieter sich an dem ihnen verbleibenden Nettopreis orientieren, werden sie die von ihnen angebotenen Bruttopreise entsprechend erhöhen, indem sie die Steuer auf den Nettopreis aufschlagen ($q = p + t$). Die Nettopreise bleiben hingegen unverändert (Preis vor Einführung der Steuer entspricht Nettopreis nach Einführung der Steuer).[493] Damit geht eine Preissteigerung Δq einher, die jedoch geringer ausfällt als der Steuerbetrag t. Somit kommt es zu einer parallelen Verschiebung der Angebotskurve um den Steuerbetrag (in Abbildung 5 die rote Angebotskurve).

Zusammenfassend lässt sich als Zwischenergebnis folgendes feststellen: Es kommt zu einer Steigerung des von den Nachfragern zu zahlenden Bruttopreises, gleichzeitig sinkt der den Anbietern verbleibende Nettopreis. Insgesamt geht die umgesetzte Gütermenge zurück.

bb) Verteilung der formellen Steuerlast

Da den Anbietern je Gut ein geringerer Erlös verbleibt, während die Nachfrager einen höheren Betrag je Gut aufwenden müssen, verteilt sich die formelle Steuerlast auf die beiden Marktakteure, wobei jedoch noch offen ist, wie hoch der Anteil der jeweiligen Marktseite an der Steuerlast ist. Bestimmt werden kann der

[490] Dies ist beispielsweise der Fall, wenn ein Verbraucher selbst Ware aus dem Drittland einführt und sich der von ihm aufzuwendende Betrag aus dem an den Verkäufer zu entrichtenden Preis und der an die Zollverwaltung abzuführenden Einfuhrabgaben (Zölle und Einfuhrumsatzsteuer) zusammensetzt.

[491] Vgl. *Homburg,* Allgemeine Steuerlehre, 2015, S. 96.

[492] Vgl. *Homburg,* Allgemeine Steuerlehre, 2015, S. 96.

[493] Vgl. *Homburg,* Allgemeine Steuerlehre, 2015, S. 97.

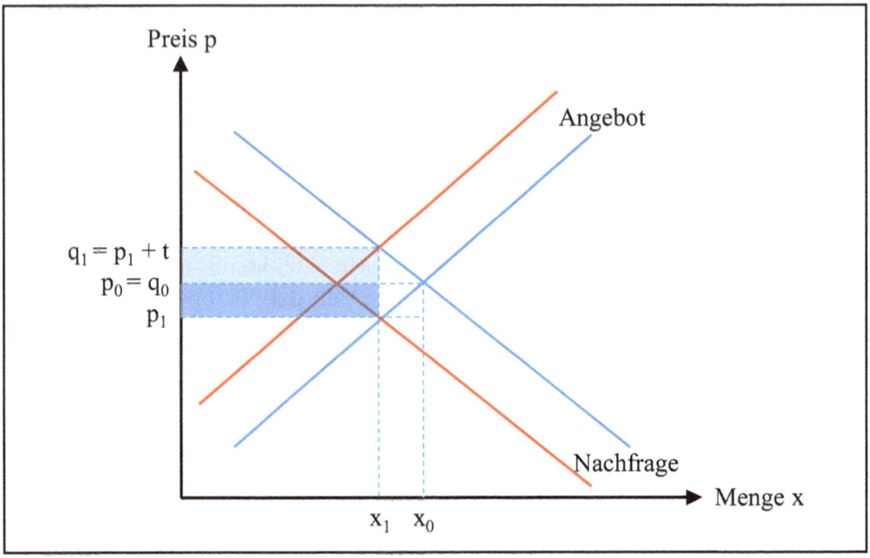

Abbildung 6: Steuerwirkung bei Teilung der formellen Steuerlast[494]

Anteil an der formellen Steuerlast, indem man die Preisveränderung Δq durch die nun höhere formelle Steuerlast Δt (bei Erhöhung einer Steuer) bzw. durch t (bei Einführung der Steuer) teilt ($Lastverteilungsmaß = \frac{\Delta q}{\Delta t}$).[495] Entspricht der Bruttopreis nach Einführung der Steuer dem Preis vor Einführung der Steuer, ist von einer alleinigen Tragung der Steuerlast durch die Anbieter auszugehen ($\frac{\Delta q}{\Delta t} = 0$). Entspricht der Preis vor Einführung der Steuer dem Nettopreis nach Einführung der Steuer, ist von einer alleinigen Tragung der Steuerlast durch die Nachfrager auszugehen ($\frac{\Delta q}{\Delta t} = 1$). Sinkt der Nettopreis nach Einführung der Steuer um die Hälfte der formellen Steuerlast und steigt der Bruttopreis nach Steuer um die Hälfte der formellen Steuerlast, ist von einer hälftigen Tragung der formellen Steuerlast zwischen Anbieter und Nachfrager auszugehen ($\frac{\Delta q}{\Delta t} = \frac{1}{2}$). Letzteres Ergebnis ist zu beobachten (siehe Abbildung 6), wenn die Angebotskurve gleichmäßig steigend und die Nachfragekurve gleichmäßig fallend verlaufen und Angebot und Nachfrage in gleichem Maße elastisch reagieren.[496] Ist das Lastver-

[494] *Homburg,* Allgemeine Steuerlehre, 2015, S. 101.
[495] Vgl. *Homburg,* Allgemeine Steuerlehre, 2015, S. 98.
[496] Vgl. *Homburg,* Allgemeine Steuerlehre, 2015, S. 98; *Weber,* Belastungs- und Entscheidungswirkungen der Umsatzsteuer, 2016, S. 15.

teilungsmaß > 1, ist die Preissteigerung größer als die formelle Steuerlast. Ist das Lastverteilungsmaß < 0, ist der Nettopreis nach Einführung der Steuer unter den Preis vor Einführung der Steuer gesunken. Jedoch ist die Steuer für die Anbieter regelmäßig auch dann nicht belastungsneutral, wenn die Nachfrager die formelle Steuerlast vollständig tragen. Eine Belastungsneutralität würde nur dann vorliegen, wenn sich gleichzeitig die Absatzmenge im Vergleich zum Marktgeschehen vor Einführung der Steuer nicht verringern würde.[497] Denn durch die verminderte Absatzmenge ergeben sich für die Anbieter Gewinneinbußen, da ihnen zum einen der Gewinn entgeht, den sie bislang aus der höheren Absatzzahl erzielt haben und zum anderen (zumindest vorübergehend)[498] aufgrund gleichbleibender Fixkosten bei geringerer Absatzmenge weniger profitabel wirtschaften. Hieraus folgt, dass die ökonomische Belastung nicht lediglich über die Preisveränderung gemessen werden kann, sondern eine Einbeziehung der Absatzmenge zwingend berücksichtigt werden muss.[499]

Zu einer ausschließlichen Belastung der Nachfrager kommt es dann, wenn die nachgefragte Menge ungeachtet der Preissteigerung gleich bleibt, es sich mithin um eine vollkommen unelastische Nachfrage handelt (siehe Abbildung 7 oben)[500] oder das Angebot vollkommen elastisch ist, weil der bisherige Preis sich um den Steuerbetrag erhöht, während sich jedoch keine mengenbedingten Angebotspreisunterschiede ergeben (siehe Abbildung 7 unten).[501]

Zu einer ausschließlichen Belastung der Anbieter kommt es dann, wenn die angebotene Menge ungeachtet der Preissteigerung gleich bleibt, es sich mithin um eine vollkommen unelastisches Angebot handelt (siehe Abbildung 8 oben) oder die Nachfrage vollkommen elastisch ist, weil der bisherige Preis sich um den Steuerbetrag vermindert, während sich jedoch keine mengenbedingten Nachfragepreisunterschiede ergeben (siehe Abbildung 8 unten).[502]

---

497 *Weber,* Belastungs- und Entscheidungswirkungen der Umsatzsteuer, 2016, S. 105.

498 Nach *Schneider,* Grundzüge der Unternehmensbesteuerung, 1994, S. 68, ist davon auszugehen, dass der Unternehmer versuchen wird, seinen Anteil an der Steuerlast, der sich in Gewinneinbußen äußert, auf seine Vorlieferanten und Arbeitnehmer rückzuwälzen. Siehe auch *Cansier,* Finanzwissenschaftliche Steuerlehre, 2004, S. 208; *Homburg,* Allgemeine Steuerlehre, 2015, S. 93; *Zimmermann/Henke/Broer,* Finanzwissenschaft, 2017, S. 127.

499 *Theile,* StuW 1996, S. 162.

500 Vgl. *Atkinson/Stiglitz,* J Publ Ec Vol. 1 1972, S. 99–100, 109, mit der Forderung, Güter mit einer geringen Elastizität in der Nachfrage höher zu besteuern, da in diesem Fall lediglich mit geringen Verzerrungen zu rechnen ist. Hieraus würde jedoch regelmäßig eine höhere Besteuerung von notwendigem Bedarf und eine geringere Besteuerung von Luxusgütern folgen. Dies würde zu einem Konflikt zwischen Gleichheits- und Effizienzerwägungen führen (so die Autoren auf S. 117).

501 Vgl. *Zimmermann/Henke/Broer,* Finanzwissenschaft, 2017, S. 132.

502 Vgl. *Zimmermann/Henke/Broer,* Finanzwissenschaft, 2017, S. 133.

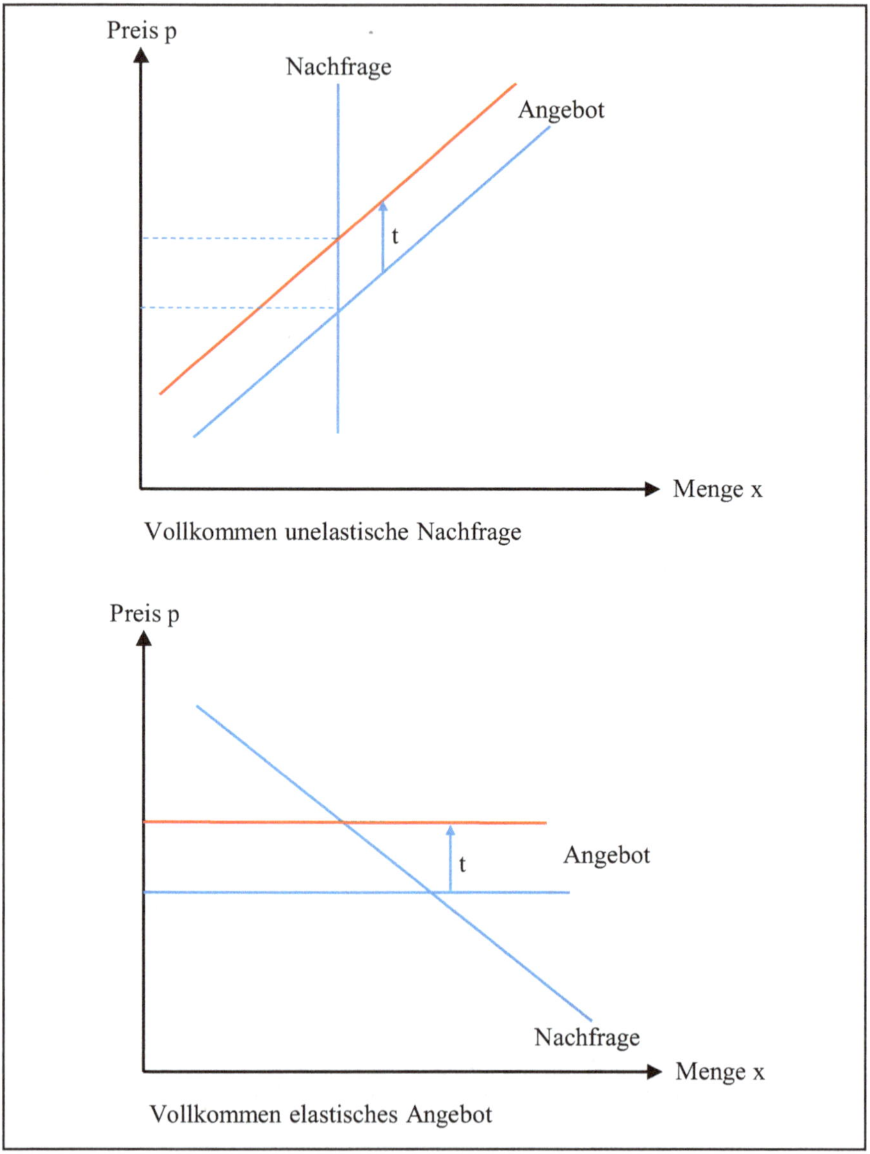

Abbildung 7: Preiselastizität – ausschließliche Belastung der Nachfrager[503]

[503] *Homburg,* Allgemeine Steuerlehre, 2015, S. 100.

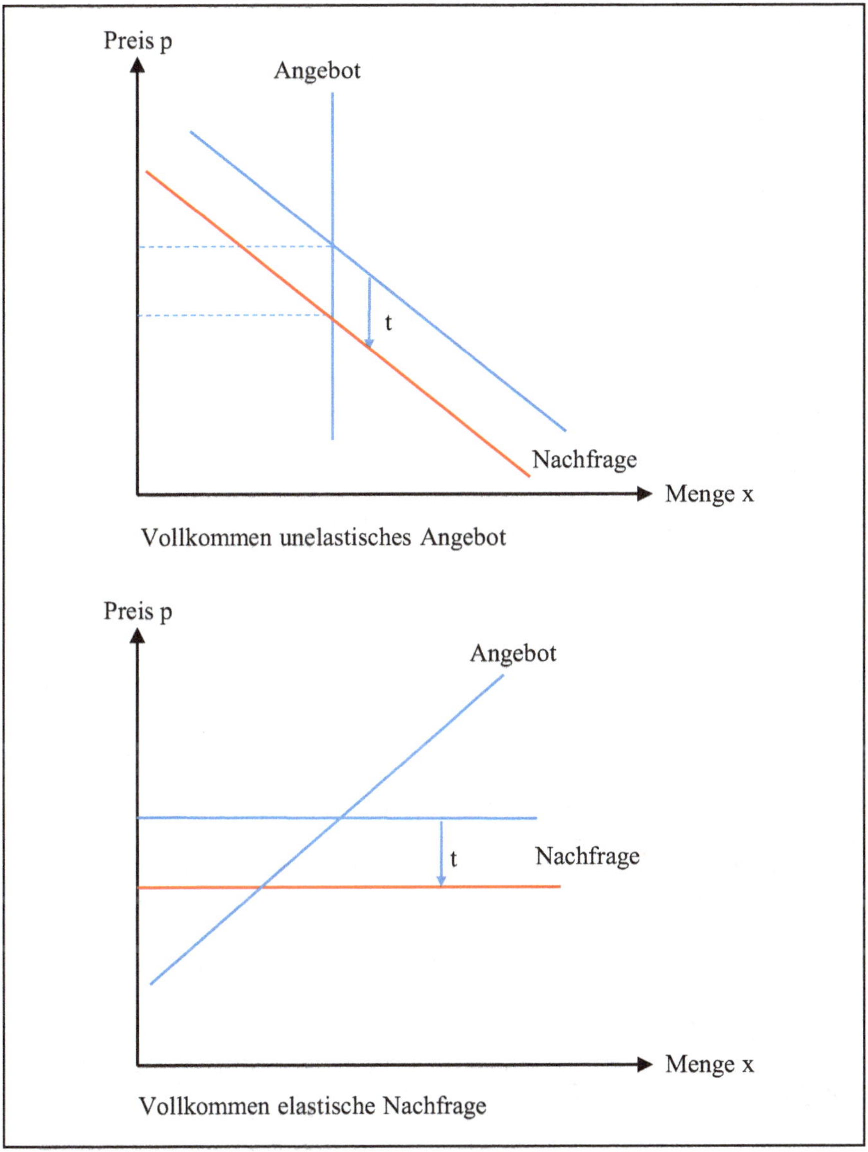

Abbildung 8: Preiselastizität – ausschließliche Belastung der Anbieter[504]

[504] *Homburg,* Allgemeine Steuerlehre, 2015, S. 100.

Die Beispiele einer ausschließlichen Belastung der Nachfrager oder der Anbieter sind theoretischer Natur, da sie Extremsituationen darstellen, die in der Realität regelmäßig nicht vorkommen.[505] Daraus lässt sich jedoch ableiten, dass die Marktseite, die weniger elastisch reagiert, einen größeren Teil der Steuerlast trägt.[506]

cc) Wohlfahrtswirkungen der Besteuerung

Die Besteuerung führt aufgrund des Rückgangs der umgesetzten Menge zu einem Nettowohlfahrtsverlust, da der Rückgang von Produzentenrente und Konsumentenrente größer ist als das durch die Besteuerung erzielte Aufkommen.[507]

Die Konsumentenrente ist der Vorteil der Nachfrager, der sich aus der Differenz ihrer maximalen Zahlungsbereitschaft zum Marktpreis ergibt.[508] Die Produzentenrente ist der Vorteil der Anbieter, der sich aus der Differenz ihrer Kosten zum Marktpreis ergibt.[509] In Abbildung 9 setzt sich die Konsumentenrente vor Besteuerung aus den Flächen A+B+C und die Produzentenrente aus den Flächen D+E+F zusammen. Die formelle Steuerlast (t) verteilt sich auf die Anbieter und Nachfrager und wird durch die gepunkteten Flächen B+D dargestellt. Der Nettowohlfahrtsverlust, der sich durch den Rückgang der umgesetzten Menge von x_0 auf x_1 ergibt, setzt sich aus der Summe der Flächen C+E zusammen. Durch die Besteuerung wird die Konsumentenrente nicht lediglich um den Anteil an der formellen Steuerlast gemindert (Fläche B), sondern zusätzlich um den Anteil am Nettowohlfahrtsverlust, den die Nachfrager tragen (Fläche C). Dementsprechend verhält es sich bei der Produzentenrente, die einerseits um den Anteil der Anbieter an der formellen Steuerlast gemindert wird (Fläche D) und zusätzlich durch den Anteil am Nettowohlfahrtsverlust, den die Anbieter tragen (Fläche E). Ursächlich hierfür ist das durch die Besteuerung beeinflusste Preisgefüge. Für die Nachfrager erhöht sich der von ihnen zu zahlende Preis von p_0 auf q. Den Anbietern verbleibt von q lediglich der um t geminderte Preis p_1. Mithin schiebt die Umsatzsteuer zwischen den Bruttopreis, den die Nachfrager bezahlen, und den

505 Vgl. *Zimmermann/Henke/Broer,* Finanzwissenschaft, 2017, S. 131.

506 Vgl. *aus dem Moore* et al., Untersuchung des deutschen Steuersystems, 2009, S. 108; *Homburg,* Allgemeine Steuerlehre, 2015, S. 101; *Zimmermann/Henke/Broer,* Finanzwissenschaft, 2017, S. 133; *Brümmerhoff/Büttner,* Finanzwissenschaft, 2018, S. 229.

507 Vgl. *Mankiw* et al., Grundzüge der Volkswirtschaftslehre, 2012, S. 201.

508 Vgl. *Brümmerhoff/Büttner,* Finanzwissenschaft, 2018, S. 226; *Mankiw* et al., Grundzüge der Volkswirtschaftslehre, 2012, S. 172.

509 Vgl. *Brümmerhoff/Büttner,* Finanzwissenschaft, 2018, S. 227; *Mankiw* et al., Grundzüge der Volkswirtschaftslehre, 2012, S. 179 f.

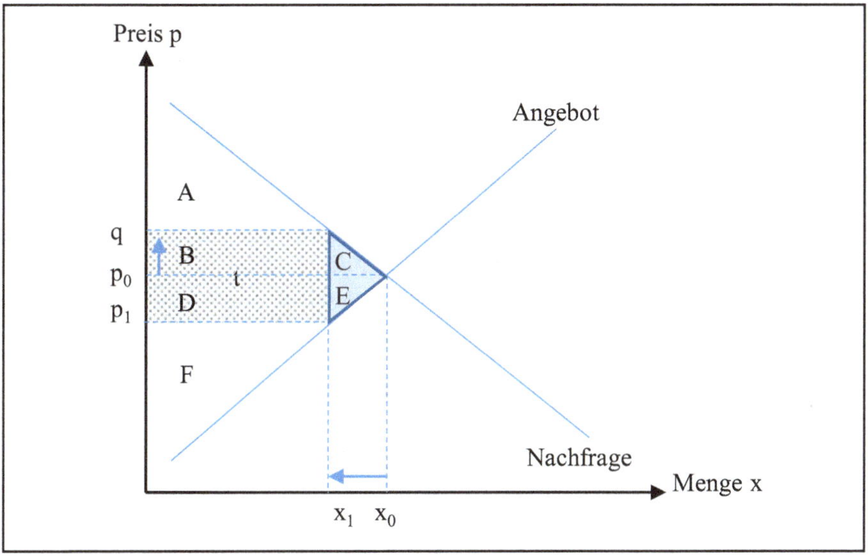

Abbildung 9: Wohlfahrtswirkungen der Besteuerung[510]

Nettopreis, der den Anbietern verbleibt, einen Steuerkeil.[511] Die über die formelle Steuerlast hinausgehende Nutzenminderung, verursacht durch steuerlich bedingte Verhaltensänderungen der Marktakteure, wird auch als Zusatzlast der Besteuerung bezeichnet.[512] Die materielle Steuerlast (Inzidenz), die die tatsächliche wirtschaftliche Belastung der Marktakteure darstellt, ist die Summe aus ihrem Anteil an der formellen Steuerlast und den sich durch die Besteuerung ausgelösten Zusatzlasten.[513]

dd) Ergebnis

Zusammenfassend kann festgehalten werden, dass die Erhebung einer Mehrwertsteuer grundsätzlich zu einer Erhöhung des Preises führt, den die Nachfrager zu bezahlen haben (Bruttopreis), während der Preis, der den Anbietern verbleibt

[510] *Mankiw* et al., Grundzüge der Volkswirtschaftslehre, 2012, S. 200.

[511] Vgl. *Theile,* Wettbewerbsneutralität, 1995, S. 132; *Blankart,* Öffentliche Finanzen in der Demokratie, 2017, S. 150.

[512] Vgl. *Schneider,* Grundzüge der Unternehmensbesteuerung, 1994, S. 6; *Homburg,* Allgemeine Steuerlehre, 2015, S. 91; *Blankart,* Öffentliche Finanzen in der Demokratie, 2017, S. 151; *Brümmerhoff/Büttner,* Finanzwissenschaft, 2018, S. 226 f.

[513] Vgl. *Theile,* Wettbewerbsneutralität, 1995, S. 100; *Homburg,* Allgemeine Steuerlehre, 2015, S. 90.

(Nettopreis) sinkt. Die am Markt umgesetzte Menge geht zurück, was neben der formellen Steuerlast zu Zusatzlasten der Besteuerung führt. Zusatzlasten lassen sich auch bei einer allgemeinen Verbrauchsteuer mit einem einheitlichen Steuersatz nicht vermeiden. Letztlich führt jede Form der Besteuerung zwangsläufig zu einem Mengenrückgang und somit zu Wohlfahrtsverlusten. Es gilt jedoch, diese Wohlfahrtsverluste so gering wie möglich zu halten, indem die Wahl zwischen den Gütern nicht durch die Besteuerung beeinflusst wird. In einem vollkommenen Markt verteilt sich die materielle Steuerlast (formelle Steuerlast + Zusatzlasten) auf Anbieter und Nachfrager. Wie sich die materielle Steuerlast auf die Markakteure verteilt, hängt von den Elastizitäten von Angebot und Nachfrage ab.

c) Steuerträger nach empirischen Untersuchungen

aa) Allgemeines

Im vorhergehenden Abschnitt dieser Arbeit wurde das in der Literatur vorherrschende theoretische Modell hinsichtlich der Steuerwirkungen der Umsatzsteuer dargestellt (traditionelle Inzidenzhypothese). Nachfolgend werden zusammenfassend ausgewählte Ergebnisse der empirischen Forschung zu Überwälzungsvorgängen der Umsatzsteuer dargestellt und abschließend mit der traditionellen Inzidenzhypothese in Bezug gesetzt.

bb) Forschungsprojekt für das Bundesministerium der Finanzen[514]

Hintergrund der Studie war die Erhöhung des Regelsteuersatzes von 16 % auf 19 % zum 01.01.2007. Ziel war es, zu prüfen, wie sich die Erhöhung des Regelsteuersatzes um 3%-Punkte auf die Preisbildung am Markt auswirkt, d. h. inwieweit eine Überwälzung der Tariferhöhung auf die Verbraucher erfolgt ist. Die Effekte der Tariferhöhung wurden mittels einer ökonometrischen Regressionsanalyse von anderen den Preis beeinflussenden Faktoren isoliert und im Wege der Schätzung ermittelt. Basis der Untersuchung ist die Entwicklung der Verbraucherpreise anhand der Verbraucherpreisstatistik des Statistischen Bundesamts. Diese Datenbasis ermöglichte es, auf Zeitreihen von Beginn des Jahres 2003 bis zu Beginn des Jahres 2008 Bezug zu nehmen. Bei der Ermittlung der Überwälzungseffekte wurden andere preisbeeinflussende Effekte isoliert, wie z. B. die Erzeugerpreisentwicklung und die Senkung der Lohnnebenkosten.[515] Die Entwicklung der Verbraucherpreise hat zu dem Schluss geführt, dass für

---

[514] *aus dem Moore* et al., Untersuchung des deutschen Steuersystems, 2009, S. 108–131.
[515] Vgl. *aus dem Moore* et al., Untersuchung des deutschen Steuersystems, 2009, S. 119, hinsichtlich weiterer den Preis beeinflussenden Faktoren.

Produkte, die dem Regelsteuersatz unterliegen, mit Ausnahme der Energieverwendung, eine Preiserhöhung stattgefunden hat. Zeitlich hat diese Preiserhöhung schon in den Monaten vor der Erhöhung des Regelsteuersatzes, im Wesentlichen allerdings in den Monaten nach der Steuererhöhung stattgefunden. Eine produkt- und produktgruppenbezogene Beobachtung im Zuge einer deskriptiven Analyse hat zu dem Zwischenergebnis geführt, dass für einzelne Produktgruppen zumindest teilweise eine Überwälzung der Umsatzsteuer erfolgt sei. Zeitlich wurden Vorzieh- und Nachholeffekte für wahrscheinlich erachtet, wobei der Verlauf der Preisentwicklung und somit auch die Überwälzungseffekte stark von den spezifischen Eigenschaften und Rahmenbedingungen der Produkte und Produktgruppen abhängig seien. Die anschließend durchgeführte Regressionsanalyse führte zu dem Ergebnis, dass im Januar 2007 eine Überwälzung der Erhöhung der Umsatzsteuer auf den Verbraucherpreisindex insgesamt stattgefunden habe. Vorgezogene und nachholende Überwälzungsvorgänge seien dabei jedoch nicht eingeflossen. Jedoch lag der Koeffizient mit 0,61 deutlich unter dem Wert von 1,4, der sich ergeben hätte, wenn die Erhöhung des Regelsteuersatzes sofort und in vollem Umfang an die Verbraucher weitergegeben worden wäre.[516] Aufgrund der stark aggregierten Regression konnten jedoch keine eindeutigen Aussagen zum zeitlichen Verlauf der Überwälzung getroffen werden. Die ökonometrische Schätzung offenbarte zudem einen großen Unterschied der Überwälzung in Bezug auf die Produktgruppen. In der Verbraucherpreisgruppe „Verkehr" wurde eine fast vollständige Überwälzung festgestellt, während die Überwälzungsrate in anderen Bereichen deutlich geringer ausfiel. Bei Produkten, die nicht von der Erhöhung des Regelsteuersatzes betroffen waren, wurde erwartungsgemäß kein bedeutsamer Einfluss der Steuererhöhung auf die Produktpreise angenommen, sodass eine Querwälzung der Steuerlast auf diese nicht feststellbar war. Insgesamt wurde davon ausgegangen, dass die Unternehmer die durch die Umsatzsteuerhöhung entstandene Mehrbelastung erst mit mehrmonatiger Verzögerung an die Verbraucher weitergeben konnten. Hieraus wurde abgeleitet, dass einige Unternehmer zumindest kurzfristig einen erheblichen Teil der Steuerlast selbst tragen mussten und vermutlich versucht haben, diese Last auf ihre Vorlieferanten und Arbeitnehmer rückzuwälzen. Zudem seien die Reaktionsmöglichkeiten der Unternehmen binnen der kurzen Frist geringer und somit ihre Belastung höher als in der Literatur oftmals angenommen werde.

---

[516] Bei einer vollständigen Weitergabe der 3 %-Punkte umfassenden Steuererhöhung hätten die Preise der von der Steuererhöhung betroffenen Leistungen um 2,59 % steigen müssen. Der steuerlich veranlasste Preissteigerungssatz auf den nationalen Verbraucherpreisindex beträgt bei vollständiger Überwälzung dennoch nur 1,4 %, da nicht alle Leistungen von der Erhöhung des Regelsteuersatzes betroffen waren. Vgl. Deutsche Bundesbank, Preis- und Mengenwirkungen der Mehrwertsteueranhebung, 2008, S. 33.

cc) Studie der Deutschen Bundesbank[517]

Wie die zuvor dargestellte Studie beschäftigt sich auch diese Studie mit der Erhöhung des Regelsteuersatzes um drei Prozentpunkte zum 01.01.2007. Ziel war die Erforschung der steuerlichen Auswirkungen der vorgenannten Tariferhöhung auf das Konsumnachfrageverhalten, den privaten Wohnungsbau und die gesamtwirtschaftliche Wertschöpfung. Bei den Preiseffekten auf der Verbraucherstufe wurde dargelegt, dass sich der rechnerische Effekt der Tariferhöhung unter Zugrundelegung des nationalen Verbraucherpreisindex (VPI) auf 1,4 Prozentpunkte bzw. unter Zugrundlegung des für geldpolitische Zwecke des Eurosystems berechneten Harmonisierten Verbraucherpreisindex (HVPI) auf gut 1,6 Prozentpunkte belaufen hat. Bei einer vollständigen Überwälzung der Umsatzsteuererhöhung hätte der Effekt rund 2,6 Prozentpunkte betragen müssen.[518] Dabei ist jedoch zu berücksichtigen, dass nicht sämtliche Produkte, die der jeweilige Verbraucherpreisindex umfasst, unmittelbar von der Tariferhöhung betroffen waren. Es darf jedoch nicht außer Acht gelassen werden, dass bei den unechten Steuerbefreiungen der Vorsteuerabzug ausgeschlossen ist, weshalb sich die Leistungen, die einer unechten Steuerbefreiung unterliegen, durch die tariferhöhungsbedingten Preisanhebungen der Vorleistungen verteuern dürften. Diesbezüglich erwähnt die Studie insbesondere die Wohnungsmieten, die, infolge von kräftig gestiegenen Baupreisen, längerfristig stärker steigen sollten. Zum Jahreswechsel 2006/2007 wurden bei einer größeren Zahl von Leistungen wesentliche, saisonunübliche Preisanstiege festgestellt. Bei Kraftfahrzeugen war die Preissteigerungsrate im Vergleich zum Vorjahr 2,5 Prozentpunkte und bei Friseurleistungen um 1,5 Prozentpunkte höher ausgefallen. Bei Telekommunikationsdienstleistungen ist es der Studie zufolge zu einer Verringerung des negativen Vorjahresabstands um beinahe zwei Prozentpunkte gekommen. Im weiteren Jahresverlauf hat sich der Preisanstieg fortgesetzt. Um andere preisbeeinflussende Faktoren von der durch die Tariferhöhung ausgelösten Preisanpassungen zu isolieren, wurde eine Interventionsanalyse angewandt. Saisonale Effekte, andere staatliche Maßnahmen, die mittelfristige Preistendenz, rohöl- und wechselkursbedingte Faktoren wurden dabei isoliert. Auf dieser Grundlage ergab sich, bezogen auf den HVPI, eine weitestgehende Überwälzung der Tariferhöhung in den Verbraucherpreisen. Zeitlich entfällt vom Gesamteffekt der Preissteigerung knapp 30 % auf das Jahr 2006, ca. ein Drittel auf den Beginn des Jahres 2007 und im Übrigen auf den restlichen Jahresverlauf des Jahres 2007. Zusammen-

[517] Deutsche Bundesbank, Preis- und Mengenwirkungen der Mehrwertsteueranhebung, 2008, S. 31–49.

[518] (119/116×100)-100 bzw. nach Deutsche Bundesbank, Preis- und Mengenwirkungen der Mehrwertsteueranhebung, 2008, S. 33, dort Fn. 3: 100x((1+0,19)/(1+0,16))-100.

gefasst betrug der auf die Erhöhung der Umsatzsteuer zurückzuführende Teil der Preissteigerung 1,4 Prozentpunkte der HVPI-Jahresteuerungsrate von insgesamt 2,3 %. Des Weiteren wurden von März 2000 bis Dezember 2007 die Einzeldaten von 40 dem Regelsteuersatz unterliegenden Leistungen analysiert. Hierbei ergab sich, dass Verbraucherpreise relativ selten angepasst werden. Erfolgt jedoch eine Anpassung, fällt diese im Einzelfall stärker aus, wobei Preissenkungen kaum weniger als Preiserhöhungen vorkommen. Unter Zugrundelegung dieser Datenbasis ergibt sich im Zeitraum April 2006 bis Dezember 2007 eine um 2,6 Prozentpunkte höhere Preissteigerung als in einem Vergleichsszenario ohne Tariferhöhung. Auch aus diesem Blickwinkel auf Einzelproduktpreisbasis konnte der Schluss gezogen werden, dass die Überwälzung der höheren Umsatzsteuerlast abgeschlossen ist. Da der steuerlich bedingte Preiseffekt von 2,6 Prozentpunkten dem rechnerischen Preiseffekt einer vollständigen Überwälzung von 2,6 Prozentpunkten entspricht, kann festgehalten werden, dass es bei den untersuchten Produkten zu einer vollständigen Überwälzung der Tariferhöhung gekommen ist. Die Preissteigerungen entfallen hautsächlich auf den Januar 2007, jedoch auch auf Februar, März und später im Jahresverlauf auf August/September. Bereits im September/Oktober 2006 wurden Preiserhöhungen festgestellt. Im Vergleich zu den Vorjahren wurden in den vorgenannten Monaten deutlich mehr Preise erhöht als sonst üblich. Im Mittel betrugen die einzelnen Preissteigerungen 6,4 %. Um 4,9 % wurden die Preise am häufigsten angehoben, dies entspricht fast dem Doppelten des reinen Steuereffekts von 2,6 Prozentpunkten. Somit gehen die Preissteigerungen regelmäßig über den reinen Steuereffekt hinaus. Ursächlich hierfür sind Preisänderungskosten, die u. a. auf der neuen Kalkulation und Auszeichnung von Preisen beruhen. Diese führen dazu, dass Preisanpassungen erst nach der Überschreitung gewisser Schwellen erfolgen, weil sie sich zuvor wirtschaftlich nicht lohnen. Die Tariferhöhung hat bei der Mehrzahl der Unternehmen dazu geführt, dass die vorgenannten Preisanpassungsschwellen erreicht wurden. Wurden in diesem Zuge die Preise angepasst, wurde nicht lediglich der Steuereffekt eingepreist, sondern auch der bisher noch nicht eingepreiste Änderungsbedarf. Dabei ergaben sich auch zeitliche Effekte dergestalt, dass reguläre (außersteuerliche) Preiserhöhungen vorgezogen wurden. Bei den Preiserhöhungen wurde offenbar auch berücksichtigt, dass aus Sicht der Verbraucher Preisanpassungen, die den Steuereffekt deutlich übersteigen, schwerer zu vermitteln sind, weshalb die Preiserhöhungen im Mittel schwächer waren als in der Vergangenheit. Durch Preiseffekte, die durch die Tariferhöhung ausgelöst wurden, kam es zu einer Verringerung der Kaufkraft und damit einhergehend zu einer verringerten Konsumnachfrage durch die privaten Haushalte. Aufgrund der frühzeitigen Ankündigung der Tariferhöhung ist es zu einer zeitlichen Vorverlagerung von Konsumausgaben im Jahr 2006 gekommen, um der steuerlich bedingten Mehrbelastung auszuweichen. Ab dem Zeitpunkt der Tariferhöhung war eine deutlich reduzierte Anschaffungsneigung zu beobachten, auf die mit zeitlicher Verzögerung auch ein entsprechend reduziertes Konsumverhalten folgte. Dem Vorzieheffekt von 0,1 % der privaten nominalen Konsumausgaben standen jedoch vorgezogene Preisanpassungen von 0,1 Prozentpunkten gegenüber, sodass sich real in der Gesamtbetrachtung eine neutrale Wirkung ergab. Im Jahr 2007 wurde der reale Verbrauch um ca. 1 % gesenkt. Im Hinblick auf den privaten Wohnungsbau hat die Tariferhöhung, neben dem Wegfall der Eigenheimzulage und der degressiven Abschreibung, den Anreiz geschaffen, Bauvorhaben kurzfristig zu beginnen bzw. rasch abzuschließen. Gesamtwirtschaftlich haben die Vorzieheffekte das Wirtschaftswachstum im Jahr 2006 um 0,2 Prozentpunkte gesteigert, während sich im Jahr 2007 – unter Zugrundlegung eines Importanteils des privaten Konsums von 20 % – eine Senkung von 0,5 Prozentpunkten ergab. Resümierend wurde festgehalten, dass auf lange Sicht allein die Angebots- und nicht die in der Studie im Vordergrund stehenden Nachfrageeffekte die gesamtwirtschaftliche Wirkung der Tariferhöhung bestimmten. Durch die höhere Abgabenbelastung vergrößere sich der Steuerkeil zwischen realen Produzenten- und Konsumentenlöhnen. Hieraus folge eine reduzierte Bereitschaft, Leistungen im umsatzsteuerlich relevanten Bereich der Volkswirtschaft zu erbringen. Dies gehe dementsprechend mit Verlusten an Wertschöpfung einher und stelle die eigentlichen Kosten der Tariferhöhung dar.[519]

dd) Studie zur Preispolitik im deutschen Hotelgewerbe[520]

Gegenstand der Studie ist die Untersuchung der Preisentwicklung vor dem Hintergrund, dass Hotelübernachtungen seit 01.01.2010 nicht mehr dem Regelsteuersatz von 19 % sondern dem ermäßigten Steuersatz von 7 % unterliegen.[521] Die Untersuchung dieser Tarifsenkung bot sich insbesondere deshalb an, weil es sich bei einer Senkung um 12 Prozentpunkte um eine besonders signifikante Veränderung handelt. Der klassischen Inzidenzhypothese zufolge hätte eine Tarifsenkung zu einer Preissenkung führen müssen, indem der Vorteil an die Verbraucher weitergegeben wird. Dies sollte bei Endverbrauchern zu einer Senkung der von ihnen zu zahlenden Bruttopreise führen. Bei Unternehmern hingegen, die die Leistungen für ihr Unternehmen beziehen und zum Abzug der Vorsteuer berechtigt sind, ist der theoretische Preisanpassungsdruck hinsichtlich einer Senkung der Bruttopreise größer. Denn würde keine Senkung der Bruttopreise erfolgen, hätte dies aufgrund der Tarifsenkung automatisch eine Erhöhung der Netto-

[519] Vgl. Deutsche Bundesbank, Preis- und Mengenwirkungen der Mehrwertsteueranhebung, 2008, S. 49, dort Fn. 31.
[520] *Wagner/Weber/Gegenwarth,* Wird die Umsatzsteuer überwälzt, 2014, S. 1–28.
[521] Gesetz zur Beschleunigung des Wirtschaftswachstums vom 22.12.2009 (Wachstumsbeschleunigungsgesetz), BGBl I 2009, S. 3953.

preise und somit der Kosten der Unternehmer zur Folge. Bei den Verbrauchern hingegen ist der Preisanpassungsdruck geringer. Sie waren bisher bereit, die Bruttomarktpreise, die sich bei Anwendung des Regelsteuersatzes ergaben, zu bezahlen. Hieraus könnte die Annahme folgen, dass die Beherbergungsbetriebe geneigt sein könnten, die Tarifanpassung nicht oder lediglich in geringerem Umfang weiterzugeben.

Als Datenbasis für die Untersuchung wurden in der Studie die Hotelpreise des Hotelführers Guide Michelin Deutschland zugrunde gelegt. Die dort angegebenen Nominalpreise wurden um inflationsbedingte Preisänderungen korrigiert. Bei einer vollständigen Weitergabe der Tarifsenkung hätte die Reduktion der Bruttopreise 10,08 Prozentpunkte betragen müssen.[522] Bei den Stichproben ergab das arithmetische Mittel der inflationsbereinigten Preisveränderung lediglich eine durchschnittliche Preissenkung von weniger als 2 %. Als Zwischenergebnis der Studie wurde festgehalten, dass die deskriptiven Statistiken hinsichtlich Tarifänderungen bei der Umsatzsteuer eine Asymmetrie aufweisen. Während bei Tariferhöhungen eine vollständige Weitergabe der höheren Steuerlast durch Überwälzung an die Verbraucher erfolgt, sinken die Preise bei einer Tarifreduktion nur in sehr geringem Umfang, bzw. erhöhen sich sogar bei einer nominalen Betrachtung der Preisveränderungen. Dieses Ergebnis wurde durch die Analyse der Preisveränderungen nach der Tariferhöhung in der Grundgesamtheit bestätigt. Ebenso ergab sich eine Bestätigung, dass die Tarifsenkung von 12 Prozentpunkten nicht vollständig weitergegeben wurde. Die maximale Preissenkung betrug bei Einzelzimmern 2 % und bei Doppelzimmern lediglich 1 %. Im Hinblick auf die beiden Zielgruppen der Geschäfts- und Privatkunden ergibt sich aufgrund der bereits oben dargelegten unterschiedlichen umsatzsteuerlichen Preiswirkungen eine Marktspaltung. Während die Erhöhung der Umsatzsteuer um 3 Prozentpunkte im Jahr 2007 bei beiden Zielgruppen zu Preiserhöhungen führt, die deutlich über der zu erwartenden Preiserhöhung von ca. 2,59 % liegen, war bei Betrieben mit touristischer Ausrichtung eine Preiserhöhung von ca. dem doppelten der zu erwartenden Preiserhöhung zu beobachten. Die Tarifsenkung führte bei primär auf Geschäftskunden ausgerichteten Betrieben zu einer Preissenkung, während bei auf Privatkunden ausgerichteten Betrieben sogar trotz der Tarifsenkung Preissteigerungen zu beobachten waren.

---

[522] (107-119)/119x100=10,08 bzw. *Wagner/Weber/Gegenwarth,* Wird die Umsatzsteuer überwälzt, 2014, S. 12, dort Fn. 22.

ee) Untersuchungen der Preiswirkungen der Umsatzsteuersenkung anlässlich der Coronakrise

Mit dem Ziel, die aufgrund der Coronapandemie gesunkene Kaufkraft der Verbraucher zu stärken, wurde der Regelsteuersatz vorübergehend vom 01.07.2020 bis 31.12.2020 von 19 auf 16 % und der ermäßigte Steuersatz von 7 auf 5 % gesenkt.[523] Aufgrund der temporären Senkung des Regelsteuersatzes um 3 Prozentpunkte und des ermäßigten Steuersatzes um 2 Prozentpunkte ergibt sich rechnerisch bei voller Weitergabe der Tarifsenkung an die Verbraucher ein Preiseffekt von -2,52 %[524] bei Leistungen, die dem Regelsteuersatz unterliegen bzw. von -1,87 %[525] bei Leistungen, die dem ermäßigten Steuersatz unterliegen. Im Online-Handel ergab sich nach einer Studie des Preisvergleichsportals Idealo auf Basis der Preisdaten von 2,5 Millionen Produkten eine durchschnittliche Senkung der Preise um 1,9 % im Zeitraum 01.06.2020 bis 08.07.2020.[526] Die vorgenannte Studie geht bei höherpreisigen Produkten davon aus, dass der steuerliche Effekt von -2,52 % von den Händlern an die Verbraucher weitergegeben wird. Bestätigt wird diese Einschätzung zumindest hinsichtlich der Preise einer deutschen Baumarktkette. Nach den Erhebungen der Universität Hohenheim, die sich auf eine Stichprobe aus 1.500 Produkten im Zeitraum von Mitte Mai bis Ende Juli 2020 stützt, führte die Steuersenkung bei den ausgewählten Produkten zu einer Reduktion der Preise um ca. 2,5 %.[527] Bei einer Supermarktkette sanken die Preise etwas weniger als 2 %, allerdings erfolgte hier die Senkung der Preise schneller als bei der Baumarktkette.[528] Auch bei dieser Studie ist zu erwähnen, dass es sich um einen relativ kurzen Beobachtungszeitraum handelt, im Grunde jedoch sowohl bei Produkten, die dem Regelsteuersatz unterliegen, als auch bei Produkten, die dem ermäßigten Steuersatz unterliegen, davon ausgegangen werden kann, dass die Tarifsenkung im Wesentlichen über Preissenkungen an die Verbraucher weitergegeben wurde. Der gesamtwirtschaftliche Nutzen von kurzfristigen Tarifsenkungen ist jedoch umstritten, da davon ausgegangen wird, dass die Steuerausfälle größer sein werden als die positiven Effekte auf die Wirt-

---

[523] Zweites Gesetz zur Umsetzung steuerlicher Hilfsmaßnahmen zur Bewältigung der Corona-Krise vom 29.06.2020 (Zweites Corona-Steuerhilfegesetz), BGBl I 2020, S. 1514.

[524] (119-116)/119x100.

[525] (107-105)/107x100.

[526] Vgl. idealo internet GmbH, Mehrwertsteuersenkung führt zu niedrigeren Preisen, 2020. Jedoch ist hervorzuheben, dass es sich um einen sehr kurzen Zeitraum handelt und die Preise im Online-Handel grds. volatiler sein sollten als im stationären Handel.

[527] Vgl. *Burghof/Swiatkowski/Puke,* Künstliche Deflation und rückläufige gefühlte Inflation, 2020.

[528] Vgl. *Burghof/Swiatkowski/Puke,* Künstliche Deflation und rückläufige gefühlte Inflation, 2020.

schaftsleistung.[529] In diesem Zusammenhang ist zu erwähnen, dass die Konjunkturbelebung bei temporären Tarifsenkungen lediglich von kurzer Dauer sind, so im Vereinigten Königreich bei der temporären Tarifsenkung anlässlich der Finanzkrise 2008.[530] Zudem kamen temporäre Tarifsenkungen nur teilweise den Verbrauchern zugute und waren mit einem hohen Verwaltungsaufwand seitens der Unternehmen verbunden.[531]

d) Fazit

Grundsätzlich bestätigen die vorgenannten Studien, dass Tariferhöhungen zumindest mittel- bis langfristig voll im Preis auf die Verbraucher überwälzt werden. In der kurzfristigen Betrachtung hingegen zeigt sich, dass die Unternehmer die Tariferhöhungen nicht sofort zum Zeitpunkt der Tariferhöhung weitergeben und somit zumindest für eine gewisse Zeit selbst durch die Tariferhöhung belastet sind. Dies führt zu der Vermutung, dass die Unternehmer geneigt sind, Rückwälzungen ihrer Belastung auf Lieferanten und Arbeitnehmer vorzunehmen. Bei Tarifsenkungen ergibt sich kein einheitliches Bild. Während bei den zeitlich sehr begrenzten Untersuchungszeiträumen der Tarifsenkung anlässlich der Coronapandemie von einer Weitergabe der geringeren Steuerbelastung durch entsprechende Preissenkungen anhand der Datenlage ausgegangen werden kann, zeichnet die Tarifsenkung im Beherbergungsgewerbe ein anderes Bild. Hier kam es zu einer Marktspaltung, die jedoch auch bei den Geschäftskunden nur teilweise zu Preissenkungen und bei Privatkunden sogar zu Preiserhöhungen führte. Zusammenfassend kann festgehalten werden, dass die traditionelle Inzidenzhypothese grundsätzlich zutreffend ist und es zu einer Überwälzung von Tariferhöhungen im Preis der Güter kommt. Wie schnell Tarifänderungen weitergegeben werden können, wird von den Preiselastizitäten am Markt abhängen. Tarifsenkungen über einen kurzen Zeitraum scheinen nach den vorliegenden Ergebnissen zur Weitergabe des Vorteils einer geringeren Steuerlast durch sinkende Verbraucherpreise zu führen. Gesamtwirtschaftlich darf der Nutzen hingegen bezweifelt werden, da der konjunkturbelebende Effekt geringer ausfallen dürfte als die Steuerausfälle. Vor allem aber unter Effizienzgesichtspunkten muss der erhebliche Mehraufwand auf Seiten der Unternehmer genannt werden, der vor allem in der zutreffenden rechtlichen Einordnung sowie in erforderlichen Systemanpassungen besteht und somit erhebliche Kosten verursacht. *Eichfelder* und *Knaisch* gehen in ihrer Studie zu den Bürokratiekosten anlässlich der vorübergehenden Steuersatzsenkung von Gesamtkosten in Höhe von 2,43 Mrd. EUR aus

[529] Vgl. *Fuest,* ifo Standpunkt 218, 2020; *Goecke/Rusche,* IW-Kurzbericht 90/2020.
[530] Vgl. *Fuest,* ifo Standpunkt 218, 2020; *Goecke/Rusche,* IW-Kurzbericht 90/2020.
[531] Vgl. *Fuest,* ifo Standpunkt 218, 2020; *Goecke/Rusche,* IW-Kurzbericht 90/2020.

und liegen damit beim 10,2-fachen der Schätzung des Statistischen Bundesamts. Angesichts des angestrebten Fördervolumens der Steuersatzsenkung von 20 Mrd. EUR sind die Bürokratiekosten mit 12,2 % unverhältnismäßig hoch.[532]

Unzweifelhaft ergeben sich durch die Mehrwertbesteuerung auch Auswirkungen auf den Gewinn der Unternehmer, auch wenn die Weitergabe einer Steuererhöhung im Preis der Güter zumindest auf lange Sicht gelingt. Dies ist vor allem auf den Angebotsrückgang zurückzuführen, der durch die Steuererhöhung zu verzeichnen ist.[533] Dieser Effekt würde jedoch auch in dem Fall eintreten, wenn die Verbraucher direkt mit der Steuer belastet wären. Sie würden entsprechend ihres verringerten Budgets mit einem Nachfragerückgang reagieren, der zwangsläufig zu einem Rückgang der Produktionskapazitäten und damit des Angebots führen würde. Mithin würde auch eine negative Gewinnauswirkung bei den Unternehmern eintreten, da es zu einer Rückwälzung der Steuerlast vom Verbraucher auf den Unternehmer käme. Ungeachtet an welcher Stelle die Besteuerung technisch anknüpft, hat sie Auswirkungen auf die am Markt umgesetzte Menge. Dies bedeutet zum einen im Regelfall Gewinneinbußen bei den Unternehmern und zum anderen eine verminderte Bedürfnisbefriedigung bei den Verbrauchern. Allein aus diesem Umstand kann jedoch nicht geschlossen werden, dass die Mehrwertsteuer ihre gesetzliche Belastungsintention verfehlt hat und es sich um eine Unternehmenssteuer auf die Wertschöpfung handle.[534] Maßgebend muss entsprechend der Richtlinienvorgabe des Art. 1 Abs. 2 MwStSystRL sein, dass die Steuerbelastung proportional zum Preis ist, den die Verbraucher bezahlen.[535] Eine proportional gleichmäßig zum Preis vorliegende Steuerbelastung darf jedoch bezweifelt werden, wenn es, wie im geltenden Recht, Einschränkungen beim Vorsteuerabzug, insbesondere aufgrund unechter Steuerbefreiungen gibt. Im Fall von einem einheitlichen Steuersatz und einer vollständigen Vorsteuerentlastung dürften die grundlegenden Voraussetzungen für eine proportional zum Preis gleichmäßige Steuerbelastung der Verbraucher hingegen erfüllt sein, weshalb die Belastungskonzeption in diesem Fall nicht zu beanstanden ist.

---

[532] Vgl. *Eichfelder/Knaisch,* arqus Discussion Paper No. 259, 2020, S. 24.

[533] Vgl. Deutsche Bundesbank, Preis- und Mengenwirkungen der Mehrwertsteueranhebung, 2008, S. 49, dort Fn. 31.

[534] A.A. *Theile,* Wettbewerbsneutralität, 1995, S. 135–138.

[535] Vgl. *Englisch,* Wettbewerbsgleichheit, 2012, S. 608 nach dessen Auffassung maßgebend ist, dass die vorgesehene Steuerbelastung die Konsumenten gleichmäßig erreicht.

2. *Konsumleistungsfähigkeit als bereichsspezifische Konkretisierung des Leistungsfähigkeitsprinzips*

Im vorliegenden Abschnitt wird zunächst die Bedeutung des Leistungsfähigkeitsprinzips bei der Besteuerung des Konsums dargelegt. Darauf aufbauend wird untersucht, welchen Einfluss die Einhaltung des Neutralitätsprinzips für die Zielverwirklichung des Leistungsfähigkeitsprinzips im Mehrwertsteuerrecht hat.

a) Geltung des Leistungsfähigkeitsprinzips bei der Besteuerung des Konsums

Die Frage des Steuerträgers wurde im Wesentlichen beantwortet. Die Mehrwertsteuer wird in der Regel im Preis auf den Verbraucher überwälzt. Diese Erkenntnis gibt jedoch noch keinen Aufschluss über die Frage, nach welchem Maßstab die Verbraucher im Rahmen einer allgemeinen Verbrauchsteuer belastet werden sollen und ob der Besteuerung Grenzen gesetzt sind. Im Gegensatz zu den besonderen Verbrauchsteuern, bei denen nicht zwangsläufig der Fiskalzweck, sondern Lenkungsziele im Vordergrund stehen können, dient die Mehrwertsteuer dem Fiskalzweck.[536] Der Finanzbedarf des Staats zur Deckung der Kosten seiner öffentlichen Aufgaben ist für sich allein jedoch nicht geeignet, einen Maßstab herzuleiten, nach dem die benötigte Steuerlast auf die Steuerträger verteilt oder die Grenzen der Steuerlast festgelegt werden können.[537] Es bedarf bei der Verteilung der steuerlichen Lasten einer dem Sozialstaatsprinzip[538] genügenden Rechtfertigung.[539] Aus deutscher Sicht bedürfen Fiskalzwecknormen einer Rechtfertigung durch das Leistungsfähigkeitsprinzip als Fundamentalprinzip gerechter Besteuerung.[540] Mangels expliziter Regelung im Grundgesetz wird das Gebot der gleichmäßigen Besteuerung aus dem allgemeinen Gleichheitssatz abgeleitet, der dieses Gebot impliziert.[541] Dies gilt steuerartübergreifend sowohl bei Steuern auf die Einkommenserzielung als auch für die Einkommensverwendung.[542]

---

[536] Vgl. BFH, Beschluss v. 08.11.1972, II B 24/72, Sinn der Umsatzsteuer, BFHE 107, 315; *Cansier,* Finanzwissenschaftliche Steuerlehre, 2004, S. 215.

[537] *Löhr,* Optionsrecht, 2003, S. 204.

[538] Vgl. Art. 20 Abs. 1 GG; vgl. Birk, StuW 1983, S. 296; *Birk,* Leistungsfähigkeitsprinzip, 1983, S. 102.

[539] Vgl. *Birk,* Leistungsfähigkeitsprinzip, 1983, S. 145–147.

[540] *Kirchhof,* UR 2002, S. 542; *Hey*, in: Tipke/Lang, Steuerrecht, 2020, S. 83, § 3 Rz. 40.

[541] BVerfG, Beschluss v. 19.12.1978, 1 BvR 335/76, 1 BvR 427/76, 1 BvR 811/76, Zinsbesteuerung, BVerfGE 50, 57, Rn. 65; BVerfG, Urteil v. 27.06.1991, 2 BvR 1493/89, Besteuerung der Zinserträge, BVerfGE 84, 239, Rn. 105. In der letztgenannten Entscheidung hat das BVerfG darauf hingewiesen, dass in der Weimarer Reichsverfassung ein spezieller Gleichheitssatz für steuerliche Zwecke in Art. 134 niedergelegt war: „Alle Staatsbürger ohne Unterschied tragen im Verhältnis ihrer Mittel zu allen öffentlichen Lasten nach Maßgabe der Gesetze bei." Mangels spezifischer Regelung im Grundgesetz erfolgt nun eine folgerichtige Ableitung

b) Konsum als Maßstab für Bedürfnisbefriedigung

aa) Konsumaufwendungen als Indikator für Leistungsfähigkeit

Das Leistungsfähigkeitsprinzip als Ausfluss des allgemeinen Gleichheitssatzes verlangt einen steuerartspezifischen Maßstab für die Messung der Gleichheit der steuerlichen Belastung des Steuerdestinatars.[543] Der Steuerdestinatar der Umsatzsteuer ist der Verbraucher, dessen Fähigkeit zur Tragung der Steuerlast gemessen werden muss. Verbrauchsteuern sollen nach der Auffassung des BVerfG die in der Einkommens- und Vermögensverwendung zu Tage tretende steuerliche Leistungsfähigkeit des Endverbrauchers abschöpfen.[544] Dabei stützt sich das BVerfG auf die Begriffsdefinition der (besonderen) Verbrauch- und Aufwandsteuern von *Schmölders*, nach der diese Steuern der Erfassung jener besonderen wirtschaftlichen Leistungsfähigkeit dienten, die sich in der Verwendung von Einkommensteilen für Verbrauchsgüter des persönlichen Lebensbedarfs äußerten.[545] Diese Begriffsdefinition kann gleichermaßen für die Mehrwertsteuer als allgemeine Verbrauchsteuer herangezogen werden, da diese, ebenso wie die besonderen Verbrauchsteuern, die Absicht hat, die Einkommensverwendung des Verbrauchers zu treffen.[546] Die steuerliche Leistungsfähigkeit liegt somit in den getätigten Konsumaufwendungen, die ein typischer Ausdruck und Indikator von wirtschaftlicher Leistungsfähigkeit sind.[547] Auf die Herkunft der Mittel und den Konsumzweck komme es indes nicht an.[548] Die Anknüpfung an die getätigten Konsumaufwendungen ist ein grober, typisierender Maßstab, da er persönliche Merkmale der Verbraucher aufgrund der indirekten Erhebungsform nicht berücksichtigen kann.[549] Aus den getätigten Konsumaufwendungen soll auf die finanzielle Leistungsfähigkeit geschlossen werden, aus der sich der Grad der in-

---

aus dem allgemeinen Gleichheitssatz; siehe auch *Birk,* Leistungsfähigkeitsprinzip, 1983, S. 161.

[542] Vgl. insbesondere *Haller,* Die Steuern, 1981, S. 348, siehe Kapitel 1: B. II.

[543] Vgl. *Tipke,* StuW 2007, S. 203; *Englisch*, in: Tipke, Festschrift Lang, 2011, S. 174. Die geforderte steuerspezifische Ausprägung des allgemeinen Gleichheitssatzes bedarf einer steuerartspezifischen Konkretisierung.

[544] BVerfG, Beschluss v. 13.04.2017, 2 BvL 6/13, Typusmerkmale einer Verbrauchsteuer, BVerfGE 145, 171, Rn. 119.

[545] Vgl. *Schmölders*, in: Gerloff, Handbuch der Finanzwissenschaft Bd. 2, 1956a, S. 652.

[546] Vgl. *Schmölders*, in: Gerloff, Handbuch der Finanzwissenschaft Bd. 2, 1956a, S. 651.

[547] *Kirchhof,* Besteuerung im Verfassungsstaat, 2000, S. 25.

[548] BVerfG, Beschluss v. 06.12.1983, 2 BvR 1275/79, Konsum als Indikator für Leistungsfähigkeit, BVerfGE 65, 325–359, Rn. 73.

[549] Vgl. *Tipke,* StuW 1992, S. 105; *Kirchhof,* in: Isensee/Kirchhof, Handbuch des Staatsrechts, 2003, S. 1078; *Reiß*, in: Woerner, DStJG Band 13, 1990, S. 20; *Kirchhof,* UR 2002, S. 544; *Löhr,* Optionsrecht, 2003, S. 235.

dividuellen Opferfähigkeit im Sinne einer gleichmäßigen Besteuerung[550] ergibt.[551]

Ausgehend vom Verständnis der Steuer als Opfer soll die Besteuerung die Bedürfnisbefriedigung der Steuerträger relativ gleich einschränken.[552] Damit ergibt sich die Zielsetzung, dass die Besteuerung den von ihr Betroffenen ein relativ gleich großes Opfer aufbürdet, jedoch soll bei der Opferbemessung der existenznotwendige Bedarf an Bedürfnisbefriedigung außer Acht gelassen werden.[553] Dabei beschränkt sich die Betrachtung auf die getätigten Konsumaufwendungen als alleiniges Maß für die Bedürfnisbefriedigung. Somit bleibt die in der Freizeit ausgeübte Haushaltsproduktion außen vor, sie wird von der Mehrwertsteuer nicht erfasst.[554] Daher könnte der Einwand erhoben werden, ein Verbraucher könne auf Erwerbsarbeit und somit auf Konsumpotential verzichten, um durch Haushaltsproduktion der Besteuerung ausweichen, ohne dass dies zu einer tatsächlichen Einschränkung oder Veränderung seiner Bedürfnisbefriedigungssituation führt. Seine Haushaltsproduktion wird überhaupt nicht mit Mehrwertsteuer belastet, währenddessen dieselbe Wertschöpfung, würde er seine Erwerbsarbeit oder seine Freizeit nicht einschränken und diese Arbeiten am Markt nachfragen, mit Mehrwertsteuer belastet wäre. Dieses Beispiel ist sehr vereinfachend und wird nur dann zu beobachten sein, wenn sich der Stundensatz seiner Erwerbsarbeit und der Stundensatz des Marktpreises seiner Haushaltsproduktion annähernd gleichen. Ist eine Stunde Erwerbsarbeit nach Abzug der Ertragsteuerbelastung und Abzug der Mehrwertsteuerbelastung, die auf einer Stunde Haushaltsproduk-

550 Vgl. *Smith,* Wohlstand der Nationen, 1974, S. 703–705 (deutsche Übersetzung), erstmals veröffentlicht 1776 unter dem Titel: An Inquiry into the Nature and Causes of the Wealth of Nations. Smith definierte seine Anforderung an die gleichmäßige Besteuerung als „ability to pay".

551 Vgl. *Haller,* Die Steuern, 1981, S. 15. Zur Problematik, wenn in der Bemessungsgrundlage der Umsatzsteuer besondere Verbrauchsteuern enthalten sind vgl. *Hidien,* UR 2020, S. 673, der einwendet, dass die Aufwendungen des Käufers, sofern sie die besonderen Verbrauchsteuern betreffen, keine Konsumausgaben darstellen, die als Indikator für wirtschaftliche Leistungsfähigkeit herangezogen werden können.

552 *Meyer*, Principien, 1884, S. 314–315, beschreibt die Problematik, dass ein gleich hoher Preis nur bei einem Individuum ein gleich hohes Bedürfnis repräsentiert: „[...] und nicht etwa behauptet werden soll, der Rock, der von dem armen Teufel und von dem reichen Manne um denselben Preis gekauft wird, befriedige gleich intensive Bedürfnisse bei dem letzteren, der noch ein Dutzend andere Röcke hat, und bei dem ersteren, dessen einziges Kleidungsstück er ausmacht."

553 Vgl. *Haller,* Die Steuern, 1981, S. 15. Die Notwendigkeit, das Existenzminimum von der steuerlichen Bemessungsgrundlage auszunehmen ist nicht nur eine Frage der Ethik, sondern lässt sich auch ökonomisch begründen. Wer dem Steuerträger Mittel entzieht, die existenznotwendig sind, gefährdet die Existenz seiner Steuerquelle, denn insoweit kann jedenfalls langfristig keine „ability to pay" vorliegen, vielmehr wird die Steuerquelle versiegen.

554 Vgl. *Niemann/Schreiber,* ZfbF 2020, S. 12.

tion lastet, höher als die Nettovergütung einer Stunde Haushaltsproduktion, wird er geneigt sein, der Erwerbsarbeit nachzugehen und die Haushaltsproduktion (mehrwertsteuerpflichtig) auszulagern. Über diesen rein finanziellen Aspekt hinaus kann es hingegen auch andere Gründe geben, die Freizeit und/oder Erwerbsarbeit einzuschränken, um mehr Zeit für die Haushaltsproduktion zur Verfügung zu haben. Beispielsweise können persönliche Neigungen und Fähigkeiten ausschlaggebend sein, wenn die Haushaltsproduktion zumindest in Teilen ein Hobby des Verbrauchers darstellt oder er das Erwerbsleid seiner Beschäftigung relativ hoch bewertet und, um weniger abhängig arbeiten zu müssen, einen Teil seiner Bedürfnisse durch Eigenleistungen anstatt durch Konsumnachfrage am Markt befriedigt.[555] Es ist unmöglich, all diesen Möglichkeiten im Rahmen der Besteuerung gerecht zu werden, da zum einen die Informationen nicht beschafft werden können und es zum anderen schwer möglich ist, die Freizeit bzw. die Haushaltsproduktion quantitativ zu bewerten.[556] Aus der Theorie der zweitbesten Besteuerung kann jedoch die Freizeitkomplementaritätsregel für die indirekte Besteuerung des Konsums nutzbar gemacht werden. Freizeitkomplementäre Güter sind Güter, bei deren Konsum die aufgewendete Zeit für Freizeit steigt und die Zeit für Erwerbsarbeit entsprechend sinkt. Daraus wird die Forderung abgeleitet, diese Güter schärfer zu besteuern, weil ihr Konsum das Einkommen (= Konsumpotential) senkt.[557] Anstatt dieser Forderung jedoch unmittelbar nachzukommen, weil sie eine entscheidungsverzerrende und somit die Neutralität verletzende Tarifdifferenzierung zur Folge hätte, sollte jedoch darüber nachgedacht werden, Güter, die komplementär zur Erwerbsarbeit sind, von der Besteuerung auszunehmen. Hintergrund dieser Forderung ist, dass Güter, die der Erwerbsarbeit dienen, kein Maß für eine Bedürfnisbefriedigung darstellen, sondern vielmehr darauf zielen, mehr Konsumpotential in Form von Erwerbseinkommen zu erlangen. Im Übrigen soll die Problematik der „fehlenden" Freizeitsteuer ausgeblendet werden.[558]

Ein weiteres Problem der Konsumleistungsfähigkeit als Maßstab für die Bedürfnisbefriedigung der Verbraucher ist die Annahme, dass mit zunehmendem Konsum das Maß an Bedürfnisbefriedigung gleichermaßen ansteigt. Ein höheres Maß an Konsum verkörpert zwar ein höheres Maß an Bedürfnisbefriedigung, während ein geringeres Maß an Konsum ein geringeres Maß an Bedürfnisbefrie-

---

[555] Vgl. *Haller,* Die Steuern, 1981, S. 49.

[556] Vgl. *Homburg,* Allgemeine Steuerlehre, 2015, S. 153; *Birk,* Leistungsfähigkeitsprinzip, 1983, S. 167, schließt eine Berücksichtigung von Gegenständen, die zwar in Geld umgerechnet werden können, aber nicht vorhandenen Geldwert repräsentieren, aus. Solche Gegenstände seien nicht geeignet, Grundlage wirtschaftlicher Leistungsfähigkeit zu sein.

[557] Vgl. *Wenger,* FA 1983, S. 249; *Homburg,* Allgemeine Steuerlehre, 2015, S. 155.

[558] Eine Freizeitsteuer wäre zudem nicht mit dem Leistungsfähigkeitsprinzip vereinbar, vgl. *Birk,* StuW 1983, S. 298.

digung verkörpert. Obwohl diese Annahme als absolutes Maß jedenfalls als zutreffend bezeichnet werden muss, darf hingegen bezweifelt werden, dass das Ansteigen des Konsumnutzens proportional, also linear gleichmäßig verläuft. Ursächlich für diese Zweifel ist die Theorie vom abnehmenden Grenznutzen. Sie besagt, dass mit jeder für den Konsum aufgewendeten Geldeinheit der Konsumnutzen zwar ansteigt, jedoch der Grenznutzen mit jeder zusätzlichen, für den Konsum aufgewendeten Geldeinheit fällt.[559] Die Schwierigkeit besteht darin, zu ermitteln, in welchem Maß die Grenznutzenkurve fällt, da dies von subjektiven Empfindungen abhängig ist und somit der abnehmende Grenznutzen an sich lediglich eine Richtung anzeigt, jedoch darüber hinaus keine präzisen Erkenntnisse liefert.[560]

Gleichwohl lässt sich hieraus der folgende Schluss ziehen: Setzt man sich zum Ziel, dass die Besteuerung ein relativ gleiches Opfer verlangt und geht man von der Prämisse eines abnehmenden Grenznutzens aus, so erfordert die Besteuerung aufgrund des fallenden Nutzenniveaus der Bemessungsgrundlage eine progressive Tarifgestaltung[561], um zu einer proportionalen steuerlichen Belastung zu gelangen. Auf diese Weise könnte, sofern die Progression in der Lage ist, den fallenden Grenznutzen auszugleichen, eine relativ gleiche Steuerbelastung erzielt werden. Dieser exakte Ausgleich würde jedoch wieder die Kenntnis voraussetzen, wie stark der Grenznutzen fällt,[562] weshalb für die Praxis nur abgeleitet werden kann, dass ein rein proportionaler Tarif bei einem fallenden Grenznutzen der Bemessungsgrundlage nicht ausreichend ist, um ein relativ gleiches Opfer zu erreichen.[563]

---

[559] Vgl. *Haller,* Die Steuern, 1981, S. 76, zum abnehmenden Grenznutzen beim Leistungsfähigkeitindikator Einkommen; *Birk/Desens/Tappe,* Steuerrecht, 2020, S. 13. Dies gilt jedoch m. E. gleichermaßen für den Leistungsfähigkeitsindikator Konsum.

[560] Vgl. *Haller,* Die Steuern, 1981, S. 78; *Musgrave/Musgrave/Kullmer,* Finanzen in Theorie und Praxis, 1993, S. 32.

[561] Bei einem progressiven Tarifverlauf steigt der Durchschnittssteuersatz mit steigender Bemessungsgrundlage an, vgl. *Pollak*, in: Neumark, Handbuch der Finanzwissenschaft Bd. 2, 1980, S. 243.

[562] Vgl. *Moes*, Steuerfreiheit Existenzminimum, 2011, S. 91, mit dem Hinweis auf die Unmöglichkeit, diesen Ansatz quantitativ zu operationalisieren. Siehe auch *Scheer*, John Stuart Mill, 2002, S. 116 u. 149.

[563] Ein progressiver Tarif ist erforderlich, um ein gleiches Opfer entsprechend der Leistungsfähigkeit zu erreichen, vgl. *Weber-Grellet*, Steuern Verfassungsstaat, 2001, S. 171.

bb) Horizontale Gerechtigkeit

Eine horizontal gerechte Mehrwertbesteuerung erfordert, dass Verbraucher mit gleicher Leistungsfähigkeit gleich hoch mit Mehrwertsteuer zu belasten sind.[564] Dies bedingt grundsätzlich, da die Konsumaufwendungen die Leistungsfähigkeit indizieren, dass gleich hohe Konsumaufwendungen unterschiedlicher Verbraucher die gleiche steuerliche Belastung erfahren. Dabei ist jedoch zu beachten, dass der existenznotwendige Bedarf des Verbrauchers von seinen Konsumaufwendungen abzuziehen ist, da dieser keine Leistungsfähigkeit verkörpert.[565] Diese Betrachtung ist aus wirtschaftlicher Sicht auf Haushaltsebene vorzunehmen, da diese Ebene am ehesten geeignet ist, die wirtschaftliche Leistungsfähigkeit zutreffend zu erfassen. Würde man Konsumaufwendungen eines Paars mit zwei Kindern mit der gleichen Steuerlast versehen wie die gleich hohen Konsumaufwendungen eines Paars ohne Kinder, so würde unterschiedliche wirtschaftliche Leistungsfähigkeit steuerlich gleich belastet. Hierin läge ein Verstoß gegen die horizontale Leistungsfähigkeit.[566] Sie gebietet nur die Konsumaufwendungen, die den existenznotwendigen Bedarf der Haushaltsmitglieder übersteigen, als Maßstab für gleiche wirtschaftliche Leistungsfähigkeit heranzuziehen.[567]

Nach Gütern differenzierende Steuersätze sind kritisch zu betrachten, da sie zwangsläufig bei gleicher Höhe der Konsumaufwendungen aufgrund einer unterschiedlichen Konsumstruktur zu einer unterschiedlichen Steuerbelastung führen. Selbiges gilt beim Bezug von unecht steuerbefreiten Leistungen, denen eine Steuerbelastung in Form von nicht abzugsfähiger Vorsteuer innewohnt, die der Unternehmer, soweit es ihm möglich ist, auf den Verbraucher überwälzen möchte. Dies wird im Zuge einer entscheidungsneutralen Tarifgestaltung noch näher untersucht werden.[568]

---

[564] *Birk,* Leistungsfähigkeitsprinzip, 1983, S. 170; *Musgrave/Musgrave/Kullmer,* Finanzen in Theorie und Praxis, 1993, S. 19; *Stiglitz/Schönfelder,* Finanzwissenschaft, 2000, S. 417; *Kruschwitz/Husmann/Schneider,* Investitionsneutrale Steuersysteme, 2002, S. 2; *Denison/Facer,* NTJ 2005, S. 593; *Desens,* StuW 2016, S. 242.

[565] Vgl. *Haller,* Die Steuern, 1981, S. 15.

[566] Vgl. *Birk,* Leistungsfähigkeitsprinzip, 1983, S. 171; *Englisch,* Wettbewerbsgleichheit, 2012, S. 598.

[567] Vgl. bereits *Mill,* Principles of Political Economy, 1848, S. 351, der eine Verschonung des existenznotwendigen Bedarfs von direkten und indirekten Steuern forderte. Allerdings sollte dies nach Mill nur für einen „normalen" Familienumfang gelten. Ein darüber hinausgehender Kinderreichtum entspringe einer freiwillig begründeten Rechtspflicht, weshalb die darauf beruhenden Kosten steuerlich unerheblich seien, vgl. *Scheer*, John Stuart Mill, 2002, S. 153.

[568] Siehe Kapitel 4: A. III. 1. c).

cc) Vertikale Gerechtigkeit

Das Gebot vertikaler Steuergerechtigkeit verlangt, dass unterschiedliche wirtschaftliche Leistungsfähigkeit auch eine unterschiedliche steuerliche Belastung trifft.[569] Eine nach dem Leistungsfähigkeitsprinzip ausgerichtete Lastenverteilung, die es vorsieht, wirtschaftlich leistungsfähigere Personen höher zu belasten als weniger leistungsfähige Personen, ergibt sich z. B. durch eine progressive Besteuerung.[570]

dd) Zusammenhang zwischen Neutralitäts- und Leistungsfähigkeitsprinzip

Fraglich ist, in welchem Zusammenhang das Neutralitäts- und das Leistungsfähigkeitsprinzip zueinanderstehen. Das Leistungsfähigkeitsprinzip hat im Bereich der Mehrwertsteuer das Ziel, eine gleichmäßige Steuerbelastung der Verbraucher herzustellen. Die Mehrwertsteuer ist aufgrund ihrer technischen Ausgestaltung darauf angewiesen, dass die Überwälzung auf den Steuerdestinatar Verbraucher tatsächlich gelingt.[571] Voraussetzung für das Gelingen der Überwälzung sind insbesondere gleiche Überwälzungschancen. Diese liegen jedoch nur dann vor, wenn die Überwälzung nicht von bestimmten Verhaltensweisen abhängt.[572] Daraus lässt sich ableiten, dass die Überwälzung der Mehrwertsteuer dann am besten gelingt, wenn diese entscheidungsneutral ausgestaltet ist und somit keine steuerlich bedingten Preisverzerrungen vorliegen.[573] Bestmögliche Überwälzungschancen ergeben sich mithin dann, wenn die Steuer keine Tarifdifferenzierungen aufweist[574] und den Vorsteuerabzug nicht einschränkt.[575] Auf diese Weise wird eine zum Preis der Verbraucher gleichmäßige Steuerbelastung ermöglicht. Bei Verletzung der Entscheidungsneutralität ergeben sich steuerlich bedingte Ausweichhandlungen der Unternehmer, die zu einer unterschiedlichen Kostenstruktur bei den Unternehmen führen. Diese kann daraus folgen, dass bei einem Unternehmer ein höherer Betrag an nicht abzugsfähiger Vorsteuer anfällt, bei einem anderen jedoch ein geringerer, bei letzterem sind jedoch ggf. höhere Steuerplanungskosten entstanden, welche Auswirkungen auf die materielle Steuerlast haben. Ebenso könnte ein Unternehmer ein Gut in den ermäßigten Steuersatz einreihen, da er hierfür gewichtige Argumente findet, ein anderer Unter-

---

[569] Vgl. *Birk,* Leistungsfähigkeitsprinzip, 1983, S. 165; *Musgrave/Musgrave/Kullmer,* Finanzen in Theorie und Praxis, 1993, S. 19; *Kruschwitz/Husmann/Schneider,* Investitionsneutrale Steuersysteme, 2002, S. 2; *Denison/Facer,* NTJ 2005, S. 593; *Desens,* StuW 2016, S. 242.
[570] Vgl. *Schaumburg*, in: Kirchhof/Dürrschmidt, Festschrift Reiss, 2008, S. 26.
[571] Vgl. *Haller*, in: Neumark, Handbuch der Finanzwissenschaft Bd. 2, 1980, S. 185.
[572] Vgl. *Haller,* Die Steuern, 1981, S. 337.
[573] Vgl. *Haller*, in: Neumark, Handbuch der Finanzwissenschaft Bd. 2, 1980, S. 185.
[574] Siehe Kapitel 3: C. I. 3. c).
[575] Siehe Kapitel 3: D. II. 1. d).

nehmer, der dasselbe Gut handelt, jedoch aufgrund der für ihn unklaren Rechtslage und der Tatsache, dass er hohe Planungskosten scheut, darauf verzichten. Selbst wenn man unterstellt, dass es im Beispiel der Tarifdifferenzierung letztlich nur eine richtige Lösung gebe, so wird der den günstigeren Steuersatz anbietende Unternehmer, unabhängig davon, ob ihm auch Planungskosten entstanden sind, die seinen Vorteil schmälern, zunächst in der Lage sein, seine Produkte günstiger an den Endverbraucher anzubieten. Auch wenn sich zu einem späteren Zeitpunkt herausstellen sollte, dass z. B. durch eine Klärung durch höchstrichterliche Rechtsprechung seine Einreihung unzutreffend war und er daher mit einer Nacherhebung des Fiskus konfrontiert sein wird, hat dies keine Auswirkung mehr auf die bereits erfolgte Preisbeeinflussung durch eine nicht entscheidungsneutrale Umsatzsteuer. Denn an der im Preis der Produkte bereits an die Verbraucher weitergegebenen Steuerbelastung ändert sich für die Vergangenheit jedenfalls nichts, da im Regelfall eine Bruttopreisvereinbarung vorliegen dürfte. Eine Bruttopreisvereinbarung berechtigt zivilrechtlich weder den Unternehmer, vom Verbraucher Umsatzsteuer nachzufordern, sofern diese in höherem Maße als ursprünglich erwartet anfällt, noch den Verbraucher, vom Unternehmer Umsatzsteuer zurückzufordern, sofern diese in geringerem Maße als ursprünglich erwartet anfällt.[576] Diese Konstellationen verdeutlichen die Abhängigkeit der Steuerbelastung des Verbrauchers von den steuerlich motivierten Entscheidungen der Unternehmer. Der Steuerdestinar ist aufgrund der indirekten Erhebungsform weder in der Lage, sich unmittelbar im Rechtsweg gegen den indirekten staatlichen Eingriff zu wehren,[577] noch ist es ihm im Regelfall möglich, sich im zivilrechtlichen Wege gegen die ihm auferlegte Belastung zur Wehr zu setzen. Dieser Umstand gebietet umso mehr eine entscheidungsneutrale Besteuerung, die eine Voraussetzung für eine gleichmäßige Besteuerung darstellt.[578] Aufgrund der Kausalität der Entscheidungsneutralität für eine gleichmäßige Besteuerung ist der Neutralitätsgrundsatz als Subprinzip des Leistungsfähigkeitsprinzips anzusehen. Das Leistungsfähigkeitsprinzip impliziert somit das Neutralitätsprinzip, da letzteres der Erreichung der Zielsetzung der gleichheitsrechtlich gebotenen gleichmäßigen Besteuerung des Endverbrauchers dient.[579] Umgekehrt kann fest-

---

[576] BGH, Urteil v. 20.02.2019, VIII ZR 115/18, BGHZ 221, S. 145, Rn. 25; BGH, Urteil v. 24.02.1988, VIII ZR 64/87, BGHZ 103, S. 284.

[577] Ausführlich hierzu *Kirchhof*, in: Trzaskalik, DStJG Band 18, 1995, S. 27–30; *Kirchhof*, UR 2002, S. 547 f; *Hidien*, UR 2020, S. 252.

[578] Vgl. *Moes*, Steuerfreiheit Existenzminimum, 2011, S. 101, zur Vereinbarkeit des Grundsatzes der Entscheidungsneutralität mit dem verfassungsrechtlichen Gebot der Belastungsgleichheit.

[579] *Selmer*, AöR 1976, S. 452, sieht das Prinzip der Wettbewerbsneutralität im allgemeinen Gleichheitssatz des Art. 3 Abs. 1 GG verankert; *Tipke*, Steuerrechtsordnung Bd. II, 2003, S. 1006, legt in Fn. 127 dar, dass sich eine Verwirklichung des Leistungsfähigkeitsprinzips und

gestellt werden, dass eine Orientierung am Verbrauchsteuerprinzip auch eine neutrale Besteuerung gewährleistet, weil selbige für die Zielerreichung des Verbrauchsteuerprinzips erforderlich ist.[580]

c) Fazit

Auch wenn die Umsatzsteuer als indirekte, proportionale Verbrauchsteuer keine direkte progressive Belastung des Verbrauchs erreichen[581] und nicht an persönliche Merkmale des Verbrauchers anknüpfen kann, muss sie dennoch durch das Leistungsfähigkeitsprinzip gerechtfertigt werden können.[582] Eine präzise Verteilung der steuerlichen Lasten ist aufgrund der Anonymität der Verbraucher jedoch nicht möglich, deshalb wird die wirtschaftliche Leistungsfähigkeit aufgrund der für den Konsum aufgewendeten Mittel unterstellt.[583] Aufgrund der Erhebungsform der Mehrwertsteuer fallen Steuerpflichtiger und Steuerdestinatar auseinander, weshalb der intendierte Belastungserfolg auf das Gelingen der Überwälzung der Steuer auf den Endverbraucher angewiesen ist. Eine möglichst gleichmäßige Belastung des Endverbrauchers setzt, wie dargelegt, eine entscheidungsneutrale Besteuerung voraus.[584] Die Entscheidungsneutralität ist daher als notwendige Bedingung geeignet, die Zielsetzung der Besteuerung der Konsumleistungsfähigkeit des Verbrauchers zu erreichen. Sie stellt jedoch keine hinreichende Bedingung dar, da zur Verwirklichung des Leistungsfähigkeitsprinzips weitere Voraussetzungen erfüllt sein müssen. Ausgehend vom in Kapitel 1 definierten Systembegriff stellt das Neutralitätsprinzip daher kein eigenständiges Besteuerungsprinzip dar, sondern dient als Subprinzips des Leistungsfähigkeits-

---

die Wettbewerbsneutralität miteinander vereinbaren lassen. *Englisch,* Wettbewerbsgleichheit, 2012, S. 563, 632, geht davon aus, dass das Prinzip der Besteuerung nach der Konsumleistungsfähigkeit die Wettbewerbsneutralität garantiere. Dies muss wohl dergestalt verstanden werden, dass die Achtung des Leistungsfähigkeitsprinzips in seiner Ausprägung der Konsumleistungsfähigkeit des Verbrauchers auch eine wettbewerbsneutrale Besteuerung umfasst und sich daher kein Widerspruch in den Zielsetzungen von Neutralitäts- und Leistungsfähigkeitsprinzip ergibt.

580 Vgl. *Reiß*, in: Lang, Festschrift Tipke, 1995, S. 440; *Englisch,* Wettbewerbsgleichheit, 2012, S. 632; *Zirkl,* Die Neutralität der Umsatzsteuer, 2015, S. 176; *Englisch*, in: Tipke/Lang, Steuerrecht, 2020, S. 1054, § 17 Rn. 17.25.

581 Vgl. *Homburg,* Allgemeine Steuerlehre, 2015, S. 121; siehe Kapitel 3: D. II. 2. b) aa).

582 Vgl. *Schaumburg*, in: Kirchhof/Dürrschmidt, Festschrift Reiss, 2008, S. 32. Hierfür spricht auch das Erfordernis, dass die Gesamtbesteuerung in sich stimmig sein muss, vgl. *Haller*, in: Neumark, Handbuch der Finanzwissenschaft Bd. 2, 1980, S. 187.

583 Vgl. *Söhn,* StuW 1975, S. 4; BVerfG, Urteil v. 07.05.1998, 2 BvR 1991/95, 2 BvR 2004/95, Vermutete Leistungsfähigkeit des Verbrauchers, BVerfGE 98, S. 106–134; *Hey*, in: Tipke/Lang, Steuerrecht, 2020, S. 85, § 3 Rn. 3.43; *Schaumburg*, in: Kirchhof/Dürrschmidt, Festschrift Reiss, 2008, S. 32.

584 Vgl. *Moes*, Steuerfreiheit Existenzminimum, 2011, S. 93.

prinzips dessen Zielverwirklichung. Das derzeit geltende Recht, d. h. die Vorgaben der MwStSystRL und das UStG, steht nicht im Einklang mit einer entscheidungsneutralen Besteuerung. Insbesondere Tarifdifferenzierungen[585] und unechte Steuerbefreiungen[586] führen zu ungleichen Überwälzungschancen und damit zu einer ungleichmäßigen Steuerbelastung der Verbraucher.

3. *Territoriale Zuordnung des Besteuerungsrechts*

a) Anforderungen und Anknüpfungspunkte

Die territoriale Zuordnung des Besteuerungsrechts hat verschiedene Anforderungen zu erfüllen. Vornehmlich muss es die Besteuerungshoheiten idealerweise dergestalt abgrenzen, dass sich im internationalen Leistungsverkehr keine Doppelbesteuerungen und keine Besteuerungslücken ergeben. Dabei sind ebenso die Neutralität der Besteuerung und das Verbrauchsteuerprinzip zu wahren.

Während im Ertragsteuerrecht der Besteuerungszugriff eines Staates durch die Ansässigkeit des Steuerpflichtigen oder die Herkunft der Einkünfte (Quellenprinzip) legitimiert und somit auf persönliche oder auf objektive Merkmale abgestellt wird,[587] zielt die Mehrwertsteuer lediglich auf objektive Merkmale ab, indem sie den Ort der Herkunft (Ursprungslandprinzip) oder den Ort des Verbrauchs (Bestimmungslandprinzip[588]) des jeweiligen Guts im Fokus hat.[589] Erfolgt die Besteuerung nach dem Ursprungslandprinzip, besteuert der Staat den Vorgang, aus dem die Ware oder Dienstleistung stammt.[590] Maßgebend ist hierbei das Territorium, in dem die Leistung erschaffen wurde (wertschöpfungsbezogene Betrachtung).[591] Erfolgt die Besteuerung hingegen nach dem Bestimmungslandprinzip, besteuert der Staat den Vorgang, in dem die Leistung verbraucht wird (konsumorientierte Betrachtung).[592] Letztere Form der Besteuerung entspricht dem Verbrauchsteuergedanken, da intendiertes Belastungsziel der Besteuerung der Konsum ist.[593]

---

585 Siehe Kapitel 4: A. III. 1. a).
586 Siehe Kapitel 4: A. III. 1. c).
587 Vgl. OECD, Model tax convention on income, 2017, S. 17.
588 Vgl. zur Definition *Cyran*, Steuerpolitik, 2001, S. 23; Grambeck, NWB 2017, S. 2515.
589 Vgl. *Englisch*, in: Seer, DStJG Band 32, 2009, S. 167.
590 Vgl. *Lippross*, Umsatzsteuer, 2022, S. 52; *Englisch*, in: Seer, DStJG Band 32, 2009, S. 167; *Homburg*, Allgemeine Steuerlehre, 2015, S. 324.
591 Vgl. OECD, Internationale Leitlinien für die Mehrwertbesteuerung, 2017, S. 20.
592 Vgl. *Englisch*, in: Tipke/Lang, Steuerrecht, 2020, S. 1224, § 17 Rn. 17.393; *Gröpl*, in: Ludwigs, Handbuch des EU-Wirtschaftsrechts, 2014, J. Steuerrecht, Rn. 397.
593 Vgl. *Reiß*, in: Lang, Festschrift Tipke, 1995, S. 441.

Beim Bestimmungslandprinzip werden Exporte im Ursprungsland von der Besteuerung freigestellt und Importe besteuert.[594] Das Grundprinzip, wonach im Ursprungsland keine Steuer anfällt und im Bestimmungsland eine Besteuerung erfolgt, gilt auch für Dienstleistungen, auch wenn sich die technischen Methoden zur Verwirklichung des Bestimmungslandprinzips unterscheiden.[595] Ungeachtet, aus welchem Staat die Leistung stammt, wird sie mit der Steuer des Bestimmungslands belastet.[596]

Im Unterschied dazu wird die Leistung beim Ursprungslandprinzip, ganz gleich wo der Verbrauch stattfindet, mit der Steuer des Ursprungslands belastet.[597] Folglich sind Exporte zu belasten und Importe nicht zu besteuern. Demnach stellt das Bestimmungslandprinzip die in einem Staat miteinander in Wettbewerb stehenden Unternehmer gleich, während das Ursprungslandprinzip alle Verbraucher, unabhängig vom Ort des Verbrauchs, gleichstellt.[598] International hat sich das Bestimmungslandprinzip durchgesetzt.[599] Fraglich ist, welche ökonomischen Unterschiede zwischen einer Besteuerung nach dem Ursprungslandprinzip gegenüber einer Besteuerung nach dem Bestimmungslandprinzip bestehen.

b) Analyse aus dem Blickwinkel der Entscheidungsneutralität und des Verbrauchsteuerprinzips

Beim Bestimmungslandprinzip hat der Staat des Verbrauchs, d. h. der Staat, in dem die Leistung vom Verbraucher konsumiert wird, das Besteuerungsrecht. Für die Wahlmöglichkeiten des Verbrauchers bedeutet dies, dass die Steuerbelastung für die Wahl des Guts nicht entscheidend sein kann, da die Güter, unabhängig woher sie stammen, mit dem Steuersatz des Bestimmungslands belastet werden. Somit gewährleistet das Bestimmungslandprinzip eine entscheidungsneutrale Besteuerung aus Sicht der Verbraucher. Aus dem Blickwinkel der Unternehmer hat das Bestimmungslandprinzip keine Auswirkung auf die Wahl des Standorts, da dieser für die Höhe der Mehrwertsteuer unbedeutend ist. Mithin ist auch die Entscheidungsneutralität der Unternehmer gewahrt.

[594] *Kirchhof*, in: Isensee/Kirchhof, Handbuch des Staatsrechts, 2003, S. 1069; vgl. *Schaumburg*, in: Kirchhof/Dürrschmidt, Festschrift Reiss, 2008, S. 34. Die Freistellung einer zu exportierenden Ware von Zöllen und Steuern, die für gleichartige inländische Waren anfallen, stellt keine Subvention dar: Übereinkommen zur Errichtung der Welthandelsorganisation (WTO) vom 23.12.1994, ABl. Nr. L 336, S. 156, dort Fn. 1.

[595] Vgl. OECD, Internationale Leitlinien für die Mehrwertbesteuerung, 2017, S. 22.

[596] Vgl. *Blankart*, Öffentliche Finanzen in der Demokratie, 2017, S. 234.

[597] Vgl. *Blankart*, Öffentliche Finanzen in der Demokratie, 2017, S. 234.

[598] Vgl. OECD, Internationale Leitlinien für die Mehrwertbesteuerung, 2017, S. 20.

[599] Vgl. OECD, Internationale Leitlinien für die Mehrwertbesteuerung, 2017, S. 20.

Wird die Mehrwertsteuer nach dem Ursprungslandprinzip erhoben, wird die Überwälzung der Steuer auf den Verbraucher hingegen durch den Steuerwettbewerb zwischen den Staaten beeinflusst.[600] Ein in einem Land (A) mit einem hohen Mehrwertsteuersatz ansässiger Unternehmer steht im Wettbewerb mit Unternehmern, die in Land (B) mit niedrigerem Mehrwertsteuersatz ansässig sind. Für die Wahlmöglichkeiten des Verbrauchers bedeutet dies, dass sich aufgrund der unterschiedlichen Steuersätze die relative Steuerbelastung der Güter aus Land A und B unterscheiden. Entsprechen sich die Nettopreise der Güter aus Land A und B und sind die Produkte im Übrigen gleichartig, wird der Verbraucher geneigt sein, das Gut mit der niedrigeren Steuerbelastung zu wählen. In der Folge wird der im Hochsteuerland A ansässige Unternehmer nur begrenzt in der Lage sein, die Steuer auf die Verbraucher überzuwälzen, da er, um wettbewerbsfähig zu bleiben, gezwungen sein wird, seinen Nettopreis wegen des höheren Steuersatzes seines Ansässigkeitsstaats zu senken. Aufgrund der verschlechterten Überwälzungschancen widerspricht das Ursprungslandprinzip dem Charakter der Mehrwertsteuer als Verbrauchsteuer[601] Der niedrigere Nettopreis könnte sich in einer niedrigeren Marge des Unternehmers im Hochsteuerland A niederschlagen. Auf längere Zeit gesehen wird der Unternehmer jedoch versuchen, die Steuerbelastung auf die inländischen Arbeitnehmer rückzuwälzen. Im Ergebnis ist folglich nicht der Unternehmer, sondern sind seine inländischen Arbeitnehmer mit der Steuer belastet. Auf Dauer würde diese Belastung der Arbeitnehmer zu einer Abwanderung der Arbeitnehmer aus dem Hochsteuerland A und somit als Gegeneffekt zu einer Angleichung der Steuersätze der Staaten führen.[602] Entsprechen sich die Steuersätze von Land A und Land B, wird die Steuerbelastung für den Verbraucher kein Entscheidungskriterium mehr für oder gegen ein Gut sein. Nach diesem theoretischen Modell ergäbe sich auf lange Sicht unter der Prämisse, dass es tatsächlich zu einer Angleichung der Steuersätze kommt, kein Unterschied zwischen Ursprungs- und Bestimmungslandprinzip.[603]

Vor dem Hintergrund des Belastungsziels der Mehrwertsteuer führt das Ursprungslandprinzip dennoch zu unbefriedigenden Ergebnissen. Weder der Unternehmer noch der Arbeitnehmer des Hochsteuerlands A sollen die Mehrwertsteuer tragen, Belastungsziel ist der Verbraucher. Unter Beachtung der Zielset-

---

[600] Vgl. *Cansier,* Finanzwissenschaftliche Steuerlehre, 2004, S. 211; *Homburg,* Allgemeine Steuerlehre, 2015, S. 323.

[601] Vgl. *Englisch,* in: Seer, DStJG Band 32, 2009, S. 170.

[602] Vgl. *Homburg,* Allgemeine Steuerlehre, 2015, S. 325.

[603] *Homburg,* Allgemeine Steuerlehre, 2015, S. 325, schränkt dieses Ergebnis jedoch mit dem Hinweis ein, dass es nur dann gelte, wenn der Nettolohn das einzige Entscheidungskriterium der Arbeitnehmer wäre. Tatsächlich sind auch andere Faktoren wie die Ertragsbesteuerung, das Sozialversicherungssystem und andere nichtmonetäre Präferenzen für die Wahl des Wohnsitzes ausschlaggebend.

zung der Mehrwertsteuer als allgemeine Verbrauchsteuer ist eine bereits in sich möglichst wettbewerbsneutrale Mehrwertbesteuerung anzustreben.[604] Möglichst effizient ist die Mehrwertbesteuerung dann, wenn keine – auch keine vorübergehenden und sich durch andere Faktoren ausgleichenden – wettbewerbsverzerrenden Effekte durch die Besteuerung ausgelöst werden. Dieses Ziel wird verfehlt, wenn die Wettbewerbsneutralität zwar durch andere Faktoren erreicht wird, weil dies nichts daran ändert, dass die steuerliche Belastung gleicher bzw. vergleichbarer wirtschaftlicher Vorgänge unterschiedlich hoch ausfällt und somit eine ungleiche steuerliche Belastung der Verbraucher zur Folge hat.[605] Das Bestimmungslandprinzip entspricht dem Verbrauchsteuercharakter der Umsatzsteuer, indem es sicherstellt, dass das vom Verbraucher für den Konsum aufgewendete Entgelt im Territorium des Konsums gleichmäßig der Besteuerung unterworfen wird.[606] Da das Bestimmungslandprinzip sowohl die Anforderungen an eine entscheidungs- und somit wettbewerbsneutrale als auch an eine gleichmäßige Besteuerung erfüllt, wird auch hierin die Konvergenz der Zielsetzungen der Neutralität der Besteuerung und des Leistungsfähigkeitsprinzips in seiner Ausprägungsform der Konsumleistungsfähigkeit des Verbrauchers deutlich.

E. Erfordernis der verfassungsmäßigen Verankerung des Neutralitätsprinzips

I. Ursache im Systemdenken und praktische Notwendigkeit

Der EuGH hat bislang keine konsequente Orientierung am Verbrauchsteuerprinzip vorgenommen und lediglich die Wettbewerbsneutralität, soweit diese auf der Gleichbehandlung der in Wettbewerb stehenden Unternehmer beruhe, auf den allgemeinen Gleichheitssatz zurückgeführt.[607] Im vorhergehenden Abschnitt

---

[604] *Reiß*, in: Lang, Festschrift Tipke, 1995, S. 445, schließt das Ursprungslandprinzip aufgrund der primärrechtlichen Vorgaben zur Wettbewerbsneutralität vor dem Hintergrund aus, dass das Wettbewerbsverhältnis von Beginn an nicht gestört werden dürfe.

[605] Vgl. *Reiß*, in: Lang, Festschrift Tipke, 1995, S. 445.

[606] Vgl. *Schaumburg*, in: Kirchhof/Dürrschmidt, Festschrift Reiss, 2008, S. 34; *Tumpel*, in: Seer, DStJG Band 32, 2009, S. 64; *Englisch*, in: Seer, DStJG Band 32, 2009, S. 169; OECD, Internationale Leitlinien für die Mehrwertbesteuerung, 2017, S. 21.

[607] Siehe Kapitel 3: A. III. Vgl. *Moes*, Steuerfreiheit Existenzminimum, 2011, S. 27, dazu, dass sich aus dem Wortlaut des Grundgesetzes keine unmittelbaren Besteuerungsprinzipien ergeben und es daher Aufgabe der Verfassungsrichterinnen und Verfassungsrichter ist, aus der Fülle der ihnen von der Wissenschaft angebotenen normativen Aussagen verfassungsrechtliche Besteue-

wurde dargelegt, dass das Neutralitätsprinzip als Subprinzip des Leistungsfähigkeitsprinzips in seiner Ausprägungsform der Konsumleistungsfähigkeit anzusehen und somit mittelbar auf den allgemeinen Gleichheitssatz zurückzuführen ist. Folgt man dieser am Systemdenken orientierten Auffassung, so ist sie bei der Rechtsanwendung[608] und der Rechtssetzung entsprechend zu berücksichtigen.

Neutralitätsverstöße bedürfen, auch wenn sie im Sekundärrecht angelegt sind, einer Rechtfertigung, da sie eine Verletzung des allgemeinen Gleichheitssatzes darstellen.[609] Daran kann der lediglich sekundärrechtliche Rang der entsprechenden Norm nichts ändern.[610] Würde einer Norm, die auf den allgemeinen Gleichheitssatz zurückzuführen ist und diesen lediglich konkretisiert, aufgrund ihres sekundärrechtlichen, einfachgesetzlichen Ranges abgesprochen, zugleich den Gesetzgeber beim Erlass weiterer Normen zu binden, so bestünde hierin gleichermaßen eine Entwertung des allgemeinen Gleichheitssatzes und nicht lediglich seiner sekundärrechtlichen Konkretisierung. Ursächlich hierfür ist, dass der konkretisierenden Norm der Rechtsgedanke des darüberstehenden Prinzips inhärent ist.

Bei der Rechtssetzung ist der Gesetzgeber aufgrund der Grundrechtsbindung gehalten, seine Normen folgerichtig und widerspruchsfrei an den übergeordneten

rungsprinzipien zu entwickeln. Dies gilt entsprechend im harmonisierten Mehrwertsteuerrecht für den EuGH.

[608] Vgl. *Beker*, Steuerrecht u. Wirtschaftsordnung, 1978, S. 27, zur Berücksichtigung eines allgemein anerkannten Instituts bei der Auslegung des Gesetzes.

[609] Vgl. *Englisch*, in: Tipke/Lang, Steuerrecht, 2020, S. 1054, § 17 Rn. 17.25, der diese Thematik am Beispiel des Vorsteuerabzugsverbots im Zusammenhang mit unecht steuerbefreiten Ausgangsleistungen verdeutlicht. Insoweit wird der Unternehmer mit dem Endverbraucher gleichgestellt, was nicht der Zielsetzung der Mehrwertsteuer als allgemeine Verbrauchsteuer entspricht. Anstatt von einer rechtfertigungsbedürftigen Einschränkung des Neutralitätsprinzips, des Verbrauchsteuerprinzips (und m. E. letztlich auch des allgemeinen Gleichheitssatzes) auszugehen, sieht der EuGH in sekundärrechtlichen Beschränkungen bereits inhärente Beschränkungen des Neutralitätsprinzips, die somit keiner Rechtfertigung mehr bedürfen. *Zirkl,* Die Neutralität der Umsatzsteuer, 2015, S. 287, hält Einschränkungen des Neutralitätsgrundsatzes als Ausprägung des Gleichheitssatzes ebenfalls für rechtfertigungsbedürftig, sie seien am Maßstab des Art. 20 EU-GR-Charta zu bewerten: Dementsprechend sind Einschränkungen dann gerechtfertigt, wenn sie in verhältnismäßiger Weise rechtlich zulässige Ziele verfolgen.

[610] A. A. *Kokott,* Steuerrecht der Europäischen Union, 2018, § 3 Rn. 14, die darlegt, der EuGH gestehe es dem Unionsgesetzgeber zu, die Situation von zwei Gruppen als nicht vergleichbar zu erachten bzw. eine Ungleichbehandlung ausdrücklich vorzusehen. In diesem Fall läge bei einer richtlinienkonformen Umsetzung durch den nationalen Gesetzgeber auch kein Verstoß gegen den Grundsatz der steuerlichen Neutralität vor. Im Umkehrschluss bedeutet dies auch, dass es der Unionsgesetzgeber vorsehen kann, zwei Gruppen als vergleichbar zu erachten und gleich zu behandeln, ohne dass dies einer Rechtfertigung bedarf.

Grundwertungen und Prinzipien zu entwickeln.[611] Es besteht mithin kein Raum für ungerechtfertigte Systembrüche. Auch bei Wertungswidersprüchen kann sich der Gerichtshof nicht darauf berufen, diese beruhten auf der Anordnung des Gesetzgebers, dessen Autorität er nicht in Frage stellen dürfe.[612] Vielmehr ist die Rechtfertigung des Systembruchs zu prüfen und bei fehlender oder mangelhafter Rechtfertigung die entsprechende Norm als verfassungswidrig zu verwerfen.[613]

Neben dieser auf dem Gebot der Folgerichtigkeit beruhenden Begründung ist auch auf einen praktischen Aspekt hinzuweisen, der sich auf die Realisierbarkeit von Reformen im Rahmen der Möglichkeiten des Art. 113 AEUV bezieht. Art. 113 AEUV legt fest, dass der Rat der Europäischen Union (Rat) gemäß einem besonderen Gesetzgebungsverfahren nach Anhörung des Parlaments und des Wirtschafts- und Sozialausschusses einstimmig Bestimmungen über die Mehrwertsteuer erlassen muss. Die praktische Schwierigkeit besteht im Einstimmigkeitserfordernis[614] des Rates, das bei Änderungen z. B. der MwStSystRL obligatorisch ist. Der Rat setzt sich gemäß Art. 16 Abs. 2 EUV aus je einem Vertreter jedes Mitgliedstaats auf Ministerebene zusammen, der befugt ist, für die Regierung des von ihm vertretenen Mitgliedstaats verbindlich zu handeln und das Stimmrecht auszuüben. Somit sind die Ratsmitglieder an die Vorgaben der Regierungen der insgesamt 27 Staaten gebunden, von denen sie entsandt wurden. Losgelöst von einem „Auftrag“ des EuGH an den Unionsgesetzgeber, Normen des Sekundärrechts aufgrund ihrer Unvereinbarkeit mit dem allgemeinen Gleichheitssatz des Art. 20 EU-GR-Charta neu zu fassen, besteht folgende Gefahr: Reformen könnten aufgrund von Partikularinteressen der Mitgliedstaaten bereits am ‚Nein‘ eines einzelnen Staates scheitern, während im Fall der Unver-

[611] *Canaris,* Systemdenken und Systembegriff, 1983, S. 16, sehr eingängig zum Gebot der Folgerichtigkeit: „der Gesetzgeber wie der Richter sind gehalten, einmal getroffene Wertungen ‚konsequent‘ wieder aufzunehmen, sie bis in alle Einzelfolgerungen ‚zu Ende zu denken‘ und sie nur sinnvoll, d. h. aus sachlichem Anlaß zu durchbrechen, — mit anderen Worten: folgerichtig zu verfahren“.

[612] In diesem Sinne jedoch *Kokott,* Steuerrecht der Europäischen Union, 2018, § 3 Rn. 14.

[613] Vgl. *Canaris,* Systemdenken und Systembegriff, 1983, S. 124 f; *Englisch*, in: Tipke, Festschrift Lang, 2011, S. 200.

[614] *Waldhoff*, in: Calliess/Ruffert, EUV/AEUV, 2022, Art. 113 AEUV Rn. 5, führt dies auf den Souveränitätsvorbehalt der Mitgliedstaaten zurück, die weiterhin entgegen den von der Kommission geäußerten gegenteiligen Wünschen, daran festhalten. Die in Art. 48 Abs. 7 EUV vorgesehene Möglichkeit, vom Einstimmigkeits- zum qualifizierten Mehrheitserfordernis im Rahmen eines vereinfachten Vertragsänderungsverfahrens überzugehen, war bislang nicht mehrheitsfähig. Vgl. *Seiler*, in: Nettesheim, Das Recht der Europäischen Union, 2023, Art. 113 AEUV Rn. 31.

einbarkeit aufgrund von potenziell drohenden Steuerausfällen der notwendige Druck, einen Konsens zu erzielen, gegeben sein dürfte.[615]

II. Grundrechte und Grundrechtsquellen auf Ebene der Europäischen Union

Seit dem Inkrafttreten der Charta der Grundrechte der Europäischen Union am 1.12.2009 stellt sie verbindliches Primärrecht dar.[616] Dabei bekräftigt sie die Grundrechte, die durch die Europäische Konvention zum Schutz der Menschenrechte und Grundfreiheiten garantiert werden und die sich aus den gemeinsamen Verfassungsüberlieferungen der Mitgliedstaaten ergeben.[617] Zuvor hatte der EuGH die Gemeinschaftsgrundrechte, nun Unionsgrundrechte, aus den vorgenannten Rechtserkenntnisquellen entwickelt, um ein Ausweichen auf nationalen Grundrechtsschutz zu verhindern, mit dem Ziel einen einheitlichen Grundrechtsschutz zu gewährleisten.[618] Dies war aufgrund der unmittelbaren Geltung und des Vorrangs des Gemeinschaftsrechts, nun Unionsrechts, erforderlich. Der EuGH widersprach damit dem Ansinnen, dass mitgliedstaatliche Grundrechte gegenüber den unmittelbar geltenden Akten der Gemeinschaft Wirkung entfalten, da dies einer einheitlichen Geltung des Gemeinschaftsrechts abträglich sei.[619]

III. Rangverhältnis zwischen Unionsgrundrechten und nationalen Grundrechten

Das Mehrwertsteuerrecht der Mitgliedstaaten ist durch die MwStSystRL geprägt und räumt diesen, aufgrund der sehr detaillierten Richtlinienvorgaben nur wenige Umsetzungsspielräume ein. Angesichts des Vorrangs des Unionsrechts und der Existenz von Grundrechten sowohl auf Ebene der Union als auch auf Ebene der Mitgliedstaaten ist das Verhältnis von nationalem und unionalem Grundrechtsschutz näher zu betrachten. Grundlegend für den Anwendungsbereich der in der EU-GR-Charta niedergelegten Rechte ist Art. 51 EU-GR-Charta, der den Anwendungsbereich auf die Durchführung des Rechts der Union beschränkt.

---

[615] Vgl. *Englisch*, in: Schaumburg/Englisch et al., Europäisches Steuerrecht, 2020, S. 505, Rn. 12.23.
[616] Art. 6 EUV; Bekanntmachung v. 13.11.2009 über das Inkrafttreten des Vertrags von Lissabon, BGBl II 2009, S. 1223–1224.
[617] Erklärung zur Charta der Grundrechte der Europäischen Union, ABl. 2012, C 326.
[618] Vgl. *Streinz,* Europarecht, 2016, S. 274, § 10 Rn. 754.
[619] Vgl. *Kingreen*, in: Calliess/Ruffert, EUV/AEUV, 2022, Art. 51 GRCh Rn. 5.

Unter „Recht der Union“ sind das Primärrecht, das Sekundärrecht und aus dem Sekundärrecht abgeleitete Rechtsakte (sog. Tertiärrecht) zu verstehen.[620]

1. Grundsätzlicher Anwendungsvorrang des unionsrechtlichen Grundrechtsschutzes im Mehrwertsteuerrecht

Der Anwendungsbereich der EU-GR-Charta bindet die Mitgliedstaaten ausschließlich bei der Durchführung des Rechts der Union.[621] Da die nationalen Vorschriften zum Mehrwertsteuerrecht auf der MwStSystRL beruhen und deren Umsetzung dienen, ist ein hinreichender Zusammenhang des nationalen Rechts mit dem Unionsrecht gegeben.[622] Die nationalen Umsetzungsakte dienen der Durchführung von Unionsrecht, da sie dessen Geltung gegenüber dem Einzelnen – über die unmittelbare Anwendbarkeit von Richtlinienbestimmungen hinaus – erst eröffnen. Somit erstreckt sich der Anwendungsbereich der EU-GR-Charta auch auf die nationalen Umsetzungsakte. Ursächlich hierfür ist, dass die grundrechtliche Bindung nicht durch die mitgliedstaatliche Fortführung der Unionsgewalt unterbrochen werden soll. Die EU-Grundrechte beschränken sich im Hinblick auf die Bindung der Mitgliedstaaten daher darauf, dass sie insoweit unionsrechtlichen Grundrechtsschutz gewährleisten, als dies die Sicherstellung einer einheitlichen Anwendung von unionsrechtlichen Vorgaben erfordert.[623]

Hinsichtlich der Frage, ob die Unionsgrundrechte auch dann gelten, wenn die Richtlinie den Mitgliedstaaten einen Umsetzungsspielraum einräumt, gibt es unterschiedliche Auffassungen. Der EuGH legt den Anwendungsbereich der Unionsgrundrechte sehr weit aus. Er geht davon aus, wenn eine nationale Norm in den Geltungsbereich des Unionsrechts fällt, dies zwangsläufig den Anwendungsbereich der Unionsgrundrechte eröffnet. Es könne folglich keine Fallgestaltung denkbar sein, die vom Unionsrecht erfasst werde, ohne jedoch gleichzeitig unter den Anwendungsbereich der durch die Charta garantierten Grundrechte zu fallen.[624] Etwas einschränkend äußert sich der Gerichtshof in der Rs. Siragusa.

---

[620] Vgl. *Jarass,* Charta der Grundrechte der Europäischen Union, 2021, Art. 51 Rn. 21.

[621] Art. 51 Abs. 1 S. 1 EU-GR-Charta.

[622] Vgl. *Jarass,* Charta der Grundrechte der Europäischen Union, 2021, Art. 51 Rn. 23, nach dem ein hinreichender Zusammenhang vorliegt, wenn die Aktivität der Mitgliedstaaten zu einer Anwendung des Unionsrechts führt. EuGH, Urteil v. 17.07.2008, C-132/06, Kommission / Italien, Slg. 2008, I-5457, Rn. 37; EuGH, Urteil v. 26.02.2013, C-617/10, Åkerberg Fransson, ECLI:EU:C:2013:105, Rn. 25.

[623] Vgl. *Schwerdtfeger*, in: Meyer/Hölscheidt, Charta der Grundrechte der EU, 2019, Rn. 36.

[624] EuGH, Urteil v. 26.02.2013, C-617/10, Åkerberg Fransson, ECLI:EU:C:2013:105, Rn. 21. In der vorgenannten Entscheidung hat es dem EuGH für den Anwendungsbereich der Unionsgrundrechte ausgereicht, dass eine Sanktionsnorm einen Verstoß gegen die Bestimmungen der MwStSystRL ahndet. Dabei hat er es für unerheblich gehalten, dass die Sanktionsnorm selbst nicht zur Umsetzung der MwStSystRL erlassen wurde (siehe Rn. 27).

Der Begriff „Durchführung des Rechts der Union“ verlange einen hinreichenden Zusammenhang von einem gewissen Grad, der darüber hinausgehe, dass die fraglichen Sachbereiche benachbart seien oder der eine von ihnen mittelbare Auswirkungen auf den anderen haben könne.[625] Dabei stellt er darauf ab, ob die nationale Regelung bezweckt, Ziele des Unionsrechts zu verfolgen. Darin ist jedoch keine Einschränkung der Aussagen in der Rs. Åkerberg Fransson zu sehen, da die dort in Rede stehende nationale Norm Verstöße gegen das Unionsrecht sanktioniert hat.[626] Das BVerfG geht hingegen mit ausdrücklichem Bezug auf die Entscheidung des EuGH in der Rs. Åkerberg Fransson dennoch davon aus, dass nicht jeder sachliche Bezug einer Regelung zum bloß abstrakten Anwendungsbereich des Unionsrechts oder rein tatsächliche Auswirkungen auf dieses ausreiche, um zu einer Bindung der Mitgliedstaaten an die Unionsgrundrechte zu führen.[627]

Soweit die Richtlinie dem nationalen Gesetzgeber einen Umsetzungsspielraum einräumt, der vom nationalen Gesetzgeber ausgenutzt wurde, geht das BVerfG davon aus, dass insoweit der nationale Grundrechtsschutz des GG Anwendung finde.[628] Der Grundrechtsschutz des GG verdrängt nach Auffassung des BVerfG in diesem Fall den Anwendungsbereich der Unionsgrundrechte.[629] Als Begründung führt das BVerfG an, dass dort, wo den Mitgliedstaaten Gestaltungsspielraum eingeräumt wurde, keine Einheitlichkeit des Grundrechtsschutzes erforderlich sei und dieser Gestaltungsspielraum auch den Grundrechtsschutz umfasse. In diesem Fall sei ein auf Vielfalt gerichtetes grundrechtliches Schutzniveau des Unionsrechts durch die Anwendung der Grundrechte des GG mitgewährleistet.[630] Davon abweichend wird in der Literatur ebenso die Auffassung vertreten, dass auch für den Fall der Ausnutzung von Umsetzungsspielräumen die Unionsgrundrechte Anwendung finden.[631] Daneben gibt es die Vorstellung, dass im Falle eines Umsetzungsspielraums die nationalen Grundrechte und die Unionsgrundrechte nebeneinander Anwendung finden.[632] Aufgrund des ohnehin sehr hohen Detailgrads der Vorgaben der MwStSystRL ist eine vertiefte Erörte-

---

[625] EuGH, Urteil v. 06.03.2014, C-206/13, Siragusa, ECLI:EU:C:2014:126, Rn. 24.

[626] EuGH, Urteil v. 06.03.2014, C-206/13, Siragusa, ECLI:EU:C:2014:126, Rn. 21.

[627] BVerfG, Urteil v. 24.04.2013, 1 BvR 1215/07, Antiterrordatei, BVerfGE 133, S. 277, Rn. 91.

[628] BVerfG, Einstweilige Anordnung v. 11.03.2008, 1 BvR 256/08, Vorratsdatenspeicherung I, BVerfGE 121, S 1, Rn. 135; BVerfG, Urteil v. 02.03.2010, 1 BvR 256/08, 1 BvR 263/08, 1 BvR 586/08, Vorratsdatenspeicherung II, BVerfGE 125, S. 260, Rn. 182; BVerfG, Beschluss v. 06.11.2019, 1 BvR 16/13, Recht auf Vergessen I, BVerfGE 152, S. 152, Rn. 42 u. 43.

[629] *Schwerdtfeger*, in: Meyer/Hölscheidt, Charta der Grundrechte der EU, 2019, Rn. 43 m. w. N.

[630] BVerfG, Beschluss v. 06.11.2019, 1 BvR 16/13, Recht auf Vergessen I, BVerfGE 152, 152, Rn. 49 u. 50.

[631] *Ladenburger/Vondung*, in: Stern/Sachs, Europäische Grundrechte-Charta, 2016, Art. 51 GRCh Rn. 45; *Hatje*, in: Schwarze et al., EU-Kommentar, 2019, Art. 51 GRCh Rn. 19.

[632] *Kingreen*, in: Calliess/Ruffert, EUV/AEUV, 2022, Art. 51 Rn. 12 m. w. N.

rung dieser Thematik im Rahmen dieser Arbeit nicht zielführend, denn viele Neutralitätsverletzungen wurzeln bereits in der Richtlinienvorgabe.

2. *Gewährleistung eines gleichwertigen Grundrechtsschutzes durch die Unionsgrundrechte*

Von größerer Bedeutung ist hingegen die Frage, ob der Grundrechtsschutz der Unionsgrundrechte qualitativ dem Grundrechtsschutz des GG entspricht.[633] Das BVerfG hat den grundsätzlichen Vorrang der Unionsgrundrechte anerkannt, soweit das nationale Recht zwingende Richtlinienvorgaben umsetzt. Insoweit erfolgt keine Prüfung des nationalen Rechts am Maßstab der Grundrechte des GG, solange die Europäische Union, insbesondere die Rechtsprechung des EuGH, einen wirksamen Schutz der Grundrechte generell gewährleistet. Voraussetzung sei jedoch, dass der gewährleistete Grundrechtsschutz dem Grundrechtsschutz des GG im Wesentlichen entspreche.[634] Die Anforderung an einen im Wesentlichen vergleichbaren Grundrechtsschutz wurde in Art. 23 Abs. 1 S. 1 GG aufgenommen. Dementsprechend sollte ein niedrigeres Grundrechtsniveau auf Unionsebene zur Anwendbarkeit der nationalen Grundrechte führen. Die Hürden hierfür sind jedoch sehr hoch, da das BVerfG lediglich prüft, ob das Grundrechtsniveau des GG generell gewährleistet wird.[635] Dabei legt es dar, dass die Ultra-vires-Kontrolle zurückhaltend und europafreundlich durchzuführen sei. Zudem müsse das BVerfG eine Entscheidung durch den Gerichtshof auch dann respektieren, wenn sich dieser mit gewichtigen Argumenten entgegentreten ließe.[636] Letztlich beschränkt das BVerfG seine Prüfungskompetenz auf eine reine Willkürkontrolle.[637]

---

[633] Vgl. *Hey*, StuW 2005, S. 320–321.

[634] BVerfG, Beschluss v. 22.10.1986, 2 BvR 197/83, Solange II, BVerfGE 73, S. 339; BVerfG, Urteil v. 12.10.1993, 2 BvR 2134/92, 2 BvR 2159/92, Maastricht, BVerfGE 89, S. 155; BVerfG, Einstweilige Anordnung v. 11.03.2008, 1 BvR 256/08, Vorratsdatenspeicherung I, BVerfGE 121, S. 1, Rn. 135; BVerfG, Nichtannahmebeschluss v. 31.05.2007, 1 BvR 1316/04, Schwarzwaldklinik II, HFR 2007, S. 1028, Rn. 47; BVerfG, Urteil v. 02.03.2010, 1 BvR 256/08, 1 BvR 263/08, 1 BvR 586/08, Vorratsdatenspeicherung II, BVerfGE 125, S. 260, Rn. 181; BVerfG, Beschluss v. 06.11.2019, 1 BvR 276/17, Recht auf Vergessen II, BVerfGE 152, S. 216, Rn. 42 u. 47.

[635] *Streinz,* Europarecht, 2016, S. 78, Rn. 248.

[636] BVerfG, Urteil v. 05.05.2020, 2 BvR 859/15, 2 BvR 1651/15, 2 BvR 2006/15, 2 BvR 980/16, PSPP-Programm der EZB, BVerfGE 154, 17, Rn. 112.

[637] BVerfG, Beschluss v. 06.07.2010, 2 BvR 2661/06, Honeywell, BVerfGE 126, S. 286; BVerfG, Urteil v. 21.06.2016, 2 BvE 13/13, 2 BvR 2728/13, 2 BvR 2729/13, 2 BvR 2730/13, 2 BvR 2731/13, OMT-Programm, BVerfGE 142, S. 123, Rn. 149; BVerfG, Urteil v. 05.05.2020, 2 BvR 859/15, 2 BvR 1651/15, 2 BvR 2006/15, 2 BvR 980/16, PSPP-Programm der EZB, BVerfGE 154, S. 17, Rn. 112. Siehe auch *Hey*, StuW 2005, S. 325–326, die darauf hinweist, dass der Grundsatz der Steuergleichheit unionsweit auf Akzeptanz stoßen dürfte, da sich einige

Kritisch äußert sich hierzu *Englisch*, indem er die Frage aufwirft, ob der tatsächliche Grundrechtsschutz durch die Unionsgrundrechte einen adäquaten Ersatz für den verdrängten nationalen Grundrechtsschutz darstellt. Kern seiner Kritik ist die Feststellung, dass die Grundrechte der Union zwar auf dem Papier ebenso umfassende Rechte wie die Grundrechte des GG verbürgen, aber der tatsächliche Grundrechtsschutz hinter den vom BVerfG entwickelten Standards zurückbleibt.[638] Daran schließt seine Forderung an, den allgemeinen Gleichheitssatz des Art. 20 EU-GR-Charta entsprechend steuerspezifisch zu konkretisieren und die Besteuerung folgerichtig am Belastungsgrund der Konsumaufwendungen des Verbrauchers auszurichten.[639] Diese Sichtweise steht keinesfalls im Widerspruch zu einer wettbewerbsneutralen Ausrichtung der Besteuerung, denn Neutralität und eine Orientierung an der Konsumleistungsfähigkeit des Verbrauchers schließen sich nicht aus, vielmehr ist eine entscheidungsneutral ausgestaltete Besteuerung geeignet, um eine gleichmäßige Belastung des Verbrauchers sicherzustellen.[640]

Auch wenn das BVerfG in jüngerer Vergangenheit entschieden hat, selbst eine Prüfung anhand der Unionsgrundrechte vorzunehmen, sofern die richtige Anwendung von vollvereinheitlichtem Unionsrecht in Frage steht,[641] ist nicht mit allzu großen Impulsen für das Mehrwertsteuerrecht zu rechnen.[642] Zwar wird damit die bisherige Akzessorietät von Grundrechtsgeltung und Grundrechtsbindung beseitigt,[643] jedoch ist hierdurch nicht mit einer Ausweitung der Unionsgrundrechte zu rechnen.[644] Denn das BVerfG hat ausdrücklich klargestellt, dass eine Anwendung der Unionsgrundrechte nur dann in Betracht komme, wenn der EuGH deren Auslegung bereits geklärt habe oder aber die anzuwendenden Aus-

---

europäische Verfassungen ausdrücklich zur Besteuerung nach der wirtschaftlichen Leistungsfähigkeit bekennen. Fraglich sei jedoch, wie streng der europäische Gleichheitssatz gehandhabt werde. Das wohl überwiegende Verständnis der europäischen Verfassungsgerichte sei das Verständnis als bloßes Willkürverbot.

[638] *Englisch*, in: Schön, Zukunftsfragen des deutschen Steuerrechts, 2009, S. 51 f.; *Hey*, StuW 2005, S. 325, weist darauf hin, dass das deutsche Grundgesetz zwar keine Quelle sachgerechter Besteuerungsprinzipien sei. Die Verfassung verleihe aber steuerpolitischen Ausgangsentscheidungen durch das Gebot der Folgerichtigkeit und Systemgerechtigkeit Stabilität. Das BVerfG gelte insoweit als das weltweit aktivste Verfassungsgericht in Steuerrechtsfragen.

[639] Vgl. *Englisch*, in: Schön, Zukunftsfragen des deutschen Steuerrechts, 2009, S. 56–64.

[640] Siehe Kapitel 3: D.

[641] BVerfG, Beschluss v. 06.11.2019, 1 BvR 276/17, Recht auf Vergessen II, BVerfGE 152, S. 216, Rn. 50 u. 53.

[642] Vgl. *Hidien,* UR 2020, S. 259.

[643] Vgl. *Kämmerer/Kotzur,* NVwZ 2020, S. 179.

[644] Vgl. *Hey*, StuW 2005, S. 325, die es für unwahrscheinlich hält, dass sich Deutschland mit seiner Tradition des Steuerverfassungsrechts in der Gemeinschaft (jetzt Union) durchsetzen kann.

legungsgrundsätze aus sich heraus offenkundig seien.[645] Darüber hinaus seien die Fragen dem EuGH gem. Art. 267 Abs. 3 AEUV zur Prüfung vorzulegen, da anderenfalls aufgrund eines unterschiedlichen Verständnisses der Unionsgrundrechte durch die Mitgliedstaaten die Gefahr einer uneinheitlichen Rechtsanwendung bestünde.[646] Dennoch wird der Rechtsschutz erweitert, da neben der Garantie des gesetzlichen Richters gem. Art. 101 Abs. 1 Satz 2 GG die Möglichkeit einer Verfassungsbeschwerde besteht. Daher umfasst die Kontrolle des BVerfG nicht nur die Vorlageverpflichtungen der Fachgerichte – im Bereich des Steuerrechts des BFH – sondern auch die richtige Anwendung der Unionsgrundrechte durch dieselben.[647] Es bleibt abzuwarten, ob in diesem Zuge – durch Vorlagen des BVerfG an den EuGH – doch ein Anstoß in Richtung einer an der Konsumleistungsfähigkeit des Verbrauchers orientierten Auslegung, die das Neutralitätsprinzip impliziert, erfolgen wird.

Jedenfalls hat das BVerfG in seiner bisherigen Rechtsprechung klar erkennen lassen, dass das Leistungsfähigkeitsprinzip auch bei einer Besteuerung des Konsums Anwendung findet. Deutlich wurde dies in seiner Entscheidung zu den Typusmerkmalen einer (besonderen) Verbrauchsteuer. Maßgebend sei die Einkommensverwendung für den persönlichen Lebensbedarf, in der die wirtschaftliche Leistungsfähigkeit zum Ausdruck komme.[648] Aufgrund der indirekten Erhebungsform und des Umstands, dass die besonderen Verbrauchsteuern, wie die Mehrwertsteuer als allgemeine Verbrauchsteuer auf Überwälzung angelegt sind, können hier Parallelen gezogen werden.[649] Dementsprechend wurde in einer späteren Entscheidung, bei der es um die Steuerbefreiung der Tätigkeit eines selbständigen Heileurythmisten ging, für die Umsatzsteuer dargelegt, dass sie die Kaufkraft, den Markterfolg des Konsumenten erfasse und darauf angelegt sei, auf den Endverbraucher überwälzt zu werden. Dabei hat das BVerfG explizit darauf hingewiesen, dass eine einmal getroffene Belastungsentscheidung (An-

[645] Es ist davon auszugehen, dass das BVerfG nur unter den vom EuGH dargelegten Voraussetzungen auf eine Vorlage verzichten wird. Siehe EuGH, Urteil v. 06.10.1982, 283/81, C.I.L.F.I.T., Slg. 1982, S. 3415.

[646] BVerfG, Beschluss v. 06.11.2019, 1 BvR 276/17, Recht auf Vergessen II, BVerfGE 152, S. 216, Rn. 69–71.

[647] BVerfG, Beschluss v. 06.11.2019, 1 BvR 276/17, Recht auf Vergessen II, BVerfGE 152, S. 216, Rn. 50, 53, 65 u. 66.

[648] BVerfG, Beschluss v. 13.04.2017, 2 BvL 6/13, Typusmerkmale einer Verbrauchsteuer, BVerfGE 145, S. 171, Rn. 118 u. 119; BVerfG, Beschluss v. 22.03.2022, 1 BvR 2868/15, 1 BvR 2886/15, 1 BvR 2887/15, 1 BvR 354/16, Übernachtungssteuern, BVerfGE 161, S. 1, Rn. 83.

[649] Auch bei seiner Entscheidung zu einer Zweitwohnungssteuer wurde der Konsum als Ausdruck und Indikator wirtschaftlicher Leistungsfähigkeit verstanden: BVerfG, Beschluss v. 06.12.1983, 2 BvR 1275/79, Konsum als Indikator für Leistungsfähigkeit, BVerfGE 65, S. 325–359.

wendung des Leistungsfähigkeitsprinzips) folgerichtig im Sinne der Belastungsgleichheit umzusetzen sei.[650] Hinsichtlich der steuerlichen Berücksichtigung von Kindern, als einen die Leistungsfähigkeit mindernden Faktor, hat das BVerfG dargelegt, dass es aufgrund der Anonymität des Marktes der Umsatzsteuer nicht möglich sei, den Verbraucher als Steuerträger zu entlasten. Dies erfordere jedoch eine Entlastung bei der direkten Besteuerung.[651] Daraus lässt sich ableiten, dass grundsätzlich das Leistungsfähigkeitsprinzip ebenso im Bereich der Mehrwertsteuer Anwendung findet, da eine Berücksichtigung von Kindern lediglich aufgrund der Erhebungsform nicht erfolgt, eine Kompensation der Steuerbelastung der Verbraucher auf anderem Wege aber ausdrücklich gefordert wird. Auch hinsichtlich der Umsatzsteuerbefreiungen hat das BVerfG klargestellt, dass die gesetzliche Konzeption eine Begünstigung von Unternehmern nicht erlaube, vorgesehen und systemgerecht seien lediglich Vergünstigungen im Interesse der Verbraucher.[652]

F. Zwischenergebnis

Die im vorliegenden Kapitel gewonnenen Erkenntnisse hinsichtlich des Zusammenhangs von Entscheidungsneutralität, Allokationseffizienz,[653] Wettbewerbsneutralität oder allgemeiner „Neutralität der Besteuerung" und des Verbrauchsteuerprinzips als Ausprägungsform des Leistungsfähigkeitsprinzips, welches den konkretisierenden Vergleichsmaßstab für die Herstellung von steuerlicher Belastungsgleichheit darstellt, soll mittels Abbildung 10 verdeutlicht werden.

Essenz dieses Zusammenhangs ökonomischer und rechtlicher Zielsetzungen[654] ist die Erkenntnis, dass eine Besteuerung, die die Entscheidungsneutralität wahrt, steuerliche Zusatzlasten minimiert und zu einer gleichmäßigen Steuer-

[650] BVerfG, Beschluss v. 29.10.1999, 2 BvR 1264/90, Heileurythmisten, BVerfGE 101, S. 132, Rn. 20.
[651] BVerfG, Kammerbeschluss v. 23.08.1999, 1 BvR 2164/98, DStRE 1999, S. 801, Rn. 6.
[652] BVerfG, Beschluss v. 29.10.1999, 2 BvR 1264/90, Heileurythmisten, BVerfGE 101, S. 132, Rn. 20; BVerfG, Beschluss v. 10.11.1999, 2 BvR 2861/93, Schwarzwaldklinik, BVerfGE 101, S. 151, Rn. 12; BVerfG, Nichtannahmebeschluss v. 31.05.2007, 1 BvR 1316/04, Schwarzwaldklinik II, HFR 2007, S. 1028, Rn. 38.
[653] Vgl. *Treisch*, SteuerStud 2000, S. 368.
[654] Siehe auch *Lang*, in: Ebling, DStJG Band 24, 2001, S. 101, hinsichtlich des Zusammenhangs zwischen Entscheidungsneutralität und Besteuerung nach der Leistungsfähigkeit.

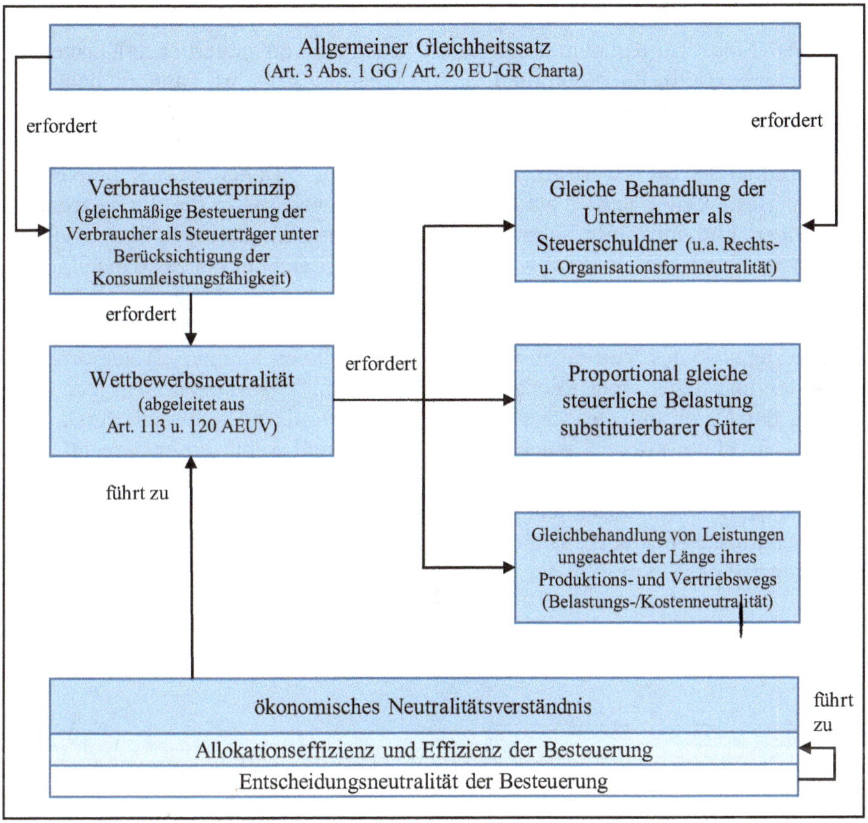

Abbildung 10: Zusammenhang ökonomischer und rechtlicher Zielsetzungen[655]

belastung der Verbraucher beitragen kann.[656] Aufgrund des Zusammenhangs von Entscheidungsneutralität und Allokationseffizienz ist die Neutralität der Besteue-

[655] Eigene Darstellung.

[656] In diesem Sinne bereits *Lang,* Entwurf eines Steuergesetzbuchs, 1993, S. 96. Diese Überlegung könnte m. E. eine Grundlage für die verfassungsrechtliche Rechtfertigung ökonomisch rationaler und sachgerechter Besteuerungsprinzipien bilden. Vgl. *Hey,* StuW 2005, S. 326, mit der Forderung nach einer Verständigung über ökonomisch rationale und sachgerechte Besteuerungsprinzipien, die sie für wichtiger erachtet als die Entwicklung eines gesamteuropäischen Verfassungsrechts. Bereits *Meyer*, Principien, 1884, S. 316–317, hat erkannt, dass die Steuer abhängig von wirtschaftlichen Dispositionen unter ganz gleichen Verhältnissen zu einem unterschiedlichen Opfer (materielle Steuerlast) führen kann. Hieraus lässt sich das Erfordernis der Entscheidungsneutralität ableiten.

rung daher ein Maßstab[657], der geeignet ist, gesamtwohlfahrtsschädliche und somit das Steuergut Konsum mindernde Wirkungen von steuerlichen Normen zu identifizieren. Wird die Neutralität der Besteuerung gewahrt, kann sie daher als systemprägendes Besteuerungsprinzip nicht nur zur Effizienz im Sinne von niedrigeren Erhebungs- und Befolgungskosten, sondern auch zur Verteilungsgerechtigkeit des Mehrwertsteuersystems beitragen.[658] Dabei hat sich die Neutralität der Besteuerung jedoch als Rechtsprinzip folgerichtig in die Rechtsordnung einzufügen und muss als Subprinzip des Leistungsfähigkeitsprinzips, welches seinerseits eine Konkretisierung des allgemeinen Gleichheitssatzes darstellt, verstanden werden.

Daraus folgt, dass Verletzungen der steuerlichen Neutralität gleichermaßen eine Verletzung des Verbrauchsteuerprinzips implizieren, einen Systembruch[659] darstellen und daher einer Rechtfertigung bedürfen.[660] Vorliegend soll jede Verletzung der Neutralität der Besteuerung begrifflich als Systembruch verstanden werden. Es bleibt also bei einem Systembruch, auch wenn dieser gerechtfertigt werden kann.[661]

Ausgehend vom ursächlichen Zusammenhang und des dargestellten Hierarchieverhältnisses der vorgenannten Postulate werden im Folgenden die Ausprägungsformen der Neutralität der Besteuerung untersucht.

---

[657] Die Neutralität der Besteuerung bildet als Wertnorm einen Sollsatz, der Maßstab für die Überprüfung des geltenden Rechts ist. Vgl. *Haller*, in: Neumark, Handbuch der Finanzwissenschaft Bd. 2, 1980, S. 174.

[658] Ein gutes Steuersystem muss gleichzeitig den Anforderungen an Gerechtigkeit, Einfachheit und Effizienz genügen, vgl. *Treisch*, SteuerStud 2000, S. 368.

[659] *Tipke,* StuW 1971, S. 5, hat den Systembruch folgendermaßen definiert: „Widersprechen sich Wertungen oder Prinzipien, oder ist eine Wertung (Prinzip) nur singulär nicht zu Ende durchgeführt, ist die wertungsmäßige Einheit oder Folgerichtigkeit der Rechtsordnung gestört, so spricht man von einem Systembruch." Von keinem Systembruch oder einem nur scheinbaren oder jedenfalls gerechtfertigten Systembruch geht er hingegen aus, wenn es sich dabei um immanente Schranken des Prinzips, bloße Wertungsdifferenzierungen oder um eine Einzelwertung handle, die sich aus einer Prinzipienkombination ergebe.

[660] Vgl. *Seer*, BB 2021, S. 1433, der betont, dass Abweichungen von einer einmal getroffenen Belastungsentscheidung nicht irgendeines sachlichen Grundes bedürfen, sondern eines besonderen, sachlich gerechtfertigten Grundes, der ausreicht, um die Abweichung zu rechtfertigen. Siehe auch *Weber-Grellet*, Steuern Verfassungsstaat, 2001, S. 149.

[661] Ist die steuerliche Neutralität durch die Anwendung einer Norm gewahrt, so liegt eine ‚richtige' Lösung im relativen Sinne vor. Denn es ist möglich, dass die Norm nicht im Einklang mit anderen Prinzipien steht. Vgl. *Haller*, in: Neumark, Handbuch der Finanzwissenschaft Bd. 2, 1980, S. 175.

Kapitel 4: Rechtliche und ökonomische Analyse der Ausprägungsformen des Neutralitätsprinzips

A. Neutralität bei Ausgangsleistungen

Nach der rechtlichen und ökonomischen Einordnung des Neutralitätsprinzips in Kapitel 3 sind die verschiedenen Ausprägungsformen des Neutralitätsprinzips näher zu untersuchen. Zunächst werden die vom EuGH als Unterformen der Wettbewerbsneutralität beschriebenen Postulate der Rechtsform- und der Organisationsformneutralität analysiert. Diese Ausprägungen werden hier als Unterformen der Neutralität bei Ausgangsleistungen dargestellt. Aufgrund des ursächlichen Zusammenhangs zwischen Eingangs- und Ausgangsleistungen, der auf der Maßgeblichkeit der Ausgangsleistungen für den Vorsteuerabzug aus den Eingangsleistungen beruht, bildet die Untersuchung der Ausgangsleistungen den Ausgangspunkt für die hier gewählte Einordnung.

I. Rechtsformneutralität

1. Grundsätzliches

Die Mehrwertsteuer stellt nach ihrer gesetzlichen Belastungskonzeption keine Unternehmenssteuer auf Gewinne oder die unternehmerische Wertschöpfung dar,[662] sondern hat die Besteuerung des Verbrauchs zum Ziel.[663] Mithin dürfen Differenzierungen hinsichtlich der Rechtsform des steuerpflichtigen Unternehmers nicht zu einer unterschiedlichen Steuerbelastung beim Verbraucher führen.[664] Ebenso dürfen keine Differenzierungen in Bezug auf die Rechtsform des Verbrauchers erfolgen. Dies ist jedoch aufgrund der indirekten Erhebungsform

---

[662] A. A. *Theile,* Wettbewerbsneutralität, 1995, S. 132–135; *Theile,* StuW 1996, S. 154.
[663] Siehe Kapitel 3: D. II. 1. d).
[664] Vgl. *Weber-Grellet*, Steuern Verfassungsstaat, 2001, S. 155, mit dem Hinweis, dass die Rechtsform des Unternehmers kein hinreichender Differenzierungsgrund für eine Umsatzsteuerbefreiung ist. Siehe auch BVerfG, Beschluss v. 29.10.1999, 2 BvR 1264/90, Heileurythmisten, BVerfGE 101, S. 132, Rn. 20; BVerfG, Beschluss v. 10.11.1999, 2 BvR 2861/93, Schwarzwaldklinik, BVerfGE 101, S. 151, Rn. 12; BVerfG, Nichtannahmebeschluss v. 31.05.2007, 1 BvR 1316/04, Schwarzwaldklinik II, HFR 2007, S. 1028, Rn. 38.

C. Merkel, *Das Neutralitätsprinzip im harmonisierten Mehrwertsteuersystem*,
Schriften zu Wirtschaftsprüfung, Steuerlehre und Controlling,
https://doi.org/10.1007/978-3-658-45424-1_5

nicht zu erwarten, da persönliche Merkmale der Verbraucher bei der Besteuerung außer Acht gelassen werden. Dementsprechend berechtigt die nichtunternehmerische Verwendung nicht zum Vorsteuerabzug gem. § 15 UStG. Eine spätere, nach Leistungsbezug erfolgende außerunternehmerische Verwendung[665] unterliegt der Besteuerung als unentgeltliche Wertabgabe gem. § 3 Abs. 1b bzw. § 3 Abs. 9a UStG. Diese Regelungen knüpfen nicht an die Rechtsform an und genügen somit den Anforderungen an eine rechtsformneutral ausgestaltete Mehrwertbesteuerung.

Das Gebot der Rechtsformneutralität beruht, wie alle Ausprägungsformen der Neutralität, auf gleichheitsrechtlichen und ökonomischen Erwägungen. Es verlangt zum einen, dass die Besteuerung ungeachtet der Rechtsform der zueinander in Wettbewerb stehenden Unternehmer erfolgt.[666] Zum anderen ist es jedoch im Hinblick auf das Besteuerungsziel des Konsums vor allem erforderlich, dass die Wahl der Rechtsform keinen Einfluss auf die Überwälzungschancen der Unternehmer hat, um eine gleichmäßige Belastung des Konsums und mithin der intendierten Steuerträger (Verbraucher) sicherzustellen.[667] Jedenfalls steht einer Privilegierung von Unternehmen, ungeachtet dessen, ob an die Rechtsform oder andere Merkmale angeknüpft wird, bereits das Leistungsfähigkeitsprinzip in Form des Verbrauchsteuerprinzips entgegen, denn dieses sieht lediglich Vergünstigungen im Interesse der Verbraucher vor.[668]

Aus ökonomischer Sicht bedingt die Rechtsformneutralität – als eine Unterform der Investitions- und Finanzierungsneutralität[669] – eine steuerliche Gleichbehandlung von Handlungsalternativen.[670] Die vorgenannten Postulate sind allesamt Unterformen der Entscheidungsneutralität, dementsprechend sind deren Grundsätze als Maßstab für Neutralitätsverletzungen heranzuziehen.[671] Aus dem Blickwinkel des steuerpflichtigen Unternehmers bedeutet dies, dass die Besteuerung keinen Einfluss auf seine Entscheidung bei der Rechtsformwahl hat, da sich die Rangfolge der zur Wahl stehenden Rechtsformalternativen nicht aus steuerlichen Gründen ändert. Eine steuerliche Benachteiligung oder Privilegierung an-

---

[665] § 3 Abs. 1b Nr. 3 UStG erfasst auch unentgeltliche Zuwendungen im Rahmen des Unternehmens, dies ist unter Neutralitätsgesichtspunkten im weiteren Verlauf der Arbeit noch näher zu betrachten. Siehe Kapitel 4: C.

[666] Diese Sichtweise entspricht auch der bisherigen Judikatur des EuGH, siehe Kapitel 3: B. II. 1.

[667] Siehe Kapitel 3: D. II. 2. b) dd).

[668] Siehe Kapitel 3: E. III. 2.; BVerfG, Beschluss v. 29.10.1999, 2 BvR 1264/90, Heileurythmisten, BVerfGE 101, S. 132, Rn. 20; BVerfG, Beschluss v. 10.11.1999, 2 BvR 2861/93, „Schwarzwaldklinik", BVerfGE 101, S. 151, Rn. 12; BVerfG, Nichtannahmebeschluss v. 31.05.2007, 1 BvR 1316/04, Schwarzwaldklinik II, HFR 2007, S. 1028, Rn. 38.

[669] *Schreiber,* Das Steuerrecht der Unternehmen, 2018, S. 218.

[670] Vgl. *Wagner,* StuW 1992, S. 7.

[671] Vgl. *Wagner,* StuW 2006, S. 102; siehe Kapitel 3: C. I. 3. a).

hand der Rechtsform des anbietenden steuerpflichtigen Unternehmers kann zu einer Beeinflussung der Produktpreise der angebotenen Güter führen. Der benachteiligte Unternehmer wird nur eingeschränkt in der Lage sein, die durch die Benachteiligung entstandene höhere Steuerlast auf den Verbraucher überzuwälzen, da er mit Wettbewerbern konkurriert, deren aus der Rechtsform resultierender steuerlicher Nachteil geringer ist, oder die gar aufgrund einer Privilegierung einen Vorteil haben und somit entweder günstiger anbieten oder einen höheren Gewinn erzielen können. Derartige Auswirkungen auf den Gewinn der steuerpflichtigen Unternehmer, die ihre Ursache in einer nach der Rechtsform differenzierenden Besteuerung haben, sind unerwünscht. Die Rechtsformneutralität soll verhindern, dass die Umsatzsteuer bei den Unternehmern in unterschiedlicher Höhe zum Kostenfaktor wird, da dies zu ungleichen Überwälzungschancen führen würde.[672] Ziel der Besteuerung sind die Konsumaufwendungen der Verbraucher. Dabei soll der Produktpreis als Bemessungsgrundlage nicht durch eine nach Rechtsform des Anbieters differenzierende Besteuerung beeinflusst werden.

Nimmt man die Sichtweise des Verbrauchers ein, soll seine Güterwahl nicht von der Rechtsform des Anbieters abhängig sein. Im Regelfall wird die Beschaffenheit der Güter und deren Preis-Leistungs-Verhältnis bei der Konsumentscheidung der Verbraucher im Vordergrund stehen. Weitere Erwägungen wie Nachhaltigkeit oder andere Präferenzen werden in dieser Untersuchung ausgeblendet. Steuerlich bedingte Preisverzerrungen treffen den Verbraucher auf verschiedene Weise. Einerseits können neben der prozentual enthaltenen Mehrwertsteuerlast im Preis Kosten enthalten sein, die, soweit eine Überwälzung derselben gelingt, auf einer rechtsformdifferenzierenden Besteuerung des Unternehmers beruhen. Andererseits ist es denkbar, dass sich das Marktangebot insgesamt verteuert, weil der Wettbewerbsdruck bei einer nach Rechtsform differenzierenden Besteuerung bei den davon begünstigten Unternehmern abnimmt, was ihnen erlaubt, den Preis festzulegen, als dies bei größerem Wettbewerbsdruck möglich wäre. So kommt es zu einer negativen Beeinflussung des Marktgleichgewichts.

Es ist gleichgültig, ob der Blickwinkel des Unternehmers oder der Blickwinkel des Verbrauchers eingenommen wird. Beide Betrachtungen führen zum selben Schluss: Sollte es zu einer Kostenbelastung auf Ebene der Unternehmer kommen, weil dies z. B. aufgrund nicht abzugsfähiger Vorsteuern gesetzlich vorgesehen ist[673], muss diese Belastung unabhängig von der Rechtsform der Unter-

[672] Vgl. *Stadie*, in: Rau/Dürrwächter, UStG, 2023, Einführung zum UStG, Rn. 455.

[673] Einschränkungen des Vorsteuerabzugs, die zu einer Kostenbelastung bei den Unternehmen führen, werden an dieser Stelle der Arbeit als Datum hingenommen. Insbesondere die Regelung der umsatzsteuerlichen Organschaft oder im Terminus des EuGH der Mehrwertsteuergruppe können zu einer Verringerung dieser Kostenbelastung führen. Die Einschränkungen des

nehmer erfolgen, damit sich die im Verbraucherpreis enthaltene Steuerbelastung gleichmäßig entfaltet.

Eine rechtsformneutrale Besteuerung gebietet auch, den Begriff des Steuerpflichtigen in Art. 9 MwStSystRL bzw. den Begriff des Unternehmers in § 2 UStG nicht eng zu verstehen. Es muss lediglich eine selbständige Ausübung einer wirtschaftlichen Tätigkeit möglich sein. Demnach können alle natürlichen und juristischen Personen, sowohl öffentliche als auch private, sowie Einrichtungen ohne Rechtspersönlichkeit als Steuerpflichtige gelten.[674] Maßgebend ist die Ausübung der Tätigkeit im eigenen Namen, auf eigene Rechnung und in eigener Verantwortung mit Tragung des aus der Tätigkeit einhergehenden wirtschaftlichen Risikos.[675]

Während bei Außengesellschaften (z. B. GbR) die Fähigkeit Steuerpflichtiger zu sein allgemein anerkannt ist, bestehen bei Gemeinschaften hingegen Zweifel. Aus ökonomischer Sicht dürfte aufgrund der Rechtsformneutralität auch einer Gemeinschaft, wenn sie die Leistung gegenüber dem Leistungsempfänger erbringt, als Steuerpflichtiger einzustufen sein, und zwar ungeachtet der zivilrechtlichen Rechtsfähigkeit. Der BFH[676] hatte die Unternehmereigenschaft einer Bruchteilsgemeinschaft versagt. Im zugrundeliegenden Fall handelte es sich um eine Erfindergemeinschaft. Die Erfinder räumten einer KG gemeinschaftlich eine Exklusivlizenz an der Erfindung ein. Die Lizenzgebühren wurden anteilig direkt an den jeweiligen Gemeinschafter von der KG bezahlt. Maßgeblich war für den BFH, dass die Erfindung kein Gesamthandsvermögen war, was offenbar Voraussetzung für das Handeln gegenüber der KG als Gesellschaft des bürgerlichen Rechts (GbR) hätte sein müssen. Zudem wurde auch auf die Vereinnahmung der Vergütung durch die Gemeinschafter anstatt der Gemeinschaft abgestellt.[677] Daher habe keine GbR, die im Außenverhältnis handelt, sondern eine nicht rechtsfähige Bruchteilsgemeinschaft vorgelegen. Die Gemeinschafter seien jeweils Unternehmer und ihnen stehe somit auch jeweils ein Recht auf Vorsteuerabzug zu. Durch diese Betrachtung würde auch die Problematik vermieden, dass die Gemeinschafter vorsteuerbelastete Aufwendungen tätigen, jedoch lediglich die

---

Vorsteuerabzugs werden im weiteren Verlauf der Arbeit noch einer kritischen Würdigung unterzogen werden, siehe Kapitel 4: B. II.

674 EuGH, Urteil v. 29.09.2015, C-276/14, Gmina Wrocław, ECLI:EU:C:2015:635, Rn. 28; EuGH, Urteil v. 16.09.2020, C-312/19, XT, ECLI:EU:C:2020:711, Rn. 39; EuGH, Schlussanträge GA Kokott v. 23.04.2020, C-312/19, XT, ECLI:EU:C:2020:310, Nr. 31.

675 EuGH, Urteil v. 29.09.2015, C-276/14, Gmina Wrocław, ECLI:EU:C:2015:635, Rn. 34; EuGH, Schlussanträge GA Kokott v. 23.04.2020, C-312/19, XT, ECLI:EU:C:2020:310, Nr. 32.

676 BFH, Urteil v. 22.11.2018, V R 65/17, Bruchteilsgemeinschaft kein Unternehmer, BFHE 263, S. 90.

677 BFH, Urteil v. 22.11.2018, V R 65/17, Bruchteilsgemeinschaft kein Unternehmer, BFHE 263, S. 90, Rn. 24.

Gemeinschaft als Unternehmer zum Vorsteuerabzug berechtigt wäre.[678] Mithin entfiele das Erfordernis der Erbringung von entgeltlichen Leistungen des jeweiligen Gemeinschafters an die Gemeinschaft, um dem Gemeinschafter das Recht auf Vorsteuerabzug zu eröffnen.[679] Fraglich bleibt, ob im Urteilsfall nicht doch eine GbR vorlag, denn Gesamthandsvermögen ist für deren Begründung nicht erforderlich.[680] Der gemeinsame Außenauftritt gegenüber der KG hat hierfür genügt.[681] Dass im Wege des abgekürzten Zahlungswegs die Lizenzgebühren direkt an die Gemeinschafter oder vielmehr Gesellschafter gingen, sollte hierfür und somit auch für die Eigenschaft als Steuerpflichtiger zu handeln, unbeachtlich sein.[682] Ebenso ist aus Sicht des Leistungsempfängers fraglich, ob dieser tatsächlich Anteile vom jeweiligen Teilhaber erhalten wollte, oder nicht vielmehr darauf angewiesen war, die Rechte an der gesamten Erfindung zu erhalten.[683] Zu guter Letzt sollte es für die Unternehmereigenschaft ebenfalls unbeachtlich sein, dass mangels Gesamthandsvermögen kein vollstreckbares Vermögen vorliegt, denn das Finanzamt wird schließlich nicht schlechter gestellt, als bei der vom BFH vorgesehenen Einzelbetrachtung, es muss sich gem. § 748 BGB anteilig an die Gemeinschafter halten.[684] Die Rechtsprechung führte letztlich zu einer Ergänzung des § 2 UStG[685], nach der die Unternehmereigenschaft davon unabhängig ist, ob der Unternehmer nach anderen Vorschriften rechtsfähig ist.[686] Damit sind leider nicht die vom BFH zu Recht aufgeworfenen Problemfelder des Vorsteuerabzugs in derartigen Konstellationen gelöst. Diese ergeben sich bei einem im Außenverhältnis gegenüber Dritten auftretenden Steuerpflichtigen (Unterneh-

---

678 BFH, Urteil v. 22.11.2018, V R 65/17, Bruchteilsgemeinschaft kein Unternehmer, BFHE 263, S. 90, Rn. 23.

679 BFH, Urteil v. 22.11.2018, V R 65/17, Bruchteilsgemeinschaft kein Unternehmer, BFHE 263, S. 90, Rn. 27; *Wäger,* UR 2020, S. 628.

680 *Stadie,* UR 2019, S. 530; *Sterzinger,* MwStR 2019, S. 303; a. A. *Wäger,* UR 2020, S. 629, dahingehend, dass jedenfalls bei einer Vermietung oder Lizenzgewährung durch zwei Teilhaber einer Bruchteilsgemeinschaft nicht zwingend eine GbR vorliegen muss; *Heidner,* DB 2019, S. 398.

681 So auch *Sterzinger,* MwStR 2019, S. 302, nach dem es entscheidend ist, wie gegenüber Dritten im Außenverhältnis aufgetreten wird.

682 A. A. *Wäger,* UR 2020, S. 627.

683 *Stadie,* UR 2019, S. 530.

684 Bei Annahme einer GbR hingegen haften die Gesellschafter gem. §§ 427, 705 BGB aufgrund analoger Anwendung des § 128 HGB als Gesamtschuldner. Im Steuerschuldverhältnis gilt dementsprechend § 44 AO.

685 Art. 16 JStG 2022, Gesetz. v. 16.12.2022, BGBl. I, S. 2308. Der BFH hat mit Beschluss v. 28.08.2023, V B 44/22, DStR 2023, S. 2063, an seinem Urteil v. 22.11.2018 festgehalten. In dieser Rs. war jedoch nicht über die geänderte Rechtslage zu entscheiden.

686 Daher haben die Änderungen der §§ 705 ff. BGB in der Fassung des MoPeG, Gesetz v. 10.08.2021, BGBl I 2021, S. 3438, die mit Wirkung des 01.01.2024 in Kraft treten, keine Auswirkungen auf die umsatzsteuerliche Behandlung.

mer) und seinen ggf. nicht unternehmerisch handelnden Teilhabern, die jedoch vorsteuerbelastete Aufwendungen tätigen, die durch den Unternehmer verwendet werden.[687]

2. *Rechtsformbedingte Einschränkungen beim Tatbestand der Mehrwertsteuergruppe*

a) Bestandsaufnahme der Entwicklung in der Rechtsprechung

aa) Rs. Larentia + Minerva und die Folgeentscheidungen des BFH

Art. 11 MwStSystRL gestattet es den Mitgliedstaaten nach Konsultation des Mehrwertsteuerausschusses, in ihrem Mitgliedstaat ansässige Personen, die zwar rechtlich unabhängig, aber durch gegenseitige finanzielle, wirtschaftliche und organisatorische Beziehungen eng miteinander verbunden sind, zusammen als einen Steuerpflichtigen zu behandeln. Macht ein Mitgliedstaat von diesem Wahlrecht Gebrauch, kann er erforderliche Maßnahmen treffen, um Steuerhinterziehungen oder -umgehungen, die durch Anwendung dieser Bestimmung drohen, vorzubeugen. Aus dem Wortlaut der Richtlinienvorgabe lassen sich keine rechtsformbezogenen Einschränkungen für die Bildung einer Mehrwertsteuergruppe oder im Terminus des UStG: einer umsatzsteuerlichen Organschaft, finden. Denn in Art. 11 MwStSystRL wird der Begriff Personen verwendet, was zunächst keine Rückschlüsse auf Einschränkungen zulässt. Dies hat auch der EuGH festgestellt und darauf hingewiesen, dass die Richtlinienvorgabe des Art. 11 MwSt SystRL – per se – keine weiteren Einschränkungen hinsichtlich der Rechtsform enthalte, da die Richtlinie an anderen Stellen ausdrücklich den engeren Begriff der juristischen Person verwende.[688]

Es ist den Mitgliedstaaten jedoch gestattet, Maßnahmen zur Betrugsbekämpfung zu treffen. Hieraus könnte sich zwar eine Rechtfertigung für Einschränkungen ergeben, wenn eine rechtsformbezogene Einschränkung erforderlich, geeignet und angemessen wäre, das Ziel der Betrugsbekämpfung zu verwirklichen. Die Richtlinienvorgabe steht jedoch einer rechtsformneutralen Ausgestaltung des nationalen Umsetzungsaktes grundsätzlich nicht entgegen.

Im Gegensatz zur Richtlinienvorgabe enthält der Wortlaut der deutschen Umsetzungsnorm weitere Einschränkungen. So soll es für den Zusammenschluss erforderlich sein, dass es einen Unternehmer gibt (Organträger), in dessen Unter-

---

[687] Siehe Kapitel 4: B. 1. b) cc) (2).

[688] EuGH, Urteil v. 09.04.2013, C-85/11, Kommission / Irland, ECLI:EU:C:2013:217, Rn. 36; EuGH, Urteil v. 16.07.2015, C-108/14 u. C-109/14, Larentia + Minerva, ECLI:EU:C:2015:496, Rn. 36 u. 37.

nehmen juristische Personen, die selbst unternehmerisch tätig sind,[689] finanziell, wirtschaftlich und organisatorisch eingegliedert sein können. Dies führte zu zwei Vorlagen des XI. Senats des BFH, der dem EuGH u. a. folgende Fragen zur Vorabentscheidung vorlegte:

> „Steht die Bestimmung über die Zusammenfassung mehrerer Personen zu einem Steuerpflichtigen in Art. 4 Abs. 4 Unterabs. 2 der Sechsten Richtlinie[690] einer nationalen Regelung entgegen, nach der (erstens) nur eine juristische Person – nicht aber eine Personengesellschaft – in das Unternehmen eines anderen Steuerpflichtigen (sogenannter Organträger) eingegliedert werden kann und die (zweitens) voraussetzt, dass diese juristische Person finanziell, wirtschaftlich und organisatorisch (im Sinne eines Über- und Unterordnungsverhältnisses) „in das Unternehmen des Organträgers eingegliedert ist"?
>
> Falls die vorstehende Frage bejaht wird: Kann sich ein Steuerpflichtiger unmittelbar auf Art. 4 Abs. 4 Unterabs. 2 der Sechsten Richtlinie berufen?"[691]

Zunächst hat der EuGH festgestellt, dass das Vorliegen oder Nichtvorliegen einer Mehrwertsteuergruppe zu Unterschieden hinsichtlich des Rechts auf Vorsteuerabzug führen kann.[692] Denn das Recht auf Vorsteuerabzug ist, wie der Generalanwalt festgestellt hat, bei Vorliegen einer Mehrwertsteuergruppe auf Grundlage der von der Gruppe gegenüber Dritten getätigten Umsätze zu bestimmen.[693] Die Umsätze der Holding an ihre Tochtergesellschaften wären als nicht steuerbare Innenumsätze nicht maßgebend.

Der Gerichtshof hat, wie bereits in seiner Entscheidung Kommission / Irland festgestellt[694], erneut hervorgehoben, dass die Regelung zur Mehrwertsteuergruppe nicht von weiteren, als den in Art. 11 Abs. 1 MwStSystRL genannten Voraussetzungen abhängig gemacht werden darf.[695] Daher schließe die Norm nicht per se Einheiten von seinem Anwendungsbereich aus, die – wie die Kom-

---

[689] Dieses Erfordernis ergibt sich aus § 2 Abs. 2 UStG, nach dem die juristische Person ihre gewerbliche oder berufliche Tätigkeit nicht selbständig ausübt, wenn sie entsprechend dem Tatbestand eingegliedert ist. Daher wird eine gewerbliche oder berufliche Tätigkeit vorausgesetzt, um eine juristische Person eingliedern zu können.

[690] Inhaltsgleich mit Art. 11 MWStSystRL.

[691] BFH, EuGH-Vorlage v. 11.12.2013, XI R 17/11, BFHE 244, 79; BFH, EuGH-Vorlage v. 11.12.2013, XI R 38/12, BFHE 244, S. 94.

[692] EuGH, Urteil v. 16.07.2015, C-108/14 u. C-109/14, Larentia + Minerva, ECLI:EU:C:2015:496, Rn. 35; EuGH, Schlussanträge des GA Mengozzi v. 26.03.2015, C-108/14 u. C-109/14, Larentia + Minerva u. Marenave, ECLI:EU:C:2015:212, Nr. 55.

[693] EuGH, Schlussanträge des GA Mengozzi v. 26.03.2015, C-108/14 u. C-109/14, Larentia + Minerva u. Marenave, ECLI:EU:C:2015:212, Nr. 49.

[694] EuGH, Urteil v. 09.04.2013, C-85/11, Kommission / Irland, ECLI:EU:C:2013:217, Rn. 36.

[695] EuGH, Urteil v. 16.07.2015, C-108/14 u. C-109/14, Larentia + Minerva, ECLI:EU:C:2015:496, Rn. 36.

manditgesellschaften der Ausgangsverfahren – keine juristischen Personen seien.[696]

Bei der Anwendung von Art. 11 Abs. 1 MwStSystRL komme den Mitgliedstaaten jedoch ein Ermessenspielraum zu, der es ihnen gem. Art. 11 Abs. 2 MwStSystRL gestatte, die Anwendung bestimmten Beschränkungen zu unterwerfen. Derartige Beschränkungen wären dann gerechtfertigt, wenn sie der Verhinderung von missbräuchlichen Praktiken oder Verhaltensweisen und der Vermeidung von Steuerhinterziehung oder -umgehung dienen.[697]

Abschließend hat der EuGH darauf hingewiesen, dass es Aufgabe des vorlegenden Gerichts sei, zu prüfen, ob die in § 2 Abs. 2 Nr. 2 UStG enthaltene Beschränkung eine erforderliche und geeignete Maßnahme darstelle, um den vorgenannten Zielsetzungen der Missbrauchsbekämpfung und Vermeidung von Steuerhinterziehung oder -umgehung zu dienen.[698] Der zweite Teil der Fragestellung bezog sich auf das Erfordernis eines Über-/Unterordnungsverhältnisses und steht daher nicht in einem zwangsläufigen Zusammenhang zur Frage der Rechtsformneutralität. Diese Fragestellung wird daher im Rahmen der Prüfung der Konformität von § 2 Abs. 2 Nr. 2 UStG mit der Organisationsformneutralität noch erörtert werden.

Erstaunlicherweise war es nicht der vorlegende XI. Senat des BFH, der als erster nach der wegweisenden Entscheidung des Gerichtshofs ein Urteil zur Vereinbarkeit der deutschen Regelung mit Art. 11 MwStSystRL fällte. Wenige Wochen vor der Entscheidung des XI. Senats[699] kam ihm der V. Senat des BFH mit einem Urteil zu einem jüngeren Verfahren zuvor.[700] Dies sorgte im Schrifttum für Verwunderung.[701] Allein die Tatsache, dass zuerst der V. Senat eine „Neujustierung der Konzernbesteuerung im USt-Recht“[702] vornahm, wäre nicht weiter problematisch gewesen. Weniger erfreulich war jedoch die uneinheitliche Be-

---

[696] EuGH, Urteil v. 16.07.2015, C-108/14 u. C-109/14, Larentia + Minerva, ECLI:EU:C:2015:496, Rn. 37.

[697] EuGH, Urteil v. 16.07.2015, C-108/14 u. C-109/14, Larentia + Minerva, ECLI:EU:C:2015:496, Rn. 40 u. 41.

[698] EuGH, Urteil v. 16.07.2015, C-108/14 u. C-109/14, Larentia + Minerva, ECLI:EU:C:2015:496, Rn. 44.

[699] BFH, Urteil v. 19.01.2016, XI R 38/12, Organschaft – kapitalistisch geprägte Personengesellschaft als Organgesellschaft, BFHE 252, S. 516.

[700] BFH, Urteil v. 02.12.2015, V R 25/13, Organschaft – teleologische Extension, BFHE 251, S. 534.

[701] *Brinkmann/Walter-Yadegardjam,* DStR 2016, S. 650, führten aus, der V. Senat sei dem XI. Senat „überraschend zuvorgekommen“; *Grünwald,* MwStR 2016, S. 272, hielt es für eine „Hase und Igel-Manier“; *Heinrichshofen,* UR 2016, S. 324, sprach vom „Windhundprinzip“; siehe auch *Lange,* UR 2016, S. 305; *Sterzinger,* UR 2016, S. 327.

[702] So der damalige Vorsitzende Richter des V. Senats *Heuermann,* DB 2016, S. 608, im Titel seines Beitrags.

gründung der beiden Senate, da dies für den Rechtsanwender weiterhin Unklarheit bedeutet.[703] Zielführend wäre zumindest eine vorherige Abstimmung beider Senate gewesen,[704] unabhängig davon, dass eine Anrufung des Großen Senats mangels Entscheidungserheblichkeit wohl nicht zwingend erforderlich war.[705]

Der V. Senat hat in seiner Entscheidung zur Einbeziehung von Personengesellschaften als Organgesellschaften in eine umsatzsteuerliche Organschaft maßgeblich auf das Erfordernis der Willensdurchsetzung durch den Organträger durch Mehrheitsbeschluss abgestellt.[706] Dabei unterschieden sich Personengesellschaften grundlegend von juristischen Personen, da bei ihnen das Einstimmigkeitsprinzip,[707] bei juristischen Personen hingegen das Mehrheitsprinzip gelte.[708] Dies ermögliche dem Gesellschafter bei einer juristischen Person bei Vorliegen einer Mehrheitsbeteiligung im Regelfall seinen Willen in der Gesellschaft durchzusetzen. Bei Personengesellschaften sei jedoch auf Basis des grundsätzlich maßgebenden Einstimmigkeitsprinzips eine derartige Willensdurchsetzung nicht möglich. Zwar können bei Personengesellschaften hiervon abweichende Regelungen vereinbart werden, um dem Mehrheitsgesellschafter eine Willensdurchsetzung zu ermöglichen, jedoch sieht der V. Senat hier Nachweisschwierigkeiten, die er vor allem auf den fehlenden Formzwang beim Abschluss und der Änderung von Gesellschaftsverträgen bei Personengesellschaften zurückführt. Insbesondere seien auch mündliche Abreden möglich, worin das Risiko bestehe, dass missbräuchlich, mit Wirkung für die Vergangenheit, das Bestehen oder Nichtbestehen der Organschaft bestritten werden könne. Eine einfache und rechtssichere Bestimmung des Steuerschuldners sei auf dieser Grundlage nicht möglich, weshalb dem Kriterium der finanziellen Eingliederung, mangels besonderen Feststellungsverfahrens über die Organschaft, besondere Bedeutung zukomme.[709]

Dennoch könne eine Personengesellschaft ausnahmsweise auf der Grundlage einer teleologischen Erweiterung von § 2 Abs. 2 Nr. 2 UStG wie eine juristische Person als eingegliedert angesehen werden. Dies treffe jedoch nur auf solche

---

[703] Vgl. *Jansen,* BB 2016, S. 2264.

[704] Vgl. *Jansen,* BB 2016, S. 2267.

[705] Vgl. *Brandis*, in: Tipke/Kruse et al., AO, FGO, 2023, § 11 FGO, Rn. 12, nach dem auch im Fall von § 11 Abs. 4 FGO eine Entscheidungserheblichkeit vorausgesetzt wird.

[706] BFH, Urteil v. 02.12.2015, V R 25/13, Organschaft – teleologische Extension, BFHE 251, 534, Rn. 29.

[707] BFH, Urteil v. 02.12.2015, V R 25/13, Organschaft – teleologische Extension, BFHE 251, 534, Rn. 33.

[708] BFH, Urteil v. 02.12.2015, V R 25/13, Organschaft – teleologische Extension, BFHE 251, 534, Rn. 31.

[709] BFH, Urteil v. 02.12.2015, V R 25/13, Organschaft – teleologische Extension, BFHE 251, S. 534, Rn. 34.

Personengesellschaften zu, bei denen neben dem Organträger nur Personen Gesellschafter sind, die selbst nach § 2 Abs. 2 Nr. 2 UStG finanziell in das Unternehmen des Organträgers eingegliedert sind. Auf diese Weise sei gewährleistet, dass trotz des Einstimmigkeitsprinzips die erforderliche Durchgriffsmöglichkeit des Organträgers bestehe.[710] Das Erfordernis der Eingliederung einer juristischen Person sei nur vordergründig ein rechtsformbezogenes Merkmal. Es diene vielmehr dazu, die Voraussetzungen der Organschaft leicht und einwandfrei feststellen zu können, um zu dem Normzweck der Regelung, der Verwaltungsvereinfachung und Missbrauchsvermeidung beizutragen. Die vom Gesetz vorgenommene Unterscheidung danach, ob die einzugliedernde Gesellschaft eine juristische Person ist, sei mithin sachlich vertretbar und verstoße daher nicht gegen den allgemeinen Gleichheitssatz des Art. 3 Abs. 1 GG[711] und damit nicht gegen das Gebot der Rechtsformneutralität. Die erweiternde Auslegung gelte jedoch nur für den beschriebenen Ausnahmefall, da nur in diesem – wie bei juristischen Personen – eine einfache und rechtssichere Bestimmung des Steuerschuldners möglich sei. Eine weitergehende Auslegung, die generell eine Eingliederung von Personengesellschaften vorsähe, ergäbe sich auch nicht aus dem Unionsrecht.[712]

Der XI. Senat hat im Gegensatz hierzu in der generellen Beschränkung des § 2 Abs. 2 Nr. 2 UStG auf juristische Personen als Organgesellschaften keine erforderliche und geeignete Maßnahme zur Verhinderung missbräuchlicher Praktiken oder Verhaltensweisen und der Vermeidung von Steuerhinterziehung oder -umgehung gesehen.[713] Dabei kann sich der XI. Senat auch auf die Schlussanträge des Generalanwalts stützen, der zu einer generellen rechtsformabhängigen Beschränkung zum einen anmerkt, dass dies dem Grundsatz der steuerlichen Neutralität zuwiderlaufe und zum anderen nicht ersichtlich sei, dass eine derartige Beschränkung ein geeignetes und erforderliches Mittel darstelle, um Steuerhinterziehung und -umgehung zu bekämpfen.[714] Das Ziel der Verwaltungsvereinfachung könne jedenfalls eine Beschränkung der Organschaft auf juristische

[710] BFH, Urteil v. 02.12.2015, V R 25/13, Organschaft – teleologische Extension, BFHE 251, S. 534, Rn. 36.
[711] BFH, Urteil v. 02.12.2015, V R 25/13, Organschaft – teleologische Extension, BFHE 251, S. 534, Rn. 45. Da Art. 11 MWStSystRL den Mitgliedstaaten einen Umsetzungsspielraum einräumt, finden nach Auffassung des BFH in Übereinstimmung mit dem BVerfG die nationalen Grundrechte des GG Anwendung. Siehe Kapitel 3: E. III.
[712] BFH, Urteil v. 02.12.2015, V R 25/13, Organschaft – teleologische Extension, BFHE 251, S. 534, Rn. 50.
[713] BFH, Urteil v. 19.01.2016, XI R 38/12, Organschaft – kapitalistisch geprägte Personengesellschaft als Organgesellschaft, BFHE 252, S. 516, Rn. 67.
[714] EuGH, Schlussanträge des GA Mengozzi v. 26.03.2015, C-108/14 u. C-109/14, Larentia + Minerva u. Marenave, ECLI:EU:C:2015:212, Nr. 73 u. 80.

Personen als Organgesellschaften nicht rechtfertigen.[715] Daher fasst der XI. Senat zumindest kapitalistisch strukturierte Personengesellschaften in der Rechtsform einer GmbH & Co. KG ebenfalls unter den Begriff juristische Person und schließt sich damit der Auffassung des FG München an.[716]

Auch wenn das Urteil des XI. Senats weniger restriktiv ausfällt als die Entscheidung des V. Senats, bestehen zum einen sehr unterschiedliche Begründungen und zum anderen ist durch beide Entscheidungen nicht geklärt, ob darüber hinaus weitere Personengesellschaften – wie juristische Personen – als Organgesellschaften in Betracht kommen könnten. Zusätzlich verengt wurde der Anwendungsbereich der Organschaft durch die Finanzverwaltung, die sich in Abschnitt 2.8 Abs. 2a UStAE der restriktiven Auffassung des V. Senats des BFH anschloss. Da der nationale Gesetzgeber trotz dieser unklaren Rechtslage weiterhin nicht tätig wurde, war eine erneute Vorlage an den EuGH absehbar.

bb) Rs. M-GmbH

Die dem EuGH durch das FG Berlin-Brandenburg zur Vorabentscheidung vorgelegte Rs. beruhte auf einem Sachverhalt, bei dem es neben dem Organträger (M-GmbH) fünf weitere Gesellschafter gab, die ebenfalls an der potenziell einzugliedernden Personengesellschaft in der Rechtsform einer GmbH & Co. KG beteiligt waren. Nach dem Gesellschaftsvertrag der GmbH & Co. KG besaß grundsätzlich jeder Gesellschafter eine Stimme. Der M-GmbH standen hiervon abweichend sechs Stimmen zu. Bis auf Beschlüsse hinsichtlich der Zusammensetzung der Gesellschafter und Änderungen des Gesellschaftsvertrags, die Einstimmigkeit voraussetzten, erfolgte die Beschlussfassung mit einfacher Mehrheit. Zudem hatten die M-GmbH und der Komplementär der GmbH & Co. KG denselben Geschäftsführer.[717] Unter den vom V. Senat des BFH dargestellten Voraussetzungen, nach denen neben dem Organträger lediglich ebenfalls in dessen Unternehmen finanziell eingegliederte Gesellschaften Gesellschafter der Organgesellschaft sein können, wäre eine finanzielle Eingliederung mithin nicht möglich gewesen. Dementsprechend hat das FG Berlin-Brandenburg seine Vorlagefragen an der restriktiven Auffassung des V. Senats orientiert und diese folgendermaßen formuliert:

[715] BFH, Urteil v. 19.01.2016, XI R 38/12, Organschaft – kapitalistisch geprägte Personengesellschaft als Organgesellschaft, BFHE 252, S. 516, Rn. 75.

[716] BFH, Urteil v. 19.01.2016, XI R 38/12, Organschaft – kapitalistisch geprägte Personengesellschaft als Organgesellschaft, BFHE 252, S. 516, Rn. 90; FG München, Urteil v. 13.03.2013, 3 K 235/10, EFG 2013, S. 1434, dabei handelt es sich um die vorinstanzliche Entscheidung, deren Begründung der V. Senat in seinem Urteil vom 02.12.2015 nicht gefolgt ist.

[717] EuGH, Urteil v. 15.04.2021, C-868/19, M-GmbH, ECLI:EU:C:2021:285, Rn. 10.

„[…]

1. Ist Art. 11 Abs. 1 der Mehrwertsteuerrichtlinie dahin gehend auszulegen, dass er der Regelung des § 2 Abs. 2 Nr. 2 UStG entgegensteht, soweit durch diese einer Personengesellschaft (hier: einer GmbH & Co. KG), bei der Gesellschafter neben dem Organträger nicht nur Personen sind, die nach § 2 Abs. 2 Nr. UStG in das Unternehmen des Organträgers finanziell eingegliedert sind, verwehrt ist, Organgesellschaft im Rahmen einer umsatzsteuerrechtlichen Organschaft zu sein?

2. Sofern die Vorlagefrage zu 1. bejaht wird:

   a) Ist Art. 11 Abs. 2 der Mehrwertsteuerrichtlinie – unter Berücksichtigung des Verhältnismäßigkeits- und Neutralitätsgrundsatzes – dahin gehend auszulegen, dass er einen Ausschluss von Personengesellschaften der in der Vorlagefrage zu 1. genannten Art von einer umsatzsteuerrechtlichen Organschaft rechtfertigen kann, weil bei Personengesellschaften für den Abschluss und die Änderung von Gesellschaftsverträgen nach nationalem Recht kein Formzwang besteht und bei bloß mündlichen Vereinbarungen in Einzelfällen Nachweisschwierigkeiten für das Vorliegen der finanziellen Eingliederung der Organgesellschaft bestehen können?

   b) Steht es einer Anwendung des Art. 11 Abs. 2 der Mehrwertsteuerrichtlinie entgegen, wenn der nationale Gesetzgeber die Absicht zur Vorbeugung von Steuerhinterziehungen oder -umgehungen nicht bereits bei Erlass der Maßnahme gefasst hat?“[718]

Der EuGH betonte das Erfordernis der einheitlichen Anwendung der MwSt SystRL und daraus folgend die notwendige autonome und einheitliche Auslegung des Begriffs der engen Verbindungen durch finanzielle Beziehungen. Dieser Begriff dürfe nicht restriktiv ausgelegt werden.[719] Weiterhin wiederholte der Gerichtshof seine bereits in der Rs. Larentia + Minerva[720] getätigten Feststellungen, insbesondere dass auch Personen, die keine Steuerpflichtigen sind, in eine Mehrwertsteuergruppe einbezogen werden können. Ein prinzipieller Ausschluss von Personengesellschaften sei vor dem Hintergrund des Art. 11 MwSt SystRL nicht geboten. Ferner müsse nicht zwingend ein Unterordnungsverhältnis zum Organträger bestehen.[721] Der Rechtsprechung des V. Senats des BFH widerspricht der Gerichtshof explizit, indem er klarstellt, dass die rein theoretische Möglichkeit von mündlichen Änderungen des Gesellschaftsvertrags und somit der Stimmrechtsvereinbarung nicht ausreicht, die im vorliegenden Sachverhalt

[718] EuGH, Urteil v. 15.04.2021, C-868/19, M-GmbH, ECLI:EU:C:2021:285, Rn. 32.
[719] EuGH, Urteil v. 15.04.2021, C-868/19, M-GmbH, ECLI:EU:C:2021:285, Rn. 44 u. 45.
[720] EuGH, Urteil v. 16.07.2015, C-108/14 u. C-109/14, Larentia + Minerva, ECLI:EU:C:2015:496.
[721] EuGH, Urteil v. 15.04.2021, C-868/19, M-GmbH, ECLI:EU:C:2021:285, Rn. 46 u. 47.

getroffenen Feststellungen, dass die M-GmbH ihren Willen durch Mehrheitsbeschluss durchsetzen könne, zu widerlegen.[722]

Auch das Gebot der Rechtssicherheit könne einen Ausschluss von Personengesellschaften nicht rechtfertigen, da sich die Rechtsunsicherheit nicht aus der Anwendung der Organschaftsregelungen, sondern aus den Besonderheiten des nationalen Gesellschaftsrechts ergäbe. Somit sah der Gerichtshof im Ausschluss von Personengesellschaften, an denen neben dem Organträger weitere Personen beteiligt sind, die nicht finanziell in das Unternehmen des Organträgers eingegliedert sind, eine weitere, sich nicht aus Art. 11 MwStSystRL ergebende Voraussetzung.[723]

Im nächsten Schritt prüfte der Gerichtshof, ob die vorgenannte weitere Voraussetzung der Verhinderung missbräuchlicher Praktiken oder Verhaltensweisen und der Vermeidung von Steuerhinterziehung oder -umgehung im Sinne von Art. 11 Abs. 2 MwStSystRL dienen könnte. Dabei hob er hervor, dass derartige Einschränkungen unter Beachtung des Unionsrechts, seiner allgemeinen Grundsätze, insbesondere der Grundsätze der Verhältnismäßigkeit und der steuerlichen Neutralität erfolgen müssen. Eine missbräuchliche Praxis setze jedoch voraus, dass anhand objektiver Anhaltspunkte ersichtlich sei, dass im Wesentlichen ein Steuervorteil erlangt werden soll. Die rein theoretische Gefahr einer Steuerhinterziehung oder –umgehung stelle daher noch keine missbräuchliche Praxis dar.[724] Zwar sei es im Fall von mündlichen Abreden schwieriger festzustellen, ob und welche finanziellen Beziehungen bestünden, um den Steuerschuldner zu ermitteln, jedoch schieße der generelle Ausschluss von Personengesellschaften, zu deren Gesellschaftern natürliche Personen gehören, über das Ziel hinaus und sei daher nicht verhältnismäßig.[725]

Darüber hinaus gab der EuGH Hinweise, wie die Ziele der Missbrauchsbekämpfung und Vermeidung von Steuerhinterziehung oder – umgehung auch durch weniger restriktive Mittel, wie z. B. eine Bewilligung durch die Finanzverwaltung, erreicht werden können.

Abschließend ging der Gerichtshof auf den Grundsatz der steuerlichen Neutralität ein, der es verbiete, Wirtschaftsteilnehmer, die gleichartige Umsätze tätigen, bei der Erhebung der Mehrwertsteuer unterschiedlich zu behandeln und hob explizit die Rechtsformneutralität hervor.[726] Die vom V. Senat des BFH getroffene Unterscheidung von Personengesellschaften, an denen neben dem Organträger lediglich in sein Unternehmen eingegliederte Gesellschaften beteiligt sind

[722] EuGH, Urteil v. 15.04.2021, C-868/19, M-GmbH, ECLI:EU:C:2021:285, Rn. 48.
[723] EuGH, Urteil v. 15.04.2021, C-868/19, M-GmbH, ECLI:EU:C:2021:285, Rn. 53–55.
[724] EuGH, Urteil v. 15.04.2021, C-868/19, M-GmbH, ECLI:EU:C:2021:285, Rn. 61.
[725] EuGH, Urteil v. 15.04.2021, C-868/19, M-GmbH, ECLI:EU:C:2021:285, Rn. 62 u. 63.
[726] EuGH, Urteil v. 15.04.2021, C-868/19, M-GmbH, ECLI:EU:C:2021:285, Rn. 65 m. w. N.

und anderen Personengesellschaften, verstoße gegen das Gebot der steuerlichen Neutralität. Diese beiden Gruppen von Personengesellschaften und ihre Gesellschafter tätigen gleichartige Umsätze und stünden daher miteinander in Wettbewerb. Eine derartige unterschiedliche Behandlung könne auch nicht durch Art. 11 Abs. 2 MwStSystRL gerechtfertigt werden, da sie – wie bereits dargelegt – unverhältnismäßig sei.[727] Zwischenzeitlich hat der BFH seine Rechtsprechung geändert und die gegenteilige Auffassung aufgegeben.[728]

b) Stellungnahme

aa) Entscheidungsrelevante Rechtswirkungen vs. Sinn und Zweck

Zunächst ist zu hinterfragen, welchen Sinn die Organschaft bzw. Mehrwertsteuergruppe aus Sicht der steuerpflichtigen Unternehmer hat und ob und inwieweit sich eine Organschaft vorteilhaft für die Finanzverwaltung auswirken kann. Diese materiellen Rechtswirkungen sind mit den in den Gesetzesbegründungen, der Rechtsprechung und der Literatur genannten Sinn- und Zweckerwägungen in Bezug zu setzen. Dabei kommt der Ergründung der wirtschaftlichen und geschäftlichen Realität besondere Bedeutung zu.

Die umsatzsteuerliche Organschaft in Deutschland ist wesentlich älter als die Richtlinienvorgabe. Sie geht zurück auf die Rechtsprechung des RFH aus dem Jahre 1927, der dieses Rechtsinstitut aus dem Begriff der Selbständigkeit entwickelt hatte.[729] Dabei wurde vom RFH eine wirtschaftliche Betrachtungsweise angewandt, um festzustellen, ob mehrere zwar rechtlich selbständige Unternehmen einem einheitlichen Willen unterliegen und daher lediglich unselbständige Teile eines wirtschaftlichen Gesamtunternehmens darstellen. Im Bruttoumsatzsteuersystem diente die Organschaft der Vermeidung von Kumulationseffekten, da auf die Umsätze zwischen den rechtlich selbständigen Unternehmensteilen (sog Innenleistungen), aufgrund ihrer umsatzsteuerlichen Unselbständigkeit keine Umsatzsteuer mehr anfiel, was somit zu einer Kostenreduktion führte.[730] In Zeiten der Mehrwertsteuer hat die Organschaft weitgehend an Bedeutung ver-

---

[727] EuGH, Urteil v. 15.04.2021, C-868/19, M-GmbH, ECLI:EU:C:2021:285, Rn. 65–67.

[728] BFH, Urteil v. 16.03.2023, V R 14/21, BFH/NV 2023, S. 790. An der Entscheidung v. 02.12.2015, V R 25/13, BFHE 251, S. 534 wird nicht mehr festgehalten. Eine Personenhandelsgesellschaft mit einer „kapitalistischen Struktur“ kann demnach Organgesellschaft sein, wenn neben dem Organträger Gesellschafter der Personenhandelsgesellschaft auch Personen sind, die in das Unternehmen des Organträgers nicht finanziell eingegliedert sind.

[729] RFH, Urteil v. 26.09.1927, V A 417/27, RFHE 22, S. 69; Eine Kodifizierung des Richterrechts erfolgte 1934: Umsatzsteuergesetz 1934 nebst Durchführungsbestimmungen vom 16.10.1934, RGBl. 1934 I, S. 942.

[730] Siehe Kapitel 2: C. II. 2. D).

loren, da aufgrund der Vorsteuerentlastung keine Steuerkumulation entsteht. Für voll zum Vorsteuerabzug berechtigte Unternehmen ergibt sich aufgrund der Organschaft lediglich ein Liquiditätsvorteil. Jedoch stellt die Organschaft für Unternehmen, die nicht oder nicht vollumfänglich zum Vorsteuerabzug berechtigt sind, weil sie wie z. B. im Finanz- und Gesundheitssektor steuerfreie Ausschlussumsätze erbringen, weiterhin einen Kostenvorteil dar.[731]

Darüber hinaus kann die umsatzsteuerliche Organschaft bei Umstrukturierungen innerhalb der Mehrwertsteuergruppe von Vorteil sein, da unabhängig davon, ob die Voraussetzungen für eine nicht steuerbare Geschäftsveräußerung im Ganzen vorliegen, keine Umsatzsteuer anfällt.[732] Auch für voll zum Vorsteuerabzug berechtigte Unternehmer könnte sich bei bestimmten Umstrukturierungen, bei denen der übertragende Rechtsträger keine Gegenleistung erhält[733], ein Vorteil ergeben, da eine unentgeltliche Übertragung innerhalb des Organkreises nicht zur Besteuerung einer unentgeltlichen Wertabgabe gem. § 3 Abs. 1b bzw. § 3 Abs. 9a UStG führt.[734] Denn die Umsatzsteuer auf eine unentgeltliche Wertabgabe stellt eine Definitivbelastung dar und kann nicht als Vorsteuer abgezogen werden.[735] Bei der unentgeltlichen Übertragung von einzelnen Wirtschaftsgütern zwischen nicht zum Vorsteuerabzug berechtigten Unternehmern wird im Fall des Vorliegens der Voraussetzungen der umsatzsteuerlichen Organschaft ebenfalls die Umsatzsteuer auf die unentgeltliche Wertabgabe vermieden.[736]

Die vorgenannten Rechtsfolgen stellen für Unternehmer entscheidungsrelevante Umstände dar, denn die Bildung einer Mehrwertsteuergruppe kann im Vergleich zum Nichtvorliegen der Voraussetzungen zu vorteilhafteren Ergebnissen führen.

Neben den bereits genannten Vorteilen, die sich aus der Bildung einer Mehrwertsteuergruppe ergeben können, wird die Verwaltungsvereinfachung ins Feld geführt. Hierbei wird zum einen von einer Vereinfachung für die Unternehmen

---

[731] *Hummel,* MwStR 2013, S. 294; *Rauch,* UR 2017, S. 888; *Heuermann,* DB 2016, S. 610; *Heuermann*, in: Drüen/Hey et al., 100 Jahre Steuerrechtsprechung, 2018, S. 1565.

[732] Vgl. *Pyszka,* DStR 2011, S. 545; *Pfeiffer,* ÖStZ 2016, S. 115.

[733] Bei der Aufspaltung und Abspaltung gem. § 123 Abs. 1 bzw. Abs. 2 UmwG erhalten die Anteilseigner des übertragenden Rechtsträgers und nicht der übertragende Rechtsträger die Gegenleistung. Dennoch liegt in diesen Fällen m. E. eine entgeltliche Übertragung vor, siehe Kapitel 4: C. II. 2. A).

[734] Ob in derartigen Fällen eine Besteuerung einer unentgeltlichen Wertabgabe überhaupt gerechtfertigt werden kann, wird noch zu prüfen sein: siehe Kapitel 4: C. II. 2 a).

[735] Vgl. Abschn. 3.2 Abs. 2 S. 6 UStAE, *Heuermann*, in: Sölch/Ringleb, UStG, 2023, § 3 Rn. 377, plädiert hingegen dafür, die Normen für die Besteuerung von unentgeltlichen Wertabgaben einschränkend auszulegen, wenn der Begünstigte zum Vorsteuerabzug berechtigt ist.

[736] So auch *Boor,* Gruppenbesteuerung im Mehrwertsteuerrecht, 2014, S. 27 f; siehe jedoch zur Frage, ob die Besteuerung einer unentgeltlichen Wertabgabe sachgerecht ist: Kapitel 4: C. II. 2. b).

und zum anderen von einer Vereinfachung für die Finanzverwaltung ausgegangen.[737] Die bloße Verringerung der Anzahl der abzugebenden Erklärungen sagt noch nichts über den Aufwand aus, den die Erstellung der Erklärung für den Organträger und die an der Organschaft beteiligten Gesellschaften insgesamt mit sich bringt. Aus Sicht der Wirtschaftsteilnehmer erfordert die Mehrwertsteuergruppe eine Konsolidierung der Umsätze zu Deklarationszwecken. Dies bedingt entweder eine manuelle oder eine automatische Zusammenführung des im Regelfall auf Rechtseinheitsebene vorliegenden Zahlenwerks. Eine manuelle Zusammenführung ist fehleranfällig und eine automatische Zusammenführung setzt voraus, dass die einzubeziehenden Rechtseinheiten über die gleiche Software verfügen, die eine entsprechende Funktionalität anbietet, oder dass ein automatischer Export der Daten auf eine gemeinsame Plattform erfolgt, von der aus die konsolidierten Daten automatisiert an die Finanzverwaltung übermittelt werden können. Im Gegensatz hierzu sieht bereits eine Standardsoftware für Buchhaltungsaufgaben auf Rechtseinheitsebene eine automatisierte Übermittlung der Daten an die Finanzverwaltung vor. Auf Ebene der Finanzverwaltung sind Verprobungshandlungen wie beispielsweise eine Plausibilisierung der Umsätze und der in der Umsatzsteuererklärung deklarierten Werte durch die Organschaft erschwert. Gleichermaßen belastet sind die Wirtschaftsteilnehmer und die Finanzverwaltung mit der regelmäßigen Überprüfung der – leider unklaren – Voraussetzungen der umsatzsteuerlichen Organschaft.[738] Worin also eine Vereinfachung liegen soll, erschließt sich nicht.

Grundlage für die Annahme der Verwaltungsvereinfachung ist u. a. der Schriftliche Bericht des Finanzausschusses vom 30.03.1967, nach dem der Ausschuss das Institut der Organschaft zur Vermeidung unnötiger Verwaltungsarbeit in der Wirtschaft beibehalten hat.[739] Wie *Lange* zutreffend ausführt, ist „Vermeidung von Verwaltungsarbeit in der Wirtschaft“ nicht mit „Verwaltungsvereinfachung“ gleichzusetzen.[740] Vermutlich ist unter „Vermeidung von Verwaltungsarbeit in der Wirtschaft“ zu verstehen, dass eine Abschaffung der Organschaft im Zuge des Systemwechsels von der Bruttoumsatzsteuer zur Mehrwertsteuer zu einem erhöhten Umstellungsaufwand seitens der Unternehmen geführt hätte. Unternehmen, die bislang die Regelung der umsatzsteuerlichen Organschaft in Anspruch genommen haben, hätten sicherstellen müssen, dass die zuvor konsolidiert erfolgende Umsatzsteuerdeklaration wieder auf Ebene der einzelnen Rechtseinheiten erfolgt. Darüber hinaus findet sich in der Begründung zum Vorschlag der Sechsten Richtlinie der Hinweis auf Verwaltungsvereinfachung und

---

[737] Vgl. *Heuermann*, in: Drüen/Hey et al., 100 Jahre Steuerrechtsprechung, 2018, S. 1558.
[738] Vgl. *Jansen*, BB 2016, S. 2272.
[739] BT-Drs. V/48 zu Drs. V/1581, 30.03.1967, S. 10.
[740] Vgl. *Lange*, UR 2016, S. 299; *Rauch*, UR 2017, S. 888.

Bekämpfung von Missbräuchen als Grundlage dafür, den Mitgliedstaaten die Beibehaltung oder Einführung einer nationalen Regelung zur umsatzsteuerlichen Organschaft/Mehrwertsteuergruppe zu gestatten.[741] Auch wenn an dieser Stelle die Verwaltungsvereinfachung eindeutig genannt ist, kann diese, bei objektiver Betrachtung des sich aus den Rechtsfolgen der Organschaft ergebenden deklaratorischen Aufwands und der fortlaufend erforderlichen Überprüfung der Tatbestandsvoraussetzungen, keine tragfähige Begründung für die Existenz der Organschaftsregelung sein. Denn tatsächlich wäre es, unter einer auf den Vereinfachungszweck beschränkten Betrachtung der Norm, eine Vereinfachung für die Steuerpflichtigen und die Finanzverwaltung, diese mit zahlreichen Rechtsunsicherheiten und erhöhtem Verwaltungsaufwand einhergehende Regelung ersatzlos zu streichen.[742]

Neben den Vorteilen, die die Mehrwertsteuergruppe für deren Mitglieder bietet, ergibt sich auf der anderen Seite nach deutschem Recht auch die Verpflichtung des Organträgers, für die Steuerschulden der Mehrwertsteuergruppe einzustehen. Die Organgesellschaften können auch für Steuerschulden des Organträgers und somit der Mehrwertsteuergruppe in Anspruch genommen werden, die nicht durch ihre eigene wirtschaftliche Tätigkeit verursacht wurden.[743] Diese Haftung ist vor dem Hintergrund der Rechtsfolge, die rechtlich selbständigen Einheiten als ein umsatzsteuerliches Unternehmen zu behandeln, konsequent.[744] Die umsatzsteuerliche Behandlung als Einheitsunternehmen bringt für die Mitglieder der Organschaft somit nicht lediglich Vorteile mit sich, sondern ebenfalls die sich aus dieser Behandlung konsequenterweise ergebenden negativen Folgen. Der Nachteil auf Seiten der Steuerpflichtigen stellt aus der Perspektive des Fiskus einen Vorteil dar, da er seinen Steueranspruch aus der wirtschaftlichen Tätigkeit der Mehrwertsteuergruppe nicht lediglich gegenüber dem nach deutschem Recht zum Steuerschuldner auserkorenen Organträger, sondern, im Wege der Haftung gem. § 73 AO, auch gegenüber den Organgesellschaften geltend machen kann.[745]

Im Zuge der Besteuerung der wirtschaftlichen Realität haben die Würdigung des Sachverhalts nach seiner wirtschaftlichen Bedeutung und die Auslegung der Steuergesetze nach ihrem Zweck ineinanderzugreifen.[746] Aus wirtschaftlicher Sicht ergibt sich bei rechtlich selbständigen Einheiten, die dergestalt finanziell,

---

[741] BT-Drs. 7/913, 19.07.1973, S. 37.

[742] Vgl. *Wäger,* UR 2016, S. 180, dort Fn. 52.

[743] Vgl. *Kratzsch*, in: Koenig, AO, 2021, § 73 Rn. 13.

[744] Vgl. *Rüsken*, in: Klein, AO, 2022, § 73 Rn. 8.

[745] Vgl. *Rauch,* UR 2017, S. 889; *Heuermann*, in: Drüen/Hey et al., 100 Jahre Steuerrechtsprechung, 2018, S. 1567.

[746] Vgl. *Lehner*, in: Lang, Festschrift Tipke, 1995, S. 242.

wirtschaftlich und organisatorisch verbunden sind, dass die Anerkennung ihrer rechtlichen Selbständigkeit für das Steuerrecht eine Missachtung der tatsächlichen Gegebenheiten darstellen würde, aus Wettbewerbsgründen das Erfordernis, sie als eine Einheit zu betrachten.[747] Diese Zusammenfassung aus wirtschaftlichen Gründen wirkt ebenso einem Missbrauch entgegen, der darauf gerichtet ist, durch rechtliche Gestaltung eine künstliche Aufspaltung zu erreichen, um in den Genuss von Vergünstigungen wie der Kleinunternehmerregelung des § 19 UStG zu kommen.[748] Das Rechtsinstitut der umsatzsteuerlichen Organschaft bzw. Mehrwertsteuergruppe dient daher vornehmlich einer wirtschaftlich und gleichheitsrechtlich gebotenen organisationsformunabhängigen bzw. -neutralen Besteuerung.[749] Dies ist der primäre Zweck der Regelung.

bb) Einschränkungen des Tatbestands zur Verhinderung von Missbrauch

Eine rechtsformabhängige Einschränkung der Mehrwertsteuergruppe könnte lediglich dann gerechtfertigt sein, wenn diese Einschränkung der nach Art. 11 Abs. 2 MwStSystRL zulässigen Bekämpfung von Missbräuchen dient.[750] Teilweise wird die Auffassung vertreten, eine Gestaltung, die die Schaffung der Voraussetzungen der umsatzsteuerlichen Organschaft zum Zwecke der Ersparnis von nicht abzugsfähigen Vorsteuerbeträgen zum Ziel hat, sei rechtsmissbräuchlich.[751] In seiner Entscheidung hinsichtlich des Ausschlusses von Nichtunternehmern von der umsatzsteuerlichen Organschaft hat auch der BFH in der Ersparnis der nicht abzugsfähigen Vorsteuerbeträge auf Innenleistungen eine mögliche missbräuchliche Praxis gesehen.[752]

Die Anforderungen an eine missbräuchliche Praxis im Mehrwertsteuerrecht hat der EuGH in der Rs. Halifax dargelegt. Demnach kann es sich bei Umsätzen, die trotz formaler Anwendung des Mehrwertsteuerrechts zu einem Steuervorteil führen, der der Zielsetzung des Mehrwertsteuerrechts zuwiderläuft, um eine

---

[747] Vgl. *Heuermann*, in: Drüen/Hey et al., 100 Jahre Steuerrechtsprechung, 2018, S. 1567; *Boor,* Gruppenbesteuerung im Mehrwertsteuerrecht, 2014, S. 23 f.

[748] EuGH, Urteil v. 09.04.2013, C-85/11, Kommission / Irland, ECLI:EU:C:2013:217, Rn. 47; BFH, Urteil v. 02.12.2015, V R 67/14, Keine Organschaft mit Nichtunternehmer, BFHE 251, S. 547, Rn. 28; vgl. *von Streit/Streit,* DStR 2016, S. 1450.

[749] Der Begriff Organisationsformneutralität ist weiter als der der Rechtsformneutralität. Ersterer verlangt eine Besteuerung ungeachtet der rechtlichen Organisationsstruktur eines Wirtschaftsgebildes (Unternehmensgruppe oder Einheitsunternehmen), während letzterer lediglich eine rechtsformunabhängige Besteuerung erfordert.

[750] Vgl. EuGH, Urteil v. 16.07.2015, C-108/14 u. C-109/14, Larentia + Minerva, ECLI:EU:C:2015:496, Rn. 42 u. 43 unter Verweis auf Art. 11 Abs. 2 MwStSystRL.

[751] Vgl. *Leonard,* DStR 2010, S. 725; *Heuermann,* DB 2016, S. 614; *Wäger,* UR 2016, S. 176.

[752] Vgl. BFH, Urteil v. 02.12.2015, V R 67/14, Keine Organschaft mit Nichtunternehmer, BFHE, 251, Rn. 33.

missbräuchliche Praxis handeln. Hinzutreten muss jedoch, dass mit diesen Umsätzen im Wesentlichen die Erlangung eines Steuervorteils bezweckt wird und die gewählte Gestaltung nicht auch auf anderen Ursachen beruht.[753] In weiteren Entscheidungen hat der Gerichtshof eine missbräuchliche Praxis als rein künstliche, jeder wirtschaftlichen Realität bare Gestaltung mit alleinigem Zweck der Erlangung eines Steuervorteils beschrieben.[754] Den vom EuGH aufgestellten Grundsätzen hat sich auch der BFH angeschlossen.[755]

Da die Rechtsfolgen einer Mehrwertsteuergruppe für die Steuerpflichtigen auch zu vorteilhaften Ergebnissen führen können, kann eine missbräuchliche Gestaltung vorliegen, wenn die Gestaltung lediglich dem Ziel dient, Steuervorteile zu erlangen. Es kann jedoch nicht per se davon ausgegangen werden, dass die Ersparnis der Umsatzsteuer auf Innenleistungen und andere Vorteile eine missbräuchliche Praxis darstellen. Vielmehr ist davon auszugehen, dass den Wirtschaftsteilnehmern grundsätzlich eine große Gestaltungsfreiheit zusteht und die Annahme einer missbräuchlichen Praxis nur unter engen Voraussetzungen gegeben sein wird. Dies wird jedenfalls aus der Konkretisierung des EuGH deutlich, nach dem es sich bei einer missbräuchlichen Gestaltung um eine rein künstliche, jeder wirtschaftlichen Realität bare Gestaltung mit dem alleinigen Zweck der Erlangung eines Steuervorteils handeln muss.

In Bezug auf die Beschränkung der möglichen Organgesellschaften auf juristische Personen muss festgehalten werden, dass diese Beschränkung nicht nur verhindert, dass Personengesellschaften missbräuchlich die möglichen Vorteile einer Mehrwertsteuergruppe in Anspruch nehmen könnten, sondern sie per se vom Anwendungsbereich der Regelung ausschließt. Darüber hinaus ist eine missbräuchliche Inanspruchnahme durch juristische Personen möglich. Daher stellt sich die Frage, ob die Bildung einer Mehrwertsteuergruppe zur Erlangung von steuerlichen Vorteilen eine missbräuchliche Gestaltung darstellen kann, nicht vor dem Hintergrund der Rechtsform-, sondern der Organisationsformneutralität. Im Verlauf dieser Arbeit wird diese noch beantwortet.[756] Ein Ausschluss von Personengesellschaften zum Zweck der Missbrauchsbekämpfung wäre allenfalls dann tragfähig, wenn bei Personengesellschaften automatisch aufgrund der Rechtsform ein besonderes Missbrauchspotential vorliegen würde.

---

[753] EuGH, Urteil v. 21.02.2006, C-255/02, Halifax, Slg. 2006, I-1655Rn. 74 u. 75.

[754] EuGH, Urteil v. 12.09.2006, C-196/04, Cadbury Schweppes, Slg. 2006, I-8031, Rn. 55; EuGH, Urteil v. 22.05.2008, C-162/07, Ampliscientifica und Amplifin, Slg. 2008, I-4019 Rn. 28.

[755] BFH, Urteil v. 16.06.2015, XI R 17/13, Rechtsmissbrauch im Umsatzsteuerrecht, BFHE 250, S. 470, Rn. 36.

[756] Siehe Kapitel 4: A. II. 2.

In dieser Richtung hatte der V. Senat des BFH argumentiert, er sah aus Gründen der Rechtssicherheit die grundsätzliche Beschränkung auf juristische Personen als Organgesellschaften geboten. Denn die zivilrechtlichen Besonderheiten bei Personengesellschaften wie insbesondere die Möglichkeit von mündlichen Abreden bezüglich der Stimmrechte seien potenziell risikobehaftet. Nur für den Fall, dass neben dem Organträger lediglich finanziell in das Unternehmen des Organträges eingegliederte Gesellschaften Gesellschafter der Personengesellschaft sind, hat er im Zuge einer extensiven Auslegung des Begriffs „juristische Personen" eine Einbeziehung von Personengesellschaften als Organgesellschaften in Betracht gezogen. In der Literatur wurde kritisiert, dass das Gebot der Rechtssicherheit eine Beschränkung auf juristische Personen nicht rechtfertigen könne, da Art. 11 Abs. 2 MwStSystRL allein Maßnahmen zur Missbrauchsbekämpfung in Form der Vermeidung von Steuerhinterziehung und Umgehung gestatte.[757] Auch wenn eine rechtssichere Bestimmung klare Voraussetzungen hinsichtlich des Vorliegens oder Nichtvorliegens des Tatbestands schafft und somit in der Folge auch der Missbrauchsbekämpfung dienen kann,[758] muss die Beschränkung des Anwendungsbereichs auf juristische Personen als Organgesellschaften auch verhältnismäßig sein. Die nationalen Besonderheiten bei Personengesellschaften, wie das grundsätzliche Einstimmigkeitsprinzip und die mögliche mündliche Änderung der Stimmrechtsvereinbarungen, rechtfertigen nicht deren generellen Ausschluss, da eine rechtssichere Bestimmung des Vorliegens der finanziellen Eingliederung auch durch mildere Mittel erreicht werden kann. Zu Recht wurde die restriktive Auslegung des V. Senats dahingehend kritisiert, dass es lediglich eine Frage der Nachweisführung und im Hinblick auf die frühere Rechtsprechung des Senats zur organisatorischen Eingliederung[759] auch inkonsistent sei, nun bei der finanziellen Eingliederung deutlich höhere Hürden zu schaffen.[760] Zwar kommt der finanziellen Eingliederung aufgrund der damit einhergehenden Möglichkeiten der Willensdurchsetzung und hiermit verbundenen organisatorischen sowie wirtschaftlichen Gestaltungsmöglichkeiten innerhalb einer Unternehmensgruppe eine erhöhte Bedeutung zu, jedoch muss auch bei diesem Kriterium ein glaubhafter Nachweis genügen. Dieser Nachweis erfordert belastbare, bereits in der Vergangenheit getroffene, schriftliche Vereinbarungen, denn anderenfalls bestünde ein hohes Missbrauchspotential.[761] Dass der generel-

---

[757] Vgl. *Brinkmann/Walter-Yadegardjam,* DStR 2016, S. 652; *Lange,* UR 2016, S. 300.

[758] Vgl. *Englisch,* UR 2016, S. 834.

[759] BFH, v. 08.08.2013, V R 18/13, Organschaft bei Bestellung eines vorläufigen Insolvenzverwalters, BFHE 242, S. 433.

[760] Vgl. *Brinkmann/Walter-Yadegardjam,* DStR 2016, S. 652; *Tiede,* StuB 2021, S. 391.

[761] Vgl. *Jansen,* BB 2016, S. 2266, der darauf hinweist, dass mündliche Vereinbarungen nicht dazu führen können, dass dem Fiskus und damit der Gemeinschaft der Steuerzahler das Risiko von Steuerausfällen zugewiesen wird. Jedoch sieht er im generellen Ausschluss von Personen-

le Ausschluss von Personengesellschaften als Organgesellschaften ein unverhältnismäßiges Mittel zur Bekämpfung von Missbräuchen ist, wurde durch den EuGH nicht nur bestätigt, sondern der Gerichtshof hat dem nationalen Gesetzgeber darüber hinaus noch Hinweise gegeben, wie eine rechtssichere Ausgestaltung der nationalen Umsetzungsnorm erfolgen könnte. Er hat insbesondere auf einen Urkundsbeweis oder die Möglichkeit einer Bewilligung der Bildung einer Mehrwertsteuergruppe durch die Finanzverwaltung hingewiesen.[762]

Neben dem Grundsatz der Verhältnismäßigkeit hat sich der EuGH insbesondere auf den Grundsatz der steuerlichen Neutralität bezogen, der es gebiete, Wirtschaftsteilnehmer, die gleichartige Umsätze tätigen, bei der Erhebung der Mehrwertsteuer nicht unterschiedlich zu behandeln. Auf die Unerheblichkeit der Rechtsform, in der der Steuerpflichtige seine Tätigkeit ausübe, hat der Gerichtshof explizit hingewiesen.[763] Aus diesem im Mehrwertsteuerrecht allgemeingültigen Grundsatz der steuerlichen Neutralität in seiner Ausprägungsform der Wettbewerbsneutralität, die sowohl die Rechts- als auch Organisationsformneutralität umfasst, können Parallelen zu der Ursache der Schaffung des Rechtsinstituts durch den RFH gezogen werden. Der Schöpfung lag auch der Wille zugrunde, Wirtschaftsteilnehmer wettbewerbsneutral, ungeachtet ihrer rechtlichen Organisationsform unter dem Blickwinkel der wirtschaftlichen Betrachtungsweise zu besteuern. Unterschiedlich ist an dieser Stelle lediglich die konkrete Ausprägungsform der Wettbewerbsneutralität. Während der EuGH, aufgrund der Vorlagefragen und dem zugrunde liegenden Sachverhalt, einen Vergleich der Rechtsformen angestellt hat, in deren Rahmen ein Wirtschaftsteilnehmer seiner wirtschaftlichen Tätigkeit nachgeht, hat der RFH für seinen Vergleich eine Ebene höher angesetzt. Sein Blick richtete sich auf die wirtschaftliche Tätigkeit im Ganzen, soweit diese Tätigkeit durch finanzielle, wirtschaftliche und organisatorische Verbindungen als *eine* wirtschaftliche Tätigkeit angesehen werden konnte. Der rein rechtlichen Untergliederung in selbständige Einheiten kam aufgrund des wirtschaftlichen Blickwinkels keine umsatzsteuerliche Bedeutung mehr zu. Hieraus lässt sich die noch später zu erörternde Frage ableiten, ob die Existenz einer Mehrwertsteuergruppe unter dem Blickwinkel der Organisationsformneutralität – unabhängig von der Existenz des Art. 11 MwStSystRL – bei Fortbestehen der unechten Steuerbefreiungen und den damit verbundenen Einschränkungen beim Vorsteuerabzug nicht nur zulässig, sondern gar geboten ist.

Jedenfalls ist im Hinblick auf die Rechtsformneutralität festzuhalten, dass diese keine Beschränkung auf juristische Personen als Organgesellschaften zu-

---

gesellschaften als Organgesellschaften ein unverhältnismäßiges, über das Ziel hinausgehendes Mittel.

[762] EuGH, Urteil v. 15.04.2021, C-868/19, M-GmbH, ECLI:EU:C:2021:285, Rn. 64.

[763] EuGH, Urteil v. 15.04.2021, C-868/19, M-GmbH, ECLI:EU:C:2021:285, Rn. 65.

lässt. Hierfür spricht, wie dargelegt, auch der Grundsatz der Verhältnismäßigkeit, der weder einen grundsätzlichen Ausschluss noch eine zu restriktive (weil zu enge) erweiternde Auslegung des Begriffs der juristischen Person zulässt. Möglichen Unklarheiten im Hinblick auf die Verwirklichung des Tatbestandmerkmals der finanziellen Eingliederung bei Personengesellschaften ist mit erhöhten, jedoch angemessenen Nachweisanforderungen zu begegnen.

cc) Erfordernis einheitlicher rechtsformunabhängiger Tatbestandsvoraussetzungen

(1) Gegenwärtige Rechtslage

Vom Standpunkt des geltenden Rechts aus betrachtet ist der derzeitige Wortlaut der Norm des § 2 Abs. 2 Nr. 2 UStG richtlinienkonform möglichst dergestalt auszulegen, dass er Personengesellschaften dann als Organgesellschaften zulässt, wenn diese *wie* eine juristische Person mit dem Unternehmen des Organträgers verbunden sind. Zu diesem Auslegungsziel führt die Entscheidung des EuGH in der Rs. M-GmbH,[764] nachdem der Auslegungsversuch des V. Senats des BFH[765] zu eng geraten ist. Neben der ohnehin sehr restriktiven Auslegung des V. Senats war die darüber hinausgehende Auslegung des XI. Senats des BFH[766] auf kapitalistisch geprägte Personengesellschaften beschränkt. Dementsprechend führt auch diese weitere Auslegung nicht zu einer generell möglichen Einbeziehung von Personengesellschaften.

Als Auslegungsmaßstab, an dem die nationalen Umsetzungsakte zu messen sind, müssen der Wortlaut und die Zielsetzung der Richtlinie herangezogen werden.[767] Hergeleitet wird der Auslegungsmaßstab aus der Umsetzungsverpflichtung gem. Art. 288 AEUV, die nicht lediglich den Erlass eines nationalen Umsetzungsaktes durch die Legislative fordert, sondern ebenso eine Verwirklichung der Richtlinienziele bei der Anwendung des Rechts durch staatliche Behörden und Gerichte als Träger der öffentlichen Gewalt.[768] Übergeordnet folgt diese

[764] EuGH, Urteil v. 15.04.2021, C-868/19, M-GmbH, ECLI:EU:C:2021:285.

[765] BFH, Urteil v. 02.12.2015, V R 25/13, Organschaft – teleologische Extension, BFHE 251, S. 534.

[766] BFH, Urteil v. 19.01.2016, XI R 38/12, Organschaft – kapitalistisch geprägte Personengesellschaft als Organgesellschaft, BFHE 252, S. 516.

[767] Vgl. EuGH, Urteil v. 10.04.1984, 14/83, Colson u. Kamann, Slg. 1984, 1892, Rn. 26; EuGH, Urteil v. 13.11.1990, C-106/89, Marleasing, Slg. 1990, I-4156, Rn. 8; EuGH, Urteil v. 25.02.1999, C-131/97, Carbonari, Slg. 1999, I-1119, Rn. 48; EuGH, Urteil v. 05.10.2004, C-397/01 bis C-403/01, Pfeiffer, Slg. 2004, I-8878, Rn. 113; *Ruffert*, in: Calliess/Ruffert, EUV/AEUV, 2022, Art. 288 AEUV, Rn. 77; *Kotzur*, in: Geiger/Khan et al., EUV, AEUV, 2023, Art. 288 AEUV, Rn. 14.

[768] Vgl. EuGH, Urteil v. 10.04.1984, 14/83, Colson u. Kamann, Slg. 1984, 1892, Rn. 26.

Verpflichtung zur Sicherstellung der Erreichung der Richtlinienziele aus dem Gebot der Unionstreue.[769] Bei der Auslegung sind die nationalen Auslegungsmethoden dergestalt anzuwenden, dass die zu interpretierende Norm nicht mit anderen innerstaatlichen Normen kollidiert. Dabei ist die Auslegung so weit wie möglich am Wortlaut und Zweck der Richtlinie auszurichten[770] und ggf. zweckmäßig einzuschränken[771] (teleologische Reduktion) oder auszuweiten (teleologische Extension). Hieraus folgt, dass die allgemein anerkannten (nationalen) Auslegungsmethoden unter Berücksichtigung der Richtlinienvorgaben Anwendung finden.[772] Unter Auslegung ist hingegen nicht lediglich die Auslegung im engeren Sinne zu verstehen, deren Grenze der Wortlaut einer Norm setzt,[773] vielmehr erfordert eine unionsrechtskonforme Auslegung den Einschluss der Methoden der Rechtsfortbildung.[774] Dies entspricht auch der Auffassung des EuGH, der die Berücksichtigung des gesamten nationalen Rechts bei der Auslegung durch die nationalen Gerichte fordert. Die Auslegung dürfe lediglich nicht zu einer Auslegung contra legem des nationalen Rechts führen.[775] Unter diesen Bedingungen ist zu prüfen, ob und auf welche Weise eine richtlinienkonforme Auslegung des nationalen Rechts möglich ist. Vor diesem Hintergrund überrascht die teilweise in der Literatur vertretene Auffassung, der V. Senat des BFH hätte seine Auslegung auf eine teleologische Extension gestützt, während der XI. Senat eine richtlinienkonforme Interpretation unternommen hätte.[776] Beide Auslegungsansätze hatten darauf abgezielt, die nationale Norm in Einklang mit der Zielsetzung der Richtlinienvorgabe zu bringen und sind mithin gleichermaßen Anwendungsfälle der richtlinienkonformen Auslegung.[777] Fraglich bleibt, mit welcher Methode der Auslegung die im nationalen Umsetzungsakt bis zu einer Neufassung des § 2 Abs. 2 Nr. 2 UStG noch immer bestehende Regelungslücke zu schließen ist. Teilweise scheinen in der Literatur Zweifel zu bestehen, ob eine den Wortlaut der Norm übersteigende Rechtsfortbildung möglich ist.[778] Ausschlaggebend für die Beantwortung dieser Frage ist das Verständnis des Begriffs der planwidrigen

[769] Vgl. *Kotzur*, in: Geiger/Khan et al., EUV, AEUV, 2023, Art. 288 AEUV, Rn. 14.
[770] EuGH, Urteil v. 13.11.1990, C-106/89, Marleasing, Slg. 1990, I-4156, Rn. 8.
[771] EuGH, Urteil v. 05.10.2004, C-397/01 bis C-403/01, Pfeiffer, Slg. 2004, I-8878, Rn. 116.
[772] BFH, Urteil v. 15.02.2012, XI R 24/09, Auslegung des nationalen Umsatzsteuerrechts, BFHE 236, S. 267, Rn. 17; BFH, Urteil v. 08.09.2010, XI R 40/08, Ermittlung von Sinn und Zweck einer Norm durch die Rechtsprechung, BFHE 231, S. 343, Rn. 25.
[773] Vgl. *Larenz/Canaris,* Methodenlehre der Rechtswissenschaft, 1995, S. 187.
[774] BGH, Urteil v. 26.11.2008, VIII ZR 200/05, RL-konforme Auslegung, HFR 2009, S. 717; *Tiede,* StuB 2021, S. 391 f.
[775] EuGH, Urteil v. 16.06.2005, C-105/03, Pupino, Slg. 2005, I-5309, Rn. 47.
[776] Vgl. *Jansen,* BB 2016, S. 2266.
[777] Vgl. *Treiber*, in: Sölch/Ringleb, UStG, 2023, § 2 Rn. 164 u. 165.
[778] Vgl. *von Streit/Streit,* UStB 2016, S. 155; *Michel,* DB 2016, S. 1961.

Regelungslücke. Zieht man lediglich den Plan des nationalen Umsetzungsaktes zur Bestimmung der Lücke heran, handelt es sich um eine enge Betrachtungsweise. Zieht man hingegen den Plan der Gesamtrechtsordnung heran, führt dies zu einer weiteren Definition der Regelungslücke.[779] In diesem Fall sind zu ihrer Bestimmung nicht lediglich der nationale Umsetzungsakt, sondern darüber hinaus die Richtlinie als Bestandteil der Gesamtrechtsordnung als Maßstab der Lückenbestimmung heranzuziehen.[780] Daher endet die Auslegung nicht an der Wortlautgrenze der nationalen Norm, sondern erstreckt sich ebenso auf die gesetzesübersteigende Rechtsfortbildung (extra legem).[781] Die Grenze einer Auslegung wäre erst dann überschritten (contra legem), wenn diese nicht nur den Wortlaut der nationalen Norm übersteigt, sondern auch deren Zielsetzung.[782]

Das Rechtsinstitut der umsatzsteuerlichen Organschaft bzw. Mehrwertsteuergruppe dient, wie bereits dargelegt, vornehmlich einer wirtschaftlich und gleichheitsrechtlich gebotenen organisationsformunabhängigen bzw. -neutralen Besteuerung.[783] Maßgebend ist, dass die umsatzsteuerliche Organschaft sicherstellen soll, dass gleiche wirtschaftliche Tätigkeiten auch den gleichen Besteuerungsfolgen unterliegen.[784] Eine Ausweitung des Anwendungsbereichs der Norm auf Personengesellschaften als Organgesellschaften steht demzufolge dem Gesetzeszweck des Umsetzungsakts nicht entgegen, wenn die maßgebenden finanziellen Verbindungen der Personengesellschaft zum Organträger wie bei einer juristischen Person gegeben sind, sie also aus wirtschaftlicher Sicht als unselbständig betrachtet werden muss.[785] Eine organisationsformunabhängige Besteuerung erfordert, dass es auf die Rechtsformen der einzelnen Glieder, die Bestandteil des Wirtschaftgebildes sind, welches die wirtschaftliche Tätigkeit ausübt, nicht ankommen kann. Somit ist die Einbeziehung der Personengesellschaften sogar geboten. Bei dem bisher zu eng gefassten Wortlaut der Norm handelt es sich daher um einen Wertungsmangel.[786] Dieser offenbart die Existenz einer

[779] Vgl. *Canaris*, in: Koziol/Rummel, Festschrift Bydlinski, 2002, S. 84.
[780] *Canaris*, in: Koziol/Rummel, Festschrift Bydlinski, 2002, S. 85.
[781] Vgl. *Hörtnagl-Seidner,* RdW 2016, S. 577; *Canaris*, in: Koziol/Rummel, Festschrift Bydlinski, 2002, S. 82.
[782] Vgl. *Canaris*, in: Koziol/Rummel, Festschrift Bydlinski, 2002, S. 96.
[783] Siehe Kapitel 4: A. I. 2. b) aa).
[784] Vgl. *Boor,* Gruppenbesteuerung im Mehrwertsteuerrecht, 2014, S. 23.
[785] So bereits *Popitz/Kloss/Grabower,* Kommentar zum Umsatzsteuergesetz, 1928, S. 304, nach denen die Möglichkeit der umsatzsteuerlichen Unselbständigkeit auch bei juristischen Personen und den ihnen gleichstehenden Gebilden, insbesondere bei der offenen Handelsgesellschaft, anzuerkennen sei. Es handle sich um eine zwingende Logik der wirtschaftlichen Tatsachen, an denen man nicht blind vorübergehen könne, die zu dieser Betrachtung nötige.
[786] Vgl. *Zippelius,* Juristische Methodenlehre, 2012, S. 52.

Regelungslücke.[787] Eine Schließung der Lücke wäre mittels einer teleologischen Extension[788] oder des Analogieschlusses im Rahmen der gesetzesimmanenten Rechtsfortbildung (praeter legem) möglich.[789] Im vorliegenden Fall würde sich der Analogieschluss zur Lückenschließung als Anwendungsfall des allgemeinen Gleichheitssatzes[790] besonders eignen, da bereits die Bestimmung der Regelungslücke durch einen Vergleich des geregelten mit dem nicht geregelten Fall unter Berücksichtigung des Zwecks der Regelung erfolgte.

Den in der Literatur vertretenen Zweifeln[791] an der Möglichkeit einer richtlinienkonformen Interpretation ist mit dem von *Canaris* definierten, weiten Lückenbegriff zu begegnen. Es ist hilfsweise nicht nur der Plan des nationalen Umsetzungsakts, sondern ebenso die zugrunde liegende Richtlinienvorgabe als Teil der Gesamtrechtsordnung zur Bestimmung der Planwidrigkeit der Regelungslücke heranzuziehen.[792] Voraussetzung hierfür ist erstens, dass die Einbeziehung von Personengesellschaften als Organgesellschaften nicht mit dem Gesetz unvereinbar ist und zweitens, dass diese Rechtsfortbildung durch allgemeine Rechtsprinzipien legitimiert wird.[793]

Der vorgenannten Zielsetzung, gleiche wirtschaftliche Sachverhalte den gleichen Besteuerungsfolgen zu unterwerfen, steht der Einbeziehung von Personengesellschaften als Organgesellschaften nicht entgegen,[794] vielmehr ist sie nach der vorstehend vertretenen Auffassung sogar geboten und wäre daher sogar noch innerhalb der gesetzesimmanenten Rechtsfortbildung des nationalen Umsetzungsakts möglich. Demnach ist die erste Voraussetzung erfüllt.

Als Legitimation wird der Grundsatz der steuerlichen Neutralität als spezifische Ausprägung des allgemeinen Gleichheitssatzes herangezogen. Dies gebietet zum einen die Gleichbehandlung der Wirtschaftsteilnehmer, die vergleichbare Tätigkeiten am Markt ausüben. Ihre Tätigkeiten sind den gleichen steuerlichen Folgen zu unterwerfen. Somit hat die Besteuerung unabhängig von der Rechtsform der Wirtschaftsteilnehmer zu erfolgen und erfordert daher eine Einbeziehung von Personengesellschaften. Zum anderen bedingt das Verbrauchsteuer-

---

[787] Vgl. *Engisch/Würtenberger/Otto,* Einführung in das juristische Denken, 2010, S. 239, zur Begriffsdefinition von Lücken als Mängel des positiven Rechts, die als Fehlen gesetzlicher Regelungsinhalte dort, wo sie für bestimmte Sachverhalte erwartet wird, spürbar werden und die Behebung durch eine rechtsergänzende richterliche Entscheidung fordern und zulassen.

[788] Vgl. *Endres,* Mehrwertsteuergruppe, 2016, S. 77.

[789] Vgl. *Heuermann,* DB 2016, S. 613 f.

[790] Vgl. *Zippelius,* Juristische Methodenlehre, 2012, S. 55.

[791] Vgl. *von Streit/Streit,* UStB 2016, S. 155; *Michel,* DB 2016, S. 1961.

[792] Vgl. *Canaris*, in: Koziol/Rummel, Festschrift Bydlinski, 2002, S. 84.

[793] Vgl. *Larenz/Canaris,* Methodenlehre der Rechtswissenschaft, 1995, S. 246.

[794] Vgl. *Zippelius,* Juristische Methodenlehre, 2012, S. 54, nach dem eine Rechtsfortbildung noch möglich ist, solange der klar erkennbare Sinn des Gesetzes diese nicht ausschließt.

prinzip eine gleichmäßige Steuerbelastung der Endverbraucher, was voraussetzt, dass die am Markt konkurrierenden Wirtschaftsteilnehmer die gleichen Überwälzungschancen haben.[795] Auch aus diesem Blickwinkel ist es erforderlich, keine Unterscheidung zwischen Personengesellschaften und juristischen Personen vorzunehmen. Demnach ist ebenso die zweite Voraussetzung für eine gesetzesübersteigende Rechtsfortbildung (extra legem) erfüllt.[796] Eine Abgrenzung zwischen der gesetzesimmanenten Rechtsfortbildung und der gesetzesübersteigenden Rechtsfortbildung ist jedoch nicht erforderlich, da die Übergänge fließend sind und sich beide Teilbereiche im Rahmen einer zulässigen Rechtsfortbildung bewegen.[797]

Nachdem die Frage der Möglichkeit einer richtlinienkonformen Auslegung bejaht wurde, ist zu klären, wann eine Einbeziehung von Personengesellschaften zu erfolgen hat. Angedeutet wurde bereits, dass Personengesellschaften dann als Organgesellschaften zuzulassen sind, wenn diese *wie* eine juristische Person mit dem Unternehmen des Organträgers verbunden sind. Grundsätzlich gilt diese Voraussetzung gleichermaßen für finanzielle, wirtschaftliche und organisatorische Beziehungen zwischen Organträger und Organgesellschaft. Problematisch waren jedoch vor allem die finanziellen Beziehungen, die bislang Grundlage für eine nur eingeschränkte Berücksichtigung von Personengesellschaften waren. Unter Beachtung der vom EuGH in der Rs. M-GmbH aufgestellten Grundsätze ist, bezüglich des Vorliegens der erforderlichen finanziellen Beziehungen, auf die tatsächlichen Gegebenheiten hinsichtlich der Möglichkeit der Willensdurchsetzung mittels der Mehrheit der Stimmrechte abzustellen. Aus Gründen der Rechtssicherheit und zur Vorbeugung von Missbräuchen sind zum Nachweis schriftliche, im Voraus getroffene Vereinbarungen erforderlich. Auf einem anderen Blatt stehen die Anforderungen an die organisatorischen Beziehungen, insbesondere bei der Rechtsform der GmbH & Co. KG, wenn die Geschäftsführung der Komplementär-GmbH nicht identisch mit der des Organträgers ist. Eine Erörterung dieser Thematik muss in dieser Arbeit jedoch aus Raumgründen unterbleiben.

Zusammenfassend kann festgehalten werden, dass auch vor einer Reform des nationalen Umsetzungsakts eine richtlinienkonforme Auslegung des Begriffs juristische Person dergestalt vorzunehmen ist, dass sie Personengesellschaften

[795] Siehe Kapitel 3: D. II. 2. b) dd) u. Kapitel 4: A. I. 1.

[796] So im Ergebnis auch *Nieskens,* BB 2015, S. 2076.

[797] Vgl. *Canaris*, in: Koziol/Rummel, Festschrift Bydlinski, 2002, S. 84; BGH, Urteil v. 26.11.2008, VIII ZR 200/05, RL-konforme Auslegung, HFR 2009, S. 717.

gleichermaßen *wie* juristische Personen als Organgesellschaften berücksichtigt.[798] Dies erfordert der Grundsatz der steuerlichen Neutralität.

(2) Reformbedarf

Auch wenn eine richtlinienkonforme Interpretation möglich ist, sollte aus Gründen der Rechtssicherheit eine Neufassung des § 2 Abs. 2 Nr. 2 UStG erfolgen.[799] Diese Neufassung erfordert nicht nur die Herstellung der Rechtsformneutralität der Norm. Vielmehr sind darüber hinaus, auch aus Gründen der Organisationsformneutralität, weitere Überlegungen anzustellen. Daher erfolgt eine Auseinandersetzung de lege ferenda mit dem Ziel eines Vorschlags zur Neufassung der Norm im Rahmen der Überprüfung der bestehenden Norm am Maßstab der Organisationsformneutralität.[800]

3. Privilegierung der öffentlichen Hand

Die öffentliche Hand, namentlich die juristischen Personen des öffentlichen Rechts, unterlagen nach alter Rechtslage nur unter bestimmten Voraussetzungen der Besteuerung, da für sie die Sonderregelung des § 2 Abs. 3 UStG a. F. galt. Die alte Rechtslage soll jedoch nach dem Willen des Gesetzgebers unter bestimmten Voraussetzungen weiterhin für bis zum 31.12.2024 ausgeführte Umsätze Anwendung finden.[801] Auch die neue Rechtslage, die sich in § 2b UStG findet, schränkt den Anwendungsbereich von § 2 Abs. 1 UStG für juristische Personen des öffentlichen Rechts ein.

Fraglich ist daher die Vereinbarkeit dieser besonderen Besteuerung mit dem Grundsatz der Rechtsformneutralität. Zum einen könnten Wirtschaftsteilnehmer steuerlich unterschiedlich behandelt werden, obwohl sie die gleichen Leistungen am Markt anbieten. Zum anderen könnte es zu einer ungleichen steuerlichen Belastung des Endverbrauchs in Abhängigkeit von der Rechtsform des leistenden Unternehmers kommen.

---

[798] Dem hat sich auch der V. Senat des BFH unter Aufgabe seiner vorherigen Rechtsprechung angeschlossen, BFH, Urteil v. 16.03.2023, V R 14/21, BFH/NV 2023, S. 790.

[799] Siehe Vorschlag in Kapitel 4: A. II. 2. c) cc).

[800] Siehe Kapitel 4: A. II. 2. c).

[801] Vgl. § 27 Abs. 22 und 22a UStG. Die Übergangsfrist wurde um weitere zwei Jahre durch Artikel 16 Gesetz. v. 16.12.2022 (JStG 2022), BGBl. I S. 2294 verlängert.

a) Weitere Anwendung des § 2 Abs. 3 UStG

aa) Überblick

Die in § 2 Abs. 3 UStG niedergelegte Regelung zur Besteuerung von juristischen Personen des öffentlichen Rechts sah vor, dass ihr Handeln nur dann eine gewerbliche oder berufliche Tätigkeit darstellt, wenn dieses im Rahmen eines Betriebs gewerblicher Art im Sinne des § 1 Abs. 1 Nr. 6, § 4 KStG oder eines land- oder forstwirtschaftlichen Betriebs erfolgt. Daneben wurden bestimmte Tätigkeiten stets als gewerbliche oder berufliche Tätigkeit behandelt.[802]

Die Diskrepanz des Wortlauts dieser Regelung zur Richtlinienvorgabe des Art. 13 MwStSystRL ist offenkundig.[803] Denn die Systematik des Art. 13 MwStSyst-RL nimmt juristische Personen des öffentlichen Rechts, wenn diese im Rahmen der öffentlichen Gewalt handeln und dabei ein Entgelt jedweder Art verlangen, nur dann von der Besteuerung aus, wenn dies zu keinen größeren Wettbewerbsverzerrungen führt.

Es bedurfte daher einer unionsrechtskonformen Auslegung des Begriffs des Betriebs gewerblicher Art.[804] Denn das körperschaftsteuerliche Verständnis steht nicht im Einklang mit der Richtlinienvorgabe und hätte somit zu einer Ungleichbehandlung von juristischen Personen des öffentlichen Rechts und privaten Wirtschaftsteilnehmern geführt. Entgeltliche Tätigkeiten, die auf privatrechtlichen Vereinbarungen beruhen, werden nach der Richtlinienvorgabe nicht von der Besteuerung ausgenommen. Auf den Umfang der Tätigkeit kommt es im Gegensatz zum körperschaftsteuerlichen Verständnis des Begriffs „Betrieb gewerblicher Art" nicht an.[805] Eine Besteuerung nach körperschaftsteuerlichem Verständnis hätte nach der Rechtsform des Wirtschaftsteilnehmers differenziert und

---

[802] Siehe § 2 Abs. 3 S. 2 Nr. 1–5 UStG a. F., aus Raumgründen und aufgrund der untergeordneten Bedeutung wird hierauf im Verlauf dieser Arbeit nicht weiter eingegangen.

[803] Vgl. *Korn*, in: Bunjes/Geist, UStG, 2023, § 2 Rn. 192.

[804] *Wagner*, in: Woerner, DStJG Band 13, 1990, S. 70, hat die Anknüpfung an das Körperschaftsteuerrecht schon früh als systematisches und ungleichbehandelndes Ärgernis beklagt; vgl. BFH, Urteil v. 15.04.2010, V R 10/09, Vermögensverwaltung/Überlassung von Personal u. Sachmitteln als „Betrieb gewerblicher Art", BFHE 229, S. 416, Rn. 29, somit sind weder eine Heraushebung der Tätigkeit aus der Gesamtbetätigung noch absolute Gewinn- oder Umsatzgrenzen maßgebend. Daher war die, dem Urteilsfall zugrunde liegende, entgeltliche Gestattung einer Aufstellung von Automaten auf einem Hochschulgelände als wirtschaftliche (unternehmerische) Tätigkeit der jPdöR einzustufen; *Treiber*, in: Sölch/Ringleb, UStG, 2023, § 2 Rn. 405.

[805] Vgl. *Küffner*, Umsatzsteuerliche Behandlung von jPdöR, 2001, S. 150, der seinerzeit jedoch nicht davon ausging, dass eine richtlinienkonforme Auslegung möglich sei, da dies den möglichen Wortsinn des § 4 KStG i. V. m. § 2 Abs. 3 UStG überschreite (S. 165).

somit bei Ausübung derselben Tätigkeit in einem Fall eine Besteuerung vorgesehen und sie im anderen Fall unterlassen.

Aufgrund der Neuregelung in § 2b UStG, die grundsätzlich der Systematik der Richtlinienvorgabe folgt, wird auf die allgemeine Problematik des Mangels an Rechtsformneutralität des § 2 Abs. 3 UStG im Verlauf dieser Arbeit nicht näher eingegangen. Den juristischen Personen des öffentlichen Rechts wurde jedoch die Möglichkeit eingeräumt, die bisherige Besteuerung durch Anwendung einer Option für Umsätze auszuüben, die vor dem 01.01.2025 ausgeführt wurden.[806] Während die grundsätzliche Privilegierung der juristischen Personen des öffentlichen Rechts durch weitere Anwendung der Altregelung allenfalls mittelbare Folgen für private Wirtschaftsteilnehmer hat, können sich unmittelbare Folgen ergeben, soweit der private Wirtschaftsteilnehmer Leistungen an eine juristische Person öffentlichen Rechts erbringt.

bb) Unmittelbare Auswirkungen auf private Wirtschaftsteilnehmer

Anhand der Übertragung eines vermieteten Grundstücks auf eine juristische Person des öffentlichen Rechts wird im Folgenden untersucht, welche Auswirkungen eine Behandlung der juristischen Person öffentlichen Rechts als Nichtunternehmer für den das Grundstück veräußernden Unternehmer hätte.

Der Untersuchung wird der folgende Sachverhalt zugrunde gelegt:

Unternehmer A vermietet Büroräume und verzichtet dabei gem. § 9 Abs. 1 und 2 UStG auf die Steuerbefreiung des § 4 Nr. 12 Satz 1 Buchst. a UStG. Die Vorsteuerbeträge aus den Herstellungskosten des vor 5 Jahren errichteten Bürogebäudes beliefen sich auf 100.000 EUR. A hat die Vorsteuerbeträge vollumfänglich zum Abzug gebracht. A beabsichtigt nun, das Grundstück mit Bürogebäude an die Kommune B zu veräußern, die beabsichtigt, die Vermietung fortzuführen.

Die Veräußerung eines Grundstücks, bei der der Erwerber in die Mietverträge des Veräußerers eintritt und die Vermietungstätigkeit fortführt, wird als Geschäftsveräußerung im Ganzen gem. § 1 Abs. 1a UStG behandelt.[807] Für die in § 1 Abs. 1a UStG geforderte Unternehmereigenschaft des Erwerbers ist es uner-

---

[806] Vgl. § 27 Abs. 22 und 22a UStG. Die Übergangsfrist wurde um weitere zwei Jahre durch Artikel 16 Gesetz. v. 16.12.2022 (JStG 2022), BGBl. I S. 2294 verlängert.

[807] BFH, Urteil v. 06.05.2010, V R 26/09, BFHE 230, S. 256, Rn. 22. Ebenso kann eine Geschäftsveräußerung im Ganzen vorliegen, wenn zwar nicht das nämliche Mietverhältnis fortgeführt wird, jedoch der Erwerber weiterhin eine Vermietungstätigkeit ausübt. Daher sind Mieterwechsel in zeitlichem Zusammenhang mit der Grundstücksübertragung unschädlich für die Annahme einer Geschäftsveräußerung im Ganzen: BFH, Urteil v. 24.02.2021, XI R 8/19, Geschäftsveräußerung bei Erwerb eines vom Veräußerer zunächst gepachteten und teilweise untervermieteten Grundstücks, BFHE 272, S. 536.

heblich, dass er die unternehmerische Tätigkeit erst mit Erwerb des Grundstücks aufnimmt.[808] Wird B vorliegend hingegen aufgrund einer ausgeübten Optionserklärung gem. § 27 Abs. 22 UStG als Nichtunternehmer behandelt, wäre § 1 Abs. 1a UStG mangels Unternehmereigenschaft des Erwerbers nicht anwendbar. Dies hätte zur Folge, dass die Übertragung des vermieteten Grundstücks eine nach § 4 Nr. 9 Buchst. a UStG steuerfreie Grundstückslieferung darstellt. Ein Verzicht auf die Steuerbefreiung wäre gem. § 9 Abs. 1 UStG ebenfalls ausgeschlossen, da B aufgrund der Anwendung von § 2 Abs. 3 UStG als Nichtunternehmer behandelt wird. A hätte aufgrund der zwangsläufig steuerfreien Veräußerung für den restlichen Berichtigungszeitraum gem. § 15a Abs. 1 S. 2 UStG eine Berichtigung gem. § 15a Abs. 8 und 9 UStG vorzunehmen. In diesem Fall gilt das Grundstück für den restlichen Berichtigungszeitraum von 5 Jahren als steuerfrei und somit gem. § 15 Abs. 2 Nr. 1 UStG vorsteuerschädlich verwendet. Demnach hätte A im Voranmeldungszeitraum der steuerfreien Grundstückslieferung eine Vorsteuerberichtigung zu seinen Lasten in Höhe von 50.000 EUR zu erklären. Gleichermaßen könnte A Vorsteuerbeträge, die auf Aufwendungen im Zusammenhang mit der Grundstücksübertragung entfallen, nicht zum Abzug bringen. Läge hingegen eine nichtsteuerbare Geschäftsveräußerung im Ganzen vor, wäre A zum Vorsteuerabzug aus den Transaktionskosten berechtigt und hätte auch keine Vorsteuerberichtigung zu seinen Lasten durchzuführen.

Dass die Vermietungstätigkeit keinen Betrieb gewerblicher Art im Sinne des § 1 Abs. 1 Nr. 6, § 4 KStG darstellt, ist aus umsatzsteuerrechtlicher Sicht unerheblich. B wird durch die Vermietungstätigkeit auf privatrechtlicher Grundlage tätig. Somit ist diese Tätigkeit bei richtlinienkonformer Auslegung des § 2 Abs. 3 UStG als wirtschaftliche (unternehmerische) Tätigkeit anzusehen.[809] Die Vermietung könnte zwar aufgrund von Art. 13 Abs. 2 MwStSystRL als Tätigkeit im Rahmen der öffentlichen Gewalt behandelt werden, jedoch entbindet dies nicht davon, eine Prüfung des Vorliegens von größeren Wettbewerbsverzerrungen gem. Art. 13 Abs. 1 MwStSystRL vorzunehmen. Da die Behandlung von B als Nichtsteuerpflichtiger vorliegend eine offenkundige Benachteiligung des privaten Wirtschaftsteilnehmers A darstellen würde, würde eine Anwendung von Art. 13 Abs. 1 MwStSystRL ausscheiden. Mithin läge ein Anwendungsfall von § 1 Abs. 1a UStG vor und B würde als Erwerberin gem. § 1 Abs. 1a S. 3 in Verbindung mit § 15a Abs. 10 UStG in die Rechtsstellung des A im Hinblick auf die noch offenen Berichtigungszeiträume eintreten.

---

[808] Abschnitt 1.5 Abs. 1 S. 1 UStAE.

[809] Vgl. BFH, Urteil v. 20.08.2009, V R 70/05, Unternehmereigenschaft einer IHK, BFHE 226, S. 458, Rn. 34.

Die weitere Anwendung des § 2 Abs. 3 UStG hat unionsrechtskonform zu erfolgen. Soweit die Finanzverwaltung bei der Frage, ob ein Betrieb gewerblicher Art vorliegt, weiterhin auf die in den KStR geregelten Umsatzgrenzen abstellt, bzw. die Vermögensverwaltung[810] von der gewerblichen Tätigkeit abgrenzt, ist dem für umsatzsteuerliche Zwecke nicht zu folgen. Denn dieses Verständnis der Finanzverwaltung verstößt gegen das Gebot der rechtsformneutralen und somit der wettbewerbsneutralen Besteuerung. Wird eine juristische Person des öffentlichen Rechts privatwirtschaftlich tätig, unterliegt ihre Tätigkeit mit Ausnahme der in Art. 13 Abs. 2 MwStSystRL geregelten Tätigkeiten stets den gleichen umsatzsteuerlichen Bestimmungen wie die Umsätze anderer Unternehmen auch.[811] Dabei kommt es nicht darauf an, dass eine Wettbewerbssituation vorliegt,[812]

[810] Dem Begriff der Vermögensverwaltung kommt umsatzsteuerlich keinerlei Bedeutung zu, vgl. *Sterzinger*, in: Küffner/Zugmaier, UStG, 2023, § 2 Rn. 845; EuGH, Urteil v. 04.06.2009, C-102/08, Salix Grundstücks-Vermietungsgesellschaft, Slg. 2009, I-4629. Dabei ist jedoch zu beachten, dass die Vermietung und Verpachtung von Grundstücken, auch wenn diese auf privatrechtlicher Basis erfolgt, gem. Art. 13 Abs. 2 MwStSystRL als Tätigkeit im Rahmen der öffentlichen Gewalt behandelt werden darf. In einem zweiten Schritt ist jedoch anschließend zu prüfen, ob eine Behandlung der jPdöR als Nichtsteuerpflichtige zu größeren Wettbewerbsverzerrungen führen würde. Vgl. EuGH, Urteil v. 06.02.1997, C-247/95, Marktgemeinde Welden, Slg 1997; I-785, Rn. 19–21; BFH, Urteil v. 11.06.1997, XI R 33/94, BFHE 182, S. 454. In der Folgeentscheidung des FG wurde das Vorliegen von größeren Wettbewerbsverzerrungen verneint, da es im lokalen Markt keinen privaten Wirtschaftsteilnehmer gebe, der eine vergleichbare Tätigkeit ausübe. Eine ortsungebundene Betrachtung, die als Vergleichsmaßstab den Tätigkeitsbereich Gaststättenverpachtung berücksichtige, führe jedoch mangels einer intensiven und nachhaltigen negativen Auswirkung in der Gesamtbranche zu keinem anderen Ergebnis. Siehe FG München, Urteil v. 16.07.1998, 14 K 3310/97, EFG 1998, S. 1668. Da die Behandlung als Nichtsteuerpflichtige wie Steuerbefreiungen eine Ausnahme von der Regel der Steuerpflicht darstellt, sind an das Vorliegen größerer Wettbewerbsverzerrungen kein hohen Anforderungen zu stellen. Daher dürfte regelmäßig kein Raum dafür sein, eine Vermietung oder Verpachtung von der Besteuerung auszunehmen, da stets eine potenzielle Wettbewerbssituation vorliegt, die einer unterschiedlichen Behandlung von jPdöR und privaten Wirtschaftsteilnehmern entgegensteht. Zudem diese auch nachteilig für die jPdöR wäre, da es ihr nicht möglich wäre, auf die Steuerfreiheit zu verzichten um z. B. Investitionsaufwendungen zu tätigen für die sie, wie private Wettbewerber, den Vorsteuerabzug geltend machen könnte.

[811] Vgl. BFH, Urteil v. 17.03.2010, XI R 17/08, Unternehmereigenschaft einer Gemeinde, BFHE 230, S. 466, Rn. 33. Gegenstand des Urteilsfalls war die Verwendung eines mit Werbeaufdrucken versehenen Fahrzeugs durch eine Gemeinde. Diese auf privatrechtlicher Grundlage ausgeführte Tätigkeit konnte auch nicht aufgrund von Art. 13 Abs. 2 MwStSystRL als Tätigkeit im Rahmen der öffentlichen Gewalt behandelt werden. Daher kommt es in einem solchen Fall auch nicht auf das Vorliegen von Wettbewerbsverzerrungen an.

[812] Beim Handeln auf öffentlich-rechtlicher Grundlage muss auch kein gegenwärtiger Wettbewerb vorliegen, sondern es reicht aus, dass eine potenzielle Wettbewerbssituation besteht. Der Markteintritt für einen potenziellen Wettbewerber muss jedoch real und nicht nur rein hypothetisch sein. Vgl. EuGH, Urteil v. 16.09.2008, C-288/07, Isle of Wight Council, Slg 2008, I-7203, Rn. 65. Es kommt für die Beurteilung der Wettbewerbssituation mithin nicht auf den je-

diese muss nur dann hinzutreten, wenn die juristische Person des öffentlichen Rechts auf öffentlich-rechtlicher Grundlage handelt.[813] Diese Grundsätze gelten auch im Fall von sogenannten Beistandsleistungen, die zwischen juristischen Personen des öffentlichen Rechts ggf. nur gegen Zahlung eines Aufwendungsersatzes erbracht werden.[814] Auch ein bloßer Aufwendungsersatz stellt ein Entgelt für eine Leistung dar, die Erzielung eines Gewinns ist nicht erforderlich.[815]

In den Fällen, in denen die jPdöR aufgrund einer nicht unionsrechtskonformen weiteren Anwendung des § 2 Abs. 3 UStG durch die Finanzverwaltung als Nichtunternehmer behandelt werden, wird regelmäßig keine unmittelbare Auswirkung auf die Umsatzsteuerfestsetzung eines privaten Wirtschaftsteilnehmers gegeben sein. Dennoch steht es einem Wirtschaftsteilnehmer, der mit einer jPdöR in Wettbewerb steht, zu, sich unmittelbar auf die Richtlinie zu berufen, um zu erreichen, dass geprüft wird, ob die Behandlung der jPdöR als Nichtunternehmer zu größeren Wettbewerbsverzerrungen führt.[816] Wenn hingegen, wie im zuvor untersuchten Fall, die Behandlung der jPdöR als Nichtunternehmer zu umsatzsteuerlichen Nachteilen des privaten Wirtschaftsteilnehmers führt[817], weil dieser seinen Umsatz nicht als nicht steuerbar aufgrund einer Geschäftsveräußerung im Ganzen, oder nicht gem. § 9 UStG als steuerpflichtig behandeln kann[818] und hierdurch Nachteile erleidet, kann er gegen die zu seinen Lasten ergangene Steuerfestsetzung Rechtsmittel einlegen. In allen Fällen ist die Finanzverwaltung gehalten § 2 Abs. 3 UStG unionsrechtskonform anzuwenden.

---

weiligen lokalen Markt, sondern auf die Tätigkeit als solche an. Vgl. *Wagner* et al., ifo Schnelldienst 2/2017, S. 6.

813 Vgl. BFH, Urteil v. 10.11.2011, V R 41/10, Unternehmerische Tätigkeit einer Gemeinde beim Betrieb einer Sporthalle, BFHE 235, S. 554, Rn. 20.

814 BFH, Urteil v. 10.11.2011, V R 41/10, Unternehmerische Tätigkeit einer Gemeinde beim Betrieb einer Sporthalle, BFHE 235, S. 554, Rn. 26.

815 § 2 Abs. 1 S. 3 UStG stellt klar, dass eine unternehmerische Tätigkeit ungeachtet einer fehlenden Gewinnerzielungsabsicht vorliegt, dieser allgemeine Grundsatz gilt gleichermaßen für die öffentliche Hand, wenn sie entsprechende Tätigkeiten ausübt.

816 Vgl. EuGH, Urteil v. 08.06.2006, C-430/04, Feuerbestattungsverein Halle e. V., Slg. 2006, I-5001, Rn. 31.

817 Auch sofern die Behandlung der jPdöR als Nichtunternehmer bei dieser selbst zu Wettbewerbsnachteilen führt, liegen Wettbewerbsverzerrungen vor, die eine Behandlung als Unternehmer erfordern. Vgl. EuGH, Urteil v. 04.06.2009, C-102/08, Salix Grundstücks-Vermietungsgesellschaft, Slg. 2009, I-4629, Rn. 75. Im Urteilssachverhalt hätte eine Behandlung der IHK als Nichtunternehmer dazu geführt, dass der Vermieter mangels Optionsrechts gem. § 9 UStG seine nichtabzugsfähige Vorsteuer in die Miete eingepreist hätte (siehe Rn. 8 des BFH-Urt. v. 20.08.2009, V R 70/05, BFHE 226, 458). Folglich wäre die Umsatzsteuer bei der IHK zu Kosten geworden, obwohl sie ihrerseits steuerpflichtig vermieten wollte.

818 Vgl. hinsichtlich einer Vermietung an eine jPdöR: BFH, Urteil v. 20.08.2009, V R 70/05, Unternehmereigenschaft einer IHK, BFHE 226, S. 458 (Folgeentscheidung zu Rs. Salix).

cc) Stellungnahme

Bei zutreffender, nämlich unionsrechtskonformer Anwendung des § 2 Abs. 3 UStG dürfte sich keinerlei Unterschied zu einer unionsrechtskonform gestalteten Neuregelung der Umsatzbesteuerung der jPdöR ergeben.[819] Somit wäre die weitere Anwendung des § 2 Abs. 3 UStG ohne jede praktische Bedeutung. Es ist jedoch zu befürchten, dass die Verwaltungspraxis zugunsten der öffentlichen Hand bei weiterer Anwendung des § 2 Abs. 3 UStG zur Behandlung als Nichtunternehmer tendieren bzw. diese Behandlung sogar forcieren würde.[820] Dies wird regelmäßig, sofern die jPdöR hierdurch nicht benachteiligt wird und sie sich daher nicht auf die Rechtsprechung beruft, zu einer Ungleichbehandlung im Vergleich zu privaten Wirtschaftsteilnehmern führen. Die weitere, nicht unionsrechtskonforme Anwendung des § 2 Abs. 3 UStG im Rahmen der Verwaltungspraxis stellt einen Verstoß gegen das Gebot der rechtsformneutralen Besteuerung und der Unionstreue dar.[821] Dieser Verstoß kann nicht gerechtfertigt werden, da diese Verwaltungspraxis höchstrichterlicher Rechtsprechung des EuGH und BFH klar entgegensteht und somit unionsrechtswidrig ist.[822]

b) Neuregelung der Besteuerung gem. § 2b UStG

aa) Grundsätzliches

Durch die Neuregelung der Umsatzbesteuerung der öffentlichen Hand hat der Gesetzgeber den Versuch unternommen, den nationalen Umsetzungsakt in Einklang mit der Richtlinienvorgabe des Art. 13 MwStSystRL zu gestalten. Die Grundkonzeption in § 2b Abs. 1 UStG entspricht der Richtlinienvorgabe, da eine Behandlung als Nichtunternehmer nur möglich ist, wenn die ausgeübte Tätigkeit

---

[819] Vgl. *Wiesch,* Die umsatzsteuerliche Behandlung der öffentlichen Hand, 2015, S. 262; *Wagner* et al., ifo Schnelldienst 2/2017, S. 11.

[820] In Abschnitt 2.11 Abs. 4 UStAE (Stand 12.07.2023) wird weiterhin für die Frage, ob ein Betrieb gewerblicher Art vorliegt, auf die KStR und die dort genannten Umsatzgrenzen abgestellt. Nach *Englisch,* in: Tipke/Lang, Steuerrecht, 2020, S. 1066, § 17 Rn. 17.54, bildet das Sonderrecht der Besteuerung der jPdöR in der Praxis einen Vorwand für gravierende Vollzugsdefizite bei ihrer Besteuerung; *Englisch,* UR 2021, S. 341.

[821] Art. 288 AEUV fordert nicht lediglich den Erlass eines nationalen Umsetzungsaktes durch die Legislative, sondern ebenso eine Verwirklichung der Richtlinienziele bei der Anwendung des Rechts durch staatliche Behörden und Gerichte als Träger der öffentlichen Gewalt: Siehe Kapitel 4: A. I. 2. b) cc) (1). Siehe auch *Küffner,* Umsatzsteuerliche Behandlung von jPdöR, 2001, S. 153.

[822] Vgl. *Wiesch,* Die umsatzsteuerliche Behandlung der öffentlichen Hand, 2015, S. 264 f; *Dziadkowski,* UR 2017, S. 418; *Wagner* et al., ifo Schnelldienst 2/2017, S. 15 u. 25.

auf öffentlich-rechtlicher Grundlage erfolgt und dabei keine größeren Wettbewerbsverzerrungen vorliegen.

Hinsichtlich der Frage, ob größere Wettbewerbsverzerrungen vorliegen, sollen die Absätze 2 und 3 des § 2b UStG im Hinblick auf die dort genannten Anwendungsfälle Klarheit schaffen. Sind die dort genannten Voraussetzungen erfüllt, sollten kraft gesetzlicher Fiktion keine größeren Wettbewerbsverzerrungen vorliegen, weshalb – sofern das Tätigwerden auf öffentlich-rechtlicher Grundlage beruhte – stets eine Behandlung als Nichtunternehmer erfolgt.

Schon die Konzeption der Richtlinienvorgabe ist mangels konsequenter Anknüpfung an das Verbrauchsteuerprinzip kritisch zu betrachten. Dieser Standpunkt wurde von *Söhn* schon sehr früh vertreten.[823] Denn durch eine Anknüpfung an das Verbrauchsteuerprinzip wird gleichzeitig eine wettbewerbsneutrale Besteuerung sichergestellt.[824] Eine Ausnahme der jPdöR von der Besteuerung verkennt, dass die jPdöR lediglich Steuerpflichtiger, nicht hingegen Steuerträger sind, sofern sie eine wirtschaftliche Tätigkeit ausüben.[825] Die Art der ausgeübten Tätigkeit oder der Charakter als öffentlich-rechtliche Aufgabe kann nicht maßgebend für deren Umsatzsteuerbarkeit sein.[826] Entscheidend ist allein, dass entgeltliche Leistungen erbracht werden, bei denen dem Empfänger ein verbrauchbarer Vorteil zugewandt wird.[827] Eine Gleichbehandlung privater Wirtschaftsteilnehmer und der öffentlichen Hand ist daher systemimmanent, da es anderenfalls zu einer ungleichmäßigen Belastung der Verbraucher kommt, weil die von der Besteuerung ausgenommenen Leistungen der öffentlichen Hand lediglich mit deren nicht abzugsfähiger Vorsteuer belastet sind. In Bezug auf die losgelöste Anknüpfung an das Prinzip der Wettbewerbsneutralität – das nach der in dieser Arbeit vertretenen Auffassung – die dem Verbrauchsteuerprinzip untergeordnet ist, wurde kritisiert, dass eine Wettbewerbssituation gerade keine Voraussetzung

---

[823] Vgl. *Söhn,* StuW 1976, S. 10: „Sowohl der Kommissionsvorschlag in ursprünglicher und modifizierter Fassung als auch die kritischen Stellungnahmen können nicht überzeugen, weil sie nicht am systemtragenden Prinzip der Umsatzsteuer – allgemeine Verbrauchsbelastung des Konsumenten – ansetzen."

[824] Vgl. *Reiß*, in: Lang, Festschrift Tipke, 1995, S. 440; *Zirkl,* Die Neutralität der Umsatzsteuer, 2015, S. 176; *Englisch,* Wettbewerbsgleichheit, 2012, S. 632; *Englisch*, in: Tipke/Lang, Steuerrecht, 2020, S. 1054, § 17 Rn. 25. Siehe auch Kapitel 3: F.

[825] Vgl. *Forster,* Juristische Personen des öffentlichen Rechts, 1997, S. 243; *Englisch*, in: Tipke/Lang, Steuerrecht, 2020, 1066, § 17 Rn. 17.54.

[826] Anders bereits die Konzeption der Besteuerung der jPdöR nun in Art. 13 MwStSystRL und die Rechsprechung des EuGH, vgl. EuGH, Urteil v. 12.09.2000, C-408/97, Kommission / Niederlande, Slg 2000, I-6417, Rn. 34. Kritisch hinsichtlich des handlungsformbezogenen Ansatzes: *Englisch,* UR 2013, S. 573.

[827] Vgl. *Söhn,* StuW 1976, S. 10; *Forster,* Juristische Personen des öffentlichen Rechts, 1997, S. 242.

für eine Steuerpflicht sei.[828] Bekanntlich stellen bereits „kleinere“ Wettbewerbsverzerrungen einen Eingriff in die komparative Neutralität dar.[829] Wettbewerbsverzerrungen implizieren stets einen Neutralitätsverstoß und somit einen Systembruch, dieser scheint jedoch nach Auffassung des Richtliniengebers aufgrund von Geringfügigkeit hinzunehmen zu sein. *Hidien* sieht im Wettbewerbsziel, insbesondere in den ökonomischen Neutralitätskonzepten der Wettbewerbsneutralität, Besteuerungsneutralität oder Rechtsformneutralität keine harten Verfassungsregeln oder -prinzipien.[830] Diese Sichtweise mag juristisch vertretbar sein, da Einschränkungen von Prinzipien – hier der Gleichbehandlung der zueinander in Wettbewerb stehenden Unternehmer[831] – gerechtfertigt werden können.[832] Fraglich ist hingegen, ob es nicht ökonomisch geboten ist, eine Form der Besteuerung zu finden, die die vorgenannten Postulate berücksichtigt.

bb) Analyse der Regelungen hinsichtlich des Nichtvorliegens größerer Wettbewerbsverzerrungen

(1) Begriffsbestimmung größere Wettbewerbsverzerrungen

Ausgangspunkt des Begriffs der Wettbewerbsverzerrungen ist das Neutralitätsprinzip.[833] Demgemäß soll die Besteuerung keinen Einfluss auf den Wettbewerb haben.[834] Übt eine juristische Person des öffentlichen Rechts eine wirtschaftliche Tätigkeit aus, tritt sie grundsätzlich in Wettbewerb zu privaten Anbietern. Eine wettbewerbsneutrale Besteuerung impliziert somit eine Besteuerung ungeachtet der Rechtsform. Aus dem Belastungsziel einer allgemeinen Verbrauchsteuer ergibt sich, dass nicht der Steuerschuldner, sondern der intendierte Steuerträger (Endverbraucher) mit der Steuer belastet sein soll. Zur Verwirklichung einer gleichmäßigen Besteuerung der Endverbraucher ist es mithin erforderlich, gleichartige Leistungen ungeachtet der Rechtsform oder anderer Merkmale der Steuerpflichtigen, deren Rolle es lediglich ist, als Steuereinsammler für den Staat zu fungieren,[835] zu belasten.[836]

---

[828] Vgl. *Söhn,* StuW 1976, S. 11.
[829] Vgl. *Henze*, in: Englisch/Nieskens, Umsatzsteuer-Kongress-Bericht 2010, 2011, S. 23.
[830] Vgl. *Wagner* et al., ifo Schnelldienst 2/2017, S. 23.
[831] Siehe Kapitel 3: A. II.
[832] *Hidien* verkennt jedoch, dass das Steuerrecht im Gegensatz zum Wettbewerbs- oder Kartellrecht gar kein Wettbewerbsinstrument sein soll. Im Gegenteil, das ökonomische Verständnis von Neutralität erfordert eine Besteuerung, die Marktvorgänge möglichst unbeeinflusst lässt. A. A. *Wagner* et al., ifo Schnelldienst 2/2017, S. 24.
[833] Vgl. *Dziadkowski,* UR 2017, S. 417.
[834] Vgl. Erwägungsgrund 7 der Richtlinie 2006/112/EG des Rates vom 28.11.2006 über das gemeinsame Mehrwertsteuersystem, ABl. 2006, L 347, S. 1.
[835] EuGH, Urteil v. 24.10.1996, C-317/94, Elida Gibbs Ltd., Slg. 1996 I-5339, Rn. 22.

Eine Wettbewerbsverzerrung setzt somit unter anderem voraus, dass die jPdöR mit ihren Leistungen in Wettbewerb zu privaten Anbietern tritt, also eine marktrelevante Leistung vorliegt.[837]

Eine Wettbewerbsrelevanz nimmt die Finanzverwaltung an, wenn es sich um Leistungen handelt, die gleichartig sind, also aus Sicht des Durchschnittsverbrauchers dieselben Bedürfnisse befriedigen.[838] Räumlich hat keine Begrenzung auf den lokalen Markt zu erfolgen, da im Einzelfall der lokale Markt bestimmt werden müsste, was aufgrund der erforderlichen wirtschaftlichen Analysen im jeweiligen Einzelfall nicht praktikabel und streitanfällig wäre und somit dem Prinzip der Rechtssicherheit zuwiderliefe.[839] Die Finanzverwaltung schließt sich dieser Sichtweise grundsätzlich an, weist jedoch auf den Fall einer räumlich begrenzten Abnahme- oder Annahmeverpflichtung von Leistungen der öffentlichen Hand hin, die bereits den Markteintritt von Wettbewerbern verhindere und somit eine Wettbewerbssituation per se ausschließe. Eine Wettbewerbssituation muss jedoch nicht bereits vorliegen. Es genügt ein realistischer, potenzieller Markteintritt eines Wettbewerbers, dieser darf lediglich nicht rein hypothetisch sein.[840] Diese Sichtweise des EuGH ist zutreffend, da anderenfalls für private Wirtschaftsteilnehmer durch eine unterschiedliche umsatzsteuerliche Behandlung gleicher Leistungen bereits eine Markteintrittsbarriere für potenzielle Wettbewerber vorliegen würde.

Verzerrungen des Wettbewerbs liegen vor, wenn gleichartige Leistungen unterschiedlich mit Umsatzsteuer belastet werden. Fraglich ist, wann größere Wettbewerbsverzerrungen vorliegen. Da die Besteuerung der jPdöR eine Ausnahme vom Grundsatz der Besteuerung jeder nachhaltigen wirtschaftlichen Tätigkeit ist, sind keine zu hohen Anforderungen an das Ausmaß der Wettbewerbsverzerrungen zu stellen, da anderenfalls der Anwendungsbereich der Nichtbesteuerung unzulässig ausgedehnt werden würde.[841] Dieser Auffassung des EuGH schließt sich auch die Finanzverwaltung an, nach der größere Wettbewerbsverzerrungen bereits vorliegen, wenn diese nicht lediglich unbedeutend sind.[842]

---

[836] *Dziadkowski,* UR 2017, S. 417.

[837] BMF v. 16.12.2016, BStBl I, 2016, Rn. 23.

[838] BMF v. 16.12.2016, BStBl I, 2016, Rn. 24; so auch die Rechtsprechung des EuGH, siehe EuGH, Urteil v. 15.03.2001, C-265/99, Kommission / Frankreich, Slg. 2001, I-2320, Rn. 42 m. w. N; *Scharpenberg,* UR 2017, S. 834.

[839] Vgl. EuGH, Urteil v. 16.09.2008, C-288/07, Isle of Wight Council, Slg 2008, I-7203, Rn. 49 ff.

[840] EuGH, Urteil v. 16.09.2008, C-288/07, Isle of Wight Council, Slg 2008, I-7203, Rn. 65.

[841] EuGH, Urteil v. 16.09.2008, C-288/07, Isle of Wight Council, Slg 2008, I-7203, Rn. 76 ff.

[842] BMF v. 16.12.2016, BStBl I, 2016, Rn. 31; *Dziadkowski,* UR 2017, S. 420.

(2) Gesetzliche Fiktionen des Nichtvorliegens größerer Wettbewerbsverzerrungen

In § 2b Abs. 2 und 3 UStG hat der Gesetzgeber Regelungen getroffen, die darlegen, unter welchen Voraussetzungen keine größeren Wettbewerbsverzerrungen vorliegen sollen. Dies wäre nur insoweit richtlinienkonform, als dass die getroffenen Regelungen zutreffende Interpretationen des unionsrechtsautonomen Begriffs der „größeren Wettbewerbsverzerrungen“ darstellen.[843] Mitunter wurde dem Gesetzgeber in der Literatur vorgeworfen, die Intention der Regelung sei ein weitestmöglicher Ausschluss der jPdöR von der Umsatzbesteuerung.[844] Nachfolgend werden die Regelungen im Einzelnen einer Prüfung unterzogen.

(a) Umsatzschwelle gem. § 2b Abs. 2 Nr. 1 UStG

Erzielt die jPdöR aus gleichartigen Tätigkeiten einen voraussichtlichen Jahresumsatz von bis zu maximal 17.500 EUR, wird unwiderlegbar vermutet, dass durch die Nichtbesteuerung keine größeren Wettbewerbsverzerrungen ausgelöst werden.[845] Der Höhe nach handelte es sich um denselben Betrag wie in der Kleinunternehmerregelung des § 19 UStG, der die Nichterhebung der Steuer anhand dieser Schwelle zunächst bis zum 31.12.2019 vorsah.[846]

Es ist daran zu erinnern, dass es auf das Vorliegen von größeren Wettbewerbsverzerrungen nur dann ankommt, wenn die jPdöR auf öffentlich-rechtlicher Grundlage handelt. Handelt sie auf privatrechtlicher Grundlage, bietet § 2b UStG keine Basis für eine Behandlung als Nichtunternehmer. Auf die Umsatzschwelle kommt es bei privatrechtlichem Handeln somit nicht an. Allerdings gibt bereits die mögliche mehrfache Inanspruchnahme der Schwelle von 17.500 EUR im Rahmen der öffentlichen Gewalt Anlass zur Kritik.[847] Eine jPdöR, die unterschiedliche Tätigkeiten ausübt, kann somit je Tätigkeits-Cluster die Umsatzschwelle ausnutzen. Diese Betrachtungsweise verkennt das Prinzip der Unternehmenseinheit[848] und führt bereits deshalb zu Wettbewerbsverzerrungen im Vergleich zu privaten Wirtschaftsteilnehmern.[849] Während die umsatzsteuerliche Organschaft auch ein Instrument sein soll, um Missbrauch dergestalt zu bekämpfen, dass eine Aufspaltung in rechtlich selbständige Einheiten nicht

[843] Vgl. *Hüttemann,* UR 2017, S. 131; *Scharpenberg,* UR 2017, S. 835.
[844] Vgl. *Hüttemann,* UR 2017, S. 131.
[845] Vgl. BT-Drs. 18/6094, 23.09.2015, S. 91.
[846] Ab 01.01.2020 wurde die untere Schwelle auf 22.000 EUR angehoben, siehe Artikel 7 Gesetz. v. 22.11.2019 BGBl. I, S. 1746, die Schwelle des § 2b Abs. 2 Nr. 1 UStG blieb hingegen unverändert bei 17.500 EUR bestehen.
[847] Vgl. *Sterzinger,* UR 2015, S. 662.
[848] § 2 Abs. 1 S. 2 UStG.
[849] Vgl. *Meurer,* UStB 2016, S. 19.

zur Ausnutzung der Kleinunternehmerregelung führt,[850] wird in diesem Fall eine Aufspaltung der gesamten wirtschaftlichen Tätigkeit einer jPdöR in gleichartige Tätigkeiten als sachgerecht erachtet. Eine systematische Begründung bleibt der Gesetzgeber jedoch schuldig. Ebenso ergibt sich die Folgefrage, ob bei Ermittlung der Umsatzschwelle die gleichartigen Tätigkeiten auf privatrechtlicher Grundlage einzubeziehen sind.[851] Sieht man nicht bereits in der Aufspaltung der gesamten wirtschaftlichen Tätigkeit in gleichartige Tätigkeiten eine ungerechtfertigte Unterscheidung im Vergleich zu privaten Wirtschaftsteilnehmern, wird man spätestens an dieser Stelle gleichartige Tätigkeiten auf privatrechtlicher Grundlage aus Gründen der Wettbewerbsneutralität bei Ermittlung der Umsatzschwelle heranziehen müssen. Denn anderenfalls könnte die jPdöR neben einer ohnehin steuerpflichtigen privatrechtlichen Tätigkeit eine gleichartige Tätigkeit auf öffentlich-rechtlicher Grundlage unterhalb der Schwelle von 17.500 EUR ausüben, ohne dass dieser Betrag der Besteuerung unterläge.

In der Literatur wird die Umsatzschwelle teilweise als zulässige richtlinienkonforme Typisierung angesehen, da bei einem Umsatz aus gleichartigen Tätigkeiten in dieser Größenordnung allenfalls unerhebliche Wettbewerbsverzerrungen vorlägen und diese Konkretisierung zudem der Rechtssicherheit diene.[852] Dabei dürfe jedoch aus Gründen der Wettbewerbsneutralität an die Gleichartigkeit der Tätigkeiten keine zu großen Anforderungen gestellt werden, was eine weite Auslegung des Begriffs gebietet.[853] Das Unterschreiten der Umsatzschwelle kann jedoch aufgrund des damit einhergehenden Vorsteuerausschlusses insbesondere in der Investitionsphase[854] nachteilig für die jPdöR sein, da keine Optionsmöglichkeit zur Steuerpflicht besteht.[855] Teilweise bestehen jedoch auch Zweifel, ob den Mitgliedstaaten eine derartige Konkretisierung dem Grunde nach überhaupt zusteht[856] oder der Höhe nach gerechtfertigt ist.[857] Jedenfalls hat der BFH zu § 2 Abs. 3 UStG die Auffassung vertreten, dass Gewinn- und Um-

[850] Vgl. EuGH, Urteil v. 09.04.2013, C-85/11, Kommission / Irland, ECLI:EU:C:2013:217, Rn. 47.

[851] Vgl. *Desens*, in: Drüen/Hey et al., 100 Jahre Steuerrechtsprechung, 2018, S. 1581.

[852] Vgl. *Englisch*, in: Tipke/Lang, Steuerrecht, 2020, 1068–1069, § 17 Rn. 58; *Hüttemann,* UR 2017, S. 133; bejahend hinsichtlich der Rechtssicherheit ansonsten kritisch *Meurer,* UStB 2016, S. 19.

[853] Vgl. *Wiesch,* Die umsatzsteuerliche Behandlung der öffentlichen Hand, 2015, S. 234; *Desens*, in: Drüen/Hey et al., 100 Jahre Steuerrechtsprechung, 2018, S. 1581.

[854] Vgl. *Sterzinger,* UR 2015, S. 663.

[855] Vgl. *Wagner* et al., ifo Schnelldienst 2/2017, S. 15; *Desens*, in: Drüen/Hey et al., 100 Jahre Steuerrechtsprechung, 2018, S. 1581.

[856] Vgl. *Widmann,* UR 2015, S. 8; *Meurer,* UStB 2016, S. 19.

[857] Vgl. *Scharpenberg,* UR 2017, S. 836; *Hüttemann,* UR 2017, S. 134, geht davon aus, dass die Schwelle aufgrund des fehlenden Vorsteuerabzugs von einer jPdöR auf den gerichtlichen Prüfstand gestellt werden könnte.

satzgrenzen gerade keine tauglichen Kriterien zur Bestimmung der Steuerpflicht jPdöR seien.[858] An dieser Grundaussage dürfte sich auch nichts ändern, da die Regelung in § 2b UStG substanziell weiterhin eine Umsatzgrenze darstellt und lediglich nicht durch einen Verweis auf das KStG geregelt ist.

(b) Leistungen ohne Möglichkeit auf Verzicht auf die Steuerbefreiung gem. § 2b Abs. 2 Nr. 2 UStG

Größere Wettbewerbsverzerrungen werden insbesondere nicht angenommen, sofern eine Nichtbesteuerung der jPdöR sich auf Leistungen bezieht, die auf privatrechtlicher Basis einer Steuerbefreiung ohne Möglichkeit auf Verzicht unterliegen würden.[859] Hierbei handelt es sich zum einen um echte Steuerbefreiungen (Fallgruppe 1), bei denen ohnehin keine Möglichkeit zum Verzicht besteht und zum anderen um unechte Steuerbefreiungen, bei denen ein Verzicht gem. § 9 UStG nicht vorgesehen oder z. B. mangels Unternehmereigenschaft des Leistungsempfängers nicht möglich ist (Fallgruppe 2).

Hinsichtlich Fallgruppe 1 ist eine Behandlung als Nichtunternehmer stets nachteilig für die jPdöR, da ihr bei einer Behandlung als Nichtunternehmer kein Recht auf Vorsteuerabzug zusteht.[860] Bei Fallgruppe 2 stellt die Nichtbesteuerung der jPdöR grundsätzlich im Ergebnis keinen Unterschied zur Behandlung privater Wirtschaftsteilnehmer dar. Statt einer Steuerfreiheit ohne Vorsteuerabzug werden die Umsätze nicht der Besteuerung unterworfen und entsprechend kein Vorsteuerabzug zugelassen. Eine unterschiedliche Behandlung könnte sich jedoch in Bezug auf Investitionsgüter ergeben. Wird ein Investitionsgut durch eine jPdöR nichtunternehmerisch genutzt, bleibt es bei einer Versagung des Vorsteuerabzugs, auch wenn während des Berichtigungszeitraums gem. § 15a UStG eine Nutzungsänderung hin zu einer unternehmerischen vorsteuerunschädlichen

[858] BFH, Urteil v. 17.03.2010, XI R 17/08, Unternehmereigenschaft einer Gemeinde, BFHE 230, S. 466, Rn. 33; BFH, Urteil v. 10.11.2011, V R 41/10, Unternehmerische Tätigkeit einer Gemeinde beim Betrieb einer Sporthalle, BFHE 235, S. 554, Rn. 18; BFH, Urteil v. 15.04.2010, V R 10/09, Vermögensverwaltung/Überlassung von Personal u. Sachmitteln als „Betrieb gewerblicher Art", BFHE 229, S. 416, Rn. 29.

[859] Die Regelung dürfte auf der Rechtsprechung des BFH beruhen, nach der keine Wettbewerbsverzerrungen vorliegen, wenn vergleichbare Leistungen privater Anbieter steuerfrei sind. Vgl. *Wiesch,* Die umsatzsteuerliche Behandlung der öffentlichen Hand, 2015, S. 226; BFH, Urteil v. 15.04.2010, V R 10/09, Vermögensverwaltung/Überlassung von Personal u. Sachmitteln als „Betrieb gewerblicher Art", BFHE 229, S. 416, Rn. 48.

[860] Vgl. *Desens*, in: Drüen/Hey et al., 100 Jahre Steuerrechtsprechung, 2018, S. 1582. In der Literatur wird mitunter vertreten, dass eine Anwendung auf Steuerbefreiungen mit Vorsteuerabzug nicht gewollt wäre, da dies nachteilig für die jPdöR wäre. Vgl. *Erdbrügger*, in: Wäger, UStG, 2022, § 2b UStG Rn. 133. Diese Argumentation ist zwar nachvollziehbar, allerdings weist dies auf einen im Wege der Auslegung reduktionsbedürftigen Wortlaut hin.

Tätigkeit eintritt, die zu einer Vorsteuerkorrektur zu Gunsten der jPdöR führen würde.[861]

Es kommt somit durch die Nichtbesteuerung der jPdöR nicht zu Wettbewerbsverzerrungen, die auf einer Benachteiligung der privaten Wirtschaftsteilnehmer beruhen, jedoch in den zuvor dargestellten Fällen zu einer Benachteiligung der jPdöR.[862] Vorteilhaft für die jPdöR ist lediglich, dass sich aufgrund der Nichtbesteuerung keine umsatzsteuerlichen Deklarationsverpflichtungen ergeben, was eine administrative Vereinfachung darstellt.[863] Derartige Benachteiligungen der jPdöR stehen grundsätzlich einer Behandlung als Nichtunternehmer entgegen, wenn diese Benachteiligungen auf größeren Wettbewerbsverzerrungen beruhen.[864] Durch die getroffene Regelung wird jedoch gesetzlich fingiert, dass keine größeren Wettbewerbsverzerrungen vorliegen, sodass es zumindest dem Wortlaut der Norm nach keiner weiteren Prüfung im Einzelfall mehr bedarf. Fraglich ist jedoch, ob es dieser Norm überhaupt bedurfte, da ihr Anwendungsbereich lediglich Tätigkeiten im Rahmen des öffentlich-rechtlichen Handelns der jPdöR umfasst, die auf privatrechtlicher Basis ohnehin steuerfrei wären. Dies führt im Zweifel zu mehr Rechtsunsicherheit aufgrund der Abgrenzungsfragen und darüber hinaus in bestimmten Fällen zu Nachteilen der jPdöR.

(c) Gesetzesvorbehalt gem. § 2b Abs. 3 Nr. 1 UStG

Bei Leistungsbeziehungen zwischen jPdöR, die im Rahmen der öffentlichen Gewalt erfolgen, liegen größere Wettbewerbsverzerrungen insbesondere nicht vor, wenn es sich um Leistungen handelt, die aufgrund eines gesetzlichen Vorbehalts nur von jPdöR erbracht werden dürfen.

---

[861] Vgl. *Meurer,* UStB 2016, S. 19; *Erdbrügger*, in: Wäger, UStG, 2022, Rn. 130; *Sterzinger*, in: Küffner/Zugmaier, UStG, 2023, § 2b UStG, Rn. 157. An dieser Stelle wird jedoch ein grundsätzlicher Mangel des derzeitigen Mehrwertsteuersystems offenkundig, er besteht in der systematischen und aus Neutralitätsgesichtspunkten gebotenen, jedoch nicht gesetzlich normierten, Einlagenentsteuerung. Siehe auch Abschnitt 15.19 Abs. 2 S. 2 UStAE und Kapitel 4: B. II. 3. Daran ändert auch der Umstand nichts, dass die jPdöR nach Auffassung der Finanzverwaltung gem. Abschn. 15a.1 Abs. 7 UStAE berechtigt ist, aus Billigkeitsgründen eine Berichtigung nach § 15a UStG vorzunehmen, wenn sich der Umfang der unternehmerischen Nutzung eines teilunternehmerisch genutzten Gegenstands erhöht. Denn nur, wenn das Wirtschaftsgut von Anfang an zu mindestens 10 % unternehmerisch genutzt wurde, kann diese Regelung angewendet werden.

[862] Ein weiterer Nachteil kann der jPdöR dadurch entstehen, dass sie kein Organträger sein kann und sich hierdurch ihr Vorsteuerabzugsvolumen verkleinert. Siehe hierzu *Küffner/Rust,* DStR 2016, S. 1640.

[863] Vgl. *Küffner/Rust,* DStR 2016, S. 1640.

[864] EuGH, Urteil v. 04.06.2009, C-102/08, Salix Grundstücks-Vermietungsgesellschaft, Slg. 2009, I-4629, Rn. 76.

Diese Regelung hat rein deklaratorischen Charakter, da in einem solchen Fall kein Wettbewerbsverhältnis zu privaten Wirtschaftsteilnehmern besteht und es mithin keine Verzerrungen eines ohnehin nicht vorhandenen Wettbewerbs geben kann.[865]

(d) Beistandsleistungen gem. § 2b Abs. 3 Nr. 2 UStG

Über den Gesetzesvorbehalt hinaus sollen bei Leistungsbeziehungen zwischen jPdöR, die im Rahmen der öffentlichen Gewalt erfolgen, insbesondere dann keine größeren Wettbewerbsverzerrungen vorliegen, wenn es sich dabei um Leistungen handelt, bei denen die Zusammenarbeit durch gemeinsame spezifische öffentliche Interessen bestimmt wird (Satz 1 der Regelung).

Wann dies genau der Fall sein soll, wird jedoch nicht geregelt, vielmehr werden in Satz 2 der Regelung vier Voraussetzungen genannt, bei deren Vorliegen regelmäßig davon auszugehen ist, dass die Zusammenarbeit durch gemeinsame spezifische öffentliche Interessen bestimmt wird. Im Gegensatz zu den vorgenannten Regelungen handelt es sich in Satz 2 gerade nicht um eine unwiderlegbare Vermutung. Der Wortlaut „regelmäßig" impliziert, dass es sich um ein Regelbeispiel handelt, Ausnahmen jedoch möglich sind und es mithin auch bei Vorliegen sämtlicher Voraussetzungen denkbar bleibt, dass dennoch größere Wettbewerbsverzerrungen vorliegen.[866] Im Umkehrschluss bleibt es ebenfalls denkbar, dass keine größeren Wettbewerbsverzerrungen vorliegen, obwohl die Kriterien des Regelbeispiels nicht kumulativ erfüllt sind.[867] *Desens* hält dies für eine anspruchsvolle Regelungstechnik, weshalb es Aufgabe des BFH sein werde, deren Vielschichtigkeit noch in der Rechtsprechung herauszuarbeiten, wobei selbst bei Erfüllung der unwiderlegbaren Vermutung in Satz 1 noch sichergestellt werden müsse, dass keine größeren Wettbewerbsverzerrungen i. S. d. Art. 13 Abs. 1 Unterabs. 2 MwStSystRL vorliegen.[868]

Diese Regelungstechnik ist schlicht nicht praktikabel, da sie zu unbestimmt ist. Die Ursache hierfür lässt sich in der Gesetzesbegründung finden. Tatsächliche Motivation der Regelung ist es, die sogenannten Beistandsleistungen weitestgehend nicht der Besteuerung zu unterwerfen, da dies zu einer Verteuerung öffentlicher Leistungen und (somit) zu unerwünschten Belastungen der Bürgerinnen und Bürger führen würde.[869] Mit der Regelung wurde der Versuch unter-

[865] Vgl. *Hüttemann,* UR 2017, S. 134; *Korn,* in: Bunjes/Geist, UStG, 2023, § 2b UStG Rn. 44.
[866] In diesem Sinne: *Wiesch,* Die umsatzsteuerliche Behandlung der öffentlichen Hand, 2015, S. 242.
[867] Vgl. *Wagner* et al., ifo Schnelldienst 2/2017, S. 31; *Desens,* in: Drüen/Hey et al., 100 Jahre Steuerrechtsprechung, 2018, S. 1585.
[868] *Desens,* in: Drüen/Hey et al., 100 Jahre Steuerrechtsprechung, 2018, S. 1585.
[869] BT-Drs. 18/6094, 23.09.2015, S. 91.

nommen, die vorgenannte Zielsetzung in Einklang mit den Vorgaben des Art. 13 MwStSystRL zu bringen, wobei es sich hierbei zwar nicht zwangsläufig um konträre, jedoch sicherlich um keine konvergenten Zielsetzungen handelt.[870] Das Regelbeispiel in Satz 2 ist auf die Rechtsprechung des EuGH zum Vergaberecht zurückzuführen.[871] Das Vergaberecht stellt jedoch die Gleichbehandlung der privaten zueinander in Wettbewerb stehenden Anbieter sicher[872] und zielt nicht darauf ab, die Gleichbehandlung zwischen öffentlichen und privaten Anbietern zu gewährleisten. Die Mehrwertsteuer ist darauf gerichtet, vergleichbare Leistungen, die in der Zuwendung eines verbrauchbaren Vorteils bestehen, ungeachtet der Rechtsform des Leistungserbringers einer vergleichbaren steuerlichen Belastung zu unterwerfen.[873] Werden Leistungen von jPdöR nicht der Besteuerung unterworfen, folgt aus dieser Ungleichbehandlung im Vergleich zu Leistungen privater Anbieter jedenfalls ein Mangel an Entscheidungsneutralität. Die leistungsbeziehende jPdöR wird im Bezug einer nicht mit Mehrwertsteuer belegten Leistung stets einen Vorteil gegenüber dem Bezug einer mit Mehrwertsteuer belegten Leistung sehen. Eine solch unterschiedliche Behandlung stellt grundsätzlich eine Verzerrung des Wettbewerbs dar. Etwas anderes kann nur dann gelten, wenn diese Leistungen tatsächlich nicht von privaten Anbietern angeboten werden und auch ein potenzieller Markteintritt von privaten Anbietern nahezu ausgeschlossen erscheint. Mithin ist stets – auch wenn sämtliche Voraussetzungen des Satz 2 vorliegen – zu prüfen, ob im Einzelfall potenzielle „größere“ Wettbewerbsverzerrungen vorliegen.[874] Daraus folgt, dass die in Satz 2 dargestellten Kriterien lediglich Anhaltspunkte dafür sein können, ob Wettbewerb bzw. „größere“ Verzerrungen desselben vorliegen.

Zunächst gilt es, das mögliche Grundanliegen der Regelung des § 2b Abs. 3 Nr. 2 UStG zu untersuchen. Der Rückgriff des Gesetzgebers auf die vergaberechtlichen Kriterien[875] scheint durch den Beitrag von *Englisch*[876] inspiriert. Grundgedanke dieser Betrachtung ist, dass jPdöR bei einer Beauftragung bestimmter Leistungen faktisch nicht auf private Anbieter zurückgreifen. Wie im Beispielsfall des Brandschutzes anschaulich erläutert, bei der eine Gemeinde für die Nachbargemeinde diese Aufgabe durch ihre Feuerwehr gegen Kostenerstat-

[870] Vgl. *Hüttemann,* UR 2017, S. 134.
[871] BT-Drs. 18/6094, 23.09.2015, S. 92.
[872] Vgl. EuGH, Urteil v. 09.06.2009, C-480/06, Kommission / Deutschland, Slg 2009, I-4747; *Englisch,* UR 2013, S. 575; *Hüttemann,* UR 2017, S. 136.
[873] Vgl. *Wagner* et al., ifo Schnelldienst 2/2017, S. 26; *Englisch*, in: Tipke/Lang, Steuerrecht, 2020, S. 1066, § 17 Rn. 17.54.
[874] Vgl. *Desens*, in: Drüen/Hey et al., 100 Jahre Steuerrechtsprechung, 2018, S. 1585; *Hüttemann,* UR 2017, S. 138; *Scharpenberg,* UR 2017, S. 837.
[875] BT-Drs. 18/6094, 23.09.2015, S. 92.
[876] *Englisch,* UR 2013, S. 575.

tung übernimmt, liegt in diesem Fall bereits eine marktferne Leistung vor.[877] Für andere Leistungen, bei denen grundsätzlich ein Wettbewerbsverhältnis nicht abwegig erscheint, hat *Englisch* auf die möglichen Unterschiede zwischen den Leistungen im Rahmen einer öffentlich-rechtlichen interkommunalen Kooperation und Leistungen privater Anbieter hingewiesen. Kernargument ist dabei, dass die Leistungen privater Anbieter für die diese Leistungen beziehende Kommune eben gerade nicht alle relevanten Bedürfnisse der Kommune als „Verbraucher" ebenso abdecken wie die Leistungen eines kommunalen Anbieters.[878] Dabei stützt sich die Argumentation auf die Rechtsprechung des EuGH zum Vergaberecht.[879] In der Zielsetzung des Vergaberechts, der Gleichbehandlung privater Anbieter bei der Vergabe öffentlicher Aufträge,[880] offenbart sich jedoch der in der Literatur kritisierte Schwachpunkt dieser Stütze.[881]

Im Hinblick auf vertikale Kooperationsformen, wie z. B. Zweckverbände, stellt sich vor dem Hintergrund des § 4 Nr. 29 UStG[882] die Frage, ob es in diesen Fällen einer Sonderregelung wie des § 2b UStG überhaupt bedarf. Allerdings erfolgt die Anwendung dieser Steuerbefreiung zum einen nur für Leistungen, die unmittelbar für die Ausübung der dem Gemeinwohl dienenden bzw. einer bestimmten Steuerbefreiung unterliegenden Tätigkeit bestimmt sind und erfolgt ebenfalls – wie die Anwendung des § 2b UStG – unter einem Wettbewerbsvorbehalt. Die enthaltene Wettbewerbsklausel ist jedoch, ausweislich der Gesetzesbegründung[883] und der Auffassung des BMF[884], restriktiv auszulegen, da dies ansonsten dem Ziel der Steuerbefreiung zuwiderlaufe. Auch wenn sich der Wettbewerbsbegriff bzw. dessen Auslegung im teleologischen Kontext unterscheiden möge, geht es im Ergebnis jedoch, wie bei der Anwendung des § 2b UStG, um

---

[877] Vgl. *Englisch,* UR 2013, S. 574.
[878] *Englisch,* UR 2013, S. 574.
[879] Vgl. zu vertikalen Kooperationsformen: EuGH, Urteil v. 18.11.1999, C-107/98, Teckal, Slg 1999, I-8121, Rn. 50. Demnach findet das Vergaberecht keine Anwendung, „wenn die Gebietskörperschaft über die fragliche Person eine Kontrolle ausübt wie über ihre eigenen Dienststellen und wenn diese Person zugleich ihre Tätigkeit im wesentlichen für die Gebietskörperschaft oder die Gebietskörperschaften verrichtet, die ihre Anteile innehaben."
[880] Vgl. EuGH, Urteil v. 09.06.2009, C-480/06, Kommission / Deutschland, Slg 2009, I-4747, Rn. 47.
[881] Vgl. *Wiesch,* Die umsatzsteuerliche Behandlung der öffentlichen Hand, 2015, S. 254–257; *Wagner* et al., ifo Schnelldienst 2/2017, S. 26; *Scharpenberg,* UR 2017, S. 837; *Hidien/Schwarz,* UR 2017, S. 348; zumindest Zweifel an der Eignung vergabrechtlicher Kritierien: *Hüttemann,* UR 2017, S. 135; a. A. *Desens*, in: Drüen/Hey et al., 100 Jahre Steuerrechtsprechung, 2018, S. 1584.
[882] § 4 UStG in der am 01.01.2020 geltenden Fassung: Artikel 12 G. v. 12.12.2019 BGBl. I S. 2451 (JStG 2019).
[883] BT-Drs. 19/13436, 23.09.2019, S. 152.
[884] BMF-Schreiben v. 19.07.2022, BStBl I 2022, 1208.

eine Abwägung zwischen einer Nichtbesteuerung von Leistungen zugunsten der jPdöR bzw. des Normadressaten und der Wahrung gleicher Wettbewerbsbedingungen.

In der Rs. Teckal hatte der EuGH darüber zu entscheiden, ob die Richtlinie 93/36 ein Ausschreibungsverfahren für den Fall vorschreibt, dass eine Gebietskörperschaft die Lieferung von Waren einem Konsortium überträgt, dem sie selbst angehört.[885] Das Konsortium ist eine mit einem Zweckverband vergleichbare Einrichtung, dessen Mitglieder Kommunen sind. Die Gebietskörperschaft übertrug den Betrieb von Heizungsanlagen auf das Konsortium, das u. a. auch die Wartung der Anlagen und die Lieferung von Brennstoffen übernehmen sollte. Da es sich bei der beauftragenden Gebietskörperschaft und dem Konsortium um rechtlich selbständige Personen handle, falle die Beauftragung grundsätzlich unter den Anwendungsbereich der Richtlinie 93/36. Etwas anderes könne jedoch dann gelten, wenn die beauftragende Gebietskörperschaft über den Auftragnehmer eine Kontrolle ausübt, die vergleichbar ist mit der Kontrolle über eine eigene Dienststelle und der Auftragnehmer im Wesentlichen nur für den Auftraggeber oder andere Gebietskörperschaften tätig werde, die Anteilseigner des Auftraggebers sind.[886] Überträgt man diesen Rechtsgedanken, der eine Nichtanwendung der Vergaberichtlinie vorsieht, auf das Mehrwertsteuerrecht mit der Zielsetzung, dass dessen Anwendungsbereich ebenfalls nicht eröffnet sei, ergeben sich folgenden Überlegungen:

Zunächst setzt das Mehrwertsteuerrecht einen Leistungsaustausch voraus, was bedingt, dass es sich bei Auftraggeber und Auftragnehmer um (mehrwertsteuerlich) unterschiedliche Rechtspersönlichkeiten handelt. Der Gedanke einer wirtschaftlichen Unselbständigkeit einer Rechtspersönlichkeit liegt – zumindest nach deutschem Rechtsverständnis[887] – der Regelung zur Organschaft zugrunde. Da bei Anwendung des § 2 Abs. 2 Nr. 2 UStG mangels Leistungaustausch bereits keine Leistungen im mehrwertsteuerlichen Sinne vorlägen, würde sich die Frage einer Nichtsteuerbarkeit aufgrund § 2b UStG nicht mehr stellen. Dieses Rechtsinstitut kann jedoch keine Anwendung finden, wenn nicht eine Rechtspersönlichkeit eine Mehrheit innehat, die ihr die Durchsetzung ihres Willens auf Ebene der anderen zu kontrollierenden Rechtseinheit ermöglicht.[888] Fraglich ist daher, ob dieser Gedanke der „Eigenversorgung“ im Zuge der Prüfung ob

[885] EuGH, Urteil v. 18.11.1999, C-107/98, Teckal, Slg 1999, I-8121, Rn. 41.
[886] EuGH, Urteil v. 18.11.1999, C-107/98, Teckal, Slg 1999, I-8121, Rn. 50.
[887] A. A. EuGH, Schlussanträge der GA Medina v. 13.01.2022, C-141/20, Norddeutsche Gesellschaft für Diakonie, ECLI:EU:C:2022:11.
[888] Nach BFH, Urteil v. 30.04.2009, V R 3/08, Keine Mehrmütterorganschaft im Umsatzsteuerrecht, BFHE 226, S. 144, Rn. 40, schließt zum einen der Wortlaut des § 2 Abs. 2 Nr. 2 Satz 1 UStG aus, dass es mehrere Organträger geben kann. Zum anderen geht auch aus § 2 Abs. 2 Nr. 2 Satz 3 hervor, dass eine Behandlung als ein Unternehmen ausscheidet.

größere Wettbewerbsverzerrungen vorliegen, zum Tragen kommen kann. Jedenfalls sah der EuGH im vorgenannten Urteilsfall unter der Voraussetzung der Kontrollausübung wie über eine eigene Dienststelle wohl keinen öffentlichen Lieferauftrag gem. Art. 1 Buchst. a der Richtlinie 93/36, da er in einer solchen Konstellation die Anwendung der Vergaberichtlinie ausschloss. Daraus kann aber nicht zwangsläufig geschlossen werden, dass sich in diesem Fall keine Benachteiligung eines privaten Wirtschaftsteilnehmers ergebe. Etwas anderes ergibt sich auch nicht aus der Entscheidung in der Rs. Stadt Halle und RPL Lochau.[889] In dem zugrunde liegenden Fall war an dem Konsortium neben öffentlichen Anteilseignern ein privater Anteilseigner beteiligt, weshalb eine Ausnahme von der Ausschreibungsverpflichtung nur deshalb ausschied, weil dies zu einem Vorteil des beteiligten privaten Unternehmers gegenüber seinen Konkurrenten geführt hätte.[890] Im Umkehrschluss bedeutet dies, dass bei einem Konsortium, an dem nur jPdöR beteiligt gewesen wären, keine Ausschreibungsverpflichtung bestanden hätte, weil kein privates Unternehmen gegenüber einem anderen privaten Unternehmen bevorzugt gewesen wäre. Auf eine etwa vorliegende Benachteiligung aller privater Wirtschaftsteilnehmer kam es dem EuGH – aufgrund des vergaberechtlichen Blickwinkels – überhaupt nicht an. Ebenso verhält es sich im Hinblick auf die Rechtsprechung im Fall der horizontalen Zusammenarbeit. Leitgedanke war auch in diesem Fall, dass sich die vertragsschließenden jPdöR für die Erfüllung einer öffentlichen Aufgabe gegenseitig Beistand leisten und an der Vertragsschließung keine privaten Anbieter beteiligt waren. So war kein privater Unternehmer besser gestellt als seine Wettbewerber.[891] Aus diesem Grund ist es nicht überzeugend, die vergaberechtliche Rechtsprechung und die dortigen Maßstäbe bei einer Wettbewerbsprüfung, die aus der Perspektive des Mehrwertsteuerrechts vorzunehmen ist, heranzuziehen.[892]

cc) Stellungnahme

Die Typisierungen des Nichtvorliegens größerer Wettbewerbsverzerrungen stehen im Hinblick auf die Umsatzschwelle, die Leistungen ohne Möglichkeit auf Verzicht auf die Steuerbefreiung und den Gesetzesvorbehalt wohl im Einklang mit der Richtlinienvorgabe des Art. 13 MwStSystRL. In diesen Fällen dürfte tat-

---

[889] EuGH, Urteil v. 11.01.2005, C-26/03, Stadt Halle und RPL Lochau, Slg 2005, I-26.
[890] EuGH, Urteil v. 11.01.2005, C-26/03, Stadt Halle und RPL Lochau, Slg 2005, I-26, Rn. 51.
[891] EuGH, Urteil v. 09.06.2009, C-480/06, Kommission / Deutschland, Slg 2009, I-4747, Rn. 47.
[892] Vgl. *Wiesch,* Die umsatzsteuerliche Behandlung der öffentlichen Hand, 2015, S. 256; *Hidien/Schwarz,* UR 2017, S. 348; *Hüttemann,* UR 2017, S. 137; a. A. *Englisch,* in: Tipke/Lang, Steuerrecht, 2020, S. 1069, § 17 Rn. 17.59, der eine mehrwertsteuerlich modifizierte Auslegung der vergaberechtlichen Maßstäbe fordert.

sächlich keine nennenswerte Wettbewerbsbeeinträchtigung privater Wirtschaftsteilnehmer bestehen, wenn jPdöR als Nichtunternehmer behandelt werden. Allerdings darf dies bei der Regelung zu den Beistandsleistungen in § 2b Abs. 3 Nr. 2 UStG aus den vorstehend genannten Gründen bezweifelt werden. Die mitunter geforderte teleologische Reduktion[893] im Sinne einer mehrwertsteuerlich modifizierten Anwendung der vergaberechtlichen Grundsätze[894] ist zwar de lege lata geboten[895], jedoch ist die Regelung so mit Unsicherheiten behaftet, sodass sie praktisch nicht mehr angewandt werden kann. Dies liegt daran, dass eine richtlinienkonforme teleologische Reduktion der Norm einerseits die Schwelle zu einer Auslegung contra legem[896] nicht überschreiten darf und andererseits, dass sie den Anwendungsbereich der Norm auch bei Vorliegen der Voraussetzungen des Regelbeispiels so einengt, dass tatsächlich keine größeren Wettbewerbsverzerrungen zu befürchten sind.

Schon die Grundkonzeption, öffentlich-rechtliches Handeln – soweit dieses eine wirtschaftliche Tätigkeit darstellt – von der Besteuerung auszunehmen, überzeugt weder ökonomisch (unter Neutralitätsgesichtspunkten) noch aus dem Blickwinkel des Verbrauchsteuerprinzips (gleiche Belastung der intendierten Steuerträger). Aus dem Blickwinkel dieser Prinzipien ist nicht lediglich § 2b UStG, sondern auch die Richtlinienvorgabe in Art. 13 MwStSystRL äußerst kritisch zu betrachten. Eine Ausnahme von der Besteuerung von Leistungen, die jPdöR erbringen, ist nur in den Fällen geboten, in denen kein Wettbewerb vorliegen kann, weil es sich um öffentliche Aufgaben handelt, die am Markt nicht von privaten Anbietern erbracht werden können. Nur auf diese Weise wird sichergestellt, dass gleichartige Leistungen beim Verbraucher gleichermaßen mit Steuer belastet sind und die Besteuerung bei seiner Auswahl des Anbieters keine Rolle spielt. Zudem bedarf es in diesem Fall keiner komplizierten Abgrenzung, inwieweit eine Wettbewerbsbeeinträchtigung vorliegt, im Zweifel unterliegen die Leistungen der Besteuerung, wenn ein privater Anbieter diese Leistung (auch nur rein hypothetisch) erbringen könnte.

Die gegenwärtigen Regelungen führen neben dem Mangel an Entscheidungsneutralität für die Leistungsempfänger auch zu signifikanten Zusatzlasten der Besteuerung. Aufgrund der Anwendung des § 2b UStG sind die jPdöR als potenziell leistende Unternehmer gezwungen, sämtliche Einnahmen zu untersuchen,

---

[893] Vgl. *Hüttemann,* UR 2017, S. 137.

[894] *Englisch*, in: Tipke/Lang, Steuerrecht, 2020, S. 1069, § 17 Rn. 17.59.

[895] Eine Nichtanwendung der Norm, wie sie die Finanzverwaltung durch das BMF-Schreiben vom 19.11.2019 praktiziert, ist eine Auslegung contra legem und verstößt gegen den rechtsstaatlichen Grundsatz der Gesetzesbindung der Verwaltung gem. Art. 20 Abs. 3 GG. Siehe hierzu *Englisch,* UR 2021, S. 342.

[896] Vgl. *Canaris*, in: Koziol/Rummel, Festschrift Bydlinski, 2002, S. 95.

was die vorhandenen personellen Ressourcen bindet, teilweise die Schaffung neuer Stellen und zudem im Regelfall die Beauftragung von steuerlichen Beratern erfordert. Ob dieser Aufwand in einem angemessenen Verhältnis mit der Zielsetzung des Gesetzgebers steht, unter den Voraussetzungen des § 2b UStG von der Besteuerung abzusehen, darf zumindest bezweifelt werden.

c) Neutralitätskonforme Besteuerung der jPdöR

aa) Anforderungen an eine neutralitätskonforme Besteuerung

Die Besteuerung der jPdöR sollte de lege ferenda so beschaffen sein, dass sie entscheidungsneutral, einfach und somit rechtssicher ist. Hierdurch würden zahlreiche Abgrenzungsschwierigkeiten, Allokationsverzerrungen und hohe Vollzugskosten der Besteuerung vermieden.

Entscheidungsneutralität setzt voraus, dass der Leistungsempfänger bei der Auswahl der Leistung nicht durch die Besteuerung beeinflusst wird.[897] Hierdurch wird auch das Verbrauchsteuerprinzip gewahrt.[898] Dabei ist sowohl die Perspektive des Verbrauchers einzunehmen, der Leistungen von jPdöR bezieht, als auch die Perspektive der jPdöR, wenn diese selbst als Leistungsempfänger agieren. In letzterem Fall handelt es sich aus Sicht der jPdöR um die Neutralität bei Eingangsleistungen, die jedoch auch auf die Fragestellung zurückwirkt, inwieweit die jPdöR bei Tätigkeiten mit Einnahmenerzielungsabsicht als Unternehmer behandelt werden sollte. Daher wird die Neutralität bei Eingangsleistungen der jPdöR im Gesamtkontext behandelt.

Eine einfache Besteuerung würde voraussetzen, dass sich das Besteuerungsregime im Hinblick auf die jPdöR nicht oder zumindest nicht wesentlich von der Regelbesteuerung unterscheidet, sodass Unternehmer, die an die jPdöR Leistungen erbringen, möglichst keine Besonderheiten zu beachten haben, sondern „regulär" wie gegenüber der Breite der Leistungsempfänger abrechnen können. Für die jPdöR als Leistungserbringer wäre eine möglichst klare Abgrenzung zwischen originär hoheitlichen Tätigkeiten, bei denen es keinen Wettbewerb gibt und allen übrigen Tätigkeiten, bei denen Wettbewerb jedenfalls nicht sicher ausgeschlossen werden kann, vorzunehmen. Lediglich bei ersteren Tätigkeiten ist von der Besteuerung abzusehen.

---

[897] Vgl. *Næss-Schmidt* et al., Abschlussbericht für TAXUD/2009/DE/316, 2011, S. 9, hinsichtlich der Wahl zwischen Auslagerung und interner Erbringung von Leistungen durch jPdöR. Im derzeitigen System sind Effizienzverluste zu befürchten, da aufgrund der steuerlichen Kostenverzerrung die eigentlich ineffiziente interne Leistungserbringung günstiger ist, obwohl sie einen höheren Nettopreis aufweist, vgl. Europäische Kommission, Konsultationspapier (TAXUD/C1), 2013, S. 5.

[898] Siehe Kapitel 3: F.

Anhand dieser Anforderungen werden die nachfolgend dargestellten Modelle untersucht.

bb) Modell Kirchhof

Die in der Gesamtkonzeption eines Reformvorschlags des Umsatzsteuerrechts im sogenannten Umsatzsteuergesetzbuch beschriebene Besteuerung der öffentlichen Hand sieht vor, Leistungen, die für steuerfinanzierte öffentliche Aufgaben durch die öffentliche Hand bezogen werden (Bezug durch Verwaltungseinheit), vom Anwendungsbereich der Umsatzsteuer auszunehmen.[899] Dabei haben sich die jPdöR durch die Verwendung einer umsatzsteuerlichen Identifikationsnummer gegenüber dem leistenden Unternehmer zum Empfang einer nicht steuerbaren Leistung zu legitimieren und die Gegenleistung per Banküberweisung zu entrichten.[900] Handelt die öffentliche Hand selbst nicht im Rahmen einer Verwaltungseinheit, sondern als Unternehmer, soll auch dieser Leistungsbezug, der Grundkonzeption des Umsatzsteuergesetzbuchs entsprechend, nicht der Besteuerung unterliegen.[901] Mithin bleibt ein mit Umsatzsteuer belasteter Leistungsbezug von jPdöR auf Geschäfte beschränkt, bei denen weder ein unternehmerischer noch ein Leistungsbezug als Verwaltungseinheit vorliegt.[902]

Entfaltet eine jPdöR eine unternehmerische Tätigkeit, gelten dieselben Voraussetzungen wie für private Wirtschaftsteilnehmer.[903] Demnach weicht dieses Besteuerungskonzept von der Richtlinienvorgabe des Art. 13 MwStSystRL ab und würde daher eine Änderung der MwStSystRL voraussetzen.

Die Entlastung der jPdöR von der Umsatzsteuer, die auf Leistungen entfällt, die sie für steuerfinanzierte öffentliche Aufgaben bezieht, beruht auf der Überlegung, dass der Steuergläubiger nicht zugleich Steuerträger sein kann.[904] Das Verbrauchsteuerprinzip sieht vor, dass die Konsumaufwendungen des Verbrauchers mit Umsatzsteuer belastet sein sollen und dass die Höhe der Konsumaufwendungen die Leistungsfähigkeit des Verbrauchers indiziert.[905] Die jPdöR sind in Erfüllung ihrer steuerfinanzierten öffentlichen Aufgaben jedoch keine Verbraucher, die am Maßstab der Konsumleistungsfähigkeit gemessen werden können. Denn sie wenden für die Erfüllung von öffentlichen Aufgaben Steuern auf und müssen

[899] Vgl. *Kirchhof,* Umsatzsteuergesetzbuch, 2008, S. 122.
[900] Vgl. *Kirchhof,* Umsatzsteuergesetzbuch, 2008, S. 121.
[901] Vgl. *Kirchhof,* Umsatzsteuergesetzbuch, 2008, S. 20–21; 122.
[902] Vgl. *Kirchhof,* Umsatzsteuergesetzbuch, 2008, S. 121; *Wiesch,* Die umsatzsteuerliche Behandlung der öffentlichen Hand, 2015, S. 385, der als Beispiel das durch Beiträge finanzierte Handeln von Berufskammern anführt.
[903] Vgl. *Kirchhof,* Umsatzsteuergesetzbuch, 2008, S. 53.
[904] Vgl. *Kirchhof,* Umsatzsteuergesetzbuch, 2008, S. 122.
[905] Siehe Kapitel 3: D. II. 2. b) aa).

für mit Umsatzsteuer belastete Eingangsleistungen somit mehr Steuern aufwenden, um die im Bruttopreis der Eingangsleistungen verkörperte Steuerlast tragen zu können. Geht man, wie in dieser Arbeit vertreten, von einer Geltung des Leistungsfähigkeitsprinzips im Umsatzsteuerrecht aus, ist eine derartige Belastung der jPdöR als Steuerträger abzulehnen. Eine solche Belastung führt lediglich zu einer Umverteilung von Steueraufkommen[906] von der leistungsempfangenden jPdöR auf den Steuergläubiger der Umsatzsteuer[907] und dient also nicht dem Ziel, die Verbraucher am Maßstab der Konsumleistungsfähigkeit mit Umsatzsteuer zu belasten.[908]

Im Ergebnis erfüllt der Vorschlag von Kirchhof die Anforderungen an eine entscheidungsneutrale und einfache Besteuerung. Einerseits gelingt dies durch die Behandlung der jPdöR wie andere Wirtschaftsteilnehmer hinsichtlich der Einstufung ihrer Tätigkeit als umsatzsteuerliche Unternehmer, was zu einer gleichmäßigen Verbrauchsteuerbelastung führt, da diese nicht abhängig von der Rechtsform des Leistenden ist.[909] Andererseits führt die Entlastung der jPdöR von der Umsatzsteuer, die auf Eingangsleistungen für steuerfinanzierte öffentliche Aufgaben lasten würde, zu einem entscheidungsneutralen Leistungsbezug der jPdöR. Insbesondere im Bereich der Beistandsleistungen wäre die bisherige Lobbyarbeit der öffentlichen Hand, derartige Leistungen von der Besteuerung auszunehmen, obsolet. Unabhängig davon, ob eine derartige Leistung von der öffentlichen Hand oder von einem privaten Wirtschaftsteilnehmer bezogen würde, träte keine Definitivbelastung mit Umsatzsteuer ein und dies, ohne einen privaten Wettbewerber umsatzsteuerlich zu benachteiligen.

---

[906] Vgl. *Desens/Hummel,* StuW 2012, S. 232–234, die in diesem Umstand einen verdeckten Finanzausgleich erkennen, für den es im Ergebnis keine überzeugende Rechtfertigung zu geben scheint, weshalb eine Vermeidung einer Definitivbelastung ein finanzverfassungsrechtlich einzuforderndes Gebot sei; *Desens* et al., ZögU 2012, S. 319.

[907] Das Umsatzsteueraufkommen steht gem. Art. 106 Abs. 3 i. V. mit Abs. 5a GG Bund, Ländern und Gemeinden zu.

[908] Vgl. *Desens/Hummel,* StuW 2012, S. 233.

[909] Allerdings werden Einschränkungen dieses Prinzips, etwa die Annahme, dass bei Fehlen einer marktüblichen Kalkulation nach Maßstäben des öffentlichen Rechts gehandelt würde, was eine Ausnahme von der Besteuerung zur Folge hätte, von *Wiesch,* Die umsatzsteuerliche Behandlung der öffentlichen Hand, 2015, S. 392, zu Recht kritisiert. Diese Ausnahme würde den eigentlichen Grundgedanken, gleiche Leistungen unabhängig vom Leistungserbringer gleichermaßen der Besteuerung zu unterwerfen, vereiteln. Eine Ausnahme von der Behandlung als Unternehmer wäre allenfalls – im Hinblick auf Art. 13 MwStSystRL – in den Fällen geboten, in denen es bei auf einen Leistungsaustausch gerichteten Tätigkeiten keinen Wettbewerb gibt. In diesem Zusammenhang wären beispielsweise Gebühren für eine Trauung oder für die Ausstellung von Ausweisdokumenten oder ähnliche öffentliche Vorbehaltsaufgaben zu nennen.

cc) Rückerstattung der Steuer auf Eingangsleistungen der jPdöR

Eine weitere Möglichkeit, eine Belastung der jPdöR als Steuerträger abzuwenden, sind sogenannte Kompensations- oder Erstattungsmodelle.[910] Sie ermöglichen den jPdöR, sich von der Umsatzsteuer, die sie nicht für Zwecke einer unternehmerischen Tätigkeit beziehen, durch eine Rückerstattung zu entlasten. Im Ergebnis müssen die jPdöR, wie im Modell Kirchhof, für die Ausübung ihrer steuerfinanzierten Tätigkeiten keine steuerfinanzierten Mittel aufwenden, um die Umsatzsteuer, die auf den Leistungsbezügen lastet, zu tragen. Derartige Modelle sind in EU-Mitgliedstaaten wie Österreich, Dänemark, Schweden, Finnland, Frankreich, den Niederlanden und Portugal[911] sowie Drittstaaten wie Kanada und Norwegen etabliert.[912] *Desens* und *Hummel* haben derartige Modelle auf Unions- und Verfassungskonformität untersucht und zugleich modifizierte Alternativen aufgezeigt.[913] Der Vorteil dieser Systeme liegt darin, dass sie außerhalb des Anwendungsbereichs der Umsatzsteuer ansetzen und somit auf Ebene der Mitgliedstaaten verwirklicht werden können, ohne dass es dabei einer Änderung der MwStSystRL bedarf, die nach Art. 113 AEUV einen einstimmigen Beschluss des Rats voraussetzen würde.[914]

Eine Lösung auf unionsrechtlicher Ebene sollte und müsste[915] hingegen innerhalb des Mehrwertsteuersystems ansetzen und den Vorsteuerabzug für steuerfinanzierte hoheitliche Aktivitäten der jPdöR ermöglichen. Auf diese Weise würden etwaige finanzverfassungsrechtliche Problemstellungen auf Ebene der Mitgliedstaaten vermieden.[916] Die Gewährung des Vorsteuerabzugs für nicht

---

[910] Vgl. *Desens* et al., ZögU 2012, S. 324.

[911] Siehe Übersicht in *Næss-Schmidt* et al., Abschlussbericht für TAXUD/2009/DE/316, 2011, S. 18. Zu den in den EU-Mitgliedstaaten implementierten Modellen nimmt auch *Wiesch,* Die umsatzsteuerliche Behandlung der öffentlichen Hand, 2015, S. 397–469, eingehend Stellung.

[912] *Henkow,* The VAT/GST Treatment of Public Bodies, 2013, S. 83–112, hat entsprechende Systeme in Dänemark, Schweden und anderer EU-Mitgliedstaaten sowie Kanada und Norwegen untersucht.

[913] *Desens/Hummel,* StuW 2012, S. 226.

[914] Eine weitere Vereinfachung wäre eine generelle Einführung der Steuerschuldnerschaft des Leistungsempfängers bei Leistungen an jPdöR, bei der zudem auch Steuerausfälle, die aus einer Nichtabführung der Umsatzsteuer durch den leistenden Unternehmer resultieren, vermieden werden können. Allerdings setzt dies eine Ermächtigung gem. Art. 395 MwStSystRL voraus, da eine derartige Regelung auch nicht von den Art. 199b und 199c MwStSystRL gedeckt wird. Ausführlich zu diesem Ansatz: *Desens* et al., ZögU 2012, S. 330–334.

[915] Vgl. *Wiesch,* Die umsatzsteuerliche Behandlung der öffentlichen Hand, 2015, S. 466, da es für ein System außerhalb des Mehrwertsteuersystems keine Rechtsgrundlage gäbe.

[916] Vgl. *Wiesch,* Die umsatzsteuerliche Behandlung der öffentlichen Hand, 2015, S. 462 f., der den Vorschlag von *Desens/Hummel*, der den Mechanismus der Vorabzuweisung des Ausgleichsanspruchs, nach Abzug des EU-Anteils am Mehrwertsteueraufkommen, jedoch vor der Verteilung des verbleibenden Aufkommens auf Bund, Länder und Gemeinden vorsieht, be-

wirtschaftliche hoheitliche Tätigkeiten der jPdöR würde eine Erweiterung darstellen und dazu führen, dass die jPdöR insoweit nicht Steuerträger sind.[917] Dieses Ergebnis stünde im Einklang mit der Forderung, die jPdöR insoweit nicht als Verbraucher zu behandeln, da dies dem Leistungsfähigkeitsprinzip zuwiderlaufen würde. Denn die für den Leistungsbezug aufgewendeten Mittel indizieren keine Leistungsfähigkeit, sondern führen im Falle einer Steuerträgerschaft der jPdöR lediglich zu Verschiebungen des Steueraufkommens von der leistungsbeziehenden jPdöR auf die Steuergläubiger.[918]

dd) Stellungnahme

Beide Ansätze führen zu einer Entlastung der öffentlichen Hand als Steuerträger, sofern Leistungen für die steuerfinanzierte hoheitliche Tätigkeit bezogen werden (Entlastung für hoheitliche Eingangsleistungen). Im Ergebnis ist in beiden Fällen die Entscheidungsneutralität gewahrt und potenzielle steuerbedingte Preisverzerrungen, die zu Allokationsverzerrungen führen könnten, werden ausgeschlossen. Allerdings würde das Modell von Kirchhof eine Änderung der MwStSystRL erfordern, während ein Kompensations-/Erstattungsmodell auf Ebene der Verteilung des Steueraufkommens auf nationaler Ebene verwirklicht werden könnte.[919] Jedoch genügt eine bloße Entlastung für hoheitliche Eingangsleistungen für sich allein nicht der steuerlichen Neutralität, da sie keine wettbewerbsneutrale Gleichbehandlung von Ausgangsleistungen der jPdöR und vergleichbaren Ausgangsleistungen privater Anbieter sicherstellt.

Im Hinblick auf die Behandlung der (wirtschaftlichen) Tätigkeiten der jPdöR ist eine Vollbesteuerung[920], die vorsieht, jegliche Tätigkeit ohne jede Wettbewerbsrelevanz der Besteuerung zu unterwerfen, abzulehnen. Ein solches Verständnis einer Vollbesteuerung wäre auch nicht erforderlich, um eine gleich-

---

grüßt, da hierdurch eine Mischfinanzierung vermieden werde. Allerdings gibt er zu bedenken, dass bei Auszahlung der Erstattungsansprüche eine Mischfinanzierung vorliegen könnte. Dies wäre gegeben, wenn durch die Auszahlung des Ausgleichsanspruchs Landesmittel an Einrichtungen des Bundes fließen würden. Durch die Einrichtungen einer Zahlstelle für Einrichtungen des Bundes könnte diese Problematik vermieden werden. Eine weitere Erörterung der Problemstellungen des Finanzverfassungsrechts unterbleibt, da dies den Rahmen dieser Arbeit sprengen würde; siehe zum Mechanismus der Vorabzuweisung: *Desens* et al., ZögU 2012, S. 327 f.

[917] Hinsichtlich des Erstattungsanspruchs ist jedoch sicherzustellen, dass dieser mit dem Beihilfeverbot vereinbar ist, siehe hierzu: *Wiesch,* Die umsatzsteuerliche Behandlung der öffentlichen Hand, 2015, S. 461.

[918] Vgl. *Desens/Hummel,* StuW 2012, S. 233.

[919] Vgl. Europäische Kommission, Konsultationspapier (TAXUD/C1), 2013, S. 12.

[920] Vgl. *Henkow,* The VAT/GST Treatment of Public Bodies, 2013, S. 143, zum Vollbesteuerungsmodell in Neuseeland, dessen Anliegen es ist, sicherzustellen, dass die Besteuerung neutral ist, indem sie den privaten und öffentliche Sektor gleichermaßen betrifft.

mäßige Steuerbelastung der Endverbraucher herzustellen. Vielmehr würden originäre öffentliche Leistungen, für die es keinen Wettbewerb gibt, wie beispielsweise Trauungen, Gerichtsgebühren und die Ausstellung von Ausweisdokumenten, der Besteuerung unterliegen und somit diese Leistungen verteuern. In der progressivsten Variante der Vollbesteuerung, wie sie in Neuseeland praktiziert wird, werden auch Tätigkeiten von jPdöR, die nicht gegen Entgelt ausgeführt werden, einer entgeltlichen Leistung gleichgestellt.[921] Eine alternative Variante hierzu wäre, lediglich hinsichtlich entgeltlicher Leistungen der jPdöR eine Besteuerung vorzusehen.[922] Der Vorteil der Vollbesteuerung liegt darin, dass die JPdöR keinerlei Unterscheidung mehr treffen muss, ob es sich bei einer ausgeübten Tätigkeit um eine wirtschaftliche oder um eine nicht wirtschaftliche Tätigkeit handelt. Die zuvor kritisierte Verteuerung originärer öffentlicher Leistungen könnte durch echte Steuerbefreiungen vermieden werden. Dieses Konzept könnte jedoch nur durch eine Änderung der MwStSystRL verwirklicht werden, die jedoch nach Art. 113 AEUV einen einstimmigen Beschluss des Rats voraussetzen würde.

Ein auf nationaler Ebene umsetzbarer Kompromiss zwischen einer Vollbesteuerung und der derzeitigen Regelung in § 2b UStG wäre eine Streichung der Absätze 2 und 3 des § 2b UStG und eine deutlich restriktivere Auslegung des verbleibenden Absatz 1. Diese Variante wäre nur dann sinnvoll, wenn ein nationales Kompensations-/Erstattungsmodell außerhalb des Mehrwertsteuersystems etabliert würde und auf Ebene der EU zumindest mittelfristig nicht mit einer EU-einheitlichen-Regelung zu rechnen ist.

Aufgrund der Entlastung für hoheitliche Eingangsleistungen wäre der bisherige Versuch, Beistandsleistungen gem. § 2b Abs. 3 Nr. 2 UStG von der Besteuerung auszunehmen obsolet, da durch das Kompensations-/Erstattungsmodell keine Belastung auf Leistungen besteht, die für eine nicht wirtschaftliche Tätigkeit bezogen werden.[923]

---

[921] Vgl. *Henkow,* The VAT/GST Treatment of Public Bodies, 2013, S. 151; Europäische Kommission, Konsultationspapier (TAXUD/C1), 2013, S. 10. Eine Besteuerung fiktiver Leistungen führt schon aufgrund einer zu bestimmenden Bemessungsgrundlage zu praktischen Schwierigkeiten und ist auch aus diesem Grund nicht vorzugswürdig.

[922] Vgl. Europäische Kommission, Konsultationspapier (TAXUD/C1), 2013, S. 10 f., hinsichtlich des Modells 1, dessen Umsetzung jedoch ebenfalls mit der Streichung des Art. 13 MwStSystRL und somit mit einer Änderung des Unionsrechts verbunden wäre.

[923] Eine Erstattung an ausländische jPdöR wäre nicht zwingend erforderlich, da die Kompensation außerhalb des Steuersystems erfolgt. Allerdings besteht ein Erfordernis der Erstattung ausländischer Vorsteuer, da ausländische Anbieter ansonsten Wettbewerbsnachteile erleiden würden. Siehe hierzu: *Wiesch,* Die umsatzsteuerliche Behandlung der öffentlichen Hand, 2015, S. 450.

Im Grunde sollten entgeltliche Leistungen der Besteuerung unterliegen, jedoch, im Gegensatz zu dem von der Kommission im Konsultationspapier als Option 3 vorgesehenen Vorschlag[924], würden einige Leistungen weiterhin von der Besteuerung ausgenommen. Da Ausnahmen eine Differenzierung zum Regelfall voraussetzen und infolgedessen schwerer administrierbar sind, sollten diese Ausnahmen sich auf die Fälle beschränken, in denen kein Wettbewerb denkbar erscheint. Dies würde eine teleologische Reduktion des verbleibenden § 2b Abs. 1 UStG erfordern, die jedoch enger wäre, als es die Richtlinienvorgabe in Art. 13 MwStSystRL vorsieht. Der EuGH hat hinsichtlich des Vorliegens bzw. der Möglichkeit größerer Wettbewerbsverzerrungen in seiner Entscheidung in der Rs. Isle of Wight Council die Grundsätze für das Begriffsverständnis dargelegt. Demnach ist der Begriff dergestalt auszulegen, „*dass er nicht nur den gegenwärtigen, sondern auch den potenziellen Wettbewerb umfasst, sofern die Möglichkeit für einen privaten Wirtschaftsteilnehmer, in den relevanten Markt einzutreten, real und nicht rein hypothetisch ist.*“[925] Mithin wäre nach diesem Verständnis eine einfachere Abgrenzung, die es ermöglicht, bereits bei vorstellbarem (hypothetischem) Wettbewerb von einer Besteuerung (Regelfall des § 2 UStG) auszugehen, unter Umständen nicht möglich.

Hierzu ist zum einen anzumerken, dass diese Ansicht durchaus in Frage gestellt werden kann. Denn hypothetischer Wettbewerb ist Wettbewerb, der theoretisch denkbar, jedoch nicht gewiss ist. Demnach kann ein gegenwärtiger Wettbewerb oder ein potenzieller Markteintritt nicht gänzlich ausgeschlossen werden. Gerade weil die unterschiedliche Behandlung öffentlicher und privater Anbieter von Leistungen keine Markteintrittsbarriere darstellen sollte, wäre es sachgerecht, bereits bei theoretisch denkbarem Wettbewerb die Leistungen der jPdöR der Besteuerung zu unterwerfen. Diese Abgrenzung ermöglicht eine einfachere und somit rechtssichere Bestimmung der Tätigkeiten, die unter die Besteuerung fallen (§ 2 UStG) und der Tätigkeiten, die von der Besteuerung ausgenommen sind (§ 2b UStG).

Darüber hinaus steht es den Mitgliedstaaten zu, auch ohne ausdrückliche Ermächtigung des Unionsgesetzgebers Maßnahmen zu erlassen, die auf die Verhinderung missbräuchlicher Praktiken oder Verhaltensweisen und die Vermeidung von Steuerhinterziehung oder -umgehung abzielen.[926] Eine restriktiveres Verständnis des möglichen Vorliegens größerer Wettbewerbsverzerrungen dient

[924] Europäische Kommission, Konsultationspapier (TAXUD/C1), 2013, S. 12 f., sieht eine Streichung des Art. 13 MwStSystRL vor und würde somit alle entgeltlichen Leistungen der Besteuerung unterwerfen, da jPdöR in diesem Fall unter Art. 9 MwStSystRL fallen würden.

[925] EuGH, Urteil v. 16.09.2008, C-288/07, Isle of Wight Council, Slg 2008, I-7203, Rn. 65.

[926] Vgl. EuGH, Urteil v. 16.07.2015, C-108/14 u. C-109/14, Larentia + Minerva, ECLI:EU:C:2015:496, Rn. 42.

der Rechtssicherheit, da es eine einfachere Abgrenzung ermöglicht, weil eine tatsächliche Wettbewerbsprüfung im Einzelfall entbehrlich wird.[927] Dies dient einer einfacheren und rechtssicheren Rechtsanwendung und somit auch der Vermeidung von Steuerumgehung. Zudem ist aus systematischen Erwägungen darauf hinzuweisen, dass eine Behandlung als Nichtunternehmer im Regelfall wie eine unechte Steuerbefreiung wirkt.[928] Im Hinblick auf die Anwendung der Steuerbefreiungen legt Art. 131 MwStSystRL fest, dass die Mitgliedstaaten zur Gewährleistung einer korrekten und einfachen Anwendung dieser Befreiungen und zur Verhinderung von Steuerhinterziehung, Steuerumgehung und Missbrauch Bedingungen festlegen können. Daher sollte die Behandlung als Nichtunternehmer, die im Ergebnis im Regelfall zur gleichen Rechtsfolge führt (Ausnahme von der Besteuerung und kein Recht auf Vorsteuerabzug), ebenso unter Bedingungen erfolgen, die der Gewährleistung einer korrekten und einfachen Anwendung dieses Ausnahmetatbestands dienen. Dabei ist es nicht zwingend erforderlich, dass dies auch der Bekämpfung von Steuerumgehungen dient, da dies auch in Art. 131 MwStSystRL nicht vorausgesetzt wird, sondern auch Maßnahmen zulässig sind, die lediglich die Gewährleistung einer korrekten und einfachen Anwendung sicherstellen. Auf dieser Grundlage sollte sich eine restriktivere Auslegung rechtfertigen lassen. Als Maßnahme könnte eine Neufassung des § 2b Abs. 2 UStG erfolgen.

§ 2b Abs. 2 UStG n. F.

(2) [1]Größere Wettbewerbsverzerrungen liegen vor, wenn eine gegenwärtige oder künftige Wettbewerbssituation nicht ausgeschlossen werden kann. [2]Größere Wettbewerbsverzerrungen liegen nicht vor, wenn
1. die Leistungen aufgrund gesetzlicher Bestimmungen nur von juristischen Personen des öffentlichen Rechts erbracht werden dürfen oder
2. eine Wettbewerbssituation auch theoretisch ausgeschlossen werden kann.

Die erste Typisierung entspricht der bisherigen Regelung des § 2b Abs. 3 Nr. 1 UStG und dürfte unkritisch sein, da in diesen Fällen aufgrund eines Gesetzes-

[927] Eine tatsächliche Wettbewerbsprüfung ist nur in eindeutigen Fällen einfach durchzuführen, nämlich dann, wenn auf der Hand liegt, dass es einen Wettbewerb gibt. In anderen Fällen scheitert die Wettbewerbsprüfung, da der Nachweis keines oder eines zu vernachlässigenden Wettbewerbs faktisch nicht durchführbar ist.

[928] Ausnahmen bestehen jedoch bei der Verwendung von Investitionsgütern, da im Falle einer Nutzungsänderung im Zuge einer bisherigen steuerfreien zu einer steuerpflichtigen Nutzung grundsätzlich eine Vorsteuerberichtigung zu Gunsten erfolgen kann. Kommt es zu einer Nutzungsänderung eines bislang außerunternehmerisch genutzten Investitionsguts, so kann bei künftig vorsteuerunschädlicher unternehmerischer Nutzung keine Vorsteuerberichtigung erfolgen, da gesetzlich keine Einlagenentsteuerung vorgesehen ist.

vorbehalts kein Wettbewerb möglich ist.[929] In Bezug auf die zweite Typisierung dürfte deren Anwendungsbereich, der zu einer Anwendung des § 2b Abs. 1 UStG führen würde, sehr eng und auf Fälle beschränkt sein, bei denen ein Markteintritt eines privaten Anbieters ausgeschlossen scheint. Durch den Wortlaut ‚auch' wird klargestellt, dass auch tatsächlich kein Wettbewerb bestehen darf und ein potenzieller Wettbewerb nicht vorstellbar erscheint. Der Vorschlag erfüllt in Kombination mit einem nationalen Kompensations-/Erstattungsmodell für Leistungsbezüge, die den nicht wirtschaftlichen Bereich der jPdöR betreffen, die Anforderungen an eine neutralitätskonforme Besteuerung.[930] Die Entscheidungsneutralität für Leistungsbezüge der jPdöR und privater Verbraucher ist gewahrt. Die restriktive Anwendung des § 2b UStG vergrößert den Anwendungsbereich des § 2 UStG und stellt somit eine gleichmäßige Besteuerung sicher. Da im Zweifelsfall die entgeltlichen Leistungen der jPdöR der Besteuerung unterliegen, entfallen auch viele Abgrenzungsfragen, was zu einer einfacheren Besteuerung mit geringeren Zusatzlasten führt.[931] Bis zu einer unionseinheitlichen Neuregelung könnte auf diese Weise eine Alternative zum bisherigen System geschaffen werden.

II. Organisationsformneutralität

1. Grundsätzliches

Die Organisationsformneutralität erfordert eine Besteuerung ungeachtet der gewählten Organisationsform eines Wirtschaftsteilnehmers. Nach der ständigen Rechtsprechung des EuGH steht es den Wirtschaftsteilnehmern unter Berufung auf den Grundsatz der steuerlichen Neutralität zu, das Organisationsmodell zu

[929] Vgl. *Henkow,* The VAT/GST Treatment of Public Bodies, 2013, S. 27; a. A. *Wiesch,* Die umsatzsteuerliche Behandlung der öffentlichen Hand, 2015, S. 53.

[930] Die Kombination sollte im Wesentlichen die Vorteile eines Vollbesteuerungsmodells erreichen, da durch das Erstattungssystem Investitionen und die Auslagerung von unterstützenden Dienstleistungen gefördert wird und durch die restriktive Anwendung des § 2b UStG keine Verfälschungen des Wettbewerbs eintreten sollten. Siehe hinsichtlich der Auswirkungen der Vollbesteuerung und Erstattungssystemen: *Næss-Schmidt* et al., Abschlussbericht für TAXUD/ 2009/DE/316, 2011, S. 28.

[931] Bei Erstattungssystemen ist, basierend auf den Erstattungssystemen in den EU-Mitgliedstaaten, von geringen Befolgungskosten auszugehen, vgl. *Næss-Schmidt* et al., Abschlussbericht für TAXUD/2009/DE/316, 2011, S. 18, 25. Dies gilt jedoch mit der einschränkenden Annahme, dass mehr Mitgliedstaaten ein Erstattungssystem einführen würden, wenn die wirtschaftlichen Vorteile die Befolgungskosten bei weitem aufwiegen würden. Demgegenüber ist jedoch beim modifizierten Kompensationsmodell, das als vorzugswürdige Lösung erachtet wird, von weitaus geringeren Zusatzlasten auszugehen, siehe *Desens* et al., ZögU 2012, S. 329.

wählen, das ihnen, rein wirtschaftlich betrachtet, am besten zusagt, ohne dass dies nachteilige Folgen in Bezug auf die Mehrwertsteuer nach sich zieht.[932] Die Organisationsformneutralität, die sich in der bisherigen Rechtsprechung insbesondere auf die Anwendbarkeit von Steuerbefreiungen unabhängig von der Organisationsform erstreckte, betrifft jedoch grundsätzlich alle Bereiche des Mehrwertsteuerrechts.

Eine wirtschaftliche Aktivität kann in Gestalt unterschiedlicher Organisationsformen ausgeübt werden. Dabei kann die wirtschaftliche Tätigkeit insbesondere innerhalb des Rahmens einer einzigen Rechtseinheit ausgeübt werden oder sich auf verschiedene rechtlich selbständige Einheiten erstrecken. In letzterem Fall stellt sich aus wirtschaftlicher Sicht die Frage, ob die rechtlich selbständigen Einheiten auch wirtschaftlich selbständig sind oder unter einer einheitlichen wirtschaftlichen Leitung stehen und daher, aufgrund des Verlusts ihrer wirtschaftlichen Selbständigkeit, als eine wirtschaftliche Einheit anzusehen sind.[933] Grundsätzlich knüpft das Mehrwertsteuerrecht an die Ausübung von wirtschaftlichen Tätigkeiten an, denn als Steuerpflichtiger gilt, wer eine wirtschaftliche Tätigkeit unabhängig von ihrem Ort, Zweck und Ergebnis selbständig ausübt.[934] Die gesetzliche Definition der wirtschaftlichen Tätigkeit in Art. 9 Abs. 1 Unterabs. 2 MwStSystRL enthält keine rechts- oder organisationsformspezifischen Einschränkungen, sondern erschöpft sich in der Aufzählung vom Urproduzenten über den Erzeuger bis zum Händler und Dienstleistungserbringer. In Art. 9 Abs. 2 MwStSystRL findet sich der Begriff der Person, der jedoch nicht lediglich natürliche und juristische Personen umfasst, sondern auch Personengesellschaften[935] oder andere Personenzusammenschlüsse, die eine derartige Tätigkeit ausüben.[936]

Unionsrechtlich stellt das Rechtsinstitut der Mehrwertsteuergruppe lediglich eine Kann-Bestimmung dar, deren Umsetzung im Ermessen der Mitgliedstaaten steht. Art. 11 MwStSystRL gestattet den Mitgliedstaaten, in ihrem Gebiet ansäs-

---

[932] Siehe Kapitel 3: B. II. 2.

[933] Vgl. *Wöhe/Döring/Brösel,* Einführung in die Allgemeine Betriebswirtschaftslehre, 2020, S. 242 f.

[934] Art. 9 Abs. 1 MwStSystRL.

[935] Siehe Kapitel 4: A. I. 2. b) cc).

[936] A. A. BFH, Urteil v. 22.11.2018, V R 65/17, Bruchteilsgemeinschaft kein Unternehmer, BFHE 263, S. 90, nach dem Bruchteilsgemeinschaften mangels Rechtsfähigkeit keine Unternehmer sein können. *Sterzinger,* MwStR 2019, S. 303, sieht bei entsprechendem Auftreten als Außengesellschaft die Bruchteilsgemeinschaft von einer Gesellschaft des bürgerlichen Rechts überlagert. Jedoch kann es bei dem unionsrechtlichen Begriff des Steuerpflichtigen, der autonom und somit unabhängig von den zivilrechtlichen Besonderheiten der Mitgliedstaaten zu verstehen ist, auf die zivilrechtliche Qualifikation nicht ankommen. Ausschlaggebend ist die Erfüllung entsprechender Umsatzgeschäfte im Außenverhältnis, vgl. *Merkel,* in: Küffner/Zugmaier, UStG, 2023, § 4 Nr. 13, Rn. 5.

sige Personen, die zwar rechtlich unabhängig, aber durch gegenseitige finanzielle, wirtschaftliche und organisatorische Beziehungen eng miteinander verbunden sind, zusammen als einen Steuerpflichtigen zu behandeln.[937] Damit wird der Möglichkeit einer organisationsformneutralen Besteuerung entsprechend Rechnung getragen. Fraglich bleibt jedoch zum einen, ob nicht eine generelle Umsetzungsverpflichtung des Art. 11 MwStSystRL angezeigt wäre. Denn solange es unechte Steuerbefreiungen gibt, ergibt sich ohne Umsetzung des Art. 11 MwSt SystRL, schon aufgrund der nicht abzugsfähigen Vorsteuer auf konzerninterne Leistungen, eine signifikante Ungleichbehandlung zwischen einstufigen und mehrstufigen Unternehmungen. Zum anderen bleibt fraglich, ob die Kriterien an die wirtschaftliche Zusammenfassung zu einem Steuerpflichtigen der wirtschaftlichen Realität entsprechen und praktikabel sind. Jedenfalls sind bei dem in Deutschland vorherrschenden restriktiven Verständnis des Merkmals der organisatorischen Beziehungen Zweifel angezeigt.[938]

Aus Gründen der steuerlichen Neutralität ist daher ein Vergleich der umsatzsteuerlichen Behandlung eines Einheitsunternehmens mit einem in Konzernform organisierten Unternehmen im Hinblick auf wesentliche Besteuerungsfolgen vorzunehmen. Dies gebietet zum einen die erforderliche Gleichbehandlung der zueinander in Wettbewerb stehenden Unternehmer[939] und zum anderen darf die Organisationsform keinen Einfluss auf die Überwälzungschancen der Unternehmer haben, um eine gleichmäßige Belastung des Konsums und somit der Verbraucher als Steuerträger sicherzustellen.[940]

2. *Notwendigkeit einer Mehrwertsteuergruppe*

a) Vergleich Einheitsunternehmen mit Unternehmensgruppe

aa) Vorsteuerabzug aus Leistungen Dritter

Bezieht ein Einheitsunternehmen vorsteuerbelastete Leistungen von Dritten, ist das Recht auf Vorsteuerabzug von den Ausgangsumsätzen des Einheitsunternehmens abhängig. Beziehen einzelne Gesellschaften einer Unternehmensgruppe Leistungen von Dritten, ist ihr Recht auf Vorsteuerabzug von den Ausgangsumsätzen der jeweiligen Gesellschaft abhängig, die die Leistungen bezieht.

Da das Recht auf Vorsteuerabzug grundsätzlich direkt und unmittelbar mit der Ausgangsleistung verknüpft ist, in die die vorsteuerbelasteten Aufwendungen

---

[937] Siehe Kapitel 4: A. I. 2.

[938] Vgl. *Küffner/Rust,* DB 2016, S. 731; *Brinkmann/Walter-Yadegardjam,* DStR 2016, S. 652.

[939] Diese Sichtweise entspricht auch der bisherigen Judikatur des EuGH, siehe Kapitel 3: B. II. 1.

[940] Vgl. *Kirchhof,* UR 2002, S. 546 und siehe Kapitel 3: D. II. 2. b) dd).

als Preisbestandteile eingehen,[941] ergibt sich im Regelfall kein Unterschied, sofern es sich um Ausgangsleistungen handelt, die an Dritte erbracht werden. Im folgenden Beispielsfall wird davon ausgegangen, dass es keine Organschaft gibt.

Mündet die von Konzerngesellschaft A von einem Dritten bezogene Eingangsleistung hingegen in eine Leistung von Konzerngesellschaft A an Konzerngesellschaft B, ist diese Leistung von A an B maßgebend für den Vorsteuerabzug von A. Hieraus sollte sich regelmäßig kein Unterschied im Hinblick auf den Vorsteuerabzug des A ergeben, da das Vorsteuerabzugsrecht an die Qualität der Ausgangsleistung anknüpft und daher nicht davon abhängig ist, ob Konzerngesellschaft B oder ein Dritter die Leistung erhält. Lediglich aus der Steuerpflicht der konzerninternen Leistung können sich Unterschiede ergeben, wenn B nicht zum Abzug der Vorsteuer berechtigt ist. Diese Problematik wird im weiteren Verlauf noch näher untersucht werden.

Im Hinblick auf Gemeinkosten können sich jedoch zwischen einem rechtlich einstufig organisierten Unternehmen und einem rechtlich mehrstufig organisierten Unternehmen Unterschiede ergeben. Bei Gemeinkosten handelt es sich um Kosten, bei denen kein direkter und unmittelbarer Zusammenhang zwischen der vorsteuerbelasteten Eingangsleistung und einer bestimmten Ausgangsleistung hergestellt werden kann (z. B. Kosten der Jahresabschlussprüfung). Diese Kosten stehen daher mit der wirtschaftlichen Gesamttätigkeit des Steuerpflichtigen in Zusammenhang.[942] Während das einstufige Unternehmen sämtliche Tätigkeitsbereiche in einer rechtlichen Einheit vereint, verteilen sich bei einem mehrstufigen Unternehmen die Tätigkeitsbereiche auf mehrere rechtliche Einheiten. Tätigt nun eine rechtliche Einheit einer Unternehmensgruppe vorwiegend Ausgangsumsätze, die den Vorsteuerabzug ausschließen, führt dies zu einem hohen quotalen Vorsteuerausschluss in Bezug auf die Gemeinkosten dieser Einheit. Die nach Art. 173 MwStSystRL vorgesehene Aufteilung der Vorsteuerbeträge ist – ohne Existenz einer Mehrwertsteuergruppe – abhängig von den Ausgangsumsätzen dieser einen Einheit.

Würde hingegen – bei Existenz einer Mehrwertsteuergruppe – auf die gesamte wirtschaftliche Tätigkeit der Unternehmensgruppe abgestellt, führte dies ggf. zu einer höhere Vorsteuerabzugsquote. Maßgebend für die Aufteilung nach Art. 173 MwStSystRL wären in diesem Fall die Ausgangsleistungen der Mehr-

[941] EuGH, Urteil v. 27.09.2001, C-16/00, Cibo Participations, Slg. 2001, I-6679, Rn. 27; EuGH, Urteil v. 04.05.2006, C-169/04, Abbey National, Slg. 2006, I-4027, Rn. 24; EuGH, Urteil v. 06.09.2012, C-496/11, Portugal Telecom, ECLI:EU:C:2012:557, Rn. 36; EuGH, Urteil v. 16.07.2015, C-108/14 u. C-109/14, Larentia + Minerva, ECLI:EU:C:2015:496, Rn. 23.

[942] EuGH, Urteil v. 27.09.2001, C-16/00, Cibo Participations, Slg. 2001, I-6679, Rn. 33; EuGH, Urteil v. 06.09.2012, C-496/11, Portugal Telecom, ECLI:EU:C:2012:557, Rn. 37; EuGH, Urteil v. 16.07.2015, C-108/14 u. C-109/14, Larentia + Minerva, ECLI:EU:C:2015:496, Rn. 24.

wertsteuergruppe gegenüber Dritten.[943] Es kann sich jedoch auch umgekehrt verhalten, sodass bei Betrachtung der einzelnen Rechtseinheit ein vollumfänglicher Vorsteuerabzug auf die Gemeinkosten aufgrund ihrer Ausgangsleistungen geboten wäre, während bei Betrachtung der Ausgangsleistungen der gesamten Unternehmensgruppe, die auch vorsteuerschädliche Ausgangsumsätze tätigt, nur ein quotaler Vorsteuerabzug zulässig wäre. Allein die unterschiedliche Organisationsform führt in diesen Fällen bei der gleichen wirtschaftlichen Tätigkeit zu unterschiedlichen Besteuerungsfolgen, je nachdem, ob diese von einem Einheitsunternehmen (einer Rechtseinheit) oder einer Unternehmensgruppe – ohne Existenz einer Mehrwertsteuergruppe – ausgeübt wird. Dies äußert sich in Form von höheren oder niedrigeren Kosten. Unterschiedliche Kosten führen somit zu unterschiedlichen Überwälzungschancen.

Die unterschiedliche Behandlung verstößt gegen die Organisationsformneutralität. Es darf für den Vorsteuerabzug keine Rolle spielen, ob die wirtschaftliche Tätigkeit innerhalb einer Rechtspersönlichkeit oder innerhalb eines Konzernverbunds rechtlich selbständiger Einheiten ausgeübt wird, die vergleichbar finanziell, wirtschaftlich und organisatorisch verbunden sind.[944] Bei einer Zusammenfassung der rechtlich selbständigen Unternehmensteile zu einem Steuerpflichtigen durch eine Mehrwertsteuergruppe/Organschaft wird das mehrstufig organisierte Unternehmen mit dem einstufig organisierten Unternehmen gleichgestellt. Auf diese Weise wird die gleiche wirtschaftliche Tätigkeit, die lediglich unterschiedlich organisiert ist, denselben Besteuerungsfolgen unterworfen.

bb) Vorsteuerabzug aus Transaktionskosten beim Asset und Share Deal

Erwirbt ein Unternehmen eine wirtschaftliche Tätigkeit eines anderen Unternehmens im Ganzen oder einen Teilbereich in Gestalt der dafür erforderlichen Vermögensgegenstände (Asset Deal), so unterliegt die Transaktion selbst als Geschäftsveräußerung im Ganzen gem. § 1 Abs. 1a UStG bzw. Art. 19 und 29 MwStSystRL nicht der Mehrwertsteuer. Im Zuge solcher Transaktionen entstehen regelmäßig erhebliche Erwerbsnebenkosten für Due-Diligence-Prüfungen und rechtliche sowie betriebswirtschaftliche Beratung. Diese Kosten sind mit Mehrwertsteuer belastet, weshalb sich beim Erwerber die Frage des Vorsteuerabzugs stellt.

Integriert der Unternehmer die erworbenen Vermögensgegenstände in sein Unternehmen, richtet sich der Vorsteuerabzug nach den allgemeinen Regeln des § 15 UStG, d. h. maßgeblich sind die Ausgangsumsätze, die mit dem erworbenen

---

[943] EuGH, Schlussanträge des GA Mengozzi v. 26.03.2015, C-108/14 u. C-109/14, Larentia + Minerva u. Marenave, ECLI:EU:C:2015:212, Rn. 49.

[944] Vgl. *Englisch,* UR 2016, S. 829.

Geschäftsbereich voraussichtlich erzielt werden, da die Erwerbsnebenkosten unmittelbar mit dieser beabsichtigten wirtschaftlichen Tätigkeit in Zusammenhang stehen.

Ebenso muss es sich verhalten, wenn Anteile mit der Absicht erworben werden, die Beteiligungsgesellschaft auf die erwerbende Gesellschaft upstream zu verschmelzen, da der Erwerb auf die Integration der im Rechtskleid der Beteiligung enthaltenen wirtschaftlichen Tätigkeit abzielt. In beiden Fällen wird die wirtschaftliche Tätigkeit des Erwerbers um die Tätigkeit des erworbenen Bereichs erweitert. Da im Zuge der Verschmelzung die rechtliche Hülle des erworbenen Bereichs wegfällt, darf es hinsichtlich des Vorsteuerabzugs aus den Erwerbsnebenkosten zu keinen Unterschieden kommen.

Der Verkauf von Anteilen im Rahmen einer wirtschaftlichen Tätigkeit unterliegt aufgrund der Steuerbefreiung des § 4 Nr. 8 Buchst. f UStG bzw. Art. 135 Abs. 1 Buchst. f MwStSystRL nicht der Umsatzsteuer. Auch wenn die Beteiligungsgesellschaft beim Veräußerer eine Organgesellschaft darstellte, sollte eine Veräußerung eines gesondert geführten Betriebs gegeben sein, sodass ebenfalls keine Umsatzsteuer anfällt.[945]

Erfolgt ein Anteilserwerb, ohne dass eine Absicht zur Verschmelzung besteht, stellt sich zunächst auf Seiten des Erwerbers die Frage, ob die Beteiligung im Rahmen des Unternehmens gehalten wird. Nach ständiger Rechtsprechung des EuGH stellt der bloße Erwerb von Beteiligungen keine wirtschaftliche Tätigkeit dar, da Beteiligungserträge lediglich Ausfluss des Innehabens der Beteiligung seien.[946] Sofern die Holdinggesellschaft (der Erwerber) aktiv durch das Erbringen von administrativen, finanziellen, kaufmännischen und technischen Dienstleistungen in die Verwaltung der Beteiligungsgesellschaft eingreife, liege eine wirtschaftliche Tätigkeit vor.[947] Erwerbsnebenkosten der Holding werden vom Gerichtshof als allgemeine Aufwendungen (Gemeinkosten) der Holding

---

945 Ähnlich wie in BFH, Urteil v. 18.09.2019, XI R 33/18, BFHE 266, S. 448. Im Urteilsfall wurde eine 100 %-Beteiligung an einer Organgesellschaft veräußert, die beim Erwerber ebenfalls als Organgesellschaft eingegliedert wurde. Nichts anderes kann gelten, wenn zwar keine Organschaft begründet wird, aber die entsprechende Verbindung durch eine Verschmelzung erfolgt. Auf die Übertragung weiterer Vermögenswerte durch den Veräußerer kann es nicht ankommen (entgegen Abschnitt 1.5 Abs. 9 UStAE), da durch die Verschmelzung eine Vollintegration in das Unternehmen des Erwerbers erfolgt.

946 EuGH, Urteil v. 27.09.2001, C-16/00, Cibo Participations, Slg. 2001, I-6679, Rn. 19; EuGH, Urteil v. 06.09.2012, C-496/11, Portugal Telecom, ECLI:EU:C:2012:557, Rn. 32; EuGH, Urteil v. 16.07.2015, C-108/14 u. C-109/14, Larentia + Minerva, ECLI:EU:C:2015:496, Rn. 19.

947 EuGH, Urteil v. 27.09.2001, C-16/00, Cibo Participations, Slg. 2001, I-6679, Rn. 20 u. 22; EuGH, Urteil v. 06.09.2012, C-496/11, Portugal Telecom, ECLI:EU:C:2012:557, Rn. 33 u. 34; EuGH, Urteil v. 16.07.2015, C-108/14 u. C-109/14, Larentia + Minerva, ECLI:EU:C:2015:496, Rn. 20 u. 21.

angesehen. Das Recht auf Vorsteuerabzug sei daher von den Ausgangsleistungen der Holdinggesellschaft abhängig und werde lediglich dann eingeschränkt, wenn diese auch Umsätze tätige, die den Vorsteuerabzug ausschließen.[948] Auf die Ausgangsleistungen der Beteiligungsgesellschaft – oder in anderen Worten – die wirtschaftliche Tätigkeit der Beteiligungsgesellschaft, kommt es daher für den Vorsteuerabzug der Holding nicht an.[949]

Daher können sich im Hinblick auf den Vorsteuerabzug des Erwerbers aus den Transaktionskosten erhebliche Unterschiede zwischen den beiden zuerst beschriebenen Szenarien (Asset Deal, Share Deal mit anschließender upstream Verschmelzung) und dem zuletzt genannten Szenario (Share Deal ohne Verschmelzung) ergeben. In den beiden erstgenannten Fällen ist das Recht auf Vorsteuerabzug von der wirtschaftlichen Tätigkeit des hinzuerworbenen Bereichs abhängig, während im letztgenannten Fall lediglich die wirtschaftliche Tätigkeit des Erwerbers maßgebend ist.

Ist die erworbene Gesellschaft wirtschaftlich und organisatorisch in das Unternehmen des Erwerbers eingebunden, ist eine solche Differenzierung aus Gründen der Organisationsformneutralität nicht haltbar. Denn sie würde dazu führen, dass dieselbe wirtschaftliche Tätigkeit aufgrund einer abweichenden Organisationsform unterschiedlich behandelt wird.

Kann die Holdinggesellschaft mit der erworbenen Tochtergesellschaft jedoch eine Mehrwertsteuergruppe bilden, so führt dies zu denselben Rechtsfolgen wie beim Asset Deal und Share Deal mit anschließender Verschmelzung. Gedanklich kommt es bei Verwirklichung der Mehrwertsteuergruppe rein wirtschaftlich betrachtet ebenso zu einer „Verschmelzung", da die Gruppe für Zwecke der Mehrwertsteuer als ein Steuerpflichtiger angesehen wird.[950] Die Mehrwertsteuergruppe ist somit geeignet, eine organisationsformneutrale Besteuerung herzustellen, da sich für den Erwerber der Beteiligung aus mehrwertsteuerlichen Erwägungen keine der dargestellten Varianten aus mehrwertsteuerlicher Sicht als vorzugswürdig erweist. Bei einer finanziellen Beherrschung der Beteiligungsgesellschaft könnte eine Mehrwertsteuergruppe sogar geboten sein, ohne dass an die wirtschaftliche und organisatorische Eingliederung zu große Anforderungen zu stellen sind. Folgendes Beispiel soll den Hintergrund dieser Forderung verdeutlichen:

---

[948] EuGH, Urteil v. 16.07.2015, C-108/14 u. C-109/14, Larentia + Minerva, ECLI:EU:C:2015:496, Rn. 33; EuGH, Schlussanträge des GA Mengozzi v. 26.03.2015, C-108/14 u. C-109/14, Larentia + Minerva u. Marenave, ECLI:EU:C:2015:212, Rn. 44.

[949] Dies ist jedoch kritisch zu hinterfragen, siehe Kapitel 4: B. 1. b) cc) (2).

[950] EuGH, Urteil v. 22.05.2008, C-162/07, Ampliscientifica und Amplifin, Slg. 2008, I-4019, Rn. 19; siehe auch *Merkel,* UR 2015, S. 541.

Holdinggesellschaft H, die ausschließlich zum Vorsteuerabzug berechtigende Umsätze tätigt, erwirbt Tochtergesellschaft T, die ausschließlich Umsätze tätigt, die den Vorsteuerabzug ausschließen. H erbringt geringfügige vorsteuerunschädliche Leistungen an T und hält daher die Beteiligung an T im Unternehmensvermögen. H sind im Zuge des Beteiligungserwerbs erhebliche vorsteuerbelastete Transaktionskosten erwachsen. Sofern zwischen H und T keine Mehrwertsteuergruppe besteht, richtet sich das Recht auf Vorsteuerabzug der H nach ihren Ausgangsleistungen.[951] Folglich wäre die Vorsteuer, jedenfalls nach der bisherigen Rechtsprechung des Gerichtshofs, vollumfänglich abzugsfähig.[952] Bei restriktiver Auslegung des Merkmals der wirtschaftlichen Beziehungen könnte eine Mehrwertsteuergruppe bereits daran scheitern, dass die Leistungen von H an T zwar genügen, um die Beteiligung als im Rahmen der wirtschaftlichen Tätigkeit gehalten einzustufen, jedoch nicht ausreichen, um für die Mehrwertsteuergruppe erforderliche wirtschaftliche Beziehungen zu begründen. Alternativ könnte H bewusst die organisatorischen Beziehungen scheitern lassen, indem er einen einzelvertretungsbefugten Geschäftsführer für T bestellt, der weder Arbeitnehmer von H ist noch durch einen Beherrschungsvertrag oder anderweitige institutionell abgesicherte Maßnahmen an Weisungen der H gebunden ist.[953] Ohne Mehrwertsteuergruppe tritt hier ein paradoxes Ergebnis ein, das weder wirtschaftlich noch gleichheitsrechtlich gerechtfertigt werden kann.[954]

---

[951] *Stadie,* UStG Kommentar, 2015, § 2 Rn. 77, hält dieses Ergebnis des EuGH für nicht sachgerecht. Auch beim Erwerb einer Mehrheitsbeteiligung habe sich das Vorsteuerabzugsrecht der Holdinggesellschaft nach den Umsätzen der beherrschten Gesellschaft zu richten. Siehe Kapitel 4: B. II. 1. b) cc) (2).

[952] Der BFH sieht jedoch Einschränkungen beim Vorsteuerabzug vor. Im Urteilsfall wurde mehr Kapital eingeworben als zum Erwerb der Tochtergesellschaft erforderlich war. Die im Zusammenhang der Kapitaleinwerbung angefallenen Kosten wurden daher aufgeteilt und nur insoweit zum Vorsteuerabzug zugelassen, als das eingeworbene Kapital in Zusammenhang mit dem Beteiligungserwerb stand. Siehe BFH, Urteil v. 06.04.2016, V R 6/14, Vorsteuerabzug bei Einwerbung von Kapital für einen Beteiligungserwerb, BFHE 253, S. 456. Auch der EuGH lässt den Vorsteuerabzug nicht uneingeschränkt zu, wenn kein Zusammenhang mit der wirtschaftlichen Tätigkeit des Anteilseigners vorliegt, siehe EuGH, Urteil v. 08.09.2022, C-98/21, Finanzamt R, ECLI:EU:C:2022:645.

[953] Vgl. Abschnitt 2.8 Absätze 7-11 UStAE unter Verweis auf Rechtsprechung des BFH.

[954] Vgl. EuGH, Urteil v. 08.09.2022, C-98/21, Finanzamt R, ECLI:EU:C:2022:645. Der EuGH hatte den Vorsteuerabzug versagt, da die Leistung nicht für das Unternehmen des Anteilseigners bezogen wurde. Die Tochtergesellschaft wäre, wenn sie die Leistung selbst bezogen hätte, nicht zum Vorsteuerabzug berechtigt gewesen. Offen bleibt, wie der EuGH entschieden hätte, wenn die Tochtergesellschaft zum Vorsteuerabzug berechtigt gewesen wäre. Siehe auch Kapitel 4: B. II. 1. b) bb) (2) (b). Im hier dargelegten Beispielsfall handelt es sich jedoch um vorsteuerbelastete Anschaffungsnebenkosten der Beteiligung der H und nicht um Aufwendungen, die T zugutekommen. Diese Aufwendungen stehen somit in keinem unmittelbaren Zusammenhang mit konkreten Ausgangsleistungen von H noch mit konkreten Ausgangsleistungen von T.

Das Beispiel zeigt auch auf, dass eine Mehrwertsteuergruppe keineswegs ein Gestaltungsinstrument zur Sicherung von steuerlichen Vorteilen der Steuerpflichtigen darstellt, sondern geboten ist, um wirtschaftlich gleiche Sachverhalte auch den gleichen Besteuerungsfolgen zu unterwerfen. Besteht im Beispielsfall eine Mehrwertsteuergruppe, so richtet sich das Recht auf Vorsteuerabzug im Hinblick auf die Transaktionskosten nach den Ausgangsumsätzen der erworbenen Organgesellschaft. Mithin wäre kein Vorsteuerabzug aus den Transaktionskosten möglich. Die Eingliederungsmerkmale bzw. Beziehungen sollten daher nicht restriktiv, sondern der wirtschaftlichen Realität entsprechend ausgelegt werden. Sehr treffend wurde hierzu von *Küffner/Rust* in einem Beitrag zur organisatorischen Eingliederung angemerkt: „Hält sich ein Geschäftsführer einer Tochtergesellschaft nicht an die Konzernvorgaben, so war er die längste Zeit Geschäftsführer."[955] Die Tatbestandsvoraussetzungen hinsichtlich der für eine Mehrwertsteuergruppe notwendigen finanziellen, wirtschaftlichen und organisatorischen Beziehungen werden daher nachfolgend noch einer Analyse unterzogen werden.[956] Ebenso ist der Vorsteuerabzug bei Beteiligungen, die keine beherrschende Stellung vermitteln und daher, aufgrund von entscheidenden Unterschieden zu einem einstufigen Unternehmen, eine Mehrwertsteuergruppe ausschließen, im Zuge der Erörterung der Neutralität bei Eingangsleistungen näher zu untersuchen.[957] Denn bei einer Beteiligung, die keine beherrschende Stellung vermittelt, ist eine Behandlung als ein Steuerpflichtiger nicht geboten. Es fehlt an einer hinreichenden finanziellen Verbindung und der erforderlichen einheitlichen Leitung, sodass eine Behandlung wie ein Einheitsunternehmen aufgrund der bestehenden Unterschiede nicht sachgerecht wäre.

cc) Innenleistungen

Bei einem einstufigen Unternehmen finden interne Verrechnungen zwischen Kostenstellen statt. Auch wenn diese Verrechnungen aufgrund von Leistungen im wirtschaftlichen Sinn erfolgen, haben sie keine umsatzsteuerliche Konsequenz, denn sie erfolgen innerhalb einer Rechtseinheit. Ein Leistungsaustausch erfordert hingegen zwei Beteiligte, sodass keine Umsatzsteuerbarkeit dieser Leistungen gegeben ist.

Bei mehrstufigen Unternehmen finden ebenfalls interne Verrechnungen von Leistungen im wirtschaftlichen Sinne statt. Da es sich bei den Beteiligten um

---

Vielmehr handelt es sich um allgemeine Aufwendungen der H, die H mangels Ausschlussumsätzen grundsätzlich zum Vorsteuerabzug berechtigen sollten. Dieses Ergebnis ist jedoch m. E. zweifelhaft. Siehe hierzu: Kapitel 4: B. II. 1. b) cc) (1).

[955] *Küffner/Rust,* DB 2016, S. 731.

[956] Siehe Kapitel 4: A. II. 2. b).

[957] Siehe Kapitel 4: B. II. 1. b).

rechtlich selbständige Einheiten handelt, liegen – ohne Existenz einer Mehrwertsteuergruppe – grundsätzlich ein Leistungsaustausch und somit im Regelfall auch umsatzsteuerpflichtige Leistungen vor. Soweit der Empfänger der konzerninternen Leistungen voll zum Vorsteuerabzug berechtigt ist, ergeben sich durch die Vorsteuerentlastung keine Unterschiede zum einstufigen Unternehmen. Ist der Vorsteuerabzug jedoch eingeschränkt, weil die leistungsempfangende Gesellschaft Umsätze tätigt, die den Vorsteuerabzug ausschließen, entsteht bei mehrstufigen Unternehmen eine Kostenbelastung aufgrund der nicht abzugsfähigen Vorsteuer. Dies würde die Entscheidung über die Organisationsform beeinflussen. Die Nichtsteuerbarkeit von Innenleistungen ist daher zur Wahrung der Organisationsformneutralität erforderlich.[958] Die Gleichbehandlung von Einheitsunternehmen und Konzernen verhindert, wirtschaftlich gleiche Vorgänge aus rein formalen Gründen mehrwertsteuerlich unterschiedlich zu behandeln.[959]

Insbesondere im Gesundheits- und Finanzsektor[960] wäre, ohne die Möglichkeit der Bildung einer Mehrwertsteuergruppe, ein einstufiges Unternehmen aus umsatzsteuerlicher Sicht vorzugswürdig, was, wie in Zeiten der Bruttoumsatzsteuer, zu einer Förderung der Unternehmenskonzentration führen würde.[961] Dies offenbart die fehlende Entscheidungsneutralität, die bei einer Differenzierung zwischen einstufig und mehrstufig organisierten Unternehmen bestehen würde. In der Literatur gibt es Stimmen, die die positiven Folgen einer Mehrwertsteuergruppe, z. B. im Gesundheitssektor, als missbräuchliche Gestaltung ansehen.[962] Die Vorzugswürdigkeit der dort vorgestellten Modelle, die durch die Begründung einer Organschaft entstehen, hat ihren Ursprung in der gesetzlichen Differenzierung zwischen (‚guten') den Vorsteuerabzug ermöglichenden und (‚schlechten') den Vorsteuerabzug ausschließenden Ausgangsumsätzen. Dies legt die fehlende Entscheidungsneutralität, die einen Konstruktionsfehler im Mehrwertsteuersystem darstellt, offen.[963] Die Nutzung von Servicegesellschaften

---

[958] Vgl. *Treiber*, DStR 2023, S. 644.

[959] Vgl. Treiber, DStR 2023, S. 644. Siehe auch BVerfG, Urt. v. 20.12.1966, 1 BvR 320/57, 1 BvR 70/63, BVerfGE 21, S. 12, zum Erfordernis der Gleichbehandlung von Einheitsunternehmen und Konzernen im Bruttoumsatzsteuersystem. Das Erfordernis der Gleichbehandlung bleibt im Mehrwertsteuersystem bestehen, sofern Konzerne mit unecht steuerbefreiten Ausgangsleistungen gegenüber Einheitsunternehmen benachteiligt wären. Diese Benachteiligung würde sich durch steuerbare Innenleistungen ergeben.

[960] Vgl. *Brinkmann/Walter-Yadegardjam*, DStR 2023, S. 69, mit Hinweis auf Banken, Versicherungen und Immobilienunternehmen; *Prätzler*, DB 2023, S, 988, nennt auch Krankenhäuser und Seniorenheime.

[961] Siehe Kapitel 2: C. 2. d). Siehe auch *Prätzler*, DB 2023, S. 988.

[962] Vgl. *Leonard,* DStR 2010, S. 725; *Heuermann,* DB 2016, S. 614; *Wäger,* UR 2016, S. 176.

[963] Vgl. *Englisch*, in: Tipke/Lang, Steuerrecht, S. 1142, § 17 Rn. 207; Teichmann, StuW 1975, S. 190; *Reiß*, in: Woerner, DStJG Band 13, 1990, S. 26, spricht vom Fortleben des alten, ungenauen Bruttoumsatzsteuersystems.

durch einen Krankenhausbetreiber zur Erbringung von Reinigungs- oder anderen Dienstleistungen ist wirtschaftlich rational. Denn durch die Begründung einer umsatzsteuerlichen Organschaft mit einer Servicegesellschaft, an der der Krankenhausbetreiber eine Mehrheits- und z. B. ein Reinigungsdienstleister eine Minderheitsbeteiligung hält, unterliegen die Dienstleistungen der Servicegesellschaft an das Krankenhaus als Innenleistungen nicht mehr der Umsatzsteuer.

Der Vorwurf der Missbräuchlichkeit an die Steuerpflichtigen würde in letzter Konsequenz zu einer Verteuerung der Leistungen des Krankenhauses führen.[964] Die nicht abzugsfähigen Vorsteuerbeträge münden dann in eine höhere Belastung der gesetzlichen Krankenkassen und privaten Krankenversicherungen und führen folglich zu höheren Beiträgen für die Versicherten. Ob dies im Sinne einer Steuerbefreiung ist, die den Verbraucher entlasten soll, darf zumindest bezweifelt werden.

Hummel weist sehr anschaulich darauf hin, dass bei Annahme einer Missbräuchlichkeit des vorstehend beschriebenen Organschaftsmodells auch die Eigenversorgung durch nicht zum Vorsteuerabzug berechtigte Personen als missbräuchlich anzusehen wäre. Konsequenterweise müsste dann Gemüse im eigenen Garten anzubauen als missbräuchlich angesehen werden, weil dadurch im Gegensatz zum Kauf beim Gemüsehändler Umsatzsteuer gespart werde.[965]

Banken und Versicherungen sind oftmals in einer Rechtseinheit mit Betriebsstätten in verschiedenen Jurisdiktionen tätig. Innenleistungen zwischen diesen unselbständigen Unternehmensteilen unterliegen, bis auf das innergemeinschaftliche Verbringen, nicht der Umsatzsteuer. Wäre hier auch zu vermuten, es handle sich um missbräuchliches Verhalten? Für die Organisation in einer Rechtseinheit mag es auch außersteuerliche Gründe geben. Beim Modell der Servicegesellschaft kann das Krankenhaus oder auch ein Finanzdienstleister als beherrschender Gesellschafter stärker Einfluss nehmen als auf einen externen Dienstleister und so Umfang und Qualität der Leistungen steuern.

Auch die von *Leonard* vorgenommene Unterscheidung zwischen Unternehmen, die sich bislang selbst versorgt haben und die Tätigkeit nun auf eine von ihnen beherrschte Servicegesellschaft auslagern und Unternehmen, die die Leistungen zuvor von Dritten bezogen haben und anschließend auf vorgenannte Servicegesellschaft übertragen, überzeugt nicht.[966] Ersteres soll nicht missbräuchlich sein, während letzteres missbräuchlich ist. Im Ergebnis würde das dazu führen, den gleichen wirtschaftlichen Vorgang abhängig von einer früheren Organisa-

---

[964] *Michel*, jM 2023, S. 258, weist darauf hin, dass die Vermeidung eines Steuernachteils keinen Missbrauch darstelle.

[965] Vgl. *Hummel,* MwStR 2013, S. 295.

[966] Vgl. *Leonard,* DStR 2010, S. 725; a. A. *Hummel,* MwStR 2013, S. 296, dem sich diese Differenzierung von Leonard nicht erschließt.

tionsstruktur unterschiedlich steuerlich zu belasten. Diese Betrachtung ist gleichheitsrechtlich nicht tragbar. Sie verkennt auch die nachteiligen Folgen, die sich durch Begründung dieses Organisationsmodells mittels Servicegesellschaft ergeben. Dritten gegenüber kann ein Dienstleistungsvertrag leicht gekündigt werden, um den Auftrag an einen anderen Anbieter zu vergeben. Aufgrund der Betrauung einer beherrschten Servicegesellschaft mit den gewünschten Leistungen besteht eine deutlich engere Bindung, wirtschaftlich viel eher vergleichbar mit der Beschäftigung eigener Arbeitnehmer als mit der Beschäftigung selbständiger, nicht beherrschter Dritter. Den Unternehmern steht es frei, ob sie derartige Leistungen selbst mit eigenem Personal erbringen, Dritte damit beauftragen oder gemeinsam mit Dritten dafür eigens durch sie beherrschte Servicegesellschaften gründen. Dies gebietet der Grundsatz der Organisationsformneutralität.[967] Er erfordert eine steuerliche Gleichbehandlung von wirtschaftlich vergleichbaren Vorgängen. Wie bereits bei der Erörterung der Rechtsformneutralität dargelegt[968], hat der EuGH dem restriktiven Verständnis des BFH des Merkmals der finanziellen Beziehungen eine Absage erteilt. Wenn dies für dieses zentrale Kriterium gilt, so muss es erst recht für die wirtschaftlichen und organisatorischen Verbindungen gelten. Die Tatbestandsmerkmale der Organschaft sind auch nicht abhängig vom vorhandenen oder nicht vorhandenen Vorsteuerabzugsrecht der verbundenen potenziellen Mitglieder der Organschaft enger oder weiter auszulegen, sie gelten für alle Personen in gleichem Maße. Stimmen, die weiterhin für eine restriktive Auslegung zur Verhinderung von angeblichen Missbräuchen plädieren, sind daher wenig überzeugend.[969]

Die Generalanwältin Medina hatte mit ihren Schlussanträgen zu den Rs. Norddeutsche Gesellschaft für Diakonie[970] und Finanzamt T[971] der Nichtsteuerbarkeit von Innenleistungen eine grundsätzliche Absage erteilt und damit das Verständnis der Rechtsfolgen der umsatzsteuerlichen Organschaft ins Wanken gebracht. Der EuGH[972] hat diese Auffassung jedenfalls nicht bestätigt,[973] aller-

---

967 Vgl. *Treiber*, DStR 2023, S. 644.

968 Siehe Kapitel 4: A. I.

969 A. A. *Wäger*, UR 2016, S. 176. Die OFD Karlsruhe, Verf. v. 25.09.2012 – USt-Kartei BW § 2 Abs 2 Nr 2 UStG S 7105 Karte 1, vertritt offenbar, dass bei Unternehmen, die nicht vollständig zum Vorsteuerabzug berechtigt sind, strengere Anforderungen an die Erfüllung der Tatbestandsmerkmale zu stellen sind. Dies ist unter dem Gesichtspunkt der Gleichbehandlung nicht tragbar, es ist evident, dass diese Auffassung auf rein fiskalischen Überlegungen beruht.

970 EuGH, Schlussanträge der GA Medina v. 13.01.2022, C-141/20, Norddeutsche Gesellschaft für Diakonie, ECLI:EU:C:2022:11.

971 EuGH, Schlussanträge GA Medina v. 27.01.2022, C-269/20, Finanzamt T, ECLI:EU:C:2022:60.

972 EuGH, Urteil v. 01.12.2022, C-141/20, Norddeutsche Ges. für Diakonie, ECLI:EU:C:2022:943.

973 Vgl. *Oelmaier*, MwStR 2022, S. 888 f.

dings auch nicht ausdrücklich dementiert.[974] Statt zu prüfen, ob eine designierte Organgesellschaft aufgrund des Vorliegens der engen finanziellen, wirtschaftlichen und organisatorischen Beziehungen wirtschaftlich nicht mehr selbstständig und daher mehrwertsteuerlich ein Teil des Steuerpflichtigen (Organträgers) wird, hat der EuGH offenbar geprüft, ob die Organgesellschaft ihre Tätigkeit wie ein Lohn- und Gehaltsempfänger gem. Art. 10 MwStSystRL nicht selbstständig ausübt.[975] Zivilrechtlich bleibt die Selbstständigkeit im Außenverhältnis zu Dritten bestehen, da die Organgesellschaft auf eigene Rechnung und eigene Verantwortung handelt, sie ist daher nicht mit einem Arbeitnehmer vergleichbar, der bereits nicht im eigenen Namen und auf eigene Rechnung, sondern in Namen und auf Rechnung des Arbeitsgebers handelt und dessen wirtschaftliche Tätigkeit ausübt. Diese Prüfung verwundert etwas, da diese Form der rechtlichen Selbstständigkeit nicht in Frage gestellt wurde.[976] Vielmehr geht es darum zu beurteilen, ob wirtschaftlich, in Folge der Tatbestandsverwirklichung, nur noch ein Steuerpflichtiger vorliegt. Folglich kann es zwischen den zivilrechtlich weiterhin selbstständigen Teilen dieses einen Steuerpflichtigen, jedenfalls aufgrund der wirtschaftlichen Betrachtungsweise, mehrwertsteuerlich keine Leistungsbeziehungen mehr geben.[977] Dies ist eine Rechtsfolge der „Verschmelzung“ zu einem Steuerpflichtigen und kein separat zu prüfendes Tatbestandsmerkmal.[978] Der Gerichtshof hat erneut betont, dass die Verschmelzung zu einem einzigen Steuer-

[974] Teilweise wird in der Literatur auch davon ausgegangen, dass es unterschiedliche Rechtsfolgen bei der Organschaft geben könnte. Vereinfacht ausgedrückt, bei schwächeren Verbindungen sind die Innenleistungen steuerbar und bei einer Eingliederung, mit Willensdurchsetzung durch den Organträger, sind sie nicht steuerbar, vgl. *Korn,* DStRK 2023; *Sterzinger,* MwStR 2022, S. 890 f.

[975] So *Wüst,* UR 2023, S. 3; *Ismer/Endres-Reich,* MwStR 2022, S. 887, gehen davon aus, dass der EuGH mit seiner Antwort die Vorlagefrage verfehlt hat. Siehe auch *Prätzler,* jurisPR-SteuerR 6/2023 Anm. 5, mit dem Hinweis, dass die Diskussion über die Selbständigkeit der Organgesellschaft einmal mehr zeigt, dass es ein Fehler war, beim EuGH keine Steuerfachkammern einzurichten.

[976] Fraglich bleibt daher, welche Schlüsse aus dieser Selbstständigkeit trotz der Verschmelzung zu einem Steuerpflichtigen zu ziehen sind. Wohl eben nicht, dass es mehrere selbstständige Steuerpflichtige innerhalb einer Mehrwertsteuergruppe geben kann. Unklar bleibt dennoch, ob (zivil-)rechtlich selbstständige Personen, die gemeinsam einen Steuerpflichtigen bilden, untereinander mehrwertsteuerpflichtige Leistungen austauschen können, vgl. *Höink,* DB 2022, M15; *Fetzer,* DB 2022, S. 2956.

[977] Unter Umständen anderer Auffassung: EuGH, Urteil v. 01.12.2022, C-141/20, Norddeutsche Ges. für Diakonie, ECLI:EU:C:2022:943, Rn. 78; siehe auch *Monfort,* UR 2023, S. 35.

[978] In dieser Richtung wohl auch *Monfort,* UR 2023, S. 35, der darauf hinweist, dass aus der Antwort auf die 4. Vorlagefrage nicht zwingend zu schließen ist, dass Innenumsätze nun steuerbar sind; a. A. *Ismer/Endres-Reich,* MwStR 2022, S. 887.

pflichtigen[979] es ausschließt, dass die Mitglieder der Mehrwertsteuergruppe weiterhin getrennt Mehrwertsteuererklärungen abgeben und innerhalb und außerhalb ihrer Gruppe weiter als Steuerpflichtige angesehen werden, da nur der einzige Steuerpflichtige befugt ist, diese Erklärungen abzugeben.[980] Hieraus folgt, dass die rechtliche Einheit, die in die Gruppe einbezogen wird, mehrwertsteuerlich nicht mehr selbstständig ist, während sie für alle anderen Zwecke rechtlich unabhängig bleibt. Dementsprechend wird keine Mehrwertsteuer auf Leistungen erhoben, die die Gruppenmitglieder untereinander austauschen.[981] In welche Richtung die Vorlage des XI. Senats des BFH im Hinblick auf die Beurteilung der 4. Vorlagefrage in der Rs. Norddeutsche Gesellschaft für Diakonie[982] abzielt, ergibt sich eindeutig aus dem Vorlagebeschluss.[983] Hier wird ausdrücklich darauf hingewiesen, dass es nicht auf die bürgerlich-rechtliche Selbständigkeit ankommt, sondern nur darauf, ab wann eine Person für Zwecke der Mehrwertsteuer als nicht selbständig erachtet werden kann.[984] Vor diesem Hintergrund verwundert auch die Auffassung der Generalanwältin, die bei ihrer Beurteilung die historische Entwicklung der umsatzsteuerlichen Organschaft zwar erwähnt, bei ihren Schlussfolgerungen hingegen offenbar vollkommen ausblendet. Jedoch setzt sie sich bereits mit der Annahme der Steuerbarkeit von Innenleistung in Widerspruch zum Wortlaut der Richtlinienvorgabe und der ständigen Rechtsprechung des EuGH[985], rechtlich unabhängige Personen zusammen als einen Steu-

---

[979] Gibt es nur noch einen Steuerpflichtigen, so kann es innerhalb dieses Steuerpflichtigen keinen Leistungsaustausch geben, vgl. *Oelmaier*, MwStR 2023, S. 312–313.

[980] EuGH, Urteil v. 01.12.2022, C-141/20, Norddeutsche Ges. für Diakonie, ECLI:EU:C:2022:943, Rn. 46; EuGH, Urteil v. 22.05.2008, C-162/07, Ampliscientifica und Amplifin, Slg. 2008, I-4019, Rn. 19; EuGH, Urteil v. 17.09.2014, C-7/13, Skandia America, ECLI:EU:C:2014:2225, Rn. 29; EuGH, Urteil v. 18.11.2020, C-77/19, Kaplan International colleges UK, ECLI:EU:C:2020:934, Rn. 45 ff; EuGH, Urteil v. 11.03.2021, C-812/19, Danske Bank A/S, ECLI:EU:C:2021:196, Rn. 25.

[981] Sehr deutlich das Vorbringen Irlands im Verfahren gegen die Kommission: EuGH, Urteil v. 09.04.2013, C-85/11, Kommission / Irland, ECLI:EU:C:2013:217, Rn. 32.

[982] EuGH, Urteil v. 01.12.2022, C-141/20, Norddeutsche Ges. für Diakonie, ECLI:EU:C:2022:943.

[983] BFH, Beschluss v. 11.12.2019, XI R 16/18, EuGH-Vorlage zur umsatzsteuerrechtlichen Organschaft, BFHE 268, 240, Rn. 82 ff.

[984] Vgl. *Ismer*, MwStR 2023, S. 312, der auf die Möglichkeit der Unselbständigkeit von Tochterkapitalgesellschaften im Rahmen der EuGH-Rechtsprechung zur festen Niederlassung hinweist. Siehe auch *Monfort*, UR 2023, S. 357–358.

[985] In der Entscheidung EuGH, Urteil v. 22.05.2008, C-162/07, Ampliscientifica und Amplifin, Slg. 2008, I-4019, Rn. 21, hat der EuGH bereits ausdrücklich festgestellt, dass die Regelung zur Mehrwertsteuergruppe eben nicht lediglich ein System vereinfachter Erklärung und Zahlung darstellt, bei dem Gesellschaften ein und desselben Konzerns getrennte Steuerpflichtige bleiben können, auch wenn die Mehrwertsteuer in den Konten der Muttergesellschaft zusammengeführt werden kann. Genau die gegensätzliche Auffassung hat hingegen die General-

erpflichtigen zu behandeln.[986] Schließlich ist die Mehrwertsteuergruppe nicht etwa eine Schöpfung des Richtliniengebers. Er hat den Mitgliedstaaten die Möglichkeit der Bildung einer Mehrwertsteuergruppe nur deshalb eingeräumt, weil dieses Rechtsinstitut bereits vor der Harmonisierung in einigen Mitgliedstaaten existierte.[987] Sie ist ein Relikt aus dem Bruttoumsatzsteuersystem und dient der Vermeidung einer kumulativen Steuerbelastung.[988] Keinesfalls ist die umsatzsteuerliche Organschaft mit Einführung der Mehrwertsteuer überflüssig geworden, denn sie ist, solange es unechte Steuerbefreiungen[989] gibt die ebenfalls ein Relikt des Bruttoumsatzsteuersystems darstellen, erforderlich, um eine organisationsformneutrale Besteuerung sicherzustellen.[990]

Der XI. Senat hatte sich in seiner Nachfolgeentscheidung zur Rs. Norddeutsche Gesellschaft für Diakonie nicht mehr mit der Frage der Innenleistungen zu befassen, da es hier vorwiegend um das Merkmal der finanziellen Eingliederung ging.[991] Dementgegen ist die Frage der Steuerbarkeit von Innenleistungen für

---

anwältin vertreten, in dem sie als einzigen Zweck eine Deklarationsvereinfachung annahm; *Monfort,* UR 2023, S. 35.

[986] *Ismer/Endres-Reich,* MwStR 2022, S. 887, gehen davon aus, dass aus dem Schluss des EuGH, die Mitglieder der Mehrwertsteuergruppe seien weiterhin selbständig, die Rechtsfolge entfalle, von nicht steuerbaren Innenleistungen auszugehen. Dies würde jedoch einen Wertungswiderspruch zur Aussage der Verschmelzung zu einem Steuerpflichtigen ergeben, die der Gerichtshof ausdrücklich wiederholt hat. Daher schließen sie wohl auch mit dem Hinweis, dass eine methodengeleitete Rechtsfindung Rationalitätsgewinne ermögliche, und sprechen den Richtern und Generalanwälten beim EuGH eine Literaturempfehlung aus.

[987] Hierauf ging die Generalanwältin ausdrücklich ein und erwähnte den Vorschlag der Kommission für die Zweite Richtlinie, aus dem ausdrücklich hervorgeht, dass zwischen den Gruppenmitgliedern bewirkte Umsätze keine steuerbaren Vorgänge darstellen, vgl. EuGH, Schlussanträge der GA Medina v. 13.01.2022, C-141/20, Norddeutsche Gesellschaft für Diakonie, ECLI:EU:C:2022:11, Nr. 68. Kritisch äußern sich *Ismer/Endres-Reich,* MwStR 2022, S. 888, nach denen die vermeintliche Lösung des EuGH dem Wortlaut, der Systematik und der Entstehungsgeschichte der Norm entgegenstehen.

[988] Siehe Kapitel 2: C. II. 2. d), *Treiber*, in: Sölch/Ringleb, UStG, 2023, § 2 Rn. 141 u. 142; *Heuermann*, in: Drüen/Hey et al., 100 Jahre Steuerrechtsprechung, 2018, S. 1566.

[989] Siehe Kapitel 4: A. III. 1. c) cc).

[990] Generalanwältin Medina trifft hingegen die Aussage, wenn das Mehrwertsteuersystem sauber angewendet würde, habe die Regelung keine Vorteile in wettbewerblicher Hinsicht gegenüber einer steuerlichen Regelung, die die Mitglieder der Organschaft als getrennte Steuerpflichtige behandelt, vgl. EuGH, Schlussanträge der GA Medina v. 13.01.2022, C-141/20, Norddeutsche Gesellschaft für Diakonie, ECLI:EU:C:2022:11, Rn. 68. Leider steht dieser „sauberen Anwendung“ die Versagung des Vorsteuerabzugs bei unechten Steuerbefreiungen im Wege.

[991] Siehe BFH, Urt. v. 18.01.2023, XI R 29/22 (XI R 16/18), BFHE 279, S. 320. Der BFH übernahm die Feststellung, die Organgesellschaft sei selbständig (Rn. 30). Aufgrund der besonderen Umstände des Einzelfalls war der Mehrheitsgesellschafter, der nicht über mehr als 50 % der Stimmrechte verfügte, in der Lage, seinen Willen bei der Organgesellschaft durchzusetzen, da er den einzigen Geschäftsführer der Organgesellschaft stellte (Rn. 32). Letztlich komme es dar-

den V. Senat entscheidungserheblich, weshalb er das Verfahren aussetzte und den Fall erneut dem EuGH vorlegte.[992] Aufgrund der Aussagen des EuGH in der Rs. Norddeutsche Gesellschaft für Diakonie bestanden für den V. Senat Zweifel, ob Innenleistungen steuerbar sind.[993] Auch die bisherige Rechtsprechung des EuGH liefere keine eindeutige Antwort zu der Steuerbarkeit von Innenleistungen, weshalb eine erneute Vorlage erforderlich sei.[994] Der V. Senat ist der Auffassung, dass entgegen seiner bisherigen Rechtsprechung einiges für die Steuerbarkeit von Innenleistungen spreche. Dem Wortlaut der Richtlinie lasse sich nicht entnehmen, ob für die Steuerbarkeit eines Umsatzes zwischen Leistungen an einen Dritten oder an ein anderes Gruppenmitglied zu unterscheiden sei. Auch die Rechtsfolge der Zusammenfassung zu einem Steuerpflichtigen lasse sowohl die Annahme der Steuerbarkeit als auch der Nichtsteuerbarkeit zu.[995] Zudem sei der ursprüngliche Zweck der nationalen Organschaftsregelung, eine kumulative Steuerbelastung zu vermeiden, durch die Einführung des Vorsteuerabzugs entfallen.[996] Darüber hinaus stellt sich die Frage, ob eine Verwaltungsvereinfachung zu Steuerausfällen führen darf. Denn die Nichtsteuerbarkeit von Innenleistungen könnte als Gestaltungsmittel für Steuerpflichtige angesehen werden, die nicht zum Vorsteuerabzug berechtigt sind.[997] Daraus leitet der BFH die Folgefrage ab, ob bei der Frage der Steuerbarkeit von Innenleistungen danach zu differenzieren ist, ob der Empfänger zum Vorsteuerabzug berechtigt ist.[998]

Diese Vorlage, die deutlich in Richtung einer Steuerbarkeit der Innenleistungen tendiert, ist insofern überraschend, als allen Aussagen, die für eine Steuerbarkeit der Innenleistungen sprechen, mit gewichtigen Argumenten widerspro-

---

auf an, dass der Organträger in der Lage sei, seinen Willen durchzusetzen (Rn. 35). Zudem stellte der BFH klar, dass nach nationalem Recht neben einer Mehrheitsbeteiligung nicht zusätzlich eine Mehrheit der Stimmrechte benötigt würde, sondern (im Ergebnis) stets die Mehrheit der Stimmrechte entscheidend sei (Rn. 34).

[992] BFH, Beschluss v. 26.01.2023 V R 20/22 (V R 40/19), BStBl II 2023, S. 530.

[993] BFH, Beschluss v. 26.01.2023, V R 20/22 (V R 40/19), BStBl II 2023, S. 530, Rn. 27; EuGH, Urteil v. 01.12.2022, C-141/20, Norddeutsche Ges. für Diakonie, E-CLI:EU:C:2022:943, Rn. 80.

[994] BFH, Beschluss v. 26.01.2023, V R 20/22 (V R 40/19), BStBl II 2023, S. 530, Rn. 41. Auch wenn es gewichtige Gründe dafür gibt, weiterhin von der Nichtsteuerbarkeit der Innenleistungen auszugehen, liegt kein „acte clair" vor, weshalb eine erneute Vorlage erforderlich war, vgl. *Treiber*, DStR 2023, S. 644. Vgl. auch *Michel*, jM 2023, S. 257, der auf die teilweise widersprüchlichen Aussagen des Gerichtshofs hinweist.

[995] BFH, Beschluss v. 26.01.2023, V R 20/22 (V R 40/19), BStBl II 2023, S. 530, Rn. 43–46.

[996] BFH, Beschluss v. 26.01.2023, V R 20/22 (V R 40/19), BStBl II 2023, S. 530, Rn. 53.

[997] BFH, Beschluss v. 26.01.2023, V R 20/22 (V R 40/19), BStBl II 2023, S. 530, Rn. 65.

[998] BFH, Beschluss v. 26.01.2023, V R 20/22 (V R 40/19), BStBl II 2023, S. 530, Rn. 66.

chen werden kann.[999] Wie bereits oben ausgeführt sind Steuerpflichtige, die sich in einer Rechtseinheit organisieren, nicht anders zu behandeln, als Steuerpflichtige, die aus rechtlich selbständigen, aber durch gegenseitige finanzielle, wirtschaftliche und organisatorische Beziehungen eng miteinander verbundenen Unternehmen bestehen. Der EuGH hatte sich in der Vergangenheit bereits klar positioniert, dass die Regelung der Mehrwertsteuergruppe nicht lediglich eine Deklarationsgemeinschaft darstelle.[1000] Die Annahme, die Mehrwertsteuergruppe diene tatsächlich der Verwaltungsvereinfachung oder der Verhinderung von Missbräuchen, die sich durch die rein rechtliche Aufspaltung eines wirtschaftlichen Gesamtunternehmens ergeben, ist bei Lichte betrachtet nicht haltbar und sollte daher auch nicht für die Auslegung bemüht werden.[1001] Viel wahrscheinlicher ist, dass die Mitgliedstaaten die nationalen Regelungen aus dem Grund beibehalten haben, aus dem sie ursprünglich eingeführt wurden.[1002] Denn die Gefahr der Steuerkumulation besteht bei mehrstufigen Unternehmen mit unechten Ausgangsumsätzen weiterhin und kann nur durch die Nichtsteuerbarkeit der Innenleistungen vermieden werden.[1003] Schließlich verwundert, dass im Vorlagebeschluss nicht darauf hingewiesen wird, dass in der Literatur, soweit ersichtlich,

---

[999] Der BFH hat zwar die gegenteiligen Auffassungen der GÄ Jääskinen und Mengozzi erwähnt, die Innenumsätze als nicht existent ansehen (BFH, Beschluss vom 26.01.2023, V R 20/22 (V R 40/19), BStBl II 2023, S. 530, Rn. 41), ist aber im Übrigen nicht auf die zahlreichen Punkte eingegangen, die eindeutig gegen eine Steuerbarkeit von Innenumsätzen sprechen. Vgl. auch *Ismer*, MwStR 2023, S. 311, der die Vorlage in ihrer Begründung als merkwürdig empfindet. Zudem ist auch die Kommission, KOM (2009) 325, 02.07.2009, S. 11, der Auffassung, dass Innenleistungen nicht existent sind. Ebenso geht die MwSt-Expertengruppe in ihrer Sitzung vom 06.12.2022 weiterhin davon aus, dass Innenleistungen als nicht steuerbare Leistungen anzusehen sind, vgl. VEG No. 110, taxud.c.1(2023)1085168, S. 8.

[1000] EuGH, Urteil v. 22.05.2008, C-162/07, Ampliscientifica und Amplifin, Slg. 2008, I-4019, Rn. 19; *Brinkmann/Walter-Yadegardjam*, DStR 2023, S. 70; *Monfort*, UR 2023, S. 35. Hiergegen spricht auch die systematische Stellung der Norm in der Richtlinie unter dem Titel Steuerpflichtiger, vgl. *Ismer*, MwStR 2023, S. 312, *Monfort*, UR 2023, S. 359; *Ismer/Endres-Reich*, MwStR 2022, S. 888.

[1001] Vgl. *Merkel*, UR 2023, S. 707–708, mit dem Hinweis, dass weder für die Finanzverwaltung noch für die Steuerpflichtigen eine Vereinfachung eintritt, da die Prüfungshandlungen erschwert werden und eine Konsolidierung der Zahlen erforderlich wird. Zudem sei eine Aufspaltung in verschiedene Rechtsträger schon wegen der damit verbundenen Verwaltungskosten nicht realistisch, da der hierdurch zu erzielende Steuervorteil allenfalls gering sei und in keinem Verhältnis zum erforderlichen Aufwand stehe.

[1002] Vgl. *Ismer*, MwStR 2023, S. 311, der auch auf die entgegenstehende Rechtstradition [S. 312] hinweist.

[1003] Erst die Abschaffung der unechten Steuerbefreiungen würde die Organschaft ggf. obsolet machen. Allerdings bestünde dann ggf. immer noch ein Erfordernis aufgrund der Qualifikation von Leistungen gegenüber Dritten, um wirtschaftlich vergleichbare Sachverhalte auch den gleichen Besteuerungsfolgen zu unterwerfen, vgl. *Merkel*, UR 2023, S. 708–710.

niemand die Auffassung vertritt, dass Innenleistungen der Besteuerung unterliegen.[1004] Schließlich wäre es auch sehr zu begrüßen gewesen, wenn der BFH auf das Erfordernis der Organisationsformneutralität eingegangen wäre. Denn nur eine steuerliche Gleichbehandlung der miteinander im Wettbewerb stehenden Steuerpflichtigen, unabhängig von der von ihnen gewählten Organisationsform, führt zu gleichen Überwälzungsmöglichkeiten und damit zu einer gleichmäßigen Steuerbelastung der Endverbraucher.

Auch sofern der EuGH zum Ergebnis gelangen sollte, dass Innenleistungen der Besteuerung unterliegen, bleibt es bis zu einer Änderung des § 2 Abs. 2 Nr. 2 Satz 2 UStG bei einer Nichtsteuerbarkeit, da sich diese eindeutig aus dem Wortlaut des nationalen Rechts ergibt.[1005]

dd) Umstrukturierungen

Bei Umstrukturierungen innerhalb einer Unternehmensgruppe würde, soweit die Voraussetzungen einer Geschäftsveräußerung im Ganzen nicht vorliegen, bei eingeschränktem Vorsteuerabzug eine Umsatzsteuerbelastung eintreten. Ebenso verhält es sich bei der unentgeltlichen Übertragung innerhalb einer Unternehmensgruppe, da diese zu einer definitiven Umsatzsteuerbelastung führt.[1006] Bei Umstrukturierungen innerhalb einer Mehrwertsteuergruppe handelt es sich um nicht steuerbare Innenleistungen. Dies ist sachgerecht, da bei einem Einheitsunternehmen die Verlagerung von Wirtschaftsgütern innerhalb der Rechtseinheit, z. B. zu einer anderen Betriebsstätte oder zu einem anderen Geschäftsbereich, ebenfalls keine umsatzsteuerlichen Folgen auslösen würde.

ee) Qualifikation von Leistungen gegenüber Dritten

Die Wirkungen der Organschaft sind nach § 2 Abs. 2 Nr. 2 S. 3 UStG auf Innenleistungen zwischen den im Inland gelegenen Unternehmensteilen beschränkt. Jedoch sind diese Unternehmensteile nach § 2 Abs. 2 Nr. 2 S. 3 UStG als ein Unternehmen zu behandeln. Der BFH räumt der Behandlung als ein Unternehmen gegenüber der Begrenzung der Rechtswirkungen auf Innenleistungen Vorrang ein.[1007] Dem Urteil lag eine Übereignung eines Grundstücks durch den Or-

---

[1004] Vgl. *Ismer*, MwStR 2023, S. 312.

[1005] *Treiber*, DStR 2023, S. 644. Eine Auslegung, die zu einer Nichtanwendung führt, ist nicht zulässig, vgl. *Drüen*, in Tipke/Kruse, AO/FGO § 4 Rn. 306a.

[1006] Um Wiederholungen zu vermeiden, wird auf die Ausführungen in Kapitel 4: A. I. 2. b) aa) verwiesen. Hinsichtlich der Frage, ob im Fall einer unentgeltlichen Übertragung die Besteuerung einer unentgeltlichen Wertabgabe geboten ist, siehe Kapitel 4: C. II.

[1007] BFH, Urteil v. 29.10.2008, XI R 74/07, Übereignung eines Grundstücks durch den Organträger und Ausführung der Baumaßnahmen durch die Organgesellschaft als einheitliche Leisganträger und Ausführung der Baumaßnahmen durch die Organgesellschaft zugrunde. Nach dieser Entscheidung hat die Organschaft zur Folge, dass sie sich auf die Qualifikation von Leistungen gegenüber Dritten auswirkt. Die beiden zivilrechtlichen Verträge des Leistungsempfängers mit dem Organträger auf Übereignung des Grundstücks und mit der Organgesellschaft über die Ausführung von Bauleistungen waren in einer notariellen Urkunde gebündelt. Zudem war ein Gesamtkaufpreis vereinbart. Daher war zu prüfen, ob es sich bei dem Vorgang um mehrere selbständige oder eine einheitliche Leistung handelt. Voraussetzung für die Behandlung als eine einheitliche Leistung ist jedoch, dass sie von demselben Unternehmer erbracht werden. Diese Voraussetzung wurde vom BFH aufgrund der in § 2 Abs. 2 Nr. 2 S. 3 UStG geregelten Rechtsfolge als erfüllt angesehen. Wären die beiden Leistungsbestandteile von einem in einer Rechtseinheit organisierten Unternehmen ausgeführt worden, hätte aufgrund der engen inhaltlichen Verknüpfung der beiden Leistungen kein Zweifel daran bestanden, dass es sich um eine einheitliche Leistung handelt. Dies ergibt sich aus dem Ziel, dem Leistungsempfänger letztlich ein bebautes Grundstück zu verschaffen. Dieser Auffassung des BFH widerspricht *Stadie* ausdrücklich[1008] und weist dabei auf die Organisationsformneutralität hin, die es nicht gestatte, die Verbrauchsteuerbelastung davon abhängig zu machen, in welcher Organisationsform der Unternehmer seine wirtschaftlichen Tätigkeiten ausführt.

Da es aus Gründen der Organisationsformneutralität gerade nicht geboten ist, eine einheitliche wirtschaftliche Leistung künstlich aufzuspalten, nur weil diese von rechtlich selbständigen Einheiten erbracht wurde, die jedoch unter einer einheitlichen Leitung stehen, ist diese Begründung wenig überzeugend. Diese Zusammenfassung aus wirtschaftlichen Gründen wirkt ebenso einem Missbrauch entgegen, der darauf gerichtet ist, durch rechtliche Gestaltung eine künstliche Aufspaltung zu erreichen, um in den Genuss von Vergünstigungen wie der Kleinunternehmerregelung des § 19 UStG zu kommen.[1009] Dementsprechend muss selbiges gelten, wenn einheitliche wirtschaftliche Leistungen lediglich aus Gründen der rechtlichen Selbständigkeit der Erbringer der einzelnen Leistungsbestandteile aufgespalten werden sollen. Für eine derartige Aufspaltung eines einheitlichen wirtschaftlichen Vorgangs ist kein Raum, wenn evident ist, dass eine Leistung mit der anderen Leistung steht und fällt und die Leistungen wie im Urteilssachverhalt offenkundig der Verschaffung der Verfügungsmacht an einem

tung, BFHE 223, S. 498, Rn. 31. Vgl. *Monfort*, UR 2023, S. 357, nach dem die Verschmelzung zu einem Steuerpflichtigen innerhalb und außerhalb der Gruppe gelte.

[1008] Vgl. *Stadie*, in: Rau/Dürrwächter, UStG, 2023, § 2 Rn. 953 ff.

[1009] EuGH, Urteil v. 09.04.2013, C-85/11, Kommission / Irland, ECLI:EU:C:2013:217, Rn. 47; BFH, Urteil v. 02.12.2015, V R 67/14, Keine Organschaft mit Nichtunternehmer, BFHE 251, 547, Rn. 28; vgl. *von Streit/Streit,* DStR 2016, S. 1450.

bebauten Grundstück dienen. Für die Auffassung des BFH spricht auch die sich aus Art. 11 MwStSystRL ergebende Behandlung als einen Steuerpflichtigen. Zwar ist *Stadie* zuzustimmen, dass Dritte nicht erkennen können, ob die im Außenverhältnis selbständig auftretenden Gesellschaften in einer umsatzsteuerlichen Organschaft verbunden sind.[1010] Jedoch ist bei einer solchen Konstellation evident, dass es sich um verbundene Unternehmen handelt, weshalb die Annahme einer umsatzsteuerlichen Organschaft für den Leistungsempfänger nicht so fernliegend ist, dass es unzumutbar wäre, diese Frage mit den Vertragspartnern zu erörtern und sich in einer Steuerklausel entsprechend vertraglich abzusichern.

Die Beschränkung des § 2 Abs. 2 Nr. 2 S. 3 UStG auf Innenleistungen der im Inland gelegenen Unternehmensteile ist daher richtlinienkonform dahingehend zu interpretieren, dass sie lediglich der richtlinienkonformen Beschränkung der Zusammenfassung von in einem Mitgliedstaat ansässigen Personen dient. Sie richtet sich jedoch nicht gegen die sich aus einer Zusammenfassung zu einem Steuerpflichtigen konsequenterweise ergebenden Rechtsfolge, sämtliche Umsätze diesem einen Steuerpflichtigen zuzurechnen.[1011] Diese Rechtsfolge ergibt sich klar aus der Richtlinienvorgabe des Art. 11 MwStSystRL und darf durch das nationale Recht grundsätzlich nicht eingeschränkt werden.[1012] Folglich muss aufgrund dieser Zurechnung bei Ausführung von verschiedenen Leistungen an einen Leistungsempfänger nach den allgemeinen Kriterien geprüft werden, ob es sich um eine einheitliche Leistung handelt.[1013]

Konsequenterweise gilt dies, neben der Beurteilung, ob eine einheitliche Leistung vorliegt, auch in anderen Bereichen des UStG, insbesondere bei der Geschäftsveräußerung im Ganzen. Erwerben zwei rechtlich selbständige Gesellschaften einer Mehrwertsteuergruppe ein Unternehmen oder einen gesondert geführten Betrieb und führen diesen fort, so liegt aufgrund der Zusammen-

---

[1010] So auch *Lippross,* Umsatzsteuer, 2022, S. 443.

[1011] Vgl. EuGH, Urteil v. 22.05.2008, C-162/07, Ampliscientifica und Amplifin, Slg. 2008, I-4019, Rn. 19 ff. So im Ergebnis auch *Stadie*, in: Rau/Dürrwächter, UStG, 2023, § 2 Rn. 950, gleichwohl spricht er sich für eine Beschränkung der Rechtsfolgen auf die Leistungen zwischen den Beteiligten der Organschaft aus.

[1012] Vgl. *Boor,* Gruppenbesteuerung im Mehrwertsteuerrecht, 2014, S. 129, der die Wirkungen der Gruppenbesteuerung ebenfalls über die Nichtbesteuerung von Innenumsätzen hinaus anwenden möchte. Dabei stützt er sich auf Art. 9 MwStSystRL, nach dem die Zusammenfassung zu einem Steuerpflichtigen in der Folge erfordere, diesen Steuerpflichtigen wie alle anderen Steuerpflichtigen zu behandeln. Dies entspricht der Organisationsformneutralität als Ausfluss des allgemeinen Gleichheitssatzes, der eine Gleichbehandlung der im Wettbewerb stehenden Unternehmer und gleiche Überwälzungschancen zur Sicherstellung einer gleichmäßigen Steuerbelastung der Verbraucher erfordert.

[1013] Vgl. *Endres,* Mehrwertsteuergruppe, 2016, S. 159 u. 166 ff.

fassung zu einem Steuerpflichtigen ein Erwerber vor.[1014] Auch bei der Übertragung einer Organgesellschaft an einen Erwerber, der ebenfalls mit der erworbenen Gesellschaft eine Organschaft begründet und die zuvor ausgeübte Tätigkeit fortführt, liegt eine Geschäftsveräußerung im Ganzen in Form der Übertragung eines gesondert geführten Betriebs vor.[1015] Mithin kommt es bei der Übertragung von im Unternehmensvermögen gehaltenen Beteiligungen in diesem Fall zu einer Umqualifizierung eines grundsätzlich steuerbaren und steuerfreien Vorgangs zu einem nicht steuerbaren Vorgang und somit zu einer Umqualifizierung von Leistungen in Folge der Mehrwertsteuergruppe/Organschaft. Überträgt ein Dritter ein bislang an eine Organgesellschaft des Erwerbers vermietetes Grundstück an den Organträger und führt dieser den Mietvertrag mit seiner Organgesellschaft fort, liegt keine Geschäftsveräußerung im Ganzen vor, da die Verwendung für einen Innenumsatz keine Fortführung der Vermietungstätigkeit, sondern eine eigenbetriebliche Verwendung darstellt.[1016]

Die dargestellten Rechtsfolgen führen folgerichtig zu einer Umqualifizierung von Leistungen im Verhältnis zu Dritten. Diese Umqualifizierung ergibt sich aus der mehrwertsteuerlichen Gleichbehandlung von wirtschaftlichen Tätigkeiten unabhängig von ihrer Organisationsstruktur. Daher darf es für die Beurteilung von erbrachten und bezogenen Leistungen keinen Unterschied machen, ob diese Leistungen von einem in einer Rechtseinheit oder einer in einer Unternehmensgruppe organisierten Einheit erbracht oder bezogen werden. Hieraus ergibt sich die Notwendigkeit einer Mehrwertsteuergruppe.

b) Erfordernis extensiver Tatbestandsvoraussetzungen und Rechtsfolgen

Der Reformbedarf des deutschen Umsetzungsakts ergibt sich aufgrund des zu eng geratenen Wortlauts in § 2 Abs. 2 Nr. 2 UStG. Die Forderung nach Reformen kann zum einen auf die Rechtsprechung des EuGH gestützt werden.[1017] Zum anderen lässt sie sich argumentativ aus den Begriffen der Selbstständigkeit, der Organisationsformneutralität und des Erfordernisses der Besteuerung der wirtschaftlichen Realität herleiten.

[1014] Vgl. BFH, Urteil v. 03.12.2015, V R 36/13, Betriebsaufspaltung - Organschaft und Eingliederungsvoraussetzungen, BFHE 251, S. 556, Rn. 27: Die Voraussetzungen der Organschaft lagen im Urteilsfall nicht vor, bei Vorliegen der Voraussetzungen wäre jedoch das Erfordernis der Übertragung an einen Erwerber erfüllt gewesen.

[1015] Vgl. BFH, Urteil v. 18.09.2019, XI R 33/18, BFHE 266, S. 448 und siehe Kapitel 4: A. II. 2. a) bb).

[1016] BFH, Urteil v. 06.05.2010, V R 26/09, BFHE 230, S. 256; Abschnitt 1.5 Abs. 2a S. 4 UStAE.

[1017] EuGH, Urteil v. 15.04.2021, C-868/19, M-GmbH, ECLI:EU:C:2021:285.

Zuvor ist jedoch auf Ebene der Richtlinie zu klären, ob eine obligatorische Anwendung des Art. 11 MwStSystRL und grenzüberschreitende Rechtsfolgen aus Gründen der Organisationsformneutralität geboten wären.

aa) Obligatorische Anwendung

Aus dem soeben vorgenommenen Vergleich eines Einheitsunternehmens mit einer Unternehmensgruppe ergibt sich, dass ohne die Existenz einer Mehrwertsteuergruppe ein Verstoß gegen die Organisationsformneutralität vorliegt. In allen Mitgliedstaaten, in denen Art. 11 MwStSystRL nicht umgesetzt wurde, ergibt sich eine Ungleichbehandlung von Einheitsunternehmen und Unternehmensgruppen. Dies mag zwar auf einer bewussten Entscheidung des Unionsgesetzgebers beruhen, jedoch bedarf die Neutralitätsverletzung nach der in dieser Arbeit vertretenen Auffassung einer besonderen Rechtfertigung.[1018] Als Argumente gegen eine obligatorische Anwendung könnten die Rechtssicherheit und die Missbrauchsbekämpfung angeführt werden, die eine Anwendung bewusst in das Ermessen des jeweiligen Mitgliedstaats stellen. Dass sowohl der Tatbestand als auch die Rechtsfolgen den Rechtsanwender vor Schwierigkeiten stellen, zeigt allein die vorgenannte Rechtsprechung. Ebenso können sich durch die Begründung einer Mehrwertsteuergruppe Vorteile ergeben, denen auf der anderen Seite jedoch auch die sich aus einer Zusammenfassung zu einem Steuerpflichtigen ergebenden Nachteile gegenüberstehen. Das Missbrauchsargument ist daher letztlich nicht überzeugend.[1019] Eine Nichtanwendung der Mehrwertsteuergruppe aus Gründen der Rechtssicherheit ist zwar aufgrund der damit einhergehenden Vereinfachung geeignet, zu mehr Rechtssicherheit zu führen, jedoch könnte dieses Ziel auch durch mildere Mittel erreicht werden. Beispielsweise durch einen klareren gesetzlichen Tatbestand und/oder ein Feststellungsverfahren.[1020] Daher wäre eine obligatorische Anwendung des Art. 11 MwStSystRL geboten.

bb) Grenzüberschreitende Mehrwertsteuergruppe

(1) Neutralitätsverletzungen im grenzüberschreitenden Kontext

Im deutschen Umsetzungsakt des § 2 Abs. 2 Nr. 2 UStG sind lediglich die Rechtswirkungen der Organschaft auf die Innenleistungen der im Inland gelegenen Unternehmensteile beschränkt. Der Tatbestand ist im Umkehrschluss grenz-

---

[1018] Siehe Kapitel 3: E. I.

[1019] Siehe auch Kapitel 4: A. I. 2. b) bb).

[1020] Vgl. *von Streit/Streit,* DStR 2016, S. 1455; *Küffner/Rust,* DB 2016, S. 731; *Wäger*, in: Birkenfeld/Wäger, Umsatzsteuer-Handbuch, 2023, Abschnitt 1, Kapitel 3, C. Rn. 90; siehe Kapitel 4: A. I. 2. a) aa).

überschreitend zu prüfen.[1021] Explizit verweist § 2 Abs. 2 Nr. 2 S. 4 UStG auf die Existenz einer grenzüberschreitenden Organschaft durch die Rechtsfolgeanordnung, sodass im Falle eines im Ausland ansässigen Organträgers der wirtschaftlich bedeutendste Unternehmensteil im Inland als der Unternehmer gelte.

Die Richtlinienvorgabe des Art. 11 MwStSystRL enthält keine tatbestandliche Einschränkung, da sie den Mitgliedstaaten gestattet, in ihrem Gebiet ansässige Personen, die zwar rechtlich unabhängig, aber durch gegenseitige finanzielle, wirtschaftliche und organisatorische Beziehungen eng miteinander verbunden sind, zusammen als einen Steuerpflichtigen zu behandeln. Eine Ansässigkeit einer rechtlich unabhängigen Person kann sich durch Stammhaus und feste Niederlassungen in unterschiedlichen Mitgliedstaaten ergeben. Insoweit darf nur der im jeweiligen Mitgliedstaat gelegene Teil der Person in die Mehrwertsteuergruppe des Mitgliedstaats einbezogen werden.

Endres sieht bereits in Art. 11 MwStSystRL tatbestandlich eine Beschränkung auf den jeweiligen Mitgliedstaat.[1022] Demnach wäre die deutsche Regelung unionsrechtswidrig. Dies lässt sich jedoch nicht aus der Entscheidung des Gerichtshofs in der Rs. Skandia America ableiten. Dort wurde lediglich dargelegt, dass die in Schweden gelegene, rechtlich unselbständige Zweigniederlassung „Skandia Sverige" Teil einer in Schweden eingetragenen Mehrwertsteuergruppe sei.[1023] Diesem Ergebnis steht die Sichtweise des deutschen Rechts nicht entgegen. Vielmehr ist es für dieses Ergebnis sogar erforderlich, das in den Vereinigten Staaten ansässige Stammhaus „SAC" tatbestandsmäßig als Teil der Mehrwertsteuergruppe anzusehen, auch wenn sich die Rechtsfolgen der Behandlung als einen Steuerpflichtigen lediglich auf die in Schweden gelegene feste Niederlassung erstrecken können.

Für die deutsche Auffassung, die territoriale Beschränkung erst auf Rechtsfolgenebene zu sehen, spricht, dass sich die finanziellen Eingriffsmöglichkeiten erst durch die im Ausland ansässige Obergesellschaft ergeben können. Denn die inländischen Teile einer Mehrwertsteuergruppe können nur deshalb als ein Steuerpflichtiger behandelt werden, weil sie unter einer einheitlichen Leitung stehen. Würde man die im Ausland sitzende Konzernspitze bereits vom Tatbestand ausklammern, wären die für die Bildung einer Mehrwertsteuergruppe erforderlichen finanziellen, wirtschaftlichen und organisatorischen Verbindungen nicht möglich.[1024]

[1021] Vgl. *Birkenfeld,* UR 2010, S. 199.
[1022] Vgl. *Endres,* Mehrwertsteuergruppe, 2016, S. 55 u. 229.
[1023] EuGH, Urteil v. 17.09.2014, C-7/13, Skandia America, ECLI:EU:C:2014:2225, Rn. 28.
[1024] Vgl. *Nieskens,* BB 2015, S. 1306, der ebenso die tatbestandsmäßige Einbeziehung des ausländischen Unternehmensteils fordert.

Auch lässt sich aus der Feststellung des Generalanwalts Mengozzi in der Rs. Larentia + Minerva, dass die Mitglieder einer Mehrwertsteuergruppe nicht über Rechtspersönlichkeit verfügen müssen, nicht ableiten, lediglich die feste Niederlassung sei tatbestandsmäßig Teil der Mehrwertsteuergruppe.[1025] Diese Aussage wurde im Kontext der möglichen Einbeziehung von Personengesellschaften als Teil einer Mehrwertsteuergruppe getroffen, also vor dem Hintergrund der Frage, ob eine solche Einbeziehung nur juristischen Personen offenstehe oder ob der Begriff auch Personengesellschaften umfasse, die außerhalb des Mehrwertsteuerrechts im Vergleich mit juristischen Personen über eine eingeschränkte Rechtspersönlichkeit verfügen. Hieraus zu schließen, eine feste Niederlassung sei als eine vom Stammhaus unabhängige Person zu sehen, ist nicht überzeugend.

Der EuGH hat aufgrund der Zugehörigkeit der Zweigniederlassung zur schwedischen Mehrwertsteuergruppe einen Leistungsaustausch zwischen dem amerikanischen Stammhaus SAC und der schwedischen Mehrwertsteuergruppe angenommen, da es sich um unterschiedliche Steuerpflichtige handle.[1026] Die Rechtsfolgen der Mehrwertsteuergruppe gehen somit dem Prinzip der Unternehmenseinheit (von Stammhaus und unselbstständiger Zweigniederlassung) vor.

Diese Betrachtung führt – sofern die Mehrwertsteuergruppe sich von der Steuerschuld für die vom Stammhaus bezogene Leistung nicht vollständig durch den Vorsteuerabzug entlasten kann – zu Kosten und somit zu einer Verletzung der Organisationsformneutralität.

Ein solches Ergebnis ist nicht zwingend, es entsteht nur, wenn Stammhaus und Betriebsstätte als unterschiedliche Steuerpflichtige angesehen werden. Wie *Nieskens* darlegt, muss das ausländische Stammhaus, um überhaupt zum Ergebnis einer inländischen Mehrwertsteuergruppe zu kommen, tatbestandsmäßig ebenfalls als Teil der Mehrwertsteuergruppe angesehen werden.[1027] In diesem Fall handelt es sich bei Stammhaus und Zweigniederlassung nicht mehr um unterschiedliche Steuerpflichtige. Es kommt daher unter Wahrung des Neutralitätsgrundsatzes zu einer kumulativen Anwendung des Prinzips der Unternehmenseinheit und der Mehrwertsteuergruppe. Mithin stellt die „Leistung" des Stammhauses an die Zweigniederlassung weiterhin keinen steuerbaren Vorgang dar.[1028] Diese Auffassung führt nicht zu einer grenzüberschreitenden Mehrwertsteuergruppe. Sie vermeidet lediglich den möglichen Konflikt, der sich bei Bestehen

---

[1025] Vgl. EuGH, Schlussanträge des GA Mengozzi v. 26.03.2015, C-108/14 u. C-109/14, Larentia + Minerva u. Marenave, ECLI:EU:C:2015:212, Rn. 61.

[1026] EuGH, Urteil v. 17.09.2014, C-7/13, Skandia America, ECLI:EU:C:2014:2225, Rn. 31.

[1027] Vgl. *Nieskens,* BB 2015, S. 1306.

[1028] Vgl. *Nieskens,* BB 2015, S. 1304; so auch immer noch Abschnitt 2.9 Abs. 2 UStAE; *Becker,* UStB 2014, S. 354; *De Feo,* UR 2017, S. 381; *Neumann-Tomm/Hammerl,* MwStR 2021, S. 412; a. A. *Endres,* Mehrwertsteuergruppe, 2016, S. 225.

einer Mehrwertsteuergruppe ergibt, wenn man für diese zwangsläufig voraussetzt, dass es sich bei der Gruppe um einen neuen Steuerpflichtigen handelt, anstatt wie bei der deutschen Auffassung davon auszugehen, dass die Mitglieder der Mehrwertsteuergruppe Teil des Unternehmens des Organträgers bilden. Denn die Nichtsteuerbarkeit von „Leistungen" zwischen Stammhaus und Zweigniederlassung beruht weiterhin auf dem Prinzip der Unternehmenseinheit. Bei Leistungen zwischen dem ausländischen Stammhaus und anderen Teilen der inländischen Mehrwertsteuergruppe wäre hingegen ein Leistungsaustausch anzunehmen, da sich die Rechtswirkungen der Mehrwertsteuergruppe auf Leistungen zwischen den inländischen Unternehmensteilen beschränken. Insoweit bleibt es mangels grenzüberschreitender Organschaft auch bei Sachverhalten innerhalb der EU weiterhin bei einer Einschränkung der Organisationsformneutralität.

In der Rs. DFDS hat der EuGH vollkommen unabhängig von Art. 11 MwSt SystRL eine im Vereinigten Königreich ansässige, rechtlich selbständige Tochtergesellschaft für mehrwertsteuerliche Zwecke als bloße Hilfsperson und somit als feste Niederlassung der dänischen Muttergesellschaft eingestuft.[1029] Im Ergebnis führt diese Betrachtung dazu, dass die rechtlich selbständige Tochtergesellschaft als Teil der Muttergesellschaft anzusehen ist. Konsequenterweise darf sich diese wirtschaftliche Betrachtungsweise nicht lediglich auf die Bestimmung des Leistungsorts der in Frage stehenden Reiseleistungen auswirken, sondern muss auch zur Folge haben, dass die „Leistungen" zwischen Mutter- und Tochtergesellschaft nicht steuerbare Vorgänge darstellen.[1030] So hat der Gerichtshof in der Rs. DFDS bereits eine Mehrwertsteuergruppe nach deutschem Vorbild geschaffen, nämlich dergestalt, dass die Tochtergesellschaft als unselbständiger Teil der Muttergesellschaft anzusehen ist. Darüber hinaus war für den EuGH der grenzüberschreitende Kontext nicht hinderlich. Für die Betrachtung als unselbständigen Teil der Muttergesellschaft wurde im Grunde wie bei Art. 11 MwSt SystRL auf finanzielle, wirtschaftliche und organisatorische Verbindungen abgestellt. Dies spricht für eine grenzüberschreitende Mehrwertsteuergruppe.[1031] Nicht überzeugend ist die Argumentation, es handle sich nicht um die Zusammenfassung zweier selbständiger Steuerpflichtiger, sondern um eine grenzüberschreitende Beziehung zwischen Stammhaus und fester Niederlassung.[1032] Die Betrachtung als Stammhaus und feste Niederlassung ist Rechtsfolge des Verlusts

---

[1029] EuGH, Schlussanträge des GA La Pergola v. 16.01.1997, C-260/95, DFDS, Slg. 1997, I-1007, Rn. 22-24; EuGH, Urteil v. 20.02.1997, C-260/95, DFDS, Slg. 1997, I-1022, Rn. 26–29.

[1030] Vgl. *Schlienkamp,* UR 1997, S. 163.

[1031] Ebenso *Hamacher/Grundt,* DStR 2006, S. 2161, die den DFDS-Fall als Unterfall der Organschaft sehen. Dem ist zuzustimmen, da der EuGH nichts anderes getan hat als seinerzeit der RFH, nämlich geprüft, ob eine Gesellschaft derart mit ihrem Gesellschafter verbunden ist, dass sie aus wirtschaftlicher Sicht nicht mehr als selbstständig erachtet werden kann.

[1032] So jedoch *Endres,* Mehrwertsteuergruppe, 2016, S. 227.

der wirtschaftlichen bzw. mehrwertsteuerlichen Selbstständigkeit der Tochtergesellschaft und entspricht dem deutschen Verständnis, dass die Organgesellschaften Teil des Unternehmens des Organträgers darstellen.[1033] Daher ist aus Gründen der Organisationsformneutralität nicht lediglich die tatbestandsmäßige grenzüberschreitende Mehrwertsteuergruppe zu fordern, sondern auch eine grenzüberschreitende Anwendung der Rechtsfolgen. Deshalb wird nachfolgend auf die Problematik, ob die Mehrwertsteuergruppe einen neuen Steuerpflichtigen darstellt,[1034] oder nach deutschem Verständnis die unselbständigen Mitglieder zu Betriebsteilen des Organträgers werden, nicht näher eingegangen. Aufgrund der neutralitätsverletzenden Rechtsfolgen (keine Anwendung des Prinzips der Unternehmenseinheit), ist erstere Auffassung ohnehin abzulehnen.

Die Unterschiede zwischen dem Vorliegen und Nichtvorliegen einer Mehrwertsteuergruppe wurden beim Vergleich eines Einheitsunternehmens und einer Unternehmensgruppe bereits hinreichend dargestellt, im grenzüberschreitenden Kontext ergeben sich keine grundlegenden Unterschiede. Insbesondere entsteht bei Wirtschaftsteilnehmern, die nicht oder nicht vollständig zum Vorsteuerabzug berechtigt sind, durch die Steuerpflicht von grenzüberschreitenden Innenleistungen eine Kostenbelastung. Bestünde die Möglichkeit einer grenzüberschreitenden Mehrwertsteuergruppe, so würde mangels Steuerbarkeit dieser grenzüberschreitenden Innenleistungen keine Kostenbelastung vorliegen. Diese Ungleichbehandlung benachteiligt Wirtschaftsteilnehmer, deren Rechtseinheiten sich in verschiedenen Mitgliedstaaten befinden gegenüber Wirtschaftsteilnehmern, deren Rechtseinheiten sich lediglich in einem Mitgliedstaat befinden und stellt somit eine Einschränkung der Organisationsformneutralität dar.[1035]

In der Literatur wurde diese Ungleichbehandlung im Hinblick auf einen Verstoß gegen die Niederlassungsfreiheit geprüft. *Endres* ist zu dem Ergebnis gelangt, dass diese Ungleichbehandlung keine Verletzung der Niederlassungsfreiheit darstelle, da diese Beschränkung der ausgewogenen Aufteilung der Besteuerungsbefugnisse der Verhinderung von Steuerflucht und der Wirksamkeit der Steueraufsicht diene und vor diesem Hintergrund verhältnismäßig sei.[1036] *Boor* kam hingegen zum Ergebnis, dass die Beschränkung der Nichtsteuerbarkeit auf Inlandssachverhalte einen Verstoß gegen die Niederlassungsfreiheit begründe, da diese Beschränkung teilweise nicht geeignet und jedenfalls nicht erforder-

[1033] Vgl. Abschnitt 2.8 Abs. 1 S. 6 UStAE; Abschnitt 2.9 Abs. 3 Nr. 2 UStAE.

[1034] EuGH, Urteil v. 17.09.2014, C-7/13, Skandia America, ECLI:EU:C:2014:2225, Rn. 39; *Treiber*, in: Sölch/Ringleb, UStG, 2023, § 2 Rn. 282.

[1035] Wie bereits dargelegt, betrifft die Ungleichbehandlung zum einen die zueinander in Wettbewerb stehenden Unternehmer und zum anderen, aufgrund der mit der Ungleichbehandlung einhergehenden unterschiedlichen Überwälzungschancen, welche zu einer ungleichmäßigen Steuerbelastung des Entgelts führen, die Verbraucher als intendierte Steuerträger.

[1036] *Endres*, Mehrwertsteuergruppe, 2016, S. 230 ff.

lich sei, um die vorgenannten Ziele zu erreichen, weil hierfür mildere Mittel ausreichend seien.[1037]

Geht man, wie in dieser Arbeit vertreten, davon aus, dass dem Grundsatz der steuerlichen Neutralität – hier in seiner Ausprägung der Organisationsformneutralität – ein primärrechtlicher Rang zukommt, wäre Art. 11 MwStSystRL nicht lediglich an den Grundfreiheiten, sondern auch am Neutralitätsprinzip als Ausfluss des in Art. 20 EU-GR-Charta niedergelegten allgemeinen Gleichheitssatzes zu messen. Denn die Niederlassungsfreiheit schützt primär die Unternehmer und nicht den Verbraucher als intendierten Steuerträger.[1038] Vor diesem Hintergrund ist der Neutralitätsgrundsatz auch nicht subsidiär gegenüber besonderen Gleichheitsrechten und findet Anwendung, um eine gleichmäßige Steuerbelastung der intendierten Steuerträger sicherzustellen.[1039] Denn eine organisationsformneutrale Besteuerung der Unternehmer ist Voraussetzung für gleiche Überwälzungschancen und daher für die gleichmäßige Besteuerung der Verbraucher erforderlich.[1040]

(2) Mögliche Rechtfertigungsgründe

Als mögliche Rechtfertigungsgründe der Beschränkung der Organisationsformneutralität sind vorliegend die Wahrung der Aufteilung der Besteuerungsbefugnisse zwischen den Mitgliedstaaten, einschließlich einer effektiven Steuererhebung, die Kohärenz des Steuersystems und die Bekämpfung von missbräuchlichen Praktiken wie Steuerumgehung zu nennen.[1041] Diese Gründe, die bei den Grundfreiheiten als potenzielle Rechtfertigung von Einschränkungen dienen können, kommen gleichermaßen bei der Rechtfertigung einer Einschränkung der Neutralität in Betracht.

In Bezug auf die Ausgangsumsätze der Mehrwertsteuergruppe gegenüber Dritten ergibt sich die Besteuerungsbefugnis des jeweiligen Mitgliedstaats aus den harmonisierten Regeln zur Bestimmung des Leistungsorts.[1042] Eine Aufkommensverschiebung sollte sich aufgrund einer grenzüberschreitenden Mehrwert-

---

[1037] *Boor,* Gruppenbesteuerung im Mehrwertsteuerrecht, 2014, S. 80–82. Siehe ebenso *Birkenfeld,* UR 2010, S. 203, der die Beschränkung vor dem Hintergrund der Niederlassungs- und Dienstleistungsfreiheit kritisch sieht.

[1038] *Hidien*, in: Hidien/Jürgens, Besteuerung der öffentlichen Hand, 2017, § 2 Rn. 435; siehe Kapitel 3: E. I; einschränkend *Kokott,* Steuerrecht der Europäischen Union, 2018, § 3 Rn. 6 u. 7.

[1039] Vgl. zur Subsidiarität des allgemeinen Gleichheitssatzes zu anderen Gleichheitsrechten: *Rossi*, in: Calliess/Ruffert, EUV/AEUV, 2022, Art. 20 EU-GR-Charta Rn. 17.

[1040] Siehe Kapitel 3: D. I. 2. b) dd).

[1041] *Englisch,* IFSt-Schrift 449, 2008, S. 11; *Pfeiffer,* VAT Grouping, 2015, S. 85; *Kokott,* Steuerrecht der Europäischen Union, 2018, § 3 Rn. 134.

[1042] *Reiß*, in: Reiß/Kraeusel/Langer, UStG, 2023, § 2 Rn. 125.1.

steuergruppe deshalb nicht ergeben. Gegenstand der Prüfung der vorgenannten Rechtfertigungsgründe sollen daher die Innenleistungen einer grenzüberschreitenden Unternehmensgruppe sein, die aufgrund ihres Kerngeschäfts im Finanz- oder Gesundheitssektor nicht zum Vorsteuerabzug berechtigt ist. Unterlägen grenzüberschreitende Innenleistungen nicht der Mehrwertbesteuerung, entgingen regelmäßig dem Mitgliedstaat, in dem der Leistungsempfänger seinen Sitz hat, Steuereinnahmen. Denn im Regelfall handelt es sich um konzerninterne Dienstleistungen, die aufgrund von Art. 44 MwStSystRL im Bestimmungsland der Besteuerung unterliegen und mangels Vorsteuerabzug zu einer definitiven Steuerlast führen. Dabei muss jedoch beachtet werden, dass es logische Folge der Mehrwertsteuergruppe, aufgrund der Behandlung als ein Steuerpflichtiger, ist, dass die gruppeninterne Wertschöpfung nicht der Besteuerung unterliegt. Soweit der Wegfall von Steuersubstrat auf dieser Rechtsfolge beruht, betrifft dies bei obligatorischer Anwendung der Mehrwertsteuergruppe alle Mitgliedstaaten und dient der organisationsformneutralen Besteuerung und der Verwirklichung eines Binnenmarkts ohne steuerliche Hindernisse.[1043] Die Begrenzung der Mehrwertsteuergruppe auf das Inland des jeweiligen Mitgliedstaats läuft daher der Zielsetzung einer wettbewerbsneutralen Besteuerung im Binnenmarkt zuwider.[1044]

Soweit jedoch eine Verschiebung von Steuersubstrat zwischen den Mitgliedstaaten zu befürchten ist, könnte eine Begrenzung der Mehrwertsteuergruppe auf das Inland gerechtfertigt sein. Zu einer solchen Verschiebung würde es dann kommen, wenn für die Erbringung von Innenleistungen von Dritten vorsteuerbelastete Vorleistungen bezogen werden. Für diese Vorleistungen hat die leistungsempfangende Rechtseinheit in Land A ohne grenzüberschreitende Mehrwertsteuergruppe gem. Art. 169 Buchst. a MwStSystRL den Vorsteuerabzug, da die bezogene Leistung in unmittelbarem Zusammenhang mit der steuerbaren und im Land B beim Empfänger im Reverse-Charge-Verfahren gem. Art. 196 MwStSystRL steuerpflichtigen Ausgangsleistung steht. Die Steuerbelastung in Form von nicht abzugsfähiger Vorsteuer tritt somit in Land B beim Empfänger ein. Läge hingegen eine Mehrwertsteuergruppe vor, so dürfte die in Land A ansässige Rechtseinheit bereits keinen Vorsteuerabzug geltend machen, da für den Vorsteuerabzug die steuerfreien Ausgangsleistungen der Mehrwertsteuergruppe maßgebend wären. Mithin entsteht eine definitive Steuerbelastung in Land A, Land B verliert nicht nur die Steuer auf die Wertschöpfung der Innenleistung,

---

1043 Vgl. *Englisch,* IFSt-Schrift 449, 2008, S. 12, nach dem die Aufteilung der Besteuerungsbefugnisse in einem evidenten Spannungsfeld zwischen dem Anspruch eines europäischen Binnenmarkts ohne steuerliche Hindernisse und der fortbestehenden Steuersouveränität und Budgethoheit der Mitgliedstaaten steht.

1044 Vgl. *Nieskens/Slapio,* UR 2011, S. 580; Erwägungsgrund Nr. 4 MwStSystRL.

sondern auch die Steuerlast, die auf den Vorleistungen, die zu Preisbestandteilen der Innenleistung wurde, ruht.

Während der Verlust der Steuer auf die Wertschöpfung der Innenleistungen aus der Behandlung als ein Steuerpflichtiger beruht und daher nicht zu beanstanden ist, ist die Verschiebung von Steuersubstrat kritisch zu betrachten. Diese Verschiebung könnte jedoch vermieden werden, indem die Innenleistungen fiktiv besteuert werden, jedoch als Bemessungsgrundlage nur die Vorleistungen Dritter herangezogen werden, um die gruppeninterne Wertschöpfung nicht zu belasten.[1045]

Beispiel: Konzerngesellschaft X in Mitgliedstaat A erbringt eine Dienstleistung an Konzerngesellschaft Y in Mitgliedstaat B für 200 EUR. Im Preis dieser Leistung sind Vorleistungen in Höhe von 100 EUR netto enthalten. Der Steuersatz soll einheitlich 20 % betragen.

Folgt man dem Vorschlag der fiktiven Besteuerung der Innenleistung in Höhe der in ihr enthaltenen Vorleistungen, führt dies zu folgender Lösung:

Konzerngesellschaft X kann den Vorsteuerabzugs aus der Vorleistung i. H. von 20 EUR in Mitgliedstaat A geltend machen. Gleichermaßen unterliegt die Leistung von X in Mitgliedstaat B gem. Art 44 i. V. m. Art. 196 MwStSystRL mit Y als Steuerschuldner der Besteuerung i. H. von 20 EUR. Lediglich die gruppeninterne Wertschöpfung von 100 EUR bleibt unbelastet. Das verbleibende Aufkommen steht allein Mitgliedstaat B zu.

Abbildung 11 verdeutlicht die mehrwertsteuerliche Gesamtauswirkung. Wird eine grenzüberschreitende Mehrwertsteuergruppe mit einer fiktiven Besteuerung

	Keine grenzüberschreitende MwSt-Gruppe	Grenzüberschreitende MwSt-Gruppe (ohne fiktive Besteuerung der Innenleistungen)	Grenzüberschreitende MwSt-Gruppe (mit fiktiver Besteuerung der Innenleistungen i. H. d. Vorleistungen)
Vorsteuerabzug durch X	20,00	0,00	20,00
Steueraufkommen Staat A	0,00	20,00	0,00
Bemessungsgrundlage Innenleistung	200,00	0,00	100,00
Steuerschuld Y gem. Art. 196 MwStSystRL	40,00	0,00	20,00
Vorsteuerabzug durch Y	0,00	0,00	0,00
Steueraufkommen Staat B	40,00	0,00	20,00

Abbildung 11: Vergleich grenzüberschreitende Fallvarianten[1046]

[1045] Vgl. *Boor,* Gruppenbesteuerung im Mehrwertsteuerrecht, 2014, S. 57 ff. u. 148–149.
[1046] Eigene Darstellung.

der Innenleistungen in Höhe der Vorleistungen implementiert, unterliegt die Wertschöpfung der Innenleistung von X an Y nicht der Besteuerung. Die definitive Steuerbelastung auf die Vorleistung verlagert sich durch die fiktive Besteuerung verursachungsgerecht nach dem Bestimmungslandprinzip zugunsten des Steueraufkommens in Staat B. Staat B erhält das Steueraufkommen, Staat A hingegen wie im Ausgangsfall ohne grenzüberschreitende Mehrwertsteuergruppe kein Aufkommen. Der Wegfall des Aufkommens auf die gruppeninterne Wertschöpfung i. H. von 20 EUR ist sachgerecht und trifft alle Mitgliedstaaten grundsätzlich gleichermaßen.

Durch diese Lösung wäre die Aufteilung der Besteuerungsbefugnisse gewahrt. Eine ähnliche Form der Besteuerung gibt es bereits beim rechtsgeschäftslosen Verbringen eigener Ware von einem Mitgliedstaat in einen anderen Mitgliedstaat (innergemeinschaftliches Verbringen gem. Art. 17 Abs. 1 /Art. 21 MwStSystRL). Dementsprechend wäre der Vorgang in der Zusammenfassenden Meldung zu deklarieren, sodass einer effektiven Steuererhebung nichts entgegensteht.

Aufgrund der Möglichkeiten des Abgleichs der Bemessungsgrundlage auf die fiktiven Innenleistungen mit den bezogenen Vorleistungen besteht auch kein erhöhtes Missbrauchspotential. Im Übrigen besteht bei Wegfall der Beschränkung der Mehrwertsteuergruppe auf das Inland kein höheres Missbrauchspotential als bei Begrenzung auf das Inland. Somit besteht keine Grundlage, die grenzüberschreitende Anwendung der Mehrwertsteuergruppe aufgrund potenziell missbräuchlicher Verhaltensweisen zu versagen.[1047]

Der vorgenannte Lösungsansatz stellt auch die Kohärenz des Steuersystems sicher. Denn die Gewährung des Rechts auf Vorsteuerabzug auf Eingangsleistungen hängt stets mit den Ausgangsleistungen der Mehrwertsteuergruppe bzw. im Fall der zuvor dargestellten fiktiven Besteuerung von Innenleistungen mit der Steuerpflicht dieser Leistungen zusammen.[1048] Der grenzüberschreitende Sachverhalt wird durch die Ermöglichung einer grenzüberschreitenden Mehrwertsteuergruppe nicht besser gestellt als der inländische Sachverhalt, sondern führt lediglich zu einer Gleichstellung; dies ist im Sinne der Kohärenz, bei der das Streben nach Neutralität im Vordergrund steht.[1049] Inkohärenzen des harmonisierten Mehrwertsteuersystems in der EU beruhen vielmehr auf der gegenwärtigen fakultativen Ausgestaltung des Art. 11 MwStSystRL, die bei einer grenzüberschreitenden Anwendung zu Doppel- oder Nichtbesteuerung führen könnte.[1050]

[1047] Siehe Kapitel 4: A. I. 2. b) bb).

[1048] Vgl. *Bahns* et al., in: Groeben/Schwarze et al., Europäisches Unionsrecht, 2015, Vorbemerkungen zu Art. 110–113 AEUV Rn. 74.

[1049] Vgl. *Staringer*, in: Lang, DStJG Band 41, 2018, S. 367 f.

[1050] Vgl. *Boor,* Gruppenbesteuerung im Mehrwertsteuerrecht, 2014, S. 66.

	Mitgliedstaat A: grenzüberschreitende MwSt-Gruppe / Mitgliedstaat B: keine MwSt-Gruppe umgesetzt
Vorsteuerabzug durch X	0,00
Steueraufkommen Staat A	20,00
Bemessungsgrundlage Innenleistung	200,00
Steuerschuld Y gem. Art. 196 MwStSystRL	40,00
Vorsteuerabzug durch Y	0,00
Steueraufkommen Staat B	40,00

Abbildung 12: Grenzüberschreitende MwSt-Gruppe ohne obligatorische Umsetzungsverpflichtung[1051]

Anknüpfend an das vorgenannte Beispiel könnte es zur Folge haben, dass Staat A eine Mehrwertsteuergruppe vorsieht und daher den Vorsteuerabzug auf Vorleistungen versagt, da er nicht auf die aus seiner Sicht nichtsteuerbaren Innenleistungen, sondern auf die steuerfreien Ausgangsleistungen der Mehrwertsteuergruppe abstellt. Staat B hingegen hat keine Mehrwertsteuergruppe in seinem nationalen Recht implementiert und möchte die Leistung, die Y von X bezogen hat, in vollem Umfang, also inklusive der im Preis enthaltenen Vorleistungen, der Besteuerung unterwerfen.

Die steuerliche Gesamtbelastung der Unternehmensgruppe beträgt nun 60 EUR und setzt sich aus der nicht abzugsfähigen Vorsteuer in Staat A und der Versteuerung der gesamten Innenleistung zwischen X und Y in Staat B zusammen. Diese Problematik wird gegenwärtig durch die Inlandsbegrenzung der Mehrwertsteuergruppe vermieden. Wie bereits dargelegt, könnte dies ebenso durch eine obligatorische Anwendung der Mehrwertsteuergruppe in allen Mitgliedstaaten, verbunden mit einer fiktiven Besteuerung der Innenleistungen, begrenzt auf die enthaltenen Vorleistungen gewährleistet werden.

(3) Verhältnismäßigkeit

Boor hat bei der Überprüfung der Verhältnismäßigkeit der Rechtfertigungsgründe in Bezug auf die Einschränkungen der Niederlassungsfreiheit durch Art. 11 MwStSystRL bereits die Eignung der Inlandsbeschränkung angezweifelt.[1052] Aufgrund der Besteuerung von Dienstleistungen an dem Ort, an dem diese Leistungen genutzt und ausgewertet werden[1053], würde die Inlandsbeschränkung den Zweck der Aufteilung der Besteuerungsbefugnisse zwischen den Mitgliedstaaten

[1051] Eigene Darstellung.

[1052] *Boor,* Gruppenbesteuerung im Mehrwertsteuerrecht, 2014, S. 79.

[1053] Z. B. grundstücksbezogene Dienstleistungen, Personenbeförderungen, Eintrittsberechtigungen, Restaurationsleistungen, kurzfristige Vermietung von Beförderungsmitteln.

nicht erreichen. Ursächlich hierfür wäre, dass im Ursprungsland, in dem die beiden Mitglieder der Mehrwertsteuergruppe ansässig sind, kein Vorsteuerabzug aus Leistungen Dritter möglich wäre, da aufgrund der Mehrwertsteuergruppe auf die steuerbefreiten Ausgangsleistungen der Gruppe gegenüber Dritten abzustellen sei. Auf die Steuerpflicht besagter Innenleistungen im Bestimmungsland aufgrund einer Sonderregel, wie z. B. grundstücksbezogener Dienstleistungen, komme es daher für den Vorsteuerabzug nicht an.[1054] Diese Auslegung der in Art. 11 MwStSystRL geregelten Inlandsbeschränkung der Rechtswirkungen der Organschaft ist nicht primärrechtskonform. Zwar handelt es sich um Innenleistungen von in einem Mitgliedstaat ansässigen Personen, jedoch setzt eine primärrechtskonforme Interpretation der Inlandsbeschränkung eine weitere Bedingung voraus. Es können nur solche Leistungen als nicht steuerbare Innenleistungen behandelt werden, deren Leistungsort sich nach den Ortbestimmungsvorschriften ebenfalls in dem Land befindet, das von der Anwendung der Mehrwertsteuergruppe Gebrauch gemacht hat. Aufgrund dieses doppelten Inlandsbezugs kommt es zu keinem Qualifikationskonflikt. Diese engere Auslegung ermöglicht den Vorsteuerabzug im Ursprungs- und die Besteuerung im Bestimmungsland.[1055] Eine Zusammenfassung zu einem Steuerpflichtigen kann nur insoweit erfolgen, als sich kein Widerspruch hinsichtlich der Aufteilung der Besteuerungsbefugnisse ergibt. Anderenfalls würde der die Mehrwertsteuergruppe umsetzende Mitgliedstaat Umsätze als nichtsteuerbar behandeln, für die er nach den Ortbestimmungsvorschriften nicht das Besteuerungsrecht hat.[1056] Diese Einschränkung folgt aus dem fakultativen Charakter des Art. 11 MwStSystRL, der als Sonderregelung zur Definition des Steuerpflichtigen keine Rechtswirkungen erzeugen darf, die über die grundsätzlichen Besteuerungskompetenzen des die Norm umsetzenden Mitgliedstaats hinausgehen. Andernfalls käme es unweigerlich zu systemwidrigen Ergebnissen in Form von Qualifikationskonflikten. Dieser Ansatz entspricht dem Systemdenken von der Einheit der Rechtsordnung. Demnach hat sich Art. 11 MwStSystRL in den Kontext des übrigen Mehrwertsteuersystems folgerichtig und widerspruchsfrei einzufügen.[1057]

Die Inlandsbeschränkung ist daher geeignet, die Aufteilung der Besteuerungsbefugnisse und die Kohärenz des Steuersystems sicherzustellen. Eine In-

---

[1054] Vgl. *Boor,* Gruppenbesteuerung im Mehrwertsteuerrecht, 2014, S. 67 f.

[1055] A. A. *Boor,* Gruppenbesteuerung im Mehrwertsteuerrecht, 2014, S. 80, der von einer Vereitelung des Bestimmungslandsprinzips ausgeht. Eine solche liegt jedoch bei einer Auslegung, die einen doppelten Inlandsbezugs erfordert, nicht vor.

[1056] Vgl. *Gabriël/van Kesteren,* in: Lang/Lejeune, Improving VAT/GST, 2014, S. 509 f., stellen die Problematik dar, es bleibt jedoch offen, ob die hier vertretene Auffassung des doppelten Inlandsbezugs vorzuziehen ist.

[1057] Vgl. *Canaris,* Systemdenken und Systembegriff, 1983, S. 97, im Hinblick der Wahrung allgemeiner Grundsätze bei Sonderregelungen.

landsbeschränkung ist jedoch nicht erforderlich, da wie zuvor dargelegt, bei einer grenzüberschreitenden Anwendung der Mehrwertsteuergruppe mit fiktiver Besteuerung der Innenleistung in Höhe der vorsteuerbelasteten Vorleistungen eine geeignete Alternative besteht. Diese verletzt weder den Neutralitätsgrundsatz in seiner Ausprägungsform der Organisationsformneutralität noch die Niederlassungsfreiheit.[1058] Im Ergebnis stellt die gegenwärtige Ausgestaltung des Art. 11 Abs. 1 MwStSystRL einen Verstoß gegen die Organisationsformneutralität dar, da die Inlandsbeschränkung nicht erforderlich und somit insgesamt nicht verhältnismäßig ist.[1059]

cc) Voraussetzungen für die Behandlung als einen Steuerpflichtigen

(1) Gewichtung der Kriterien

Unter welchen Voraussetzungen mehrere rechtlich selbständige Unternehmen als ein Steuerpflichtiger behandelt werden können, ist weiterhin nicht abschließend geklärt. Dies zeigt sich u. a. anhand der zahlreichen Rechtsprechung des BFH zu den Eingliederungsvoraussetzungen/Verbindungen finanzieller, wirtschaftlicher und organisatorischer Art und entsprechender EuGH-Vorlagen.[1060]

Unter Beachtung der wirtschaftlichen Realität ist eine Behandlung als ein Steuerpflichtiger dann geboten, wenn die rechtlich selbständigen Einheiten derart miteinander verbunden sind, dass eine separate Betrachtung wirklichkeitsfern wäre. De lege lata wurden die drei Eingliederungskriterien bzw. erforderlichen Beziehungen zwar nicht als gleichbedeutend gewichtet, jedoch dargelegt, dass eine geringere Ausprägung in einem Bereich durch eine deutlichere Ausprägung

---

[1058] Vgl. *Boor,* Gruppenbesteuerung im Mehrwertsteuerrecht, 2014, S. 81, zur Vereinbarkeit der Inlandsbeschränkung mit der Niederlassungsfreiheit.

[1059] A. A. *Endres,* Mehrwertsteuergruppe, 2016, S. 240–243, die in der fiktiven Besteuerung der Innenleistung zwar ein milderes Mittel erkennt, jedoch schon einer Neugestaltung des Art. 11 MwStSystRL kritisch gegenübersteht. Das Erfordernis eines unionalen und nationalen Rechtssetzungsprozesses kann jedoch m. E. kein Grund sein, den Status Quo zu konservieren.

[1060] BFH, Urteil v. 03.04.2008, V R 76/05, Voraussetzungen einer umsatzsteuerrechtlichen Organschaft, BFHE 221, S. 443; BFH, Urteil v. 02.12.2015, V R 15/14, Organschaft und Eingliederungsvoraussetzungen, BFHE 252, S. 158; BFH, Urteil v. 02.12.2015, V R 12/14, Organschaft und Eingliederungsvoraussetzungen, BFH/NV 2016, S. 437–439; BFH, Urteil v. 02.12.2015, V R 25/13, Organschaft – teleologische Extension, BFHE 251, S. 534; EuGH, Urteil v. 16.07.2015, C-108/14 u. C-109/14, Larentia + Minerva, ECLI:EU:C:2015:496; BFH, Urteil v. 19.01.2016, XI R 38/12, Organschaft – kapitalistisch geprägte Personengesellschaft als Organgesellschaft, BFHE 252, S. 516; EuGH, Urteil v. 15.04.2021, C-868/19, M-GmbH, ECLI:EU:C:2021:285.

in einem anderen Bereich kompensiert werden könne.[1061] Ferner wurde ausgeschlossen, dass von einem Eingliederungsmerkmal auf andere Eingliederungsmerkmale geschlossen werden könne.[1062]

Zunächst ist festzustellen, dass es hinsichtlich der Bedeutung der drei Merkmale erhebliche Unterschiede gibt. Die finanzielle Eingliederung bzw. die finanziellen Beziehungen stellen das wichtigste Kriterium dar.[1063] Denn dieses Kriterium ermöglicht es erst, durch die damit einhergehenden Eingriffsmöglichkeiten eine Unternehmensgruppe unter einheitlicher Leitung zu führen. Ist dieses Merkmal nicht so ausgeprägt, dass es dem Gesellschafter der Organgesellschaft gegenüber den anderen Gesellschaftern eine Stellung einräumt, die es ihm ermöglicht, seinen Willen in der Gesellschafterversammlung durchzusetzen, so kann dieser Mangel auch nicht durch eine stark ausgeprägte wirtschaftliche und/oder organisatorische Eingliederung kompensiert werden.[1064] Wie diese Beteiligungsverhältnisse ausgestaltet sein müssen, damit die entsprechenden Eingriffsmöglichkeiten bestehen, bestimmt sich nach dem Gesellschaftsrecht der jeweiligen Rechtseinheiten. Schon aus diesem Grund ist die restriktive Rechtsprechung des BFH im Hinblick auf die organisatorische Eingliederung äußerst kritisch zu betrachten.[1065]

(2) Finanzielle Beziehungen

Die Umsetzung des Erfordernisses der finanziellen Beziehungen erfolgt durch die Mitgliedstaaten, die Art. 11 MwStSystRL umgesetzt haben, uneinheitlich.[1066] Eine Mehrheit stellt auf eine Kapitalbeteiligung von mehr als 50 % oder auf Stimmrechte von mehr als 50 % ab[1067] und ist somit auch im Einklang mit dem Verständnis der Kommission, die beide Möglichkeiten alternativ vorsieht.[1068] Aus der Rechtsfolge der Behandlung als ein Steuerpflichtiger ergibt sich die Fragestellung, unter welchen Voraussetzungen es aus einem wirtschaftlichen

---

[1061] BFH, Urteil v. 23.04.1964, V 184/61 U, Organschaftsverhältnis zwischen zwei Genossenschaften, BFHE 79, S. 316; BFH, Urteil v. 22.06.1967, V R 89/66, BFHE 89, S. 402, Abschnitt 2.8 Abs. 1 S. 3 UStAE.

[1062] BFH, Urteil v. 05.12.2007, V R 26/06, Organisatorische Eingliederung, BFHE 219, S. 463; BFH, Urteil v. 03.04.2008, V R 76/05, Voraussetzungen einer umsatzsteuerrechtlichen Organschaft, BFHE 221, S. 443, Abschnitt 2.8 Abs. 1 S. 4 UStAE.

[1063] Vgl. *Stadie,* UStG Kommentar, 2015, § 2 Rn. 288.

[1064] Vgl. *Reiß*, in: Reiß/Kraeusel/Langer, UStG, 2023, § 2 Rn. 111.8.

[1065] Vgl. BFH, Urteil v. 03.04.2008, V R 76/05, Voraussetzungen einer umsatzsteuerrechtlichen Organschaft, BFHE 221, S. 443, nach dem der Abhängigkeitsvermutung des § 17 AktG keine Bedeutung im Hinblick auf die organisatorische Eingliederung zukommen soll. Siehe hierzu auch Abschn. 2.8 Abs. 7 S. 4 UStAE.

[1066] Für einen Überblick siehe: *Pfeiffer,* VAT Grouping, 2015, S. 124 f.

[1067] Vgl. *Pfeiffer,* VAT Grouping, 2015, S. 124 f.

[1068] Europäische Kommission, KOM (2009) 325, 02.07.2009, S. 9.

Blickwinkel geboten ist, eine Gruppe von rechtlich selbstständigen Unternehmen wie eine Rechtseinheit zu behandeln.[1069]

Ein Abstellen auf die kapitalmäßige Beteiligung beruht auf der Überlegung, dass der Anteilseigner letztlich am Erfolg oder Misserfolg seiner Beteiligungsgesellschaft partizipiert. Zum einen durch Gewinnausschüttungen und die ggf. entstehende Notwendigkeit von Einlagen. Zum anderen ist der Wert der Beteiligung an der Tochtergesellschaft von ihrem wirtschaftlichen Erfolg und mithin vom Wert ihres Reinvermögens sowie ihrer Ertragsaussichten abhängig.

Die Stimmrechte hingegen eröffnen dem Anteilseigner erst die Möglichkeit, auf das Geschehen auf Ebene der Beteiligungsgesellschaft einzuwirken und durch Eingriffe entsprechend zu steuern.[1070]

Wirtschaftlich betrachtet kommt eine Unternehmensgruppe einem Einheitsunternehmen dann am nächsten, wenn sie beide der vorgenannten Merkmale gleichermaßen in sich vereint. Nur in diesem Fall kann eine Gleichstellung mit einem Einheitsunternehmen tatsächlich gerechtfertigt werden. Im Regelfall wird es zwischen den beiden Kriterien einen Gleichlauf geben, sodass eine prozentuale Kapitalbeteiligung mit äquivalenten Stimmrechten einhergeht. Im Einzelfall kann es jedoch Ausnahmen hiervon geben, was aufgrund der erheblichen Bedeutung der finanziellen Eingliederung mindestens eine absolute Mehrheit bei der kapitalmäßigen Beteiligung und der Stimmrechte erfordert.

Letztlich muss die Beteiligung die Möglichkeit eröffnen, sich in der Gesellschafterversammlung gegen die Minderheitsgesellschafter durchsetzen zu können.[1071] Die gegenteilige Auffassung, die lediglich eine alternative und keine kumulative Erfüllung dieser Kriterien erfordert, ist auch aus Gründen der Rechts-

[1069] Vgl. *Boor,* Gruppenbesteuerung im Mehrwertsteuerrecht, 2014, S. 29, nach dem eine Vergleichbarkeit nur dann besteht, wenn die Gliedsgesellschaften eines mehrstufigen Unternehmens zur Steuergruppe in einem vergleichbaren Verhältnis stehen wie verschiedene Unternehmensteile zu ihrem Rechtsträger; ebenso *Endres,* Mehrwertsteuergruppe, 2016, S. 104.

[1070] Ähnlich *Endres,* Mehrwertsteuergruppe, 2016, S. 104. Vage bleibt jedoch der EuGH, indem er zum Ergebnis kommt, dass es nicht zusätzlich zur (kapitalmäßigen) Mehrheitsbeteiligung einer Stimmrechtsmehrheit bedürfe. Im Absatz zuvor hatte er jedoch noch eingeräumt, dass es von Belang sei, dass der Organträger in der Lage ist, seinen Willen bei den anderen Mitgliedern der Mehrwertsteuergruppe durchzusetzen. Wie dies ohne eine Mehrheit der Stimmrechte erfolgen soll, legt der Gerichtshof jedoch nicht dar, siehe EuGH, Urteil v. 01.12.2022, C-141/20, Norddeutsche Ges. für Diakonie, ECLI:EU:C:2022:943, Rn. 70 u. 71.

[1071] Vgl. *Reiß*, in: Reiß/Kraeusel/Langer, UStG, 2023, § 2 Rn.111; BFH, Urteil v. 02.12.2015, V R 15/14, Organschaft und Eingliederungsvoraussetzungen, BFHE 252, S. 158; *Heber*, in: Wäger, UStG, 2022, § 2 Rn. 119. Die Durchsetzungsmöglichkeit ist vom Gesellschaftsrecht des jeweiligen Mitgliedstaats abhängig und wird regelmäßig mindestens eine Beteiligung mit absoluter Mehrheit erfordern, weshalb hier auf eine Festlegung auf einen bestimmten Prozentsatz bewusst verzichtet wird.

sicherheit abzulehnen.[1072] Diese striktere Auffassung im Hinblick auf die finanziellen Beziehungen, die sich im Gegensatz zu den wirtschaftlichen und organisatorischen Beziehungen klarer und somit mit größerer Sicherheit bestimmen lassen, erlaubt über eine Lockerung oder gar Abschaffung in Bezug auf die wirtschaftlichen und organisatorischen Beziehungen nachzudenken.

(3) Wirtschaftliche Beziehungen

Nach Auffassung der Kommission genügt es für die wirtschaftliche Beziehung, wenn die Gruppenmitglieder die gleiche Haupttätigkeit ausüben oder sich die Tätigkeiten der Gruppenmitglieder ergänzen oder voneinander abhängig sind. Ebenso soll es ausreichend sein, dass die Tätigkeiten eines Gruppenmitglieds den übrigen Mitgliedern zugutekommen.[1073] Der BFH verlangt hingegen einen vernünftigen wirtschaftlichen Zusammenhang zwischen den Tätigkeiten des Organträgers und der Organgesellschaft im Sinne einer wirtschaftlichen Einheit, Kooperation oder Verflechtung.[1074] Im Regelfall werden entgeltliche Leistungen des Organträgers an die Organgesellschaft vorausgesetzt,[1075] die jedoch für die Organgesellschaft nicht lediglich von geringfügiger Bedeutung sein dürfen.[1076]

Nicht geklärt ist, ob auch Leistungen einer Organgesellschaft an den Organträger ausreichend sein können, um die erforderlichen wirtschaftlichen Beziehungen zu begründen. Stellt man darauf ab, dass bei Eintritt der Rechtsfolgen ein Unternehmen besteht, das Leistungen gegenüber Dritten erbringt, erscheint es unerheblich und daher zu vernachlässigen, wer an wen im Innenverhältnis leistet. Entscheidend ist hierbei allein, dass die Leistungsbeziehungen eine wirtschaftliche Verknüpfung der rechtlich selbständigen Einheiten indizieren.[1077]

Unklar ist ferner, ob es auch ohne Leistungen des Organträgers an die Organgesellschaft eine wirtschaftliche Beziehung geben kann. Denkbar wäre dies z. B. dann, wenn der Organträger und die Organgesellschaft am Markt Leistungen

---

[1072] *Boor,* Gruppenbesteuerung im Mehrwertsteuerrecht, 2014, S. 29, fordert ebenso eine einheitliche Leitungsmacht und Vermögenseinheit; a. A. Europäische Kommission, KOM (2009) 325, 02.07.2009, S. 9, die sogar schuldrechtliche Beziehungen – explizit Franchiseverträge – berücksichtigen möchte. Dies ist vor dem Hintergrund der Gleichstellung mit einem Einheitsunternehmen klar abzulehnen; *Endres,* Mehrwertsteuergruppe, 2016, S. 107, sieht in schuldrechtlichen Verträgen ebenso keine Grundlage für finanzielle Beziehungen, die geeignet sind, die Behandlung wie ein Einheitsunternehmen zu fordern.

[1073] Vgl. Europäische Kommission, KOM (2009) 325, 02.07.2009, S. 10.

[1074] BFH, Urteil v. 29.10.2008, XI R 74/07, Übereignung eines Grundstücks durch den Organträger und Ausführung der Baumaßnahmen durch die Organgesellschaft als einheitliche Leistung, BFHE 223, S. 498; *Heber*, in: Wäger, UStG, 2022, § 2 Rn. 130.

[1075] BFH, Beschluss v. 13.11.2019, V R 30/18, Wirtschaftliche Eingliederung im Umsatzsteuerrecht, BFHE 267, S. 171.

[1076] BFH, Urteil v. 06.05.2010, V R 26/09, BFHE 230, 256, Rn. 28.

[1077] Vgl. *Pfeiffer,* VAT Grouping, 2015, S. 143.

anbieten und der Leistungsbezug des Kunden von einer Gesellschaft einen Leistungsbezug desselben Kunden von der anderen Gesellschaft bedingt.[1078] *Hummel* hält eine wirtschaftliche Eingliederung auch ohne Leistungsbeziehungen für möglich und führt an, dass bei einer räumlichen Aufteilung des Markts zwischen den Gruppenunternehmen, bei der jedes Gruppenmitglied autonom agiert, dennoch die Voraussetzungen einer Mehrwertsteuergruppe erfüllt sind, da das Gesamtziel der Abdeckung des gesamten Markts erst durch das Zusammenwirken aller Gesellschaften erreicht wird.[1079] Dies dürfte dann auch entsprechend bei anderen Formen der Marktsegmentierung gelten. Die vom BFH vorgenommene Vermengung der Kriterien der wirtschaftlichen Beziehung mit Anforderungen, die an die finanziellen bzw. organisatorischen Beziehungen zu knüpfen sind,[1080] ist unsystematisch und führt zu Rechtsunsicherheit.[1081] Der BFH hatte in einem Fall Buchhaltungsleistungen und Personalverwaltungsleistungen vom designierten Organträger an die designierte Organgesellschaft u. a. deshalb als nicht ausreichend für die wirtschaftliche Eingliederung erachtet, weil sich aus diesen Leistungen keine Einwirkungsmöglichkeiten auf die Tochtergesellschaften ergäben.

Eine Entscheidung des BFH[1082] zum Vorliegen einer wirtschaftlichen Eingliederung, die auf einer Darlehensgewährung beruhen sollte, hat weitere Fragen aufgeworfen. Die entgeltliche Gewährung von Darlehen wurde nicht als unternehmerische Tätigkeit angesehen, weil diese Darlehensforderung ursprünglich auf Dividendenansprüchen und Umsatzsteuerforderungen des Gesellschafters gegenüber seiner Tochtergesellschaft beruhte, die er sich nicht hat auszahlen lassen, sondern stehen ließ. Zudem wurde vom BFH der Umstand, dass die Darlehensgewährung lediglich zwischen zwei Personen ohne Leistungsangebot am allgemeinen Markt erfolgte, als nicht unternehmerische Tätigkeit eingestuft.

Die Forderung einer allgemeinen Beteiligung des Gesellschafters am Markt scheint vor dem Hintergrund der üblichen, geradezu charakteristischen Beschränkung der Leistungen einer Führungs- und Funktionsholding auf Leistun-

---

[1078] BFH, Urteil v. 29.10.2008, XI R 74/07, Übereignung eines Grundstücks durch den Organträger und Ausführung der Baumaßnahmen durch die Organgesellschaft als einheitliche Leistung, BFHE 223, S. 498, Rn. 20. Im Urteilsfall hat ein Einzelunternehmer unbebaute Grundstücke an Dritte veräußert und seine Tochtergesellschaft in der Rechtsform einer GmbH hat die Bebauung dieser Grundstücke übernommen. Jedoch hat der Einzelunternehmer zusätzlich Anlagevermögen an seine Tochtergesellschaft verpachtet und weitere Leistungen erbracht.

[1079] Vgl. *Hummel,* MwStR 2013, S. 298.

[1080] BFH, Urteil v. 25.06.1998, V R 76/97, Wirtschaftliche Eingliederung, BFH/NV 1998, S. 1534–1536, Rn. 28.

[1081] Vgl. *Buttgereit/Schulte,* UR 2011, S. 610.

[1082] BFH, Beschluss v. 13.11.2019, V R 30/18, Wirtschaftliche Eingliederung im Umsatzsteuerrecht, BFHE 267, S. 171.

gen gegenüber Gruppenunternehmen verfehlt. So müsste bei konsequenter Fortführung des Gedankens bei jeder Holdinggesellschaft, die lediglich gegenüber Gruppenunternehmen entgeltliche Leistungen erbringt, die Unternehmereigenschaft verneint werden.[1083]

Auch mit erheblichen Abgrenzungsschwierigkeiten bleibt die grundsätzliche Frage verbunden, ab wann eine Darlehensgewährung eine wirtschaftliche Tätigkeit darstellt und bis wann noch von einer Art Geldanlage in Form einer verzinslichen Einlage auszugehen ist. Die bisherige Rechtsprechung des EuGH erlaubt gewiss keine trennscharfe Abgrenzung dieser beiden Fallvarianten.[1084] Jedenfalls kann es nicht darauf ankommen, ob der Gesellschafter das Darlehen auszahlt oder auf die zeitnahe Begleichung von offenen Forderungen gegen eine Zinszahlung verzichtet. In beiden Fällen liegt wirtschaftlich eine entgeltliche Kapitalüberlassung vor, die daher auch grundsätzlich in den Anwendungsbereich der Mehrwertsteuer fallen sollte.[1085] Dennoch bleibt auch bei Annahme einer unternehmerischen Tätigkeit, losgelöst davon, ob es sich um eine Darlehensgewährung oder eine andere Leistung handelt, die Frage offen, ab wann diese Leistung für die designierte Organgesellschaft von nicht lediglich untergeordneter Bedeutung und somit ausreichend ist, um die erforderliche wirtschaftliche Beziehung herzustellen.[1086]

Der Vergleich mit einem Einheitsunternehmen wirft die Frage auf, weshalb entgeltliche Leistungsbeziehungen überhaupt erforderlich sein sollen, denn dort gibt es mangels eines einzigen Rechtsträgers keine Leistungsbeziehungen und interne Verrechnungen haben keine wirtschaftliche Bedeutung im Hinblick auf die gegenüber Dritten ausgeübte wirtschaftliche Tätigkeit. Auch bei Tätigkeit eines Einheitsunternehmens in unterschiedlichen Branchen würde, aufgrund einer breiten Diversifikation der wirtschaftlichen Tätigkeiten nicht gefordert, dieses Einheitsunternehmen für Zwecke der Mehrwertsteuer künstlich aufzuspalten. Viel größeres Gewicht kommt der einheitlichen Leitung zu und aufgrund der Bündelung der Tätigkeiten in einer Rechtseinheit das gemeinsame Haften für Verbindlichkeiten gegenüber Dritten.

Die große Diskrepanz zwischen dem Verständnis der Kommission und dem Verständnis des BFH sowie die Vielzahl der dargelegten Zweifelsfragen offenbaren die mangelhafte Praktikabilität dieses Merkmals. Eine einfache und rechtssichere Bestimmung, ob dieses Merkmal vorliegt oder nicht, ist gerade nicht möglich. Daher ist die Sinnhaftigkeit der wirtschaftlichen Beziehungen als Tat-

---

[1083] Vgl. *Salder,* MwStR 2020, S. 313.

[1084] EuGH, Urteil v. 11.07.1996, C-306/94, Régie dauphinoise, Slg. 1996, I-3715, Rn. 17; EuGH, Urteil v. 14.11.2000, C-142/99, Floridienne u. Berginvest, Slg. 2000, I-9567, Rn. 28.

[1085] EuGH, Urteil v. 29.04.2004, C-77/01, EDM, Slg. 2004, I-4319, Rn. 65.

[1086] Vgl. *Feldgen,* BB 2016, S. 607.

bestand für das Vorliegen einer Mehrwertsteuergruppe grundlegend in Frage zu stellen.[1087]

(4) Organisatorische Beziehungen

Aus betriebswirtschaftlicher Sicht ist es zur Realisierung der Unternehmensziele erforderlich, eine Aufbauorganisation zu unterhalten. Diese stellt eine hierarchische Ordnung dar, die Rechte und Pflichten von Personen und Abteilungen regelt.[1088] In Art. 11 MwStSystRL und auch in der MwStVO findet sich keine Definition des Merkmals der organisatorischen Beziehungen. Die Kommission geht davon aus, dass organisatorische Beziehungen vorliegen, wenn eine gemeinsame oder zumindest teilweise gemeinsame Managementstruktur vorliegt.[1089] Der BFH hat hingegen ein wesentlich engeres Verständnis. Dieser Sicht hat sich auch die deutsche Finanzverwaltung angeschlossen.[1090] Demnach setzt die organisatorische Eingliederung voraus, dass die mit der finanziellen Eingliederung einhergehende Beherrschungsmöglichkeit in der laufenden Geschäftsführung tatsächlich wahrgenommen wird.[1091] Der aktienrechtlichen Abhängigkeitsvermutung gem. § 17 Abs. 2 AktG, die bei Besitz einer Anteilsmehrheit von einer Abhängigkeit vom beherrschenden Anteilseigner ausgeht, wird keine Bedeutung beigemessen.[1092] Nach Auffassung des BFH kann die organisatorische Eingliederung in unterschiedlichen Erscheinungsformen hervortreten. Die engste Form liegt bei vollständiger Personenidentität in den Leitungsgremien vor, es reicht jedoch auch aus, wenn eine teilweise Personenidentität vorliegt.[1093] Für den Fall, dass auf Ebene der Organgesellschaft jedoch auch Geschäftsführer bestellt sind, die nicht gleichzeitig Geschäftsführer des Organträgers sind, müssen im Regelfall weitere institutionell abgesicherte Maßnahmen getroffen werden, um die Beherrschung der Organgesellschaft sicherzustellen.[1094] Ohne personelle Verflechtung in der Geschäftsleitung wird es ebenso für ausreichend erachtet, wenn der

---

[1087] *Stadie,* UStG Kommentar, 2015, § 2 Rn. 295–299, folgert bereits aus dem Vereinfachungszweck, den die Vorschrift haben soll, bei Vorliegen der finanziellen Eingliederung implizit auch die wirtschaftliche und organisatorische Eingliederung anzunehmen.

[1088] Vgl. *Wöhe/Döring/Brösel,* Einführung in die Allgemeine Betriebswirtschaftslehre, 2020, S. 103.

[1089] Europäische Kommission, KOM (2009) 325, 02.07.2009, S. 10.

[1090] Abschnitt 2.8 Abs. 7-11 UStAE.

[1091] BFH, Urteil v. 28.01.1999, V R 32/98, Organschaft: Beendigung bei Konkurs des Organträgers, BFHE 187, S. 355.

[1092] BFH, Urteil v. 03.04.2008, V R 76/05, Voraussetzungen einer umsatzsteuerrechtlichen Organschaft, BFHE 221, S. 443.

[1093] BFH, Urteil v. 28.01.1999, V R 32/98, Organschaft: Beendigung bei Konkurs des Organträgers, BFHE 187, S. 355.

[1094] BFH, Urteil v. 07.07.2011, V R 53/10, Anforderungen an organisatorische Eingliederung, BFHE 234, S. 548.

Geschäftsführer der Organgesellschaft in einem Anstellungsverhältnis zum Organträger steht.[1095] Darüber hinaus nimmt der BFH auch ohne jegliche personelle Verflechtung eine organisatorische Eingliederung an, wenn der designierte Organträger durch schriftlich fixierte Vereinbarungen wie z. B. eine Geschäftsführerordnung oder Konzernrichtlinie seine Entscheidungsbefugnis nachweisen kann und den Geschäftsführer der designierten Organgesellschaft bei Verstößen gegen die Vereinbarung in Anspruch nehmen kann.[1096] Bei Vorliegen eines Beherrschungsvertrags geht der BFH ebenso davon aus, dass ab Eintragung des Vertrags ins Handelsregister die Voraussetzungen der organisatorischen Eingliederung erfüllt sind. Die Möglichkeit des Mehrheitsgesellschafters gem. § 46 Nr. 6 GmbHG in Ausübung seiner Rechte der Prüfung und Überwachung der Geschäftsführung auch Weisungen zu erteilen, wurde jedoch als nicht ausreichend erachtet.[1097]

Dieses restriktive Verständnis findet keine Stütze im Unionsrecht. Im Hinblick auf die Rechtsprechung des EuGH zur finanziellen Eingliederung liegt es nahe, davon auszugehen, dass weitergehende Einschränkungen nur zur Verhinderung von Steuerhinterziehung und missbräuchlichen Verhaltensweisen zulässig sind.[1098]

dd) Stellungnahme

Solange unechte Steuerbefreiungen bestehen, die zu einem Ausschluss des Vorsteuerabzugs führen, ist aus dem Blickwinkel der komparativen Neutralität, die den Vergleich zwischen einem Einheitsunternehmen und einer Unternehmensgruppe zieht, die Existenz einer Regelung zur Mehrwertsteuergruppe erforderlich.[1099] Denn aufgrund des eingeschränkten Vorsteuerabzugs kommt es bei der Unternehmensgruppe zu Kosten und mithin zu Wettbewerbsnachteilen gegenüber dem Einheitsunternehmen. Von einem endgültigen Mehrwertsteuersystem ist daher zu fordern, dass es Wettbewerbsverzerrungen beseitigt, die sich aus der

---

[1095] BFH, Urteil v. 07.07.2011, V R 53/10, Anforderungen an organisatorische Eingliederung, BFHE 234, 548. Während der BFH fordert, dass es sich bei den Angestellten um leitende Mitarbeiter des Organträgers handelt, genügt der Finanzverwaltung, dass es sich um einen Mitarbeiter handelt (Abschnitt 2.8 Abs. 9 UStAE).

[1096] BFH, Urteil v. 12.10.2016, XI R 30/14, organisatorische Eingliederung, BFHE 255, S. 467, Rn. 28; BFH, Urteil v. 05.12.2007, V R 26/06, Organisatorische Eingliederung, BFHE 219, S. 463, Rn. 25.

[1097] BFH, Urteil v. 10.05.2017, V R 7/16, Organisatorische Eingliederung durch Beherrschungsvertrag, BFHE 258, S. 181, Rn. 18 u. 19.

[1098] EuGH, Urteil v. 15.04.2021, C-868/19, M-GmbH, ECLI:EU:C:2021:285, Rn. 56 u. 57; EuGH, Urteil v. 16.07.2015, C-108/14 u. C-109/14, Larentia + Minerva, ECLI:EU:C:2015:496, Rn. 38, 41 u. 45.

[1099] Vgl. *Seer*, BB 2021, S. 1435.

Existenz von Ausnahmeregelungen ergeben, die nach der MwStSystRL zulässig sind, jedoch die komparative Neutralität verletzen.[1100] Dies ist der eigentliche, wahre Zweck der Mehrwertsteuergruppe. Zu einer Vereinfachung führt sie nämlich weder für die Finanzverwaltung noch für die Steuerpflichtigen.[1101]

Da es sich um eine Sonderregelung handelt, die die negativen Effekte einer anderen Sonderregelung beseitigen soll, was ohnehin für den Rechtsanwender keine optimale Ausgangslage darstellt, ist zu fordern, dass die Regelung über einen möglichst einfachen und somit rechtssicher zu bestimmenden Tatbestand verfügt. Für ein restriktives Verständnis, wie es die Rechtsprechung des BFH geprägt hat, ist daher – auch vor dem Hintergrund der anderslautenden EuGH-Rechtsprechung[1102] – kein Raum.

De lege lata wären – ausgehend von der Rechtsprechung des EuGH bei Vorliegen einer finanziellen Beteiligung, die eine Beherrschungsmöglichkeit einräumt – keine zu engen Anforderungen an die wirtschaftlichen und organisatorischen Beziehungen zu knüpfen. Für wirtschaftliche Beziehungen sollten nicht zwingend Leistungsbeziehungen erforderlich sein, sondern eine Ergänzung der eigenen unternehmerischen Tätigkeit müsste ausreichen.

Dies folgt aus dem Umstand, dass bei Einheitsunternehmen mit Tätigkeiten in unterschiedlichen Branchen für umsatzsteuerliche Zwecke keine Aufspaltung in mehrere Steuerpflichtige erfolgt. Vielmehr ordnet § 2 Abs. 1 S. 2 UStG an, dass das umsatzsteuerliche Unternehmen die gesamte gewerbliche oder berufliche Tätigkeit umfasst. Einen Mischkonzern, bei dem es nicht zwangsläufig Leistungsbeziehungen zwischen den unterschiedlichen Geschäftsbereichen geben muss, hiervon abweichend zu behandeln, obwohl er unter einer einheitlichen Leitung steht, ist wenig überzeugend.

In Bezug auf die Anforderungen, die an eine einheitliche Leitung zu stellen sind, also die Anforderung an die organisatorischen Beziehungen, bleibt ebenso der Vergleich der Unternehmensgruppe mit einem Einheitsunternehmen maßgebend. Wird eine wirtschaftliche Tätigkeit innerhalb einer Rechtseinheit ausgeübt, steht es den Entscheidern frei, wie sie die Leitung organisieren. Einerseits könnte ein streng hierarchischer Aufbau erfolgen, der den der Geschäftsleitung untergeordneten Führungsebenen (z. B. Geschäftsbereichsleitung, Abteilungsleitung, Teamleitung) nur geringe eigene Entscheidungsspielräume einräumt. Andererseits wäre es möglich, den untergeordneten Führungsebenen weitreichende Autonomie bei der Leitung ihrer Bereiche einzuräumen und nur Leitlinien und Ziele festzulegen, während die Wahl der Mittel zur Umsetzung der

[1100] Vgl. *Pfeiffer,* VAT Grouping, 2015, S. 122.
[1101] Siehe Kapitel 4: A. I. 2. b) aa).
[1102] EuGH, Urteil v. 15.04.2021, C-868/19, M-GmbH, ECLI:EU:C:2021:285, Rn. 45.

Ziele innerhalb eines großzügigen Entscheidungsrahmens den untergeordneten Führungsebenen vorbehalten bleibt.

Wird dieselbe wirtschaftliche Tätigkeit innerhalb eines Verbunds von verschiedenen Rechtseinheiten ausgeübt, soll es nach Auffassung des BFH nicht darauf ankommen, dass aufgrund der Anteilsmehrheit die Möglichkeit besteht, stark in die Geschäftsführung der Organgesellschaft einzugreifen. Es erfordert vielmehr, dass zusätzlich institutionell abgesicherte unmittelbare Eingriffsmöglichkeiten in den Kernbereich der laufenden Geschäftsführung bestehen. Nur unter dieser Voraussetzung soll eine organisatorische Eingliederung vorliegen.

Dieser Standpunkt differenziert somit zwischen einem Einheitsunternehmen und einer Unternehmensgruppe. Beim Einheitsunternehmen wird den Entscheidern zugestanden, die Leitung frei nach ihren Vorstellungen zu gestalten. Bei der Unternehmensgruppe hingegen wird gefordert, dass den nachgeordneten Entscheidern nur geringe Entscheidungsspielräume gewährt werden dürfen, da die Obergesellschaft (Organträger) in den Kernbereich der laufenden Geschäftsführung eingreifen können soll.

Als Rechtfertigung für diese Differenzierung könnte angeführt werden, dass in einem Einheitsunternehmen bei Handlung von Mitgliedern der untergeordneten Führungsebenen (z. B. Geschäftsbereichsleiter), die gegen die Vorstellungen der Geschäftsführung verstoßen, disziplinarische Maßnahmen erfolgen könnten. Denn sowohl die Geschäftsführung als auch die untergeordneten Führungsebenen sind alle bei dieser Rechtseinheit angestellt. Bei einer Organisation im Konzernverbund kann ein Geschäftsführer einer Tochtergesellschaft in der Rechtsform einer GmbH – sollte er gegen den Willen des beherrschenden Gesellschafters handeln – jederzeit abberufen werden (§ 38 Abs. 1 GmbHG). Zuständig ist hierfür im Regelfall die Gesellschafterversammlung, die mit einfacher Mehrheit beschließen kann (§ 47 GmbHG). Abgesehen von anderweitigen gesellschaftsvertraglichen Regelungen ist diese Differenzierung daher wenig überzeugend.

Mithin stellt eine Nichtberücksichtigung von faktischen Konzernen einen Verstoß gegen die Organisationsformneutralität dar.[1103] Da die Richtlinienvorgabe des Art. 11 MwStSystRL keine restriktive Auslegung erfordert, ist auch nach derzeitiger Rechtslage eine richtlinienkonforme und die Organisationsformneutralität weitgehend achtende Interpretation des § 2 Abs. 2 Nr. 2 UStG möglich. Aus Gründen der Rechtssicherheit ist jedoch eine Reform des UStG geboten. Zudem setzt eine organisationsformneutrale Ausgestaltung eine grenz-

---

1103 Vgl. *Feldgen,* BB 2010, S. 288; siehe zur körperschaftsteuerlichen Organschaft: *Kahle/Vogel/Schulz,* Ubg 2011, S. 761, auch hier wird die fehlende Organisationsformneutralität der Organschaftsbesteuerung kritisiert.

überschreitende Mehrwertsteuergruppe voraus, was eine Reform des Art. 11 MwStSystRL erfordert.

c) Reformvorschlag

aa) Vorschlag für eine Neugestaltung der Mehrwertsteuergruppe

Art. 11 MwStSystRL n. F. *[Mehrwertsteuergruppe]*

> Jeder Mitgliedstaat hat im Gebiet der Union ansässige Personen, die zwar rechtlich unabhängig, aber durch finanzielle Beteiligungsverhältnisse eng miteinander verbunden sind, auf Antrag zusammen als einen Steuerpflichtigen zu behandeln (Mehrwertsteuergruppe). Eine enge Verbundenheit liegt vor, wenn die Beteiligung unmittelbar oder mittelbar mehr als die Hälfte des Vermögens umfasst und eine Mehrheit der Stimmrechte vermittelt, die eine Durchsetzung des Willens ermöglicht.
>
> Die Mitgliedstaaten können die erforderlichen Maßnahmen treffen, um Steuerhinterziehungen oder -umgehungen durch die Anwendung dieser Bestimmung vorzubeugen.

Artikel 26a MwStSystRL n. F. *[Innergemeinschaftliche Gruppenleistungen]*

> Dienstleistungen zwischen den Mitgliedern einer Mehrwertsteuergruppe gelten als einer entgeltlichen Erbringung einer Dienstleistung gleichgestellt, wenn die ausführende Person oder feste Niederlassung in einem anderen Mitgliedstaat ansässig ist als der Ort dieses Umsatzes gelegen ist, der sich nach Titel V bestimmt (innergemeinschaftliche Gruppenleistungen).

Artikel 75a n. F. *[Bemessungsgrundlage für innergemeinschaftliche Gruppenleistungen]*

> Die Steuerbemessungsgrundlage bestimmt sich für innergemeinschaftliche Gruppenleistungen i. S. d. Art. 26a nach Artikel 75, ist jedoch auf die vorsteuerbelasteten Ausgaben beschränkt.

Artikel 131 Abs. 2 MwStSystRL n. F. *[keine Steuerbefreiungen für innergemeinschaftliche Gruppenleistungen]*

> (2) Die Steuerbefreiungen der Kapitel 2 bis 9 gelten nicht für innergemeinschaftliche Gruppenleistungen nach Artikel 26a.

bb) Erläuterungen

Ziel der Regelung ist eine obligatorische Anwendung in allen Mitgliedstaaten. Jedoch wird aus Gründen der Rechtssicherheit eine antragsgebundene Regelung bevorzugt.[1104]

Der räumliche Anwendungsbereich soll nicht mehr auf den jeweiligen Mitgliedstaat beschränkt sein. Innerhalb der EU ist aus Gründen der Organisationsformneutralität eine grenzüberschreitende Mehrwertsteuergruppe zu fordern. Dies bedingt jedoch einen Grenzausgleich, da es anderenfalls zu einer Verschiebung von Steuersubstrat zwischen den Mitgliedstaaten führt.[1105]

Dabei ist jedoch zu beachten, dass es die Gleichstellung mit einem Einheitsunternehmen erfordert, die fiktive Besteuerung der Innenleistungen auf die vorsteuerbelasteten Ausgaben zu begrenzen. Wird die Besteuerung der Vorleistungen nur auf die Ausgaben begrenzt, kommt es durch die Besteuerung der innergemeinschaftlichen Gruppenleistungen insoweit bei eingeschränktem Vorsteuerabzug zu einer zusätzlichen definitiven Steuerbelastung. Die fiktive Besteuerung der innergemeinschaftlichen Gruppenleistungen hat nur das Ziel, einen Grenzausgleich zu schaffen, also eine Verschiebung von Steuersubstrat zu vermeiden. Zu einer Verschiebung kann es jedoch nur insoweit kommen, als die Vorleistung im Ursprungsland überhaupt mit Umsatzsteuer belastet ist. In diesem Fall wird im Ursprungsland aufgrund der fiktiven Besteuerung der innergemeinschaftlichen Gruppenleistungen der Vorsteuerabzug ermöglicht, während die innergemeinschaftliche Gruppenleistung im anderen Mitgliedstaat der Besteuerung z. B. im Rahmen des Reverse-Charge-Verfahrens (Art. 196 MwStSystRL) unterliegt. Sind die Ausgangsleistungen der Mehrwertsteuergruppe vorsteuerschädlich, so kann die Vorsteuer auf die innergemeinschaftliche Gruppenleistung nicht abgezogen werden und es kommt beim Steuerpflichtigen zu einer Definitivbelastung und dementsprechend beim Fiskus des Bestimmungslands zu einem Steueraufkommen. Unterliegen jedoch auch Ausgaben der innergemeinschaftlichen Gruppenleistung der Besteuerung, die überhaupt nicht mit Vorsteuer belastet waren, kommt es zu einer definitiven Steuermehrbelastung. Diese Mehrbelastung bezieht sich nicht lediglich auf nicht mit Vorsteuer belastete Vorleistungen, sondern es wird ebenfalls die gruppeninterne Wertschöpfung der Besteuerung unterworfen,[1106] da unter Ausgaben nicht nur die Vorleistungen, sondern auch

---

[1104] Vgl. *von Streit/Streit,* DStR 2016, S. 1455; *Küffner/Rust,* DB 2016, S. 731.

[1105] Siehe Kapitel 4: A. II. 2. b) bb) (2)

[1106] Dies ist von *Boor,* Gruppenbesteuerung im Mehrwertsteuerrecht, 2014, S. 148, wohl nicht beabsichtigt, da er die gruppeninterne Wertschöpfung nicht der Besteuerung unterwerfen möchte, jedoch verweist sein Entwurf des Art. 75a MwStSystRL lediglich auf Art. 75 MwStSystRL und dort sind (sämtliche) Ausgaben genannt. Da Art. 75 MwStSystRL auf Art. 26 MwStSystRL beruht und die Steuerbarkeit auf die unentgeltliche Überlassung von Gegenstän-

z. B. Personalkosten zu verstehen sind.[1107] Ferner sind die innergemeinschaftlichen Gruppenleistungen von sämtlichen Steuerbefreiungen auszunehmen, um eine Steuerbelastung im Bestimmungsland respektive des Mitgliedstaats des Orts der Leistung sicherzustellen. Ob dort eine Entlastung durch den Vorsteuerabzug erfolgen kann, richtet sich ausschließlich nach den Ausgangsumsätzen der Mehrwertsteuergruppe, in die die innergemeinschaftlichen Gruppenleistungen einfließen. Mit dem innergemeinschaftlichen Verbringen gem. Art. 17 MwStSystRL existiert bereits eine Regelung, die auch bei einer grenzüberschreitenden Mehrwertsteuergruppe entsprechend anwendbar ist. Eine Regelung für gruppeninterne grenzüberschreitende Lieferungen ist daher nicht erforderlich.

Der bisherige Wortlaut, der finanzielle, wirtschaftliche und organisatorische Beziehungen gefordert hat, ist abzulehnen. Die Zusammenfassung zu einem Steuerpflichtigen gebietet signifikante Beteiligungsverhältnisse, die einerseits eine absolute Mehrheitsbeteiligung am Vermögen vermitteln, wodurch sich eine wesentliche Teilhabe der Obergesellschaft am Erfolg bzw. Misserfolg der Untergesellschaften ergibt.[1108] Eine finanzielle Verbundenheit, die sich lediglich in der gegenseitigen Haftungsübernahme in Bezug auf die Umsatzsteuerschulden der anderen Gruppenmitglieder stützt, ist aus wirtschaftlichen Gründen abzulehnen.[1109] Dieser Überlegung des BMF liegt mutmaßlich der Gedanke zugrunde, dass eine antragsgebundene Bildung einer Mehrwertsteuergruppe nur zwischen Gesellschaften erfolgen wird, die entsprechend finanziell verbunden sind, da anderenfalls keine Bereitschaft bestünde, für die Mehrwertsteuerschulden der anderen Gesellschaften einzustehen. Der gebotene Vergleich mit einem Einheitsunternehmen erfordert hingegen signifikante Beteiligungsverhältnisse, da sich anderenfalls die Möglichkeit eröffnet, auf Antrag Unternehmen in einer Gruppe zusammenzufassen, deren Beteiligungsverhältnisse eine Behandlung als einen Steuerpflichtigen aus dem Blickwinkel der Organisationsformneutralität überhaupt nicht erfordern. Gerade hierdurch könnte es zu Wettbewerbsverzerrungen kommen.

Andererseits muss die Beteiligung eine Willensdurchsetzung der Obergesellschaft ermöglichen. Daneben ist es nicht erforderlich, organisatorische Beziehungen zu verlangen, da es im freien Ermessen des Gesellschafters steht, wie er

den beschränkt ist, die zum Vorsteuerabzug berechtigt haben, wäre bei (von Boor vorgesehener) entsprechender Anwendung des Art. 75 MwStSystRL die Nichtbesteuerung der gruppeninternen Wertschöpfung letztlich doch sichergestellt. Allerdings leiden hierbei etwas die Klarheit und Übersichtlichkeit.

1107 *Korn*, in: Bunjes/Geist, UStG, 2023, § 10 Rn. 93; *Stapperfend*, in: Rau/Dürrwächter, UStG, 2023, § 10 Rn. 527; *Slapio*, in: Birkenfeld/Wäger, Umsatzsteuer-Handbuch, 2023, Abschn. III, Kapitel 1 F II. 4. b) Rn. 91; *Tehler*, in: Reiß/Kraeusel/Langer, UStG, 2023, § 10 UStG Rn. 367.

1108 Siehe Kapitel 4: A. II. 2. b) cc) (2)

1109 So jedoch der Vorschlag des BMF, Eckpunkte einer Gruppenbesteuerung, 2019.

die Leitung der Gruppe organisiert, insbesondere wieviel Handlungsspielraum er den nachgeordneten Leitungsorganen einräumt.[1110]

Wirtschaftliche Beziehungen zu fordern ist obsolet, da es in einem Einheitsunternehmen ebenfalls eine Vielzahl unterschiedlicher wirtschaftlicher Betätigungsfelder geben kann, ohne dass diese einen Zusammenhang zueinander ausweisen müssen, oder es Innenleistungen zwischen Geschäftsbereichen geben muss.[1111]

cc) Vorschlag für eine Neugestaltung des deutschen Umsetzungsakts

§ 2 Abs. 2 Nr. 2 UStG n F.

(2) [1]Die gewerbliche oder berufliche Tätigkeit wird nicht selbständig ausgeübt,

[...]

2. wenn eine Person nach dem Gesamtbild der tatsächlichen Verhältnisse finanziell in das Unternehmen des Organträgers eingegliedert ist und ein Antrag zur gesonderten und einheitlichen Feststellung durch die Beteiligten gestellt wurde (Organschaft). [2]Eine finanzielle Eingliederung liegt vor, wenn der Organträger mittelbar oder unmittelbar zu mehr als 50 % am Grund- oder Stammkapital der Person (Organgesellschaft) beteiligt ist und diese Beteiligung eine absolute Mehrheit an den Stimmrechten beinhaltet. [3]Die Feststellung gilt ab Antragsstellung oder, sofern die Beteiligten dies beantragen, ab dem Zeitpunkt des Vorliegens der Eingliederungsvoraussetzungen. [4]Ab erstmaliger Antragstellung für eine Organgesellschaft ist jährlich mit Abgabe der Umsatzsteuererklärung eine Feststellungserklärung einzureichen. [5]Die Organschaft endet, wenn die Eingliederungsvoraussetzungen nicht mehr vorliegen und dies gesondert und einheitlich festgestellt wurde. [6]Abweichend hiervon können die Beteiligten beantragen, dass die Organschaft ab dem Wegfall der Eingliederungsvoraussetzungen endet. [7]Die Wirkungen der Organschaft sind auf Innenleistungen zwischen den im Gemeinschaftsgebiet gelegenen Unternehmensteilen beschränkt. [8]Diese Unternehmensteile sind als ein Unternehmen zu behandeln. [9]Hat der Organträger seine Geschäftsleitung im Ausland, gilt der wirtschaftlich bedeutendste Unternehmensteil im Inland als der Unternehmer.

§ 3 Abs. 9a Nr. 3 UStG n. F.

(9a) Einer sonstigen Leistung gegen Entgelt werden gleichgestellt

[...]

3. die Erbringung einer sonstigen Leistung zwischen Betriebsteilen einer Organschaft, wenn der leistungsausführende Betriebsteil in einem anderen Mitgliedstaat an-

[1110] Siehe Kapitel 4: A. II. 2. b) cc) (4)
[1111] Siehe Kapitel 4: A. II. 2. b) cc) (3)

sässig ist als der Ort dieses Umsatzes, der sich nach §§ 3a, 3b oder 3e bestimmt (innergemeinschaftliche Gruppenleistungen).

§ 4 UStG n. F.

Von den unter § 1 Abs. 1 Nr. 1 fallenden Umsätzen sind mit Ausnahme der innergemeinschaftlichen Gruppenleistungen steuerfrei: [...]

§ 10 Abs. 4 Nr. 2 UStG n. F.

(4) [1]Der Umsatz wird bemessen

[...]

2. bei sonstigen Leistungen im Sinne des § 3 Abs. 9a Nr. 1 und Nr. 3 nach den bei der Ausführung dieser Umsätze entstandenen Ausgaben, soweit sie zum vollen oder teilweisen Vorsteuerabzug berechtigt haben. [2]Zu diesen Ausgaben gehören auch die Anschaffungs- oder Herstellungskosten eines Wirtschaftsguts, soweit das Wirtschaftsgut dem Unternehmen zugeordnet ist und für die Erbringung der sonstigen Leistung verwendet wird. [3]Betragen die Anschaffungs- oder Herstellungskosten mindestens 500 Euro, sind sie gleichmäßig auf einen Zeitraum zu verteilen, der dem für das Wirtschaftsgut maßgeblichen Berichtigungszeitraum nach § 15a entspricht;

dd) Erläuterungen

Die gewählte Umsetzung folgt dem bisherigen deutschen Verständnis der Eingliederung, die aus dem Verlust der wirtschaftlichen Selbstständigkeit folgt. Maßgeblich für den Verlust der wirtschaftlichen Selbstständigkeit einer Beteiligungsgesellschaft ist, dass sie, vergleichbar mit einem abhängig Beschäftigten, den Weisungsmöglichkeiten des Gesellschafters unterliegt, allerdings mit dem Unterschied, dass die Beteiligungsgesellschaften gegenüber Dritten im eigenen Namen und auf eigene Rechnung handeln.[1112]

III. Tarifgestaltung

Abweichungen von der Besteuerung zum Regelsteuersatz mit vollem Recht auf Vorsteuerabzug führen, wie bereits in Kapitel 3 dargelegt[1113], zu einer Verletzung der Entscheidungsneutralität, zu Allokationsverzerrungen und es droht eine

[1112] Der EuGH hat bei der Prüfung der Selbstständigkeit auf die rechtliche Selbstständigkeit gegenüber Dritten abgestellt und nicht auf die wirtschaftliche Betrachtungsweise, die es als Rechtsfolge der Organschaft gebietet, die Tochtergesellschaften mehrwertsteuerlich als unselbständige Betriebsteile des Organträgers zu erachten, vgl. EuGH, Urteil v. 01.12.2022, C-141/20, Norddeutsche Ges. für Diakonie, ECLI:EU:C:2022:943, Rn. 72 ff. Siehe auch Kapitel 4: A. II. 2. a) cc).

[1113] Siehe Kapitel 3: D. II. 2. c).

ungleichmäßige Steuerbelastung der Endverbraucher. Im Folgenden werden die gesetzlich vorgesehenen Abweichungen von der Regelbesteuerung mit Vorsteuerabzugsrecht unter dem Gesichtspunkt der Steuerneutralität hinsichtlich der Ausgestaltung des Steuertarifs im Einzelnen untersucht.

1. Gegenwärtige Tarifdifferenzierungen

a) Regel- und ermäßigter Steuersatz

aa) Intendierte Belastungswirkung

Gegenwärtig sind in Deutschland ein Regelsteuersatz von 19 %[1114] und ein ermäßigter Steuersatz von 7 %[1115] etabliert. Der Nullsatz gem. § 12 Abs. 3 UStG wirkt wie eine echte Steuerbefreiung und wird daher vorliegend nicht behandelt. Der Gesetzgeber war sich bei Einführung der Mehrwertsteuer bewusst, dass eine wettbewerbsneutrale Besteuerung voraussetzt, dass umsatzsteuerlich bedingte Kostenvorteile, die Preisverzerrungen auslösen, auf ein ökonomisch und gesellschaftspolitisch notwendiges vertretbares Maß zu beschränken sind. Dennoch hat er der Forderung einer gleichmäßigen Endbelastung mit einem einheitlichen Steuersatz eine Absage erteilt, da es aus sozialpolitischen Gründen geboten sei, zur Milderung der Regressionswirkung bestimmte Güter des lebensnotwendigen Bedarfs ermäßigt zu besteuern.[1116] Es wird mitunter die Forderung erhoben, Güter und Dienstleistungen des gehobenen Bedarfs dementsprechend höher zu besteuern.[1117] Allerdings werden aufgrund des lediglich zwei Steuersätze umfassenden Tarifs alle Güter, die nicht dem ermäßigten Steuersatz unterliegen, höher besteuert. Dabei handelt es sich in vielen Fällen nicht um einen gehobenen Bedarf.[1118]

[1114] § 12 Abs. 1 UStG.

[1115] § 12 Abs. 2 UStG.

[1116] Vgl. Entwurf eines UStG, BT-Drs. IV/1590, 30.10.1963, S. 17; Bericht des Bundesrechnungshofes über den ermäßigten Umsatzsteuersatz, BR-Drs. 390/10, 28.06.2010, S. 9; *Lausterer,* UR 2012, S. 506 führt die soziale Ausgewogenheit als Begründung an, weist jedoch auf den nicht stringenten Katalog der Ermäßigungstatbestände hin.

[1117] Vgl. *Schneider Fossati,* Leistungsfähigkeitsgrundsatz im Umsatzsteuerrecht, 2014, S. 234 f., der die Annahme anführt, dass Güter des gehobenen Bedarfs vornehmlich von Besserverdienenden konsumiert werden, die hierdurch proportional höher belastet würden.

[1118] Getränke, insbesondere Mineralwasser, werden mit Regelsteuersatz belegt und damit gleichermaßen besteuert wie Champagner. Ebenso unterliegen Stromlieferungen und Heizenergie dem Regelsteuersatz, obwohl es sich hierbei in einem gewissen Maß um existenznotwendigen Grundbedarf handelt. Im Gegensatz hierzu gab es zu Beginn der Bruttoumsatzsteuer eine sogenannte Luxussteuer (Steuersatz 10 % gegenüber dem regulären Steuersatz von 0,5 %) die jedoch bereits 1926 wieder abgeschafft wurde. Vgl. Umsatzsteuergesetz vom 08.05.1926,

Ein ermäßigter Steuersatz ist als Mittel jedoch nur dann geeignet, wenn die Steuerermäßigung auch an den Verbraucher als intendierten Steuerträger (Steuerdestinatar) weitergegeben wird.[1119] Auf den dem Endverbrauch vorgelagerten Handelsstufen entfaltet der ermäßigte Steuersatz, sofern keine Einschränkungen beim Recht auf Vorsteuerabzug bestehen, keine Auswirkung bei den Unternehmern als Steuerschuldner der Umsatzsteuer.[1120] Die Forderung der EU-Kommission, die Mitgliedstaaten dazu zu verpflichten, die Anwendung ermäßigter Steuersätze auf Lieferungen an Verbraucher zu beschränken ist deshalb zu hinterfragen.[1121] Eine Auswirkung innerhalb der Wertschöpfungskette ergäbe sich allenfalls bei Einschränkungen des Vorsteuerabzugs, die wiederum regelmäßig auf unechte Steuerbefreiungen zurückzuführen sind. Geht also eine ermäßigt besteuerte Leistung in eine unecht steuerbefreite Leistung ein, so ist die Steuerbelastung der unecht steuerbefreiten Leistung geringer, als wenn es sich um eine regelbesteuerte Leistung handeln würde. Letztlich führt diese Forderung dazu, dass der Preis der unecht steuerbefreiten Leistungen kalkulatorisch eine höhere Umsatzsteuerlast enthält und die unecht steuerbefreite Leistung – bei Gelingen der Überwälzung dieses Kostennachteils – für den Verbraucher verteuert. Ob dieser Effekt, der zu einem höheren Steueraufkommen führen sollte, tatsächlich eintritt, wäre nicht einfach festzustellen. Sicher ist lediglich, dass eine weitere Differenzierung bei der Anwendung des Steuersatzes hinsichtlich der Abgabe einer Leistung an einen Unternehmer oder einen Verbraucher eine weitere Verkomplizierung darstellt, deren Sinnhaftigkeit zumindest fraglich ist. Weitere Steuersatzdifferenzierungen sind nicht geeignet, die Komplexität des Mehrwertsteuerrechts zu reduzieren.

Eine Steuerbegünstigung sollte bei einer Fiskalzwecksteuer auf den Konsum nur zu einer verringerten Steuerbelastung des Verbrauchers führen.[1122] Förderungen des Steuerschuldners[1123] oder von bestimmten Leistungen[1124] sind konzeptio-

RGBl I 1926. Eine Ausnahme hiervon stellt die temporäre Senkung des Umsatzsteuersatzes für Gaslieferungen über das Erdgasnetz und die Lieferung von Wärme über ein Wärmenetz, befristet vom 1.10.2022 bis zum 31.03.2024 von 19 % auf 7 %, dar (BGBl 2022 I S. 1743).

1119 Vgl. *Ismer* et al., DStR 2010, S. 1972.

1120 Vgl. *Kauffmann,* Überwälzung und Inzidenz der Nettoumsatzsteuer, 1975, S. 52.

1121 Vgl. Vorschlag für eine Richtlinie zur Änderung der Richtlinie 2006/112/EG, COM (2018) 20 final, 18.01.2018, S. 7.

1122 Vgl. *Ismer* et al., DStR 2010, S. 1971.

1123 Ausnahmen bilden z. B. die Steuerbefreiung für Blinde gem. § 4 Nr. 19 UStG und die Kleinunternehmerregelung. Vgl. *Englisch*, in: Tipke/Lang, Steuerrecht, 2020, S. 1137 f., § 17, Rn. 17.195.

1124 Kritisch auch die Kommission, vgl. KOM (2007) 380, 05.07.2007, S. 13, die die Frage aufwirft, ob ein Einsatz von ermäßigten Steuersätzen zur Förderung des Angebots bestimmter Gegenstände und Dienstleistungen – obwohl das Risiko von Preisverzerrungen besteht und mithin Allokationsineffizienzen zu befürchten sind – ein geeignetes Instrument darstellen, um Lennell verfehlt und aufgrund der fehlenden Entscheidungsneutralität sowie der damit einhergehenden allokationsverzerrenden Wirkungen abzulehnen.[1125]

Die Frage der Notwendigkeit von Steuerbegünstigungen wird in dieser Arbeit nicht vertieft erörtert, es wird davon ausgegangen, dass das Leistungsfähigkeitsprinzip auch im Umsatzsteuerrecht Anwendung findet und mithin eine Umverteilung gerechtfertigt ist.[1126] Vielmehr soll es darum gehen, eine Tarifgestaltung zu finden, die sowohl den ökonomischen Kriterien der Entscheidungsneutralität und der Allokationseffizienz als auch dem Leistungsfähigkeitsprinzip genügt.

bb) Tatsächliche Belastungswirkung

Steuersatzdifferenzierungen sind bei einer allgemeinen Verbrauchsteuer aus Sicht der Optimalsteuertheorie abzulehnen, da sie nicht entscheidungsneutral sind, folglich zu steuerlichen Preisverzerrungen führen und somit aufgrund von Substitutionseffekten das Allokationsoptimum verfehlen.[1127]

Im gegenwärtigen Mehrwertsteuersystem wird versucht, dem Leistungsfähigkeitsprinzip u. a. mit dem ermäßigten Steuersatz Rechnung zu tragen.[1128] Vielfach kritisiert wird die Zusammensetzung des Katalogs der ermäßigt besteuerten Leistungen, bei der keine klare Logik erkennbar sei, sondern sich lediglich das Ergebnis vergangener politischer Verhandlungen wiederspiegele.[1129] So auch das Ergebnis des Bundesrechnungshofs, der die Begünstigungen als widersprüchlich und kompliziert einstuft.[1130] Neben der Zusammensetzung des Katalogs der ermäßigt besteuerten Leistungen wird den Steuerermäßigungen abgesprochen, ein für die Zielverwirklichung der Entlastung des Verbrauchers pro-

---

kungswirkungen zu erzielen; *Schemmel,* Entlastung lebensnotwendiger Ausgaben von der Mehrwertsteuer, 2009, S. 6; *Brümmerhoff/Büttner,* Finanzwissenschaft, 2018, S. 468, weisen darauf hin, dass die ermäßigte Besteuerung in arbeitsintensiven und haushaltsnahen Bereichen zur Vermeidung der Substitution durch Eigenproduktion der Haushalte kritisch ist. Diese Ermäßigungen stellten vielfach Branchensubventionen dar und verletzten die Logik und Funktionalität der Steuer und verkomplizierten ihre Verwaltung.

[1125] Vgl. *Lausterer,* UR 2012, S. 511, der darauf hinweist, dass eine selektive Schaffung von Ermäßigungstatbeständen lediglich durch die Wettbewerbsneutralität begrenzt sei. Als Beispiel nennt er die Entscheidung des Gerichtshofs, die klarstellt, dass die Steuerermäßigung hinsichtlich der Lieferung von Pferden vom Bestimmungszweck des Pferds abhängig ist und lediglich die Lieferung für den Einsatz in der landwirtschaftlichen Erzeugung unter die Ermäßigung falle. In anderen Fällen liege ein nicht vergleichbarer Sachverhalt zugrunde, der daher auch nicht unter die Ermäßigung fallen könne; EuGH, Urteil v. 12.05.2011, C-453/09, Kommission / Deutschland, Slg. 2011, I-74.

[1126] Siehe Kapitel 3: D.

[1127] Siehe Kapitel 3: C. I. 2. und Kapitel 3: D. II. 2. b) dd).

[1128] Entwurf eines UStG, BT-Drs. IV/1590, 30.10.1963, S. 16 f.

[1129] KOM (2007) 380, 05.07.2007, S. 11; *Englisch,* UR 2010, S. 401.

[1130] Bericht des Bundesrechnungshofs über den ermäßigten Steuersatz, 13.12.2022, S. 18 f.

bates Mittel zu sein.[1131] *Ismer/Kaul et al.* kommen in ihrem Endbericht eines Forschungsgutachtens im Auftrag des BMF zu dem Ergebnis, dass lediglich die ermäßigte Besteuerung von Lebensmitteln sinnvoll ist und im Übrigen zur Verschonung des existenznotwendigen und soziokulturellen Bedarfs eine Berücksichtigung im Rahmen von einkommensteuerlichen Freibeträgen oder Sozialtransfers erfolgen sollte.[1132]

Die ermäßigte Besteuerung von Lebensmitteln ist dennoch zu hinterfragen. Auch wenn der Anteil der Konsumaufwendungen für Lebensmittel im Verhältnis zum Einkommen bei Wohlhabenden gering ausfällt, so ist der absolut aufgewendete Betrag regelmäßig höher als bei Geringverdienern. Mithin kommt es zu einer Subventionierung von Konsumaufwendungen für Lebensmittel, die über den existenznotwendigen Bedarf hinausgehen.[1133] Ähnlich verhält es sich mit der Verwendung von ermäßigt besteuertem Leitungswasser im Privathaushalt. Während zum Kochen, Trinken oder zur Körperpflege von einem existenznotwendigen Bedarf ausgegangen werden kann, ist dies beim Bewässern des (Zier-)Gartens oder Befüllen eines Schwimmbads wohl zu verneinen. Gleichwohl findet der ermäßigte Steuersatz Anwendung. Es erscheint daher fraglich, ob insoweit eine dem Leistungsfähigkeitsprinzip genügende Besteuerungstechnik vorliegt.[1134]

Umgekehrt stellt sich die Frage, weshalb Erdgas, Elektrizität und Heizöl nicht der ermäßigten Besteuerung unterliegen[1135], obwohl hier – wie beim Leitungswasser – zumindest der existenznotwendige Grundbedarf ermäßigt besteuert sein müsste. Stattdessen unterliegen Lieferungen dieser Stoffe zudem besonderen Verbrauchsteuern, die somit die Bemessungsgrundlage der Umsatzsteuer

[1131] Vgl. Bericht des Bundesrechnungshofes über den ermäßigten Umsatzsteuersatz, BR-Drs. 390/10, 28.06.2010, S. 33. Insbesondere bestehen Zweifel an der zielgerichteten Begünstigung des Endverbrauchers, die über direkte Subventionen möglicherweise zielgerichteter erfolgen könnte, siehe Bericht des Bundesrechnungshofs über den ermäßigten Steuersatz, 13.12.2022, S. 29.

[1132] Vgl. *Ismer* et al., Analyse und Bewertung der Strukturen, 2010, S. 251.

[1133] Vgl. *Ebrill* et al., The modern VAT, 2001, S. 76. Genau dieselbe Problematik würde sich bei der Einführung eines Nullsteuersatzes für Lebensmittel ergeben, die nun unionsrechtlich möglich wäre, vgl. *Rennar*, UStB 2023, S. 231.

[1134] Vgl. *Englisch,* UR 2010, S. 406, der für jede Gruppe von Waren und Dienstleistungen fordert, zu prüfen, ob und inwieweit ihr Konsum und die darauf entfallenden Aufwendungen nach Grund und Höhe der Abdeckung eines existenziellen Bedarfs dienen.

[1135] Vgl. Übersicht von *Schemmel,* Entlastung lebensnotwendiger Ausgaben von der Mehrwertsteuer, 2009, S. 35, demnach sieht die Mehrzahl der Mitgliedstaaten in der EU eine Besteuerung dieser Güter mit dem Regelsatz vor. Eine Ausnahme hiervon stellt die temporäre Senkung des Umsatzsteuersatzes für Gaslieferungen über das Erdgasnetz und die Lieferung von Wärme über ein Wärmenetz, befristet vom 1.10.2022 bis zum 31.03.2024 von 19 % auf 7 %, dar (BGBl 2022 I S. 1743).

zusätzlich erhöhen.[1136] Gleichermaßen fraglich ist die Belastung von Arzneimitteln und Sehhilfen mit dem Regelsteuersatz.[1137]

Böhringer/Büttner et al., kommen zu dem Schluss, dass Steuerermäßigungen kein geeignetes Mittel darstellen, um die gewünschten Verteilungswirkungen zu erzielen, vielmehr handle es sich bei den Steuerermäßigungen um Branchensubventionen.[1138]

Als Beispiel für die Verfehlung des eigentlichen Zwecks der Steuerermäßigung kann die Ermäßigung von Übernachtungen im Beherbergungsgewerbe genannt werden. Die Reduzierung des Steuersatzes kam nicht den Verbrauchern zugute, da sich infolge der Senkung des Steuersatzes keine Preissenkungen, sondern sogar Preiserhöhungen für die Verbraucher ergaben, während gleichzeitig die Nettopreise für die Übernachtungen aus unternehmerischen Gründen fielen.[1139]

Bei der Abgabe von Speisen führt die Unterscheidung zwischen einem dem Regelsteuersatz unterliegenden Verzehr an Ort und Stelle (Restaurationsleistung) und einer ermäßigt besteuerten Lieferung von Speisen im Regelfall nicht dazu, dass der Verbraucher im letzteren Fall seine Speise günstiger erhält, als wenn er sie vor Ort zu sich nehmen würde, da sich die Bruttopreise in beiden Fällen regelmäßig nicht unterscheiden.[1140] Im Gegensatz zum Verzehr an Ort und Stelle erhöht sich beim Mitnehmen die Gewinnspanne des Unternehmers.

Allerdings könnte der ermäßigte Steuersatz zur Vermeidung von Heim- und Schwarzarbeit für entsprechende Dienstleistungen Anwendung finden, um die Steuervermeidung in diesen Bereichen zu begrenzen.[1141] Maßnahmen zu Lenkungszwecken genügen jedoch weder den Anforderungen der Entscheidungs-

---

1136 Vgl. hierzu kritisch und eingehend *Hidien*, UR 2020, S. 667–677, der anführt, dass die vom Verbraucher aufgewendeten Konsumaufwendungen, soweit sie besondere Verbrauchsteuern decken, keine Leistungsfähigkeit indizieren, da auf diese Weise sich die durch die besonderen Verbrauchsteuern geschaffene (Umsatz-)Steuermehrlast letztlich ihre eigene Legitimationsgrundlage schaffen würde.

1137 Vgl. *Schemmel*, Entlastung lebensnotwendiger Ausgaben von der Mehrwertsteuer, 2009, S. 22 u. 29, der hinsichtlich der Besteuerung von Sehhilfen anführt, dass Operationen zur Augenkorrektur als ärztliche Heilbehandlung nicht der Umsatzsteuer unterliegen, weshalb die Besteuerung von Sehhilfen mit dem Regelsteuersatz fragwürdig erscheint, da in beiden Fällen das Sehvermögen verbessert werden soll und es sich daher um grundsätzlich austauschbare Leistungen handle, die zueinander in Wettbewerb stehen und mithin nicht unterschiedlich behandelt werden dürften.

1138 Vgl. *Böhringer* et al., Allokative und distributive Effekte, 2004, S. 10.

1139 Siehe Kapitel 3: D. II. 1. c) dd).

1140 Vgl. Bericht des Bundesrechnungshofes über den ermäßigten Umsatzsteuersatz, BR-Drs. 390/10, 28.06.2010, S. 16.

1141 Vgl. Copenhagen Economics, Study on reduced VAT applied, 2007, S. 4.

neutralität und der Allokationseffizienz noch dem Leistungsfähigkeitsprinzip und sind daher bei Erhebung einer Fiskalzwecksteuer abzulehnen.

Ein weiteres Problem sind die Konsumpräferenzen der Verbraucher. Eine Berücksichtigung der Konsumpräferenzen bei der Frage, welche Güter ermäßigt besteuert werden sollten und welche nicht, setzt deren Kenntnis voraus. Ändern sich jedoch die Konsumpräferenzen, so müssten auch die Steuerermäßigungen erneut auf ihre Rechtfertigung untersucht werden. Wäre es sachgerecht, den Konsum von Gütern, die überwiegend von Wohlhabenderen konsumiert werden, höher zu besteuern?[1142] Diese Wertungsfrage kann vor allem deshalb dahinstehen, da eine Berücksichtigung der Konsumpräferenzen die Administration und somit die Erhebungskosten weiter erhöhen würde.

Steuersatzdifferenzierungen führen zu einer Veränderung von Konsumentscheidungen der Verbraucher und somit zu Wohlfahrtsverlusten.[1143] Durch einen einheitlichen Steuersatz könnten diese Verzerrungen der Konsumentscheidungen um ca. 0,03 % des privaten Verbrauchs verringert werden, was ungefähr einem Betrag 1,3 Mrd. EUR in der gesamten EU entspricht.[1144] Ein Beispiel für die Beeinflussung der Konsumentscheidungen ist die ermäßigte Besteuerung der Lieferung von Lebensmitteln. Diese begünstigt die Haushaltsproduktion (selbst kochen) gegenüber dem Restaurantbesuch, der dem Regelsteuersatz unterliegt.[1145] Ermäßigte Steuersätze wirken im Hinblick auf Entscheidungen von Unternehmern hingegen neutral. Da das Recht auf Vorsteuerabzug bestehen bleibt, kann sich der Unternehmer vollständig von der Umsatzsteuer, die auf den Vorleistungen liegt, entlasten. Betriebswirtschaftlich hat die Besteuerung keinen Einfluss auf die Investition, da keine Steuerlast auf ihr ruht.[1146]

Ferner können Steuersatzunterschiede zwischen den Mitgliedstaaten zu Wettbewerbsverzerrungen führen. Als Beispiel kann die uneinheitliche Besteuerung von Arzneimitteln angeführt werden, die in vielen Mitgliedstaaten ermäßigt oder überhaupt nicht besteuert werden, während in Deutschland der Regelsteuersatz Anwendung findet.[1147] Dieser Effekt ist jedoch im Wesentlichen auf den grenz-

---

[1142] Vgl. *Bierbrauer,* PWP 2016, S. 8.

[1143] Vgl. *Ismer* et al., DStR 2012, S. 682 f.

[1144] Vgl. Copenhagen Economics, Study on reduced VAT applied, 2007, S. 52.

[1145] Vgl. Copenhagen Economics, Study on reduced VAT applied, 2007, S. 5. Eine Ausnahme stellt die temporäre Senkung des Steuersatzes bei Restaurationsleistungen mit Ausnahme der Getränke dar (§ 12 Abs. 2 Nr. 15 UStG, Artikel 12 Gesetz. v. 24.10.2022 BGBl. I, S. 1838).

[1146] Vgl. *Henze*, in: Englisch/Nieskens, Umsatzsteuer-Kongress-Bericht 2010, 2011, S. 17.

[1147] Vgl. *Schemmel,* Entlastung lebensnotwendiger Ausgaben von der Mehrwertsteuer, 2009, S. 23. Die Belastung von Arzneimitteln ist jedoch auch unter Leistungsfähigkeitsgesichtspunkten äußerst fraglich, da diese – soweit sie der Behandlung von Krankheiten dienen – zum existenziell notwendigen Bedarf zählen und mithin vollständig von der Steuer entlastet werden müssten.

nahen Bereich und auf Reisende beschränkt, da im Versandhandel das Bestimmungslandprinzip Anwendung findet.[1148] Auch wenn der Effekt durch die Versandhandelsregelung begrenzt wird, bleiben Verzerrungen des Wettbewerbs bestehen, wenn Ressourcen wie Reisekosten lediglich aufgewendet werden, um Steuern zu sparen und zudem ein Verlust des Steueraufkommens in den Ländern mit höherer Besteuerung eintritt.[1149]

Ob gewünschte Lenkungseffekte, z. B. durch die ermäßigte Besteuerung von kulturellen Leistungen, tatsächlich eintreten, ist ungewiss.[1150] Einkommensschwache Haushalte konsumieren diese Leistungen u. U. dennoch weniger als Vermögende, weshalb bei Verfehlen der Anreizwirkung zudem eine das Leistungsfähigkeitsprinzip verfehlende Begünstigung von einkommensstarken Haushalten vorliegen könnte.

Letztlich sind die durch unterschiedliche Steuersätze hervorgerufenen steuerrechtlichen Abgrenzungsfragen hervorzuheben. Sie führen zu erheblichen Vollzugskosten der Besteuerung.[1151] Ein anschauliches Beispiel bildet die ermäßigte Besteuerung der Lieferung von Speisen gegenüber dem üblicherweise regelbesteuerten Verzehr an Ort und Stelle (Restaurationsleistung). Die Frage, ab wann nicht mehr von einer bloßen ermäßigten Lieferung von Speisen, sondern von einer dem Regelsteuersatz unterliegenden Restaurationsleistung auszugehen ist, beschäftigt regelmäßig die Gerichte. Treten gewisse Dienstleistungselemente zur Abgabe der Speisen hinzu, so wird diese insgesamt als Restaurationsleistung qualifiziert. Im Mittelpunkt steht dabei häufig die Frage, ob der leistende Unternehmer sogenannte Verzehrvorrichtungen zur Verfügung stellt, was bereits Gegenstand zahlreicher Verfahren war.[1152]

[1148] Vgl. § 3c UStG.

[1149] Vgl. Copenhagen Economics, Study on reduced VAT applied, 2007, S. 88, weshalb die unterschiedliche Besteuerung in den Mitgliedstaaten nicht Binnenmarktkonform ist.

[1150] Vgl. *Böhringer* et al., Allokative und distributive Effekte, 2004, S. 3; Copenhagen Economics, Study on reduced VAT applied, 2007, S. 5.

[1151] Vgl. *Böhringer* et al., Analyse der fiskalischen Auswirkungen des ermäßigten Umsatzsteuersatzes, 2013, S. 61, gehen von Vollzugskosten in Höhe von 3,8 Mrd. EUR aus, wovon die Befolgungskosten der Unternehmer 3,7 Mrd. betragen; Copenhagen Economics, Study on reduced VAT applied, 2007, S. 21.

[1152] Der Verkauf von zubereiteten Pizzateilen an einem Imbissstand im Gastronomiebereich eines Fußballstadions unterliegt als Lieferung auch dann dem ermäßigten Steuersatz, wenn sich in der Nähe Stehtische und Bierzeltgarnituren befinden, die vom Vermieter des Pizzastands bereitgestellt werden. Siehe BFH, Urteil v. 08.06.2011, XI R 33/08, Verkauf Pizza an Imbissstand, BFH/NV 2011, 1927. Die Bereitstellung von Mobiliar ist nur dann als Dienstleistungselement zu berücksichtigen, wenn es ausschließlich der Erleichterung des Verzehrs von Lebensmitteln und nicht zugleich als Warteraum und Treffpunkt dient. Vgl. BFH, Urteil v. 03.08.2017, V R 61/16, Leistungen einer Krankenhauscafeteria, BFH/NV 2018, S. 63. Die Abgabe von Brezeln (‚Wiesnbrezn') in Festzelten durch einen vom Festzeltbetreiber personenver-

Für die Abgrenzung, ob ein Liefergegenstand unter die nach Anlage 2 begünstigten Gegenstände fällt, die dem ermäßigten Steuersatz unterliegen, ist dessen zolltarifliche Einordnung maßgebend. Die Einzelheiten hierzu werden in einem 140-seitigen BMF-Schreiben erläutert.[1153]

Die praktischen Probleme, die sich aus dem Abstellen auf die zolltarifliche Einreihung ergeben, lassen sich anhand eines jüngeren Verfahrens veranschaulichen. Die Klägerin handelte mit Holzhackschnitzeln unter der Bezeichnung „Flokets weiß" (sog. Industriehackschnitzel) und „Flokets natur" (sog. Waldhackschnitzel) und führte darüber hinaus die Wartung von Hackschnitzelheizungsanlagen durch. Fraglich war, ob auf die Lieferung der Hackschnitzel der ermäßigte Steuersatz oder der Regelsteuersatz Anwendung findet. Letztlich führte diese Abgrenzungsfrage zu einer Vorlage des BFH an den EuGH.[1154]

Der BFH hat dem EuGH drei Fragen zur Vorabentscheidung vorgelegt.[1155] Die erste Frage betraf den Begriff des Brennholzes in Art. 122 MwStSystRL. Umfasst dieser Begriff jegliches Holz, das nach seinen objektiven Eigenschaften ausschließlich zum Verbrennen bestimmt ist? In der zweiten Frage sollte geklärt werden, ob ein Mitgliedstaat, der auf Grundlage von Art. 122 MwStSystRL einen ermäßigten Steuersatz für Brennholz vorsieht, den Anwendungsbereich anhand der Kombinierten Nomenklatur (KN) genau abgrenzen darf. Die dritte Frage, die sich nur stellt, wenn die Abgrenzung anhand der KN grundsätzlich zulässig ist, war die letztlich entscheidende.[1156]

Darf die Abgrenzung auf der Grundlage der KN unter Beachtung des Grundsatzes der steuerlichen Neutralität so vorgenommen werden, dass Lieferungen verschiedener Arten von Brennholz, die sich in ihren objektiven Merkmalen und Eigenschaften unterscheiden, aber aus der Sicht eines Durchschnittsverbrauchers

schiedenen Unternehmer unterliegt dem ermäßigten Steuersatz. Vgl. BFH, Urteil v. 03.08.2017, V R 15/17, Wiesnbrezn auf dem Oktoberfest, BFHE 258, S. 566. Die Abgabe von gegrillten Fischen unterliegt dem Regelsteuersatz, wenn der leistende Unternehmer berechtigt ist, seinen Kunden die Infrastruktur des Biergartens aufgrund einer Vereinbarung mit dem Betreiber zur Verfügung zu stellen. Vgl. BFH, Urteil v. 13.03.2019, XI B 89/18, Speisenabgabe in einem Bayerischen Biergarten, BFH/NV 2019, S. 945. Für die Annahme einer regelbesteuerten sonstigen Leistung genügt es, wenn der Verzehrort aus Sicht des Durchschnittsverbrauchers dem Speisenanbieter zuzurechnen ist. Vgl. BFH, Urteil v. 26.08.2020, V R 42/20, Food-Court in einem Einkaufszentrum, BStBl II 2022, S. 219. Der Verkauf durch eine Bäckerei in der Vorkassenzone eines Supermarkts mit Abgabe von Mehrweggeschirr stellt eine Restaurationsleistung dar. Vgl. BFH, Beschluss v. 15.09.2021, XI R 12/21 u. XI R 25/19, Umsätze einer Bäckerei mit Filialen in „Vorkassenzonen" eines Supermarkts, BFHE 274, S. 317.

[1153] Vgl. Bericht des Bundesrechnungshofes über den ermäßigten Umsatzsteuersatz, BR-Drs. 390/10, 28.06.2010; BMF v. 05.08.2004, BStBl I, S. 638.

[1154] BFH, Beschluss. v. 10.06.2020, V R 6/18, BFHE 268, S. 560.

[1155] EuGH, Urt. v. 03.02.2022, C-515/20, Finanzamt A, ECLI:EU:C:2022:73, Rn. 24.

[1156] Vgl. *Bender*, UStB 2021, S. 66.

nach dem Kriterium der Vergleichbarkeit der Verwendung demselben Bedürfnis (hier: Heizen) dienen und deshalb miteinander in Wettbewerb stehen, unterschiedlichen Steuersätzen unterworfen werden?

Der EuGH stellt bei der Auslegung des Begriffs Brennholz auf den üblichen Wortsinn im Sprachgebrauch ab, d. h. zum Verbrennen bestimmtes Holz zum Heizen öffentlicher oder privater Räumlichkeiten.[1157] Der Begriff „Brennholz" im Sinne des Art. 122 MwStSystRL umfasse demnach jegliches Holz, das nach seinen objektiven Eigenschaften ausschließlich zum Verbrennen bestimmt ist.[1158] Den Mitgliedstaaten sei nach Art. 98 Abs. 3 MwStSystRL (nun Abs. 4) ausdrücklich gestattet, die genaue Abgrenzung des Anwendungsbereichs der ermäßigten Steuersätze vorzunehmen.[1159] Allerdings gelte dies unter dem Vorbehalt, dass der Grundsatz der steuerlichen Neutralität beachtet wird.[1160]

Diese Antwort war die Einleitung zur Beantwortung der dritten Frage, ob der Grundsatz der steuerlichen Neutralität der Abgrenzung anhand der KN entgegenstehen könnte. Hier zeigen sich die Unterschiede zwischen der KN, die als Instrument zur Einreihung von Waren in den Zolltarif auf die objektiven Eigenschaften einer Ware abstellt, und dem Mehrwertsteuerrecht, das eine gleichmäßige steuerliche Belastung des Endverbrauchers anstrebt.[1161] Letzteres stellt für die Frage der Gleichartigkeit von Gütern auf die Sicht des Durchschnittsverbrauchers ab.[1162] Maßgeblich ist, ob die Gegenstände aus Sicht des Durchschnittsverbrauchers austauschbar sind. Führt die Abgrenzung anhand der KN dazu, dass für den Durchschnittsverbraucher austauschbare Güter unterschiedlichen Steuersätzen unterliegen, so wäre dieses Ergebnis nicht mit dem Grundsatz der steuerlichen Neutralität vereinbar. Die Prüfung der Austauschbarkeit sei Sache des BFH.[1163] Dieser kam zu dem Ergebnis, dass die fraglichen Holzhackschnitzel und die die zolltariflichen Voraussetzungen erfüllenden Arten von Brennholz für den Durchschnittsverbraucher austauschbare Güter seien, da sie beide zum Heizen bestimmt sind.[1164]

[1157] EuGH, Urt. v. 03.02.2022, C-515/20, Finanzamt A, ECLI:EU:C:2022:73, Rn. 28.
[1158] EuGH, Urt. v. 03.02.2022, C-515/20, Finanzamt A, ECLI:EU:C:2022:73, Rn. 31.
[1159] EuGH, Urt. v. 03.02.2022, C-515/20, Finanzamt A, ECLI:EU:C:2022:73, Rn. 33; siehe auch *Bender*, UStB 2021, S. 65; *Vogel*, UR 2020, S. 863.
[1160] EuGH, Urt. v. 03.02.2022, C-515/20, Finanzamt A, ECLI:EU:C:2022:73, Rn. 40.
[1161] Vgl. *Vogel*, UR 2020, S. 865; *Neeser*, UVR 2022, S. 274.
[1162] EuGH, Urt. v. 03.02.2022, C-515/20, Finanzamt A, ECLI:EU:C:2022:73, Rn. 44. Siehe Kapitel 3: C. II. 2. b) bb).
[1163] EuGH, Urt. v. 03.02.2022, C-515/20, Finanzamt A, ECLI:EU:C:2022:73, Rn. 47.
[1164] BFH, Urt. v. 21.04.2022, V R 2/22 (V R 6/18), BFHE 276, S. 400, Rn. 23. Dem hat sich auch die Finanzverwaltung angeschlossen, nach der Holzhackschnitzel nur dann nicht dem ermäßigten Steuersatz unterliegen, wenn sich aus der Art und Aufmachung oder Menge der Abgabe zum Verkauf ergibt, dass diese nicht zum Verbrennen bestimmt sind, vgl. BMF-Schreiben v. 04.04.2023, BStBl I 2023, S. 733. Im Übrigen sei diese Rechtsprechung jedoch nicht auf an-

Letztlich zeigt sich hier die Untauglichkeit der KN als Abgrenzungskriterium für die Anwendung des ermäßigten Steuersatzes, da das Zwischenergebnis anhand der KN noch anhand des Kriteriums der Austauschbarkeit aus dem Blickwinkel des Durchschnittsverbrauchers verifiziert werden muss, um zu einem abschließenden Ergebnis zu erlangen.[1165] Der Neutralitätsgrundsatz ist also am Ende maßgebend für „Einreihung" in den ermäßigten Steuersatz.[1166] Die fragliche Praxistauglichkeit ist zwar bedauerlich,[1167] das erzielte Ergebnis jedoch aus dem Blickwinkel der Entscheidungsneutralität zu begrüßen. Denn eine unterschiedliche Besteuerung von Holzhackschnitzeln und anderem Brennholz würde nicht nur zu einer steuerlichen Verzerrung der Brennstoffpreise führen, sondern auch den Verbraucher bei der Wahl seines Heizsystems beeinflussen.[1168] Der Umweg über die KN ist zwar lästig, aber das Endergebnis überzeugend einfach: Nur die Austauschbarkeit für den Verbraucher ist entscheidend![1169] Mithin ist eine erweiternde Auslegung vorzunehmen, um den Neutralitätsgrundsatz zu wahren.[1170] Das gefundene Ergebnis überzeugt auch im Hinblick auf den Rang, der dem Neutralitätsgrundsatz im Mehrwertsteuerrecht beizumessen ist. Es über-

---

dere Waren anzuwenden. Aufgrund dieser Beschränkung ist es sehr wahrscheinlich, dass weitere Verfahren vor den Finanzgerichten bevorstehen werden, wenn die betreffenden Gegenstände nach der KN nicht in den Anwendungsbereich des ermäßigten Steuersatzes fallen, der betreffende Gegenstand aber aus der Sicht des Durchschnittsverbrauchers ein Substitut für einen nach der KN eingereihten Gegenstand darstellt.

[1165] *Vogel*, UR 2020, S. 864, spricht von struktureller Unvereinbarkeit.

[1166] Vgl. *Bender*, UStB 2022, S. 63, mit der treffenden Feststellung: „[…] Primat des Mehrwertsteuerrechts gegenüber dem Zollrecht […]."; so auch *Nieskens*, UR 2022, S. 751. Eine mögliche Nichtanwendung des ermäßigten Steuersatzes, die sich aus der Einreihung in die KN ergeben würde, auf das Erfordernis einer „engen" Auslegung zu stützen, da der ermäßigte Steuersatz eine Ausnahme darstelle, geht m.E. fehl. Maßgeblich muss allein der Sinn und Zweck der Steuerbefreiung sein, Brennholz einer Art steuerfrei zu stellen und Brennholz einer anderen Art nicht, wäre gerade nicht überzeugend. Diese Auffassung wäre vielmehr Ausdruck eines Rechtsverständnisses, das vor allem dem Bürger nicht mehr vermittelbar ist. A. A. *Vogel*, UR 2020, S. 867.

[1167] Vgl. Nieskens, UR 2022, S. 752.

[1168] Daher irrt *Neeser*, UVR 2022, S. 276, wenn er meint, die Abhängigkeit der Verbraucherentscheidung von der Heizungsanlage in Betracht zu ziehen. Dies zeigt vielmehr, wie willkürlich eine solche Unterscheidung wäre und wie wenig sie mit einer gleichmäßigen Besteuerung der Endverbraucher und dem Gebot der Wettbewerbsneutralität vereinbar ist. Auch *Vogel*, UR 2022, S. 224, hat auf die mögliche Abhängigkeit der Verbraucherentscheidung beim Erwerb von Brennstoff von der Heizungsanlage hingewiesen. Dabei wird bereits verkannt, dass nicht nur der nicht begünstigte Brennstoff benachteiligt wäre, sondern auch die Anbieter solcher Heizsysteme im Wettbewerb benachteiligt wären. Auf eine mögliche Abhängigkeit der Verbraucherentscheidung von der Heizungsanlage kommt es daher nicht an.

[1169] Vgl. *Heuermann*, DStRE 2022, S. 1001.

[1170] BFH, Urt. v. 21.04.2022, V R 2/22 (V R 6/18), BFHE 276, S. 400, Rn. 26–27, 34; *Heuermann*, DStRE 2022, S. 1001.

zeugt nicht, ihm den Charakter eines individuellen Gleichheitsrechts abzusprechen, vielmehr handelt es sich bei ihm um eine bereichsspezifische Konkretisierung des allgemeinen Gleichheitssatzes nach Art. 20 GRCh.[1171] Die Möglichkeit, den Anwendungsbereich eines ermäßigten Steuersatzes anhand der KN abzugrenzen, ist als einfachgesetzliche Regelung selbstverständlich am Neutralitätsgrundsatz zu messen.[1172] An der bisherigen Rechtsprechung, die allein auf die KN abgestellt hatte, wird nicht länger festgehalten.[1173]

Aufgrund der vielfältigen Abgrenzungsfragen, die weit über die oben angeführten Beispiele hinausgehen, sind die Erhebungskosten des Fiskus und die Befolgungskosten der steuerpflichtigen Unternehmer erheblich. Diesen Kosten dürfte regelmäßig kein nachweisbarer Nutzen gegenüberstehen.[1174] Soweit ihre Überwälzung gelingt, erhöhen sie die Verbraucherpreise, soweit sie misslingt, geht sie zu Lasten der Unternehmensgewinne oder der Arbeitnehmer bzw. Vorlieferanten.

cc) Fazit

Zusammenfassend ist festzustellen, dass durch die Tarifdifferenzierung keine zielgerichtete Umverteilung erfolgen kann.[1175] Mithin lassen sich die Tarifdifferenzierungen nicht mit dem Umverteilungsziel rechtfertigen. Die ermäßigte Besteuerung von Leistungen des existenznotwendigen Bedarfs ist daher konzeptionell verfehlt. Sie begünstigt auch den hohen Konsum begünstigter Güter und die Auswahl der Güter ist strittig. Dieser Ansatz wirkt insgesamt allokationsverzerrend.[1176] Eine entscheidungsneutrale und mithin allokationseffiziente Besteue-

---

[1171] Siehe Kapitel 3: F., möglicherweise auch *Bender*, UStB 2021, S. 65; a. A. *Vogel*, UR 2020, S. 864; 867.

[1172] *Nieskens*, UR 2022, S. 754, hält es für bedenklich, dass der Neutralitätsgrundsatz, obwohl er zu den herausragenden Grundsätzen des Mehrwertsteuersystems gehört, ein ungeschriebener Grundsatz ist, der allein der richterlichen Würdigung unterliegt.

[1173] BFH, Urt. V. 21.04.2022, V R 2/22 (V R 6/18), BFHE 276, S. 400, Rn 22; *Sterzinger*, DStRK 2022, S. 204. In diesem Zusammenhang ist auch darauf hinzuweisen, dass der vermeintlich einfache Weg über die KN keine wirkliche Vereinfachung ist. Es darf insgesamt bezweifelt werden, dass der Zolltarif aufgrund seiner anderen Zielsetzung und seiner Detailtiefe überhaupt für die Abgrenzung der Anwendung des ermäßigten Steuersatzes geeignet ist. Eine verbindliche Zolltarifauskunft scheitert für Zwecke der Umsatzsteuer schon daran, dass hierfür Waren in die Union eingeführt werden müssen, vgl. *Rennar*, MwStR 2022, S. 714.

[1174] Vgl. Copenhagen Economics, Study on reduced VAT applied, 2007, S. 71; *Ismer* et al., DStR 2010, S. 1971; *Lausterer,* UR 2012, S. 509.

[1175] Vgl. *Böhringer* et al., Allokative und distributive Effekte, 2004, S. 10.

[1176] Selbst wenn teilweise eine Entlastung der Verbraucher erreicht wird, stehen die Nachteile, die durch die Steuersatzdifferenzierung entstehen (Preisbeeinflussung, Allokationsverzerrung, erhöhte Vollzugkosten der Besteuerung), in keinem Verhältnis zum Nutzen. Vgl. *Ismer* et al., DStR 2010, S. 1973; *Haller*, in: Neumark, Handbuch der Finanzwissenschaft Bd. 2, 1980, S.

rung würde einen einheitlichen Steuersatz erfordern.[1177] Durch diese Konzeption würden sämtliche Abgrenzungsfragen[1178] entfallen, was zu einer erheblichen Reduktion der Vollzugskosten der Besteuerung führen würde. Insbesondere die Abgrenzung anhand der KN ist, wie am Beispiel der Hackschnitzel gezeigt, aufwendig und letztlich nicht geeignet, das Ziel einer gleichmäßigen Endverbrauchsbesteuerung zu erreichen. Die Verwirklichung des Leistungsfähigkeitsprinzips sollte auf andere Weise als durch Steuersatzdifferenzierungen erreicht werden.

b) Nullsatz – echte Steuerbefreiungen

Die echten Steuerbefreiungen[1179] dienen im Wesentlichen der Zielverwirklichung des Bestimmungslandprinzips[1180] und stellen somit ein Instrument dar, dass die territoriale Zuordnung des Besteuerungsrechts gewährleistet.[1181] Außerdem vermeiden sie steuertechnisch eine Doppelbelastung mit Einfuhrumsatzsteuer und Umsatzsteuer.[1182]

Da diese Steuerbefreiungen einen vollständigen Vorsteuerabzug gewährleisten, kommt es zu einer vollumfänglichen Befreiung von der Umsatzsteuer, da weder die Ausgangsleistungen noch die darin enthaltenen Vorleistungen mit Umsatzsteuer belastet sind. So kommt es zu keiner Beeinflussung von Entscheidungen von Konsumenten und Unternehmern, weshalb die Neutralität der Besteuerung (durch Nichtbesteuerung) gewährleistet ist.

c) Unechte Steuerbefreiungen

aa) Zielsetzung

Die unechten Steuerbefreiungen beruhen auf unterschiedlichen Zielsetzungen. Zu nennen sind die steuerliche Verschonung des Existenzminimums, sozial- und verteilungspolitische Zielsetzungen, Vereinfachungsgründe,[1183] steuersystemati-

185, weist darauf hin, dass daher differenzierende Belastungen bei den indirekten Steuern zu vermeiden sind.

[1177] Vgl. *Ebrill* et al., The modern VAT, 2001, S. 82.

[1178] Die regelmäßigen Abgrenzungsschwierigkeiten in der Praxis wurden durch den Bericht des Bundesrechnungshofs über den ermäßigten Steuersatz, 13.12.2022, 15 ff., bestätigt.

[1179] § 15 Abs. 3 Nr. 1 Buchstabe a UstG.

[1180] U. a. die Steuerbefreiungen für innergemeinschaftliche Lieferungen, Ausfuhrlieferungen und grenzüberschreitende Beförderungen von Gegenständen der Ausfuhr.

[1181] Vgl. OECD, Internationale Leitlinien für die Mehrwertbesteuerung, 2017, S. 22; siehe Kapitel 3: D. II. 3.

[1182] § 4 Nr. 3 Buchstabe a Doppelbuchstabe bb UstG, *Becker*, in: Küffner/Zugmaier, UStG, 2023, § 4 Nr. 4b Rn. 6.

[1183] Die Steuerbefreiung von Finanzumsätzen soll auf Schwierigkeiten bei der Ermittlung der Bemessungsgrundlage zurückzuführen sein und somit der Vereinfachung dienen. Dies mag auf

sche Gründe,[1184] die Vermeidung einer Doppelbelastung mit Verkehrsteuern[1185] und die Förderung der Nachfrage meritorischer Güter.[1186] Dem Katalog der Steuerbefreiungen wird jedoch entgegengehalten, dass er auf keinem rationalen System beruhe, sondern sich überwiegend an den zum Zeitpunkt des Entwurfs der 6. Richtlinie existierenden Steuerbefreiungen der damaligen Mitgliedstaaten orientierte.[1187]

Es handelt sich, bis auf wenige Ausnahmen, z. B. die Steuerbefreiung für Blinde,[1188] um sachliche Steuerbefreiungen, die zu Vergünstigungen im Interesse der Verbraucher und nicht einzelner Unternehmensgruppen führen soll.[1189]

Die Bezeichnung „unechte Steuerbefreiung" beruht auf der Versagung des Vorsteuerabzugs für Aufwendungen, die mit den steuerbefreiten Ausgangsleistungen in Zusammenhang stehen. Die Versagung des Vorsteuerabzugs rechtfertigte der nationale Gesetzgeber mit dem Hinweis: *„[…] es erscheint ausgeschlossen, Wirtschaftszweigen, die selbst keine Steuerleistungen erbringen, die ständige Erstattung der auf den früheren Stufen von anderen Unternehmern gezahlten Umsatzsteuerbeträge im Wege des Vorsteuerabzugs zu gewähren."*[1190]

Diese Sichtweise verwundert bereits deshalb, weil der den Vorsteuerabzug begehrende Unternehmer die Beträge, deren Abzug er begehrt, zuvor mit dem Bruttopreis an den leistenden Unternehmer bezahlt hat.[1191] Der steuerfrei leistende Unternehmer wird im Ergebnis wie ein Endverbraucher behandelt. Die aus dieser Konzeption resultierende Belastungswirkung wird nachfolgend untersucht.

---

einige Finanzumsätze zutreffen, gerade bei der Überlassung von Fremdkapital ist dies, aufgrund der feststehenden Zinsen, nicht überzeugend. Vgl. *Prätzler*, in: Birkenfeld/Wäger, Umsatzsteuer-Handbuch, 2023, § 4 Nr. 8 Rn. 3–5. Eingehend *Kamps*, Kreditgewährung, 2021, S. 91 ff.

[1184] *Stadie,* UStG Kommentar, 2015, § 4 Nr. 12 Rn. 2, führt für die Steuerbefreiung unter Verweis auf den nationalen Gesetzgeber (Entwurf zum UStG 1967) die Begünstigung von Wohnraum und Vereinfachungszwecke und unter Verweis auf den Richtliniengeber (Begründung des Kommissionsentwurfs zur 6. EG-Richtlinie) (steuer-)technische, wirtschaftliche und soziale Gründe an.

[1185] Vgl. *Ruppe*, in: Lang, Festschrift Tipke, 1995, S. 465.

[1186] Vgl. *Englisch*, in: Tipke/Lang, Steuerrecht, 2020, S. 1140 f., § 17 Rn. 17.205.

[1187] Vgl. *Englisch*, in: Tipke/Lang, Steuerrecht, 2020, S. 1139, § 17 Rn. 17.197.

[1188] § 4 Nr. 19 UstG.

[1189] BVerfG, Beschluss v. 29.10.1999, 2 BvR 1264/90, Heileurythmisten, BVerfGE 101, S. 132, Rn. 20.

[1190] Vgl. Entwurf eines UStG, BT-Drs. IV/1590, 30.10.1963, S. 26.

[1191] Vgl. *Söhn,* StuW 1976, S. 25; *Teichmann,* StuW 1975, S. 201.

bb) Belastungswirkung

Aufgrund der Versagung des Vorsteuerabzugs kommt es zu keiner Entlastung der Wertschöpfung der Vorstufen, lediglich die Wertschöpfung des steuerfrei leistenden Unternehmers wird von der Umsatzsteuer befreit. Im Ergebnis handelt es sich bei steuerfreien Leistungen an einen Endverbraucher lediglich um eine Steuerermäßigung, da dieser bei Gelingen der Überwälzung die in den Vorleistungen enthaltene, nicht abzugsfähige Vorsteuer trägt.[1192] Diese verdeckte Steuerlast ist jedoch von der Höhe der Vorleistungen abhängig und kann daher offenkundig keine proportional zum Preis der Endverbraucher gleichmäßige Steuerbelastung entfalten. Damit verfehlt diese Steuerermäßigung die Zielsetzung, dass die Mehrwertsteuer auf Gegenstände und Dienstleistungen, ungeachtet der Zahl der Umsätze, die auf den vor der Besteuerungsstufe liegenden Produktions- und Vertriebsstufen bewirkt wurden, als eine allgemeine, zum Preis der Gegenstände und Dienstleistungen genau proportionale Verbrauchsteuer anzuwenden ist.[1193] Die verdeckte Steuerlast setzt sich aus der Summe der nicht abzugsfähigen Vorsteuerbeträge zusammen, die in die steuerbefreite Leistung eingegangen sind und stellt somit eine proportional zum Preis gleichmäßige Belastung der Vorleistungen dar, unterstellt, dass diese Vorleistungen alle einem einheitlichen Steuersatz unterlagen. Dies widerspricht dem Konzept einer allgemeinen Verbrauchsteuer, da die Steuerbelastung anhand der Konsumaufwendungen des Endverbrauchers bemessen werden soll. Eine Steuerermäßigung, die proportional zum Preis der Konsumaufwendungen des Verbrauchers wirkt, wäre lediglich durch einen ermäßigten Steuersatz zu erreichen.[1194] Mit steigenden Steuersätzen verschärft sich auch die Problematik in Form einer immer höher werdenden verdeckten Steuerlast, die sich in den Deckmantel einer vermeintlichen Steuerbefreiung hüllt.[1195]

Ein Blick auf den Katalog der unechten Steuerbefreiungen zeigt, dass es sich vielfach um personalintensive Leistungen handelt, wie beispielsweise bei Leistungen im Bereich der Gesundheit und Pflege oder der Erziehung, Betreuung und Bildung. Kritiker bemängeln daher zu Recht, dass die Anwendung eines ermäßigten Steuersatzes im Vergleich zur unechten Steuerbefreiung zu einer höheren Steuerbelastung führen könnte.[1196] Dies wäre der Fall, wenn die Steuerlast, auf die mit einem ermäßigten Steuersatz besteuerten Ausgangsleistung abzüglich

---

[1192] Vgl. *Tait,* Value added tax, 1988, S. 50; *Ruppe*, in: Lang, Festschrift Tipke, 1995, S. 461 f.; OECD, Besteuerung digitale Wirtschaft, 2015, S. 49.

[1193] Art. 1 Abs. 2 MwStSystRL.

[1194] Zu den Nachteilen von Steuersatzdifferenzierungen siehe Kapitel 4: A. III. 1. A) cc).

[1195] Vgl. *Dziadkowski,* UR 2017, S. 417, zu dieser Problematik im Hinblick auf die Ausnahme juristischer Personen des öffentlichen Rechts von der Besteuerung, welche im Ergebnis wie eine unechte Steuerbefreiung wirkt.

[1196] Vgl. eingehend *Krieger,* Unechte Umsatzsteuerbefreiungen im Unionsrecht, 2017, S. 422.

der Steuerlast der Vorleistungen, höher wäre als die bisherige, nicht abzugsfähige Steuerlast der Vorleistungen. Je geringer die steuerbelasteten Vorleistungen sind und je höher der ermäßigte Steuersatz ist, desto wahrscheinlicher ist, dass dieser nachteilige Effekt eintritt. Würde man sich entscheiden, die unechten Steuerbefreiungen allesamt zu streichen und stattdessen die Leistungen mit einem ermäßigten Steuersatz zu belegen, wäre folgendes Vorgehen erforderlich. In Abhängigkeit von der jeweiligen sachlichen Steuerbefreiung müsste untersucht werden, wie der ermäßigte Steuersatz der Höhe nach ausfallen müsste, um keine höhere Steuerlast zu erzeugen als bei einer unechten Befreiung.[1197] Abgesehen von der allenfalls näherungsweisen Bestimmbarkeit der Höhe des jeweiligen Steuersatzes wäre eine weitere Steuersatzdifferenzierung erforderlich. Deshalb stellt dies, aufgrund der bereits zuvor genannten Nachteile von Steuersatzdifferenzierungen,[1198] keine ökonomisch vorzugswürdige Alternative dar. Die Steuerermäßigungen sollen eine Entlastung des Verbrauchers und nicht des die Leistungen erbringenden Unternehmers bewirken. Entscheidet man sich für eine Steuerermäßigung, sollte die Höhe der Wertschöpfung auf der letzten Stufe für die Bemessung des Steuersatzes irrelevant sein. Der Gesetzgeber hat unter Berücksichtigung des Möglichen zu prüfen, welche Entlastung der gesamten Wertschöpfung, oder anders ausgedrückt, den Konsumaufwendungen des Endverbrauchers eines ermäßigt zu besteuernden Guts zukommen soll und daran den Steuersatz zu bemessen. Jeder Steuersatz oberhalb von 0 % führt zu einem Aufkommen. Der Gedanke, aufgrund des Allphasensystems vereinnahmte Beträge nicht mehr hergeben zu wollen, läuft vor dem Hintergrund des Besteuerungsziels vollkommen fehl.

Aus Sicht der Unternehmer sind die unechten Steuerbefreiungen aufgrund des fehlenden Rechts auf Vorsteuerabzug ein Investitionshemmnis, da sich Investitionen um die nicht abzugsfähige Vorsteuer verteuern. Ebenso besteht der Anreiz der Eigen- gegenüber der Fremdversorgung, um sich die nichtabzugsfähige Vorsteuer zu ersparen.[1199] Diese Fehlanreize aus der Bruttoumsatzsteu-

---

[1197] In diesem Sinne *Tait,* Value added tax, 1988, S. 286, der vorschlägt, den ermäßigten Satz so zu wählen, dass die ermäßigte Steuerlast auf die Ausgangsleistung der Höhe nach zumindest der Steuerlast der zu vergütenden Vorsteuerbeträge auf die Vorleistungen entspricht. In diesem Fall würde die vom Verbraucher getragene Steuerlast der Steuerlast der bisher unecht befreiten Leistung entsprechen. Dies gilt jedoch nur bei Annahme der vollständigen Überwälzung. Bei dieser theoretischen Überlegung wäre die Umstellung von unecht befreiten Leistungen auf ermäßigt besteuerte Leistungen für den Fiskus aufkommensneutral.

[1198] Vgl. Kapitel 4: A. III. 1. A) cc).

[1199] Vgl. *Andel,* Finanzwissenschaft, 1998, S. 362; *Brümmerhoff/Büttner,* Finanzwissenschaft, 2018, S. 468, weisen auf die Verhinderung der optimalen Arbeitsteilung hin; vgl. *Kauffmann,* Überwälzung und Inzidenz der Nettoumsatzsteuer, 1975, S. 53, hinsichtlich der fehlenden Investitionsneutralität.

er[1200] wurden mit der Einführung der unechten Steuerbefreiungen in das Mehrwertsteuersystem übernommen,[1201] obwohl es bereits früh Stimmen gab, die auf diese Mängel an Entscheidungsneutralität hingewiesen haben.[1202] Die Kritik[1203], dass Unternehmer zur Minderung dieser Effekte Leistungen selbst erbringen, anstatt diese auf dem Markt zu beschaffen oder sie von organschaftlich verbundenen Gruppenunternehmen beziehen, um sich die Umsatzsteuer auf Vorleistungen zu ersparen, ist fragwürdig. Ursächlich für dieses rationale Verhalten der Unternehmer ist der Mangel an Entscheidungsneutralität des Besteuerungskonzepts der unechten Steuerbefreiungen. Zum einen mildert die Existenz einer Organschaft die konzentrationsfördernde Wirkung ab, indem eine Vollintegration der Tätigkeiten innerhalb einer Rechtseinheit nicht erforderlich ist. Zum anderen erfordert das Besteuerungskonzept der unechten Steuerbefreiung aufgrund des fehlenden Vorsteuerabzugs aus Gründen der Organisationsformneutralität die Existenz einer Mehrwertsteuergruppe.[1204]

Die Konzeption der unechten Steuerbefreiungen führt mit seinem Vorsteuerausschluss, der auch dann greift, wenn die Leistung im Inland nicht steuerbar ist, jedoch bei Ausführung im Inland steuerbar wäre, zu Wettbewerbsverzerrungen im Binnenmarkt. Neben der bereits dargestellten Abhängigkeit der Steuerbelastung von der Wertschöpfung des die Leistung erbringenden Unternehmers tritt die Problematik hinzu, dass die mit Steuer belasteten Vorleistungen im Regelfall überwiegend mit dem Steuersatz des Ansässigkeitsstaats des leistenden Unternehmers belastet sind. Dies führt zu einem Wettbewerbsvorteil von Unternehmern mit Sitz in Mitgliedstaaten, die niedrigere Steuersätze erheben. Unterliegt die Leistung im Bestimmungsland der Umsatzsteuer, ist im Ursprungsland trotz Vorsteuerausschluss aus Gründen der Neutralität der Vorsteuerabzug zu gewähren.[1205] Der BFH lässt dies im Grundsatz zu, jedoch unter der Voraussetzung,

---

[1200] Vgl. Kapitel 2: C. II. 2.

[1201] Vgl. *Reiß*, in: Woerner, DStJG Band 13, 1990, S. 25.

[1202] *Teichmann,* StuW 1975, S. 196, mit dem Beispiel von zwei Ärzten, bei dem ein Arzt aufgrund der Neuanschaffung von medizinischem Gerät kapitalintensiver arbeitet als der zweite Arzt, der lohnintensiver arbeitet. Der kapitalintensivere Unternehmer wird gegenüber dem lohnintensiveren Unternehmer benachteiligt; *Reiß*, in: Nieskens, Umsatzsteuer-Kongress-Bericht, 2007, S. 32.

[1203] Vgl. *Leonard,* DStR 2010, S. 725; *Heuermann,* DB 2016, S. 614; *Wäger,* UR 2016, S. 176.

[1204] Siehe Kapitel 4: A. II. 2. B) dd).

[1205] Vgl. *Reiß*, in: Nieskens, Umsatzsteuer-Kongress-Bericht, 2007, S. 33, hinsichtlich des Vorsteuerabzugs im Inland, wenn die damit im Zusammenhang stehende Ausgangsleistung im Bestimmungsland der Umsatzsteuer unterliegt. Siehe zum Vorsteuerabzug im Inland bei Vermietung eines im Ausland gelegenen Grundstücks: BFH, Urteil v. 06.05.2004, V R 73/03, Verwendung inländischer Leistungsbezüge für Grundstücksvermietung im Ausland, BFHE 205, S. 531. Zum Vorsteuerabzug aus Kosten im Zusammenhang mit einem im Bestimmungsland steuerpflichtigen Anteilsverkauf: *Zugmaier,* DStR 2009, S. 885, wobei der Verfasser darauf

dass für den besagten Ausgangsumsatz, sofern er im Inland stattgefunden hätte, ein Recht auf Verzicht auf die Steuerbefreiung bestände.[1206]

Hinsichtlich des Konkurrenzverhältnisses von echten und unechten Steuerbefreiungen hat der BFH[1207] unter Verweis auf die vom EuGH in der Rs. Eurodental[1208] aufgestellten Grundsätze entschieden, dass die unechten Steuerbefreiungen und damit auch der Ausschluss des Vorsteuerabzugs vorgehen. Ursächlich für diese Entscheidung war ausweislich der Begründung durch den Gerichtshof, dass bei einer echten Steuerbefreiung im Ursprungsland durch eine innergemeinschaftliche Lieferung mit einem daran anknüpfenden, unecht steuerbefreiten innergemeinschaftlichen Erwerb im Bestimmungsland eine vollständige Steuerfreistellung bewirkt werden würde. Zieht man den Vergleichsfall heran, dass der im Bestimmungsland ansässige Unternehmer die Leistung nicht von einem Vorlieferanten aus einem anderen Mitgliedstaat einkauft, sondern ebenfalls im Bestimmungsland, dann wäre der Einkauf aus dem Bestimmungsland mit der nicht abzugsfähigen Vorsteuer des Vorlieferanten belastet. Durch die Versagung des Vorsteuerabzugs im Ursprungsland beabsichtigt der EuGH, eine Wettbewerbsgleichheit zwischen den im Ursprungs- und im Bestimmungsland ansässigen Lieferanten herzustellen. Dieses Ziel wird jedoch verfehlt. Die Vorleistungen aus einem anderen Mitgliedstaat (Ursprungsland) bleiben mit der nicht abzugsfähigen Vorsteuer des Vorlieferanten aus dessen Vorleistungen mit der Steuer des Ursprungslands belastet, während die Vorleistungen aus dem Bestimmungsland mit der nicht abzugsfähigen Vorsteuer des Vorlieferanten aus dessen Vorleistungen mit der Steuer des Bestimmungslands belastet bleiben. Die verdeckte Steuerbelastung aus den Vorleistungen unterscheidet sich in diesem Fall aufgrund der uneinheitlichen Steuersätze der Mitgliedstaaten.[1209]

Allerdings würde eine echte Steuerfreistellung im Ursprungsland und eine Besteuerung des innergemeinschaftlichen Erwerbs im Bestimmungsland auch keine Abhilfe schaffen. Denn dies würde dazu führen, dass die gesamte Wertschöpfung des Vorlieferanten aus dem Ursprungsland mit dem Steuersatz des Bestimmungslands belastet würde und nicht lediglich die von ihm bezogenen Vorleistungen. Die Leistung des im Bestimmungsland ansässigen Vorlieferanten

---

hinweist, dass Finanzumsätze in vielen Mitgliedstaaten ohne Möglichkeit auf einen Verzicht steuerbefreit sind.

[1206] BFH, Urteil v. 06.05.2004, V R 73/03, Verwendung inländischer Leistungsbezüge für Grundstücksvermietung im Ausland, BFHE 205, S. 531.

[1207] BFH, Urteil v. 22.08.2013, V R 30/12, Konkurrenzverhältnis echte u. unechte Steuerbefreiungen, BFHE 243, S. 35.

[1208] EuGH, Urteil v. 07.12.2006, C-240/05, Eurodental Sarl, Slg. 2006, I-11493.

[1209] Dem Beispiel liegt die Annahme zugrunde, dass die Wertschöpfung der Vorlieferanten gleich hoch ist und der Endpreis sich lediglich aufgrund der unterschiedlichen verdeckten Steuerlast unterscheidet.

wäre jedoch lediglich mit der verdeckten Steuerlast belastet, die auf seinen Vorleistungen ruht, seine Wertschöpfung bliebe von der Steuer verschont.

Dem EuGH und dem BFH können im Hinblick auf den Vorsteuerausschluss im Ursprungsland – jedoch nur für den Fall, dass der Erwerb im Bestimmungsland einer unechten Steuerbefreiung unterliegt[1210] – keine Vorwürfe gemacht werden, sie betreiben lediglich Schadensbegrenzung.[1211] Der eigentliche Fehler liegt im vom Gesetzgeber geschaffenen Systembruch. Es bleibt aufgrund der unterschiedlichen verdeckten Steuerbelastung bei einer Verletzung der Wettbewerbsneutralität, des Verbrauchsteuerprinzips und letztlich auch des Bestimmungslandprinzips,[1212] da das Steueraufkommen aufgrund des Vorsteuerausschlusses dem Ursprungs- und nicht – wie sonst im grenzüberschreitenden Kontext üblich – dem Bestimmungsland zusteht.[1213]

Von geringerer Bedeutung ist der kritisierte Kumulationseffekt,[1214] zu dem es kommt, wenn eine steuerfreie Leistung an einen Unternehmer erbracht wird, der der Besteuerung unterliegende Umsätze tätigt. Die verdeckte Steuerlast trifft zunächst den die Leistung beziehenden Unternehmer, der versuchen wird, diese im Produktpreis an den Verbraucher weiterzureichen.[1215] Gelingt diese Überwälzung, führt dies nicht lediglich dazu, dass Steuer von der Steuer erhoben wird. Mangels Vorsteuerentlastung wird die Wertschöpfung der Vorstufen erneut mit Umsatzsteuer belastet.[1216] Aufgrund der sachlichen Ausrichtung der Steuerbefreiungen handelt es sich ganz überwiegend um Leistungen, die die Endverbraucher beziehen, weshalb dieser Effekt im Wesentlichen auf Leistungsbezüge von Blinden oder Kleinunternehmern bzw. von der Besteuerung ausgenomme-

---

[1210] Der EuGH schließt den Vorsteuerabzug jedoch ungeachtet der im Bestimmungsland anwendbaren Mehrwertsteuerregelung aus, was sowohl innerhalb des Binnenmarkts als auch erst recht im Verhältnis zu Drittstaaten keine tragbare Lösung darstellt, vgl. EuGH, Urteil v. 07.12.2006, C-240/05, Eurodental Sarl, Slg. 2006, I-11493. Dies wird von *Reiß,* UR 2007, S. 575, innerhalb des Binnenmarkts als Verletzung der Warenverkehrsfreiheit kritisiert. Im Verhältnis zu Drittstaaten verlangt er aus Wettbewerbsgründen stets eine Gewährung des Vorsteuerabzugs.

[1211] In diesem Sinne wohl auch *Reiß,* UR 2007, S. 573.

[1212] Siehe Kapitel 3: D. II. 3. B).

[1213] Vgl. *Reiß,* UR 2007, S. 573–574, der Zweifel daran hat, weshalb das Besteuerungsrecht des Bestimmungslands nicht auch bei verdeckten Steuerbelastungen infolge des Vorsteuerausschlusses gelten sollte. Nicht gelten sollten diese Grundsätze jedoch bei Ausfuhrlieferungen, da dies – wie *Reiß* zurecht anmerkt – zu Wettbewerbsnachteilen der in der EU ansässigen Unternehmer führen würde.

[1214] Vgl. *Krieger,* Unechte Umsatzsteuerbefreiungen im Unionsrecht, 2017, S. 32; *Söhn,* StuW 1976, S. 26.

[1215] Vgl. OECD, Besteuerung digitale Wirtschaft, 2015, S. 49.

[1216] Vgl. *Tait,* Value added tax, 1988, S. 50.

nen jPdöR[1217] beschränkt bleiben wird. Zudem kann der beschriebene Nachteil im zwischenunternehmerischen Bereich vielfach durch einen Verzicht auf die Steuerbefreiung vermieden werden.[1218]

cc) Vereinbarkeit des Konzepts mit der Zielsetzung

Die vorstehende Analyse der Belastungskonzeption hat viele Schwächen des Konzepts der unechten Steuerbefreiungen offengelegt. Im Ergebnis handelt es sich lediglich um eine Steuerermäßigung. Im Gegensatz zu ermäßigten Steuersätzen stellen jedoch unechte Befreiungen ein Investitionshemmnis für Unternehmer dar, haben eine konzentrationsfördernde Wirkung und können sich daher negativ auf die optimale Arbeitsteilung auswirken. Im Binnenmarkt und im Verhältnis zu Drittstaaten können sie zu Wettbewerbsnachteilen führen und das Bestimmungslandprinzip verletzen. Ferner führen unechte Befreiungen aufgrund der Abhängigkeit ihrer Wirkung[1219] von der Wertschöpfungstiefe des leistenden Unternehmers[1220] zu einer ungleichmäßigen Steuerbelastung der Verbraucher.[1221]

Die Einschränkung des Rechts auf Vorsteuerabzug stellt aufgrund der fehlenden Belastungsneutralität des Unternehmers und der ungleichmäßigen Entfaltung der Steuerbelastung auf die Konsumaufwendungen der Verbraucher einen Systembruch dar.[1222] Der Umstand, dass dieser Systembruch bewusst vom Richtliniengeber geschaffen wurde, legitimiert ihn jedoch noch nicht.[1223]

[1217] Die Nichterhebung der Steuer bei Kleinunternehmern bzw. jPdöR wirkt wie eine unechte Steuerbefreiung, da mit ihr die Versagung des Vorsteuerabzugs einhergeht.

[1218] Vgl. *Stadie,* UStG Kommentar, 2015, vor §§ 4–9 Rn. 12; *Teichmann,* StuW 1975, S. 191.

[1219] Die Gleichheit der Opfer verlangt eine Gleichheit der Wirkung der Steuer, vgl. *Meyer*, Principien, 1884, S. 308.

[1220] Vgl. *Teichmann,* StuW 1975, S. 194, der auf die Bevorzugung lohnintensiver Unternehmer gegenüber kapitalintensiver Unternehmer hinweist. Die niedrigere Steuerlast in Form von nicht abzugsfähiger Vorsteuer verschafft dem lohnintensiveren Unternehmer einen Vorteil bei der Preisgestaltung, der entweder zu einem günstigeren Preis anbieten oder seine Gewinnspanne ausweiten kann; *Ruppe*, in: Lang, Festschrift Tipke, 1995, S. 462, zu Wettbewerbsverzerrungen zwischen den leistenden Unternehmern.

[1221] Vgl. *Teichmann,* StuW 1975, S. 194; *Reiß*, in: Woerner, DStJG Band 13, 1990, S. 26; *Krieger,* Unechte Umsatzsteuerbefreiungen im Unionsrecht, 2017, S. 50.

[1222] Vgl. *Teichmann,* StuW 1975, S. 190; *Söhn,* StuW 1976, S. 24; *Reiß*, in: Woerner, DStJG Band 13, 1990, S. 25; *Ruppe*, in: Lang, Festschrift Tipke, 1995, S. 459; *Tipke,* Steuerrechtsordnung Bd. II, 2003, S. 999; *Englisch*, in: Tipke/Lang, Steuerrecht, 2020, S. 1143, § 17 Rn. 17.208; a. A. *Schüle,* UR 1967, S. 217, der davon ausgeht, dass der Gesetzgeber eine Wertschöpfungssteuer schaffen wollte, weshalb dem Unternehmer der Vorsteuerabzug nur dann zu gewähren sei, wenn die von ihm ausgeführten Leistungen steuerpflichtig sind. Er bezeichnet die Mehrwertsteuer zwar als allgemeine Verbrauchsteuer, seine daraus gezogene Schlussfolgerung, es handle sich um eine Wertschöpfungssteuer ist jedoch nicht korrekt. Der Gesetzgeber hat sich zwar nicht für die Einführung einer Einzelhandelssteuer entschieden, jedoch entfaltet

Eine Verhältnismäßigkeitsprüfung hinsichtlich der Vereinbarkeit des Konzepts der unechten Steuerbefreiungen mit der beabsichtigen Zielsetzung würde eine detaillierte Prüfung jeder einzelnen Steuerbefreiung erfordern.[1224] Dies muss in dieser Arbeit bereits aus Raumgründen unterbleiben. Zudem würde die Verhältnismäßigkeitsprüfung, aufgrund der Zielsetzung, eine neutralitätskonforme Lösung zu finden, in allen Fällen spätestens bei der Prüfung der Erforderlichkeit mit hoher Wahrscheinlichkeit scheitern. Denn es scheint aufgrund der vorstehenden Ausführungen zumindest schwer vorstellbar, dass keine vorzugswürdigere Lösung zu finden ist.[1225]

Dennoch wird nachfolgend summarisch auf die Vereinbarkeit der grundlegenden Zielsetzungen der unechten Steuerbefreiungen im Kontext der zuvor dargestellten Belastungswirkung eingegangen.

Eine *Verschonung des Existenzminimums* kann durch unechte Steuerbefreiungen nicht erreicht werden, da sie lediglich Steuerermäßigungen darstellen. Hierfür wären folglich ermäßigte Steuersätze ebenfalls ein untaugliches Instrument. Vielmehr müsste eine vollständige Freistellung sämtlicher Konsumaufwendungen erfolgen, die zur Bestreitung des existenznotwendigen Bedarfs erforderlich sind.[1226]

---

eine Mehrwertsteuer im Ergebnis dieselbe Wirkung, unterschiedlich ist lediglich die Besteuerungstechnik. Das Allphasensystem mit Vorsteuerabzug soll durch die fraktionierte Zahlungsweise lediglich weniger betrugsanfällig sein, weil der Steuerhinterzieher nur die Steuer auf seiner Stufe hinterziehen kann und somit die Wertschöpfung der Vorstufen mit der Steuer belastet bleibt. *Hey*, StuW 2005, S. 320, führt die Steuerbefreiungen als Beispiel dafür an, dass das Sekundärrecht nicht prinzipiengeleitet sei, sondern Partikularinteressen der Mitgliedstaaten widerspiegele und spricht von einem Verstoß gegen das Prinzip der Allphasen-Netto-Umsatzsteuer.

[1223] Vgl. *Ruppe*, in: Lang, Festschrift Tipke, 1995, S. 469; a. A. *Schüle,* UR 1967, S. 217; *Stadie,* UStG Kommentar, 2015, vor §§ 4–9 Rn. 11. Ebenso kann der Wille der Mitgliedstaaten, nationale Steuerbefreiungen bei Einführung des Mehrwertsteuersystems zu übernehmen, keine tragfähige Begründung für den Systembruch darstellen, siehe: *Söhn,* StuW 1976, S. 18.

[1224] Vgl. zu der Befreiung für Postdienstleistungen eingehend: *Krieger,* Unechte Umsatzsteuerbefreiungen im Unionsrecht, 2017, S. 365.

[1225] *Hey*, StuW 2005, S. 320, führt die Steuerbefreiungen als Beispiel dafür an, dass das Sekundärrecht nicht prinzipiengeleitet sei, sondern Partikularinteressen der Mitgliedstaaten widerspiegele.

[1226] Vgl. *Schneider Fossati,* Leistungsfähigkeitsgrundsatz im Umsatzsteuerrecht, 2014, S. 269; *Englisch*, in: Tipke/Lang, Steuerrecht, 2020, S. 1144, § 17 Rn. 17.209, fordern daher eine Nullsatzbesteuerung (= echte Steuerbefreiung). Dies würde einerseits bedingen, einen Katalog aufzustellen, was unter diese Steuerbefreiung fallen soll, was erneut zu Abgrenzungsfragen führt. Zum anderen wäre dann nicht lediglich der existenznotwendige Bedarf, sondern auch der maßlose Konsum dieser Güter begünstigt. Daher ist dieser Ansatz selbst bei Lebensmitteln äußerst kritisch zu betrachten.

Eine ernstgemeinte *Vermeidung einer Doppelbelastung mit Verkehrsteuern* würde eine vollständige Entlastung in Form einer echten Steuerbefreiung bedingen[1227] oder alternativ eine Abschaffung der Verkehrsteuern und eine Integration derselben in das Mehrwertsteuersystem.[1228]

Sozial- und verteilungspolitische Zielsetzungen betreffen beispielsweise den Gesundheitssektor und sollen dort zu einer Kostenreduktion bei den Kostenträgern im Gesundheitswesen, insbesondere den Sozialversicherungen führen.[1229] Die Kostenreduktion erfolgt unpräzise, da sie, wie zuvor dargelegt, von der Wertschöpfung der Einrichtung abhängig ist. Im Gesundheitssektor besteht ein hoher Investitionsbedarf, da regelmäßig große Gebäude errichtet und unterhalten sowie teure medizinische Geräte beschafft werden müssen. Dies wird durch die nichtabzugsfähige Vorsteuer erschwert und sorgt bei den Sozialversicherungsträgern für höhere Kosten. Einer potenziellen Auslagerung von Leistungen auf Dritte, die ggf. die gleichen Leistungen effizienter erledigen könnten, wird durch die nichtabzugsfähige Vorsteuer entgegengewirkt. Die umsatzsteuerliche Administration von Krankenhäusern ist regelmäßig kompliziert, da es auch Leistungen gibt, die der Besteuerung unterliegen, was eine Aufteilung der Vorsteuerbeträge bedingt und bei Gemeinkosten die Frage des „richtigen" Verteilungsschlüssels aufwirft. Dies führt letztlich zu hohen Vollzugskosten der Besteuerung, was zum einen das nach Abzug der Vollzugskosten verbleibende Steueraufkommen schmälert und sich zum anderen hinsichtlich der Befolgungskosten der Einrichtungen in Preissteigerungen der Leistungen äußern dürfte. Somit kommt es zu einer höheren Belastung der Kostenträger, deren eigentliche Entlastung beabsichtigt ist.[1230] Im Gesundheitssektor müsste man sich hinsichtlich der Zielsetzung ohnehin vorab die Wertungsfrage stellen, ob Heilbehandlungen nicht sowieso als existenznotwendiger Bedarf vollständig von der Umsatzsteuer befreit werden müssten.

[1227] So *Englisch*, in: Tipke/Lang, Steuerrecht, 2020, S. 1144, § 17 Rn. 17.209, mit der Forderung des Rechts auf Vorsteuerabzug; siehe hinsichtlich der Problematik einer Doppelbelastung beim einheitlichen Vertragswerk: *Klein,* DB 2014, S. 210, der in diesen Fällen die Gestaltungsanfälligkeit und die Wettbewerbsverzerrungen hervorhebt und die uneinheitliche Behandlung identischer Lebenssachverhalte kritisiert.

[1228] Vgl. *Teichmann,* StuW 1975, S. 199 f.

[1229] *Huschens*, in: Küffner/Zugmaier, UStG, 2023, § 4 Nr. 14 Rn. 1.

[1230] *Ruppe*, in: Lang, Festschrift Tipke, 1995, S. 470, schlägt als besser für die Zielverwirklichung geeignete Instrumente entweder echte Steuerbefreiungen oder im Fall einer beabsichtigten Ermäßigung die Anwendung eines ermäßigten Steuersatzes vor. *Englisch*, in: Tipke/Lang, Steuerrecht, 2020, S. 1144, § 17 Rn. 17.209, spricht sich für ermäßigte Steuersätze aus. Letzteres wäre jedenfalls aus Sicht der Unternehmer im Hinblick auf die Investitionsneutralität zu begrüßen, stellt jedoch keine optimale Lösung dar. Echte Steuerbefreiungen wären vermutlich aus fiskalischen Gründen abzulehnen und deren Erfordernis wäre in jedem Einzelfall eine diskussionswürdige Wertungsfrage.

Die *Förderung der Nachfrage meritorischer Güter* betrifft u. a. Museen und kulturelle Einrichtungen, die bereits subventionsbedürftig sind. Auch in diesem Bereich besteht aufgrund der benötigten Gebäude ein hoher Investitionsbedarf, der durch die nichtabzugsfähige Vorsteuer ansteigt und somit den übrigen Subventionsbedarf erhöht. Zudem kann aufgrund der unpräzisen Wirkung der unechten Steuerbefreiung schwer nachvollzogen werden, inwieweit das angestrebte Förderungsziel überhaupt erreicht werden kann. Wenig überzeugend ist zudem das Nebeneinander der unechten Steuerbefreiung und der Steuerermäßigung für Eintrittsberechtigungen für Theater, Konzerte und Museen,[1231] die sich jedoch gegenseitig ausschließen. Erfüllt ein Unternehmer die Anforderungen an die Steuerbefreiung, kommt er nicht in den Genuss des ermäßigten Steuersatzes und es bleibt ihm der Vorsteuerabzug verwehrt. Dies kann nachteilig sein, vor allem dann, wenn ein hoher Investitionsbedarf besteht. Es spricht mithin einiges dafür, dass in diesen Fällen eine Steuerermäßigung ein besseres – wenn auch nicht ein optimales[1232] – Instrument zur Zielerreichung darstellt. Im Hinblick auf die Steuerbefreiung von Grundstücksüberlassungen wird auf die in Abschnitt B. folgenden Ausführungen verwiesen.[1233]

d) Besondere Besteuerungsregime

aa) Durchschnittssätze

(1) Zielsetzung

In den §§ 23–25 UStG ist die besondere Besteuerungsform der Durchschnittssätze geregelt. Die nachfolgende Untersuchung beschränkt sich dabei auf die Analyse der Durchschnittssätze bei land- und forstwirtschaftlichen Betrieben. Die allgemeinen Durchschnittssätze des § 23 UStG waren lediglich von geringer praktischer Bedeutung und wurden daher abgeschafft.[1234]

Land- und forstwirtschaftliche Betriebe mit einem Gesamtumsatz von nicht mehr als 600.000 EUR im vorangegangenen Kalenderjahr fallen unter die Sonderregelung des § 24 UStG, es sei denn, sie verzichten gem. § 24 Abs. 4 UStG auf die Anwendung der Sonderregelung.

[1231] Vgl. § 4 Nr. 20 Buchst. a UStG, § 12 Abs. 2 Nr. 7 UStG.

[1232] Siehe Kapitel 4: A. III. 1. a) cc).

[1233] Siehe Kapitel 4: B. II. 1. a).

[1234] Die Regelung der allgemeinen Durchschnittssätze ist in der Praxis nach den Feststellungen des Bundesrechnungshofs von geringer Bedeutung, vgl. Bemerkungen des Bundesrechnungshofes 2019, BT-Drs. 19/15700, S. 277. Mithin erfolgte die Aufhebung zum 01.01.2023 durch Artikels 16 JStG 2022, Gesetz. v. 16.12.2022, BGBl. I, S. 2294.

Der Durchschnittssatz[1235] bemisst sich als gesetzlich festgelegter Prozentsatz an den Ausgangsumsätzen und unterscheidet sich je Umsatzgruppe.[1236] Dieser jeweilige Prozentsatz ist auf die entsprechenden Ausgangsumsätze anzuwenden und wird auf den Nettobetrag aufgeschlagen. Zum Vorsteuerabzug berechtigte Leistungsempfänger können die Steuer als Vorsteuer geltend machen. Die unter die Sonderregelung fallenden Unternehmer[1237] müssen diese Umsatzsteuer jedoch im Regelfall nicht an den Fiskus abführen, da aufgrund der gesetzlichen Vorgabe die Vorsteuerbeträge in Höhe der Umsatzsteuer, die auf die Ausgangsleistungen entfällt, pauschaliert werden.[1238] Somit entsprechen sich Umsatzsteuerschuld und pauschalierte Vorsteuer grundsätzlich, sodass es nicht zu einer Zahllast des unter die Sonderregelung fallenden Unternehmers an den Fiskus kommt. Lediglich bei Ausgangsleistungen gem. § 24 Abs. 1 Nr. 2 UStG, die mit derzeit 19 % belastet werden, beträgt die pauschalierte Vorsteuer 9,5 % (ab 01.01.2023 9,0 %)[1239] und damit nur die Hälfte der Umsatzsteuerlast auf die

---

[1235] *Pflaum*, in: Wäger, UStG, 2022, § 23 Rn. 10, definiert den Begriff wie folgt: „Durchschnittssatz ist das durchschnittliche Verhältnis der Steuer oder der abziehbaren Vorsteuer zu den Umsätzen bei der Ausführung bestimmter Arten von Umsätzen."

[1236] Für die Lieferungen von forstwirtschaftlichen Erzeugnissen, ausgenommen Sägewerkserzeugnisse, beträgt er 5,5 %. Für die Lieferungen der in der Anlage 2 nicht aufgeführten Sägewerkserzeugnisse und Getränke sowie von alkoholischen Flüssigkeiten, ausgenommen die Lieferungen in das Ausland und die im Ausland bewirkten Umsätze, und für sonstige Leistungen, soweit in der Anlage 2 nicht aufgeführte Getränke abgegeben werden, beträgt er 19 %. Für die übrigen Umsätze im Sinne des § 1 Absatz 1 Nummer 1 beträgt er 9,5 % (ab 01.01.2023 9 %) der Bemessungsgrundlage (vgl. § 24 Abs. 1 Nr. 1–3 UStG).

[1237] Die Besteuerung nach Durchschnittssätzen geht der Kleinunternehmerregelung nach in Deutschland herrschender Meinung vor, vgl. *Klenk,* UR 2017, S. 175. *Klenk* teilt diese Auffassung nicht, da die unionsrechtliche Vorgabe keine materiellen Erleichterungen vorsieht. Da die Kleinunternehmerregelung seiner Ansicht nach leichter administrierbar ist als die Pauschalversteuerung, da lediglich die Prüfung der Umsatzgrenzen des § 19 UStG durchzuführen ist, überzeugt dies. Die Vertreter der herrschenden Meinung wollen die Kleinunternehmer sehr wahrscheinlich an den materiellen Vergünstigungen teilhaben lassen.

[1238] Vgl. *Jungen/Köster/Schleep,* UR 2021, S. 136. Ein darüber hinaus gehender Vorsteuerabzug ist gem. § 24 Abs. 1 S. 4 UStG ausgeschlossen.

[1239] Der Satz wurde mit Wirkung vom 01.01.2022 von 10,7 % auf 9,5 % herabgesetzt. Ursächlich war die Kritik des Bundesrechnungshofs, der eine Anpassung sowie eine regelmäßige Überprüfung des Satzes forderte, auch diese Überprüfung wurde in § 24 Abs. 5 UStG gesetzlich verankert. Vgl. Entwurf eines Gesetzes zur Umsetzung unionsrechtlicher Vorgaben, BR-Drs. 776/21, 28.10.2021, S. 8 f. Die weitere Absenkung zum 01.01.2023 auf 9 % verringert die Subventionswirkung, ändert aber nichts an den grundsätzlichen Kritikpunkten, insbesondere der Intransparenz der Subventionswirkung, vgl. BT-Drs. 20/3590, S. 120; Artikel 12 Achtes Gesetz zur Änderung von Verbrauchsteuergesetzen vom 24.10.2022, BGBl. I, S. 1838.

Ausgangsleistungen, weshalb sich in diesem Fall eine Zahllast von 9,5 % (ab 01.01.2023 10,0 %) der Ausgangsleistungen ergibt.[1240]

Das Verfahren soll der Vereinfachung der Aufzeichnungspflichten der Unternehmer und der Administration der Besteuerung dienen.[1241] Nach der unionsrechtlichen Vorgabe soll damit jedoch keine Subventionierung der Landwirte verbunden sein.[1242] Da es sich um eine Pauschalregelung handelt, sollte es bei summarischer Betrachtung aller Pauschalversteuerer zu keiner materiellen Begünstigung kommen, da die pauschale Vorsteuer die tatsächliche Vorsteuer nicht übersteigen sollte.[1243]

(2) Belastungswirkung

Übersteigt die pauschale Vorsteuer jedoch die tatsächlichen Vorsteuerbeträge, entfaltet die Regelung eine materielle Begünstigung. Hierzu kann es kommen, wenn die eigene Wertschöpfung relativ hoch und die vorsteuerbelasteten Vorleistungen relativ gering sind.[1244] Zudem besteht die Gefahr einer flächendeckenden Subvention, wenn der pauschale Satz zu hoch bemessen ist.[1245] Ursächlich dafür, dass die Pauschale das reale Vorsteuervolumen oftmals übersteigen könnte, sind verschiedene Punkte. Betrachtet man die Vorleistungen des Landwirts, sind viele lediglich mit dem ermäßigten Steuersatz belastet.[1246] Wesentliche Produktionsfaktoren wie der Einsatz von Arbeitskräften und Boden unterliegen überhaupt nicht der Umsatzsteuer, jedoch fließen diese Faktoren in die Bemessungsgrundlage der Vorsteuerpauschalierung ein, da diese an die Ausgangsumsätze anknüpft.[1247] Kalkuliert man einen durchschnittlichen Vorsteuersatz aus den tatsächlich eingesetzten Produktionsfaktoren (ermäßigt besteuerte Vorleistungen mit 7 %, regelbesteuerte Vorleistungen 19 %, Vorleistungen ohne Steuerbelastung 0 %, eigene Wertschöpfung ohne Steuerbelastung 0 %) wird

---

[1240] Vgl. *Sterzinger*, in: Küffner/Zugmaier, UStG, 2023, § 24 Rn. 1, nach dem sich eine Umsatzsteuerzahllast nur bei den in § 24 Abs. 1 Satz 1 Nr. 2 UStG genannten Lieferungen von Sägewerkserzeugnissen, Frucht- u. ä. Säften sowie von alkoholischen Getränken i. H. v. 9,5 % der Bemessungsgrundlagen ergeben kann.

[1241] Entwurf eines UStG, BT-Drs. IV/1590, 30.10.1963, S. 50; *Pflaum*, in: Wäger, UStG, 2022, § 24 Rn. 1; *Sterzinger*, in: Küffner/Zugmaier, UStG, 2023, § 24 Rn. 1; *Schuhmann*, in: Rau/Dürrwächter, UStG, 2023, § 24 Rn. 13; *Brandl*, in: Bunjes/Geist, UStG, 2023, § 24 Rn. 1.

[1242] Vgl. *Schüler-Täsch*, in: Sölch/Ringleb, UStG, 2023, § 24 Rn. 14; *Riegler,* UR 2015, S. 333; Art. 299 MwStSystRL.

[1243] Vgl. *Riegler,* UR 2015, S. 333; Beschlußempfehlung und Bericht des Finanzausschusses, BT-Drs. 13/10315.

[1244] Vgl. *Jungen/Köster/Schleep,* UR 2021, S. 185.

[1245] Vgl. *Jungen/Köster/Schleep,* UR 2021, S. 138.

[1246] Vgl. *Englisch*, in: Tipke/Lang, Steuerrecht, 2020, S. 1223, § 17 Rn. 17.386, der auf Wasser, Futter, Dünger, Saatgut, Jungtier und Zuchtdienstleistungen hinweist.

[1247] Vgl. *Englisch*, in: Tipke/Lang, Steuerrecht, 2020, S. 1223, § 17 Rn. 17.386.

klar, weshalb der Gesetzgeber gezwungen war, den Durchschnittssatz von 10,7 % auf 9,5 % bzw. 9,0 % abzusenken.[1248] Sofern nicht z. B. wesentliche Investitionen in Landmaschinen und Gebäude den Anteil der Vorleistungen mit 19 % entsprechend erhöhen, dürften auch bei einem Satz von 9,5 % bzw. 9,0 % in vielen Fällen Begünstigungen nicht ausgeschlossen sein.[1249] Verschärft wird diese Problematik durch die Optionsmöglichkeit zur allgemeinen Besteuerung, durch die sich der Landwirt einer für ihn nachteiligen Pauschalregelung entziehen kann, auch wenn ihn dies für 5 Jahre bindet.[1250] Hierin liegt ein Gestaltungsspielraum, der beim rational agierenden Pauschalversteuerer wohl regelmäßig ausgeschöpft werden dürfte.[1251] Damit es in der Summe zu keiner Begünstigung kommt, muss es also genug nicht oder schlecht Beratene bzw. irrational Handelnde geben, die eine Benachteiligung hinnehmen, damit der auf anderer Seite erzielte materielle Vorteil kompensiert werden kann.

In der Mehrzahl der Fälle dürften die Abnehmer der landwirtschaftlichen Erzeugnisse zum Vorsteuerabzug berechtigte Unternehmer sein, die lediglich auf den Nettopreis achten, da sie nur durch diesen belastet sind. In solchen Fällen wirkt sich der Durchschnittssatz überhaupt nicht auf die Preisgestaltung aus. Lediglich in den Fällen, in denen der Verkauf der Erzeugnisse an einen Verbraucher oder nicht zum Vorsteuerabzug berechtigten Unternehmer erfolgt, wirkt sich der Durchschnittssatz auf die Preisfindung am Markt aus. Hierauf wird jedoch nicht weiter eingegangen, da diese Form der Preisbeeinflussung auch bei der Regelbesteuerung erfolgt.[1252] Unabhängig von der Vorsteuerabzugsberechti-

---

[1248] Nach dem Gesetzesentwurf der Bundesregierung zum Wachstumschancengesetz wird der Durchschnittssatz auf 8,4 % angepasst, BR-Drs. 433/23, S. 234.

[1249] Die weitere Absenkung zum 01.01.2023 auf 9 %, die auf der jährlichen Angemessenheitsprüfung durch das BMF beruht, verringert die Subventionswirkung, ändert aber nichts an den grundsätzlichen Kritikpunkten, insbesondere der Intransparenz der Subventionswirkung, vgl. BT-Drs. 20/3590, S. 120; Artikel 12 Achtes Gesetz zur Änderung von Verbrauchsteuergesetzen vom 24.10.2022, BGBl. I, S. 1838.

[1250] Diese Möglichkeit wird regelmäßig ausgeschöpft werden, wenn sie aufgrund hoher mit Vorsteuer belasteter Investitionen vorteilhaft ist, vgl. *Jungen/Köster/Schleep,* UR 2021, S. 136.

[1251] In diesem Sinne auch der Bericht des Bundesrechnungshofs an das BMF über die Durchschnittssatzbesteuerung, 2019, S. 25 f., der auf folgendes hinweist: „Wenn die durchschnittliche Vorsteuerbelastung der Pauschal-Landwirte – wie das BMF behauptet – in allen Jahren deutlich über dem gesetzlichen Durchschnittssatz von 10,7 % gelegen hätte, wäre der Anteil der regelbesteuernden Landwirte mit großer Wahrscheinlichkeit deutlich höher als 34 %. Es ist zwar nicht auszuschließen, dass einzelne Landwirte mit einer tatsächlichen Vorsteuerbelastung von über 10,7 % weiterhin die für sie finanziell nachteilige Durchschnittssatzbesteuerung anwenden. Es ist aber unrealistisch, dies für die überwiegende Mehrzahl von Landwirten anzunehmen. Auch Landwirte treffen steuerliche Entscheidungen nach wirtschaftlichen Gesichtspunkten“.

[1252] *Jungen/Köster/Schleep,* UR 2021, S. 189, gehen davon aus, dass in diesem Fall keine Subventionswirkung eintritt, wenn der Landwirt in der Lage ist, mindestens 69 % der Umsatzsteugung des Empfängers ist hingegen eine potenzielle Preisbeeinflussung durch die Pauschalierung der Vorsteuer zu vermuten.[1253] Wobei anzumerken ist, dass der gut beratene bzw. findige Landwirt im Fall einer Benachteiligung auf die Anwendung der Differenzbesteuerung verzichten wird. Somit ist eben gerade keine Neutralität gegeben, da es im Fall der Begünstigung zu zusätzlichen Gewinnen des leistenden Unternehmers kommen könnte, obwohl Begünstigungen nach der Zielsetzung der Mehrwertsteuer lediglich dem Verbraucher zugutekommen sollen.[1254] Im Fall der Benachteiligung geht die tatsächliche Umsatzsteuerbelastung der Vorleistungen, soweit sie die pauschale Vorsteuer übersteigt, zu Lasten des Gewinns des Unternehmers. Dies offenbart die mangelnde Entscheidungsneutralität der Regelung, da ein differenzbesteuerter Landwirt geneigt sein könnte, Investitionen aufzuschieben[1255] bzw. an sich sinnvolles Outsourcing von Leistungen zu vermeiden, um seine tatsächliche Vorsteuerlast niedrig zu halten.

Fraglich ist, inwieweit der Verbraucher bzw. dessen Steuerlast durch die vorgenannte Privilegierung bzw. Benachteiligung betroffen sein könnte. Im Fall der Begünstigung hat der Landwirt, abhängig von der Preisbildung am Markt, die Möglichkeit, den Vorteil über den Preis weiterzugeben oder zu Gunsten seines Gewinns zu verbuchen. Im letzteren Fall profitiert er und nicht der Verbraucher. Dies geht allerdings zu Lasten des Steueraufkommens. Im Fall der Benachteiligung wird er bestrebt sein, den Nachteil auf seinen Abnehmer überzuwälzen, was bei Erfolg letztlich in erhöhten Preisen für Endverbraucher mündet. Diese bei Erfolg realisierte Überwälzung führt zu einer effektiven Steuerbelastung des Verbrauchers, die dessen nominale Belastung übersteigt, und zu einem höheren Steueraufkommen. Die tatsächlichen Effekte dürften schwer abzuschätzen, geschweige denn konkret zu messen sein. Jedenfalls deutet der Mangel an Entscheidungsneutralität aufgrund des steuerlichen Fehlanreizes, vorsteuerbelastete Vorleistungen so gering wie möglich zu halten, auf Allokationsverzerrungen am Markt hin. Es besteht jedenfalls die Möglichkeit einer durch diese Regelung bedingten Preisverzerrung der Endverbraucherpreise, welche sich in einer tatsäch-

erlast auf seinen Kunden überzuwälzen. Einschränkend weisen sie darauf hin, dass selbst bei Gelingen der Überwälzung im dargestellten Maße eine Subventionswirkung aufgrund des Mengeneffekts unsicher sei.

[1253] Das Beispiel von *Riegler,* UR 2015, S. 337, ist nicht zielführend, da er die tatsächliche Vorsteuerbelastung des Landwirts, die entscheidend dafür ist, ob eine Subventions- oder Belastungswirkung eintritt, außer Acht lässt.

[1254] BVerfG, Beschluss v. 29.10.1999, 2 BvR 1264/90, Heileurythmisten, BVerfGE 101, S. 132; BVerfG, Beschluss v. 10.11.1999, 2 BvR 2861/93, Schwarzwaldklinik, BVerfGE 101, S. 151; BVerfG, Nichtannahmebeschluss v. 31.05.2007, 1 BvR 1316/04, Schwarzwaldklinik II, HFR 2007, S. 1028; *Nieskens,* UR 2003, S. 317.

[1255] Vgl. *Riegler,* UR 2015, S. 333, der darlegt, dass mit zunehmender Investitionsquote der Vorteil der Pauschalversteuerung abnimmt.

lich nicht proportional zum Preis bestehenden Umsatzsteuerbelastung ausdrückt. Bei identischem Marktpreis eines Produkts ist zwar die nominale Steuerlast auf der Endverbraucherstufe gleich (z. B. 7 % aus dem Bruttopreis), jedoch könnte sich die tatsächlich im Preis verborgene Umsatzsteuerlast unterscheiden, was auf erfolgreich überwälzte, durch die Pauschalversteuerung verursachte Benachteiligungen zurückzuführen ist. Die Pauschalversteuerung verstößt somit gegen das Verbrauchsteuerprinzip, welches eine gleichmäßige Belastung der Konsumaufwendungen der Verbraucher erfordert.

(3) Fazit

Aufgrund der oben dargelegten Problematik liegt eine Verletzung des Prinzips der steuerlichen Neutralität vor, da die Umsatzsteuer aufgrund der Vorsteuerpauschalierung bei den Pauschalversteuerern nicht belastungsneutral, sondern begünstigend oder belastend wirkt. Hierdurch kommt es zu einer ungleichmäßigen Steuerbelastung des Endverbrauchers.

Durch die potenzielle Privilegierung werden die leistenden Unternehmer unterschiedlich behandelt und die ungleichmäßige Privilegierung geht zu Lasten des Steueraufkommens, auch wenn dies in der Gesamtbetrachtung durch die ‚benachteiligten' Landwirte ggf. kompensiert werden könnte. Allerdings ist aufgrund der bestehenden Optionsmöglichkeit zur Regelbesteuerung eher davon auszugehen, dass es sich unter dem Strich um eine ungenaue Subvention zu Lasten des Steueraufkommens handelt.[1256] Durch die Gesetzesänderungen wurde der Anwendungsbereich auf Unternehmen beschränkt, deren Gesamtumsatz i. S. d. § 19 Abs. 3 UStG im vorangegangenen Kalenderjahr nicht mehr als 600.000 EUR betragen hat[1257] und eine jährliche Ermittlung des Durchschnittssatzes auf Basis von makroökonomischen Daten eingeführt.[1258] Aufgrund des eingeschränkten Anwendungsbereichs und der regelmäßigen Anpassung des Durchschnittssatzes i. S. des § 24 Abs. 1 S. 1 Nr. 3 und Satz 3 UStG hat sich die Problematik zwar signifikant entschärft, die dargelegten Probleme bleiben jedoch innerhalb des beschränkten Anwendungsbereichs grundsätzlich bestehen. Die

[1256] Vgl. *Hummel,* UR 2009, S. 74; *Ismer* et al., Analyse und Bewertung der Strukturen, 2010, S. 207 f; *Englisch,* UR 2011, S. 409; *Englisch*, in: Tipke/Lang, Steuerrecht, 2020, S. 1223, § 17 Rn. 17.386; *Jungen/Köster/Schleep,* UR 2021, S. 134. In diesem Sinne auch die mathematische Analyse von *Jungen/Köster/Schleep,* UR 2021, S. 191, die bei Umsätzen an zum Vorsteuerabzug berechtigte Leistungsempfänger von einer Subventionswirkung von 1,2 % (10,7 - 9,5) des Umsatzes ausgeht. Diese Berechnung dürfte auch ursächlich für die Absenkung des Durchschnittssatzes i. S. des § 24 Abs. 1 S. 1 Nr. 3 und S. 3 UStG gewesen sein.

[1257] JStG 2020. v. 21.12.2020, BGBl. I S. 3096, gilt für Umsätze, die nach dem 31.12.2021 bewirkt werden.

[1258] Gesetz zur Umsetzung unionsrechtlicher Vorgaben im Umsatzsteuerrecht v. 21.12.2021, BGBl. I, S. 5250; Geltung ab 01.01.2022.

Sonderregelung ist daher weiterhin steuersystematisch verfehlt.[1259] Es wäre deshalb konsequent gewesen, diese Regelung ersatzlos zu streichen.[1260] Denn es handelt sich bei Art. 296 MwStSystRL lediglich um eine fakultative Vorgabe, anstatt der Klage der Kommission mit dem gerade erforderlichen Mindestmaß zu begegnen, um deren Rücknahme[1261] zu erwirken.

Selbst wenn man unterstellt, die verbleibenden materiellen Wirkungen seien marginal und bei einer Pauschalierung hinzunehmen, muss die Frage gestellt werden, weshalb an Land- bzw. Forstwirte geringere Anforderungen zu stellen sind, um eine Vereinfachung bei den Aufzeichnungspflichten[1262] zu erreichen, als an die Masse der Steuerpflichtigen. Dies gilt vor allem dann, wenn aufgrund von vorhandenen Aufzeichnungen (Buchführung oder Einnahmen-Überschuss-Rechnung) allein für umsatzsteuerliche Zwecke überhaupt keine nennenswerte Erleichterung mehr erzielt wird, da die für die allgemeine Versteuerung der Umsätze benötigten Informationen ohnehin vorhanden sind.[1263] Aus Gründen der Wettbewerbsneutralität ist eine Begünstigung der Land- und Forstwirte abzulehnen, denn der ersparte Verwaltungsaufwand ist überschaubar, wäre zumutbar und steht in keinem Verhältnis zu potenziell immer noch bestehenden materiellen Begünstigungen und einer daraus resultierenden ungleichmäßigen Besteuerung des Endverbrauchs.[1264] Die Regelung ist aus der Zeit gefallen und wird daher zu Recht als Anachronismus bezeichnet, da die ursprünglichen, die Regelung tragenden Vereinfachungsgründe weitgehend entfallen sind und ein Weiterbestehen mithin unverhältnismäßig ist.[1265]

[1259] Vgl. *Nieskens,* UR 2003, S. 317.

[1260] A. A. *Riegler,* UR 2015, S. 338.

[1261] EuGH, Beschluss v. 11.03.2022, C-57/20, Kommission / Deutschland, ECLI:EU:C:2022:229.

[1262] Vgl. zu den organisatorischen Vorteilen der Pauschalregelung *Riegler,* UR 2015, S. 329.

[1263] Dies ist war nach einer Erhebung des Jahres 2016 bei 74 % der Betriebe der Fall, vgl. Bericht des Bundesrechnungshofs an das BMF über die Durchschnittssatzbesteuerung, 2019, S. 16. Auch wenn aufgrund der eingeführten Umsatzschwelle dieser Prozentsatz geringer ausfallen sollte, besteht bei den verbleibenden Betrieben, mit entsprechenden Aufzeichnungen, keinerlei Vereinfachungsbedarf.

[1264] Vgl. *Ismer* et al., DStR 2010, S. 1973; *Englisch,* in: Tipke/Lang, Steuerrecht, 2020, S. 1223, § 17 Rn. 17.386.

[1265] Vgl. *Ismer* et al., Analyse und Bewertung der Strukturen, 2010, S. 16.

bb) Margenbesteuerung bei Reiseleistungen

(1) Zielsetzung

Reiseleistungen sind nach gesetzlicher Definition Leistungen eines Unternehmers, soweit er gegenüber dem Leistungsempfänger[1266] im eigenen Namen auftritt und Reisevorleistungen in Anspruch nimmt.[1267] Oftmals handelt es sich um Unternehmer, die sämtliche für eine Reise erforderliche Ressourcen (z. B. Transfer, Unterkunft und Verpflegung) von Dritten als Reisevorleistungen[1268] beziehen.

Bei der Besteuerung von Reiseleistungen kommt zur Herstellung der Belastungsneutralität bei dem die Reisevorleistungen empfangenden Unternehmer anstatt des Vorsteuerabzugs die Vorumsatzmethode zur Anwendung.[1269] Bei der Vorumsatzmethode wird zur Ermittlung der Bemessungsgrundlage der Vorumsatz abgezogen, sodass auch in diesem Fall lediglich die Wertschöpfung des die Reiseleistung ausführenden Unternehmers mit Umsatzsteuer belastet wird.[1270] Im Prinzip gibt es keinen Ausschluss von Umsätzen beim Vorumsatzabzug. Beim Vorumsatzabzug sind grundsätzlich auch die nicht mit Vorsteuer belasteten Kosten zum Abzug zu bringen.[1271] Im Gegensatz zum Vorsteuerabzug tritt mithin keine „Nachversteuerung" der nicht mit Vorsteuer belasteten Aufwendungen ein. Aus der Differenz des vom Leistungsempfänger vereinnahmten Preises und den Reisevorleistungen ist die Umsatzsteuer herauszurechnen. Erbringt der die Leistung ausführende Unternehmer jedoch Leistungen aus eigenen Mitteln, so ist der Anteil des Entgelts, der auf den Anteil dieser Eigenleistungen entfällt, bei der Ermittlung der Bemessungsgrundlage gem. § 25 UStG auszuscheiden.[1272]

[1266] Aufgrund der Unvereinbarkeit mit Unionsrecht wurde die deutsche Regelung mit Wirkung v. 18.12.2019 auf B2B-Fälle ausgedehnt und die bisher zulässige Gesamtmargenbildung gestrichen, vgl. Gesetzentwurf der Bundesregierung, BR-Drs. 356/19, S. 158. Ursächlich war das von der Kommission gegen Deutschland geführte Vertragsverletzungsverfahren: EuGH, Urteil v. 08.02.2018, C-380/16, Kommission / Deutschland, ECLI:EU:C:2018:76.

[1267] § 25 Abs. 1 S. 1 UStG. Davon zu unterscheiden sind die Fälle, in denen der Unternehmer lediglich als Vermittler agiert, also den Vertragsschluss zwischen dem Reisenden und einem Reiseanbieter vermittelt.

[1268] Reisevorleistungen sind gem. § 25 Abs. 1 S. 5 UStG Lieferungen und sonstige Leistungen, die den Reisenden unmittelbar zugutekommen.

[1269] Vgl. *Lippross,* Umsatzsteuer, 2022, S. 1313.

[1270] Vgl. *Andel,* Finanzwissenschaft, 1998, S. 356.

[1271] In diesem Sinne auch *Wenzel*, in: Rau/Dürrwächter, UStG, 2023, § 25 Rn. 21; KPMG, TAXUD/2016/AO-05, 2016, S. 58.

[1272] Vgl. EuGH, Urteil v. 22.10.1998, C-308/96 und C-94/97, Madgett u. Baldwin, Slg. 1998 I-6229; *Raudszus/Grebe,* UStB 2020, S. 58, Abschn. 25.3 Abs. 2 UStAE.

Die gegenüber dem Leistungsempfänger erbrachte Reiseleistung gilt als einheitliche Leistung, die am Ort des leistenden Unternehmers der Besteuerung unterliegt.[1273] Durch diese Vereinfachung soll vermieden werden, dass sich der Unternehmer in den Mitgliedstaaten, in denen die Reisen tatsächlich bewirkt werden, umsatzsteuerlich erfassen lassen und Erklärungen abgeben muss.[1274]

(2) Belastungswirkung

Durch den Vorumsatzabzug bleiben die Reisevorleistungen mit der Umsatzsteuer des Landes belastet, in dem die Reise bewirkt wurde (Bestimmungsland). Die Wertschöpfung des die Reiseleistung erbringenden Unternehmers wird hingegen am Ort seines Sitzes und somit im Ursprungsland besteuert.[1275] Mithin kommt es zu einer Aufteilung der Besteuerung auf Bestimmungs- und Ursprungsland. Die Umsatzsteuerbelastung des Verbrauchers ist insoweit ungleichmäßig, als sich bei identischem Reiseland die Umsatzsteuerbelastung, die auf der Wertschöpfung des die Reiseleistung erbringenden Unternehmers (Reiseveranstalter) entfällt, je nach Ansässigkeit des Reiseveranstalters unterscheidet. Dies stellt eine Durchbrechung des sonst üblichen Bestimmungslandprinzips dar, die sich jedoch in diesem Anwendungsfall vor dem Hintergrund des Vereinfachungszwecks, dem Wegfall von umsatzsteuerlichen Registrierungs- und Deklarationsverpflichtungen des Reiseveranstalters im Bestimmungsland, rechtfertigen lassen dürfte.

Allerdings ergeben sich darüber hinaus weitere Verzerrungen. Nach der Rechtsprechung des Gerichtshofs unterliegt auch der An- und Verkauf von Beherbergungsleistungen der Margenbesteuerung.[1276] Dabei kommt der in vielen Mitgliedstaaten für Beherbergungsleistungen übliche ermäßigte Steuersatz auf-

---

[1273] § 25 Abs. 1 S. 4 UStG.

[1274] EuGH, Urteil v. 26.09.2013, C-189/11, Kommission / Spanien, Rn. 58-59; *Huschens*, in: Küffner/Zugmaier, UStG, 2023, § 25 Rn. 1; *Brandl*, in: Bunjes/Geist, UStG, 2023, § 25 Rn. 1.

[1275] Im Ergebnis wird der Reiseveranstalter ähnlich wie ein Vermittler behandelt, da ausschließlich seine Marge der Besteuerung unterliegt, vgl. *Vobbe,* UR 2021, S. 806.

[1276] EuGH, Urteil v. 12.11.1992, C-163/91, Van Ginkel, Slg. 1992 I-5723; EuGH, Urteil v. 09.12.2010, C-31/10, Minerva Kulturreisen GmbH, Slg. 2010, I-12889. Bereits eine Überlassung einer Unterkunft mit geringfügigen Nebenleistungen fällt unter den Anwendungsbereich der Margenbesteuerung: EuGH, ECLI:EU:C:2018:1032 v. 19.12.2018, C-552/17, Alpenchalets Resorts GmbH. Liegt nur eine einzige Reisevorleistung vor, wenden einige Mitgliedstaaten die Margenbesteuerung nicht an, wenn nicht zumindest eine zusätzliche Buchungs- und Informationsdienstleistung erbracht wird. Mithin ist die Rechtsanwendung uneinheitlich, vgl. *Tarhova/ Yoncheva,* Int. VAT Monitor 2020, S. 207. Allerdings hat der EuGH, Urt. v. 29.06.2023, C-108/22, Dyrektor Krajowej Informacji Skarbowej, ECLI:EU:C:2023:522, entschieden, dass bereits der An- und Verkauf von Beherbergungsleistungen ohne zusätzliche Dienstleistungen durch einen Unternehmer im eigenen Namen in den Anwendungsbereich der Margenbesteuerung fällt.

grund des besonderen Besteuerungsverfahrens nicht zur Anwendung.[1277] Abgemildert wird dieser Effekt durch den Umstand, dass der Regelsteuersatz lediglich auf die Wertschöpfung des Reiseveranstalters und nicht auf die gesamte Wertschöpfung Anwendung findet. Überzeugend ist es jedoch nicht, wenn in diesem Fall nicht die allgemeinen Regeln zur Haupt- und Nebenleistung Anwendung finden. Denn der Leistungsanteil des Reiseveranstalters im Ursprungsland an der Gesamtleistung ist im Verhältnis zur Beherbergung sowohl qualitativ als auch quantitativ geringfügig, weshalb die Anwendung des ermäßigten Steuersatzes auf die Marge des Reiseveranstalters geboten wäre, sofern das Ursprungsland für Beherbergungen den ermäßigten Steuersatz vorsieht. Durch die abweichende Sichtweise werden für den Verbraucher wesentlich gleiche Leistungen aufgrund des Vertriebswegs unterschiedlich belastet.[1278] Dies ist vor dem Hintergrund des Vereinfachungszwecks jedoch nicht erforderlich und lässt sich daher mit dieser Begründung nicht überzeugend rechtfertigen.[1279]

Die gravierendsten Auswirkungen der Sonderregelung ergeben sich jedoch im B2B-Bereich. Bezieht ein Leistungsempfänger die Leistung von einem Reiseveranstalter für unternehmerische Zwecke, hat er aus der Leistung keinen Vorsteuerabzug, da der Ausweis der Steuer in der Rechnung nicht vorgesehen ist.[1280] Ob aus dem Wortlaut des § 14a Abs. 6 S. 2 UStG tatsächlich geschlossen werden muss, dass ein Steuerausweis nicht zulässig ist, ist zumindest zweifelhaft.[1281] Allerdings kann diese Frage aus praktischen Gründen dahinstehen, da es nicht im Interesse der Reiseveranstalter sein dürfte, mit einem Steuerausweis gleichzeitig ihre Marge offenzulegen.

Das größere Problem besteht darin, dass nicht lediglich die Vorsteuer, die auf die Wertschöpfung des Reiseveranstalters entfällt, nicht abgezogen werden kann, sondern auch die in den Reisevorleistungen enthaltene Steuerbelastung definitiv

---

[1277] Vgl. KPMG, TAXUD/2016/AO-05, 2016, S. 58; EuGH, ECLI:EU:C:2018:1032 v. 19.12.2018, C-552/17, Alpenchalets Resorts GmbH; *Sterzinger,* UR 2020, S. 19.

[1278] Vgl. *Grambeck,* MwStR 2017, S. 950. Durch die Versagung der Anwendung des ermäßigten Steuersatzes liegt ein Verstoß gegen die Wettbewerbsneutralität vor, vgl. 7. Erwägungsgrund der MwStSystRL.

[1279] Generalanwalt Bobek räumt die Ungleichbehandlung zwar ein, sieht diese jedoch als notwendiges Übel von Vereinfachungsregeln. Weshalb diese unterschiedliche Behandlung aufgrund des Vereinfachungszwecks erforderlich ist, begründet er nicht: EuGH, Schlussanträge des GA Bobek v. 05.09.2018, C-552/17, Alpenchalets Resorts GmbH, Nr. 75 u. 76.

[1280] Vgl. *Raudszus/Grebe,* UStB 2020, S. 61.

[1281] Vgl. *Grambeck,* StuB 2022, S. 69. Die Rechnungsstellungsvorschriften sind in den Mitgliedstaaten diesbezüglich uneinheitlich, vgl: *Tarhova/Yoncheva,* Int. VAT Monitor 2020, S. 208. Nach deutscher Verwaltungsauffassung wäre ein Steuerausweis unzulässig und der Vorsteuerabzug aus einer solchen Rechnung ausgeschlossen, vgl. *Sterzinger,* UR 2020, S. 19, der bei Vornahme eines Steuerausweises unter Verweis auf Abschn. 14a.1 Abs. 10 UStAE von einer Steuerschuld gem. § 14c UStG ausgeht.

bleibt. So fließt die gesamte Reiseleistung inklusive der enthaltenen Umsatzsteuer kalkulatorisch in die Ausgangsleistungen des unternehmerischen Leistungsempfängers ein und wird dort erneut, mangels Vorsteuerabzug, mit Umsatzsteuer belastet.[1282] Die nicht abzugsfähige Vorsteuer verteuert somit den Vertriebsweg über Reisebüros/Reiseveranstalter, die Reisen im eigenen Namen anbieten und führt zu einer den Wettbewerb verzerrenden Preisbeeinflussung.[1283]

Dieses Grundproblem ergibt sich bei sämtlichen Leistungsbezügen für den unternehmerischen Bereich, wobei insbesondere die Frage der Anwendung der Margenbesteuerung im Veranstaltungsbereich (Konferenzen, Messen und Ausstellungen) von den Mitgliedstaaten uneinheitlich beantwortet wird.[1284] Jedenfalls nimmt die deutsche Finanzverwaltung im Zusammenhang mit der Einräumung von Eintrittsberechtigungen erbrachte Beförderungs-, Verpflegungs- und Beherbergungsleistungen, die vom Veranstalter als einheitliche Leistung erbracht werden, von der Margenbesteuerung aus.[1285] Allerdings ist nicht klar, ob dies – wie der Wortlaut suggeriert – lediglich für Leistungen des Veranstalters gelten soll, oder auch für den Unternehmer, der beispielsweise für Kunden oder Mitarbeiter von Konzerngesellschaften die Teilnahme an der Veranstaltung organisiert.[1286]

Die Ausführungen Deutschlands im Vertragsverletzungsverfahren, in denen ausdrücklich auf die Neutralitätsverletzung durch Mehrfachbelastung mit Umsatzsteuer[1287] und die zu vermutenden Ausweichhandlungen des direkten Erwerbs der Reisevorleistungen durch Unternehmenskunden eingegangen wurde,[1288] konnten den Gerichtshof nicht überzeugen. Der EuGH räumte den Systembruch zwar ein, sieht in diesem jedoch eine durch den Unionsgesetzgeber bewusst geschaffene Ausnahme, worin wohl gleichzeitig die Legitimation des Systembruchs zu sehen ist, ohne diesen selbst einer Verhältnismäßigkeitsprüfung zu unterziehen.

1282 *Sterzinger,* UR 2020, S. 19, sieht eine Definitivbelastung hinsichtlich der in den Reisevorleistungen enthaltenen Umsatzsteuer und ebenso in der Umsatzsteuer, die auf die Wertschöpfung des Reiseveranstalters entfällt.

1283 Der Vergleich einer direkten Hotelbuchung und einer Buchung über ein Reisebüro legt die Problematik offen, dass das eigentlich günstigere Angebot des Reisebüros aufgrund der nachteiligen steuerlichen Behandlung künstlich verteuert und somit für den Leistungsempfänger unattraktiv wird. Vgl. KPMG, TAXUD/2016/AO-05, 2016, S. 57; *Raudszus/Grebe,* UStB 2020, S. 61; *Grambeck,* MwStR 2017, S. 947.

1284 Vgl. *Tarhova/Yoncheva,* Int. VAT Monitor 2020, S. 207.

1285 Vgl. Abschn. 25.1 Abs. 2 S. 6 UStAE.

1286 Vgl. *Grambeck,* StuB 2022, S. 69.

1287 EuGH, Urteil v. 08.02.2018, C-380/16, Kommission / Deutschland, ECLI:EU:C:2018:76, Rn. 27.

1288 EuGH, Urteil v. 08.02.2018, C-380/16, Kommission / Deutschland, ECLI:EU:C:2018:76, Rn. 30.

Der mit der Regelung erreichte Vereinfachungszweck wird nicht mit den vorgenannten Nachteilen abgewogen, sondern als ultimative Rechtfertigung desselben angesehen.[1289] Denn beim Grundsatz der steuerlichen Neutralität handle es sich um keine Regel des Primärrechts, weshalb keine Abwägung vorzunehmen sei, sondern lediglich um einen Auslegungsgrundsatz.[1290] Diese Sichtweise ist problematisch, weil sie den Unionsgesetzgeber nicht zu einer möglichst systemkonformen Rechtsetzung anhält, bei der Ausnahmen sorgfältig abgewogen werden müssen. Vor allem sollte hierbei das Augenmerk darauf liegen, eine möglichst systemkonforme oder zumindest eine das System möglichst wenig beeinträchtigende Lösung zu finden, mit der das angestrebte Ziel ebenfalls erreicht werden könnte.[1291] Darunter leidet die Qualität des Rechts und vielfältigen, mitunter komplizierten und die Neutralität verletzenden Ausnahmen wird nicht Einhalt geboten. Neben den nachteiligen, neutralitätsverletzenden und wettbewerbsverzerrenden Effekten führt dies zu Umgehungsbestrebungen auf Ebene einzelner Mitgliedstaaten und somit zu einer uneinheitlichen Rechtsanwendung.[1292]

Auch die vom Gerichtshof vorgesehene Margenberechnung ist unter Neutralitätsgesichtspunkten problematisch. Das Verbot der Ermittlung der Marge als Globalmarge,[1293] führt im Fall von negativen Einzelmargen zur Versagung einer Kompensation durch die positiven Margen aus anderen Reiseleistungen. Eine negative Einzelmarge aus defizitären einzelnen Reiseleistungen würde zu einer negativen Umsatzsteuer führen, die die Umsatzsteuer aus den positiven Margen in sachgerechter Weise entsprechend mindert.[1294] Vergleichbar wäre im Fall der regulären Besteuerung ein Vorsteuerüberhang. Es ist ein anerkannter Grundsatz, dass auch der erfolglose Unternehmer zum Vorsteuerabzug berechtigt ist.[1295]

[1289] EuGH, Urteil v. 08.02.2018, C-380/16, Kommission / Deutschland, ECLI:EU:C:2018:76, Rn. 53–54.

[1290] EuGH, Urteil v. 08.02.2018, C-380/16, Kommission / Deutschland, ECLI:EU:C:2018:76, Rn. 58; EuGH, Urteil v. 19.07.2012, C-44/11, Deutsche Bank, ECLI:EU:C:2012:484, Rn. 45.

[1291] In diesem Zusammenhang ist nicht lediglich an neue Regelungen zu denken, deren Schaffung aufgrund von Art. 113 AEUV ohnehin nur einstimmig erfolgen kann, sondern vor allem an bestehende Regelungen, die aufgrund der Einstimmigkeitsproblematik schwer zu ändern sind, oftmals historisch im Umsatzsteuerrecht der Mitgliedstaaten verwurzelt sind und in das Mehrwertsteuersystem übernommen wurden. Ohne eine Verwerfung durch den Gerichtshof mangels Primärrechtskonformität werden systemgerechte Alternativen zu bestehenden Regelungen zum Opfer der Partikularinteressen der Mitgliedstaaten, bzw. der sich dahinter verbergenden Lobbyisten.

[1292] Vgl. *Tarhova/Yoncheva,* Int. VAT Monitor 2020, S. 208.

[1293] Vgl. EuGH, Urteil v. 26.09.2013, C-189/11, Kommission / Spanien; EuGH, Urteil v. 08.02.2018, C-380/16, Kommission / Deutschland, ECLI:EU:C:2018:76.

[1294] Vgl. *Grambeck,* MwStR 2017, S. 947.

[1295] Vgl. EuGH, Urteil v. 29.02.1996, C-110/94, Inzo, Slg. 1996, I-857, wenn dies wie im Urteilsfall bereits dann gilt, wenn es noch nicht einmal zur Aufnahme der wirtschaftlichen Tätig-

Weshalb dieses Prinzip in abgewandelter Form nicht ebenfalls im besonderen Besteuerungsregime gelten soll, dürfte auf fiskalische Gründe zurückzuführen sein. Konsequent ist es jedenfalls nicht und zur Zielerreichung der Vereinfachung der Besteuerung für den Reiseveranstalter nicht erforderlich, sondern sogar abträglich.

Im Drittland ansässige Unternehmer ohne feste Niederlassung in der EU sollen nach der deutschen Verwaltungsauffassung[1296] von der Margenbesteuerung ausgeschlossen sein.[1297] Für sie kommen die allgemeinen Vorschriften über die Regelbesteuerung zur Anwendung, was regelmäßig eine Besteuerung der Reiseleistung mit Registrierungs- und Deklarationsverpflichtung in dem Mitgliedstaat zur Folge hat, in dem die Reise ausgeführt wurde (Bestimmungsland).[1298] Dies kann im B2B-Bereich für den Drittlandsunternehmer vorteilhaft sein, da es für den Leistungsempfänger zu keiner Definitivbelastung mit Umsatzsteuer kommt, da dieser den Vorsteuerabzug unter den allgemeinen Voraussetzungen geltend machen kann. Bezieht der Drittlandsunternehmer hingegen der Margenbesteuerung unterliegende Reiseleistungen als Vorleistungen, kommt es mangels Vorsteuerabzugsmöglichkeit zu einer Doppelbelastung mit Umsatzsteuer, da er auf seine gesamte Ausgangsleistung Umsatzsteuer abzuführen hat.[1299] Erbringt ein Drittlandsunternehmer eine Beherbergungsleistung, die er von einem Hotel in der EU einkauft, kommt er in den Genuss des ermäßigten Steuersatzes. Dies stellt einen Wettbewerbsnachteil für in der EU ansässige Reiseveranstalter dar, deren Anteil an der Gesamtleistung mit dem Regelsteuersatz belastet wird.[1300] Diese Ungleichbehandlung der leistenden Unternehmer führt zu Preisvorteilen bzw. -nachteilen und mündet in eine ungleichmäßige Steuerbelastung der Verbraucher.[1301]

---

keit kommt, sollte es erst recht gelten, wenn einzelne Reiseleistungen defizitär sind, es sei denn, das Defizit wäre außerunternehmerisch veranlasst. Zur Asymmetrie der Steuer auf Eingangs- und Ausgangsleistungen siehe *Nieskens*, in: UmsatzsteuerForum e.V./Bundesministerium der Finanzen, Festschrift 100 Jahre Umsatzsteuer, 2018, S. 77–105.

[1296] Abschn 25.1 Abs. 1 S. 5 UStAE. Allerdings besteht eine Nichtbeanstandungsregelung, die vorsieht, dass für bis zum 31.12.2023 erbrachte Reiseleistungen die Margenbesteuerung für Drittlandsunternehmer gilt, vgl. BMF-Schreiben v. 12.12.2022, III C 2-S 7419/19/10002:004, BStBl I 2022, S. 1682. Diese Nichtbeanstandungsregelung wurde mit BMF-Schreiben v. 27.06.2023, III C 2 – S 7419/19/10002 :004, BStBl I 2023, S. 1124 für bis zum 31.12.2026 erbrachte Reiseleistungen verlängert.

[1297] Eine Ungleichbehandlung von EU- und Nicht-EU-Anbietern scheint auch in anderen Mitgliedstaaten der EU zu erfolgen, vgl. *Tarhova/Yoncheva,* Int. VAT Monitor 2020, S. 208.

[1298] Vgl. *Möser,* MwStR 2021, S. 315.

[1299] Vgl. *Müller-Hansen,* UR 2021, S. 252.

[1300] Vgl. *Vobbe,* UR 2021, S. 811.

[1301] Vgl. *Müller-Hansen,* UR 2021, S. 251.

Das FG Niedersachsen hatte in einem Verfahren über die Aussetzung der Vollziehung darüber zu entscheiden, ob die Sonderregelung für die Besteuerung von Reiseleistungen nach § 25 UStG auch für Unternehmer gilt, die im Drittlandsgebiet ansässig sind und im Gemeinschaftsgebiet keine feste Niederlassung unterhalten.[1302] Das FG konnte in der Regelung des Art. 307 Satz 2 MwStSystRL keine Beschränkung des Anwendungsbereichs auf Unternehmer mit Sitz oder Betriebsstätte in der EU erkennen. Die Regelung sei vielmehr eine Folge des räumlichen Anwendungsbereichs der Mehrwertsteuersystemrichtlinie.[1303] Aus der Rechtsprechung des Gerichtshofs geht hervor, dass es sich bei der Differenzbesteuerung nicht um eine unternehmensbezogene, sondern um eine umsatzbezogene Sonderregelung handelt.[1304] Der der Regelung zugrunde liegende Vereinfachungszweck sollte daher auch für Drittlandsunternehmer gelten, die unter Inanspruchnahme von Reisevorleistungen im eigenen Namen Reiseleistungen in der EU erbringen. Die daraus resultierende Nichtbesteuerung mangels Steuerbarkeit, sei lediglich Ausfluss des Territorialitätsprinzips, widerspreche nicht dem Regelungszweck und sei daher nicht zu beanstanden.[1305]

Die Lösung des FG entspricht dem Neutralitätsgrundsatz, da sie konkurrierende Unternehmer unabhängig von ihrem Sitz gleich behandelt. Sofern der Sitzstaat im Drittland die Wertschöpfung des Reiseveranstalters nicht mit Mehrwertsteuer belastet, hat dieser einen Wettbewerbsvorteil auf dem EU-Markt. Gleichzeitig zeigt dieses Ergebnis die Defizite dieses Besteuerungsregimes auf, da nicht wie üblich auf das Bestimmungslandprinzip abgestellt wird. Würden alle Leistungen an dem Ort besteuert, an dem die Reise überwiegend genutzt und verwertet wird, ergäben sich auch keine unterschiedlichen Besteuerungsfolgen je nach Ansässigkeit des Reiseanbieters.[1306]

(3) Fazit

Die aufgezeigten Neutralitätsverletzungen und praktischen Schwierigkeiten sind schwerwiegend. Im Gegensatz zum Besteuerungsregime der Durchschnittssätze hat der der Margenbesteuerung zugrundeliegende Vereinfachungszweck jedoch eine Berechtigung. Mithin kommt eine Streichung der Regelung und ein Übergang zu den allgemeinen Besteuerungsregeln nicht als tragbare Alternative in Betracht. Eine alternative Regelung sollte entscheidungsneutral sein, Wett-

[1302] FG Niedersachsen, Beschluss v. 17.11.2022, 5 V 97/22, EFG 2023, S. 373.

[1303] FG Niedersachsen, Beschluss v. 17.11.2022, 5 V 97/22, EFG 2023, S. 373, Rn. 46.

[1304] FG Niedersachsen, Beschluss v. 17.11.2022, 5 V 97/22, EFG 2023, S. 373, Rn. 47; EuGH, Urt. v. 22.10.1998, C-308/96 u. C-94/97, Madgett u. Baldwin, Slg. 1998 I-6229, Rn. 20–22. Denn die Wettbewerbsneutralität gebietet es auf die Gleichartigkeit der Umsätze abzustellen.

[1305] FG Niedersachsen, Beschluss v. 17.11.2022, 5 V 97/22, EFG 2023, S. 373, Rn. 52.

[1306] Siehe Kapitel 4: A. III. 2. b).

bewerbsverzerrungen vermeiden, die unternehmerische Verwendung von Reiseleistungen nicht mit Umsatzsteuer belasten und für die betroffenen „Reiseunternehmer“ hinsichtlich der Administration handhabbar sein. Der nach Darstellung der Differenzbesteuerung nachfolgende Vorschlag einer neutralitätskonformen Tarifgestaltung wird versuchen, Möglichkeiten einer mit den vorgenannten Kriterien in Einklang stehenden Regelung aufzuzeigen.[1307]

cc) Differenzbesteuerung

(1) Zielsetzung

Der Anwendungsbereich der Differenzbesteuerung erstreckt sich auf den Verkauf von Gebrauchtwaren[1308], Kunstgegenständen, Sammlungsstücken und Antiquitäten durch einen steuerpflichtigen Wiederverkäufer, sofern der Erwerb des Wiederverkäufers entweder nicht der Umsatzsteuer[1309] oder ebenfalls der Differenzbesteuerung unterlag. Ermittelt wird die Bemessungsgrundlage wie bei der Margenbesteuerung durch Abzug des Vorumsatzes.[1310] Da der Ankauf nicht der regulären Besteuerung unterlag, war ein Vorsteuerabzug nicht möglich, weshalb ohne Existenz einer Sonderregelung nicht lediglich die Wertschöpfung des Wiederverkäufers, sondern auch seine unmittelbare Vorleistung mit Umsatzsteuer belastet würde. Davon ausgehend, dass die Ware beim erstmaligen in Verkehr bringen mit Umsatzsteuer belastet war, erfolgt durch den Vorumsatzabzug eine pauschale Entlastung, sodass im Ergebnis lediglich die Wertschöpfung des Wiederverkäufers mit Umsatzsteuer belastet wird. Als Zweck der Regelung wird daher vielfach die Vermeidung einer Doppel- oder Mehrfachbesteuerung genannt.[1311]

Stadie sieht diese Auffassung als steuersystematisch verfehlt an, da der jeweilige Aufwand, den der Verbraucher tätigt, maßgebend für die Besteuerung sei, ungeachtet dessen, ob sich der die Lieferung ausführende Unternehmer von einer im von ihm erworbenen Gegenstand ruhenden Restmehrwertsteuer entlas-

---

[1307] Siehe Kapitel 4: B. III. 2. b).

[1308] Diese Einschränkung des Art. 314 MwStSystRL findet sich nicht in § 25a UStG, da dort lediglich von beweglichen körperlichen Gegenständen die Rede ist. Allerdings dürfte rein faktisch der Anwendungsbereich durch diesen Unterschied nicht nennenswert ausgedehnt werden, da die meisten Neuwaren von steuerpflichtigen Unternehmern geliefert werden, weshalb hierauf nicht weiter eingegangen wird.

[1309] Weil für die Lieferung keine Umsatzsteuer geschuldet oder aufgrund § 19 UStG keine Umsatzsteuer erhoben wurde (§ 25a Abs. 1 Nr. 2 UStG).

[1310] Vgl. *Lippross,* Umsatzsteuer, 2022, S. 1331.

[1311] Vgl. Beschlußempfehlung und Bericht des Finanzausschusses, BT-Drs. 11/6174, 7; 18; *Wäger*, in: Birkenfeld/Wäger, Umsatzsteuer-Handbuch, 2023, § 236 Rn. 1; *Oelmaier*, in: Sölch/Ringleb, UStG, 2023, § 25a Rn. 2; *Grebe*, in: Wäger, UStG, 2022, § 25a Rn. 2.

ten konnte oder nicht.[1312] Die MwStSystRL sieht jedoch im 51. Erwägungsgrund, wie der EuGH in der Rs. Förvaltnings AB Stenholmen noch entsprechend zur 6. RL hervorhebt, die Vermeidung der Doppelbesteuerung neben der Vermeidung von Wettbewerbsverzerrungen bei der Differenzbesteuerung als ausdrückliche Zielsetzung vor.[1313] Die Vermeidung von Wettbewerbsverzerrungen bzw. allgemein eine Besteuerung, die Wettbewerbsbedingungen nicht verfälscht,[1314] impliziert eine Gleichstellung von Privatverkäufern und der der Umsatzbesteuerung unterliegenden Händler[1315], da letztere ansonsten einen Wettbewerbsnachteil hätten.

(2) Belastungswirkung

Ohne Existenz der Sonderregelung würde der gesamte Verkaufspreis des Wiederverkäufers der Umsatzsteuer unterliegen. Da der Wiederverkäufer in Wettbewerb mit privaten Verkäufern steht, weil es einen großen Markt für Gebrauchtwaren z. B. auf Plattformen im Internet gibt, wäre der Wiederverkäufer gezwungen, seinen Preis zu Lasten seines Gewinns zu senken, um gegenüber den privaten Anbietern, die die Ware ohne Aufschlag von Umsatzsteuer veräußern, wettbewerbsfähig zu bleiben. Im Ergebnis bliebe er mit der verdeckt enthaltenen Umsatzsteuer, die der von ihm bezogenen Leistung innewohnt, definitiv belastet, soweit er diese aufgrund des Wettbewerbsdrucks nicht vorwälzen kann. Da dieses Szenario sehr wahrscheinlich und ohne Existenz einer Sonderregelung wohl die immanente Besteuerungsfolge wäre, ist in dieser Belastung des Wiederverkäufers eine Verletzung des Neutralitätsprinzips zu sehen.[1316] Alternativ könnte der Unternehmer, um diesem Nachteil auszuweichen, die Ware im fremden Namen und auf fremde Rechnung als Vermittler veräußern und hierfür einen

---

[1312] *Stadie*, in: Rau/Dürrwächter, UStG, 2023, § 25a Rn. 10; *Söhn,* StuW 1976, S. 30, hat bereits zum Kommissionsvorschlag angemerkt, dass die Meinungen hierzu im deutschen Schrifttum gespalten sind. Bereits damals gab es Stimmen, die eine endgültige Belastung, nachdem ein Gut in die Verbrauchssphäre übergegangen ist, befürworten, während andere eine Entlastung für geboten halten, wenn das Gut wieder in die unternehmerische Sphäre zurückgelangt.

[1313] EuGH, Urteil v. 01.04.2004, C-320/02, Förvaltnings AB Stenholmen, Slg. 2004, I-3524, Rn. 25.

[1314] Vgl. 4. Erwägungsgrund der MwStSystRL. Eine Besteuerung, die allgemein Wettbewerbsbedingungen nicht verfälschen soll, hat diesen Anspruch nicht lediglich auf die Gleichbehandlung der der Besteuerung unterliegenden Unternehmer zu beschränken, sondern ebenfalls die Entscheidungsneutralität zu achten, um rein steuerlich motivierte Alternativgestaltungen zu vermeiden und im Sinne der Zielsetzung einer allgemeinen Verbrauchsteuer die Belastungsneutralität der Unternehmer zu wahren.

[1315] *Stadie*, in: Rau/Dürrwächter, UStG, 2023, § 25a Rn. 13; *Grebe*, in: Wäger, UStG, 2022, § 25a Rn. 2.

[1316] Vgl. *Englisch*, in: Tipke/Lang, Steuerrecht, 2020, S. 1165, § 17 Rn. 17.263.

Prozentsatz vom Verkaufserlös als Provision einbehalten.[1317] Hieraus folgt die Notwendigkeit einer Sonderregelung, da ansonsten die Variante des Agenturgeschäfts (Vermittlungsleistung) gegenüber dem Eigenhandel in Fällen ohne Vorsteuerabzug stets vorzugswürdig wäre und das Umsatzsteuerrecht mithin nicht entscheidungsneutral wäre. Durch die Existenz der Sonderregelung kommt es zu einer umsatzsteuerlichen Gleichstellung des Eigenhandels/Kommissionsgeschäfts mit dem Agenturgeschäft[1318] und somit zur Herstellung einer entscheidungsneutralen Besteuerung.[1319] Ausweichgestaltungen aufgrund von unterschiedlichen Besteuerungsfolgen werden dadurch überflüssig.[1320]

Auch wenn es aufgrund der pauschalen Regelung zu einer Begünstigung des Wiederverkäufers kommen kann, z. B. (i) wenn tatsächlich in dem gehandelten Gut keine Vorbelastung mit Umsatzsteuer (in Form der Mehrwertsteuer) vorhanden ist,[1321] oder (ii) sich im Vergleich zur einstigen Umsatzsteuerbelastung Steuersatzerhöhungen ergeben haben, oder (iii) es im Vergleich zum einstigen mit Mehrwehrwertsteuer belasteten Neupreis zu einem signifikant über dem Neupreis liegenden Preis für die Gebrauchtwaren gekommen ist,[1322] dürfte dies, jedenfalls zumindest auf den letzten Punkt (iii) bezogen, nicht die Masse der Fälle betreffen. Derartige Effekte können jedoch bei Kunstgegenständen, Oldtimern oder Sammlungsstücken auftreten. Aus diesen Gründen lässt sich jedenfalls der Zweck der Steuerentlastung nicht per se in Frage stellen, da in allen übrigen Fällen keine Überkompensation des fehlenden Vorsteuerabzugs eintreten dürfte.[1323]

Aufgrund der Möglichkeit der Ermittlung der Bemessungsgrundlage anhand der Gesamtdifferenz[1324] können negative Einzelmargen – im Gegensatz zur Margenbesteuerung bei Reiseleistungen – umsatzsteuermindernd berücksichtigt werden. Diese Handhabung entspricht der Entlastung im Regelbesteuerungsverfahren, allerdings kommt es im Gegensatz dazu, bei einer negativen Gesamtdiffe-

[1317] Dieser Gestaltungsmöglichkeit wäre nur dann nicht zu folgen, wenn dem privaten Verkäufer, in dessen Namen die Ware veräußert wird, bereits von vorneherein ein fester Verkaufserlös zugesagt werden würde. In diesem Fall würde dieser keinerlei wirtschaftliches Risiko tragen und wirtschaftlich betrachtet doch ein Eigenhandel des Wiederverkäufers vorliegen. Siehe hierzu: BFH, Urteil v. 25.06.1987, V R 78/79, Kein Agenturgeschäft bei von vornherein vereinbartem Mindestverkaufspreis, BFHE 150, S. 205.

[1318] Vgl. *Stadie*, in: Rau/Dürrwächter, UStG, 2023, § 25a Rn. 25.

[1319] Vgl. Beschlußempfehlung und Bericht des Finanzausschusses, BT-Drs. 11/6174, S. 7.

[1320] Vgl. *Englisch*, in: Tipke/Lang, Steuerrecht, 2020, S. 1165, § 17 Rn. 17.263.

[1321] Vgl. *Stadie*, in: Rau/Dürrwächter, UStG, 2023, § 25a Rn. 24.

[1322] Vgl. *Stadie*, in: Rau/Dürrwächter, UStG, 2023, § 25a Rn. 23.

[1323] So jedoch *Stadie*, in: Rau/Dürrwächter, UStG, 2023, § 25a Rn. 24.

[1324] Vgl. Art. 318 MwStsystRL und § 25a Abs. 4 UStG. Im deutschen Recht gilt allerdings die Beschränkung auf Gegenstände, deren Einkaufspreis 500 EUR nicht übersteigt.

renz nicht zu einer Erstattung.[1325] In diesem Kontext muss berücksichtigt werden, dass es sich bei dem Vorumsatzabzug um eine pauschale Entlastung handelt, ungeachtet dessen, ob in dem Gegenstand tatsächlich eine verdeckte Steuerbelastung enthalten ist oder diese verdeckte Belastung tatsächlich deutlich geringer ausfällt, als es der Vorumsatzabzug proportional zum Einkaufspreis berücksichtigen würde. Daher ist es unter Aufkommensgesichtspunkten nachvollziehbar, dass es zu keiner Erstattung von negativen Einzelmargen kommen soll.

Der Anwendungsbereich der Differenzbesteuerung ist jedoch beschränkt auf Wiederverkäufer, auch wenn der Wiederverkauf ein Nebenzweck der eigentlichen Tätigkeit darstellen kann.[1326] Ob in Bezug auf den Gegenstand, für den die Anwendung der Differenzbesteuerung begehrt wird, der Wiederverkauf solcher Gegenstände zur üblichen Tätigkeit des Unternehmers gehören muss und keine reine Hilfstätigkeit vorliegen darf, ist unklar.[1327] In der Tendenz wird nicht bei der Veräußerung jedes Anlageguts eines Unternehmers, das dieser mit verdeckter Umsatzsteuerbelastung erworben hat, ein Anwendungsfall der Differenzbesteuerung vorliegen, denn ansonsten würde dem Begriff des Wiederverkäufers keine Bedeutung zukommen.[1328] In diesem Zusammenhang verweist *Englisch*[1329] jedoch auf die Rs. Bakcsi, deren Ergebnis dazu führt, dass Personenunternehmen durch eine nicht steuerbare Entnahme und eine anschließende Veräußerung im Privatvermögen der Besteuerung der Veräußerung entgehen können.[1330] Eine Anwendung der Differenzbesteuerung würde in einem solchen Fall (Verkauf im Rahmen des Unternehmens anstelle der Entnahme) regelmäßig zu einer negativen Marge führen. Dies dürfte mangels Verrechnungsmöglichkeit mit positiven Margen zum selben wirtschaftlichen Ergebnis führen, da in diesen Fällen regelmäßig keine Wiederverkäufereigenschaft vorliegt.

In den übrigen Fällen, in denen kraft Rechtsform keine Entnahme möglich ist, kann die Differenzbesteuerung keine Anwendung finden. Allerdings wird im Regelfall davon auszugehen sein, dass der Verkaufspreis deutlich unter dem Einkaufspreis liegt und der Nachteil der Besteuerung des Veräußerungserlöses somit nicht zu sehr ins Gewicht fallen dürfte. Daher ist die Beschränkung des Anwendungsbereichs aus Vereinfachungsgründen zu rechtfertigen.

Allerdings werden Gegenstände, die aus dem Drittland eingeführt und folglich mit Einfuhrumsatzsteuer belastet sind und Gegenstände, die innergemein-

[1325] Vgl. *Wäger*, in: Birkenfeld/Wäger, Umsatzsteuer-Handbuch, 2023, § 236 Rz. 80, der die fehlende Berücksichtigung von negativen Einzelmargen im Vergleich zum Regelbesteuerungsverfahren kritisiert.

[1326] EuGH, Urteil v. 08.12.2005, C-280/04, Jyske Finans A/S, Slg. 2005, I-10704, Rn. 44.

[1327] Vgl. *Wäger,* UR 2012, S. 142, der diese Anforderung zumindest bezweifelt.

[1328] Vgl.*Englisch*, in: Tipke/Lang, Steuerrecht, 2020, S. 1166, § 17 Rn. 17.264.

[1329] Vgl. *Englisch*, in: Tipke/Lang, Steuerrecht, 2020, S. 1166, § 17 Rn. 17.264.

[1330] EuGH, Urteil v. 08.03.2001, C-415/98, Bakcsi, Slg. 2001, I-1847.

schaftlich erworben wurden und folglich mit Erwerbsumsatzsteuer belastet sind, unterschiedlich behandelt.[1331]

Der EuGH hat entschieden, dass für Wiederverkäufer die Möglichkeit besteht, auch bei innergemeinschaftlich erworbenen Gegenständen die Differenzbesteuerung anzuwenden.[1332] Ein Recht, diese Erwerbssteuer bei Anwendung der Differenzbesteuerung als Vorsteuer abzuziehen, bestehe jedoch nicht.[1333] Allerdings dürfe die Erwerbssteuer im Gegensatz zur Einfuhrumsatzsteuer nicht als Bestandteil des Einkaufspreises gesehen werden und somit die Bemessungsgrundlage für die Differenzbesteuerung nicht mindern. Dies ergibt sich aus der Rechtsprechung des Gerichtshofs, die sich streng am Wortlaut der Richtlinie orientiert.[1334] Im Ergebnis kommt es somit zu einer Steuer auf die Erwerbssteuer, während die Einfuhrumsatzsteuer nicht zusätzlich mit Umsatzsteuer belastet wird, da sie nicht in die Bemessungsgrundlage der Differenzbesteuerung eingeht. Auch wenn diese Ungleichbehandlung im Vergleich zur Versagung der Anwendung der Margenbesteuerung bei innergemeinschaftlich bezogenen Gegenständen geringfügig ist, wäre eine Minderung der Bemessungsgrundlage unter Neutralitätsgesichtspunkten zu begrüßen.[1335]

Darüber hinaus ist zu beachten, dass der Einkaufspreis der vom Wiederverkäufer erworbenen Gegenstände in beiden Fällen gleichwohl zusätzlich zur Erwerbsumsatzsteuer oder Einfuhrumsatzsteuer mit verdeckter Umsatzsteuer belastet sein kann. Daher wäre in solchen Fällen eine Entlastung von der Erwerbs- oder Einfuhrumsatzsteuer geboten. Lediglich beim Erwerb von einem Wiederverkäufer entfällt die Erwerbsbesteuerung gem. § 25a Abs. 7 Nr. 2 UStG. In allen anderen Fällen bleibt es neben der Belastung der Marge mit Umsatzsteuer bei einer finalen Belastung des Einkaufspreises mit Umsatz- bzw. Einfuhrumsatzsteuer.[1336]

[1331] Vgl. *Streit/Schabert*, DStR 2023, S. 1842.

[1332] EuGH, Urteil v. 29.11.2018, C-264/17, Harry Mensing, ECLI:EU:C:2018:968, Rn. 39. Dem stand bisher die Regelung in § 25a Abs. 7 Nr. 1 UStG entgegen, wonach die Anwendung der Differenzbesteuerung davon abhängig ist, dass der Lieferer im übrigen Gemeinschaftsgebiet die Lieferung an den Erwerber ebenfalls der Differenzbesteuerung unterworfen hat. In diesem Fall entfällt die Besteuerung eines innergemeinschaftlichen Erwerbs.

[1333] EuGH, Urteil v. 29.11.2018, C-264/17, Harry Mensing, ECLI:EU:C:2018:968, Rn. 49.

[1334] EuGH, Urteil v. 13.07.2023, C-180/22, Harry Mensing II, ECLI:EU:C:2023:565, Rn. 30–34. Der Gerichtshof zieht sich auf den Standpunkt zurück, es handele sich bei dieser unterschiedlichen Behandlung um eine bewusste Entscheidung des Unionsgesetzgebers, weshalb eine weitere Auslegung entgegen dem Wortlaut nicht möglich sei, eine Änderung könne nur durch den Unionsgesetzgeber erfolgen.

[1335] Dies setzt jedoch eine Änderung der MwStSystRL voraus, vgl. EuGH, Urteil v. 13.07.2023, C-180/22, Harry Mensing II, ECLI:EU:C:2023:565, Rn. 30–34.

[1336] Eine vertiefte Erörterung muss aus Raumgründen unterbleiben, zumal die Auswirkungen dieser Ungleichbehandlung sich in Grenzen halten dürften.

	Differenzbesteuerung bei ig. Erwerb	Differenzbesteuerung bei Einfuhr	Regelbesteuerung
Einkaufspreis	100,00	100,00	100,00
Steuer auf Erwerb/Einfuhr 19 %	19,00	19,00	19,00
Verkaufspreis	150,00	150,00	150,00
Bemessungsgrundlage	50,00	31,00	150,00
Umsatzsteuer auf BMG	9,50	5,89	28,50
Vorsteuerabzug	-	-	19,00
Umsatzsteuer Zahllast	28,50	24,89	28,50

Abbildung 13: Unterschiede Differenzbesteuerung bei innergemeinschaftlichem Erwerb und Einfuhr[1337]

(3) Fazit

Die Differenzbesteuerung entlastet den Unternehmer von der potenziell im Preis verdeckt enthaltenen Umsatzsteuer, der zum Zwecke des Wiederverkaufs erworbenen Ware, sodass lediglich die Wertschöpfung des Wiederverkäufers der Umsatzsteuer unterliegt. Durch diese Regelung wird die Entscheidungsneutralität gewahrt, da das Agenturgeschäft als Alternative zum Eigenhandel/Kommissionsgeschäft nicht aus rein umsatzsteuerlichen Gründen vorzuziehen ist. Zudem werden steuerlich bedingte Preisbeeinflussungen aus Sicht der Verbraucher vermieden, da durch die Herstellung der Belastungsneutralität der Unternehmer keinen Vorwälzungsdruck verspürt, um sich von der verdeckten Umsatzsteuer zu entlasten. Auf diese Weise wird eine – bei erfolgreicher Vorwälzung der verdeckten Umsatzsteuer – mögliche Mehrfachbelastung der Wertschöpfung mit Umsatzsteuer auf der Verbraucherebene vermieden. Die Beschränkung der Sonderregelung auf Wiederverkäufer ist unter Neutralitätsgesichtspunkten nicht zwingend. Allerdings ist gerade im Bereich der Wiederverkäufer, im Hinblick auf eine entscheidungs- und wettbewerbsneutrale Besteuerung, eine Sonderregelung erforderlich. Im Übrigen, z. B. bei Verkauf von Gegenständen des Anlagevermögens durch andere Unternehmer, dürften im Regelfall negative Margen erzielt werden, was bei Anwendung der Margenbesteuerung zu einer Nichtbesteuerung führen würde. Insoweit verbleibt für Unternehmer, die keine Wiederverkäufer sind, für diese Hilfsgeschäfte ein Nachteil, der in der Besteuerung des gesamten Veräußerungserlöses liegt. Dieser Nachteil besteht jedoch lediglich bei einer Veräußerung an einen nicht zum Vorsteuerabzug berechtigten Erwerber, da anderenfalls die Umsatzsteuer beim Erwerber keine Kosten darstellt und mithin den Verkaufspreis nicht beeinflusst. Demnach ist die Regelung der Differenzbesteuerung unter Neutralitätsgesichtspunkten grundsätzlich nicht zu beanstanden.

[1337] Eigene Darstellung.

2. *Vorschlag zur neutralitätskonformen Tarifgestaltung*

a) Regelsteuersatz mit Freistellung des Existenzminimums

aa) Effiziente Tarifgestaltung

Die Anforderungen an den Tarif ergeben sich aus den übergeordneten Zielsetzungen der Effizienz und der Verteilungsgerechtigkeit.[1338] Im bisherigen Verlauf der Arbeit wurde festgestellt, dass Tarifdifferenzierungen aufgrund des Mangels an Entscheidungsneutralität zu Allokationsverzerrungen führen und daher ein einheitlicher Steuersatz die geringsten Auswirkungen auf die Gesamtwohlfahrt hat.[1339] Ebenso konnte festgehalten werden, dass sich die Tarifdifferenzierungen nicht mit dem Umverteilungsziel rechtfertigen lassen, da dieses durch den ermäßigten Steuersatz nicht oder zumindest unzureichend verwirklicht wird.[1340] Dieses Ergebnis spricht ebenfalls für die Anwendung eines einheitlichen Steuersatzes und das Erfordernis, sozialstaatlich gebotene Verteilungsaspekte auf andere Weise zu berücksichtigen.

Ein einheitlicher Steuersatz ist entscheidungsneutral. Verzerrungen der Konsumentscheidungen und daraus resultierende Wohlfahrtsverluste lassen sich ausschließen.[1341] Dies gilt in der Tendenz auch für Szenarien, die z. B. zwar keine vollständige Abschaffung von jeglichen Steuerbefreiungen oder weiterhin eine begrenzte Aufrechterhaltung des ermäßigten Steuersatzes z. B. für Grundnahrungsmittel vorsehen, jedoch zu einer stärkeren Vereinheitlichung auf einen Steuersatz neigen.[1342] Die größten Effizienzgewinne ließen sich bei einer Umstellung auf einen einheitlichen Steuersatz in den Ländern erzielen, in denen die größte Differenz zwischen den Steuersätzen besteht, was ebenfalls zu einer Verringerung der Vollzugskosten der Besteuerung führen dürfte.[1343] Während Reformüberlegungen[1344] in der EU in Richtung einer Mindestschwelle für die ermäßigten Steuersätze führten, deren Anwendung auf bestimmte Güter beschränkt ist,[1345] waren zumindest die Reformüberlegungen in der Schweiz fortschritt-

---

[1338] Vgl. *Pollak*, in: Neumark, Handbuch der Finanzwissenschaft Bd. 2, 1980, S. 258.
[1339] Siehe Kapitel 3: D. II. 1. b) dd).
[1340] Siehe Kapitel 4: A. III. 1. a) cc).
[1341] Vgl. *Schemmel,* Entlastung lebensnotwendiger Ausgaben von der Mehrwertsteuer, 2009, S. 9; Copenhagen Economics, Study on reduced VAT applied, 2007, S. 3, 49, 86.
[1342] Vgl. *Böhringer* et al., Analyse der fiskalischen Auswirkungen des ermäßigten Umsatzsteuersatzes, 2013, S. 55.
[1343] Vgl. Copenhagen Economics, Study on reduced VAT applied, 2007, S. 54.
[1344] Vgl. Vorschlag für eine Richtlinie zur Änderung der Richtlinie 2006/112/EG, COM (2018) 20 final, 18.01.2018, S. 7.
[1345] Art. 98, 99 MWStSystRL i. d. F. der Richtlinie v. 06.11.2018 (Abl EU Nr. L126, S. 20).

licher. Sie gingen in Richtung eines einheitlichen Steuersatzes, da die Nachteile des bisherigen Systems, wie die Komplexität des Gesetzes, die mangelhafte Umsetzung des Besteuerungsziels, der hohe administrative Aufwand, die Rechtsunsicherheit und die ungleiche Risikoverteilung bekannt sind.[1346] Allerdings wurde an dem bisherigen System, das drei Steuersätze umfasst, weiterhin festgehalten.[1347] Die derzeitige Ausgestaltung des Tarifs durch die MwStSystRL mit einem Regelsteuersatz von mindestens 15 % und bis zu zwei ermäßigten Steuersätzen von mindestens 5 % wird zurecht kritisiert, da neben den Effizienzverlusten weiterhin Defizite im Hinblick auf eine einfache und gerechte Besteuerung bestehen.[1348] Güterbezogene Steuersätze[1349] oder auch eine vollständige Entlastung bei Grundnahrungsmitteln, einhergehend mit einer höheren Belastung von anderen Nahrungsmitteln[1350] sind abzulehnen. Derartige Instrumentarien sind nicht zielgerichtet und führen zudem zu Substitutionseffekten. Ungeachtet dessen, ob ein einheitlicher Mehrwertsteuersatz mit Freistellung des existenznotwendigen Bedarfs u. U. nicht politisch durchsetzbar ist,[1351] sollten derartige Konzepte, deren Vorteilhaftigkeit sich sowohl steuertheoretisch,[1352] empirisch, als auch – zumindest in Teilen – in der Praxis[1353] belegen lassen, nicht als echte Reformoption von vornherein ausgeschlossen werden.

Neben der positiven Auswirkung auf die Gesamtwohlfahrt würden sich bei der Einführung eines einheitlichen Steuersatzes die Vollzugskosten der Besteue-

---

[1346] Vgl. *Ismer* et al., DStR 2012, S. 686.

[1347] https://www.estv.admin.ch/estv/de/home/mehrwertsteuer/mwst-steuersaetze.html, Abruf am 10.09.2023. Der Normalsatz beträgt 7,7 %, der reduzierte Satz 2,5 % und der Sondersatz für Beherbergungen beträgt 3,7 %.

[1348] Vgl. *Schemmel,* Entlastung lebensnotwendiger Ausgaben von der Mehrwertsteuer, 2009, S. 8.

[1349] Vgl. *Schneider Fossati,* Leistungsfähigkeitsgrundsatz im Umsatzsteuerrecht, 2014, S. 245, der güterbezogene Steuersätze im Einklang mit den Zielen der vertikalen Steuergerechtigkeit sieht. Er verkennt hierbei, dass gerade der Konsum von Leistungsfähigeren unnötig begünstigt wird und existenznotwendiger Bedarf in anderen Bereichen, z. B. im Hinblick auf steigende Energiepreise, mit Ausnahme der gegenwärtigen temporären Absenkung des Steuersatzes, überhaupt keine Entlastung erfährt.

[1350] Vgl. *Schneider Fossati,* Leistungsfähigkeitsgrundsatz im Umsatzsteuerrecht, 2014, S. 286.

[1351] Vgl. *Schemmel,* Entlastung lebensnotwendiger Ausgaben von der Mehrwertsteuer, 2009, S. 9.

[1352] Copenhagen Economics, Study on reduced VAT applied, 2007, S. 49; Bundesrechnungshof, Bericht über den ermäßigten Umsatzsteuersatz, 2010, S. 6; *Hemels,* Int. VAT Monitor 2011, S. 302 ff.

[1353] Die in Neuseeland erhobene Goods and Service Tax, eine Form der Mehrwertsteuer, weist eine breite Bemessungsgrundlage mit nur wenigen Ausnahmen und einem einheitlichen Steuersatz auf. Allerdings werden aus sozialen Gründen deutlich weniger Ausnahmen gemacht als im deutschen UStG, es ist auch keine anderweitige Kompensation ersichtlich. Vgl. *Ismer* et al., DStR 2012, S. 684.

rung signifikant senken lassen.[1354] In Dänemark sind bei einem einheitlichen Steuersatz die Verwaltungskosten je Steuerpflichtigem am geringsten, was für diese These spricht. Dänemark ist im Hinblick auf die Zahl der Steuerpflichtigen und die durchschnittliche Anzahl der jährlich abgegebenen Steuererklärungen mit Norwegen vergleichbar, wo mit drei Steuersätzen deutlich höhere Verwaltungskosten verursacht werden.[1355] Insgesamt lässt sich festhalten, dass bei einem einheitlichen Steuersatz die Vollzugskosten der Besteuerung, insbesondere der Anteil der Befolgungskosten erheblich sinken würden, währenddessen Steuersatzdifferenzierungen den gegenteiligen Effekt aufweisen.[1356]

Durch die Streichung des ermäßigten Steuersatzes ergäbe sich ein Potential, den Regelsteuersatz zu senken. Bevor eine solche Senkung in Betracht gezogen werden kann, ist jedoch für die Ziele, die dem ermäßigten Steuersatz und auch den Steuerbefreiungen zu Grunde liegen, ein geeignetes Verteilungsinstrument zu finden, um die Steuerlast auf die Verbraucher zu verteilen. Anderenfalls würden durch die Einführung eines einheitlichen Steuersatzes ohne eine Kompensation für die Streichung des ermäßigten Steuersatzes die Bezieher geringer Einkommen oder allgemeiner gesprochen, Personen mit geringerem Konsumpotential (Einkommen und Vermögen) im Verhältnis zu Personen mit höherem Konsumpotential stärker belastet.[1357] Dies ergibt sich daraus, dass ein – anhand des getätigten Konsums für Güter, die dem Regel- und dem ermäßigten Steuersatz unterliegen und der darauf entrichteten Steuer – ermittelter Durchschnittssteuersatz bei Personen mit geringerem Konsumpotential deutlich unter dem Regelsteuersatz liegen dürfte, während er bei Personen mit hohem Konsumpotential näher am Regelsteuersatz liegen dürfte.[1358]

[1354] Vgl. *Böhringer* et al., Analyse der fiskalischen Auswirkungen des ermäßigten Umsatzsteuersatzes, 2013, S. 68.

[1355] Vgl. *Böhringer* et al., Analyse der fiskalischen Auswirkungen des ermäßigten Umsatzsteuersatzes, 2013, S. 69; Ähnliches gilt für die GST in Neuseeland, die bei einem einheitlichen Steuersatz relativ geringe Befolgungskosten verursacht. Vgl. *Ismer* et al., DStR 2012, S. 685.

[1356] Vgl. *Böhringer* et al., Analyse der fiskalischen Auswirkungen des ermäßigten Umsatzsteuersatzes, 2013, S. 77; *Elschner/Heinemann/Kraus,* in: FiFo Köln/Copenhagen Economics/ ZEW, Evaluierung von Steuervergünstigungen, Bd. 2, 2009, S. 350 f.

[1357] Vgl. *Böhringer* et al., Allokative und distributive Effekte, 2004, S. 6.

[1358] Auch wenn es bei der Besteuerung letztlich nicht auf das Konsumpotential, sondern auf die Verwirklichung der Bedürfnisbefriedigung ankommt (vgl. *Sahm*, Steuergerechtigkeit, 2019, S. 19), darf nicht vollkommen außer Acht gelassen werden, dass eine Belastung des Konsums bei einer Person mit geringen Mitteln mit dem gleichen Prozentsatz für diese Person wesentlich schwerer wiegt als für eine Person, die über ein Vielfaches verfügt. Es liegt gemessen am Konsum eine scheinbare Opfergleichheit vor, während gemessen am Konsumpotential offenbar wird, dass es sich um relativ ungleiche Opfer handelt.

bb) Verteilung der Steuerlast

Geht man von einer Geltung des Leistungsfähigkeitsprinzips im Umsatzsteuerrecht aus, erfordert dies zwangsläufig, den existenznotwendigen Bedarf von der Besteuerung auszunehmen.[1359] Denn Mittel, die existenznotwendig sind, verkörpern keine Leistungsfähigkeit.[1360] Der Konsum als Maßstab für Leistungsfähigkeit würde sich ohne diese Einschränkung selbst die Legitimationsgrundlage schaffen, auch das zu besteuern, was für eine würdige Lebensführung zumindest erforderlich ist.[1361] Deshalb erweist sich die bloße Fähigkeit, allein Konsumaufwendungen tätigen zu können, als zu grober Anhaltspunkt, um Leistungsfähigkeit zu erfassen.[1362] Die Besteuerungstechnik der Umsatzsteuer kann nicht die im Umsatzsteuerrecht fehlende Freistellung des Existenzminimums rechtfertigen.[1363] Eine echte Rechtfertigung könnte die Besteuerungstechnik nur dann darstellen, wenn eine Steuerfreistellung des Existenzminimums schlichtweg nicht umsetzbar wäre.[1364] Die Freistellung des existenznotwendigen Einkommens von der Einkommensteuer erfordert konsequenterweise eine Freistellung des existenznotwendigen Konsums von der Mehrwertsteuer, denn letztlich unterscheiden sich die beiden Besteuerungsformen lediglich im zeitlichen Zugriff und erfassen im Ergebnis dasselbe Substrat.[1365]

Aus dem Blickwinkel der Zielsetzung des ermäßigten Steuersatzes oder auch von Steuerbefreiungen sind dieselben nicht nur unzureichend, um eine Freistellung des Existenzminimums zu erreichen, sondern sie begünstigen insbesondere den relativ hohen Konsum, dem keine Begünstigung zugutekommen sollte.[1366] Als Beispiel sind Lebensmittel, Wasser oder Energie zu nennen. Lebensmittel

---

[1359] Bereits *Meyer*, Principien, 1884, S. 295, forderte eine Freilassung der unentbehrlichen Lebensbedürfnisse von den indirekten Steuern.

[1360] Vgl. *Haller,* Die Steuern, 1981, S. 15.

[1361] In diesem Sinne *Hidien,* UR 2020, S. 673, zur Problematik, dass die besonderen Verbrauchsteuern in die Bemessungsgrundlage der Umsatzsteuer einfließen; *Schneider Fossati,* Leistungsfähigkeitsgrundsatz im Umsatzsteuerrecht, 2014, S. 268 f., weist darauf hin, dass der Staat nicht existenznotwendige Mittel mit Steuern belasten darf, um dies ggf. anschließend sozialhilferechtlich zu kompensieren.

[1362] *Englisch,* UR 2010, S. 404, spricht insoweit von vermuteter, durch Konsumaufwendungen indizierter Einkommensleistungsfähigkeit. *Birk*, StuW 1983, S. 294, verweist auf Lassalles Kritik, dass der Hauptteil der indirekten Steuern von den ärmeren Klassen getragen werde.

[1363] So jedoch die häufig in der Literatur dargestellte, jedoch nicht unbedingt vertretene Meinung, siehe u. a. *Englisch,* UR 2010, S. 404; *Ismer* et al., DStR 2010, S. 1971.

[1364] *Englisch,* Wettbewerbsgleichheit, 2012, S. 599; *Schneider Fossati,* Leistungsfähigkeitsgrundsatz im Umsatzsteuerrecht, 2014, S. 270.

[1365] Vgl. *Haller,* Die Steuern, 1981, S. 74; *Tipke,* Steuerrechtsordnung Bd. I, 2000, S. 98; *Ebrill* et al., The modern VAT, 2001, S. 19; *Stiglitz,* Economics of the public sector, 2000, S. 502; *Homburg,* Allgemeine Steuerlehre, 2015, S. 127.

[1366] Vgl. *Weber,* UR 2011, S. 888.

unterliegen dem ermäßigten Steuersatz, unabhängig davon, welche Mengen konsumiert werden und ob es sich um Grundnahrungsmittel oder Delikatessen handelt. Wasser unterliegt dem ermäßigten Steuersatz, unabhängig davon, ob es zum Trinken, Kochen, zur Körperpflege oder zum Befüllen des Swimmingpools bzw. zum Bewässern des Rasens verwendet wird. Energie (Strom, Gas, Heizöl) unterliegt dem Regelsteuersatz[1367] und besonderen Verbrauchsteuern, ungeachtet dessen, ob damit ein Wohnraum beheizt wird, der gerade existenznotwendigen Bedingungen gerecht wird oder ein großzügig bemessenes Einfamilienhaus. Diese offensichtlichen Gerechtigkeitsdefizite offenbaren neben der bereits ineffizienten Form der Besteuerung auch die Untauglichkeit für die eigentlich angedachte Zielverwirklichung.[1368]

Ein einheitlicher Steuersatz würde zwar lediglich eine proportionale Belastung erreichen, jedoch würde der das Existenzminimum übersteigende Konsum nicht maßlos begünstigt. Hinsichtlich der Höhe des von der Umsatzsteuer freizustellenden Betrags ist auf das Sozialhilferecht zurückzugreifen.[1369] Die Freistellung des existenznotwendigen Konsums könnte durch den pauschalen Ausgleich des Umsatzsteuerbetrags, der auf dem existenznotwendigen Warenkorb lastet, erfolgen.[1370] Eine haushaltsbezogene Betrachtung unter Berücksichtigung der im Haushalt lebenden Kinder wäre unter Leistungsfähigkeitsgesichtspunkten geboten.[1371] Zudem müsste eine besondere Berücksichtigung von allgemeinen Lebensrisiken, wie es im Einkommensteuerrecht durch die Berücksichtigung außergewöhnlicher Belastungen üblich ist, erfolgen.[1372] Diese Entlastung hätte anhand der nachgewiesenen Aufwendungen technisch wie ein Vorsteuerabzug, z. B. im Rahmen der Einkommensteuererklärung, zu erfolgen. Letztlich würde es sich um einen Sozialtransfer handeln, der losgelöst vom materiellen Umsatzsteuerrecht zu regeln wäre.

Die Ermittlung des auf dem Existenzminimum lastenden Umsatzsteuerbetrags könnte bei einem einheitlichen Satz leichter erfolgen. Es müssten ledig-

---

[1367] Eine Ausnahme hiervon stellt die temporäre Senkung des Umsatzsteuersatzes für Gaslieferungen über das Erdgasnetz und die Lieferung von Wärme über ein Wärmenetz, befristet vom 1.10.2022 bis zum 31.03.2024 von 19 % auf 7 %, dar (BGBl 2022 I, S. 1743).

[1368] Zur mangelhaften Umsetzung des Leistungsfähigkeitsprinzips im Umsatzsteuerrecht siehe: *Löhr,* Optionsrecht, 2003, S. 280 f; *Schemmel,* Entlastung lebensnotwendiger Ausgaben von der Mehrwertsteuer, 2009, S. 10.

[1369] Vgl. *Englisch,* UR 2010, S. 402.

[1370] In diesem Sinne *Kirchhof,* UR 2002, S. 543; *Schemmel,* Entlastung lebensnotwendiger Ausgaben von der Mehrwertsteuer, 2009, S. 55; *Tipke,* Steuerrechtsordnung Bd. II, 2003, S. 1004.

[1371] Vgl. *Kaldor,* Expenditure Tax, 2003, S. 208.

[1372] *Lang,* Entwurf eines Steuergesetzbuchs, 1993, S. 198, 334, sah in seinem Entwurf eine zum Einkommensteuerrecht konkordante Freistellung des existenznotwendigen Bedarfs vor; *Kaldor,* Expenditure Tax, 2003, S. 207.

lich die Kosten ausgeschieden werden, die nicht mit Umsatzsteuer belastet sind und aus dem verbleibenden Bruttobetrag die Umsatzsteuer herausgerechnet werden.[1373] Dieser Jahresbetrag könnte in monatlichen Raten, ähnlich wie das Kindergeld, an die Haushalte ausgezahlt werden.[1374] Ein derart gestalteter direkter Transfer ist zielgerichteter als die etablierten Steuersatzdifferenzierungen oder auch unechte Steuerbefreiungen[1375] und entfaltet aufgrund der Wahrung der Entscheidungsneutralität keine den Wettbewerb verzerrenden Wirkungen.[1376]

Betrachtet man den Durchschnittssteuersatz[1377] der Konsumenten, der sich aus dem Verhältnis der mit dem Preis für die bezogenen Güter enthaltenen Umsatzsteuer abzüglich des Sozialtransfers zu den insgesamt getätigten Konsumaufwendungen ergibt, steigt dieser progressiv an.[1378] Während der Durchschnittssteuersatz für den Konsum knapp über dem Existenzminimum nahe 0 % sein wird, steigt der Durchschnittssteuersatz mit zunehmendem Konsum an und bewegt sich bei relativ hohem Konsum nahe dem Grenzsteuersatz.[1379] Mithin ergibt sich durch die Freistellung des Existenzminimums durch Transferzahlungen ein

---

[1373] Vgl. *Schemmel,* Entlastung lebensnotwendiger Ausgaben von der Mehrwertsteuer, 2009, S. 54.

[1374] Vgl. *Englisch,* Wettbewerbsgleichheit, 2012, S. 600, mit weiteren Vorschlägen einer möglichen Ausgestaltung (z. B. antragsgebundene Steuervergütung, Auszahlung durch Versicherungsträger bei Rentnern und Arbeitslosen).

[1375] Vgl. *Ismer* et al., DStR 2010, S. 1979.

[1376] Copenhagen Economics, Study on reduced VAT applied, 2007, Nr. 86. Der gezielte Einsatz des durch den einheitlichen Steuersatz generierten Mehraufkommens zur Finanzierung der haushaltsbezogenen Transferzahlungen dürfte keine negativen Wohlfahrts- oder Beschäftigungseffekte auslösen, vgl. *Böhringer* et al., Analyse der fiskalischen Auswirkungen des ermäßigten Umsatzsteuersatzes, 2013, S. 77; *Schmidt,* Konsumbesteuerung durch Mehrwertsteuer, 1999, S. 130; *Musgrave/Musgrave/Kullmer,* Finanzen in Theorie und Praxis, 1993, S. 115.

[1377] Vgl. *Pollak*, in: Neumark, Handbuch der Finanzwissenschaft Bd. 2, 1980, S. 242.

[1378] Hierdurch wird am ehesten ein proportional relativ gleich hohes Opfer erreicht, da der Grenznutzen mit jeder weiteren Geldeinheit, die für den Konsum aufgewendet wird, fällt. Siehe Kapitel 3: D. II. 2. b) aa). Vgl. *Schmidt,* Konsumbesteuerung durch Mehrwertsteuer, 1999, S. 132. Dem bisherigen System wird hingegen vielfach eine regressive Wirkung zugeschrieben, vgl. *Schneider,* Investition, Finanzierung und Besteuerung, 1992, S. 210; *Breidenbach* et al., Analyse der fiskalischen Auswirkungen des ermäßigten Umsatzsteuersatzes, 2013, S. 75.

[1379] Beträgt das Existenzminimum 10.000 EUR, der Konsum 11.000 EUR und der einheitliche Steuersatz (Grenzsteuersatz) 20 %, führt dies zu einem Durchschnittssteuersatz von rd. 1,5 %. Bei einem Konsum von 200.000 EUR und ansonsten unveränderten Werten ergibt sich ein Durchschnittssteuersatz von 15,8 %. Alle Geldbeträge verstehen sich inkl. Umsatzsteuer und enthalten keine nicht mit Umsatzsteuer belasteten Bestandteile.

indirekt progressiver Steuertarif.[1380] Ein progressiver Steuertarif lässt sich zudem unmittelbar aus dem Leistungsfähigkeitsprinzip ableiten.[1381]

Die Grundlagen hierfür müssten jedoch auf Ebene der MwStSystRL geschaffen werden. Anderenfalls würden diejenigen Mitgliedstaaten, die nur von einem Steuersatz Gebrauch machen und das daraus resultierende Mehraufkommen nicht für die Senkung des Satzes verwenden, sondern für den angedachten, außerhalb des Mehrwertsteuersystems stattfindenden Sozialtransfer, benachteiligt. Denn das durch die Einführung des einheitlichen Steuersatzes erzielte Mehraufkommen würde hinsichtlich des EU-Anteils abfließen und wäre damit der Verwendung für den nationalen Sozialtransfer entzogen.[1382]

cc) Fazit

Zur Finanzierung der Freistellung des Existenzminimums und Entlastung außergewöhnlicher Belastungen von der Mehrwertsteuer sind die bislang bestehenden Steuerermäßigungen vollumfänglich zu streichen.[1383] Die unechten Steuerbefreiungen sind grundsätzlich ebenso abzuschaffen.[1384] Bei Heilbehandlungen könnte eine echte Steuerbefreiung eingeführt werden. Allenfalls bei der Vermietung von Wohnraum gestaltet sich die Abschaffung der unechten Steuerbefreiung schwierig, da in diesem Fall eine fiktive Besteuerung von Eigenheimnutzern erfolgen müsste, um den Wohnraum, der über den existenznotwendigen Bedarf hinaus geht, definitiv mit Umsatzsteuer zu belasten. Ansonsten bestünde eine nicht zu rechtfertigende Ungleichbehandlung zwischen Eigenheimnutzern und Mietern, würde man den Eigenheimnutzern lediglich den Vorsteuerabzug versagen. Denn in diesem Fall blieben lediglich die Herstellungskosten und Erhaltungsaufwendungen mit Umsatzsteuer belastet, während die Wertschöpfung mangels fiktiver Besteuerung freigestellt wäre.[1385]

[1380] Vgl. *Schneider,* Investition, Finanzierung und Besteuerung, 1992, S. 209; *Kruschwitz/Husmann/Schneider,* Investitionsneutrale Steuersysteme, 2002, S. 12; *Stiglitz/Schönfelder,* Finanzwissenschaft, 2000, S. 572.

[1381] Vgl. *Birk*, StuW 1983, S. 297, der in Bezug auf den progressiven Tarif von einer Primärableitung spricht.

[1382] Vgl. Art. 3 der Verordnung (EWG, Euratom) Nr. 1553/89 des Rates vom 29.05.1989, ABl. L 155 S. 9, nach dem der Gesamtbetrag, der von dem Mitgliedstaat in einem Jahr aus den Umsätzen abgeführten und berichtigten Mehrwertsteuernettoeinnahmen als Berechnungsgröße für die Ermittlung des EU-Anteils am nationalen Mehrwertsteueraufkommen einfließt.

[1383] *Böhringer* et al., Analyse der fiskalischen Auswirkungen des ermäßigten Umsatzsteuersatzes, 2013, S. 31, gehen von einer Aufkommenswirkung von 27 Mrd. EUR aus.

[1384] Siehe Kapitel 4: A. III. 1. c) cc).

[1385] Eine vertiefte Erörterung dieser Thematik muss in dieser Arbeit aus Raumgründen unterbleiben.

b) Reformüberlegungen besondere Besteuerungsregime

Die Durchschnittssätze des § 24 UStG sind ersatzlos zu streichen,[1386] während die Differenzbesteuerung nach § 25a UStG aus Neutralitätsgesichtspunkten nicht zu beanstanden ist.[1387] Im Hinblick auf die Margenbesteuerung für Reiseleistungen nach § 25 UStG kommt eine Streichung und Übergang zur Regelbesteuerung nicht in Betracht, da das Geschäftsmodell dieser Branche eine neutralitätskonforme und praktikable Lösung erfordert.[1388]

Bei der in dieser Arbeit vertretenen Abschaffung der unechten Steuerbefreiungen würde bei Leistungsbezügen für das Unternehmen stets ein vollständiges Recht auf Vorsteuerabzug bestehen. Mithin verbliebe kein Steueraufkommen für das Land, in dem der „Reiseveranstalter" seinen Sitz hat oder das Land, in dem die Reise tatsächlich bewirkt wurde. Denn die Reiseleistung wird zu Preisbestandteilen der Ausgangsleistungen des die Reiseleistung empfangenden Unternehmers und somit kalkulatorisch als Teil dieser Leistung, nach der für diese Leistung gültigen Regeln, der Besteuerung unterworfen. Im B2B-Bereich könnten daher Reiseleistungen als einheitliche Leistung (Leistungsbündel) behandelt werden, das am Ort des Leistungsempfängers gem. Art. 44 MwStSystRL bzw. § 3a Abs. 2 UStG der Besteuerung unterliegt.[1389] Die Vorleistungen würden den allgemeinen Besteuerungsregeln unterliegen und der Reiseveranstalter wäre berechtigt, die Vorsteuer geltend zu machen. Die Belastungsneutralität wurde gewahrt.

Schwieriger gestaltet sich die Regelung im B2C-Bereich, da es bei Veränderungen der bisherigen Systematik (Aufkommen aus den Reisevorleistungen steht dem Reiseland und Aufkommen aus der Wertschöpfung des Reiseunternehmers steht dem Sitzland des Reiseunternehmers zu) zu Aufkommensverschiebungen zwischen den Mitgliedstaaten kommt, was die praktische Durchsetzbarkeit einer Reform vermutlich deutlich erschweren wird.[1390] Dennoch soll konzeptionell eine Alternative im B2C-Bereich skizziert werden.

[1386] Siehe Kapitel 4: A. III. 1. d) aa) (3).

[1387] Siehe Kapitel 4: A. III. 1. d) cc) (3).

[1388] Siehe Kapitel 4: A. III. 1. d) bb) (3); KPMG, TAXUD/2016/AO-05, 2016, S. 95.

[1389] Vgl. *Tarhova/Yoncheva*, Int. VAT Monitor 2020, S. 210. Die Autorinnen sprechen sich im B2B-Bereich für die Möglichkeit aus, auf die Anwendung der Margenbesteuerung zu verzichten und eine komplexe Dienstleistung mit Empfängerortsprinzip anzunehmen. Da dies eine weitere optionale Differenzierung darstellt, die das geltende Recht nicht verschlankt sondern ausweitet, sollte dieser Ansatz im B2B-Bereich obligatorisch sein. Hinsichtlich der optionalen Anwendung der allgemeinen Besteuerungsregeln im B2B-Bereich siehe: KPMG, TAXUD/2016/AO-05, 2016, S. 118.

[1390] Vgl. KPMG, TAXUD/2016/AO-05, 2016, S. 117.

Teilweise wird eine Beibehaltung der bisherigen Regelung beschränkt auf den B2C-Bereich vertreten.[1391] Allerdings müsste die Bildung einer Gesamtmarge zugelassen werden, da nur auf diese Weise sichergestellt wird, dass defizitäre Geschäfte einen Ausgleich erfahren, wie dies im Regelbesteuerungsverfahren durch die Vergütung von Vorsteuerüberhängen erfolgt.[1392] In diesem Fall treten die oben beschriebenen Aufkommensverschiebungen nicht auf, weshalb diese Lösung grundsätzlich praktikabel wäre. Aufgrund der Vorumsatzmethode bestehen jedoch immer noch Unterschiede zum Fall der Regelbesteuerung.

Alternativ könnte zur Verwirklichung des Bestimmungslandprinzips ein Leistungsbündel angenommen werden, das am Zielort der Reise der Besteuerung unterliegt. Im Übrigen ist es im Regelbesteuerungsverfahren üblich, dass die gesamte Wertschöpfung in dem Zeitpunkt, in dem die Leistung an einen Nichtunternehmer erbracht wird, an einem einheitlichen Leistungsort vollumfänglich der Besteuerung unterliegt. Das Zielland der Reise ist der Ort, an dem die Leistung genutzt und ausgewertet wird und an dem zumindest überwiegend die örtliche Infrastruktur in Anspruch genommen wird, was den Steuerzugriff des Bestimmungslands rechtfertigt. Administrative Schwierigkeiten für den Reiseveranstalter würden sich dadurch vermeiden lassen, dass diese Leistungen im One-Stop-Shop-Verfahren in seinem Ansässigkeitsstaat gemeldet werden können, weshalb eine Registrierung in jedem Bestimmungsland obsolet wäre.[1393] Drittlandsunternehmer ohne feste Niederlassung in der EU könnten sich in einem Mitgliedstaat ihrer Wahl für das One-Stop-Shop-Verfahren erfassen lassen.[1394] Die Vorleistungen würden den allgemeinen Besteuerungsregeln unterliegen und der Reiseveranstalter wäre berechtigt, die Vorsteuer geltend zu machen. Diese Lösung ist neutralitätskonform und praktikabel, verschiebt jedoch die Besteuerungsbefugnis zu Gunsten des Ziellands der Reise, was jedoch am ehesten dem Bestimmungsland- und somit dem Verbrauchsteuerprinzip entspricht.

[1391] Bzw. die optionale Nichtanwendung im B2B-Bereich, siehe oben.

[1392] Vgl. *Grambeck,* MwStR 2017, S. 947.

[1393] Vgl. KPMG, TAXUD/2016/AO-05, 2016, S. 91; *Tarhova/Yoncheva,* Int. VAT Monitor 2020, S. 210.

[1394] Vgl. *Müller-Hansen,* UR 2021, S. 252.

B. Neutralität bei Eingangsleistungen

I. Vorsteuerabzug als Fundament der Belastungskonzeption

Der Vorsteuerabzug ist das steuertechnische Instrument, um sicherzustellen, dass lediglich der Endverbrauch mit Umsatzsteuer belastet wird.[1395] Er dient als Kontrolle der unternehmerischen (nicht konsumtiven) Verwendung[1396] und soll im Allphasensystem durch die fraktionierte Zahlungsweise der Steuerhinterziehung vorbeugen.[1397] Einschränkungen des Vorsteuerabzugs beeinflussen den lediglich zur Abführung der Steuer verpflichteten Unternehmer bei seinen Investitionsentscheidungen und offenbaren daher bereits einen Mangel an Entscheidungsneutralität.

Da Vorsteuereinschränkungen durch unechte Steuerbefreiung nach der in dieser Arbeit vertretenen Auffassung abgelehnt werden, beschränkt sich der vorliegende Abschnitt auf die Fragestellung, in welchen Fällen ein konsumtiver und mithin nicht entlastungswürdiger Endverbrauch vorliegt, der eine Versagung des Vorsteuerabzugs beim Unternehmer erfordert. Auf der anderen Seite steht die Fragestellung, in welchen Fällen eine Entlastung des Leistungsempfängers geboten ist, weil die Verwendung des Leistungsbezugs gerade nicht für konsumtive Zwecke erfolgt. Dies gilt insbesondere vor dem Hintergrund der Äquivalenz von Einkommen- und Mehrwertsteuer, da beide – wenn auch zu unterschiedlichen Zeitpunkten – an dasselbe Steuersubstrat anknüpfen.[1398] Versteht man den Vorsteuerabzug als Spiegelbild des ertragsteuerlichen Nettoprinzips,[1399] erfordert dies eine entsprechende Verwirklichung des Nettoprinzips[1400] im Mehrwertsteu-

---

[1395] Vgl. *Birk*, in: Kirchhof/Neumann et al., Freiheit, Gleichheit, Effizienz, 2001, S. 62. Dies wird insbesondere im Vergleich zu einer Einzelhandelssteuer deutlich, die ebenfalls an die Einkommensverwendung zu Konsumzwecken anknüpft, jedoch lediglich auf der Endverbraucherstufe erhoben wird. Um die gleiche Wirkung zu entfalten, also lediglich den Konsum mit Steuer zu belasten, ist der Vorsteuerabzug eine unabdingbare Voraussetzung zur Erreichung des Besteuerungsziels. Siehe zur Äquivalenz von Einzelhandels- und Mehrwertsteuer: *Grossekettler*, in: Kirchhof/Neumann et al., Freiheit, Gleichheit, Effizienz, 2001, S. 72 .

[1396] Vgl. *Reiß*, in: Lang, Festschrift Tipke, 1995, S. 438.

[1397] Vgl. *Homburg/Rublack*, in: Tipke, Festschrift Lang, 2011, S. 901; *Schmidt,* Konsumbesteuerung durch Mehrwertsteuer, 1999, S. 45.

[1398] Vgl. *Haller,* Die Steuern, 1981, S. 74; *Tipke,* Steuerrechtsordnung Bd. I, 2000, S. 98; *Ebrill* et al., The modern VAT, 2001, S. 19; *Stiglitz,* Economics of the public sector, 2000, S. 502; *Homburg,* Allgemeine Steuerlehre, 2015, S. 127.

[1399] Vgl. *Homburg,* Allgemeine Steuerlehre, 2015, S. 167.

[1400] Das objektive Nettoprinzip verlangt als Ausprägung des Leistungsfähigkeitsprinzips die Minderung der steuerlichen Bemessungsgrundlage von Aufwendungen, die mit der Einkunftserrecht. Daraus folgt eine Entlastung aller Aufwendungen, die keine Konsumaufwendungen darstellen[1401] und somit auch keine Konsumleistungsfähigkeit indizieren können.[1402]

II. Einschränkungen des Vorsteuerabzugs

1. Beschränkung auf Leistungsbezüge für das Unternehmen

a) Grenze zwischen unternehmerischer, nichtunternehmerischer und konsumtiver Verwendung[1403]

Eine unternehmerische Verwendung liegt vor, wenn die bezogene Eingangsleistung der Erbringung von steuerbaren Ausgangsleistungen dient. In diesem Fall dient die Entlastung des Unternehmers der Belastungsneutralität, welche zum Erreichen des Besteuerungsziels, der Belastung des Endverbrauchs, erforderlich ist. Handelt es sich um einen Leistungsbezug, der tatsächlich unmittelbar der privaten Bedürfnisbefriedigung einer natürlichen Person dient (Inhaber eines Einzelunternehmers, Anteilseigner, Personal oder den vorgenannten nahestehende Personen), liegt eine konsumtive Verwendung vor. Diese beiden Pole sind der Ausgangspunkt der Untersuchung. Im ersten Fall ist das Recht auf Vorsteuerabzug geboten und im letzteren Fall ist der Vorsteuerabzug untersagt, um einen unversteuerten Letztverbrauch zu verhindern. Die nichtunternehmerische Verwendung soll nachfolgend am Beispiel des Haltens von Beteiligungen an Gesellschaften untersucht werden. Im Anschluss daran wird der Leistungsbezug eines Arbeit-

erzielung in einem unmittelbaren Zusammenhang stehen, vgl. *Weber-Grellet*, Steuern Verfassungsstaat, 2001, S. 176.

1401 Daher wären auch existenzsichernde Aufwendungen wie Sonderausgaben und außergewöhnliche Belastungen von der Besteuerung auszunehmen, um das subjektive Nettoprinzip im Mehrwertsteuerrecht zu verwirklichen, vgl. *Weber-Grellet*, Steuern Verfassungsstaat, 2001, S. 176.

1402 Es gilt, den sekundärrechtlich verankerten Grundsatz, dass es keinen Vorsteuerabzug für Nichtunternehmer geben kann, kritisch zu hinterfragen. *Englisch,* UR 2016, S. 827, stellt fest, dass der generelle Vorsteuerausschluss für Nichtunternehmer weder den Anforderungen des EuGH an den Verhältnismäßigkeitsgrundsatz und das Neutralitätsprinzip noch den gleichheitsrechtlichen Anforderungen an die Inanspruchnahme des Missbrauchsvorbehalts des Art. 11 Abs. 2 MwStSystRL genügt.

1403 Nach der Rechtsprechung des BFH (Urteil v. 9.12.2010, V R 17/10, BFHE 232, S. 243), berechtigen Leistungsbezüge, bei denen im Zeitpunkt des Leistungsbezugs feststeht, dass diese für die Erbringung einer unentgeltlichen Wertabgabe verwendet werden, nicht zum Vorsteuerabzug. Hinsichtlich dieses Bereichs stellt sich ebenfalls die Frage, inwieweit eine unternehmerische oder konsumtive Verwendung vorliegt. Dieser Teilaspekt wird in Kapitel 4: C. untersucht werden.

nehmers im Zusammenhang mit seiner Erwerbstätigkeit einer Prüfung unterzogen. Das Halten von Beteiligungen ist aufgrund nach wie vor bestehender Unsicherheiten von hoher Praxisrelevanz, die Untersuchung einer potenziellen Vorsteuerentlastung von Arbeitnehmern ist vor dem Hintergrund des Belastungsziels Endverbrauch interessant.

Auf die Thematik der Besteuerung privater Bauinvestitionen[1404] für das selbstgenutzte Eigenheim wird aus Raumgründen nur kurz eingegangen. Der fehlende Vorsteuerabzug in diesem Bereich ist nicht sachgerecht, da nicht die Investition, sondern das Bewohnen bzw. die Nutzung des Objekts Konsum darstellt.[1405] Eine Gleichbehandlung der Eigentümer einer selbstbewohnten Immobilie und Mieter würde jedoch eine Besteuerung der Eigennutzung (Umsatzsteuer auf fiktive Miete) voraussetzen, um einen Vorsteuerabzug aus der Anschaffung/Herstellung des Objekts zu ermöglichen.[1406] Die gegenwärtige unechte Steuerbefreiung für die Vermietung von Grundstücken wäre dementsprechend aufzuheben. Dies würde jedoch zu einem erheblichen Verwaltungsaufwand führen. Aus diesem Grund könnte der durch diese unechte Steuerbefreiung ausgelöste Systembruch gerechtfertigt sein. Alternativ käme eine echte Steuerbefreiung in Betracht.[1407] Eine unterschiedliche steuerliche Behandlung von Anschaffung/Herstellung bei Eigennutzung gegenüber der Miete eines Guts würde die Entscheidungsneutralität verletzen und zu steuerlich bedingten Preisverzerrungen führen.

b) Halten von Beteiligungen

aa) Verwendung für besteuerte Umsätze

Beschränkt sich eine natürliche Person, juristische Person oder Personengesellschaft auf das bloße Halten und Verwalten von Beteiligungen, liegt unstreitig eine nichtunternehmerische Tätigkeit vor, sofern das Halten der Beteiligung – wie bei einem privaten Kapitalanleger – lediglich auf das Erzielen von Beteiligungserträgen und die Wertsteigerung der Beteiligung angelegt ist.[1408] Den Ge-

---

1404 Vgl. *Cansier,* Finanzwissenschaftliche Steuerlehre, 2004, S. 205.

1405 Vgl. *Kaldor,* Expenditure Tax, 2003, S. 196; *Schmidt,* Konsumbesteuerung durch Mehrwertsteuer, 1999, S. 16.

1406 Vgl. *Kaldor,* Expenditure Tax, 2003, S. 195 f. Diese Lösung wäre jedoch unter Leistungsfähigkeitsgesichtspunkten vorzugswürdig, da auch die Wertschöpfung der Nutzungsüberlassung bzw. Eigennutzung mit Umsatzsteuer belastet wäre.

1407 Dies wäre unter Leistungsfähigkeitsgesichtspunkten abzulehnen, da vor allem die Nutzung von repräsentativen Luxusobjekten gefördert würde, was sozialstaatlich nicht vertretbar wäre.

1408 EuGH, Urteil v. 27.09.2001, C-16/00, Cibo Participations, Slg. 2001, I-6679, Rn. 19; EuGH, Urteil v. 06.09.2012, C-496/11, Portugal Telecom, ECLI:EU:C:2012:557, Rn. 32;

genpol stellt die im Rahmen einer umsatzsteuerlichen Organschaft gehaltene Beteiligung dar, was umsatzsteuerlich zur Folge hat, dass keine Beteiligung mehr vorliegt, sondern ein Betriebsteil des Organkreises bzw. der Mehrwertsteuergruppe für umsatzsteuerliche Zwecke angenommen wird.[1409] Leistungsbezüge der Mitglieder der Mehrwertsteuergruppe eröffnen insoweit das Recht auf Vorsteuerabzug, als sie unmittelbar mit steuerbaren Ausgangsumsätzen in Zusammenhang stehen oder Gemeinkosten darstellen, die einen Zusammenhang zu den steuerbaren Ausgangsleistungen aufweisen.[1410]

Wird hingegen eine Beteiligung gehalten, die zwar keine Mehrwertsteuergruppe begründet, dem Anteilseigner jedoch nicht nur unerhebliche Einflussmöglichkeiten auf die Beteiligungsgesellschaft verschafft, bleiben viele Fragen offen.[1411] Die bisherige Rechtsprechung des EuGH hat in einer umfangreichen Einzefallkasuistik[1412] längst nicht alle Abgrenzungsfragen hinsichtlich wirtschaftlich gehaltener bzw. nicht wirtschaftlich gehaltener Beteiligung gelöst.[1413] Im Kern geht es bei dieser Abgrenzung zunächst um die Frage, ob Leistungen, die ein Anteilseigner bezieht, eine Verwendung für die Zwecke der zu besteuernder Umsätze eines Unternehmers darstellen und wonach sich diese Verwendung bestimmt.[1414] Daran schließt sich die Frage an, ob eine Entlastung von der Umsatzsteuer auf Eingangsleistungen auch dann geboten ist, wenn der leistungs-

---

EuGH, Urteil v. 16.07.2015, C-108/14 u. C-109/14, Larentia + Minerva, ECLI:EU:C:2015:496, Rn. 19; EuGH, Urteil v. 12.11.2020, C-42/19, Sonaecom SGPS SA, ECLI:EU:C:2020:913, Rn. 30; EuGH, Urteil v. 08.09.2022, C-98/21, Finanzamt R, ECLI:EU:C:2022:645, Rn. 41.

[1409] EuGH, Schlussanträge des GA Mengozzi v. 26.03.2015, C-108/14 u. C-109/14, Larentia + Minerva u. Marenave, ECLI:EU:C:2015:212, Nr. 48 u. 49; *Merkel,* UR 2015, S. 541; Abschnitt 2.9 Abs. 3 Nr. 2 u. 4 UStAE.

[1410] Siehe Kapitel 4: A. II. 2. a) aa).

[1411] Vgl. *Friedrich-Vache,* BB 2019, S. 998.

[1412] EuGH, Urteil v. 14.11.2000, C-142/99, Floridienne u. Berginvest, Slg. 2000, I-9567; EuGH, Urteil v. 27.09.2001, C-16/00, Cibo Participations, Slg. 2001, I-6679; EuGH, Urteil v. 29.04.2004, C-137/02, Faxworld, Slg. 2004, I-5547; EuGH, Urteil v. 26.05.2005, C-465/03, Kretztechnik AG, Slg. 2005, I-4373; EuGH, Urteil v. 29.10.2009, C-29/08, AB SKF, Slg. 2009, I-10439; EuGH, Urteil v. 01.03.2012, C-280/10, Polski Trawertyn, ECLI:EU:C:2012:107; EuGH, Urteil v. 13.03.2014, C-204/13, Malburg, ECLI:EU:C:2014:147; EuGH, Beschluss v. 12.01.2017, C-28/16, MVM Magyar, ECLI:EU:C:2017:7; EuGH, Urteil v. 17.10.2018, C-249/17, Ryanair Ltd, ECLI:EU:C:2018:834; EuGH, Urteil v. 08.11.2018, C-502/17, C&D Foods Acquisition ApS, ECLI:EU:C:2018:888; EuGH, Urteil v. 12.11.2020, C-42/19, Sonaecom SGPS SA, ECLI:EU:C:2020:913; EuGH, Urteil v. 08.09.2022, C-98/21, Finanzamt R, ECLI:EU:C:2022:645.

[1413] Vgl. *Stapperfend,* in: UmsatzsteuerForum e.V./Bundesministerium der Finanzen, Festschrift 100 Jahre Umsatzsteuer, 2018, S. 387.

[1414] Vgl. *Grebe/Raudszus,* Ubg 2019, S. 48 f., nach denen gem. Art. 168 MwStSystRL und § 15 Abs. 1 Nr. 1 UStG eine Verwendung für Zwecke der besteuerten Umsätze bzw. ein Bezug für das Unternehmen vorliegen muss.

empfangende Unternehmer (Steuerpflichtige) nicht identisch mit dem Steuerpflichtigen ist, für dessen besteuerte Umsätze die bezogenen Leistungen verwendet werden.

bb) Sachlich funktionaler Zusammenhang vs. quantitative Betrachtung

(1) Signifikanz der Kosten-/Preisbestandteilsthese

Eine Verwendung für Zwecke der besteuerten Umsätze bzw. die Ausführung einer Leistung für das Unternehmen setzt voraus, dass zwischen dem Leistungsbezug und den der Umsatzsteuer unterliegenden (den Vorsteuerabzug nicht ausschließenden) Ausgangsleistungen ein sachlich funktionaler Zusammenhang besteht.[1415] Dies bedeutet, dass die Leistungsbezüge entweder direkt oder indirekt mit den zu erbringenden Ausgangsleistungen in Zusammenhang stehen. Ein direkter Zusammenhang besteht hinsichtlich der Einzelkosten[1416] der jeweiligen Ausgangsleistungen, ein indirekter Zusammenhang ergibt sich für Gemeinkosten.[1417] Der EuGH spricht in ständiger Rechtsprechung ebenfalls von Leistungen, die entweder direkt und unmittelbar mit den zum Abzug berechtigenden Ausgangsumsätzen zusammenhängen[1418] oder die Teil der allgemeinen Kosten des Steuerpflichtigen sind und damit zu den Preiselementen aller Produkte eines Unternehmens gehören.[1419]

[1415] Vgl. *Englisch,* UR 2007, S. 294, der vom handlungsbezogenen Konnex zwischen Eingangsleistungen und unternehmerischen Tätigkeiten spricht.

[1416] Vgl. zum Begriff der Einzelkosten *Wöhe/Döring/Brösel,* Einführung in die Allgemeine Betriebswirtschaftslehre, 2020, S. 854, nach denen sich Einzelkosten der Kostenträgereinheit (z. B. dem jeweiligen Produkt, umsatzsteuerlich der Lieferung oder Dienstleistung) unmittelbar, d. h. verursachungsgerecht zurechnen lassen.

[1417] Vgl. zum Begriff der Gemeinkosten *Wöhe/Döring/Brösel,* Einführung in die Allgemeine Betriebswirtschaftslehre, 2020, S. 854, nach denen sich die Gemeinkosten einer Kostenträgereinheit (umsatzsteuerlich einer Lieferung oder Dienstleistung) nicht unmittelbar zurechnen lassen, da sie durch die Leistungserstellung insgesamt verursacht werden.

[1418] EuGH, Urteil v. 27.09.2001, C-16/00, Cibo Participations, Slg. 2001, I-6679, Rn. 31; EuGH, Urteil v. 26.05.2005, C-465/03, Kretztechnik AG, Slg. 2005, I-4373, Rn. 35; EuGH, Urteil v. 08.02.2007, C-435/05, Investrand BV, Slg. 2007, I-1315, Rn. 23; EuGH, Urteil v. 29.10.2009, C-29/08, AB SKF, Slg. 2009, I-10439, Rn. 57; EuGH, Urteil v. 06.09.2012, C-496/11, Portugal Telecom, ECLI:EU:C:2012:557, Rn. 36; EuGH, Urteil v. 16.07.2015, C-108/14 u. C-109/14, Larentia + Minerva, ECLI:EU:C:2015:496, Rn. 23; EuGH, Urteil v. 08.09.2022, C-98/21, Finanzamt R, ECLI:EU:C:2022:645, Rn. 45.

[1419] EuGH, Urteil v. 27.09.2001, C-16/00, Cibo Participations, Slg. 2001, I-6679, Rn. 33; EuGH, Urteil v. 26.05.2005, C-465/03, Kretztechnik AG, Slg. 2005, I-4373, Rn. 36; EuGH, Urteil v. 08.02.2007, C-435/05, Investrand BV, Slg. 2007, I-1315, Rn. 24; EuGH, Urteil v. 29.10.2009, C-29/08, AB SKF, Slg. 2009, I-10439, Rn. 58; EuGH, Urteil v. 06.09.2012, C-496/11, Portugal Telecom, ECLI:EU:C:2012:557, Rn. 37; EuGH, Urteil v. 16.07.2015,

Es stellt sich die Frage, ob der Kosten-/Preiselementethese eine eigenständige Bedeutung zukommt, also ob ein Vorsteuerabzug trotz eines sachlich funktionalen Zusammenhangs zwischen Eingangs- und Ausgangsleistungen nur dann möglich ist, soweit die Kosten der Eingangsleistungen in die Preise der Ausgangsleistungen eingehen. Bejaht man diese These, so würden die Ausgangsleistungen eine absolute Grenze für den Vorsteuerabzug determinieren.

Aus der Rechtsprechung zum erfolglosen Unternehmer[1420] wird jedoch deutlich, dass die Preisbestandteilsthese nicht als absolute oder quantitative Begrenzung verstanden werden soll. Denn in diesen Fällen wird die Preisbestandteilsthese nicht erfüllt und das Recht auf Vorsteuerabzug bleibt dennoch bestehen. Maßgeblich ist somit lediglich, dass ein sachlich funktionaler Zusammenhang mit den beabsichtigten Ausgangsumsätzen besteht, auch wenn es später mangels Ausführung von Ausgangsleistungen nicht zu einer Einpreisung der Kosten der Leistungsbezüge kommen kann. Gleiches gilt für den Fall, dass die Ausgangsleistungen die Kosten der Eingangsleistungen nicht decken, jedenfalls solange diese fehlende Kostendeckung nicht rechtsmissbräuchlich herbeigeführt wurde.[1421] Fehlmaßnahmen, die eine Einpreisung unmöglich machen, sind unschädlich für den Vorsteuerabzug, nicht hingegen eine andere tatsächliche Verwendung der Eingangsleistungen.[1422]

Auch der BFH dürfte bei seiner Entscheidung zur Kürzung des Vorsteuerabzugs bei der Einwerbung von Kapital[1423] nicht im Sinne einer quantitativen Grenze verstanden werden. Der BFH hat lediglich die Feststellung getroffen, dass soweit das eingeworbene Kapital nicht für den Erwerb der Tochtergesellschaft verwendet wurde, denklogisch auch die mit der Kapitaleinwerbung in Zusammenhang stehenden Kosten ebenfalls nicht mit dem Beteiligungserwerb in Zusammenhang stehen können.[1424] Die vorgenommene Aufteilung, die sich an der Höhe des für den Beteiligungserwerb benötigten Kapitals im Verhältnis zum insgesamt eingeworbenen Kapital orientierte, war lediglich ein Indiz dafür, dass das nicht für den Beteiligungserwerb verwendete Kapital in einem anderen sach-

---

C-108/14 u. C-109/14, Larentia + Minerva, ECLI:EU:C:2015:496, Rn. 24; EuGH, Urteil v. 08.09.2022, C-98/21, Finanzamt R, ECLI:EU:C:2022:645, Rn. 46.

1420 EuGH, Urteil v. 29.02.1996, C-110/94, Inzo, Slg. 1996, I-857.

1421 EuGH, Urteil v. 08.06.2000, C-98/98, Midland Bank plc, Slg. 2000, I-4296, Rn. 22; EuGH, Urteil v. 15.01.1998, C-37/95, Ghent Coal Terminal, Slg. 1998, I-1, Rn. 20; EuGH, Urteil v. 08.06.2000, C-396/98, Schloßstraße, Slg. 2000, I-4296, Rn. 42.

1422 EuGH, Urteil v. 17.10.2018, C-249/17, Ryanair Ltd, ECLI:EU:C:2018:834, Rn. 25.

1423 BFH, Urteil v. 06.04.2016, V R 6/14, Vorsteuerabzug bei Einwerbung von Kapital für einen Beteiligungserwerb, BFHE 253, S. 456.

1424 BFH, Urteil v. 06.04.2016, V R 6/14, Vorsteuerabzug bei Einwerbung von Kapital für einen Beteiligungserwerb, BFHE 253, S. 456, Rn. 34. In diesem Sinne auch *Brinkmann/ Walter-Yadegardjam,* DStR 2016, S. 2195.

lich funktionalen Zusammenhang stand.[1425] Nur insoweit ein Zusammenhang mit den unternehmerisch gehaltenen Beteiligungen bestand, hat der BFH den Vorsteuerabzug zugelassen, im Übrigen hat er ihn versagt, weil die Klägerin keinen Nachweis eines Zusammenhangs mit einer wirtschaftlichen Tätigkeit erbringen konnte.[1426] Der BFH lässt auch in dieser Entscheidung ausdrücklich offen, ob die Steuer auf Ausgangsleistungen – sofern keine Investitions- oder Fehlmaßnahmen vorliegen – eine Obergrenze für den Vorsteuerabzug darstellt.[1427] Aus der quantitativen Betrachtung zog der BFH letztlich Rückschlüsse auf einen fehlenden sachlich funktionalen Zusammenhang der bezogenen Eingangsleistungen und den Ausgangsumsätzen, die zum Vorsteuerabzug berechtigen.[1428]

Problematisch wird in der Literatur hierbei jedoch die Annahme einer nichtwirtschaftlichen Tätigkeit gesehen. Insbesondere der Widerspruch zur EuGH-Rechtsprechung, nach der es keinen nichtwirtschaftlichen Bereich geben kann, sofern an sämtliche Tochtergesellschaften entgeltliche Leistungen erbracht werden,[1429] wird dabei hervorgehoben.[1430] Ebenso wird in Konsequenz der Rechtsprechung erkannt, dass zum einen eine Darlegungsverpflichtung des Steuerpflichtigen hinsichtlich der Qualifikation der Aufwendungen als Investitionskosten besteht und zum anderen die Angemessenheit nachgewiesen werden muss. Diese Verpflichtung wird jedoch kritisch betrachtet, da die Rentabilität von Investitionen in der Regel ungewiss ist und auch Kosten im Zuge der Abwicklung unternehmerisch veranlasst sind.[1431]

Eine grundsätzliche Angemessenheitsprüfung, also eine Überprüfung dergestalt, dass zwischen der bezogenen Eingangsleistung und den zum Vorsteuerabzug berechtigenden Ausgangsleistungen ein sachlich funktionaler Zusammenhang besteht, ergibt sich aus der Rs. Iberdrola.[1432] Der Zusammenhang zwischen

---

[1425] Vgl. *Eggers,* MwStR 2017, Rn. 564.

[1426] BFH, Urteil v. 06.04.2016, V R 6/14, Vorsteuerabzug bei Einwerbung von Kapital für einen Beteiligungserwerb, BFHE 253, 456, Rn. 36–38.

[1427] BFH, Urteil v. 06.04.2016, V R 6/14, Vorsteuerabzug bei Einwerbung von Kapital für einen Beteiligungserwerb, BFHE 253, S. 456, Rn. 40; BFH, Urteil v. 09.02.2012, V R 40/10, Vorsteuerabzug einer Holding, BFHE 236, S. 258, Rn. 34.

[1428] Vgl. *Stapperfend,* in: UmsatzsteuerForum e.V./Bundesministerium der Finanzen, Festschrift 100 Jahre Umsatzsteuer, 2018, S. 412; *Brinkmann/Walter-Yadegardjam,* DStR 2016, S. 2195.

[1429] EuGH, Urteil v. 16.07.2015, C-108/14 u. C-109/14, Larentia + Minerva, ECLI:EU:C:2015:496, Rn. 28 u. 29.

[1430] Vgl. *Grebe/Raudszus,* Ubg 2019, S. 48.

[1431] Vgl. *Friedrich-Vache,* BB 2019, S. 995, die insbesondere darauf verweist, dass Kosten nach Beendigung der wirtschaftlichen Tätigkeit, z. B. im Zusammenhang mit deren Abwicklung, auch zum Vorsteuerabzug berechtigen und es in diesem Fall keiner quantitativen Betrachtung bedarf.

[1432] EuGH, Urteil v. 14.09.2017, C-132/16, Iberdrola, ECLI:EU:C:2017:683.

den vorsteuerbelasteten Aufwendungen und der wirtschaftlichen Tätigkeit war grundsätzlich gegeben, da die Instandsetzungsarbeiten an einer Abwasserpumpstation erforderlich waren, um den Anschluss der von Iberdrola errichteten Gebäude, die diese umsatzsteuerpflichtig an Dritte vermietete, zu ermöglichen. Dass die Gemeinde als Eigentümerin der Pumpstation ebenfalls profitierte, ist grundsätzlich unbeachtlich. Der Prüfungsauftrag des EuGH an das vorlegende Gericht[1433] bezog sich wahrscheinlich darauf, ob die Pumpstation unter Umständen auch für die Abwasserentsorgung von anderen als von Iberdrola vermieteten Grundstücken genutzt wird. In diesem Fall wäre eine Aufteilung vorzunehmen. Diese Aufteilung hätte sich dann am Verhältnis der Menge des abgepumpten Ab-/Niederschlagswassers dieser „Fremdgrundstücke" zur Gesamtleistung der Pumpstation zu orientieren, was insoweit eine Vorsteuerkürzung zur Folge hätte. Letztlich ist auch in diesem Fall die gegenständliche Verwendung der Eingangsleistungen ausschlaggebend.

Dem Preis-/Kostenbestandteilskriterium kommt also keine eigenständige Bedeutung zu. Es kann als Indiz dienen, dass kein sachlich funktionaler Zusammenhang vorliegen könnte. Die Kostenrechnung, die der Kosten-/Preiselementethese des EuGH zugrunde liegen dürfte, ist keine Methode zur Kalkulation der Absatzpreise, sondern dient in erster Linie der Information, ob die Produktion des entsprechenden Guts lohnenswert ist. Eine Produktion lohnt nur dann, wenn die Selbstkosten unter den am Markt erzielbaren Absatzpreisen liegen.[1434] Denn das kalkulatorische Einpreisen in ein Produkt hat keine Auswirkung auf den am Markt erzielbaren Preis und würde darüber hinaus ein willkürliches Kriterium darstellen. Eine Einpreisung ist nämlich auch für Eingangsleistungen möglich, die in keinerlei sachlich funktionalem Zusammenhang mit den der Besteuerung unterliegenden Ausgangsleistungen stehen.[1435]

Die These des EuGH, dass, sofern entgeltliche zum Vorsteuerabzug berechtigende Leistungen an alle Tochtergesellschaften erbracht werden, kein nichtwirtschaftlicher Bereich existiert, ist in dieser Absolutheit kritisch zu betrachten. Eine Leistungserbringung an alle Tochtergesellschaften führt zwar dazu, dass die Holding eine wirtschaftliche Tätigkeit ausübt,[1436] bedeutet jedoch nicht zwangsläufig, dass jedwede Eingangsleistungen tatsächlich in einem sachlich funktionalen Zusammenhang mit diesen entgeltlichen Ausgangsleistungen stehen. Ins-

---

[1433] EuGH, Urteil v. 14.09.2017, C-132/16, Iberdrola, ECLI:EU:C:2017:683, Rn. 37–39.

[1434] Vgl. *Wöhe/Döring/Brösel,* Einführung in die Allgemeine Betriebswirtschaftslehre, 2020, S. 836.

[1435] Vgl. *Stapperfend,* in: UmsatzsteuerForum e.V./Bundesministerium der Finanzen, Festschrift 100 Jahre Umsatzsteuer, 2018, S. 391.

[1436] EuGH, Urteil v. 16.07.2015, C-108/14 u. C-109/14, Larentia + Minerva, ECLI:EU:C:2015:496, Rn. 28 u. 29.

besondere im Hinblick auf Gemeinkosten ist das Kriterium der Einpreisung nicht zielführend für die Frage, ob ein Zusammenhang mit den den Vorsteuerabzug eröffnenden Ausgangsleistungen vorliegt. Dies wird vor dem Hintergrund der Entscheidung des Gerichtshofs in der Rs. Kretztechnik deutlich. Aufwendungen für einen Börsengang, der der Beschaffung von Eigenkapital dient, können nicht gegenständlich einzelnen Ausgangsleistungen zugeordnet werden. Aufgrund der Verwendung des Kapitals für die wirtschaftliche Tätigkeit wurde der Vorsteuerabzug gleichwohl zugelassen, da allgemeine Aufwendungen vorlägen.[1437] Aufgrund des für den Gerichtshof vorliegenden sachlich funktionalen Zusammenhangs zwischen den Kosten und der späteren Verwendung des eingeworbenen Kapitals für die wirtschaftlichen Tätigkeit, wurde das Recht auf Vorsteuerabzug bejaht. Daraus resultiert die Schlussfolgerung des Gerichtshofs, es handle sich um allgemeine Kosten, die *damit* zu den Preiselementen der Produkte gehören. Mithin führt der sachlich funktionale Zusammenhang zu der Annahme, die Kosten stellten Preiselemente der Produkte dar.

Der Schluss, die Einpreisung von Kosten würde dazu führen, dass allgemeine Aufwendungen in Zusammenhang mit der wirtschaftlichen Tätigkeit vorliegen, wäre hingegen ein Zirkelschluss. Ein Missverhältnis zwischen Eingangs- und Ausgangsleistungen kann allerdings ein Indiz für eine missbräuchliche Gestaltung sein.[1438] Gelingt eine Amortisation der Aufwendungen, kann dies gegen das Vorliegen einer missbräuchlichen Gestaltung sprechen.[1439] Losgelöst von missbräuchlichen Gestaltungen kommt es jedoch auf die Höhe der Ausgangsumsätze nicht an.[1440]

(2) Unmittelbarer Zusammenhang mit bestimmten Ausgangsleistungen

(a) Ausgangsleistungen des Anteilseigners

Eine Verwendung von Leistungsbezügen kann unmittelbar für Ausgangsleistungen des Anteilseigners an seine Beteiligungsgesellschaft erfolgen. Dies wäre der Fall bei entgeltlichen Leistungen des Anteilseigners, wie z. B. der Erbringung von administrativen, wirtschaftlichen oder technischen Dienstleistungen[1441], so-

[1437] Vgl. *Stapperfend*, in: UmsatzsteuerForum e.V./Bundesministerium der Finanzen, Festschrift 100 Jahre Umsatzsteuer, 2018, S. 393; EuGH, Urteil v. 26.05.2005, C-465/03, Kretztechnik AG, Slg. 2005, I-4373, Rn. 36.

[1438] Vgl. *Eggers*, MwStR 2017, S. 566; *Grebe/Raudszus*, Ubg 2019, S. 43.

[1439] Vgl. *Eggers*, MwStR 2017, S. 567.

[1440] Vgl. *Brinkmann/Walter-Yadegardjam*, DStR 2016, S. 2195; *Stapperfend*, in: UmsatzsteuerForum e.V./Bundesministerium der Finanzen, Festschrift 100 Jahre Umsatzsteuer, 2018, S. 412; *Grebe/Raudszus*, Ubg 2019, S. 48.

[1441] Durch derartige Leistungen verortet der EuGH das Halten der Beteiligung grundsätzlich in der wirtschaftlichen Sphäre, vgl. EuGH, Urteil v. 14.11.2000, C-142/99, Floridienne u. Berginfern sich der Anteilseigner zur Erbringung dieser Leistungen ganz oder teilweise der Vorleistungen Dritter bedient. Aufgrund des sachlich funktionalen Zusammenhangs zwischen Eingangs- und Ausgangsleistung ist der Vorsteuerabzug gegeben, sofern die Ausgangsumsätze an die Beteiligungsgesellschaft den Vorsteuerabzug nicht ausschließen. Etwas anderes könnte allenfalls dann gelten, wenn zwischen den Eingangs- und Ausgangsleistungen ein evidentes Missverhältnis besteht, das weder auf einer Investition beruht – und somit nur vorübergehender Natur sein dürfte – noch eine Fehlmaßnahme darstellt.[1442]

Würden Leistungen bezogen und verbilligt an die nicht zum Vorsteuerabzug berechtigte Tochtergesellschaft weitergereicht, könnte hierin ein missbräuchliches Verhalten gesehen werden. Auf diese Weise würden die Vorsteuerbeträge auf Leistungen, die der Anteilseigner von Dritten bezogen hat, regelmäßig die Umsatzsteuerbeträge, die auf die verbilligt an die Beteiligungsgesellschaft erbrachte Leistung entfallen, übersteigen. Insoweit fehlt es jedenfalls an einem Zusammenhang mit der Ausgangsleistung, weil durch die verbilligte Weitergabe der Leistung in Höhe der Unterdeckung eine Art Einlage in die Tochtergesellschaft vorliegt. Diese „Einlage" wird nur deshalb geleistet, weil sich der Anteilseigner zum einen eine Umsatzsteuerersparnis für die Gruppe verspricht und zum anderen davon ausgeht, dass sich die Kostenunterdeckung durch Beteiligungserträge oder durch die Wertsteigerung der Anteile an der Beteiligungsgesellschaft ausgleicht.[1443]

Insoweit der Preis der bezogenen Leistung den Preis der an die Tochtergesellschaft erbrachten Leistung überschreitet, könnte der Vorsteuerabzug beim Anteilseigner versagt werden. Begründung hierfür könnte sein, dass bereits kein Leistungsbezug für das Unternehmen des Anteilseigners erfolge,[1444] oder dass zwar eine unternehmerische Verwendung im weiteren Sinne vorliege, jedoch für Zwecke der wirtschaftlichen Tätigkeit der Tochtergesellschaft. Da die Tätigkeit der Tochtergesellschaft aber nicht zum Vorsteuerabzug berechtigt, wäre der Vorsteuerabzug auch beim Anteilseigner zu versagen. Letztere Begründung vermag

vest, Slg. 2000, I-9567, Rn. 19; EuGH, Urteil v. 27.09.2001, C-16/00, Cibo Participations, Slg. 2001, I-6679, Rn. 21; EuGH, Urteil v. 29.04.2004, C-77/01, EDM, Slg. 2004, I-4319Rn. 66; EuGH, Urteil v. 29.10.2009, C-29/08, AB SKF, Slg. 2009, I-10439, Rn. 30; EuGH, Urteil v. 08.11.2018, C-502/17, C&D Foods Acquisition ApS, ECLI:EU:C:2018:888, Rn. 32.

1442 Vgl. EuGH, Urteil v. 12.11.2020, C-42/19, Sonaecom SGPS SA, ECLI:EU:C:2020:913.

1443 EuGH, Urteil v. 06.09.2012, C-496/11, Portugal Telecom, ECLI:EU:C:2012:557, Rn. 32; EuGH, Urteil v. 27.09.2001, C-16/00, Cibo Participations, Slg. 2001, I-6679, Rn. 19; *Grebe/ Raudszus,* Ubg 2019, S. 42; *Englisch,* UR 2020, S. 218, hält es nicht für sachgerecht, der Holding den Vorsteuerabzug zu gewähren, wenn die Kosten sich bei wirtschaftlicher Betrachtungsweise ganz überwiegend aus den angestrebten Beteiligungserträgen bzw. -wertsteigerungen refinanzieren sollen.

1444 A. A. *Friedrich-Vache,* BB 2019, S. 994.

aus teleologischen Erwägungen eher zu überzeugen. Denn die vom Dritten bezogene und verbilligt an die Tochtergesellschaft erbrachte Leistung geht letztendlich vollumfänglich in die vorsteuerschädlichen Ausgangsleistungen der Tochtergesellschaft ein. Es liegt mithin eine wirtschaftliche (unternehmerische) Verwendung vor, die nach Sinn und Zweck des Mehrwertsteuersystems grundsätzlich eine Entlastung erfahren müsste, sofern sie in vorsteuerunschädliche Ausgangsumsätze eingeht.[1445] Der Tochtergesellschaft wird der Vorsteuerabzug aus der verbilligt vom Anteilseigner bezogenen Leistung daher vollumfänglich versagt, während dem Anteilseigner der Vorsteuerabzug für den nicht kostendeckenden Anteil seines Leistungsbezugs versagt wird.[1446] Schließlich liegt insoweit kein Zusammenhang mit der von ihm an die Tochtergesellschaft erbrachten Ausgangsleistung, sondern ein unmittelbarer Zusammenhang mit der nicht zum Vorsteuerabzug berechtigenden Tätigkeit der Tochtergesellschaft vor.

[1445] Vgl. *Stadie,* Das Recht des Vorsteuerabzugs, 1989, 46 ff., der früh die Notwendigkeit des Konstrukts des mittelbaren Unternehmers aus Gründen der Wettbewerbsneutralität betont hat. Nach der Darstellung der Leistungsbezüge, die entweder in einem unmittelbaren oder allgemeinen Zusammenhang mit der wirtschaftlichen Tätigkeit des Anteilseigners oder der Beteiligungsgesellschaft stehen, wird auf diese Thematik zum Begriff und Umfang des Steuerpflichtigen vertieft eingegangen werden: Siehe Kapitel 4: B. II. 1. b) cc) (2).

[1446] Die hier dargelegte Auffassung steht u. U. im Widerspruch zu der Rechtsprechung des EuGH. Dieser hatte sich in der Entscheidung EuGH, Urteil v. 22.06.2016, C-267/15, Gemeente Woerden, ECLI:EU:C:2016:466, zu der umsatzsteuerpflichtigen Lieferung eines Grundstücks deutlich unter dem Selbstkostenpreis geäußert. Trotz des Näheverhältnisses der das Grundstück veräußernden Gemeinde zu der das Grundstück erwerbenden Stiftung, hat der EuGH in dieser offensichtlichen Asymmetrie keinen Vorsteuerausschlussgrund gesehen. Überraschenderweise hat der EuGH nicht geprüft, ob in diesem Fall eine missbräuchliche Gestaltung vorliegt, siehe hierzu auch *Prätzler,* jurisPR-SteuerR 41/2016 Anm. 6; *Ismer,* MwStR 2016, S. 657. Zwar geht es im Kontext der EuGH Entscheidung um die Frage, ob überhaupt eine wirtschaftliche Tätigkeit ausgeübt wird. Auf die vorliegende Problemstellung übertragen, deutet die Asymmetrie auf ein atypisches Geschäft hin, das nur auf das Näheverhältnis zwischen Gesellschafter und Gesellschaft zurückzuführen ist. Daher liegt die Annahme nahe, dass, soweit eine Leistungserbringung unter den Selbstkosten erfolgt, nur für den kostendeckenden Anteil ein unmittelbarer Zusammenhang mit der Leistung des Anteilseigners an die Tochtergesellschaft und im Übrigen ein unmittelbarer Zusammenhang mit den Ausgangsleistungen der Tochtergesellschaft anzunehmen ist. Mithin ist es sachgerecht, soweit ein unmittelbarer Zusammenhang mit den Ausgangsleistungen der Tochtergesellschaft besteht, diese auch als maßgebend für den Vorsteuerabzug des Anteilseigners zu betrachten. Der BFH hatte in einer Entscheidung bei einer Asymmetrie zwischen Eingangs- und Ausgangsleistung ein lediglich symbolisches Entgelt angenommen und daher insgesamt einen Leistungsaustausch verneint, siehe: BFH, Urteil v. 22.06.2022, XI R 35/19, Anforderungen an eine entgeltliche Nutzungsüberlassung, BFH/NV 2023, S. 39. Dieser Sachverhalt ist aufgrund der Unterschiede zum oben dargestellten Beispielsfall nicht direkt vergleichbar, könnte jedoch dafür sprechen, bei einem immer noch asymmetrischen, jedoch nicht nur symbolischen Entgelt eine Aufteilung vorzunehmen.

Die quantitative Betrachtung dient lediglich der Abgrenzung, inwieweit die vom Anteilseigner bezogene Leistung in einem sachlich funktionalen Zusammenhang mit seinen eigenen Ausgangsleistungen steht. Dies ist nur insoweit der Fall, als die von ihm bezogene Vorleistung in seine Ausgangsleistung an die Tochtergesellschaft eingepreist wird. Für den Teil der Unterdeckung liegt ein sachlich funktionaler Zusammenhang mit den Ausgangsleistungen der Beteiligungsgesellschaft vor.[1447] Aus diesem Grund bestimmt sich der Vorsteuerabzug des Anteilseigners insoweit nach den Ausgangsumsätzen der Beteiligungsgesellschaft, was nachfolgend erörtert werden wird.

(b) Ausgangsleistungen der Beteiligungsgesellschaft

Ein unmittelbarer Zusammenhang zwischen Leistungen, die der Anteilseigner bezieht zu den Ausgangsumsätzen seiner Beteiligungsgesellschaft ergibt sich, nach den vorstehenden Ausführungen, soweit die Kosten der Eingangsleistungen nicht in die Ausgangsleistungen des Anteilseigners an die Beteiligungsgesellschaft eingehen. Dies gilt erst recht für Leistungen, die der Anteilseigner seiner Beteiligungsgesellschaft unentgeltlich zuwendet.

Fraglich war in der Entscheidung des Gerichtshofs in der Rs. Finanzamt R[1448], ob Leistungen, die ein Anteilseigner zugunsten seiner Tochtergesellschaft bezieht und dieser unentgeltlich zuwendet, ihn zum Vorsteuerabzug berechtigen, wenn er daneben steuerpflichtige Buchführungs- und Geschäftsführungsleistungen an diese Tochtergesellschaft erbringt. Die unentgeltlich zugewendeten Leistungen standen in keinem sachlich funktionalen Zusammenhang zu den entgeltlich an die Tochtergesellschaft erbrachten Leistungen, wiesen jedoch zweifellos einen unmittelbaren sachlich funktionalen Zusammenhang mit den steuerfreien, den Vorsteuerabzug ausschließenden Ausgangsumsätzen der Tochtergesellschaft auf.[1449] Es lag deshalb keine Verwendung für die steuerpflichtigen Ausgangsleistungen des Anteilseigners an seine Tochtergesellschaft vor, sondern eine Verwendung für eine nicht steuerbare Einlage.[1450] Aus diesem Grund sei dem An-

[1447] Soweit Ausgaben nicht mit den Umsätzen des Steuerpflichtigen, sondern mit solchen eines Dritten zusammenhängen, verneint der EuGH das Recht auf Vorsteuerabzug, vgl. EuGH, Urteil v. 01.10.2020, C-405/19, Vos Aannemingen BVBA, ECLI:EU:C:2020:785, Rn. 38. Dies muss m. E. auch dann gelten, wenn die Leistung aufgrund des Gesellschaftsverhältnisses verbilligt weitergegeben wird und insoweit ein sachlich funktionaler Zusammenhang mit den Ausgangsleistungen der Tochtergesellschaft vorliegt.

[1448] EuGH, Urteil v. 08.09.2022, C-98/21, Finanzamt R, ECLI:EU:C:2022:645.

[1449] Vgl. EuGH, Schlussanträge des GA Pitruzzella v. 03.03.2022, C-98/21, Finanzamt R, ECLI:EU:C:2022:160, Rn. 58.

[1450] In diesem Sinne auch *Stadie*, in: Rau/Dürrwächter, UStG, 2023, § 15 Rn. 193.

teilseigner der Vorsteuerabzug zu verwehren.[1451] Durch diese Entscheidung dürfte geklärt sein, dass nicht jedwede Eingangsleistung, die einen Zusammenhang mit der Beteiligung des Anteilseigners aufweist, dem Anteilseigner ein Recht auf Vorsteuerabzug eröffnet, nur weil dieser auch steuerpflichtige Leistungen an die Beteiligungsgesellschaft erbringt, obwohl die bezogenen Leistungen in keinem direkten und auch in keinem allgemeinen Zusammenhang mit diesen steuerpflichtigen Leistungen stehen.[1452]

Aus dieser Entscheidung lässt sich die zuvor dargestellte Aufteilung bei einer verbilligt an die Tochtergesellschaft erbrachten Leistung ableiten, da soweit die Ausgangsleistung an die Tochtergesellschaft die bezogene Eingangsleistung unterschreitet, kein sachlich funktionaler Zusammenhang mit der Ausgangsleistung des Anteilseigners an die Tochtergesellschaft hergestellt werden kann. Also liegt eine unentgeltliche Zuwendung an die Tochtergesellschaft vor, die in einem sachlich funktionalen Zusammenhang mit ihren Ausgangsleistungen stehen dürfte.[1453]

Hätte die Tochtergesellschaft die ihr unentgeltlich zugewendeten Leistungen ihrerseits für Ausgangsleistungen verwendet, die zum Vorsteuerabzug berechtigen, stellt sich die Frage, ob dem Anteilseigner unter diesen Umständen der Vorsteuerabzug zu gewähren wäre. Der BFH würde wohl auch in diesem Fall ebenfalls den Vorsteuerabzug mangels Leistungsbezug für das Unternehmen des Anteilseigners versagen. Jedenfalls lassen sich aus seiner Folgeentscheidung zur Rs. Finanzamt R keine anderen Rückschlüsse ziehen.[1454]

[1451] Ein solcher Beitrag einer Holdinggesellschaft zugunsten ihrer Tochtergesellschaft, sei es in Form von Bar- oder Sacheinlagen, gehört nach Auffassung des EuGH zum Halten von Gesellschaftsanteilen, das keine wirtschaftliche Tätigkeit darstellt und daher kein Recht auf Vorsteuerabzug eröffnet, vgl. EuGH, Urteil v. 08.09.2022, C-98/21, Finanzamt R, ECLI:EU:C:2022:645, Rn. 53.

[1452] Vgl. EuGH, Schlussanträge des GA Pitruzzella v. 03.03.2022, C-98/21, Finanzamt R, ECLI:EU:C:2022:160, Rn. 62.

[1453] A. A. wohl *Prätzler,* jurisPR-SteuerR 44/2022 Anm. 5, unter Verweis auf die Entscheidung des EuGH in der Rs. Larentia + Minerva; *Hennigfeld,* DB 2022, S. 2509, wies im Zusammenhang mit der unentgeltlichen Zuwendung der Leistung auf Gestaltungsüberlegungen hin, die kritisch zu hinterfragen sind. Dies muss m. E. auch für den Fall der verbilligten Weitergabe gelten, zumindest dann, wenn die Erzielung von Steuervorteilen im Sinne einer Vorsteueroptimierung evident ist. *Monfort,* GmbHR 2022, S. 1106, hält es als Abgrenzungskriterium für entscheidend, ob die von der Holding bezogene Leistung der Beteiligung dient (also der Tochtergesellschaft zugutekommt) oder nur der Holding/dem Anteilseigner zugutekommt. Dies entspricht dem hier dargestellten Verständnis des Abstellens auf den sachlich funktionalen Zusammenhang der von der Holding bezogenen Leistung mit den Leistungen der Holding oder den Leistungen der Beteiligungsgesellschaft.

[1454] Vgl. BFH, Urt. v. 15.02.2023, XI R 24/22, DStR 2023, S. 1531, Rn. 33, nach dem es neben der Eigenschaft als Steuerpflichtiger darauf ankomme, dass der Steuerpflichtige (hier: der Anteilseigner) die bezogene Leistung für Zwecke seiner besteuerten Umsätze verwende. Erfolgt

Gestützt auf das Konzept des mittelbaren Unternehmers[1455] wäre ein Vorsteuerabzug aufgrund des sachlich-funktionalen Zusammenhangs mit den zum Vorsteuerabzug berechtigenden Ausgangsumsätzen der Tochtergesellschaft aus teleologischen Erwägungen zu begrüßen. Einen derartigen Fall betraf die Entscheidung des BFH[1456] hinsichtlich der unentgeltlichen Überlassung eines Mandantenstamms an eine neu gegründete Steuerberatungs-GbR durch den geschäftsführenden Gesellschafter dieser Steuerberatungs-GbR. Den Mandantenstamm hatte er zuvor im Zuge einer Realteilung gegen Entgelt erworben und begehrte den Vorsteuerabzug aus diesen Erwerbskosten. Der BHF setzte zunächst das Verfahren aus und legte diese Fragestellung dem EuGH vor. Dieser sah im gegebenen Fall kein Recht auf Vorsteuerabzug, da die unentgeltliche Überlassung eines Mandantenstamms nicht als wirtschaftliche Tätigkeit angesehen werden könne.[1457] Eine analoge Anwendung der die Entscheidung des EuGH in der Rs. Polski Trawertyn[1458] tragenden Grundsätze könne vorliegend nicht zur Anwendung kommen, weil der geschäftsführende Gesellschafter schließlich eine andere zivilrechtliche Gestaltung hätte wählen können, um in den Genuss des Vorsteuerabzugs zu kommen.[1459] Der Neutralitätsgrundsatz wird auch in dieser Entscheidung zum bloßen Auslegungssatz degradiert[1460] und einer gebotenen Gleichbehandlung wirtschaftlich vergleichbarer Sachverhalte aufgrund rein formaler Kriterien eine Absage erteilt. Der BFH legte lediglich dar, dass das FG zu prüfen habe, ob sich eine Unternehmereigenschaft des Klägers aus seiner Tätigkeit als geschäftsführender Gesellschafter ergeben könnte und insoweit ein Recht auf Vorsteuerabzug vorliegen könnte.[1461] Letztlich lag keine selbständige Tätigkeit des geschäftsführenden Gesellschafters vor, weshalb der Vorsteuerabzug final vom FG versagt wurde.[1462] Hätte eine selbständige Tätigkeit als Geschäftsführer vorgelegen, die gegen Entgelt erbracht worden wäre, wäre zudem fraglich gewesen, ob diese Leistung tatsächlich in einem Zusammenhang mit der Überlassung des Mandantenstamms gestanden hätte.[1463] Dies

---

also eine Verwendung für Zwecke der Umsätze der Tochtergesellschaft, wird der Vorsteuerabzug versagt.

[1455] Auf diese Thematik wird im Rahmen des „Begriff und Umfang des Steuerpflichtigen" vertieft eingegangen werden: Siehe Kapitel 4: B. II. 1. b) cc) (2).

[1456] BFH, Urteil v. 26.08.2014, XI R 26/10, Vorsteuerabzug eines geschäftsführenden Gesellschafters einer GbR aus dem Erwerb eines Mandantenstammes, BFHE 247, S. 269.

[1457] EuGH, Urteil v. 13.03.2014, C-204/13, Malburg, ECLI:EU:C:2014:147, Rn. 35.

[1458] EuGH, Urteil v. 01.03.2012, C-280/10, Polski Trawertyn, ECLI:EU:C:2012:107.

[1459] EuGH, Urteil v. 13.03.2014, C-204/13, Malburg, ECLI:EU:C:2014:147, Rn. 46.

[1460] EuGH, Urteil v. 13.03.2014, C-204/13, Malburg, ECLI:EU:C:2014:147, Rn. 43.

[1461] BFH, Urteil v. 26.08.2014, XI R 26/10, Vorsteuerabzug eines geschäftsführenden Gesellschafters einer GbR aus dem Erwerb eines Mandantenstammes, BFHE 247, S. 269, Rn. 31.

[1462] FG des Saarlandes, Urteil v. 30.08.2017, 3 K 1457/14, BeckRS 2017, 143462.

[1463] So auch *Stadie*, in: Rau/Dürrwächter, UStG, 2023, § 15 Rn. 194.

müsste vor allem dann gelten, wenn die gezahlte Vergütung lediglich eine angemessene Vergütung für die Führung der Geschäfte dargestellt hätte und somit nicht gleichwohl für die Überlassung des Mandantenstamms gezahlt worden sein kann. Tatsächlich ist offensichtlich, dass der mit Vorsteuer belastete Mandantenstamm für die steuerpflichtigen Leistungen der Steuerberatungs-GbR an ihre Mandanten verwendet wurde. Infolge des versagten Vorsteuerabzugs auf Ebene des geschäftsführenden Gesellschafters ist es zu einer finalen umsatzsteuerlichen Belastung gekommen, obwohl kein Endverbrauch vorlag.

Eine andere Sichtweise vertrat der EuGH in den Rs. Polski Trawertyn.[1464] Der Unterschied bestand darin, dass den Gesellschaftern Kosten im Rahmen der Gründung der Gesellschaft in Rechnung gestellt wurden, bevor die Gesellschaft eingetragen und mehrwertsteuerlich erfasst wurde. Zudem hatten sie vor Eintragung der Gesellschaft ins Handelsregister ein Grundstück erworben, das sie steuerbefreit in die Gesellschaft einbrachten. Die Gesellschaft war im Zeitpunkt des Leistungsbezugs noch nicht existent. Nach polnischem Recht hätte weder der Gesellschaft noch den Gesellschaftern ein Recht auf Vorsteuerabzug zugestanden, obwohl sowohl das Grundstück als auch die Gründungskosten in einem unmittelbaren Zusammenhang mit der späteren vorsteuerunschädlichen Tätigkeit der Gesellschaft standen. Maßgeblich für das Recht auf Vorsteuerabzug waren die späteren Umsätze der Gesellschaft. Der Gerichtshof hat in dieser Situation den Gesellschaftern das Recht auf Vorsteuerabzug zuerkannt.[1465] Insbesondere dürfe die steuerfreie Einlage, obwohl das Grundstück später von der Gesellschaft für vorsteuerunschädliche Tätigkeiten verwendet wurde, den Vorsteuerabzug nicht ausschließen.[1466] Am Ende bleibt jedoch unklar, ob nun den Gesellschaftern oder der Gesellschaft das Recht auf Vorsteuerabzug zugestanden werden muss, eindeutig war lediglich, dass es zur Gewährleistung der Neutralität eine Vorsteuerentlastung geben muss.[1467] Ebenso hatte der EuGH in der Rs. Faxworld einer Vorgründungsgesellschaft, deren Zweck die Gründung einer Kapitalgesell-

---

[1464] EuGH, Urteil v. 01.03.2012, C-280/10, Polski Trawertyn, ECLI:EU:C:2012:107.

[1465] EuGH, Urteil v. 01.03.2012, C-280/10, Polski Trawertyn, ECLI:EU:C:2012:107, Rn. 31. So auch das Verständnis von *Wäger,* UR 2012, S. 912.

[1466] EuGH, Urteil v. 01.03.2012, C-280/10, Polski Trawertyn, ECLI:EU:C:2012:107, Rn. 33; *Reiß,* MwStR 2013, S. 507. In diesem Fall wird auf die Ausgangsumsätze der Tochtergesellschaft abgestellt, obwohl ein unmittelbarer Zusammenhang mit einer steuerfreien Ausgangsleistung besteht. Diese Entscheidung ist letztlich sachgerecht, jedoch verwundert die selektive Anwendung des Neutralitätsprinzips durch den EuGH.

[1467] EuGH, Urteil v. 01.03.2012, C-280/10, Polski Trawertyn, ECLI:EU:C:2012:107, Rn. 35; *Wäger,* UR 2012, S. 913; *Reiß,* MwStR 2013, S. 510, geht davon aus, dass vorrangig von einer Abzugsberechtigung der Gesellschafter auszugehen ist. Dies ist vor dem Hintergrund des zivilrechtlichen Vertragsverhältnisses sachgerecht; *Stadie*, in: Rau/Dürrwächter, UStG, 2023, § 15 Rn. 200, geht ebenfalls von einem Vorsteuerabzugsrecht der Gesellschafter aus.

schaft war und deren einziger Ausgangsumsatz in der Übertragung der bezogenen Leistungen mittels eines Aktes gegen Entgelt an die Kapitalgesellschaft nach deren Gründung lag[1468], das Recht auf Vorsteuerabzug zuerkannt.[1469]

Zusammenfassend kann festgehalten werden, dass das Recht auf Vorsteuerabzug nach der Judikatur des Gerichtshofs aufgrund des Neutralitätsprinzips nur dann personenübergreifend gewährt wird, wenn keine andere rechtliche Gestaltung des Vorgangs möglich ist und es ansonsten zu einer Definitivbelastung mit Mehrwertsteuer kommen würde, obwohl kein Endverbrauch vorliegt. Der Hinweis auf andere rechtliche Gestaltungsmöglichkeiten,[1470] obwohl nach wirtschaftlicher Betrachtungsweise in der Rs. Malburg ein vergleichbarer Sachverhalt vorlag, offenbart die fehlende Entscheidungsneutralität des Rechts auf Vorsteuerabzug. Die Weigerung des EuGH, den Begriff des Steuerpflichtigen weiter auszulegen,[1471] mündet in der bewussten Inkaufnahme einer ungleichmäßigen Besteuerungspraxis wirtschaftlich gleicher Sachverhalte. Es liegt offenkundig eine Verletzung der Wettbewerbsneutralität in Form der Organisationsformneutralität vor.[1472] Unter Neutralitätsgesichtspunkten wäre entgegen der Auffassung des EuGH in derartigen Fällen der Vorsteuerabzug zu gewähren.

(3) Allgemeiner Zusammenhang mit wirtschaftlicher Tätigkeit

Es muss sich um Aufwendungen des Anteilseigners im Zusammenhang mit der von ihm gehaltenen Beteiligung handeln, die weder unmittelbar für bestimmte Ausgangsleistungen des Anteilseigners noch unmittelbar für bestimmte Ausgangsleistungen der Beteiligungsgesellschaft verwendet werden. Dies ist regelmäßig bei Anschaffungsnebenkosten der Beteiligungsgesellschaft der Fall.

(a) Zweckbeteiligung

Sofern kein unmittelbarer Zusammenhang mit der wirtschaftlichen Tätigkeit des Anteilseigners hergestellt werden kann, ist fraglich, unter welchen Voraussetzungen Kosten im Zusammenhang mit der Beteiligung zu den allgemeinen Aufwendungen der wirtschaftlichen Tätigkeit des Anteilseigners gehören. Hinsichtlich der Kosten im Zusammenhang mit dem Erwerb der Beteiligung hat der EuGH

[1468] Es lag eine Geschäftsveräußerung im Ganzen gem. § 1 Abs. 1a UStG vor.

[1469] EuGH, Urteil v. 29.04.2004, C-137/02, Faxworld, Slg. 2004, I-5547.

[1470] BFH, Urteil v. 26.08.2014, XI R 26/10, Vorsteuerabzug eines geschäftsführenden Gesellschafters einer GbR aus dem Erwerb eines Mandantenstammes, BFHE 247, S. 269, Rn. 25.

[1471] *Englisch,* UR 2020, S. 217, hält eine auf das Neutralitätsprinzip gestützte, teleologische Auslegung für nicht mit dem Richtlinienwortlaut vereinbar; *Ismer,* MwStR 2015, S. 413, geht davon aus, dass die Zurückhaltung des EuGH aus Rücksichtnahme gegenüber dem Unionsgesetzgeber erfolgt.

[1472] In diesem Sinne *Stadie*, in: Rau/Dürrwächter, UStG, 2023, § 15 Rn. 234.

entschieden, dass diese – sofern der Anteilseigner entgeltliche Leistungen an die Tochtergesellschaft erbringt und mithin eine wirtschaftliche Tätigkeit ausübt – als Teil der allgemeinen Aufwendungen des Anteilseigners anzusehen seien und dass daher die Vorsteuer grundsätzlich vollständig abzuziehen sei.[1473] Etwas anderes könne nur dann gelten, wenn bestimmte Ausgangsumsätze des Anteilseigners den Vorsteuerabzug ausschließen.[1474] Diese These darf nicht als apodiktischer Lehrsatz verstanden werden, da ihre vorbehaltslose Befolgung zu wirtschaftlich nicht tragbaren Ergebnissen führt.[1475] Denn aus der Gesellschafterstellung ergibt sich – abhängig von der Beteiligungshöhe – die Möglichkeit, Leistungen an die Gesellschaft zu erbringen, auch wenn diese Leistungen für den Anteilseigner lediglich von geringfügiger Bedeutung sind.[1476] Eine geringfügige Bedeutung könnte darauf beruhen, dass die an die Beteiligungsgesellschaft erbrachten Leistungen entweder (i) seine einzige wirtschaftliche Tätigkeit darstellen und im Verhältnis zu Beteiligungserträgen oder Wertsteigerungen der Beteiligung nicht ins Gewicht fallen, bzw. (ii) im Verhältnis zu seiner übrigen wirtschaftlichen Tätigkeit von allenfalls untergeordneter Bedeutung sind.[1477] In beiden Fällen dürfte ein Zusammenhang mit dem Halten der Beteiligung, das ganz überwiegend mit der Zielsetzung erfolgt, Beteiligungserträge bzw. -wertsteigerungen zu erzielen, vorliegen.[1478] Soweit ein Zusammenhang mit Beteiligungserträgen oder Wertsteigerungen der Beteiligung besteht, dürfte eher ein Zusammenhang mit der wirtschaftlichen Tätigkeit der Beteiligungsgesellschaft gegeben sein.[1479] Dies liegt darin begründet, dass kein Zusammenhang mit einer ggf. vor-

---

[1473] EuGH, Urteil v. 05.07.2018, C-320/17, Marle Participations, ECLI:EU:C:2018:537, Rn. 43; EuGH, Urteil v. 27.09.2001, C-16/00, Cibo Participations, Slg. 2001, I-6679, Rn. 35; EuGH, Urteil v. 29.10.2009, C-29/08, AB SKF, Slg. 2009, I-10439, Rn. 58.

[1474] EuGH, Urteil v. 12.11.2020, C-42/19, Sonaecom SGPS SA, ECLI:EU:C:2020:913, Rn. 43; EuGH, Urteil v. 16.07.2015, C-108/14 u. C-109/14, Larentia + Minerva, ECLI:EU:C:2015:496, Rn. 33.

[1475] Vgl. *Englisch,* UR 2020, S. 218; *Reiß,* MwStR 2013, S. 505 f.; *Grebe/Raudszus,* Ubg 2019, S. 48; *Prätzler/Stuber,* BB 2016, S. 2904, weisen darauf hin, dass der EuGH nicht darlegt, weshalb bei Beteiligungen im Gegensatz zu anderen Investitionsgütern keine Aufteilung vorzunehmen ist.

[1476] *Reiß,* MwStR 2013, S. 505 f., erhebt den berechtigten Einwand, dass Managementleistungen Folge des Innehabens der Gesellschafterstellung sind und diese wohl schon aus anderen Gründen erlangt wurde und nicht lediglich um (Management-)Leistungen an die Beteiligungsgesellschaft zu erbringen. Siehe auch *Englisch,* UR 2020, S. 218.

[1477] Vgl. *Englisch,* UR 2007, S. 295 f.

[1478] Vgl. *Englisch,* UR 2007, S. 296; *Englisch,* UR 2020, S. 217.

[1479] In diesem Sinne ist wohl *Reiß,* MwStR 2013, S. 505, zu verstehen, auch wenn er dem Anteilseigner die wirtschaftliche Tätigkeit der Tochtergesellschaft nicht zurechnen will. Dies komme allenfalls dann in Betracht, sofern es sich um eine vorbereitende Investitionstätigkeit für die künftigen Umsätze der Tochtergesellschaft handle.

handenen, übrigen wirtschaftlichen Tätigkeit des Anteilseigners hergestellt werden kann und die Aufwendungen damit letztlich in der Erwartung getätigt wurden, dass sie sich über die Beteiligungserträge oder Wertsteigerungen der Beteiligung amortisieren.[1480] Die Behandlung von Aufwendungen des Anteilseigners, die in einem allgemeinen Zusammenhang mit der wirtschaftlichen Tätigkeit der Beteiligungsgesellschaft stehen, wird nachfolgend noch erörtert werden.[1481]

Davon zu unterscheiden ist jedoch der Fall, wenn der Erwerb der Beteiligung vor allem in der Erwartung erfolgte, eine eigene wirtschaftliche Tätigkeit des Anteilseigners zu begründen oder um eine vorhandene wirtschaftliche Tätigkeit, um neue Geschäftsfelder zu erweitern bzw. auszubauen.[1482] In diesem Zusammenhang wird von einer Zweckbeteiligung oder auch strategischen Beteiligung[1483] gesprochen. Eine Zweckbeteiligung ist jedoch nicht gegeben, wenn sich die Tätigkeit des Anteilseigners in entgeltlichen Leistungen, z. B. der Geschäftsführung gegenüber den Tochtergesellschaften, erschöpft. Tatsächlich kann dann lediglich ein Zusammenhang mit den Ausgangsleistungen der Tochtergesellschaft hergestellt werden (s. o.). Im Fall einer Zweckbeteiligung sind ggf. erbrachte Geschäftsführungsleistungen Ausfluss der Gesellschafterstellung und dienen der Einflussnahme auf die Zielgesellschaft dahingehend, die eigene wirtschaftliche Tätigkeit des Anteilseigners, losgelöst von den Geschäftsführungsleistungen oder anderen Leistungen des Anteilseigners, gegenüber der Beteiligungsgesellschaft zu fördern. Allerdings müssen für das Vorliegen einer strategischen Beteiligung nicht zwangsläufig Geschäftsführungs-/Managementleistungen an die Beteiligungsgesellschaft erbracht werden. Es genügt die Einflussnahme aufgrund der Gesellschafterstellung, um die strategischen Ziele zur Förderung der eigenen wirtschaftlichen Tätigkeit des Anteilseigners zu verfolgen.[1484] Berechtigt diese Tätigkeit des Anteilseigners grundsätzlich zum Vorsteuerabzug, sind die damit in Zusammenhang stehenden Beteiligungsaufwendungen von der Vorsteuer zu entlasten. Von erheblicher praktischer Bedeutung dürfte in

---

[1480] Vgl. *Englisch,* UR 2020, S. 218.

[1481] Siehe Kapitel 4: B. II. 1. b) bb) (3) (b).

[1482] Vgl. *Grebe/Raudszus,* Ubg 2019, S. 42, die beispielhaft die Sicherung günstiger Einkaufskonditionen, Verschaffung von Einfluss bei potenziellen Konkurrenten und die Sicherung günstiger Absatzkonditionen als Gründe für die Förderung der eigenen wirtschaftlichen Tätigkeit des Anteilseigners nennen; *Reiß,* MwStR 2013, S. 505; *Englisch,* UR 2020, S. 218, nennt die Realisierung von Synergieeffekten, die Erschließung neuer Absatzmärkte oder -kanäle, die Ausschaltung von Konkurrenz als Merkmale einer strategischen Beteiligung; *Prätzler/Stuber,* BB 2016, S. 2906, nennen die Erlangung unternehmensrelevanter Informationen und die Beteiligung an einer Einkaufs- oder Vertriebsvereinigung. Die Finanzverwaltung geht von einer Zweckbeteiligung aus, wenn diese der Förderung einer bestehenden oder beabsichtigten unternehmerischen Tätigkeit dient, vgl. Abschnitt 2.3 Abs. 3 S. 5 Nr. 3 UStAE.

[1483] Vgl. *Datzer,* UR 2016, S. 654 f; *Reiß,* MwStR 2013, S. 505.

[1484] Vgl. *Prätzler/Stuber,* BB 2016, S. 2906.

diesen Fällen eine stichhaltige Dokumentation der Verwendungsabsicht zur strategischen Förderung der eigenen wirtschaftlichen Tätigkeit im Zeitpunkt des Leistungsbezugs sein, vor allem dann, wenn sich die aus dem Erwerb der Beteiligung erhoffte Stärkung, Förderung, Ergänzung usw. der eigenen wirtschaftlichen Tätigkeit des Anteilseigners letztlich nicht verwirklichen lässt.

(b) Zusammenhang mit wirtschaftlicher Tätigkeit der Beteiligungsgesellschaft

Kosten des Anteilseigners, die weder einen unmittelbaren Zusammenhang mit bestimmten Ausgangsleistungen des Anteilseigners oder der Beteiligungsgesellschaft aufweisen noch mit der wirtschaftlichen Tätigkeit des Anteilseigners in einem allgemeinen Zusammenhang stehen, jedoch durch die Beteiligung verursacht sind, sind durch das bloße Halten der Beteiligung veranlasst. Insoweit weisen sie einen allgemeinen Zusammenhang mit der wirtschaftlichen Tätigkeit der Tochtergesellschaft auf, da sie durch diese erwartungsgemäß refinanziert werden sollen.[1485] Unter Berücksichtigung der geschäftlichen und wirtschaftlichen Realität müsste daher das Recht auf Vorsteuerabzug grundsätzlich von den Ausgangsleistungen der Beteiligungsgesellschaft abhängig sein. Ein Vorsteuerabzug des Anteilseigners wäre jedoch nur denkbar, wenn ihm diese Leistungen für Zwecke des Vorsteuerabzugs zugerechnet werden könnten. Eine Zurechnung erscheint jedoch aus teleologischen Gründen nur dann sachgerecht, wenn das Halten der Beteiligung sich von dem Halten der Beteiligung eines privaten Anlegers wesentlich unterscheidet und es daher rechtfertigt, den Anteilseigner und die Beteiligungsgesellschaft als eine wirtschaftliche Organisationseinheit zu begreifen, die sich auf zivilrechtlich unterschiedliche Rechtssubjekte erstreckt, ohne dass sie dabei die Voraussetzungen einer Mehrwertsteuergruppe erfüllt. Diese Unterscheidung zwischen dem wirtschaftlich veranlassten Halten einer Beteiligung und dem Halten eines privaten Anlegers wird nachfolgend näher skizziert.

cc) Unternehmerische bzw. nicht konsumtive Verwendung

(1) Abgrenzung zum Privatanleger

Ein Anteilseigner, dessen Halten und Verwalten der Beteiligung lediglich dem Erzielen von Beteiligungserträgen und Wertsteigerungen der Beteiligung dient, ist nicht unternehmerisch tätig.[1486] Dies gilt unabhängig davon, ob es sich beim Anteilseigner um eine natürliche, eine juristische Person oder um eine Personen-

---

[1485] Vgl. *Englisch,* UR 2020, S. 218.

[1486] Vgl. EuGH, Urteil v. 27.09.2001, C-16/00, Cibo Participations, Slg. 2001, I-6679, Rn. 19; EuGH, Urteil v. 14.11.2000, C-142/99, Floridienne u. Berginvest, Slg. 2000, I-9567, Rn. 17; Abschn. 2.3 Abs. 3 Satz 1 UStAE.

gesellschaft handelt, da die Rechtsformneutralität es gebietet, dieselben Tätigkeiten denselben Besteuerungsfolgen zu unterwerfen.[1487] Denn insoweit handelt der Anteilseigner wie ein Endverbraucher, weshalb ihm der Vorsteuerabzug zu versagen ist.[1488] Allerdings verlangt zumindest der Besitz der Mehrheit an einem Unternehmen eine andere Beurteilung als die eines bloßen Kapitalanlegers.[1489] Die Rechtsprechung des EuGH stellt dabei auf das entgeltliche Eingreifen des Anteilseigners in die Verwaltung einer Gesellschaft ab,[1490] wodurch der Anteilseigner zweifellos durch Ausübung einer wirtschaftlichen Tätigkeit zum Unternehmer wird. Es bleiben jedoch Zweifel bestehen, ob hierdurch tatsächlich ein vollumfängliches Vorsteuerabzugsrecht für jedwede Aufwendungen im Zusammenhang mit der Beteiligung, insbesondere für Kosten im Zusammenhang mit dem Beteiligungserwerb eröffnet wird.[1491] Würde man entgegen der Rechtsprechung des EuGH weiterhin vom Vorliegen eines nichtwirtschaftlichen Bereichs ausgehen, so hätte dies zwangsläufig zur Folge, dass die Vorsteuerbeträge aufgeteilt werden müssten. Daran schließt sich die Frage nach einem sachgerechten Aufteilungsmaßstab an, über den sich trefflich streiten lässt bzw. fraglich ist, ob es in einem solchen Fall tatsächlich einen sachgerechten Maßstab gibt.[1492]

[1487] Vgl. *Englisch,* UR 2007, S. 291.
[1488] Vgl. *Englisch,* UR 2007, S. 296.
[1489] Vgl. *Hummel,* MwStR 2021, S. 337.
[1490] EuGH, Urteil v. 27.09.2001, C-16/00, Cibo Participations, Slg. 2001, I-6679, Rn. 22; EuGH, Urteil v. 06.09.2012, C-496/11, Portugal Telecom, ECLI:EU:C:2012:557, Rn. 34; EuGH, Urteil v. 16.07.2015, C-108/14 u. C-109/14, Larentia + Minerva, ECLI:EU:C:2015:496, Rn. 21; EuGH, Urteil v. 05.07.2018, C-320/17, Marle Participations, ECLI:EU:C:2018:537, Rn. 43.
[1491] Vgl. *Englisch,* UR 2020, S. 218, der die Klassifizierung als allgemeine Aufwendungen des Unternehmens als nicht überzeugend erachtet und insbesondere dann, wenn die Kosten des Beteiligungserwerbs marginalen entgeltlichen Leistungen gegenüberstehen, den (vollumfänglichen) Vorsteuerabzug wohl eher als zweifelhaft einstuft. *Reiß,* MwStR 2013, S. 505 f., kritisiert es als fragwürdig, dass der EuGH davon ausgeht, sobald entgeltliche Leistungen an die Beteiligungsgesellschaft ausgeführt werden, der dennoch weiterhin existierende Zusammenhang mit der nicht der Umsatzbesteuerung unterliegenden Erzielung von Gewinnanteilen vollständig ausgeblendet wird. *Grebe/Raudszus,* Ubg 2019, S. 48, hegen Zweifel, ob bei einem krassen Missverhältnis zwischen den entstandenen Ausgaben und den erbrachten entgeltlichen Leistungen des Anteilseigners an die Beteiligungsgesellschaft eine Verwendung für Zwecke der besteuerten Umsätze vorliegen kann. *Prätzler/Stuber,* BB 2016, S. 2904, weisen darauf hin, dass der EuGH nicht darlegt, weshalb bei Beteiligungen im Gegensatz zu anderen Investitionsgütern keine Aufteilung vorzunehmen ist, da eine Beteiligung auch zum Erzielen von Beteiligungserträgen gehalten wird und insoweit zumindest teilweise nichtwirtschaftlich verwendet wird.
[1492] Vgl. zum Aufteilungsmaßstab bei teilweise wirtschaftlich und teilweise nichtwirtschaftlich gehaltenen Beteiligungen: *Grebe/Raudszus,* Ubg 2019, S. 49. Im Übrigen wird diese Thematik im Rahmen dieser Arbeit aus Raumgründen nicht weiter behandelt.

Die Kernfrage ist, ob der Anteilseigner in der auf Endverbraucherversorgung gerichteten Leistungskette steht.[1493] Das sogenannte Eingreifen des Anteilseigners in die Verwaltung der von ihm gehaltenen Beteiligungsgesellschaft wird ihm nicht durch schuldrechtliche Verträge, sondern durch die Eingriffsmöglichkeiten, die das Gesellschaftsrecht vorsieht, ermöglicht.[1494] Leistungen des Anteilseigners an die Gesellschaft sind lediglich Ausfluss des Innehabens der Gesellschafterstellung, sie sind Folge seiner Eingriffsrechte, die ihm das Gesellschaftsrecht gewährt und begründen kein Eingreifen.[1495] Das Vorliegen entsprechender entgeltlicher Leistungen, vorwiegend Geschäftsführungs-/Managementleistungen sind allenfalls ein Indiz, dass die gesellschaftsrechtlichen Eingriffsmöglichkeiten auch wahrgenommen werden.

Ein geschäftsleitender Anteilseigner übt eine organisatorisch ausgelagerte Managementfunktion aus, die in der Führung der Geschäfte der Beteiligungsgesellschaft besteht. Diese Funktion kommt der Beteiligungsgesellschaft zugute und dient damit letztlich der Endverbraucherversorgung. Kosten im Zusammenhang mit dem Beteiligungserwerb können jedoch nicht in die Geschäftsführungs-/Managementleistungen einfließen, da sie der gewählten Organisationsform geschuldet sind und vom Anteilseigner als Anschaffungsnebenkosten im Zusammenhang mit der Beteiligung zu tragen sind. Wenn es die Aufgabe der Holding ist, die wirtschaftliche Tätigkeiten ihrer Beteiligungsgesellschaften zu lenken und zu koordinieren,[1496] so sind auch die Kosten der Holding im Zusammenhang mit dem Beteiligungserwerb als Kosten anzusehen, die in einem allgemeinen Zusammenhang mit den Ausgangsleistungen der jeweiligen Tochtergesellschaft stehen. Dies gilt neben den Kosten für den Beteiligungserwerb für alle Kosten, die durch eine Beteiligungsgesellschaft veranlasst sind, jedoch weder einen unmittelbaren Zusammenhang mit der wirtschaftlichen Tätigkeit des Anteilseigners oder der Beteiligungsgesellschaft aufweisen, noch in einem allgemeinen Zusammenhang mit der (übrigen) wirtschaftlichen Tätigkeit des Anteilseigners stehen.

Hätte der Anteilseigner keine Anteile, sondern den Geschäftsbetrieb der Tochtergesellschaft erworben und fortgeführt, wäre der Vorsteuerabzug aus den Erwerbsnebenkosten[1497] des Geschäftsbetriebs ebenfalls von den Ausgangsleistungen des Geschäftsbetriebs abhängig. Gleiches gilt, wenn zwar Anteile erworben werden, jedoch von Beginn an beabsichtigt ist, die Tochtergesellschaft auf

[1493] Vgl. *Tiede,* Die Holding als umsatzsteuerlicher Unternehmer, 2001, S. 166.
[1494] Vgl. *Stadie*, in: Rau/Dürrwächter, UStG, 2023, § 15 Rn. 227.
[1495] Vgl. *Reiß,* MwStR 2013, S. 505.
[1496] Vgl. *Stadie*, in: Rau/Dürrwächter, UStG, 2023, § 15 Rn. 249.
[1497] Die Erwerbskosten sind grundsätzlich aufgrund von § 1 Abs. 1a UStG nicht mit Vorsteuer belastet.

die Muttergesellschaft zu verschmelzen oder aber eine umsatzsteuerliche Organschaft zwischen Anteilseigner und Tochtergesellschaft zu begründen.[1498]

Freilich sind die vorgenannten Beispiele von der Beteiligungshöhe abhängig, da ansonsten keine Vergleichbarkeit gegeben ist. Bei einer Mehrheitsbeteiligung dürften jedenfalls entsprechende Eingriffsrechte bestehen. Kann der Nachweis geführt werden, dass der Anteilseigner in die Führung der Geschäfte seiner Beteiligungsgesellschaft eingreift,[1499] so ist ein Zusammenhang zwischen den bei ihm angefallenen Aufwendungen und den Ausgangsleistungen der Beteiligungsgesellschaft gegeben. Auch bei Beteiligungen, die zwar nicht mehr als die Hälfte des Kapitals der Beteiligungsgesellschaft umfassen und folglich keine Eingriffsmöglichkeiten in Form einer beherrschenden Gesellschafterstellung bieten, jedoch gleichwohl Eingriffsmöglichkeiten eröffnen, die auch wahrgenommen werden, stellen etwas grundlegend anderes als eine privat gehaltene Beteiligung eines Anlegers dar. Diese eröffnet dem Anleger regelmäßig keinerlei Eingriffsmöglichkeiten. Dies ist auf die im Regelfall prozentual deutlich geringere Beteiligung des (privaten) Anlegers zurückzuführen. Mithin scheint es gerechtfertigt, auch in Fällen von Beteiligungen, die nicht mehr als die Hälfte des Kapitals umfassen, jedoch Eingriffsmöglichkeiten eröffnen, die auch wahrgenommen werden, das Recht auf Vorsteuerabzug im Zusammenhang mit beteiligungsbedingten Aufwendungen des Anteilseigners von den Ausgangsleistungen der Tochtergesellschaft abhängig zu machen.

Denn bei einem Zusammenhang der Aufwendungen des Anteilseigners mit der wirtschaftlichen Tätigkeit der Beteiligungsgesellschaft, die sich durch seine Eingriffe in die Verwaltung der Beteiligungsgesellschaft ergibt, liegt keine konsumtive Verwendung vor. Das Abstellen auf die Ausgangsleistungen der Beteiligungsgesellschaft ist geboten, da die Kosten der Organisationseinheit Führungsholding in einem Zusammenhang mit der von ihr gesteuerten wirtschaftlichen Tätigkeit der Tochtergesellschaft stehen. Dass die Amortisation dieser Kosten durch die Beteiligungserträge bzw. Wertsteigerung der Beteiligung erfolgt, ist lediglich der Organisationsform geschuldet.[1500] Letztlich stammen diese Beteili-

---

[1498] Vgl. *Merkel,* UR 2015, S. 541.

[1499] Entgeltliche Leistungen sollten hierfür – entgegen der Rechtsprechung des EuGH – nicht erforderlich sein, es sollte vielmehr genügen, wenn die Steuerung der wirtschaftlichen Tätigkeit der Tochtergesellschaft glaubhaft gemacht werden kann (Gesellschafterbeschlüsse, Protokolle der Gesellschafterversammlung u. ä.).

[1500] Der EuGH geht aufgrund seiner formalen Betrachtung davon aus, dass Dividenden keine Gegenleistung für die Leistungen des Anteilseigners sind, vgl. EuGH, Urteil v. 14.11.2000, C-142/99, Floridienne u. Berginvest, Slg. 2000, I-9567, Rn. 17. Dies ist zwar rechtlich zutreffend, verkennt jedoch, dass die beteiligungsbezogenen Aufwendungen regelmäßig in der Erwartung getätigt werden, dass sie über künftige Wertsteigerungen der Beteiligung und die Dividenden refinanziert werden. Ferner stellt der EuGH klar, dass für ihn Eingriffe in die Verwaltung der

gungserträge aus den Überschüssen der wirtschaftlichen Tätigkeit der Tochtergesellschaft. Eine organisationsformneutrale Besteuerung, die es den Wirtschaftsteilnehmern gestattet, das Organisationsmodell zu wählen, das ihnen, rein wirtschaftlich betrachtet, am besten zusagt,[1501] darf an dieser Stelle keine Unterschiede machen. Dies gilt vor allem im Hinblick auf das Recht auf Vorsteuerabzug. Es darf nicht zwischen einer Unternehmensgruppe, bei der sich die zur Ausübung der wirtschaftlichen Tätigkeit erforderlichen Produktionsfaktoren auf unterschiedliche Rechtseinheiten verteilen[1502] und einem Einheitsunternehmen, in dem die Produktionsfaktoren gebündelt sind, differenziert werden. Fraglich ist, ob diese teleologisch gebotene Betrachtung de lege lata erreicht werden kann.

(2) Begriff und Umfang des Steuerpflichtigen

Der Konsum als Besteuerungsgut impliziert die Nichtbelastung betrieblicher Aufwendungen.[1503] Aufwendungen für Zwecke der wirtschaftlichen Tätigkeit einer Tochtergesellschaft stellen keinen privaten Verbrauch dar.[1504] Maßgeblich für den Vorsteuerabzug ist jedoch die Verwendung durch einen Steuerpflichtigen für Zwecke seiner besteuerten Umsätze.[1505] Mithin wäre es Voraussetzung, dass dem Anteilseigner bei einer Verwendung von Gegenständen und Dienstleistungen für Zwecke der wirtschaftlichen Tätigkeit der Tochtergesellschaft insoweit die wirtschaftliche Tätigkeit der Tochtergesellschaft zugerechnet werden kann.[1506]

Tochtergesellschaften dann keine wirtschaftliche Tätigkeit darstellen, wenn sie unentgeltlich erfolgen, vgl. EuGH, Beschluss v. 12.01.2017, C-28/16, MVM Magyar, ECLI:EU:C:2017:7. Bei einer rein formalen Betrachtung ist dies zutreffend. Allerdings verschließt diese Form der Betrachtung die Augen vor der wirtschaftlichen Realität. Der Grundsatz „substance over form" wird hierbei ins Gegenteil verkehrt.

[1501] EuGH, Urteil v. 04.05.2006, C-169/04, Abbey National, Slg. 2006, I-4027, Rn. 62 und 68; EuGH, Urteil v. 21.06.2007, C-453/05, Ludwig, Slg. 2007, I-5083, Rn. 35; EuGH, Urteil v. 03.04.2008, C-124/07, J.C.M. Beheer BV, Slg. 2008, I-2101, Rn. 28; EuGH, Urteil v. 02.07.2020, C-231/19, BlackRock Investment Management, ECLI:EU:C:2020:513, Rn. 50.

[1502] Siehe auch *Schön*, in: Woerner, DStJG Band 13, 1990, S. 117; *Tiede,* Die Holding als umsatzsteuerlicher Unternehmer, 2001, S. 175.

[1503] Vgl. *Englisch,* Wettbewerbsgleichheit, 2012, S. 571; *Birk*, in: Kirchhof/Neumann et al., Freiheit, Gleichheit, Effizienz, 2001, S. 65.

[1504] Vgl. *Stadie*, in: Rau/Dürrwächter, UStG, 2023, § 15 Rn. 179.

[1505] Art. 168 MwStSystRL.

[1506] In diesem Sinne *Stadie*, in: Rau/Dürrwächter, UStG, 2023, § 15 Rn. 231; *Ismer,* MwStR 2015, S. 412, spricht sich gegen eine Geltung eines Transparenzprinzips beim Vorsteuerabzug aus. Er begründet dies auch mit dem Fehlen der Einlagenentsteuerung, die er dann vermutlich als vom Gesetzgeber gewollten Systembruch ansieht; *Reiß,* MwStR 2013, S. 503, weist zutreffend darauf hin, dass der EuGH wohl keine Personenidentität zwischen der zum Vorsteuerabzug berechtigten und der die wirtschaftliche Tätigkeit ausübenden Person erfordert.

Der Begriff des Steuerpflichtigen ist in Art. 9 Abs. 1 MwStSystRL definiert. Demnach gilt als Steuerpflichtiger, wer eine wirtschaftliche Tätigkeit unabhängig von ihrem Ort, Zweck und Ergebnis selbständig ausübt. *Stadie* hat auf die Rechtsprechung des EuGH zum Unternehmensbegriff im Beihilferecht (Wettbewerbsrecht) hingewiesen.[1507] Demnach ist auch eine Einheit, die Kontrollbeteiligungen an einer Gesellschaft hält, die Kontrolle tatsächlich durch unmittelbare oder mittelbare Einflussnahme auf die Verwaltung der Gesellschaft ausübt, als an der wirtschaftlichen Tätigkeit des kontrollierten Unternehmens beteiligt anzusehen.[1508]

Im Mehrwertsteuerrecht wird der Begriff des Unternehmers synonym zum Begriff des Steuerpflichtigen verwendet.[1509] Der Begriff des Unternehmens im Rahmen des Wettbewerbsrechts umfasst nach ständiger Rechtsprechung des EuGH jede eine wirtschaftliche Tätigkeit ausübende Einheit, unabhängig von ihrer Rechtsform und der Art ihrer Finanzierung.[1510] Auch der Begriff der wirtschaftlichen Tätigkeit im Sinne des Wettbewerbsrechts[1511] gleicht im Bedeutungsgehalt dem Begriff der wirtschaftlichen Tätigkeit, wie sie in Art. 9 Abs. 1 MwStSystRL definiert ist. Aufgrund der systematischen Stellung der Regelungen zum Wettbewerbsrecht und der Regelungen zur Harmonisierung der indirekten Steuern unter dem Titel VII des AEUV[1512] wäre grundsätzlich ein einheitliches Begriffsverständnis geboten. Auch der Generalanwalt und die Kommission haben auf die Parallelen zwischen dem Wettbewerbs- und dem Mehrwertsteuerrecht hingewiesen.[1513] Daher scheint eine entsprechende Auslegung des in Art. 9 MwStSystRL niedergelegten Begriffs des Steuerpflichtigen im Sinne eines einheitlichen, primärrechtskonformen Verständnisses grundsätzlich möglich. Eine derartige teleologische Ausdehnung des Begriffs ist jedoch nur dann gebo-

[1507] Vgl. *Stadie,* UR 2007, S. 2.

[1508] EuGH, Urteil v. 10.01.2006, C-222/04, Cassa di Risparmio di Firenze, Slg 2006 I-289, Rn. 112.

[1509] EuGH, Urteil v. 14.02.1985, 268/83, Rompelman, Slg. 1985, I-655Rn. 19; EuGH, Urteil v. 15.01.1998, C-37/95, Ghent Coal Terminal, Slg. 1998, I-1, Rn. 15; EuGH, Urteil v. 13.03.2008, C-437/06, Securenta, Slg. 2008, I-1597, Rn. 25; So im 19. Erwägungsgrund der MwStSystRL, vgl. *Berger,* Der Begriff des Unternehmens im Rahmen des Vorsteuerabzugs, 2021, S. 81.

[1510] EuGH, Urteil v. 10.01.2006, C-222/04, Cassa di Risparmio di Firenze, Slg 2006 I-289, Rn. 107 m. w. N.

[1511] Eine wirtschaftliche Tätigkeit ist jede Tätigkeit, die darin besteht, Güter oder Dienstleistungen auf einem bestimmten Markt anzubieten, vgl. EuGH, Urteil v. 10.01.2006, C-222/04, Cassa di Risparmio di Firenze, Slg 2006 I-289, Rn. 108 m. w. N.

[1512] Titel VII des AEUV lautet: Gemeinsame Regeln betreffend Wettbewerb, Steuerfragen und Angleichung der Rechtsvorschriften.

[1513] Vgl. EuGH, Schlussanträge des GA Jacobs v. 27.10.2005, C-222/04, Cassa di Risparmio di Firenze, Slg 2006 I-295, Nr. 88.

ten, wenn der Anteilseigner in die Steuerung der wirtschaftlichen Tätigkeit der Tochtergesellschaft eingreift und somit mittelbar Teil der auf Endverbraucherversorgung gerichteten Leistungskette wird.[1514] Dies wäre jedoch auch bei einer Beteiligungshöhe zu bejahen, die nicht mehr als die Hälfte des Kapitals bzw. der Stimmrechte umfasst, wenn regelmäßige Eingriffe in die Leitung der Tochtergesellschaft nachgewiesen werden können.[1515]

1514 In diesem Sinne *Tiede,* Die Holding als umsatzsteuerlicher Unternehmer, 2001, 166 ff., der bei Innehaben einer Mehrheitsbeteiligung bzw. der Mehrheit der Stimmrechte von einer widerlegbaren Vermutung für eine einheitliche Leitung der Tochtergesellschaft ausgehen möchte. Sachgerechter scheint es jedoch, dass der den Vorsteuerabzug begehrende Anteilseigner den Nachweis führt, dass er in die Leitung der Tochtergesellschaft tatsächlich eingreift. Dafür bedarf es jedoch keinesfalls entgeltlicher Leistungen, da diese allenfalls Folge und nicht die Ursache des Eingreifens sind. Gesellschafterbeschlüsse, Protokolle und Weisungen sollten hierfür genügen. *Stapperfend*, in: UmsatzsteuerForum e.V./Bundesministerium der Finanzen, Festschrift 100 Jahre Umsatzsteuer, 2018, S. 391, erachtet alle gegenüber den Tochtergesellschaften erbrachten Dienstleistungen als ausreichend, um eine wohl grundsätzlich zum Vorsteuerabzug berechtigte Führungsholding zu bejahen. Auch die Höhe der Entgelte soll nicht entscheidend sein. Diese Betrachtung ist zwar hinsichtlich der Begründung der Unternehmereigenschaft verständlich, jedoch wird gerade dadurch deutlich, dass regelmäßig keine Verwendung der Eingangsleistungen für die Zwecke dieser Ausgangsleistungen des Anteilseigners erfolgt. Da mithin in diesen Fällen keine sinnvolle Verknüpfung zwischen den Eingangs- und Ausgangsleistungen der Holding erreicht werden kann, ist im Fall derartiger Aufwendungen nur ein Zusammenhang mit der allgemeinen Tätigkeit der Holding möglich. Dies wäre jedoch nur der Fall, wenn diese im Übrigen wirtschaftlich tätig ist und diese wirtschaftliche Tätigkeit durch die Beteiligung profitiert (Zweckbeteiligung – besser Einkaufsbedingungen, Kundenstamm der TG usw.). Dieser Zusammenhang ist jedoch nicht gegeben, wenn sich die Tätigkeit der Holding in entgeltlichen Leistungen z. B. der Geschäftsführung gegenüber den Tochtergesellschaften erschöpft, tatsächlich kann dann lediglich ein Zusammenhang mit den Ausgangsleistungen der Tochtergesellschaft hergestellt werden. *Englisch,* UR 2007, S. 296, räumt ein, dass es für den Vorsteuerabzug nicht entscheidend sei, dass die Eingangsleistungen der Holding im Zusammenhang mit ihren Ausgangsleistungen stehen. Es komme vielmehr darauf an, dass der Leistungsempfänger (Holding) die Leistungen wie ein privater Endverbraucher nutze. Dies verneint er zutreffend bei einer Führungsholding aufgrund ihrer Konzernleitungsfunktion, und zwar auch für den Fall, dass die Holding keine steuerbaren Umsätze an ihre Tochtergesellschaften erbringt. Dennoch möchte er am Erfordernis eines – gestaltbaren – Minimums an steuerbarer Unternehmertätigkeit festhalten. In anderen Worten: Die entgeltlichen Leistungen an die Beteiligungsgesellschaft sind zwar für den Vorsteuerabzug vollkommen irrelevant, aber um nicht weiter in die Thematik der eigentlich erforderlichen Zurechnung der Tätigkeit der Tochtergesellschaft eingehen zu müssen, genügt eine geringfügige eigene unternehmerische Aktivität der Holding. Implizit genügt dies nur deshalb, weil die Führungsholding Teil der auf Endverbraucherversorgung stehenden Leistungskette ist und es daher letztlich doch auf die Ausgangsleistungen der Tochtergesellschaft ankommen müsste.

1515 Noch progressiver ist *Stadie*, in: Rau/Dürrwächter, UStG, 2023, § 15 Rn. 214, der scheinbar auch keine Eingriffe in die Unternehmenssteuerung der Tochtergesellschaft verlangt, sondern rein auf die Verwendung durch die Tochtergesellschaft abstellt.

Englisch hatte vor Ergehen der Entscheidung des Gerichtshofs in der Rs. Polski Trawertyn Bedenken, ob eine teleologische Auslegung des Art. 168 MwSt SystRL dahingehend, dem Anteilseigner die Umsätze seiner Beteiligungsgesellschaft für Zwecke des Vorsteuerabzugs zuzurechnen, aufgrund der Regelung zur Mehrwertsteuergruppe in Art. 11 MwStSystRL möglich ist. Er hat die Möglichkeit einer derartigen Auslegung aufgrund des Nichtvorliegens einer ungewollten Regelungslücke verneint, auch wenn er es wohl grundsätzlich aufgrund teleologischer Erwägungen begrüßt hätte.[1516] Allerdings hat *Englisch* an dieser Auffassung auch nach Ergehen der Entscheidung in der Rs. Polski Trawertyn festgehalten.[1517] Der EuGH hat die grundsätzliche Hürde der Zurechnung der Umsätze eines Dritten für Zwecke des Vorsteuerabzugs wohl für überwindbar gehalten, da ihm ein Vorsteuerabzug für die Gesellschafter möglich erschien.[1518] Auch wenn der Gerichtshof dies nur in bestimmten Konstellationen für möglich erachtet hat, muss er vom Vorliegen einer planwidrigen Regelungslücke ausgegangen sein. Art. 11 MwStSystRL steht einer weiteren Auslegung des Begriffs des Steuerpflichtigen in Art. 168 MwStSystRL nicht entgegen. Art. 11 MwStSystRL zieht weitere Rechtsfolgen, als eine Auslegung des Art. 168 MwStSystRL dahingehend, dem Anteilseigner die Umsätze der Tochtergesellschaft zuzurechnen. Daraus kann also nicht zwangsläufig geschlossen werden, dass es zwischen Art. 9 und Art. 11 MwStSystRL, also dem Begriffsverständnis des Steuerpflichtigen in einer Rechtspersönlichkeit und dem Begriffsverständnis des Steuerpflichtigen in Form einer Mehrwertsteuergruppe, keinen weiteren denkbaren Anwendungsfall geben kann, der noch in den Begriffshof des Worts „Steuerpflichtiger" fällt.[1519]

[1516] Vgl. *Englisch,* UR 2007, S. 292; 298. Allerdings dürfte Art. 173 MwStSystRL einer teleologischen Extension ebenfalls nicht entgegenstehen. Wird eine Lieferung oder Dienstleistung vom Anteilseigner für Zwecke der besteuerten Umsätze der Tochtergesellschaft verwendet, ohne dass eine Zurechnung zu einer bestimmten Ausgangsleistung der Tochtergesellschaft möglich ist, bestimmt sich der Pro-Rata-Satz anhand des Verhältnisses der Umsätze der Tochtergesellschaft, die den Vorsteuerabzug zulassen, zu ihrem Gesamtumsatz.

[1517] Vgl. *Englisch,* UR 2020, S. 217.

[1518] Vgl. EuGH, Urteil v. 01.03.2012, C-280/10, Polski Trawertyn, ECLI:EU:C:2012:107, Rn. 31. Siehe Kapitel 4: B. II. 1. b) bb) (2) (b); EuGH, Schlussanträge des GA Cruz Villalón v. 15.09.2011, C-280/10, Polski Trawertyn, ECLI:EU:C:2011:592; *Wäger,* UR 2012, S. 913, hält jedoch einen Vorsteuerabzug für Aufwendungen des Gesellschafters auf der Ebene der Gesellschaft für vorzugswürdig, damit die Prüfung der Verwendungsvoraussetzungen, ähnlich wie beim Sonderbetriebsausgabenabzug einer ertragsteuerlichen Mitunternehmerschaft, nur bei einer Person in einem Verfahren erfolgt; *Reiß,* MwStR 2013, S. 503, sieht einen Vorsteuerabzug der Gesellschaft für Aufwendungen des Gesellschafters aufgrund des Auseinanderfallens von Besteller und umsatzsteuerlichem Leistungsempfänger (Vorsteuerabzugsberechtigter) wohl kritisch.

[1519] Konsequenterweise müsste Art. 11 MwStSystRL auch der Entscheidung des Gerichtshofs in der Rs. DFDS entgegenstehen, bei der die Tätigkeit einer rechtlich selbständigen Tochterge-

Es ist wahrscheinlicher, dass der Richtliniengeber diesen Fall nicht gesehen hat. Zumal die Auslegung des Begriffs Steuerpflichtiger in Art. 168 MwStSystRL im vorgenannten Sinne sich als teleologische Extension noch im Rahmen der gesetzesimmanenten Rechtsfortbildung bewegt und mithin noch eine Auslegung im engeren Sinne und keine gesetzesübersteigende Rechtsfortbildung darstellt.[1520] Denn einen Anteilseigner als Steuerpflichtigen für Zwecke des Art. 168 MwSt SystRL zu erachten, der in die Steuerung der wirtschaftlichen Tätigkeit der Tochtergesellschaft eingreift und dadurch Teil der auf Endverbraucherversorgung gerichteten Leistungskette wird, ist durchaus noch innerhalb des Rahmens eines möglichen Begriffsverständnisses[1521] des Worts „Steuerpflichtiger".

Allerdings ist die Einschränkung des Gerichtshofs auf Fälle wie in den Rs. Polski Trawertyn und Faxworld nicht überzeugend.[1522] Seine Aussage in der Rs. Malburg der dem Urteil zugrunde liegende Sachverhalt könne nicht: „[…] *mit anderen nach nationalem Recht in Betracht kommenden rechtlichen Lösungen gleichgestellt werden […], die nach diesem Recht ein Abzugsrecht eröffnet hätten* […]",[1523] obwohl diese anderen „rechtlichen Lösungen" (= Gestaltungsmöglichkeiten) zu einem absolut vergleichbaren wirtschaftlichen Ergebnis geführt hätten, vermag daher nicht zu überzeugen.[1524] Diese Sichtweise gewichtet rein

---

sellschaft grenzüberschreitend dem Anteilseigner zugerechnet wurde, vgl. *Tiede,* Die Holding als umsatzsteuerlicher Unternehmer, 2001, S. 178.

1520 *Wäger,* UR 2012, S. 913, sieht in dieser Rechtsauffassung einen Grenzbereich zwischen Rechtsauslegung und Rechtsschöpfung.

1521 Vgl. *Larenz/Canaris,* Methodenlehre der Rechtswissenschaft, 1995, S. 187.

1522 Siehe oben Kapitel 4: B. II. 1. b) bb) (3) (b). Auch der Generalanwalt hat in seinen Schlussanträgen zur Rs. Polski Trawertyn auf die übergeordnete Zielsetzung der Steuerneutralität hingewiesen. Deren Sinn liege im Erhalt der Natur der Mehrwertsteuer als einer indirekten Steuer, mit der einzig und allein der Verbrauch, nicht aber die Ausübung einer wirtschaftlichen Tätigkeit belastet werden solle, vgl. EuGH, Schlussanträge des GA Cruz Villalón v. 15.09.2011, C-280/10, Polski Trawertyn, ECLI:EU:C:2011:592. Diese Sinn- und Zweckerwägungen dürfen jedoch nicht nur dann greifen, wenn eine Versagung des Vorsteuerabzugs – wie in der Rs. Polski Trawertyn – eine evidente Ungerechtigkeit wäre, weil in diesen Fällen keine andere Gestaltung möglich war, sondern auch in den Fällen, in denen ein wirtschaftlich vergleichbarer Sachverhalt vorliegt, auch wenn eine andere rechtliche Gestaltung – die jedoch zu einem vergleichbaren wirtschaftlichen Ergebnis führt – möglich gewesen wäre. Denn nur dann liegt ein tatsächlich entscheidungsneutrales Mehrwertsteuerrecht vor. *Sterzinger,* DStR 2013, S. 1312, begrüßt die selektive Anwendung, da sich die Gewährung des Vorsteuerabzugs in derartigen Fällen nur auf „eng" auszulegende Ausnahmen erstrecken dürfe. Ob eine Auslegung eng oder weit zu erfolgen hat, richtet sich jedoch nach den dahinterstehenden Zweckerwägungen, da der Gesetzeszweck ggf. eine Extension oder Reduktion der Anwendung einer Norm verlangt.

1523 EuGH, Urteil v. 13.03.2014, C-204/13, Malburg, ECLI:EU:C:2014:147, Rn. 46.

1524 So auch *Stadie,* in: Rau/Dürrwächter, UStG, 2023, § 15 Rn. 234; a. A. *Datzer,* UR 2016, S. 657; *Berger,* Der Begriff des Unternehmens im Rahmen des Vorsteuerabzugs, 2021, S. 79–81. In diesem Sinne auch der Gerichtshof; EuGH, Beschluss v. 12.01.2017, C-28/16, MVM

formale Unterscheidungskriterien höher als die wirtschaftliche Realität, die den tatsächlichen Vergleichsmaßstab von Sachverhalten bildet.[1525] Dies wäre nur dann zu rechtfertigen, wenn es für diese Unterscheidung tatsächlich sachgerechte Gründe gäbe, die es erfordern, dem Anteilseigner den Vorsteuerabzug zu versagen.[1526] Solange jedoch kein missbräuchliches Verhalten erkennbar ist, scheint eine tragfähige Begründung des Vorsteuerausschlusses schwer vorstellbar.

Ein Streitpunkt im Schrifttum ist auch die Frage, ob hinsichtlich der Einbringung eines Gegenstands und einer Nutzungsüberlassung durch den Gesellschafter zugunsten der Gesellschaft differenziert werden muss.[1527] Diese Differenzierung ist nicht erforderlich. Entscheidend ist lediglich, dass der Anteilseigner der Gesellschaft unentgeltlich einen verbrauchbaren Vorteil zuwendet. Diese Zu-

Magyar, ECLI:EU:C:2017:7, Rn. 45, der entweder ein falsches Verständnis der Organisationsformneutralität hat, oder aber bewusst wirtschaftlich vergleichbare Sachverhalte nur aufgrund des Umstands, dass sie in unterschiedlichen rechtlichen Organisationsformen in Erscheinung treten, unterschiedlichen Besteuerungsfolgen unterwerfen möchte.

[1525] Nach ständiger Rechtsprechung des EuGH ist die wirtschaftliche und geschäftliche Realität ein grundlegendes Kriterium für die Anwendung des gemeinsamen Mehrwertsteuersystems: EuGH, Urteil v. 07.10.2010, C-53/09 u. C-55/09, Loyalty Management u. Baxi, Slg. 2010, I-9191, Rn. 39 u. 40; EuGH, Urteil v. 20.06.2013, C-653/11, Newey, ECLI:EU:C:2013:409, Rn. 42; EuGH, Urteil v. 22.11.2018, C-295/17, MEO, ECLI:EU:C:2018:942, Rn. 43; EuGH, Urteil v. 11.06.2020, C-43/19, Vodafone Portugal, ECLI:EU:C:2020:465, Rn. 40.

[1526] *Sterzinger,* DStR 2013, S. 1313, sieht die Gefahr von Fehlbeurteilungen und Doppelberücksichtigungen. Gerade letzteres kann kein grundsätzliches Ausschlusskriterium sein, wenn es im jeweiligen Fall nachweislich ausgeschlossen werden kann. Diese dürften vor dem Hintergrund einer transaktionsbasierten Steuerdeklaration in der Zukunft und der klaren Zuordnung von elektronischen Rechnungen ausgeschlossen sein. Auch sein Hinweis, der wohl für den Fall gelten soll, wenn die Rechnung auf den Gesellschafter lautet und man den Vorsteuerabzug bei der Gesellschaft zulassen würde, könnte das Kriterium der Angabe des Leistungsempfängers zur bloßen Formalität verkommen, ist nicht stichhaltig. Im Fall einer umsatzsteuerlichen Organschaft weicht der in der Rechnung genannte Leistungsempfänger (zivilrechtlicher Besteller) regelmäßig vom steuerpflichtigen Unternehmer (Organträger) ab, der zum Vorsteuerabzug berechtigt ist. Dies ist bei allen Leistungsbezügen der Organgesellschaften der Fall. Wäre die Befürchtung von Sterzinger tragfähig, müsste dies in letzter Konsequenz zur Abschaffung der umsatzsteuerlichen Organschaft führen.

[1527] Vgl. *Dziadkowski,* UR 2013, S. 908; *Reiß,* MwStR 2013, S. 503, hält eine Differenzierung nicht für erforderlich. *Sterzinger,* Gesellschaftsrechtliche Leistungsbeziehungen, 2020, S. 78, erachtet eine bloße Nutzungsüberlassung eines Gegenstands, der in der Verfügungsmacht des Gesellschafters verbleibe, für nicht ausreichend ein Vorsteuerabzugsrecht zu begründen. Dafür bedürfe es der Verschaffung der Verfügungsmacht (durch Einlage) an die Gesellschaft. Dabei wird übersehen, dass bei einer anderweitigen Nutzung durch den Gesellschafter die Nutzungsänderung entsprechend durch § 15a UStG korrigiert werden kann. *Wäger,* UR 2012, S. 917, spricht sich ebenfalls gegen einen Vorsteuerabzug beim Gesellschafter aus, wenn er den Gegenstand nicht auf die Tochtergesellschaft überträgt, sondern lediglich zur Nutzung überlässt, bzw. geht in diesem Fall nur von einem anteiligen Vorsteuerabzug aus.

wendung impliziert bereits ein Näheverhältnis[1528] des Zuwendenden zum wirtschaftlichen Empfänger der Leistung. Es ist davon auszugehen, dass der Zuwendende sich einen finalen Vorteil von der „unentgeltlichen“ Zuwendung verspricht, die sich aus Überschüssen der wirtschaftlichen Tätigkeit des Zuwendungsempfängers ergeben und ihm aufgrund seiner Gesellschafterstellung zukommen. Derartige Zuwendungen erfolgen nur im Rahmen wirtschaftlich gehaltener Beteiligungen und nicht bei Kapitalanlegern. Entscheidend ist, dass die unentgeltlich zugewendete Leistung (Lieferung oder Dienstleistung) in einem sachlich funktionalen Zusammenhang mit der wirtschaftlichen Tätigkeit der Tochtergesellschaft steht. Insoweit kann dem Anteilseigner der Vorsteuerabzug für diesbezügliche Aufwendungen gewährt werden.

dd) Fazit

Maßgebend für den Vorsteuerabzug ist die finale Verwendung von Leistungsbezügen für eine wirtschaftliche Tätigkeit. Bei Leistungsbezügen eines Anteilseigners, die im Zusammenhang mit seiner Beteiligungsgesellschaft stehen, ist zu prüfen, ob diese Aufwendungen in Zusammenhang mit konkreten eigenen Ausgangsleistungen oder in Zusammenhang mit seiner wirtschaftlichen Tätigkeit im Allgemeinen stehen. In diesem Fall bestimmt sich das Vorsteuerabzugsrecht anhand der Ausgangsleistungen des Anteilseigners. Stehen die vom Anteilseigner bezogenen Aufwendungen hingegen in einem sachlich funktionalen Zusammenhang mit konkreten Ausgangsleistungen seiner Beteiligungsgesellschaft oder im Zusammenhang mit ihrer wirtschaftlichen Tätigkeit im Allgemeinen, ist das Recht auf Vorsteuerabzug des Anteilseigners von den Ausgangsleistungen der Beteiligungsgesellschaft abhängig. Dem Anteilseigner können die Leistungen der Beteiligungsgesellschaft zugerechnet werden, wenn er selbst Teil der auf Endverbraucherversorgung gerichteten Leistungskette wird. Dies ist der Fall, wenn er in die Steuerung der wirtschaftlichen Tätigkeit seiner Tochtergesellschaft eingreift. Diese Eingriffe sind faktischer Natur und äußern sich dadurch, dass der Anteilseigner Entscheidungen trifft, z. B. wie die strategische Ausrichtung der Tochtergesellschaft zu erfolgen hat. Entgeltliche Leistungen und Eingriffe in das Tagesgeschäft sind hierfür nicht erforderlich, da es dem Anteilseigner vollkommen freisteht, inwieweit er den Organen der Beteiligungsgesellschaft freie Hand lässt oder aber im Extremfall selbst die Führung der Geschäfte voll-

[1528] *Reiß,* MwStR 2013, S. 503, hat bei einem Auseinanderfallen von Vorsteuerabzugsberechtigtem und Steuerpflichtigem, der die wirtschaftliche Tätigkeit ausübt, die Frage aufgeworfen, welches Näheverhältnis in solchen Fällen für einen Abzug der Vorsteuer erforderlich wäre. Faktisch ergibt sich dies aus einer nicht nur unwesentlichen Beteiligung an der Gesellschaft, da anderenfalls keine Zuwendungen dieser Art erfolgen würden.

umfänglich an sich zieht.[1529] Diese Betrachtung folgt aus dem Erfordernis wirtschaftlich vergleichbarer Sachverhalte, ungeachtet der gewählten Organisationsform, denselben Besteuerungsfolgen zu unterwerfen, um mithin eine gleichmäßige Steuerbelastung des Endverbrauchs sicherzustellen.

c) Belastung der Erwerbsaufwendungen

Erwerbssichernde Aufwendungen von Arbeitnehmern mindern als Werbungskosten[1530] deren einkommensteuerliche Bemessungsgrundlage und somit die Steuerbelastung. Bei der Mehrwertsteuer werden die Arbeitnehmer hingegen dem Endverbraucher gleichgestellt, indem die Erwerbsaufwendungen final mit Steuer belastet bleiben, da der die Aufwendungen tätigende Arbeitnehmer nicht selbständig ist und mithin nicht als Steuerpflichtiger (Unternehmer) angesehen werden kann. Bei der Einkommensteuer ist die Abzugsfähigkeit der Werbungskosten Ausfluss des objektiven Nettoprinzips, da der Teil der Erwerbsbezüge, der im Zusammenhang mit der Erwerbstätigkeit aufgewendet wird, nicht für die Steuerzahlung zur Verfügung steht.[1531] Geht man, wie in dieser Arbeit vertreten,[1532] von einer Geltung des Leistungsfähigkeitsprinzips im Mehrwertsteuerrecht aus, muss konsequenterweise eine Entlastung der Erwerbsaufwendungen von der Mehrwertsteuer erfolgen, da diese Aufwendungen keinen Konsum und somit keine Konsumleistungsfähigkeit verkörpern.[1533] Dass die Gewährung des Vorsteuerabzugs nur aufgrund des Fehlens der Steuerpflichtigeneigenschaft scheitert, jedoch aus teleologischen und systematischen Erwägungen geboten wäre,[1534] wird nachfolgend aufgezeigt.

Zu dem Erfordernis der Vorsteuerentlastung von Erwerbsaufwendungen gelangt man zwangsläufig, wenn man den Arbeitnehmer mit dem Einzelunternehmer vergleicht, der durch den Vorsteuerabzug von den Aufwendungen entlastet wird. Bei beiden liegt kein Konsum vor, sondern eine Verwendung zur Einnah-

---

[1529] Siehe auch Kapitel 4: A. II. 2. b) dd).

[1530] § 9 EStG; vgl. *Hey*, in: Tipke/Lang, Steuerrecht, 2020, S. 410, § 8 Rn. 8.216, nach dem Werbungskosten vorliegen, wenn ein objektiver Zusammenhang mit dem Beruf besteht und wenn die Aufwendungen subjektiv zur Förderung des Berufs getätigt werden.

[1531] Vgl. *Hey*, in: Tipke/Lang, Steuerrecht, 2020, S. 342, § 8 Rn. 8.42.

[1532] Siehe Kapitel 3: F.

[1533] In diesem Sinne *Tiede,* Die Holding als umsatzsteuerlicher Unternehmer, 2001, S. 78; *Löhr,* Optionsrecht, 2003, S. 262; *Englisch*, in: Schön, Zukunftsfragen des deutschen Steuerrechts, 2009, S. 62; *Schneider Fossati,* Leistungsfähigkeitsgrundsatz im Umsatzsteuerrecht, 2014, S. 263–264; 294.

[1534] *Englisch*, in: Schön, Zukunftsfragen des deutschen Steuerrechts, 2009, S. 78, weist auf den Widerspruch zum objektiven Nettoprinzip hin und das Erfordernis einer Rechtfertigung der Versagung des Vorsteuerabzugs vor dem Prinzip der Besteuerung nach der Konsumleistungsfähigkeit.

menerzielung. Die Ungleichbehandlung folgt aus dem Charakter der Mehrwertsteuer als indirekter Verbrauchsteuer. Der Unternehmer wird als Steuerschuldner entlastet. Der abhängig beschäftigte Arbeitnehmer erzielt keine umsatzsteuerpflichtigen Einnahmen und soll aus diesem Grund keine Entlastung erfahren. Bedenkt man jedoch, dass seine Erwerbsaufwendungen seiner Einnahmenerzielung dienen sowie deren Sicherung und ggf. Steigerung fördern, trägt letztlich der Arbeitgeber diese Kosten indirekt durch die Zahlung des (höheren) Gehalts. Dieser Betrachtung liegt die Überlegung zugrunde, dass der Arbeitnehmer diese Erwerbsaufwendungen in der Erwartung tätigt, sich z. B. höher zu qualifizieren oder seine Tätigkeit besser ausüben zu können, sodass der Arbeitgeber bereit ist, ein höheres Gehalt zu bezahlen. Gelingt dem Arbeitnehmer eine Überwälzung durch eine höhere Gehaltsforderung, trifft den Arbeitgeber auch die Umsatzsteuer, die auf den Erwerbsaufwendungen lastet. Der Arbeitnehmer wird somit auch Teil der auf Endverbraucherversorgung gerichteten Leistungskette.[1535] Das Gehalt der Arbeitnehmer wird aus der wirtschaftlichen Tätigkeit des Unternehmers finanziert und damit, über die vom Unternehmer am Markt abgesetzten Produkte als Teil der Wertschöpfung des Unternehmers, mit Mehrwertsteuer belastet. Daher ist jedenfalls aus ökonomischer Sicht keine tragfähige Rechtfertigung erkennbar, die eine Differenzierung in der umsatzsteuerlichen Behandlung der Aufwendungen erfordern würde.[1536] In beiden Fällen liegt zweifellos kein Konsum vor. Dass es nicht davon abhängen kann, ob die Überwälzung der Kosten an den Arbeitgeber gelingt, ergibt sich schon daraus, dass auch der erfolglose Unternehmer sein Recht auf Vorsteuerabzug nicht verliert, wenn die Tätigkeit nicht kostendeckend ist oder gar nicht zu (zusätzlichen) Einnahmen führt.[1537]

Dem Unternehmer kommt bei der Besteuerung des Konsums nur eine rein technische Funktion als Steuereinsammler des Staates zu.[1538] Dies erfordert zwar eine Steuerentlastung von seinen unternehmerisch getätigten Aufwendungen, da diese grundsätzlich gegenständlich in die von ihm zu erbringenden Leistungen eingehen sollen. Es setzt hingegen nicht die Privilegierung einer selbständigen gegenüber einer unselbständigen Tätigkeit oder in anderen Worten eine Benachteiligung der unselbständigen Erwerbstätigkeit gegenüber der selbständigen Erwerbstätigkeit voraus. Insofern wirkt die Umsatzbesteuerung in ihrer gegenwärtigen Ausgestaltung nicht entscheidungsneutral, da sie die selbständige gegenüber der unselbständigen Erwerbstätigkeit bevorzugt und somit das Entscheidungskalkül zugunsten einer selbständigen Tätigkeit beeinflusst.

[1535] Siehe Kapitel 4: B. II. 1. b) cc) (1).
[1536] Vgl. *Homburg,* Allgemeine Steuerlehre, 2015, S. 179.
[1537] Vgl. EuGH, Urteil v. 29.02.1996, C-110/94, Inzo, Slg. 1996, I-857.
[1538] Vgl. *Söhn*, StuW 1976, S. 25; *Reiß*, in: Lang, Festschrift Tipke, 1995, S. 440.

Wenn die unternehmerische Selbstversorgung durch Überführung von Gütern aus der unternehmerischen Sphäre in den privaten Bereich zutreffend als unentgeltliche Wertabgaben der Umsatzsteuer unterworfen werden,[1539] so muss auch umgekehrt die nicht konsumtive Verwendung von Leistungsbezügen von Arbeitnehmern von der Umsatzsteuer entlastet werden. Hierfür spricht auch die Optimalsteuertheorie, die eine höhere Besteuerung von freizeitkomplementären Gütern fordert, um einen Ausgleich dafür zu schaffen, dass Freizeit nicht besteuert werden kann und somit einer dadurch gegebenen Beeinflussung der Arbeit/Freizeit-Entscheidung begegnet wird.[1540] Bei einem einheitlichen Steuersatz besteht jedoch kein Raum einer höheren Besteuerung für freizeitkomplementäre Güter,[1541] allerdings folgt aus der Forderung einer höheren Besteuerung von freizeitkomplementären Gütern auf der anderen Seite eine Entlastung von Gütern, die komplementär zur Erwerbstätigkeit sind. Würde den Arbeitnehmern ein grundsätzlicher Vorsteuerabzug aus Erwerbsaufwendungen gewährt, könnte dennoch auf eine Steuererhebung auf die nichtselbständigen Einnahmen[1542] verzichtet werden,[1543] da die Besteuerung der Gehälter der Arbeitnehmer beim Arbeitgeber ohnehin als Vorsteuer abzugsfähig wäre. Allerdings wäre der Vorsteuerabzug des Arbeitnehmers aus Erwerbsaufwendungen zu verwehren, wenn und soweit auch der Arbeitgeber nicht zum Vorsteuerabzug berechtigt wäre. Rein technisch könnte die Entlastung der Arbeitnehmer bei deren Einkommensteuerveranlagung erfolgen.[1544]

2. *Abzugsverbote*

Das Abzugsverbot gem. § 15 Abs. 1 Satz 2 UStG, das für den Vorsteuerabzug eine mindestens 10 %ige unternehmerische Nutzung voraussetzt und darunter den Vorsteuerabzug voll versagt, wurde Deutschland als Abweichung von Art. 168, 168a MwStSystRL gestattet.[1545] Eine Bagatellgrenze ist zwar verwaltungsökonomisch nachvollziehbar, jedoch unter Neutralitätsgesichtspunkten abzulehnen, da die fehlende Vorsteuerentlastung zu Allokationsverzerrungen und

---

[1539] Vgl. *Robisch,* Die umsatzsteuerliche Erfassung von Wertabgaben, 1997, S. 56; *Dziadkowski,* DStZ 1999, S. 626.

[1540] Vgl. *Wenger,* FA 1983, S. 249; *Ebrill* et al., The modern VAT, 2001, S. 71; *Schwinger,* Einkommens- und konsumorientierte Steuersysteme, 1992, S. 20; *Homburg,* Allgemeine Steuerlehre, 2015, S. 155; *Niemann/Schreiber,* ZfbF 2020, S. 5, siehe Kapitel 3: D. II. 2. b) aa).

[1541] Siehe Kapitel 4: A. III. 2. a).

[1542] Zur grundsätzlichen Erfassung von Einnahmen aus nichtselbständiger Arbeit bei der Umsatzsteuer vgl. *Söhn,* StuW 1975, S. 4.

[1543] Vgl. *Englisch,* in: Schön, Zukunftsfragen des deutschen Steuerrechts, 2009, S. 64.

[1544] Vgl. *Englisch,* in: Schön, Zukunftsfragen des deutschen Steuerrechts, 2009, S. 64.

[1545] Durchführungsbeschluss (EU) 2015/2448 des Rates vom 10.12.2015, ABl. L 334/12.

einer ungleichmäßigen Besteuerung führt. Die vorgesehenen Abzugsverbote des § 15 Abs. 1a UStG, die sich auf Vorsteuerbeträge für Aufwendungen beziehen, die aufgrund des ganz oder überwiegend konsumtiven Charakters auch ertragsteuerlich nicht als Betriebsausgabe abgezogen werden dürfen, sind unter Neutralitätsgesichtspunkten nicht zu beanstanden.

Selbes gilt für das Abzugsverbot des § 15 Abs. 1b UStG, welches den Abzug von Vorsteuerbeträgen auf Aufwendungen im Zusammenhang mit Grundstücken auf die unternehmerische Nutzung begrenzt. Letzte Regelung ist auf die Rs. Seeling[1546] zurückzuführen, die es dem Unternehmer gestattete, den Vorsteuerabzug bei einem voll dem Unternehmen zugeordneten Grundstück, das jedoch nur teilweise unternehmerisch genutzt wurde, vollumfänglich geltend zu machen. Für die private Nutzung war eine unentgeltliche Wertabgabe zu versteuern. Hierdurch kam es wirtschaftlich betrachtet zu einem zinslosen Darlehen des Fiskus an den Unternehmer für seinen privat genutzten Teil, das über einen Zeitraum von zehn Jahren durch die Besteuerung der unentgeltlichen Wertabgabe zurückzuzahlen war.[1547]

Die Vorsteuerausschlüsse aufgrund unechter Steuerbefreiungen des § 15 Abs. 2 UStG sind aus Neutralitätsgesichtspunkten abzulehnen, diesbezüglich wird auf die obenstehenden Ausführungen zu den unechten Steuerbefreiungen verwiesen.[1548]

3. *Fehlende Einlagenentsteuerung*

a) Erfordernis der Entlastung von Einlagen

Werden Güter zunächst nicht unternehmerisch verwendet und später in eine unternehmerische Verwendung überführt, bleibt eine ggf. beim Erwerb entstandene Umsatzsteuerbelastung bestehen. Damit wird die Belastungsneutralität verletzt. De lege lata ist – zumindest nach bisheriger Rechtsprechung des Gerichtshofs[1549] – keine Steuerentlastung vorgesehen, wenn Güter nach anfänglicher nichtunternehmerischer Verwendung zu einem späteren Zeitpunkt einer unternehmerischen Verwendung zugeführt werden (Einlage).[1550] Ursächlich hierfür ist die noch zu erörternde Bedeutung der Unternehmereigenschaft im Zeitpunkt des Leistungs-

---

[1546] EuGH, Urteil v. 08.05.2003, C-269/00, Seeling, Slg. 2003 I-4115.

[1547] Der zehnjährige Zeitraum, abweichend vom AfA-Zeitraum für Gebäude, wurde durch den EuGH bestätigt, vgl. EuGH, Urteil v. 14.09.2006, C-72/05, Wollny, Slg. 2006, I-8321.

[1548] Kapitel 4: A. III. 1. c).

[1549] EuGH, Urteil v. 25.07.2018, C-140/17, Gmina Ryjewo, ECLI:EU:C:2018:595, Rn. 37.

[1550] Vgl. *Berger,* Der Begriff des Unternehmens im Rahmen des Vorsteuerabzugs, 2021, S. 114.

bezugs.[1551] Kommt es hingegen zur Umwidmung eines zunächst unternehmerisch genutzten Guts, indem dieses zu einem späteren Zeitpunkt für nicht dem Unternehmen dienende Zwecke verwendet wird (Entnahme), erfolgt eine Besteuerung als unentgeltliche Wertabgabe. Systemkonform wäre daher auch eine Entlastung im umgekehrten Fall der Einlage.[1552] Durch die fehlende Steuerentlastung der Einlage bleibt das eingelegte Gut mit Umsatzsteuer belastet, obwohl es unternehmerischen Zwecken dient.[1553] Die Folge ist – soweit der Unternehmer die verdeckte Steuerbelastung nicht auf den Verbraucher überwälzen kann – eine Belastung des Unternehmers, der lediglich Steuereinsammler für den Staat ist und nicht intendierter Träger der Steuerlast. Soweit die Überwälzung gelingt, kommt es zu einer ungleichmäßigen Steuerbelastung des Verbrauchers, da dieser nicht nur die proportional zum aufgewendeten Preis entstehende Steuerbelastung trägt, sondern zusätzlich die bereits im Nettopreis enthaltene verdeckte Steuerbelastung. Diese unterschiedliche Behandlung von Unternehmern und Verbrauchern[1554], die davon abhängt, in welcher zeitlichen Abfolge ein Gut für Zwecke des Unternehmens einerseits und für außerunternehmerische Zwecke andererseits verwendet wird, stellt einen Verstoß gegen den allgemeinen Gleichheitssatz des Art. 20 EU-GR-Charta dar.[1555] Zumindest liegt ein Verstoß gegen das Neutralitätsprinzips vor.[1556] Nach der in dieser Arbeit vertretenen Auffassung impliziert ein Verstoß gegen das Neutralitätsprinzip stets einen Verstoß gegen das Verbrauchsteuerprinzip[1557] und damit gegen den allgemeinen Gleichheitssatz, da Neutralitätsverstöße zu einer ungleichmäßigen Steuerbelastung des Endverbrauchers führen können.[1558]

[1551] Vgl. *von Streit*, UStB 2023, S. 127, im Zusammenhang mit der oft nicht einfachen Frage, wann das Hobby Unternehmen oder das Unternehmen Hobby ist.

[1552] Vgl. *Dziadkowski,* DStR 2019, S. 1249; EuGH, Schlussanträge GA Kokott v. 19.04.2018, C-140/17, Gmina Ryjewo, ECLI:EU:C:2018:273, Nr. 33; *Stadie*, in: Woerner, DStJG Band 13, 1990, S. 195; *Schmidt,* Konsumbesteuerung durch Mehrwertsteuer, 1999, S. 270; *Rohner,* Einlageentsteuerung, 2007, S. 201.

[1553] Die gesetzliche Belastungskonzeption gebietet die Steuerentlastung bei unternehmerischer Verwendung, vgl. *Rohner,* Einlageentsteuerung, 2007, S. 208.

[1554] Beim Erwerb des Gegenstands könnte der Erwerber lediglich Verbraucher sein.

[1555] Vgl. EuGH, Schlussanträge GA Kokott v. 19.04.2018, C-140/17, Gmina Ryjewo, ECLI:EU:C:2018:273, Nr. 34, nach der dies eine im Hinblick auf Art. 20 der Charta schwer zu rechtfertigende Ungleichbehandlung von Unternehmen darstellt; *Englisch*, in: Tipke/Lang, Steuerrecht, 2020, S. 1200 f., § 17 Rn. 17.331.

[1556] EuGH, Schlussanträge des GA Jacobs v. 20.01.2005, C-434/03, Charles, Slg. 2005, I-7039, Nr. 75; EuGH, Schlussanträge der GA Sharpston v. 11.12.2008, C-460/07, Puffer (GA), Slg. 2009, I-3251, Nr. 61; *Oldiges,* DStR 2010, 2010, S. 794; *Sterzinger,* UR 2018, S. 695.

[1557] Vgl. *Englisch*, in: Schön, Zukunftsfragen des deutschen Steuerrechts, 2009, S. 55; *Widmann,* UR 2018, S. 668.

[1558] Siehe Kapitel 3: F.

b) Bedeutung des Zeitpunkts des Leistungsbezugs

Fraglich ist, ob das Recht auf Vorsteuerabzug zwingend voraussetzt, dass der Leistungsempfänger zum Zeitpunkt des Leistungsbezug bereits Unternehmer ist. Die bisherige Rechtsprechung des Gerichtshofs[1559] hat die Eigenschaft, im Zeitpunkt des Erwerbs als Steuerpflichtiger zu handeln, für den Vorsteuerabzug dem Grunde nach vorausgesetzt. Der Höhe nach bestimmt sich der Vorsteuerabzug nach der beabsichtigten bzw. tatsächlichen Verwendung.[1560] Die Anforderung, im Zeitpunkt des Leistungsbezugs als Steuerpflichtiger zu handeln, lässt sich jedoch nicht zwingend aus der Richtlinie entnehmen. Art. 168 MwStSystRL setzt die Verwendung durch einen Steuerpflichtigen für Zwecke seiner besteuerten Umsätze voraus. In Art. 167 MwStSystRL wird der Vorsteueranspruch des Unternehmers mit dem Steueranspruch des Mitgliedstaats in zeitlicher Hinsicht verknüpft, d. h. der Vorsteueranspruch entsteht (frühestens), wenn der Steueranspruch entsteht.[1561] In Art. 63 MwStSystRL wird dargelegt, dass der Steueranspruch mit Ausführung der Leistung entsteht. Hieraus lässt sich lediglich mit Sicherheit ableiten, dass das Recht auf Vorsteuerabzug des Unternehmers nicht vor dem Steueranspruch des Mitgliedstaats entsteht und dass derjenige, der den Vorsteuerabzug begehrt, Steuerpflichtiger sein muss. Ist der Leistungsempfänger zum Zeitpunkt des Erwerbs noch kein Steuerpflichtiger oder ist er zwar Steuerpflichtiger, aber handelt nicht als solcher, liegen jedenfalls im Zeitpunkt des Leistungsbezugs die Voraussetzungen des Vorsteuerabzugs noch nicht vor.

Dem Zeitpunkt des Leistungsbezugs kommt eine andere Bedeutung zu. Damit die Mehrwertsteuer investitionsneutral ist, ist es erforderlich, dass es ein Recht auf Sofortabzug gibt.[1562] Anderenfalls würde im Zeitpunkt des Leistungsbezugs zunächst eine Steuerbelastung eintreten, die zu einem späteren Zeitpunkt wieder neutralisiert werden müsste. Betroffen sind Fälle, in denen die wirtschaftliche Tätigkeit noch nicht aufgenommen wurde, also noch keine Ausgangsumsätze bewirkt wurden oder in denen die bezogene Leistung noch gar nicht verwendet werden kann, weil die Leistungserstellung, z. B. bei der Errichtung eines Gebäudes, noch gar nicht abgeschlossen ist. Dies würde dazu führen, dass der Unternehmer die Mehrwertsteuer bis zur erstmaligen unternehmerischen Verwendung zwischenfinanzieren müsste, was jedoch nicht mit dem Neutralitäts-

[1559] EuGH, Urteil v. 11.07.1991, C-97/90, Lennartz, Slg. 1991, I-3834, Rn. 15; EuGH, Urteil v. 08.06.2000, C-396/98, Schloßstraße, Slg. 2000, I-4296, Rn. 37; EuGH, Urteil v. 25.07.2018, C-140/17, Gmina Ryjewo, ECLI:EU:C:2018:595, Rn. 34.
[1560] Vgl. *Heuermann,* MwStR 2018, S. 1001.
[1561] A. A. *Berger,* Der Begriff des Unternehmens im Rahmen des Vorsteuerabzugs, 2021, S. 118, der Art. 167 MwStSystRL als Vorsteuerabzugsvoraussetzung und nicht als Klarstellung, ab wann der Vorsteuerabzug erfolgen kann, versteht.
[1562] Siehe Kapitel 3: B. I. 1. und 4.

prinzip vereinbar ist, sofern im Zeitpunkt des Leistungsbezugs eine unternehmerische Verwendung beabsichtigt ist und glaubhaft gemacht werden kann.[1563]

Es soll nicht erforderlich sein, zwischen Investitionsausgaben vor und nach der tatsächlichen Aufnahme der wirtschaftlichen Tätigkeit zu unterscheiden.[1564] Mithin ist die Verwendungsabsicht im Zeitpunkt des Leistungsbezugs für das Recht auf Sofortabzug entscheidend. Durch die Verwendungsabsicht wird ein Soll-Zustand dokumentiert, der jedoch stets an den Ist-Zustand, also die tatsächliche Verwendung durch Vorsteuerberichtigungen gem. Art. 184 ff. MwStSystRL anzupassen ist. Der Rahmen, innerhalb dessen diese Anpassungen erfolgen können, wird durch die getroffene Zuordnungsentscheidung abgesteckt.

Zu welchen Ergebnissen die Überbewertung der Zuordnungsentscheidung führt, hat die Rs. Puffer gezeigt.[1565] Frau Puffer nutzte nur 11 % des von ihr errichteten Einfamilienhauses mit Schwimmbad für Zwecke ihres Unternehmens, die restlichen 89 % wurden für private Wohnzwecke genutzt. Aufgrund der Zuordnungsmöglichkeit des gesamten Gebäudes zum Unternehmen ergab sich ein Sofortabzug aus den gesamten Herstellungskosten, dem lediglich die Versteuerung der Privatnutzung gegenüberstand. Durch die Einführung von Art. 168a MwStSystRL wurde dieser unangemessenen Entlastung, die zu einem Liquiditäts- und Zinsvorteil führte, ein Ende bereitet. Räumt man der Zuordnungsentscheidung weiterhin eine derart große Bedeutung ein, müsste stets eine vollumfängliche Zuordnung zum Unternehmen erfolgen, um sich die Anpassung an den Ist-Zustand, einer eventuell möglichen späteren unternehmerischen Verwendung, offenzuhalten.[1566]

Es ist wichtig zu erwähnen, dass die in Deutschland für eine vollumfängliche Zuordnung erforderliche unternehmerische Mindestnutzung von 10 % keine Entsprechung in der Richtlinie hat.[1567] Mithin wäre in anderen Mitgliedstaaten eine vollumfängliche Zuordnung zum Unternehmen auch ohne (beabsichtigte) unternehmerische Mindestnutzung denkbar. Jedoch gibt es bei Gebäuden aufgrund von Art. 168a Abs. 1 MwStSystRL keinen Sofortabzug. Dies gilt ggf. ebenfalls

---

[1563] Dies ist jedoch in der Schweiz der Fall. Leistungsbezüge, die vor Aufnahme der eigentlichen unternehmerischen Nutzung erfolgen, können erst nachträglich entsteuert werden, es kommt also dort nicht auf die Verwendungsabsicht, sondern stets auf die tatsächliche spätere Verwendung an, vgl. *Rohner,* Einlageentsteuerung, 2007, S. 198.

[1564] EuGH, Urteil v. 29.02.1996, C-110/94, Inzo, Slg. 1996, I-857, Rn. 16; EuGH, Urteil v. 21.03.2000, C-110/98 bis C-147/98, Gabalfrisa, Slg. 2000, I-1595, Rn. 45; EuGH, Urteil v. 08.06.2000, C-396/98, Schloßstraße, Slg. 2000, I-4296, Rn. 39; EuGH, Urteil v. 08.06.2000, C-400/98, Breitsohl, Slg. 2000, I-4352, Rn. 37; *Wäger*, in: UmsatzsteuerForum e.V./Bundesministerium der Finanzen, Festschrift 100 Jahre Umsatzsteuer, 2018, S. 484.

[1565] EuGH, Urteil v. 23.04.2009, C-460/07, Puffer, Slg. 2009, I-3251.

[1566] EuGH, Urteil v. 23.04.2009, C-460/07, Puffer, Slg. 2009, I-3251, Rn. 46.

[1567] Siehe Kapitel 4: B. II. 2.

bei anderen Wirtschaftsgütern, sofern der Mitgliedstaat vom Wahlrecht des Art. 168a Abs. 2 MwStSystRL Gebrauch gemacht hat. Bei einer späteren unternehmerischen Nutzung kommt es über die Vorsteuerberichtigung zu einer ratierlichen Entsteuerung der Einlage.[1568] Sachgerecht wäre jedoch bei einer unternehmerischen Verwendung, die an eine vorherige außerunternehmerische Nutzung anschließt, das nach Privatnutzung verbleibende Vorsteuerabzugsvolumen im Zuge eines Sofortabzugs zu gewähren.[1569] Eine Zuordnungsverpflichtung führt lediglich zu willkürlichen Zuordnungen, um sich das volle Vorsteuerpotential bei ggf. vorkommenden Nutzungsänderungen zu sichern und es schafft keine sachgerechte Lösung für die Fälle, in denen die spätere unternehmerische Nutzung nicht absehbar ist.[1570] Die Annahme eines Handelns als Steuerpflichtiger bereits zum Zeitpunkt des Leistungsbezugs ist eine wenig überzeugende Schadensbegrenzung[1571] und war auch von der Generalanwältin Kokott lediglich hilfsweise vorgesehen.[1572] Letztlich kommt der (aktiven) zeitnahen Zuordnungsentscheidung – jedenfalls bei juristischen Personen des öffentlichen Rechts – keinerlei Bedeutung mehr zu.[1573] Aus Gründen der Rechtsformneutralität hätte dies jedoch gleichermaßen für alle potenziell künftigen Steuerpflichtigen zu gelten. Daher sollte an der Notwendigkeit einer förmlichen Zuordnung nicht länger festgehalten werden.[1574] Final maßgeblich kann stets ausschließlich die tatsächliche Verwendung im Rahmen einer wirtschaftlichen Tätigkeit sein, die den Vorsteuerabzug nicht ausschließt. Ein kausaler Zusammenhang zwischen Leistungsbezug und (beabsichtigter) wirtschaftlicher Tätigkeit verstößt gegen den eigentlichen Zweck des Vorsteuerabzugs. Dieser erfordert die Steuerentlastung von Leistungsbezügen, die tatsächlich einen sachlich funktionalen Zusammenhang zu einer wirtschaftlichen Tätigkeit aufweisen, also für diese Tätigkeit letzt-

---

[1568] Vgl. *Dziadkowski,* DStR 2019, S. 1249; EuGH, Schlussanträge GA Kokott v. 19.04.2018, C-140/17, Gmina Ryjewo, ECLI:EU:C:2018:273, Nr. 42.

[1569] Vgl. *Heffinger/Heck,* MwStR 2017, S. 814.

[1570] So auch EuGH, Schlussanträge GA Kokott v. 19.04.2018, C-140/17, Gmina Ryjewo, ECLI:EU:C:2018:273, Nr. 46, die ausdrücklich auf die Problematik der Absichtserklärung hinweist. Gefordert werde etwas, was im Zeitpunkt des Leistungsbezugs noch nicht absehbar sei und lediglich den bedenklichen Anreiz schaffe, über vorsorgliche Absichtserklärungen eine Zuordnung zum Unternehmen zu erreichen; *Rohner,* Einlageentsteuerung, 2007, S. 194.

[1571] Vgl. die Ausführungen in EuGH, Urteil v. 25.07.2018, C-140/17, Gmina Ryjewo, ECLI:EU:C:2018:595, Rn. 47 ff.

[1572] Vgl. EuGH, Schlussanträge GA Kokott v. 19.04.2018, C-140/17, Gmina Ryjewo, ECLI:EU:C:2018:273, Nr. 55 ff.

[1573] Vgl. *Widmann,* UR 2018, S. 666; *Heuermann,* MwStR 2018, S. 1002, bezogen darauf, dass in die Rs. Gmina Ryjewo einer Gemeinde der Vorsteuerabzug gewährt wurde, obwohl keine Zuordnung zum Zeitpunkt des Leistungsbezugs erfolgte.

[1574] Vgl. *Sterzinger,* UR 2018, S. 694.

lich verwendet werden.[1575] Die verwendungsbezogene Betrachtung entspricht dem Verbrauchsteuerprinzip, denn der Verbrauch ist, insbesondere bei langlebigen Gütern, nicht mit dem Erwerb abgeschlossen.[1576]

Wenn das Handeln als Steuerpflichtiger erst zu einem späteren Zeitpunkt nach Leistungsbezug hinzutritt, so liegen die Voraussetzungen des Vorsteuerabzugs erst zu diesem späteren Zeitpunkt kumulativ vor. Hinsichtlich des Zeitpunkts des Entstehens des Vorsteueranspruchs und des Zeitpunkts, zu dem der Steuerpflichtige dieses Recht ausüben kann, gibt es zudem regelmäßig eine Diskrepanz. Dies gilt für alle Fälle, in denen die Ausübung des Rechts auf Vorsteuerabzug eine Rechnung voraussetzt.[1577] Der Anspruch auf den Vorsteuerbetrag kann also unabhängig vom (frühestmöglichen) Entstehen dieses Anspruchs erst zu einem späteren Zeitpunkt, nämlich erst dann, wenn der Besitz der Rechnung hinzutritt, geltend gemacht werden. Ebenso könnte im Fall einer Umwidmung der Nutzung von außerunternehmerisch zu unternehmerisch verfahren werden.[1578] Im Ergebnis scheint eine Auslegung der Richtlinie im Einklang mit Art. 20 EU-GR-Charta möglich, sie erfordert lediglich eine Abkehr von der Zuordnungsentscheidung im Zeitpunkt des Leistungsbezugs hin zu einer auf die tatsächliche Verwendung gestützte Betrachtungsweise.[1579]

c) Bewertung der Einlage

Denkbar wären als Einlagewert der Marktwert bzw. die Selbstkosten im Zeitpunkt der Einlage analog der Bewertung von unentgeltlichen Wertabgaben (Entnahmen).[1580] Allerdings hat die Besteuerung der Entnahme den Hintergrund, den Verbrauch im Zeitpunkt der Entnahme möglichst zutreffend zu erfassen.[1581] Daher wird nicht auf die historischen Aufwendungen im Zeitpunkt des ursprünglichen Leistungsbezugs bzw. der Herstellung abgestellt, sondern auf die Wieder-

[1575] In diesem Sinne *Stadie,* Das Recht des Vorsteuerabzugs, 1989, S. 76 f; *Heuermann,* MwStR 2018, S. 1001.

[1576] Vgl. *Stadie*, in: Woerner, DStJG Band 13, 1990, S. 195.

[1577] Vgl. EuGH, Urteil v. 21.10.2021, C-80/20, Wilo Salmson France, ECLI:EU:C:2021:870, Rn. 85.

[1578] So erfolgt dies im schweizerischen Recht (Art. 32 MwStG-CH), vgl. *Rohner,* Einlageentsteuerung, 2007, S. 193.

[1579] Vgl. *Rohner,* Einlageentsteuerung, 2007, S. 203; *Heffinger/Heck,* MwStR 2017, S. 816; EuGH, Schlussanträge GA Kokott v. 19.04.2018, C-140/17, Gmina Ryjewo, ECLI:EU:C:2018:273, Nr. 35-42; *Heuermann,* MwStR 2018, S. 1005.

[1580] Vgl. *Hiller,* DStR 2005, S. 814.

[1581] Mithin ist die Einlagenentsteuerung nicht konsequenter als die Eigenverbrauchsbesteuerung. Die Unterschiede ergeben sich aufgrund unterschiedlicher Zielsetzungen, a. A. *Rohner,* Einlageentsteuerung, 2007, S. 153 f.

beschaffungskosten im Zeitpunkt der Entnahme,[1582] um möglichst nahe an den Preis (und somit die Mehrwertsteuerbelastung) zu kommen, den ein vergleichbarer Verbraucher zu diesem Zeitpunkt zu entrichten hätte.[1583] Im Fall der Einlage ist das Ziel die sofortige Entlastung des Guts von der Umsatzsteuer, die tatsächlich bei Leistungsbezug angefallen ist, abzüglich des Anteils, der auf die außerunternehmerische Nutzung zwischen Leistungsbezug und Einlage entfällt.[1584] Diese Herangehensweise vermeidet Bewertungsproblematiken[1585] und führt auch nicht dazu, dass der Fiskus mehr zu erstatten hätte, als er zuvor im Zeitpunkt des Leistungsbezugs durch den Einlegenden von dessen Vorlieferanten erhalten hat.[1586]

d) Fallgruppen

Bei den Einlagen ist zwischen zwei Fallgruppen zu unterscheiden. Zum einen die Einlagen durch einen Einzelunternehmer oder eine juristische Person des öffentlichen Rechts, bei denen der Gegenstand zunächst außerunternehmerisch verwendet wurde, um im Anschluss für eine wirtschaftliche Tätigkeit verwendet zu werden (Fallgruppe 1). Zum anderen die Einlagen eines Gesellschafters einer Personen- oder Kapitalgesellschaft, der den Gegenstand in die Gesellschaft einlegt oder Fälle von Drittaufwand (Fallgruppe 2). In Fallgruppe 1 kommt es lediglich zu einer Änderung der Verwendung durch denselben Rechtsträger, während es in Fallgruppe 2 – jedenfalls bei der Übertragung körperlicher Gegenstände – zu einem Übertragungsvorgang zwischen unterschiedlichen Rechtsträgern kommt.

[1582] § 10 Abs. 4 S. 1 Nr. 1 UStG.

[1583] Die Marge des Unternehmers bleibt hierbei unberücksichtigt, da auf die Wiederbeschaffungskosten des Unternehmers und nicht auf die Verbraucherpreise zum Zeitpunkt der Entnahme abzustellen ist.

[1584] So der Vorschlag von *Heffinger/Heck,* MwStR 2017, S. 814, die beabsichtigen, einen neuen Tatbestand für den Sofortabzug von Einlagen zu schaffen und die Vorsteuerkürzung für die vorherige nichtunternehmerische Nutzung anhand des § 15a UStG Berichtigungszeitraums vorzunehmen. Diese Systematik ist auch in Art. 32 MwStG-CH vorgesehen. Die Kürzungen des Vorsteuerbetrags für die nichtunternehmerische Nutzung zwischen Leistungsbezug und Einlage betragen bei beweglichen Gegenständen und bei Dienstleistungen für jedes abgelaufene Jahr ein Fünftel und bei unbeweglichen Gegenständen ein Zwanzigstel des Vorsteuerbetrags.

[1585] Zu Bewertungsproblemen vgl. *Schmidt,* Konsumbesteuerung durch Mehrwertsteuer, 1999, S. 273.

[1586] Vgl. *Hiller,* DStR 2005, S. 815, der im Ergebnis diesen Ansatz bevorzugt, da ein Wechsel vom Vorsteuer- zum Vorumsatzabzug schwer zu realisieren sein würde und ein Abstellen auf den tatsächlichen Umsatzsteuerausweis, gekürzt um private Nutzungsanteile, eine pragmatische, systemgerechte Lösungsalternative darstellt.

Einlagen der Fallgruppe 1 sind, wie vorstehend ausgeführt, im Zeitpunkt der Einlage im Wege eines Sofortabzugs zu entsteuern. Fallgruppe 2 ist differenziert zu betrachten. Bezieht ein Gesellschafter bereits eine Leistung mit der Absicht, diese Leistung einzulegen und ist er selbst aufgrund der Führung der Geschäfte Teil der auf Endverbraucherversorgung gerichteten Leistungskette, so ist ihm direkt der Vorsteuerabzug zu gewähren.[1587] Es handelt sich mithin um keine Einlage im vorstehenden Sinne.[1588]

Wird der vom Gesellschafter bezogene Gegenstand zunächst außerunternehmerisch von ihm verwendet und erst später der Gesellschaft zugewendet, so ist ihm im Zeitpunkt der Einlage eine (anteilige) Steuerentlastung zu gewähren.[1589] Ist der Gesellschafter jedoch selbst kein Unternehmer, weil er nicht in die Geschäfte der Tochtergesellschaft eingreift, liegt, wie im Fall der Zuwendung einer Leistung, z. B. von einem nicht unternehmerisch tätigen Ehegatten an den unternehmerisch tätigen Ehegatten, ein Fall von Drittaufwand vor. Dem Einlegenden kann mangels Unternehmereigenschaft kein Vorsteuerabzug gewährt werden. Im Zeitpunkt der Einlage erhält der Begünstigte von einem Dritten einen verbrauchbaren Vorteil zugewandt, ohne dass diese Zuwendung selbst einen steuerbaren Vorgang darstellt. Dieser Vorteil ist aus dem ursprünglichen Leistungsbezug des Einlegenden mit Umsatzsteuer belastet. Würde der Begünstigte nicht entlastet, käme es zu einer finalen Steuerbelastung einer wirtschaftlichen Tätigkeit, obwohl kein Endverbrauch vorliegt. Der Einwand, der Begünstigte sei nicht belastet, da er einen Vorteil zugewendet bekomme, läuft fehl. Denn die Zuwendung fällt höher aus, wenn der Begünstigte von der Steuer entlastet wird, die der Einlegende für ihn im Zuge des ursprünglichen Leistungsbezugs bereits aufgewendet hat. Dass die Rechnung auf den Einlegenden ausgestellt wurde, ist unbeachtlich. Es muss lediglich sichergestellt werden, dass keine missbräuchliche doppelte Inanspruchnahme erfolgt.[1590] Dem Begünstigten ist der Vorsteuerabzug aus der Einlage, vermindert um eine ggf. zuvor erfolgte außerunternehmerische Nutzung im Wege eines Sofortabzugs zu gewähren.

4. *Mögliche Begrenzung des Vorsteuerabzugs der Höhe nach*

Der Vorsteuerabzug kann, soweit die bezogenen Eingangsleistungen in einem sachlich funktionalen Zusammenhang zu einer wirtschaftlichen Tätigkeit stehen, die den Vorsteuerabzug nicht ausschließt, grundsätzlich nicht begrenzt wer-

---

[1587] Siehe Kapitel 4: B. II. 1. b) cc) (2).

[1588] Die Besteuerung einer unentgeltlichen Wertabgabe ist aus teleologisch-systematischen Gründen nicht geboten, dies wird in Kapitel 4: C. II. noch erörtert werden.

[1589] Vorausgesetzt, er ist selbst aufgrund der Führung der Geschäfte Teil der auf Endverbraucherversorgung gerichteten Leistungskette.

[1590] Vgl. *Stadie*, in: Woerner, DStJG Band 13, 1990, S. 204.

den.[1591] Eine quantitative Betrachtung kann allenfalls Rückschlüsse darauf geben, ob überhaupt ein sachlich funktionaler Zusammenhang vorliegt.[1592] Etwas anderes kann nur dann gelten, wenn eine Asymmetrie zwischen Vorsteuer und Umsatzsteuer planmäßig herbeigeführt wurde und hierin ein missbräuchliches Verhalten zu sehen ist. Ein solches Verhalten war m. E. in der Rs. Gemeente Woerden sehr naheliegend.[1593] Die Gemeinde hatte zwei Gebäude errichtet und zog die ihr in Rechnung gestellten Vorsteuerbeträge voll ab. Im Anschluss wurden die Gebäude an eine der Gemeinde nahestehende Stiftung zu einem Preis veräußert, der ca. 10 % des Selbstkostenpreises entsprach. Mithin lag eine erhebliche Asymmetrie zwischen Eingangs- und Ausgangsleistungen vor. Der EuGH hat überraschenderweise keine Überlegungen dazu angestellt, ob bereits die Leistungsbezüge der Gemeinde tatsächlich, zumindest soweit sie nicht durch den späteren Veräußerungspreis gedeckt waren, mit der Tätigkeit der Stiftung und nicht mit der eigenen wirtschaftlichen Tätigkeit zusammenhängen.[1594] Das evidente Missverhältnis hätte den Rückschluss zugelassen, dass die Leistungsbezüge lediglich zu 10 % einen Zusammenhang mit der wirtschaftlichen Tätigkeit der Gemeinde aufweisen und mithin der Vorsteuerabzug zu 90 % ausgeschlossen ist, da insoweit ein Zusammenhang mit einer unentgeltlichen Zuwendung gegeben wäre.

Eine derartige Aufteilung eines einheitlichen Vorgangs in einen entgeltlichen und einen unentgeltlichen Anteil ist selbstverständlich nur dann angezeigt, wenn ein Näheverhältnis zwischen den Beteiligten anzunehmen ist, weshalb diese nicht nach Grundsätzen handeln, die auch einem Fremdvergleich standhalten würden. Auch bei den vorstehenden Überlegungen dient die quantitative Betrachtung lediglich der Ermittlung eines Zusammenhangs der Eingangsleistungen mit den zum Vorsteuerabzug berechtigenden Ausgangsleistungen und soll keinesfalls als eine Art grundsätzliche Deckelung des Rechts auf Vorsteuerabzug verstanden werden.

[1591] Siehe Kapitel 4: B. II. 1. b) bb) (1) zur Bedeutung der Kosten-/Preisbestandteilsthese.

[1592] BFH, Urteil v. 06.04.2016, V R 6/14, Vorsteuerabzug bei Einwerbung von Kapital für einen Beteiligungserwerb, BFHE 253, 456, Rn. 34; In diesem Sinne auch *Brinkmann/Walter-Yadegardjam,* DStR 2016, S. 2195; EuGH, Urteil v. 14.09.2017, C-132/16, Iberdrola, ECLI:EU:C:2017:683, Rn. 37–39.

[1593] EuGH, Urteil v. 22.06.2016, C-267/15, Gemeente Woerden, ECLI:EU:C:2016:466.

[1594] *Prätzler,* jurisPR-SteuerR 41/2016 Anm. 6; *Ismer,* MwStR 2016, S. 657.

III. Fazit und Reformüberlegungen

1. Entlastung nicht konsumtiver Verwendung

a) Vorsteuerabzug Holding

Der Vorsteuerabzug des Anteilseigners erfordert keine zwingende Neuregelung, da ein weitgehender Vorsteuerabzug, wie dargelegt, im Wege der Auslegung erreicht werden kann.[1595] Aus Gründen der Rechtssicherheit könnte jedoch eine klarstellende Regelung erfolgen. Diese ist im Kontext zum Reformvorschlag zur Mehrwertsteuergruppe zu sehen,[1596] sollte also Beteiligungen erfassen, die zu keiner finanziellen Eingliederung i. S. des § 2 Abs. 2 Nr. 2 UStG n. F. führen. Zu regeln wäre der Vorsteuerabzug des Anteilseigners bei einer Verwendung von Gegenständen und Dienstleistungen für Zwecke der wirtschaftlichen Tätigkeit der Beteiligungsgesellschaft. Insoweit müsste ihm die wirtschaftliche Tätigkeit der Beteiligungsgesellschaft zugerechnet werden können.[1597] Dies bedarf einer Ergänzung des § 2 UStG.

§ 2 Abs. 3 UStG n. F.

> (3) Einem Unternehmer gleichgestellt wird, wer eine gewerbliche oder berufliche Tätigkeit dadurch ausübt, dass er aufgrund seiner Gesellschafterstellung in die Leitung der gewerblichen oder beruflichen Tätigkeit seiner rechtlich selbstständigen Beteiligungsgesellschaft eingreift.

§ 15 Abs. 1c UStG n. F.

> (1c) [1]Für sein Unternehmen ausgeführt gelten auch Lieferungen und sonstige Leistungen, die Einfuhr von Gegenständen und der innergemeinschaftliche Erwerb, die ein Unternehmer i. S. des § 2 Abs. 3 für Zwecke seiner Beteiligungsgesellschaft verwendet. [2]Die Abzugsberechtigung ist insoweit von der Tätigkeit der Beteiligungsgesellschaft abhängig.

Dies ermöglicht dem Anteilseigner den Vorsteuerabzug aus Leistungen, die in einem unmittelbaren Zusammenhang mit den Ausgangsleistungen seiner Beteiligungsgesellschaft stehen und aus Leistungen, die in einem allgemeinen Zusammenhang mit dieser Tätigkeit stehen, wie z. B. Kosten im Zusammenhang mit dem Beteiligungserwerb.[1598] Maßgebend für den Vorsteuerabzug des Anteilseigners sind in diesem Fall die Umsätze der Beteiligungsgesellschaft. Dies gilt jedoch nicht, wenn die getätigten Aufwendungen die originäre Tätigkeit des An-

---

[1595] Siehe Kapitel 4: B. II. 1. b) dd).
[1596] Siehe Kapitel 4: A. II. 2. c).
[1597] Siehe Kapitel 4: B. II. 1. b) cc) (2).
[1598] Siehe Kapitel 4: B. 1. b) dd).

teilseigners stärken (z. B. im Fall einer Zweckbeteiligung).[1599] Insoweit ist er Unternehmer gem. § 2 Abs. 1 UStG und sein Vorsteuerabzugsrecht ist von seinen Umsätzen abhängig.

b) Erstattung Umsatzsteuer auf Erwerbsaufwendungen

Eine entsprechende Ergänzung des UStG würde zunächst eine Änderung der Richtlinie erfordern, da ein Arbeitnehmer aufgrund des abhängigen Beschäftigungsverhältnisses nicht unter den Begriff des Steuerpflichtigen subsumiert werden kann.[1600] Eine anderweitige primärrechtskonforme Auslegung der Richtlinie würde daher schon eine Rechtsfortbildung darstellen, da sie nicht mehr vom Wortlaut der Richtlinie gedeckt sein dürfte. Ein Reformvorschlag würde Änderungen im Bereich des Steuerpflichtigen, des Vorsteuerabzugs, aber auch im Bereich der Rechnungserteilung erfordern, da eine Rechnungsstellung mit der Verpflichtung zum Steuerausweis an Nichtunternehmer nur in Ausnahmefällen obligatorisch ist.[1601]

2. Einführung einer Einlagenentsteuerung

Eine Einlagenentsteuerung wäre auch de lege lata im Wege der Auslegung erreichbar. Aus Gründen der Rechtssicherheit ist jedoch eine klarstellende Regelung zu begrüßen. Als Vorlagen können die schweizerische Regelung in Art. 32 MWSTG-CH sowie die Vorschläge von *Kirchhof*[1602] und *Heffinger/Heck*[1603] dienen. Alle Regelungen sehen eine sofortige Steuerentlastung von Einlagen im Zeitpunkt der Einlage, gemindert um die Vorsteuer, die auf die vorherige außerunternehmerische Nutzung entfällt, vor. Dies ist unter Neutralitätsgesichtspunkten zu bevorzugen, denn eine lediglich ratierliche Entsteuerung würde eine nicht zu rechtfertigende Ungleichbehandlung bedeuten. Ein Unternehmer, der ggf. nur die Absicht einer unternehmerischen Verwendung hat, diese jedoch nicht realisieren kann, erhält den Sofortabzug, auch wenn er die Vorsteuer ratierlich zurückführen muss. Demnach muss ein Unternehmer, der den Gegenstand erst zu einem späteren, nach dem Leistungsbezug liegenden Zeitpunkt tatsäch-

---

[1599] Siehe Kapitel 4: B. II. 1. b) bb) (3) (a).

[1600] Das Konzept des mittelbaren Unternehmers kann m. E. auf Anteilseigner Anwendung finden, da der EuGH dies, wenn auch nur unter sehr engen Voraussetzungen, anerkannt hat. Siehe hierzu Kapitel 4: B. II. 1. b) cc) (2).

[1601] Der erforderliche Umfang einer Darstellung eines entsprechenden Reformvorschlags erlaubt aus Raumgründen keine Berücksichtigung in dieser Arbeit.

[1602] *Kirchhof*, Umsatzsteuergesetzbuch, 2008, S. 106 ff.

[1603] *Heffinger/Heck*, MwStR 2017, S. 814.

lich einer unternehmerischen Verwendung zuführt, gleichermaßen vollständig entlastet werden.

In § 15 UStG könnte folgender Absatz 1d ergänzt werden:

> (1d) [1]Eine Lieferung, eine Einfuhr von Gegenständen oder ein innergemeinschaftlicher Erwerb gilt auch als für das Unternehmen ausgeführt, soweit der gelieferte Gegenstand innerhalb von fünf Jahren seit der Lieferung ganz oder teilweise, jedoch mindestens zu 10 Prozent, für Zwecke des Unternehmens verwendet wird (Einlage) und die Lieferung im Übrigen zum vollen oder anteiligen Vorsteuerabzug berechtigt hätte. [2]In diesem Fall ist der Vorsteuerbetrag i. S. des § 15 Abs. 1 zeitanteilig für den Zeitraum nach der Lieferung, der Einfuhr oder dem innergemeinschaftlichen Erwerb des Gegenstands bis zu seiner Einlage zu kürzen. [3]Unterschreitet die unternehmerische Verwendung nach Einlage 100 Prozent und erweitert sich der Umfang der unternehmerischen Verwendung, gelten die Sätze 1 und 2 innerhalb von fünf Jahren seit der Lieferung, der Einfuhr oder dem innergemeinschaftlichen Erwerb entsprechend. [4]Bei Grundstücken einschließlich ihrer wesentlichen Bestandteile, bei Berechtigungen, für die die Vorschriften des bürgerlichen Rechts über Grundstücke gelten und bei Gebäuden auf fremdem Grund und Boden tritt an die Stelle des Zeitraums von fünf Jahren ein Zeitraum von zehn Jahren.[1604]

Erfasst werden müssen neben der Lieferung auch die Einfuhr von Gegenständen und der innergemeinschaftliche Erwerb. Letzterer kann auch durch Nichtunternehmer, denen eine Umsatzsteuer-Identifikationsnummer erteilt wurde, bewirkt werden.[1605] Die Einlage kann sich stets nur auf die tatsächliche unternehmerische Verwendung beziehen (Satz 2) und sich ggf. zu einem späteren Zeitpunkt erhöhen (Satz 3).[1606] Bei einer Erhöhung der unternehmerischen Verwendung soll eine sofortige Entlastung erfolgen und nicht lediglich eine ratierliche wie nach § 15a UStG. Spätere Nutzungsänderungen zu Lasten der unternehmerischen Tätigkeit sind nach § 15a UStG ratierlich zu berücksichtigen. Der Berichtigungszeitraum beginnt mit der jeweiligen Einlage (= Verwendung). Für Grundstücke muss ein entsprechend längerer Zeitraum analog der Regelung in § 15a Abs. 1 Satz 2 UStG gelten. Allerdings wäre bei Grundstücken ein Zeitraum von 20 Jahren, wie es das schweizerische Recht vorsieht, sachgerechter.[1607] Grundsätzlich ist das Anknüpfen an die Zeiträume des § 15a UStG zwar aus Vereinfachungsgründen nachvollziehbar, führt jedoch bei langlebigen Gebrauchsgütern zu

---

[1604] Sachgerechter wären 20 Jahre.

[1605] Z. B. bei Erwerb durch eine juristische Person des öffentlichen Rechts für ihren hoheitlichen Bereich.

[1606] Auch hier kommt es zu einer sofortigen Entlastung des verbleibenden Vorsteuervolumens entsprechend des unternehmerischen Verwendungsanteils.

[1607] Art. 32 Abs. 2 Satz 2 MwStG-CH; so auch *Kirchhof,* Umsatzsteuergesetzbuch, 2008, S. 106, 118, der einen Mittelwert zwischen dem § 15a UStG-Berichtigungszeitraum und dem ertragsteuerlichen Abschreibungszeitraum von 50 Jahren bevorzugt.

schwerwiegenden Nachteilen. Dies wäre auch im Hinblick auf § 15a UStG zu bedenken. Auf eine Deckelung auf den Angebotspreis im Zeitpunkt der Einlage, wie im Vorschlag von *Kirchhof* vorgesehen, wird bewusst verzichtet. Wenngleich diese Deckelung der Missbrauchsbekämpfung dienen soll, greift sie zu weit und wirft weitere Bewertungsfragen auf.[1608]

C. Neutralität bei der Besteuerung unentgeltlicher Wertabgaben

Unter Neutralitätsgesichtspunkten ist eine Besteuerung von unentgeltlichen Wertabgaben nur geboten, wenn eine außerunternehmerische Verwendung erfolgt. Der vorliegende Abschnitt untersucht zunächst die Besteuerungssystematik bei außerunternehmerischer Verwendung. Anschließend wird die Besteuerung von unentgeltlichen Wertabgaben, denen unternehmerische Zwecke zugrunde liegen, zunächst allgemein und dann anhand ausgewählter Sonderfälle analysiert.

I. Unentgeltliche Wertabgaben für außerunternehmerische Zwecke

Eine Entnahme oder Zuwendung eines Gegenstands aus der unternehmerischen Sphäre zu konsumtiven Zwecken des Unternehmers oder eines Dritten bedarf verbrauchsteuerteleologisch einer Belastung.[1609] Soweit der Unternehmer einen Gegenstand für private Zwecke entnimmt,[1610] gebietet es die Gleichbehandlung mit anderen Verbrauchern, diese Überführung in seine außerunternehmerische Sphäre mit Umsatzsteuer zu belasten.[1611] Eine Gleichstellung wird im geltenden Recht weitestgehend erreicht, allerdings orientiert sich die Besteuerung der Ent-

---

[1608] *Kirchhof*, Umsatzsteuergesetzbuch, 2008, S. 119, beschreibt in einem Beispiel die Einlage eines zuvor zwei Jahre genutzten Fahrzeugs, das nach einem Unfall eingelegt wird. Der verbleibende Vorsteuerbetrag aus der Einlage soll noch 3/5 (4.560 EUR) betragen, während der Schrottwert des Fahrzeugs lediglich 1.000 EUR beträgt. In diesem Fall dürften die Kosten der Wiederherstellung der Nutzbarkeit (Verwendung) in keinem Verhältnis zum Steuervorteil stehen. Findet tatsächlich eine unternehmerische Verwendung nach Reparatur statt, weil die Versicherung den Schaden ersetzt, wäre auch eine Entlastung geboten.

[1609] Vgl. *Pohmer*, in: Neumark, Handbuch der Finanzwissenschaft, 1980, S. 674; *Robisch,* Die umsatzsteuerliche Erfassung von Wertabgaben, 1997, S. 58, nennt als Anwendungsfälle die Belastung von Abgaben ohne Markttransaktion zu eigenen oder fremden Konsumzwecken und unterstreicht damit, dass eine Belastung voraussetzt, dass die Entnahme oder Zuwendung zu einer konsumtiven Verwendung führen muss.

[1610] § 3 Abs. 1b S. 1 Nr. 1 UStG.

[1611] Vgl. *Söhn,* StuW 1975, S. 173; *Englisch*, in: Tipke/Lang, Steuerrecht, 2020, S. 1118, § 17 Rn. 17.153.

nahme bzw. Zuwendung nicht an den Verbraucherpreisen, sondern an den Wiederbeschaffungskosten des Unternehmers im Zeitpunkt der Entnahme, weshalb die Marge des Unternehmers nicht mit Umsatzsteuer belastet wird.[1612] Erfolgen Zuwendungen für den privaten Bedarf des Personals,[1613] tätigt das Personal zwar keine Konsumaufwendungen, jedoch handelt es sich bei der Zuwendung, auch wenn diese freiwillig erfolgt, um eine Vergütung für bereits geleistete oder künftige Dienste des Arbeitnehmers. Mithin liegt im Grunde eine Art Sachlohn vor, dem die Arbeitsleistung des Arbeitnehmers gegenübersteht, weshalb es auch nahe liegen würde, einen entgeltlichen Vorgang anzunehmen, auch wenn es an einem ausdrücklichen arbeitsvertraglichen Anspruch auf die Sachzuwendung fehlt.[1614] Ohne eine Belastung dieser Zuwendungen könnte der Arbeitgeber seinen Arbeitnehmern vorsteuerentlastete Güter für deren konsumtive Zwecke zuwenden, was zu einem unversteuerten Letztverbrauch führen und mithin einen Fehlanreiz für verschleierte Sachlohnkomponenten setzen würde.[1615] Gleichermaßen wird die außerunternehmerische Verwendung eines dem Unternehmen zugeordneten Gegenstands durch den Unternehmer oder für den privaten Bedarf seines Personals mit Umsatzsteuer belastet.[1616]

Die vorgenannten gegenstandsbezogenen Tatbestände setzen jeweils voraus, dass der Gegenstand zum Vorsteuerabzug berechtigt hat.[1617] Denn zu einer Steuerbelastung darf es nur kommen, wenn der Gegenstand zuvor eine Vorsteuerentlastung erfahren hat, da anderenfalls eine nicht neutralitätskonforme Doppelbelastung eintreten würde.[1618] Deshalb kommt der Besteuerung einer unentgeltlichen Wertabgabe auch eine Korrekturfunktion des Vorsteuerabzugs zu, wenn die ursprüngliche, zum Abzug berechtigende Verwendung wegfällt.[1619]

Die Anknüpfung der Bemessungsgrundlage an die Wiederbeschaffungskosten führt hingegen, jedenfalls der Höhe nach, nicht zu einer exakten Korrektur des Vorsteuerabzugs, sondern dient der Herstellung einer sachgerechten Ver-

[1612] § 10 Abs. 4 S. 1 Nr. 1 UStG, vgl. *Prätzler*, in: Küffner/Zugmaier, UStG, 2023, § 3 Rn. 336; *Theile,* StuW 1996, S. 157; *Kirchhof,* DStR 2008, S. 8.
[1613] § 3 Abs. 1b S. 1 Nr. 2 UStG.
[1614] Bei der Überlassung eines betrieblichen PKW zur privaten Nutzung eines Arbeitnehmers hat der BFH hingegen für die Annahme der Entgeltlichkeit auf die ausdrückliche arbeitsvertragliche Gestattung der privaten Nutzung abgestellt, vgl. BFH, Urteil v. 30.06.2022, V R 25/21, Fahrzeugüberlassung an Arbeitnehmer zu privaten Zwecken als tauschähnlicher Umsatz, BFHE 276, S. 435.
[1615] Vgl. *Englisch*, in: Tipke/Lang, Steuerrecht, 2020, S. 1121, § 17 Rn. 17.157.
[1616] § 3 Abs. 9a Nr. 1 UStG.
[1617] § 3 Abs. 1b S. 2 UStG, § 3 Abs. 9a Nr. 1 UStG.
[1618] EuGH, Urteil v. 27.06.1989, 50/88, Kühne, Slg. 1989, I-1948, Rn. 10; EuGH, Urteil v. 25.05.1993, C-193/91, Mohsche, Slg. 1993, I-2630, Rn. 9.
[1619] Vgl. *Weber,* Belastungs- und Entscheidungswirkungen der Umsatzsteuer, 2016, S. 41; *Englisch*, in: Tipke/Lang, Steuerrecht, 2020, S. 1118 f., § 17 Rn. 17.154.

brauchsteuerbelastung. Wenngleich selbige, mangels Anknüpfung an die Verbraucherpreise, verfehlt wird.

Die unentgeltliche Erbringung einer anderen sonstigen Leistung durch den Unternehmer unterliegt der Besteuerung, wenn diese außerunternehmerischen Zwecken oder dem privaten Bedarf seines Personals dienen.[1620] Hier erfolgt keine Anknüpfung an eine vorherige Berechtigung zum Vorsteuerabzug, da auch die Wertschöpfung des Unternehmers erfasst werden soll, z. B. bei Einsatz eines Arbeitnehmers für außerunternehmerische Zwecke.[1621] Wurden jedoch im Zusammenhang mit der Erbringung der unentgeltlichen sonstigen Leistung Vorleistungen von Dritten bezogen, bei denen ein Vorsteuerabzug nicht möglich war, kommt es zu einer nicht neutralitätskonformen Doppelbelastung dieser Aufwendungen, da die Bemessungsgrundlage alle Aufwendungen erfasst.[1622] Diese Fälle verlangen daher eine Ausklammerung von vorsteuerbelasteten Fremdleistungen, bei denen kein Vorsteuerabzug möglich war, aus der Bemessungsgrundlage der Wertabgabe. Insoweit ist eine teleologische Reduktion des Wortlauts von § 10 Abs. 4 S. 1 Nr. 3 UStG vorzunehmen.[1623]

II. Unentgeltliche Wertabgaben für unternehmerische Zwecke

1. Grundsätzlich fragwürdige Belastung unternehmerischer Zwecke

Neben den bereits genannten unentgeltlichen Zuwendungen ist auch jede andere unentgeltliche Zuwendung eines Gegenstands, mit Ausnahme von Warenmustern und Geschenken von geringem Wert für Zwecke des Unternehmens, der Umsatzsteuer zu unterwerfen.[1624] Eine Einschränkung auf Zuwendungen, die aus außerunternehmerischen Gründen erfolgen, ergibt sich nicht aus dem Wortlaut. Vielmehr lässt sich aus der Rückausnahme im Umkehrschluss folgern, dass jedwede andere Zuwendung, auch wenn diese aus unternehmerischen Gründen erfolgt, der Umsatzsteuer zu unterwerfen ist.[1625] Dies ist vor dem Hintergrund, dass die den sonstigen Leistungen gleichgestellten Wertabgaben aus unterneh-

---

[1620] § 3 Abs. 9a Nr. 2 UStG.

[1621] EuGH, Urteil v. 11.12.2008, C-371/07, Danfoss/AstraZeneca, Slg. 2008, I-9573, Rn. 48; vgl. *Englisch*, in: Tipke/Lang, Steuerrecht, 2020, S. 1119, § 17 Rn. 17.155.

[1622] § 10 Abs. 4 Nr. 3 S. 1 UStG.

[1623] Vgl. *Englisch*, in: Tipke/Lang, Steuerrecht, 2020, S. 1129, § 17 Rn. 17.174.

[1624] § 3 Abs. 1b S. 1 Nr. 3 UStG.

[1625] So auch *Heuermann*, in: UmsatzsteuerForum e.V./Bundesministerium der Finanzen, Festschrift 100 Jahre Umsatzsteuer, 2018, S. 471, zur Richtlinienvorgabe des Art. 16 MwStSystRL; *Englisch*, in: Tipke/Lang, Steuerrecht, 2020, S. 1132, § 17 Rn. 17.179.

merischen Gründen nicht von der Besteuerung erfasst werden, widersprüchlich.[1626]

Rechtfertigung hierfür ist die Sicherstellung der Besteuerung des Endverbrauchs.[1627] Von diesem Tatbestand werden regelmäßig Werbegeschenke und ähnliche repräsentative Zuwendungen erfasst. Diese Zuwendungen führen beim Empfänger, der keine Aufwendungen dafür getätigt hat, insgesamt zu einem Vorteil und verteuern die Zuwendung lediglich für den zuwendenden Unternehmer. Im Gegensatz zum Arbeitnehmerfall dürften im Regelfall auch keine konkreten Gegenleistungen des Zuwendungsempfängers angenommen werden,[1628] sodass jedenfalls aus diesem Grund nichts für eine Besteuerung spricht. Es ist davon auszugehen, dass der Zuwendende derartige Aufwendungen bei der Preiskalkulation seiner regulären Umsätze berücksichtigt hat, sodass sich letztlich mittelbar, über den Absatz dieser Produkte, eine Umsatzsteuerbelastung ergibt.[1629]

Über den eigentlichen Zweck der Umsatzbesteuerung, der zutreffenden Belastung der Konsumleistungsfähigkeit, die an den getätigten Konsumaufwendungen gemessen wird, lässt sich diese Besteuerung daher nicht rechtfertigen. Lässt man dies außer Acht und möchte ausnahmsweise lediglich auf die Steuerbelastung des konkreten Verbrauchs abstellen, verbleibt ein nicht aufzulösender Widerspruch zur nicht vorgesehenen Besteuerung bei der unentgeltlichen Zuwendung von Dienstleistungen aus unternehmerischen Gründen.[1630]

Doch wesentlich kritischer sind unentgeltliche Zuwendungen aus unternehmerischen Gründen zu betrachten, die vom Zuwendungsempfänger für Zwecke seines Unternehmens eingesetzt werden und für die er, hätte er diese Gegenstände entgeltlich beschafft, zum Vorsteuerabzug berechtigt gewesen wäre. Die auf die Wertabgabe entfallende Umsatzsteuer wird zur Definitivbelastung des zuwendenden Unternehmers, da eine Rechnung nicht erteilt und somit durch den Zuwendungsempfänger kein Vorsteuerabzug geltend gemacht werden kann.[1631]

[1626] Vgl. *Englisch*, in: Tipke/Lang, Steuerrecht, 2020, S. 1120, § 17 Rn. 17.156; *Widmann*, UR 1999, S. 22.

[1627] *Robisch*, Die umsatzsteuerliche Erfassung von Wertabgaben, 1997, S. 56; *Dziadkowski*, DStZ 1999, S. 626.

[1628] Ausnahmen hiervon dürften regelmäßig nicht nachweisbar sein, z. B. die Auftragsvergabe an den Zuwendenden durch den Zuwendungsempfänger aufgrund der Zuwendung.

[1629] Vgl. *Englisch*, in: Tipke/Lang, Steuerrecht, 2020, S. 1121, §17 Rn. 17.158.

[1630] Vgl. *Widmann*, UR 1999, S. 22, mit dem Hinweis, dass sowohl die Richtlinie als auch der Umsetzungsakt gegen das Gebot der Folgerichtigkeit verstoßen; *Englisch*, in: Tipke/Lang, Steuerrecht, 2020, S. 1132, § 17 Rn. 17.179.

[1631] Abschnitt 3.2 Abs. 2 S. 5 u. 6 UStAE. *Stadie*, in: Woerner, DStJG Band 13, 1990, S. 196, fordert eine Entlastung des Empfängers durch Vorsteuerabzug, der durch die Inrechnungstellung der Steuer durch den Zuwendenden ermöglicht werden soll.

In diesem Fall liegen nicht nur keine Konsumaufwendungen vor, die Konsumleistungsfähigkeit indizieren, es fehlt vielmehr überhaupt an einer konsumtiven Verwendung.

Allenfalls, wenn der Zuwendungsempfänger selbst nicht zum Vorsteuerabzug berechtigt und daher letztlich wie ein Endverbraucher zu behandeln wäre, könnte dieses Ergebnis in Betracht kommen. Überzeugend ist es jedoch gleichwohl nicht, da die den Vorsteuerabzug ausschließenden unechten Steuerbefreiungen selbst einen vermeidbaren Systembruch darstellen.[1632]

Die Ausgangsleistung des Zuwendungsempfängers, in die der zugewendete Gegenstand eingeht, wird mit dem gesamten Entgelt versteuert. Mangels Vorsteuerabzug wird hierdurch nicht nur die originäre Wertschöpfung des Zuwendungsempfängers, sondern auch der ihm zugewendete Gegenstand erneut mit Umsatzsteuer belastet. Es kommt zu einer das Neutralitätsprinzip verletzenden, systemwidrigen Belastung innerhalb der Wertschöpfungskette.[1633] Dies würde auch Sachzuwendungen eines Gesellschafters an seine Tochtergesellschaft betreffen, ungeachtet der Verwendung für Zwecke ihres Unternehmens.[1634] Aus teleologischen Erwägungen wäre es daher angezeigt, sowohl den nationalen Umsetzungsakt als auch die Richtlinienvorgabe zur Besteuerung unentgeltlicher Wertabgaben einschränkend nur auf Fälle anzuwenden, in denen es anderenfalls tatsächlich zu einem unversteuerten Letztverbrauch kommen würde.[1635] Der BFH hat sich bislang dementgegen für eine wortlautgetreue Anwendung unter Berufung auf den EuGH[1636] ausgesprochen.[1637]

[1632] Siehe Kapitel 4: A. III. 1. c) cc).

[1633] *Widmann,* UR 1999, S. 22; *Nieskens*, in: Rau/Dürrwächter, UStG, 2023, § 3 Rn. 1367; *Heuermann*, in: UmsatzsteuerForum e.V./Bundesministerium der Finanzen, Festschrift 100 Jahre Umsatzsteuer, 2018, S. 470; *Lippross,* Umsatzsteuer, 2022, S. 397; *Fritsch*, in: Reiß/Kraeusel/Langer, UStG§ 3 Rn. 322.48; *Weber,* Belastungs- und Entscheidungswirkungen der Umsatzsteuer, 2016, S. 9.

[1634] Dies wäre nicht mit dem Neutralitätsgrundsatz vereinbar, vgl. *Sterzinger,* Gesellschaftsrechtliche Leistungsbeziehungen, 2020, S. 129.

[1635] Insbesondere Heuermann hat stets auf das Erfordernis einer einschränkenden Auslegung hingewiesen, vgl. *Heuermann*, in: Sölch/Ringleb, UStG, 2023, § 3 Rn. 377; *Heuermann*, in: UmsatzsteuerForum e.V./Bundesministerium der Finanzen, Festschrift 100 Jahre Umsatzsteuer, 2018, S. 470 f; *Heuermann,* UR 2018, S. 501; so auch *Englisch*, in: Tipke/Lang, Steuerrecht, 2020, S. 1132, § 17 Rn. 17.179; a. A. *Reiß,* UR 1996, S. 358; *Brandl*, in: Bunjes/Geist, UStG, 2023, § 3 Rn. 157.

[1636] BFH, Urteil v. 28.01.1999, V R 32/98, Organschaft: Beendigung bei Konkurs des Organträgers, BFHE 187, 355; EuGH, Urteil v. 27.04.1999, C-48/97, Kuwait Petroleum, Slg. 1999, I-2346, Rn. 22.

[1637] BFH, Urteil v. 31.05.2017, XI R 2/14, BFHE 258, S. 191, Rn. 23.

Zwischenzeitlich hat sich in der Rechtsprechung des EuGH in der Rs. Mitteldeutsche Hartstein-Industrie[1638] möglicherweise eine Kehrtwende abgezeichnet. Im Urteilsfall hatte der Unternehmer die Kosten für den Ausbau einer öffentliche Gemeindestraße getragen, da dies für den Betrieb seines Kalksteinbruchs unerlässlich war. Zum einen, weil der Ausbau aufgrund des Schwerlastverkehrs erforderlich war und zum anderen, weil ohne den Ausbau die Betriebsgenehmigung des Steinbruchs ausgelaufen wäre.[1639] Die Tatsache, dass Dritte die Straße auch nutzen können, war für den EuGH irrelevant.[1640] Allerdings war diese Nutzung durch Dritte nebensächlich[1641] und die Straße für den Betrieb des Unternehmens unerlässlich, daher bleibt unklar, wie der EuGH im Fall einer nicht nur nebensächlichen, allerdings unternehmerischen Nutzung durch Dritte entscheiden würde. Zudem gehen die Kosten aus der Maßnahme in den Preis der Produkte des Steinbruchs ein, weshalb ein „Endverbrauch" dieser Straße für Zwecke des Unternehmens vorlag.[1642]

Im Fall der unentgeltlichen Zuwendung von Wärme, die bei der Erzeugung von Strom durch den Betrieb einer Biogasanlage anfällt, hat der V. Senat eine unentgeltliche Wertabgabe gem. § 3 Abs. 1b UStG angenommen.[1643] Maßgebend war hierfür, dass, im Vergleich zur Rs. Mitteldeutsche Hartstein-Industrie, die Wärme ein unabhängig vom Strom verkehrsfähiges Wirtschaftsgut ist und die Wärmenutzung einen eigenständigen – nicht nur nebensächlichen – Endverbrauch ermöglichte. Dies wäre jedoch fragwürdig, wenn die Zuwendung der Wärme nicht an einen Verbraucher, sondern an einen grundsätzlich zum Vorsteuerabzug berechtigten Unternehmer für Zwecke seines Unternehmens erfol-

---

[1638] EuGH, Urteil v. 16.09.2020, C-528/19, Mitteldeutsche Hartstein-Industrie, ECLI:EU:C:2020:712.

[1639] EuGH, Urteil v. 16.09.2020, C-528/19, Mitteldeutsche Hartstein-Industrie, ECLI:EU:C:2020:712, Rn. 31.

[1640] EuGH, Urteil v. 16.09.2020, C-528/19, Mitteldeutsche Hartstein-Industrie, ECLI:EU:C:2020:712, Rn. 37. Der XI. Senat hat sich unter den Voraussetzungen des Urteilsfalls, dass der zugewendete Gegenstand vor allem für Zwecke des Steuerpflichtigen genutzt wird und der Vorteil von Dritten allenfalls nebensächlich ist, dem EuGH angeschlossen und eine einschränkende Auslegung des § 3 Abs. 1b UStG vorgenommen, vgl. BFH, Urteil v. 16.12.2020, XI R 26/20, Nachfolgeentscheidung zum EuGH-Urteil Mitteldeutsche Hartstein-Industrie, BFHE 272, S. 240, Rn. 38.

[1641] So auch: EuGH, Urteil v. 22.10.2015, C-126/14, Sveda, ECLI:EU:C:2015:712; EuGH, Urteil v. 14.09.2017, C-132/16, Iberdrola, ECLI:EU:C:2017:683. In den vorgenannten Entscheidungen war die Nebensächlichkeit der unentgeltlichen Zuwendung entscheidend dafür, keine unentgeltliche Wertabgabe anzunehmen.

[1642] Vgl. BFH, Urt. v. 16.12.2020, XI R 26/20, BFHE 272, S. 240, Rn. 37.

[1643] BFH, Urteil v. 25.11.2021, V R 45/20, Unentgeltlichkeit der Wärmeabgabe, BFHE 275, S. 392.

gen würde. In einem solchen Fall würde auch keinerlei Endverbrauch[1644] vorliegen und anderenfalls eine definitive Steuerbelastung beim zuwendenden Unternehmer eintreten, weshalb eine einschränkende Auslegung des § 3 Abs. 1b UStG geboten ist.[1645]

Diese Thematik liegt der EuGH-Vorlage des XI. Senats zugrunde.[1646] Der in der Biogasanlage erzeugte Strom wurde überwiegend von der Klägerin in das Stromnetz eingespeist und vom Netzbetreiber vergütet. Die bei der Stromerzeugung zwangsläufig anfallende Abwärme diente zum Teil dem Produktionsprozess der Klägerin, wurde aber überwiegend an den Unternehmer A zur Holztrocknung in Containern und an die B GbR (B) zur Beheizung ihrer Spargelfelder unentgeltlich abgegeben.[1647] Die Finanzverwaltung vertrat die Auffassung, dass diese unentgeltliche Wertabgabe gemäß § 3 Abs. 1b Satz 1 Nr. 3 UStG der Umsatzsteuer zu unterwerfen sei.[1648]

Der BFH stellt Überlegungen zur möglichen Verwendung der Wärme an. Hervorzuheben ist hier der Streitfall der unentgeltlichen Wärmeabgabe an einen Empfänger, der die Wärme für Zwecke seiner wirtschaftlichen Tätigkeit verwendet, die ihn zum Vorsteuerabzug berechtigt.[1649] Zum Urteilssachverhalt der Rs. Mitteldeutsche Hartstein-Industrie dürften sich folgende Unterschiede ergeben: (i) Die Nutzung der Wärme könnte u. U. nicht lediglich von untergeordneter Bedeutung sein.[1650] (ii) Falls die Nutzung jedoch nicht von untergeordneter Bedeutung wäre, würde sie vorliegend jedoch keiner konsumtiven Verwendung zugeführt, sondern fände Eingang in die unternehmerische Leistungserstellung der Zuwendungsempfänger. Es droht daher kein unversteuerter Letztverbrauch.

Im vorliegenden Fall wurde die Biogasanlage aus unternehmerischen Gründen angeschafft. Die Biogasanlage erzeugt Strom, der mehrwertsteuerpflichtig vermarktet wird, und auch die Abwärme könnte genutzt werden. In den Fallgruppen, in denen ein unversteuerter Letztverbrauch durch den Empfänger droht, stellt sich jedoch ebenso die Frage, ob diese Entnahme der Wärme nicht lediglich

---

[1644] Auch der EuGH hat in der Rs. Mitteldeutscher Hartstein-Industrie als Zweck der Besteuerung der unentgeltlichen Wertabgaben die Verhinderung eines unversteuerten Endverbrauchs ausdrücklich hervorgehoben: EuGH, Urteil v. 16.09.2020, C-528/19, Mitteldeutsche Hartstein-Industrie, ECLI:EU:C:2020:712, Rn. 59; *Prätzler*, in: Küffner/Zugmaier, UStG, 2023, § 3 Rn. 583.

[1645] Vgl. *Heuermann*, in: UmsatzsteuerForum e.V./Bundesministerium der Finanzen, Festschrift 100 Jahre Umsatzsteuer, 2018, S. 471.

[1646] BFH, Beschluss v. 22.11.2022, XI R 17/20, BStBl II 2023, S. 601; Aktenzeichen beim EuGH: C-207/23. Siehe auch *Prätzler*, jurisPR-SteuerR 25/2023 Anm. 6.

[1647] Vgl. BFH, Beschluss v. 22.11.2022, XI R 17/20, BStBl II 2023, S. 601, Rn. 2–3.

[1648] Vgl. BFH, Beschluss v. 22.11.2022, XI R 17/20, BStBl II 2023, S. 601, Rn. 5–6.

[1649] Vgl. BFH, Beschluss v. 22.11.2022, XI R 17/20, BStBl II 2023, S. 601, Rn. 27.

[1650] Vgl. BFH, Beschluss v. 22.11.2022, XI R 17/20, BStBl II 2023, S. 601, Rn. 34.

von untergeordneter Bedeutung ist. Denn die Wärme entsteht zwangsläufig bei der Verbrennung des Biogases zur Erzeugung des unternehmerisch genutzten Hauptprodukts (Strom). Da der Unternehmer außerhalb eines persönlichen Näheverhältnisses nichts zu verschenken hat, wird sich die Anlage für ihn auch dann rechnen, wenn die Wärme nicht vermarktet wird (ggf. gar nicht vermarktet werden kann). Mit anderen Worten: Die Kosten der Anlage werden durch seine wirtschaftliche (besteuerte) Tätigkeit voll amortisiert. Würde in einem solchen Fall eine Besteuerung erfolgen, wäre der Unternehmer – sofern sich keine Vermarktungsmöglichkeit ergibt – aus steuerlichen Gründen gezwungen, die Wärme ungenutzt entweichen zu lassen. Die Besteuerung schafft dann einen Fehlanreiz, der eine durch nichts zu rechtfertigende Ressourcenverschwendung darstellen würde, die vor allem aus ökologischer Sicht höchst bedenklich ist. Rechnet sich die Anlage ohne Vermarktung der Wärme und kann ein persönliches Näheverhältnis ausgeschlossen werden, ist von einer lediglich untergeordneten Bedeutung der unentgeltlichen Zuwendung auszugehen, weshalb eine teleologische Reduktion des Wortlauts des § 3 Abs. 1b Satz 1 Nr. 3 UStG zu erfolgen hätte. Wie bei der Rs. Mitteldeutsche Hartstein-Industrie liegt eine vollunternehmerische Nutzung vor, da die Kosten der Anlage durch die besteuerte Tätigkeit (Stromlieferungen) voll amortisiert werden.

Auch wenn von einer nicht lediglich untergeordneten Bedeutung der unentgeltlichen Abgabe der Wärme auszugehen wäre, ist jedenfalls dann, wenn kein unversteuerter Letztverbrauch droht, ebenfalls eine einschränkende Auslegung des § 3 Abs. 1b Satz 1 Nr. 3 UStG vorzunehmen.[1651] Denn die Verwendung erfolgt noch im Rahmen der unternehmerischen Leistungskette, die auf die Versorgung von Endverbrauchern gerichtet ist. Die Empfänger können ihre Leistungen am Markt aufgrund der Zuwendungen mit höheren Margen absetzen.[1652] Dies führt zu einer höheren Steuerzahlung des Zuwendungsempfängers an den Fiskus im Vergleich zum entgeltlichen Erwerb der Wärme, der mit einem ent-

[1651] Vgl. *Masuch/Weitz*, MwStR 2023, S. 440, mit dem Hinweis auf eine Neutralitätsverletzung, die ggf. durch eine Inrechnungstellung der Umsatzsteuer beseitigt werden könne, die der Empfänger der Wertabgabe als Vorsteuer abziehen könnte. Dies ist m. E. abzulehnen, da der Empfänger mit der Umsatzsteuer nicht belastet ist, vgl. auch *Treiber*, DStR 2023, S. 700. Der BFH räumt jedoch ein, dass (allein) das Risiko einer Fehlbeurteilung durch den Zuwendenden Unternehmer, weil der Empfänger entgegen der getroffenen Vereinbarung, die Wärme für nichtunternehmerische oder vorsteuerschädliche Zwecke verwenden könnte, für eine Besteuerung sprechen könnte, vgl. BFH, Beschluss v. 22.11.2022, XI R 17/20, BStBl II 2023, S. 601, Rn. 49.

[1652] Es ist eher unwahrscheinlich, dass der Holzhändler das Holz oder der Spargelbauer den Spargel zu einem Preis anbietet, der unter dem üblichen Marktpreis liegt, und damit den Vorteil der kostenlos erhaltenen Wärme an seine Kunden weitergibt.

sprechenden Vorsteuerabzug verbunden wäre, der die Umsatzsteuer auf die Ausgangsleistung mindern würde.

Dem Gedanken, die Umsatzsteuer beim Empfänger der Zuwendung zum Vorsteuerabzug zuzulassen ist eine Absage zu erteilen. Denn der Empfänger ist nicht mit der Umsatzsteuer belastet. Wenn der Empfänger diese Steuer an den zuwendenden Unternehmer bezahlen würde, stellt dies ein Entgelt dar,[1653] weshalb überhaupt kein unentgeltlicher Vorgang mehr gegeben wäre. Auf die Folgefragen der Vorlage,[1654] ob bei der Bemessung der unentgeltlichen Wertabgabe auch nicht mit Vorsteuer belastete Kosten oder auch mittelbare Selbstkosten zu berücksichtigen sind, wird mangels Relevanz für das Thema dieser Arbeit nicht eingegangen.[1655]

2. *Potenzielle Belastung in Sonderfällen*

a) Auf- und Abspaltung

Bei Umstrukturierungsvorgängen gelten die allgemeinen umsatzsteuerlichen Regeln. Geht im Zuge einer Umstrukturierung ein Unternehmen oder ein in der Gliederung des Unternehmens gesondert geführter Betrieb im Ganzen entgeltlich oder unentgeltlich auf einen anderen Unternehmer über, der diese Tätigkeit fortführt, liegt eine nicht steuerbare Geschäftsveräußerung im Ganzen gem. § 1 Abs. 1a UStG vor. Unerheblich ist, ob dies im Zuge einer Einzel- oder einer Gesamtrechtsnachfolge geschieht.[1656] Entscheidend ist allein der wirtschaftliche Gehalt der Übertragung, denn Umwandlungsvorgänge sind regelmäßig damit verbunden, dass einerseits Vermögen von einem auf einen anderen Rechtsträger übergeht und andererseits dafür Anteile gewährt werden bzw. Anteile untergehen. Aus diesem Grund liegt regelmäßig ein Leistungsaustausch vor, weshalb eine Ausnahme von der Steuerbarkeit nur unter den Voraussetzungen des § 1 Abs. 1a UStG erfolgen kann.[1657] Liegt keine Geschäftsveräußerung im Ganzen vor,[1658] unterliegt der Vorgang der Umsatzsteuer und kann beim überneh-

---

[1653] So auch Treiber, DStR 2023, S. 700; a. A. BFH, Beschluss v. 22.11.2022, XI R 17/20, BStBl II 2023, S. 601, Rn. 53.

[1654] Vgl. BFH, Beschluss v. 22.11.2022, XI R 17/20, BStBl II 2023, S. 601, Rn. 65 u. 70.

[1655] Zudem erübrigen sich diese Fragen bei einer Verneinung der Steuerbarkeit der unentgeltlichen Wärmeabgabe, vgl. *Huschens*, DStRK 2023, S. 149.

[1656] *Robisch*, in: Bunjes/Geist, UStG, 2023, § 1 Rn. 74; *Englisch*, in: Tipke/Lang, Steuerrecht, 2020, S. 1134, § 17 Rn. 17.181; *Reiß,* UR 1996, S. 367.

[1657] Eingehend *Reiß,* UR 1996, S. 367.

[1658] Beispielsweise, wenn im Zuge einer Verschmelzung zwar das gesamte Vermögen des übertragenden Rechtsträgers übergeht, dieser jedoch Teil einer umsatzsteuerlichen Organschaft war und ihm Teile des für den Geschäftsbetrieb notwendigen Vermögens von einer anderen Gesellschaft des Organkreises überlassen wurden. Gehen diese Vermögensteile nicht ebenfalls auf

menden Rechtsträger zu einer definitiven Umsatzsteuerbelastung führen, sofern dieser nicht zum Vorsteuerabzug berechtigt ist. Dies entspricht zwar nicht der eigentlichen Zielsetzung, der Belastung der Einkommensverwendung für Konsumzwecke, wenn es lediglich zu einer Umschichtung von Vermögen innerhalb der auf Endverbraucherversorgung gerichteten Leistungskette kommt, ist jedoch dem Systemfehler der unechten Steuerbefreiungen geschuldet.[1659]

Besonderheiten ergeben sich bei der Auf- und Abspaltung, da nicht der übertragende Rechtsträger, sondern sein Anteilsinhaber die Gegenleistung in Form von neuen Anteilen, die der übernehmende Rechtsträger gewährt, erhält.[1660] Bei der Aufspaltung geht der übertragende Rechtsträger unter, weshalb es ihm unmöglich ist, eine Gegenleistung zu erhalten. Bei der Abspaltung hingegen bleibt er bestehen, jedoch erhält im Gegensatz zum Fall der Ausgliederung[1661] nicht er, sondern seine Anteilsinhaber die Gegenleistung. Zwischen der Auf- und Abspaltung darf aus Gründen der wirtschaftlichen Betrachtungsweise umsatzsteuerlich jedoch nicht differenziert werden, denn in beiden Fällen geht Vermögen über und es erfolgt eine Gewährung von Gesellschaftsrechten an die Anteilsinhaber des übertragenden Rechtsträgers.[1662] Mithin könnte es an einer Gegenleistung fehlen, weshalb eine Besteuerung als unentgeltliche Wertabgabe gem. § 3 Abs. 1b S. 1 Nr. 3 UStG in Betracht kommen könnte. Dem dürfte jedoch regelmäßig bereits entgegenstehen, dass im Zuge des Übergangs des Vermögens auch Verbindlichkeiten übergehen, weshalb die Entlastung des übertragenden Rechtsträgers von diesen Verbindlichkeiten bereits eine Gegenleistung für das von ihm übertragene Vermögen darstellen könnte.[1663] Darüber hinaus kann auch angenommen werden, dass dem übertragenden Rechtsträger die Gegenleistung, die sein Anteilseigner empfängt, zuzurechnen ist. Hintergrund für diese Zurechnung ist der Umstand, dass die Wertsteigerung der Anteile des übernehmenden Rechtsträgers auf die Übertragung des Vermögens des übertragenden Rechtsträgers zurückzuführen ist. Er erhält gedanklich die Gegenleistung und reicht sie zeitgleich an seinen Anteilseigner weiter, um dessen Wertminderung in Bezug auf die Anteile des übertragenden Rechtsträgers auszugleichen.[1664] Somit liegt

den übernehmenden Rechtsträger über, sind die Voraussetzungen des § 1 Abs. 1a UStG nicht erfüllt, vgl. *Pyszka,* DStR 2011, S. 546.

[1659] *Schaumburg,* Umwandlung und Verschmelzung im Verkehrsteuerrecht, 1974, S. 35 f; Kapitel 4: A. III. 1. c) cc); *Reiß,* in: Spindler/Tipke/Rödder, Festschrift Schaumburg, 2009, S. 1168.

[1660] § 123 Abs. 1 u. 2 UmwG.

[1661] § 123 Abs. 3 UmwG.

[1662] Vgl. *Sterzinger,* Gesellschaftsrechtliche Leistungsbeziehungen, 2020, S. 343.

[1663] Vgl. *Reiß,* in: Spindler/Tipke/Rödder, Festschrift Schaumburg, 2009, S. 1183.

[1664] Vgl. *Reiß,* UR 1996, S. 368, 372; *Sterzinger,* Gesellschaftsrechtliche Leistungsbeziehungen, 2020, S. 344.

auch in Fällen der Auf- und Abspaltung eine entgeltliche Übertragung vor, die allenfalls dann, wenn keine Geschäftsveräußerung im Ganzen vorliegt, zu einer Belastung mit Umsatzsteuer beim übernehmenden Rechtsträger führen kann, sofern dieser gem. § 15 Abs. 2 S. 1 Nr. 1 UStG nicht zum Vorsteuerabzug berechtigt ist.

b) Übertragung von einzelnen Wirtschaftsgütern gem. § 6 Abs. 5 Satz 3 EStG

aa) Unentgeltlich

Ertragsteuerlich soll bei der Übertragung von einzelnen Wirtschaftsgütern, die unentgeltlich oder gegen Gewährung von Gesellschaftsrechten erfolgt, eine Aufdeckung der stillen Reserven vermieden werden.[1665] Erfolgt die Übertragung ohne eine Gegenleistung, liegt – jedenfalls nach dem Wortlaut des Gesetzes – umsatzsteuerlich eine unentgeltliche Wertabgabe gem. § 3 Abs. 1b S. 1 Nr. 3 UStG vor, die zu einer definitiven Umsatzsteuerbelastung beim übertragenden Unternehmer führt.[1666]

Erfolgt die Übertragung hingegen gegen Gewährung von Gesellschaftsrechten, liegt ein entgeltlicher Vorgang vor, der aufgrund des Vorsteuerabzugs des Leistungsempfängers grundsätzlich belastungsneutral ist. Eine Übertragung gegen Gewährung von Gesellschaftsrechten liegt vor, wenn der Einbringende Anteile erhält, die auf die gesamthänderische Beteiligung an der Gesellschaft gerichtet sind[1667] und ihm somit einen Anspruch zur Teilhabe am Gewinn der Gesellschaft verschaffen oder sich ein bereits bestehender Anspruch durch weitere neue Anteile erhöht.[1668] Auch wenn die Ausgabe der neuen Anteile selbst keine Leistung im umsatzsteuerlichen Sinne darstellt,[1669] ist sie gleichwohl Entgelt für die Einbringung des Wirtschaftsguts.[1670]

[1665] Vgl. *Kulosa*, in: Schmidt, EStG, 2023, § 6 Rn. 775.

[1666] Vgl. *Förster,* DStR 2012, S. 386; *Sterzinger,* Gesellschaftsrechtliche Leistungsbeziehungen, 2020, S. 126.

[1667] Vgl. BFH, Urteil v. 08.11.1995, XI R 63/94, Leistungsaustausch durch Einbringung von Wirtschaftsgütern, BFHE 179, S. 189.

[1668] Vgl. *Heuermann,* jM 2014, S. 119; *Heuermann*, in: UmsatzsteuerForum e.V./Bundesministerium der Finanzen, Festschrift 100 Jahre Umsatzsteuer, 2018, S. 464.

[1669] Vgl. EuGH, Urteil v. 26.06.2003, C-442/01, KapHag, Slg. 2003, I-6867, Rn. 43, zur Aufnahme eines Gesellschafters gegen Bareinlage.

[1670] Vgl. EuGH, Urteil v. 13.06.2018, C-421/17, Polfarmex, ECLI:EU:C:2018:432, Rn. 46, zur Einziehung von Aktien gegen die Lieferung eines Grundstücks durch eine Kapitalgesellschaft. Entsprechendes muss gelten, wenn eine Kapital- oder Personengesellschaft (neue) Anteile ausgibt und hierfür Wirtschaftsgüter erhält; *Sterzinger,* Gesellschaftsrechtliche Leistungsbeziehungen, 2020, S. 126.

Im Fall der unentgeltlichen Übertragung von Wirtschaftsgütern ist § 3 Abs. 1b S. 1 Nr. 3 UStG teleologisch einzuschränken, soweit der Empfänger des Gegenstands zum Vorsteuerabzug berechtigt ist.[1671] Betroffen sind Übertragungen aus dem Betrieb in ein Gesamthandsvermögen und aus dem Sonderbetriebsvermögen ins Gesamthandsvermögen sowie vice versa.[1672]

Eine teleologische Einschränkung ist erst recht geboten, wenn Zuwendender und Empfänger unterschiedliche Personen im Rahmen derselben wirtschaftlichen Tätigkeit sind.[1673] Denn in diesem Fall fehlt es bereits aufgrund der einheitlichen Betrachtung an einer Entnahme, da sich die wirtschaftliche Tätigkeit zwar auf unterschiedliche Rechtseinheiten erstreckt,[1674] dies jedoch nur auf die gewählte Organisationsform zurückzuführen ist.[1675] Soweit der Empfänger des Gegenstands nicht zum Vorsteuerabzug berechtigt ist, ist die Besteuerung einer unentgeltlichen Wertabgabe auf die vorsteuerbelasteten Aufwendungen des zuwendenden Gesellschafters zu beschränken. Die Wertschöpfung innerhalb derselben wirtschaftlichen Tätigkeit darf aus Gründen der Organisationsformneutralität nicht mit Umsatzsteuer belastet werden.[1676] In der Folge einer unentgeltlichen Übertragung muss jedoch der Empfänger in die Rechtsstellung des Übertragenden analog § 15a Abs. 10 UStG eintreten.[1677]

bb) Gegen Gewährung von Gesellschaftsrechten ohne Änderung der Beteiligungsquote

Erfolgt als Gegenleistung zwar eine Gutschrift auf dem Kapitalkonto, das grundsätzlich Gesellschaftsrechte vermittelt, ist fraglich, ob überhaupt ein Fall einer entgeltlichen Übertragung vorliegt, wenn sich die *Beteiligungsquote* nicht ändert und mithin das Recht auf Beteiligung am Gewinn und an den stillen Reserven unverändert bleibt. Ungeachtet dieser Situation kommt es dennoch zu einer Wertsteigerung der Beteiligung, die dem Einlegenden in voller Höhe zugutekommt. Sofern sich die Beteiligungsquote durch die Einlage nicht ändert, kann

---

[1671] Aufgrund der Verwendung durch den Empfänger des Gegenstands ist eine einschränkende Auslegung nur dann geboten, wenn dieser im Falle eines entgeltlichen Erwerbs auch zum Vorsteuerabzug berechtigt wäre. In diesem Sinne weist Reiß darauf hin, dass für eine grundlegende Einschränkung der Anwendung des § 3 Abs. 1b Nr. 3 UStG aufgrund der unterschiedlichen Verhältnisse beim Einlegenden und beim begünstigten Empfänger des Wirtschaftsguts kein Raum ist, vgl. *Reiß,* UR 1996, S. 359; siehe Kapitel 4: C. II. 1; *Heuermann,* jM 2014, S. 120.

[1672] Vgl. *Rasche,* UStB 2002, S. 17 f.

[1673] Vgl. *Wäger,* UR 2012, S. 916; *Sterzinger,* Gesellschaftsrechtliche Leistungsbeziehungen, 2020, S. 129.

[1674] Vgl. *Heuermann,* jM 2014, S. 121 f.

[1675] Siehe Kapitel 4: B. II. 1. b) dd).

[1676] Siehe Kapitel 4: B. II. 1. b) dd).

[1677] Vgl. *Sterzinger,* Gesellschaftsrechtliche Leistungsbeziehungen, 2020, S. 130.

dies darauf zurückzuführen sein, dass es sich nur um einen einzigen am Kapital beteiligten Gesellschafter handelt oder dass die anderen Beteiligten entsprechend der Höhe ihrer Beteiligung gleichermaßen Einlagen leisten müssen. Die Einlage erfolgt also nur deshalb, weil der Einlegende hierfür einen Gegenwert erhält, der in diesem Fall dem Wert des eingelegten Wirtschaftsguts entspricht.[1678] Aus diesem Grund plädiert *Reiß* dafür, die Wertsteigerung als Gegenleistung einzustufen, um zu einem entgeltlichen Vorgang zu gelangen.[1679] Da letztlich auch im Fall einer unentgeltlichen Übertragung aus den vorgenannten Gründen[1680] eine teleologische Einschränkung des § 3 Abs. 1b UStG vorzunehmen wäre, kann dahinstehen, ob die Annahme eines entgeltlichen Vorgangs gerechtfertigt ist.

c) Verkaufsfördermaßnahmen

Verkaufsfördermaßnahmen treten in unterschiedlichen Formen auf. Im Kern haben sie regelmäßig gemeinsam, dass ein Kunde im Einzelhandel, abhängig von beim jeweiligen Einkauf erzielten Umsatz, Prämienpunkte erlangt. Diese Prämienpunkte verkörpern einen Geldwert und berechtigen den Kunden, die Punkte gegen eine Sachprämie einzulösen. Die Einlösung kann je nach Form des Prämienprogramms beim Einzelhändler, beim Hersteller oder, insbesondere bei Kartensystemen, bei anderen Unternehmern erfolgen, die ebenfalls an diesem Prämienprogramm teilnehmen. Ziel der Programme ist die Kundenbindung, da der Kunde durch den Anreiz der Sachprämie seine Einkäufe dort tätigen soll, wo er Prämienpunkte erhält.

Hieraus wird bereits deutlich, dass auch dem Kunden bewusst ist, dass er mit seinen Einkäufen die Sachprämien letztlich bezahlt und es sich keineswegs um unentgeltliche Zuwendungen handelt. Geht man hingegen bei der Ausgabe der Sachprämie von einem unentgeltlichen Vorgang aus, führt dies zwangsläufig zur Besteuerung einer unentgeltlichen Wertabgabe gem. § 3 Abs. 1b S. 1 Nr. 3 UStG.

Wirtschaftlich betrachtet liegt jedoch kein unentgeltlicher Vorgang vor, denn der Kunde hat mit dem Entgelt, das er für seine Einkäufe zur Erlangung der Prämienpunkte aufgewendet hat, auch die Sachprämie bezahlt. Bleibt die Besteuerung der Umsätze, die zur Gewährung von Prämienpunkten geführt haben, in unveränderter Höhe bestehen und wird darüber hinaus die Ausgabe der Sachprämie als unentgeltliche Wertabgabe der Besteuerung unterworfen, liegt eine

---

[1678] Auch wenn dies letztlich nicht zwangsläufig bedeutet, dass ein gedachter Erwerber der Anteile bereit sein wird, deshalb entsprechend dem Wert des eingelegten Wirtschaftsguts mehr aufzuwenden.

[1679] Vgl. *Reiß,* UR 1996, S. 360; a. A. *Sterzinger,* Gesellschaftsrechtliche Leistungsbeziehungen, 2020, S. 127.

[1680] Siehe Kapitel 4: C. II. 2. b) aa).

gegen das Neutralitätsprinzip verstoßende Doppelbesteuerung vor.[1681] Dieses Ergebnis würde zudem Sachprämien gegenüber Barrabatten benachteiligen, ohne dass es eine ersichtliche Rechtfertigung hierfür gibt.[1682]

Denn bei Barrabatten würde der Kunde mit Einlösung seiner Prämienpunkte einen verbilligten Einkauf tätigen, als Entgelt wird in diesem Fall nur der aufgewendete Geldbetrag, nicht hingegen die Prämienpunkte gesehen. Mithin wird zutreffend lediglich der geleistete Geldbetrag mit Umsatzsteuer belastet. Könnten die Prämienpunkte gegen Auszahlung einer Geldprämie eingelöst werden, läge unstreitig im Zeitpunkt der Auszahlung des Geldbetrags an den Kunden eine Minderung der Bemessungsgrundlage gem. § 17 Abs. 1 S. 1 UStG vor.[1683]

Der EuGH hatte in der Rs. Kuwait Petroleum[1684], zu entscheiden, ob bei Ausgabe einer Prämie ein Preisnachlass in Höhe der Kosten der Prämie vorliegen kann. Für jede eingekaufte Menge von 12 Litern Kraftstoff wurden Gutscheine ausgegeben, die zur Einlösung von Gegenständen berechtigten, die in einem „Geschenkkatalog" gelistet waren. Im Ergebnis wurde ein Preisnachlass verneint und eine unentgeltliche Zuwendung bejaht. Im Hinblick auf die Verneinung eines Preisnachlasses wurde ausgeführt, dass eine Rückvergütung oder ein Rabatt sich lediglich auf die teilweise und nicht die volle Herabsetzung des vereinbarten Gesamtpreises beziehe und daher in Wirklichkeit eine unentgeltliche Abgabe vorläge.[1685] Als Begründung wurde hierfür unter anderem angeführt, dass die Gegenstände als Geschenke bezeichnet wurden und dass der Käufer unabhängig davon, ob er die Gutscheine annahm, für den Bezug des Kraftstoffs den gleichen Endverkaufspreis zu zahlen hatte.[1686] Diese Betrachtung verkennt den Umstand, dass die den Gutschein Einlösenden tatsächlich einen Gesamtpreis für den Kraftstoff und die Prämie bezahlt haben. Insofern liegt durch die Sachprämie eine teilweise Entgeltminderung in Bezug auf den Kraftstoff und gleichzeitig, in derselben Höhe, ein Entgelt für die Einlösung der Sachprämie vor. Unterliegen die Prämie und der zum Prämienbezug berechtigende Umsatz demselben Steuersatz, bleibt die Besteuerung in der ursprünglich vorgenommenen Höhe bestehen. Würde die Prämie einem geringeren Steuersatz unterliegen, käme es per Saldo zu einer Minderung der Umsatzsteuer.[1687] Ob der Kunde die Gutscheine annimmt oder nicht, ist kein Grund, diese Betrachtungsweise in Fra-

---

[1681] Vgl. *Heuermann*, in: UmsatzsteuerForum e.V./Bundesministerium der Finanzen, Festschrift 100 Jahre Umsatzsteuer, 2018, S. 473.
[1682] Vgl. *Englisch*, in: Tipke/Lang, Steuerrecht, 2020, S. 1133, § 17 Rn. 17.179.
[1683] Vgl. *Kessler/Reingen,* DStR 2018, S. 889.
[1684] EuGH, Urteil v. 27.04.1999, C-48/97, Kuwait Petroleum, Slg. 1999, I-2346.
[1685] EuGH, Urteil v. 27.04.1999, C-48/97, Kuwait Petroleum, Slg. 1999, I-2346, Rn. 16.
[1686] EuGH, Urteil v. 27.04.1999, C-48/97, Kuwait Petroleum, Slg. 1999, I-2346, Rn. 30–31.
[1687] Vgl. *Prätzler,* MwStR 2020, S. 462.

ge zu stellen. Kommt es zu keiner Einlösung, bleibt es bei der Besteuerung des Kraftstoffs zum ursprünglich vereinnahmten Entgelt.

Unter Berufung auf die Rs. Kuwait Petroleum nahm jedoch das FG Rheinland-Pfalz[1688] bei einer Verkaufsförderaktion einer Brauerei gleichermaßen an, dass eine unentgeltliche Wertabgabe vorliege. Deren Steuerbarkeit wurde nur deshalb verneint, weil es sich um Geschenke von geringem Wert handelte. Im dem zugrunde liegenden Sachverhalt hatte eine Brauerei die zum Bezug von Prämienpunkten berechtigenden Waren an einen Getränkegroßhändler verkauft, der diese Waren wiederum an einen Getränkeeinzelhändler verkauft hatte. Die Kunden des Einzelhändlers konnten beim Erwerb der Aktionsware Prämienpunkte sammeln und bei der Brauerei gegen diverse geringwertige Werbeartikel, allesamt mit Logo der Brauerei versehen, einlösen. Die Klägerin hatte darauf hingewiesen,[1689] dass in diesem Fall die Grundsätze der EuGH-Entscheidung in der Rs. Elida Gibbs[1690] heranzuziehen wären. Dies würde die Brauerei berechtigen, die Bemessungsgrundlage gegenüber dem Getränkegroßhändler zu vermindern. Schließlich entfalle ein Teil des vom Getränkegroßhändler aufgewendeten Entgelts auf die Sachprämie, die letztlich der Endverbraucher bezahlt habe. Allerdings hätte die Brauerei zeitgleich diesen Betrag als Entgelt für die Lieferung der Werbeartikel anzusehen, sodass die Besteuerung im Ergebnis, bei identischen Steuersätzen, unverändert bleibt.[1691] Die übrigen Beteiligten, wie der Getränkegroß- und Einzelhändler, hätten keine Änderungen der Bemessungsgrundlage und mithin keine Korrektur der Umsatzsteuer bzw. Vorsteuer vorzunehmen, da sie bei einer Prämienausgabe durch die Brauerei selbst nicht tangiert seien.

In einer jüngeren Entscheidung des BFH[1692] war die Klägerin in ein Bonus- und Rabattsystem einer A-Card GmbH eingebunden. Kunden der Klägerin konnten umsatzabhängig Punkte sammeln, für die es die nachfolgenden Verwendungsmöglichkeiten gab. Diese konnten bei der Klägerin oder anderen Partnerunternehmen der A-Card GmbH bzw. externen Lieferanten an Zahlung statt eingelöst, gespendet oder auch verfallen gelassen werden. Zwischen der A-Card GmbH und den Partnerunternehmen, wie der Klägerin, gab es ein sogenanntes monatliches Punkteclearing. Dabei berechnete sich der von der Klägerin an die A-GmbH zu zahlende Betrag anhand des Werts der von ihr ausgegebenen Punkte abzüglich des Werts der bei ihr eingelösten Punkte. Dementsprechend hatte sie,

[1688] FG Rheinland-Pfalz, Urteil v. 15.09.2015, 6 K 1844/13, Umsatzsteuerliche Behandlung einer Verkaufsförderaktion mit Treuepunkten, EFG 2015, S. 2111.

[1689] FG Rheinland-Pfalz, Urteil v. 15.09.2015, 6 K 1844/13, Umsatzsteuerliche Behandlung einer Verkaufsförderaktion mit Treuepunkten, EFG 2015, S. 2111, Rn. 20.

[1690] EuGH, Urteil v. 24.10.1996, C-317/94, Elida Gibbs Ltd., Slg. 1996, I-5339.

[1691] Vgl. *Prätzler,* MwStR 2020, S. 462.

[1692] BFH, Urteil v. 16.01.2020, V R 42/17, Änderung der Bemessungsgrundlage bei Rabatten im Punktsystem, BFHE 268, S. 287.

wenn die ausgegebenen Punkte die eingelösten Punkte überstiegen, eine Zahlung an die A-Card GmbH zu leisten. Diese Zahlung behandelte sie umsatzsteuerlich als Entgeltminderung. Im umgekehrten Fall wäre eine Zahlung von der A-Card GmbH folgerichtig umsatzsteuerlich als Entgelterhöhung zu behandeln.

Fraglich war zunächst, ob eine Auswirkung auf das Entgelt vorliegt, die umsatzsteuerlich gem. § 17 UStG zu berücksichtigen ist und wenn ja, zu welchem Zeitpunkt diese zu erfolgen hat. Der BFH hat eine Minderung der Bemessungsgrundlage bejaht, allerdings hinsichtlich des Zeitpunkts nicht auf das Punkteclearing abgestellt, bei dem es zu einer Zahlung der Klägerin an die A-Card GmbH kam, sondern auf den Zeitpunkt der Einlösung der Punkte durch die Kunden.[1693] Dies erscheint sachgerecht, da es beim Kunden erst im Zeitpunkt der Einlösung der Punkte zur Zuwendung eines verbrauchbaren Vorteils, nämlich der Sachprämie, kommt. Aufgrund dessen kann es auch erst zu diesem Zeitpunkt zu einer Minderung der ursprünglichen, im Zuge des Punktesammelns bezogenen Leistungen kommen, während dieser Entgeltsanteil gleichermaßen für den Bezug der Prämie verwendet wird.

Es kommt somit auch dann, wenn der Kunde die Prämienpunkte vollständig an Zahlung statt einsetzt, ohne hierfür noch weitere Barmittel aufwenden zu müssen, nicht zu einer unentgeltlichen Wertabgabe.[1694] Dass es auf den Vorteilszufluss beim Kunden ankommen muss, folgt aus dem Entgeltsbegriff[1695] und letztlich aus dem Verbrauchsteuerprinzip. Aufgrund mehrerer, voneinander unabhängiger Unternehmen, die am Kartensystem teilnehmen und bei denen die Punkte eingelöst werden können, wird das Gesamtkonstrukt etwas komplizierter und erfordert aus Beweisgründen nachvollziehbare Aufzeichnungen. Denn folgerichtig muss es auch bei Punkten, die bei der Klägerin gesammelt, jedoch bei Dritten eingelöst wurden, bei der Klägerin zu einer Entgeltminderung kommen. Im umgekehrten Fall, also bei Einlösung von Punkten, die die Kunden bei Dritten gesammelt haben, muss es bei der Klägerin zu einem Entgelt von dritter Seite kommen.[1696] Die entsprechenden liquiditätswirksamen Zu- und Abflüsse sind hingegen bei der Klägerin schon zuvor, im Zeitpunkt des Punkteclearings, erfolgt.

Die Entscheidung des BFH[1697] ist nachvollziehbar und stellt eine Abkehr von den Grundsätzen der Rs. Kuwait Petroleum dar. Auch im Schrifttum finden die

[1693] BFH, Urteil v. 16.01.2020, V R 42/17, Änderung der Bemessungsgrundlage bei Rabatten im Punktsystem, BFHE 268, S. 287, Rn. 18; *Heuermann,* DStR 2020, S. 717; *Prätzler,* MwStR 2020, S. 461.

[1694] Vgl. *Prätzler,* MwStR 2020, S. 462.

[1695] Vgl. *Heuermann,* DStR 2020, S. 717.

[1696] Vgl. *Prätzler,* MwStR 2020, S. 462.

[1697] BFH, Urteil v. 16.01.2020, V R 42/17, Änderung der Bemessungsgrundlage bei Rabatten im Punktsystem, BFHE 268, S. 287.

das Urteil tragenden Grundsätze Zustimmung.[1698] Die Finanzverwaltung stellt gleichermaßen ausdrücklich klar, dass für die Anwendung des § 3 Abs. 1b S. 1 Nr. 3 UStG kein Raum ist, wenn der Empfänger nur einen scheinbar unentgeltlich abgegebenen Gegenstand erhält.[1699] Dieses Ergebnis ist neutralitätskonform, denn eine Mehrfachbelastung des vom Kunden aufgewendeten Entgelts mit Mehrwertsteuer wird vermieden. Zudem führt es zu einer Gleichstellung von Bar- und Sachprämien, weshalb auch unter diesem Gesichtspunkt die Neutralität der Besteuerung gewahrt wird.

III. Fazit und Reformüberlegungen

Werden Gegenstände einer unternehmerischen Verwendung entzogen und einer konsumtiven Zuwendung zugeführt, erscheint eine Besteuerung einer unentgeltlichen Wertabgabe grundsätzlich sachgerecht. Für den Fall, dass eine solche unentgeltliche Zuwendung unternehmerischen Zwecken des Zuwendenden dient, jedoch bei einem Dritten (Arbeitnehmer oder Kunde/potenzieller Kunde) für konsumtive Zwecke verwendet wird, ist zu differenzieren. Zuwendungen an Arbeitnehmer sind dem eigentlichen Arbeitsverhältnis geschuldet und stellen stets eine Entlohnung für bereits geleistete oder künftige Dienste dar, es sind also wirtschaftlich betrachtet entgeltliche Zuwendungen, auch wenn der Zuwendungsempfänger keinen Rechtsanspruch auf sie hat. Diese entgeltlichen Zuwendungen sind aufgrund ihrer konsumtiven Verwendung mit Umsatzsteuer zu belasten.

Bei Zuwendungen an Kunden bzw. potenzielle Kunden verspricht sich der Zuwendende im Regelfall künftige Umsätze, sodass letztlich der Kunde mit dem Entgelt für künftige Umsätze auch diese vermeintlich unentgeltliche Zuwendung bezahlen wird oder bereits mit dem Entgelt für bereits ausgeführte Umsätze bezahlt hat.

Allerdings können Zuwendungsempfänger und Kunden auch unterschiedliche Personen sein, da es sich bei den Zuwendungsempfängern auch um Arbeitnehmer des Kunden handeln kann. In diesem Fall würde die vermeintlich unentgeltliche Zuwendung durch die vergangenen oder künftigen Leistungsbezüge des Arbeitgebers finanziert.

Im Grunde handelt es sich ebenfalls um Verkaufsfördermaßnahmen, nur sind diese weniger greifbar, da sie regelmäßig keinem konkreten Bonus(punkte)sys-

---

[1698] Schon zuvor *Kessler/Reingen,* DStR 2018, S. 889; *Heuermann*, in: UmsatzsteuerForum e.V./Bundesministerium der Finanzen, Festschrift 100 Jahre Umsatzsteuer, 2018, S. 473; *Englisch*, in: Tipke/Lang, Steuerrecht, 2020, S. 1133, § 17 Rn. 17.179; *Prätzler,* MwStR 2020, S. 461.

[1699] Abschnitt 3.3 Abs. 17 S. 1 UStAE.

tem zugrunde liegen dürften. Dennoch wäre aufgrund der Parallelen keine Besteuerung einer unentgeltlichen Wertabgabe angezeigt. Vielmehr müsste es beim Kunden zu einer Vorsteuerkorrektur kommen, da ein Teil des von ihm aufgewendeten Entgelts nicht für die vom Geschäftspartner eingekaufte Ware, sondern für eine vermeintlich unentgeltliche Zuwendung aufgewendet wurde. Beim Zuwendenden müsste, wenn die regulären Leistungen und die Zuwendung demselben Steuersatz unterliegen, keine Berücksichtigung in der umsatzsteuerlichen Deklaration erfolgen. Sind Zuwendungsempfänger und Kunde identisch (z. B. beim Einzelunternehmer), wäre aufgrund der konsumtiven Verwendung der Vorsteuerabzug insoweit zu versagen.

Ist der Zuwendungsempfänger ein Arbeitnehmer des Kunden, so bezieht der Kunde die Zuwendung für sein Unternehmen, nämlich für die Zuwendung an den Arbeitnehmer. Dieser hat jedoch wirtschaftlich mit seiner anteiligen Arbeitsleistung dafür bezahlt und verwendet den Gegenstand konsumtiv. Mithin wäre daher in diesem Fall zwar keine Vorsteuerkürzung beim Arbeitgeber, jedoch eine Besteuerung der (entgeltlichen) Zuwendung angezeigt. Bei der vorgenannten Betrachtung käme es zu einer Verlagerung der Steuerbelastung vom Zuwendenden an den Zuwendungsempfänger bzw. dessen Arbeitgeber. Aus Verbrauchsteuergesichtspunkten ist dies zwar sachgerecht, es dürfte jedoch zu einem Rückgang der Zuwendungen führen, da das vermeintliche „Geschenk" mit Kosten und administrativem Aufwand verbunden ist.

Eine Belastung des Zuwendenden im Zuge der Besteuerung einer unentgeltlichen Wertabgabe kann in diesen Fällen zwar zu Recht in Frage gestellt werden,[1700] erscheint jedoch aus Praktikabilitätserwägungen und zur Herstellung einer Steuerbelastung des Endverbrauchs sachgerecht.

In den Fällen, in denen der Zuwendungsempfänger den Gegenstand im Rahmen seines Unternehmens verwendet, ist de lege lata eine teleologische Reduktion des Tatbestands angezeigt, wenn und soweit der Zuwendungsempfänger zum Vorsteuerabzug berechtigt ist.

De lege ferenda bedarf es eines klarstellenden Zusatzes in § 3 Abs. 1b S. 1 Nr. 3 UStG.

[1700] Vgl. *Englisch*, in: Tipke/Lang, Steuerrecht, 2020, S. 1122, § 17 Rn. 17.158.

§ 3Abs. 1b UStG n. F.

(1b) [1]Einer Lieferung gegen Entgelt werden gleichgestellt

[...]

3. jede andere unentgeltliche Zuwendung eines Gegenstands, ausgenommen Geschenke von geringem Wert, Warenmuster für Zwecke des Unternehmens *und von Gegenständen, soweit der Zuwendungsempfänger bei einem entgeltlichen Erwerb zum Vorsteuerabzug berechtigt wäre.*

Für eine unterschiedliche Behandlung von Dienstleistungen und Lieferungen sind keine sachgerechten Gründe ersichtlich. Die Neutralität der Besteuerung wird verletzt durch die Nichtbelastung des Zuwendenden bei unentgeltlichen Dienstleistungen, die den Zuwendungsempfänger im Fall der Entgeltlichkeit nicht zum Vorsteuerabzug berechtigen würden. Eine den Tatbestand erweiternde Auslegung des § 3 Abs. 9a UStG scheidet hingegen aus, da dies nicht mit der Richtlinienvorgabe des Art. 26 MwStSystRL in Einklang stünde. Ebenso scheitert hieran eine Ausweitung des Tatbestands des nationalen Umsetzungsakts, um eine Gleichstellung der unentgeltlichen Wertabgaben hinsichtlich der Abgabe von Gegenständen und Dienstleistungen zu erreichen. Zur Gleichstellung bedarf es einer Ergänzung des Art. 26 MwStSystRL.

Art. 26 Buchst c MwStSystRL n. F

(1) Einer Dienstleistung gegen Entgelt gleichgestellt sind folgende Umsätze:

[...]

c) Verwendung eines dem Unternehmen zugeordneten Gegenstands für eine unentgeltliche Überlassung, wenn dieser Gegenstand zum vollen oder teilweisen Vorsteuerabzug berechtigt hat, sowie die unentgeltliche Erbringung von Dienstleistungen durch den Steuerpflichtigen, soweit der Zuwendungsempfänger bei einem entgeltlichen Umsatz nicht zum Vorsteuerabzug berechtigt wäre.

Im nationalen Umsetzungsakt wäre § 3 Abs. 9a UStG wie folgt zu ergänzen:

§ 3 Abs. 9a UStG n. F.

(9a) Einer sonstigen Leistung gegen Entgelt werden gleichgestellt

[...]

4.[1701] die Verwendung eines dem Unternehmen zugeordneten Gegenstands für eine unentgeltliche Überlassung, wenn dieser Gegenstand zum vollen oder teilweisen Vorsteuerabzug berechtigt hat und die unentgeltliche Erbringung einer anderen sonstigen

[1701] § 3 Abs. 9a Nr. 3 UStG n. F. betrifft die Besteuerung der innergemeinschaftliche Gruppenleistungen, siehe Kapitel 4: A. II. 2. c) cc).

Leistung, soweit der Zuwendungsempfänger bei einem entgeltlichen Umsatz nicht zum Vorsteuerabzug berechtigt wäre.

Dies bedingt eine entsprechende Änderung in § 10 Abs. 4 UStG.

§ 10 Abs. 4 UStG n. F.

(4) [1]Der Umsatz wird bemessen

[...]

2. bei sonstigen Leistungen im Sinne des § 3 Abs. 9a Nr. 1, Nr. 3 und Nr. 4, soweit es sich bei den Leistungen im Sinne des § 3 Abs. 9a Nr. 4 um die Verwendung eines dem Unternehmen zugeordneten Gegenstands handelt, nach den bei Ausführung dieser Umsätze entstandenen Ausgaben, soweit sie zum vollen oder teilweisen Vorsteuerabzug berechtigt haben. [...]

3. bei sonstigen Leistungen im Sinne des § 3 Abs. 9a Nr. 2 und Nr. 4, soweit es sich bei den Leistungen im Sinne des § 3 Abs. 9a Nr. 4 um die unentgeltliche Erbringung einer anderen sonstigen Leistung handelt, nach den bei der Ausführung dieser Umsätze entstandenen Ausgaben. [...]

Zusammenfassung der Arbeit in Thesen

1) Die Besteuerung an Prinzipien zu orientieren bedeutet, sie bestimmten, übergeordneten Grundsätzen zu unterwerfen. Eine Orientierung an Besteuerungsgrundsätzen ist erforderlich, um eine folgerichtige, in sich schlüssige Grundsystematik der Besteuerung sicherzustellen. An oberster Stelle der Zielsetzungen steht die Gerechtigkeit. Ein Steuerrecht, das den Anforderungen der Gerechtigkeit genügen will, muss sich in eine bestehende Rechtsordnung widerspruchsfrei einfügen.
2) Ökonomische Neutralitätskonzepte sind maßgeblich für die Frage, ob die Besteuerung tatsächlich neutral ist, d. h. keinen Einfluss auf die Entscheidungen der Marktteilnehmer Unternehmer und Verbraucher hat. Im Rahmen der einzelwirtschaftlichen Betrachtung stellt eine neutrale Besteuerung eine das Kalkül vereinfachende Indifferenzbedingung dar. Auch wenn der Vorteil des kalkulierenden Einzelnen der Hintergrund dieses Standpunkts ist, führt ein Steuerrecht, welches indifferent auf das Kalkül des Einzelnen wirkt, dazu, dass es zu keinen Allokationsverzerrungen kommt. Daher beruhen sowohl die einzelwirtschaftliche als auch die gesamtwirtschaftliche Betrachtungsweise auf denselben Neutralitätsbedingungen. Aus diesem Grund wird die Entscheidungsneutralität auch als Diagnosehilfe für finanzpolitisch unerwünschte Entscheidungswirkungen angesehen. Zwischen der Entscheidungsneutralität und der Allokationseffizienz besteht ein kausaler Zusammenhang, da Entscheidungsneutralität nicht nur eine Diagnosehilfe, sondern eine Voraussetzung für eine allokationseffiziente Besteuerung darstellt. Eine Besteuerung mit möglichst geringen Zusatzlasten verkleinert den Markt nicht mehr als nötig und reduziert damit die Zielgröße der Mehrwertsteuer, die Konsumausgaben der Verbraucher, nicht mehr als erforderlich. Eine allokationsverzerrende Besteuerung würde zu einer höheren Zusatzlast führen und bei gleichem Aufkommen eine höhere Belastung der von der Besteuerung Betroffenen erfordern. Die Effizienz der Besteuerung ist somit eine Grundlage, um in einem zweiten Schritt Verteilungsgerechtigkeit herzustellen.
3) Das juristische Neutralitätsverständnis beruht auf ökonomischen Erkenntnissen. Aus der wirtschaftspolitischen Forderung eines Binnenmarkts, der ohne Verzerrungen des Wettbewerbs eine optimale Ressourcenverteilung sicherstellen soll, ergab sich das Erfordernis eines rechtlichen Ordnungsrahmens, der zur Verwirklichung dieser Forderung geeignet ist. Die wettbewerbsneutrale Besteuerung stellt neben wettbewerbsrechtlichen Regelungen einen Baustein dar, um die Ziele des Binnenmarkts zu verwirklichen. Daher kann es kein losgelöstes juristisches Verständnis von den Anforderungen an die

C. Merkel, *Das Neutralitätsprinzip im harmonisierten Mehrwertsteuersystem*, Schriften zu Wirtschaftsprüfung, Steuerlehre und Controlling,
https://doi.org/10.1007/978-3-658-45424-1

Neutralität im steuerlichen Sinne geben. Ob eine Neutralitätsverletzung vorliegt, ist anhand ökonomischer Kriterien zu beurteilen. Ob eine Neutralitätsverletzung im Rahmen einer Güterabwägung gerechtfertigt werden kann, ist hingegen eine juristische Frage.

4) Auch wenn das einzelwirtschaftliche, das gesamtwirtschaftliche und das juristische Verständnis von Neutralität nicht kongruent sind, besteht aufgrund des kausalen Zusammenhangs zwischen Entscheidungsneutralität, Allokationseffizienz und der Neutralität der Besteuerung im rechtlichen Sinne eine Konvergenz in den Zielsetzungen.

5) Das Prinzip der steuerlichen Neutralität ist als Subprinzip des Leistungsfähigkeitsprinzips anzusehen. Auch wenn die Umsatzsteuer als indirekte, proportionale Verbrauchsteuer keine direkte progressive Belastung des Verbrauchs erreichen und nicht an persönliche Merkmale des Verbrauchers anknüpfen kann, muss sie dennoch durch das Leistungsfähigkeitsprinzip gerechtfertigt werden können. Eine präzise Verteilung der steuerlichen Lasten ist aufgrund der Anonymität der Verbraucher jedoch nicht möglich. Deshalb wird die wirtschaftliche Leistungsfähigkeit aufgrund der für den Konsum aufgewendeten Mittel unterstellt. Aufgrund der Erhebungsform der Mehrwertsteuer fallen Steuerpflichtiger und Steuerdestinatar auseinander, weshalb der intendierte Belastungserfolg auf das Gelingen der Überwälzung der Steuer auf den Endverbraucher angewiesen ist. Die Entscheidungsneutralität ist daher als notwendige Bedingung geeignet, die Zielsetzung der Besteuerung der Konsumleistungsfähigkeit des Verbrauchers zu erreichen. Sie stellt jedoch keine hinreichende Bedingung dar, da zur Verwirklichung des Leistungsfähigkeitsprinzips weitere Voraussetzungen erfüllt sein müssen. Ausgehend vom in Kapitel 1 definierten Systembegriff stellt das Neutralitätsprinzip daher kein eigenständiges Besteuerungsprinzip dar, sondern dient als Subprinzip des Leistungsfähigkeitsprinzips dessen Zielverwirklichung. Das derzeit geltende Recht, d. h. die Vorgaben der MwStSystRL und des UStG, stehen nicht im Einklang mit einer ökonomisch vorzugswürdigen entscheidungsneutralen Besteuerung. Insbesondere Tarifdifferenzierungen und unechte Steuerbefreiungen führen zu ungleichen Überwälzungschancen und damit zu einer ungleichmäßigen Steuerbelastung der Verbraucher.

6) Ausgehend von der Erkenntnis, dass die Beachtung des Prinzips der steuerlichen Neutralität zur Zielerreichung des Leistungsfähigkeitsprinzips beiträgt, sind Verstöße gegen das Neutralitätsprinzip stets als Verletzungen des Leistungsfähigkeitsprinzips anzusehen. Das Leistungsfähigkeitsprinzip ist seinerseits als steuerrechtsspezifische Ausprägung und Konkretisierung des allgemeinen Gleichheitssatzes gem. Art. 20 EU-GR-Charta zu verstehen. Dementsprechend bedürfen Verstöße gegen den Grundsatz der steuerlichen Neutralität stets einer besonderen Rechtfertigung, da sie immer einen Verstoß ge-

gen das Prinzips der Besteuerung nach der Leistungsfähigkeit des Endverbrauchers implizieren. Bei der Rechtssetzung ist der Gesetzgeber aufgrund der Grundrechtsbindung gehalten, seine Normen folgerichtig und widerspruchsfrei an den übergeordneten Grundwertungen und Prinzipien zu entwickeln. Auch bei Wertungswidersprüchen sollte sich der Gerichtshof nicht darauf berufen, diese beruhten auf der Anordnung des Gesetzgebers, dessen Autorität er nicht in Frage stellen dürfe. Vielmehr ist die Rechtfertigung des Systembruchs zu prüfen und bei fehlender oder mangelhafter Rechtfertigung die entsprechende Norm aus der Rechtsordnung auszuscheiden.

7) Auf der Grundlage der vorstehenden Ausführungen lassen sich die wichtigsten Ergebnisse der Untersuchung des derzeitigen Mehrwertsteuersystems anhand des Grundsatzes der steuerlichen Neutralität wie folgt zusammenfassen:

   a) Soweit sich die öffentliche Hand selbst wirtschaftlich betätigt und dabei potenziell mit privaten Wirtschaftsteilnehmern in Wettbewerb tritt, ist sie umsatzsteuerlich ebenso wie ihre privaten Wettbewerber als Unternehmer zu behandeln. Bezieht die öffentliche Hand Leistungen für ihren hoheitlichen Bereich, handelt sie nicht als Verbraucher, sondern in Erfüllung ihrer öffentlichen Aufgaben. Der Leistungsbezug der öffentlichen Hand sollte daher nicht mit Umsatzsteuer belastet werden. Hierdurch wird auch die Entscheidungsneutralität für Leistungsbezüge durch die öffentliche Hand gewahrt. Denn Leistungen an die öffentliche Hand sollten nicht der Umsatzsteuer unterliegen, unabhängig davon, ob der Leistungserbringer ein privatwirtschaftliches Unternehmen oder eine jPdöR ist. Dies gebietet die Rechtsformneutralität.
   b) Die Besteuerung hat ungeachtet der vom Steuerpflichtigen gewählten Organisationsform zu erfolgen. Solange es unechte Steuerbefreiungen gibt, die das Recht auf Vorsteuerabzug ausschließen, ist für Wirtschaftsteilnehmer, die ihrer wirtschaftliche Tätigkeit nicht in einer Rechtseinheit, sondern in einer Unternehmensgruppe ausüben, die Besteuerung als Mehrwertsteuergruppe vorzusehen. Dabei ist es zur Gewährleistung gleicher Überwälzungschancen unerlässlich, dass die internen Leistungen zwischen den Gruppenmitgliedern nicht der Mehrwertsteuer unterliegen.
   c) Eine entscheidungsneutrale, verzerrungsfreie und am Leistungsfähigkeitsprinzip orientierte Besteuerung mit gleichmäßiger Belastung des Endverbrauchers würde einen einheitlichen Steuersatz mit Freistellung des existenznotwendigen Bedarfs durch eine direkte haushaltsbezogene Subvention (Erstattung des auf dem Existenzminimum lastenden Mehrwertsteuerbetrags) erfordern. Hierdurch würde auch bei der indirekten Erhebungsform eine progressive Belastung des Konsums möglich. Zudem wären Heilbehandlungen mit einer echten Steuerbefreiung zu versehen.

Tarifdifferenzierungen und unechte Steuerbefreiungen sind zu streichen. Eine Ausnahme hiervon stellt allenfalls die steuerfreie Vermietung von Wohnraum dar, da anderenfalls – im Falle einer Steuerpflicht – auch eine fiktive Besteuerung von eigengenutzten Objekten erfolgen müsste.

d) Besondere Besteuerungsregime sind nur dann geboten, wenn es für die jeweilige Ausnahme sachgerechte Gründe gibt. Aus Gründen der Wettbewerbsneutralität ist eine Begünstigung der Land- und Forstwirte abzulehnen, denn der ersparte Verwaltungsaufwand ist überschaubar, wäre zumutbar und steht in keinem Verhältnis zu potenziell immer noch bestehenden materiellen Begünstigungen und einer daraus resultierenden ungleichmäßigen Besteuerung des Endverbrauchs. Begünstigungen des Steuerpflichtigen sind bei einer allgemeinen Verbrauchsteuer ohnehin nicht geboten. Der der Margenbesteuerung für Reiseleistungen zugrundeliegende Zweck hat jedoch seine Berechtigung. Dies gilt gleichermaßen für die Differenzbesteuerung.

e) Das Recht auf Vorsteuerabzug darf nicht eingeschränkt werden, soweit Aufwendungen im Zusammenhang mit der auf Endverbraucherversorgung gerichteten Leistungskette getätigt werden. Dies betrifft insbesondere den Vorsteuerabzug bei unternehmerisch gehaltenen Beteiligungen und die Entlastung der Erwerbsaufwendungen durch einen Vorsteuerabzug für Arbeitnehmer zur Verwirklichung des objektiven Nettoprinzips im Mehrwertsteuerrecht. In beiden Fällen findet kein Endverbrauch statt. Diese Leistungen gehen gegenständlich in die Leistungserstellung der Unternehmer ein und werden dort als Teil der Wertschöpfung mit Mehrwertsteuer belastet. Dementsprechend sind die Aufwendungen aus Neutralitätsgesichtspunkten zu entlasten, da sie anderenfalls eine verdeckte Steuerbelastung auslösen, obwohl kein Endverbrauch vorliegt.

f) Das gegenwärtige Mehrwertsteuerrecht in der EU sieht im Gegensatz zur Schweiz keinen Mechanismus vor, der bei Überführung von bislang außerunternehmerisch genutzten Gütern in die unternehmerische Sphäre eine Entlastung der diesen Gütern innewohnenden Steuerlast vorsieht (Einlagenentsteuerung). Daher ist eine Einlagenentsteuerung vorzusehen. Dies führt zum einen zu einer Gleichstellung von bislang nicht unternehmerisch genutzten Gütern und von Beginn an unternehmerisch genutzten Gütern und stellt somit eine gleichmäßige Besteuerung sicher. Zum anderen wird die bisher zwingend notwendige Zuordnungsentscheidung im Zeitpunkt des Leistungsbezugs obsolet. Auch das Problem einer von Beginn an erforderlichen unternehmerischen Mindestnutzung würde entfallen.

g) Eine Besteuerung von unentgeltlichen Wertabgaben hat nur insoweit zu erfolgen, als der Empfänger beim entgeltlichen Erwerb des Gegenstands nicht zum Vorsteuerabzug berechtigt gewesen wäre.
h) An Kunden im Rahmen von Verkaufsfördermaßnahmen abgegebene Leistungen stellen keine unentgeltlichen Wertabgaben dar, wenn sie an vorherige Umsätze dieser Kunden anknüpfen. Faktisch haben die Kunden den vermeintlich unentgeltlichen Gegenstand mit dem Preis der Produkte, die sie in der Vergangenheit erworben haben, bereits bezahlt. Mithin kommt es zu einer Entgeltminderung der ursprünglichen Leistungsbezüge und zeitgleich – im Zeitpunkt der Abgabe der Prämie – zu einer entsprechenden Besteuerung der Prämie. Bei einem einheitlichen Steuersatz ist der Vorgang liquiditätsneutral.

Literaturverzeichnis

A. Monographien, Beiträge in Handbüchern und anderen Sammelwerken sowie Artikel in Periodika

Ammann, Gunter (Festschrift 100 Jahre Umsatzsteuer, 2018): Einige dem Vorsteuerabzug entsprechende Vergütungen in der Zeit vor 1968, in: 100 Jahre Umsatzsteuer in Deutschland 1918-2018: Festschrift, Hrsg. UmsatzsteuerForum e.V./Bundesministerium der Finanzen, Köln 2018, S. 41–58.

Andel, Norbert (Finanzwissenschaft, 1998): Finanzwissenschaft, 4. Aufl., Tübingen 1998.

Atkinson, A. B./Stiglitz, Joseph E. (J Publ Ec Vol. 1 1972): The structure of indirect taxation and economic efficiency, in: Journal of Public Economics 1 1972, S. 97–119.

Bahns, Jochen/Brinkmann, Jan et al. (Groeben/Schwarze et al., Europäisches Unionsrecht 2015): Kommentierung zu Vorbemerkungen zu Art. 110-113 AEUV, Art. 113 AEUV, in: Europäisches Unionsrecht, Begr. Groeben, Hans von der, Hrsg. Schwarze, Jürgen/Hatje, Armin, 7. Aufl., Baden-Baden 2015.

Becker, Felix (UStB 2014): EuGH-Urteil vom 17.9.2014, Skandia America Corp. (USA): Begrenzung der Organschaft auf inländische Unternehmensteile und Grundsatz der Unternehmenseinheit, in: Der Umsatz-Steuer-Berater 2014, S. 346–355.

Becker, Stefanie (Küffner/Zugmaier, UStG, 2023): Kommentierung zu § 4 Nr. 4b UStG, in: Küffner/Zugmaier, Umsatzsteuer-Kommentar, Hrsg. Küffner, Thomas/Zugmaier, Oliver, Stand des Werks: 172. Ergänzungslieferung vom 19.06.2023, Herne 2023.

Beker, Manfred (Steuerrecht u. Wirtschaftsordnung, 1978): Steuerrecht und Wirtschaftsordnung, Baden-Baden 1978.

Bender, Tobias (UStB 2021): Anmerkung zu BFH, Urt. v. 10.06.2020, V R 6/18, in: Der Umsatz-Steuer-Berater 2021, S. 65–67.

Bender, Tobias (UStB 2022): Ermäßigter Umsatzsteuersatz auf Lieferungen von Holzhackschnitzeln; Grundsatz der steuerlichen Neutralität, in: Der Umsatzsteuer-Berater 2022, S. 61–64.

Berger, Florian (Der Begriff des Unternehmens im Rahmen des Vorsteuerabzugs, 2021): Der Begriff des Unternehmens im Rahmen des unionsrechtlich determinierten Vorsteuerabzugs nach § 15 UStG, Köln 2021.

Bierbrauer, Felix J. (PWP 2016): Effizienz oder Gerechtigkeit?: Ungleiche Einkommen, ungleiche Vermögen und Optimale Steuern, in: Perspektiven der Wirtschaftspolitik 2016, S. 2–24.

C. Merkel, *Das Neutralitätsprinzip im harmonisierten Mehrwertsteuersystem*, Schriften zu Wirtschaftsprüfung, Steuerlehre und Controlling, https://doi.org/10.1007/978-3-658-45424-1

Birk, Dieter (Leistungsfähigkeitsprinzip, 1983): Das Leistungsfähigkeitsprinzip als Maßstab der Steuernormen: Ein Beitrag zu den Grundfragen des Verhältnisses Steuerrecht und Verfassungsrecht, Köln 1983.

Birk, Dieter (StuW 1983): Zum Stand der Theoriediskussion in der Steuerrechtswissenschaft, in: Steuer und Wirtschaft 1983, S. 293–299.

Birk, Dieter (Freiheit, Gleichheit, Effizienz, 2001): Die Umsatzsteuer aus juristischer Sicht, in: Freiheit, Gleichheit, Effizienz: Ökonomische und verfassungsrechtliche Grundlagen der Steuergesetzgebung, Hrsg. Kirchhof, Paul/Neumann, Manfred J. M./ Arndt, Hans-Wolfgang, Bad Homburg 2001, S. 61–69.

Birk, Dieter (StuW 2011): Das Ungerechte an der Steuergerechtigkeit, Steuer und Wirtschaft 2011, S. 355–364.

Birk, Dieter/Desens, Marc/Tappe, Henning (Steuerrecht, 2020), Steuerrecht, 23. Auflage, Heidelberg 2020.

Birkenfeld, Wolfram (UR 1993): Umsatzsteuer in der Zeit, in: Umsatzsteuer Rundschau 1993, S. 321–329.

Birkenfeld, Wolfram (UR 2010): Gedanken zur grenzüberschreitenden Organschaft, in: Umsatzsteuer Rundschau 2010, S. 198–207.

Blankart, Charles B. (Öffentliche Finanzen in der Demokratie, 2017): Öffentliche Finanzen in der Demokratie: Eine Einführung in die Finanzwissenschaft, 9. Aufl., München 2017.

Bohley, Peter (Die öffentliche Finanzierung, 2003): Die öffentliche Finanzierung: Steuern, Gebühren und öffentliche Kreditaufnahme, München 2003.

Böhm, Franz/Frickhöfer, Wolfgang/Wesemann, Hans Otto (Politische Wegbereiter der Mehrwertsteuer, 1967): Politische Wegbereiter der Mehrwertsteuer: Curt Becker und Manfred Luda, Ludwigsburg 1967.

Boor, Julian (Gruppenbesteuerung im Mehrwertsteuerrecht, 2014): Die Gruppenbesteuerung im harmonisierten Mehrwertsteuerrecht: Analyse unter Berücksichtigung der unionsrechtlichen Vorgaben für das deutsche Organschaftsrecht, Wiesbaden 2014.

Brandis, Peter (Tipke/Kruse et al., AO, FGO, 2023): Kommentierung zu § 11 FGO, in: Tipke/Kruse, AO/FGO, Kommentar, Hrsg. Brandis, Peter/Seer, Roman et. al, Stand des Werks: 176. Lieferung 07.2023, Köln 2023.

Brandl, Harald (Bunjes/Geist, UStG, 2023): Kommentierung §§ 3, 24, 25 UStG, in: Bunjes/Geist, UStG, Kommentar, Begr. Bunjes, Johann/Geist, Reinhold, 22.Aufl., München 2023.

Breinersdorfer, Stefan (Festschrift Kirchhof, 2013): Grenzüberschreitender Verkehr, in: Festschrift für Paul Kirchhof, Hrsg. Kube, Hanno/Morgenthaler, Gerd et al., Heidelberg, Hamburg 2013, S. 2007–2016.

Brinkmann, Jan/Walter-Yadegardjam, Tanja (DStR 2016): Die Einbeziehung von Personengesellschaften in die umsatzsteuerliche Organschaft, in: Deutsches Steuerrecht 2016, S. 650–657.

Brinkmann, Jan/Walter-Yadegardjam, Tanja (DStR 2016): Vorsteuerabzug bei Kapitalbeschaffungsmaßnahmen von Holdinggesellschaften, in: Deutsches Steuerrecht 2016, S. 2190–2196.

Brinkmann, Jan/Walter-Yadegardjam, Tanja (DStR 2023): Der Anfang vom Ende der umsatzsteuerlichen Organschaft oder viel Lärm um Nichts? – Die EuGH-Urteile v. 1.12.2022 und die Folgen für die umsatzsteuerliche Organschaft sowie unentgeltliche Wertabgaben, in: Deutsches Steuerrecht 2023, S. 65–73.

Brümmerhoff, Dieter/Büttner, Thiess (Finanzwissenschaft, 2018): Finanzwissenschaft, 12. Aufl., Berlin 2018.

Buttgereit, Heike/Schulte, Ulrich (UR 2011): Umsatzsteuerrechtliche Organschaft und wirtschaftliche Eingliederung: „Nichts Genaues weiß man nicht" eine Rechtsprechungsanalyse, in: Umsatzsteuer Rundschau 2011, S. 605–612.

Bydlinski, Franz (Fundamentale Rechtsgrundsätze, 1988): Fundamentale Rechtsgrundsätze: Zur rechtsethischen Verfassung der Sozietät, Wien 1988.

Canaris, Claus-Wilhelm (Systemdenken und Systembegriff, 1983): Systemdenken und Systembegriff in der Jurisprudenz: Entwickelt am Beispiel des deutschen Privatrechts, 2. Aufl., Berlin 1983.

Canaris, Claus-Wilhelm (Festschrift Bydlinski, 2002): Die richtlinienkonforme Auslegung und Rechtsfortbildung im System der juristischen Methodenlehre, in: Im Dienste der Gerechtigkeit: Festschrift für Franz Bydlinski, Hrsg. Koziol, Helmut/Rummel, Peter, Wien 2002, S. 47–103.

Cansier, Dieter (Finanzwissenschaftliche Steuerlehre, 2004): Finanzwissenschaftliche Steuerlehre, Stuttgart 2004.

Cyran, Martin (Steuerpolitik, 2001): Steuerpolitik zwischen nationaler Souveränität und europäischer Integration: Das Beispiel Harmonisierung der Umsatzsteuer, Berlin 2001.

Datzer, Hanna (UR 2016): Akquisitionsgesellschaft im Mehrwertsteuerrecht, in: Umsatzsteuer Rundschau 2016, S. 653–660.

De Feo, Silja (UR 2017): Grenzüberschreitende Leistungen zwischen Stammhaus und Betriebsstätte in der Schweiz und in Deutschland – Gestaltungsmöglichkeiten nach dem EuGH-Urteil Skandia?, in: Umsatzsteuer Rundschau 2017, S. 375–382.

Denison, Dwight/Facer, Rex L. (NTJ 2005): Interstate Tax Coordination: Lessons from the International Fuel Tax Agreement, in: National Tax Journal 2005, S. 591–603.

Desens, Marc/Hummel, David (StuW 2012): Umsatzsteuerdefinitivbelastung bei Körperschaften des öffentlichen Rechts: Wirkungen – Verfassungsrechtliche Würdigung – Reformvorschläge, in: Steuer und Wirtschaft 2012, S. 225–241.

Desens, Marc/Hummel, David et al. (ZögU 2012): Reformvorschläge zur Vermeidung der Umsatzsteuerdefinitivbelastung bei Öffentlich-Privaten Partnerschaften, in: Zeitschrift für öffentliche und gemeinwirtschaftliche Unternehmen 2012, S. 316–338.

Desens, Marc (StuW 2016): Die Verwirklichung des Leistungsfähigkeitsprinzips als Maßstab der Steuernormen in der Rechtsprechung des BVerfG, in: Steuer und Wirtschaft 2016, S. 240–255.

Desens, Marc (100 Jahre Steuerrechtsprechung, 2018): Umsatzsteuer der öffentlichen Hand, in: 100 Jahre Steuerrechtsprechung in Deutschland, 1918-2018, Hrsg. Drüen, Klaus-Dieter/Hey, Johanna et al., Köln 2018, S. 1569–1589.

Drüen, Klaus-Dieter (Eigenständigkeit des Steuerrechts, 2019): Eigenständigkeit und Methodik des Steuerrechts, in: Eigenständigkeit des Steuerrechts, Hrsg. Droege, Michael/Seiler, Christian, Tübingen 2019, S. 95–113.

Drüen, Klaus-Dieter (Tipke/Kruse et al., AO, FGO, 2023): Kommentierung zu § 4 AO, in: Tipke/Kruse, AO/FGO, Kommentar, Hrsg. Brandis, Peter/Seer, Roman et al., Stand des Werks: 176. Lieferung 07.2023, Köln 2023.

Duden (Universalwörterbuch, 2019): Duden Deutsches Universalwörterbuch, Hrsg. Kunkel, Melanie/Münzberg, Franziska et al., 9. Aufl., Berlin 2019.

Dziadkowski, Dieter (DStZ 1999): Das Neutralitätsprinzip als Basis der Mehrwertbesteuerung in Europa: Zugleich Anmerkung zu den Neuregelungen zwecks Vorsteuerkappung, in: Deutsche Steuer-Zeitung 1999, S. 625–629.

Dziadkowski, Dieter (UR 2013): Vorsteuerabzugsrecht eines Gründungsgesellschafters, in: Umsatzsteuer Rundschau 2013, S. 902–910.

Dziadkowski, Dieter (UR 2017): § 2b UStG und die „größeren Wettbewerbsverzerrungen“, in: Umsatzsteuer Rundschau 2017, S. 417–421.

Dziadkowski, Dieter (DStR 2019): Regelung für eine Einlagenentsteuerung notwendig, in: Deutsches Steuer Recht 2019, S. 1247–1251.

Ebrill, Liam P./Bodin, Jean-Paul/Summers, Victoria (The modern VAT, 2001): The modern VAT, Washington, DC 2001.

Eggers, Joachim (MwStR 2017): Vorsteuerabzug bei Kapitalbeschaffungsmaßnahmen zur Beteiligungsfinanzierung: Zugleich eine Anmerkung zu den Holdingaspekten des BMF-Schreibens v. 26.5.2017, in: Mehrwertsteuerrecht 2017, S. 562–568.

Eibelshäuser, Manfred (DStR 2002): Wirtschaftliche Betrachtungsweise im Steuerrecht: Herkunft und Bedeutung, in: Deutsches Steuerrecht, S. 1426–1432.

Eidenmüller, Horst (Effizienz als Rechtsprinzip, 2015): Effizienz als Rechtsprinzip: Möglichkeiten und Grenzen der ökonomischen Analyse des Rechts, 4. Aufl., Tübingen 2015.

Elschen, Rainer/Hüchtebrock, Michael (FA 1983): Steuerneutralität in Finanzwissenschaft und Betriebswirtschaftslehre: Diskrepanzen und Konsequenzen, in: Finanz Archiv 1983, S. 253–280.

Elschen, Rainer (StuW 1988): Steuerliche Gerechtigkeit - unzulässiger oder unzulänglicher Forschungsgegenstand der Steuerwissenschaften?, in: Steuer und Wirtschaft 1988, S. 1–16.

Elschen, Rainer (StuW 1991): Zum gemeinsamen Fundament der Steuerrechtswissenschaften, in: Steuer und Wirtschaft 1991, S. 99–115.

Endres, Daniela (Mehrwertsteuergruppe, 2016): Mehrwertsteuergruppe nach Art. 11 MwStSystRL: Entwicklung einer Gruppenbesteuerung in Deutschland, Köln 2016.

Engisch, Karl/Würtenberger, Thomas/Otto, Dirk (Einführung in das juristische Denken, 2010): Einführung in das juristische Denken, 11. Aufl., Stuttgart 2010.

Englisch, Joachim (UR 2007): Umsatzsteuerrechtliche Behandlung gesellschaftsrechtlicher Beteiligungen: Anmerkungen zum BMF-Schreiben vom 26.1.2007, in: Umsatzsteuer Rundschau 2007, S. 290–302.

Englisch, Joachim (IFSt-Schrift 449, 2008): Aufteilung der Besteuerungsbefugnisse: Ein Rechtfertigungsgrund für die Einschränkung von EG-Grundfreiheiten?, Bonn 2008.

Englisch, Joachim (Zukunftsfragen des deutschen Steuerrechts, 2009): Gemeinschaftsgrundrechte im harmonisierten Steuerrecht, in: Zukunftsfragen des deutschen Steuerrechts, Hrsg. Schön, Wolfgang, Berlin 2009, S. 39–90.

Englisch, Joachim (DStJG Band 32, 2009): Die territoriale Zuordnung von Umsätzen, in: Umsatzsteuer im Europäischen Binnenmarkt, DStJG Band 32, Hrsg. Seer, Roman, Köln 2009, S. 165–239.

Englisch, Joachim (UR 2010): Ermäßigte Steuersätze zwecks Verschonung des existenziellen Bedarfs, in: Umsatzsteuer Rundschau 2010, S. 400-413.

Englisch, Joachim (Routes to European tax integration, 2010): VAT and General Principles of EU Law, in: Traditional and alternative routes to European tax integration, Hrsg. Weber, Dennis, Amsterdam 2010, S. 231–266.

Englisch, Joachim (Festschrift Lang, 2011): Folgerichtiges Steuerrecht als Verfassungsgebot, in: Festschrift für Joachim Lang zum 70. Geburtstag, Hrsg. Tipke, Klaus, Köln 2011, S. 167–220.

Englisch, Joachim (UR 2011): Ausnahmen und Ermäßigungen bei der Umsatzsteuer: Reformbedarf und Reformvorschläge, in: Umsatzsteuer Rundschau 2011, S. 401–410.

Englisch, Joachim (Wettbewerbsgleichheit, 2012): Wettbewerbsgleichheit im grenzüberschreitenden Handel: Mit Schlussfolgerungen für indirekte Steuern, Tübingen 2012.

Englisch, Joachim (UR 2013): Umsatzsteuerpflicht bei interkommunaler Kooperation, in: Umsatzsteuer Rundschau 2013, S. 570–581.

Englisch, Joachim (UR 2016): Unionsrecht und Organschaft: Bestandsaufnahme und gesetzgeberischer Handlungsbedarf, in: Umsatzsteuer Rundschau 2016, S. 822–840.

Englisch, Joachim (UR 2020): Der unmittelbare und direkte Zusammenhang zwischen Eingangs- und Ausgangsumsatz – Teil 2, in: Umsatzsteuer Rundschau 2020, S. 217–222.

Englisch, Joachim (Tipke/Lang, Steuerrecht, 2020): Kapitel 17, in: Tipke/Lang, Steuerrecht, Begr. Tipke, Klaus/Lang, Joachim, Hrsg. Hey, Johanna/Seer, Roman, 24. Aufl., Köln 2020.

Englisch, Joachim (UR 2021): Nichterhebung von Umsatzsteuer für kommunale Tätigkeiten: § 2b UStG und Alternativen - Teil 1, in: Umsatzsteuer Rundschau 2021, S. 338–348.

Erdbrügger, Andreas (Wäger, UStG, 2022): Kommentierung zu § 2b UStG, in: Wäger, Umsatzsteuergesetz, Kommentar, Hrsg. Wäger, Christoph, 2. Aufl., Köln 2022.

Feld, Moritz (Die Entwicklung der Umsatzsteuer, 1927): Die Entwicklung der Umsatzsteuer in Deutschland, Gießen 1927.

Feldgen, René (BB 2010): Die umsatzsteuerliche Organschaft im Konzern, in: Betriebs-Berater 2010, S. 285–290.

Feldgen, René (BB 2016): Umsatzsteuerliche Organschaft : Neuordnung der Konzernbesteuerung?, in: Betriebs-Berater 2016, S. 606–612.

Fetzer, Uwe (DB 2022): EuGH entscheidet zur umsatzsteuerrechtlichen Organschaft, in: Der Betrieb 2022, S. 2955–2956.

Forster, Eduard (Juristische Personen des öffentlichen Rechts, 1997): Juristische Personen des öffentlichen Rechts und Harmonisierung eines europäischen Mehrwertsteuersystems: Steuersystematische und ökonomische Analyse der deutschen Regelungen, Aachen 1997.

Förster, Ursula (DStR 2012): Umsatzsteuerliche Konsequenzen von Überführungen bzw. Übertragungen von Wirtschaftsgütern gemäß § 6 Abs. 5 EStG, in: Deutsches Steuerrecht, S. 381–387.

Franck, Jens-Uwe (Europäische Methodenlehre, 2015): Vom Wert ökonomischer Argumente bei Gesetzgebung und Rechtsfindung für den Binnenmarkt, in: Europäische Methodenlehre: Handbuch für Ausbildung und Praxis, Hrsg. Riesenhuber, Karl, 3. Aufl., Berlin, München, Boston 2015, S. 70–94.

Friedrich-Vache, Heidi (BB 2019): Entwicklungen zum Vorsteuerabzug einer Holding, in: Betriebs-Berater 2019, S. 993–998.

Fritsch, Frank (Reiß/Kraeusel/Langer, UStG, 2023): Kommentierung zu § 3 UStG, in: Reiß/Kraeusel/Langer, Umsatzsteuergesetz, Kommentar, Hrsg. Reiß, Wolfram/Kraeusel, Jörg /Langer, Michael, Stand des Werks: 183. Ergänzungslieferung 4/2023, Bonn 2023.

Fuest, Clemens (DStJG Band 38, 2014): Ökonomische Prinzipien gerechter und effizienter Besteuerung, in: Erneuerung des Steuerrechts: DStJG Band 38, Hrsg. Jachmann-Michel, Monika, Köln 2014, S. 65-93.

Fuest, Clemens (Symposium Schreiber, 2016): Taugt Neutralität als Leitlinie der Steuerpolitik?, in: Kernfragen der Unternehmensbesteuerung: Symposium für Ulrich Schreiber zum 65. Geburtstag, Hrsg. Kahle, Holger/Overesch, Michael et al., Wiesbaden 2016, S. 29–40.

Gabriël, Mandy/van Kesteren, Herman (Improving VAT/GST, 2014): VAT Groups, in: Improving VAT/GST, Hrsg. Lang, Michael/Lejeune, Ine, Amsterdam 2014, S. 485–517.

Goutier, Klaus E. (StuW 1989): Die evolutionäre Erkenntnistheorie als Grundlage einer leistungsfähigen Gesetzgebungslehre und einer anwendungsbezogenen juristischen Methodologie, in: Steuer und Wirtschaft 1989, S. 18–52.

Grabower, Rolf/Herting, Detlef/Schwarz, Gottfried (Die Umsatzsteuer, 1962): Die Umsatzsteuer: Ihre Geschichte und gegenwärtige Gestaltung im In- und Ausland, Köln 1962.

Grambeck, Hans-Martin (StuB 2022): Umsatzbesteuerung von Reiseleistungen: Praktische Hinweise zur Anwendung des neuen Abschnitts 25 UStAE ab 1.1.2022, in: NWB Unternehmenssteuern und Bilanzen 2022, S. 67–70.

Grambeck, Hans-Martin (MwStR 2017): Umsatzsteuer bei Reiseleistungen – ein Mehr an Unklarheiten geht kaum, in: Mehrwertsteuerrecht 2017, S. 945–953.

Grambeck, Hans-Martin (NWB 2017): Internationale Leitlinien der OECD für die Mehrwertbesteuerung, in: Neue Wirtschafts-Briefe 2017, S. 2514–2520.

Grebe, Christian (Wäger, UStG, 2022): Kommentierung zu § 25a UStG, in: Wäger, Umsatzsteuergesetz, Kommentar, Hrsg. Wäger, Christoph, 2. Aufl., Köln 2022.

Grebe, Christian/Raudszus, Holger (Ubg 2019): Aktuelle Entwicklungen beim Vorsteuerabzug für Holdinggesellschaften, in: Die Unternehmensbesteuerung 2019, S. 41–50.

Grigoleit, Hans Christoph (Festschrift Canaris, 2017): Dogmatik – Methodik – Teleologik, in: Privatrechtsdogmatik im 21. Jahrhundert: Festschrift für Claus-Wilhelm Canaris zum 80. Geburtstag, Hrsg. Grigoleit, Hans Christoph/Petersen, Jens, Berlin, Boston 2017, S. 241–279.

Gröschner, Rolf (StuW 1986): Wirtschaftliche Tatbestände in Steuergesetzen: Ein Beitrag zur juristischen Methodenlehre unter besonderer Berücksichtigung des Verhältnisses der betriebswirtschaftlichen Steuerlehre zum Steuerrecht, in: Steuer und Wirtschaft 1986, S. 315–323.

Grossekettler, Heinz (Freiheit, Gleichheit, Effizienz, 2001): Die Umsatzsteuer aus ökonomischer Sicht, in: Freiheit, Gleichheit, Effizienz, Hrsg. Kirchhof, Paul/Neumann, Manfred J. M. et al., Bad Homburg 2001, S. 71–84.

Grünwald, Ulrich (MwStR 2016): Urteilsanmerkung zur BFH: Nachfolgeentscheidung Larentia + Minerva: Vorsteuerabzug einer geschäftsleitenden Holding; GmbH & Co. KG als Organgesellschaft, in: Mehrwertsteuerrecht 2016, S. 262–272.

Günther, Katarina (Vertrauensschutz bei Angaben Dritter, 2013): Vertrauensschutz bei Angaben Dritter im Umsatzsteuerrecht, Frankfurt am Main 2013.

Haller, Heinz (Handbuch der Finanzwissenschaft Bd. 2, 1980): Rationale Steuersysteme und Bestimmungsgründe empirischer Steuerverfassungen, in: Handbuch der Finanzwissenschaft Band 2, Hrsg. Neumark, Fritz, 3. Aufl., Tübingen 1980, S 173–201.

Haller, Heinz (Die Steuern, 1981): Die Steuern: Grundlinien eines rationalen Systems öffentlicher Abgaben, 3. Aufl., Tübingen 1981.

Hamacher, Rolfjosef/Grundt, Véronique (DStR 2006): Das DFDS-Urteil des EuGH: Ein Grund, die grenzüberschreitende mehrwertsteuerliche Organschaft endlich europaweit zu normieren?, in Deutsches Steuerrecht 2006, S. 2157–2161.

Hatje, Armin (Schwarze et al., EU-Kommentar, 2019): Kommentierung Art. 51 EUGRCh, in: EU-Kommentar, Hrsg. Schwarze, Jürgen/Becker, Ulrich et al., 4. Aufl., Baden-Baden, Wien, Basel 2019.

Heber, Caroline (Wäger, UStG, 2022): Kommentierung zu § 2 UStG, in: Wäger, Umsatzsteuergesetz, Kommentar, Hrsg. Wäger, Christoph, 2. Aufl., Köln 2022.

Heffinger, Matthias/Heck, Johannes (MwStR 2017): Die Einlagenentsteuerung im Umsatzsteuerrecht: Bestandsaufnahme und Reformüberlegungen, in: Mehrwertsteuerrecht 2017, S. 812–816.

Heidner, Hans-Hermann (DB 2019): Bruchteilsgemeinschaft in der Umsatzsteuer, in: Der Betrieb 2019, S. 398–399.

Heinrichshofen, Stefan (UR 2016): Urteilsanmerkung:Vorsteuerabzug einer geschäftsleitenden Holding, in: Umsatzsteuer Rundschau 2016, S. 324–327.

Hemels, Sigrid (Int. VAT Monitor 2011): Effectiveness of EU VAT Treatment of Charities, in: International VAT Monitor 2011, S. 302-326.

Henkow, Oskar (The VAT/GST Treatment of Public Bodies, 2013): TheVAT/GST Treatment of Public Bodies, Alphen aan den Rijn 2013.

Hennigfeld, Michael (DB 2022): Vorsteuerabzug einer geschäftsleitenden Holding, in: Der Betrieb 2022, S. 2509–2510.

Henze, Thomas (Umsatzsteuer-Kongress-Bericht 2010, 2011): Grundsatz der steuerlichen Neutralität im gemeinsamen Mehrwertsteuersystem: Eine Bestandsaufnahme der Rechtsprechung des EuGH, in: Umsatzsteuer-Kongress-Bericht 2010, Hrsg. Englisch, Joachim/Nieskens, Hans, Köln 2011, S. 7–24.

Heuermann, Bernd (jM 2014): Übertragen von Wirtschaftsgütern vom Gesellschafter auf die Personengesellschaft: Umsatzsteuerrechtliche (Vorsteuerabzug) und einkommensteuerrechtliche (§ 6 Abs. 5 EStG) Implikationen - Transparenz in Einheit und Vielheit, in: juris – Die Monatsschrift 2014, S. 117–123.

Heuermann, Bernd (DB 2016): Neujustierung der Konzernbesteuerung im USt-Recht?: Die Organschaft nach EuGH Minerva und den BFH-Urteilen vom 02.12.2015 und 19.01.2016, in: Der Betrieb 2016, S. 608–615.

Heuermann, Bernd (Festschrift 100 Jahre Umsatzsteuer, 2018): Entnahme und Zuwendung: Objektive Tatbestandsmerkmale und ihre Abgrenzungen, in: 100 Jahre Umsatzsteuer in Deutschland 1918-2018: Festschrift, Hrsg. UmsatzsteuerForum e.V./ Bundesministerium der Finanzen, Köln 2018, S. 461–476.

Heuermann, Bernd (100 Jahre Steuerrechtsprechung, 2018): Umsatzsteuerliche Organschaft, in: 100 Jahre Steuerrechtsprechung in Deutschland, 1918-2018, Hrsg. Drüen, Klaus-Dieter/Hey, Johanna et al., Köln 2018, S. 1551–1568.

Heuermann, Bernd (UR 2018): Entwicklungslinien in der Umsatzbesteuerung: Wirtschaftliche Realität vs. Vorherigkeit: Gegensatz oder Ausprägung des nämlichen Prinzips?, in Umsatzsteuer Rundschau 2018, S. 497–504.

Heuermann, Bernd (MwStR 2018): Gibt es jetzt eine Einlagenentsteuerung?: Konzise Überlegungen zum EuGH-Urteil Gmina Ryjewo und zum System der Zuordenbarkeit, in: Mehrwertsteuerrecht 2018, S. 1000–1005.

Heuermann, Bernd (DStR 2020): Urteilsanmerkung zu BFH, Urteil vom 16. 01.2020 – V R 42/17: Änderung der Bemessungsgrundlage bei Rabatten im Punktesystem, in: Deutsches Steuerrecht 2020, S. 716–717.

Heuermann, Bernd (DStRE 2022): Anmerkung zu BFH, Urt. vom 21.4.2022 – V R 2/22 (V R 6/18), in: Deutsches Steuerrecht Entscheidungsdienst 2022, S. 1001.

Heuermann, Bernd (Sölch/Ringleb, UStG, 2023): Kommentierung zu § 3 UStG, in: Sölch/Ringleb, Umsatzsteuergesetz, Kommentar Hrsg. Treiber, Andreas, Stand des Werks: 98. Ergänzungslieferung 6/2023, München 2023.

Hey, Johanna (Tipke/Lang, Steuerrecht, 2020): Kapitel 3 u. Kapitel 8, in: Tipke/Lang, Steuerrecht, Begr. Tipke, Klaus/Lang, Joachim, Hrsg. Hey, Johanna/Seer, Roman, 24. Aufl., Köln 2020.

Hidien, Jürgen/Schwarz, Rabea (UR 2017): Ist die kommunale Straßenreinigung umsatzsteuerpflichtig?: Zur Auslegung und Anwendung des § 2b UStG, in: Umsatzsteuer Rundschau 2017, S. 338–353.

Hidien, Jürgen/Jürgens, Andreas (Besteuerung der öffentlichen Hand, 2017): Die Besteuerung der öffentlichen Hand: Verwaltungs- und Steuerrecht der öffentlichen Unternehmen und juristischen Personen des öffentlichen Rechts, München 2017.

Hidien, Jürgen (UR 2020): Mehr Grundrechtsschutz im Mehrwertsteuerrecht – Bedeutung und Auswirkungen der unionsrechtlichen Rechtsprechung des BVerfG (Recht auf Vergessen I und II), in: Umsatzsteuer Rundschau 2020, S. 249–259.

Hidien, Jürgen (UR 2022): (Umsatz-)Steuer von der (Verbrauch-)Steuer: legal, illegitim oder fiskalisch?: Zugleich ein Beitrag zur Steuerkonkurrenzlehre, in: Umsatzsteuer Rundschau 2020, S. 667–677.

Hiller, Matthias (Cash-Flow-Steuer und Umsatzsteuer, 2003): Cash-Flow-Steuer und Umsatzsteuer: Eine ökonomische Analyse unter Einbezug der US-amerikanischen Reformüberlegungen, Wiesbaden 2003.

Hiller, Matthias (DStR 2005): Die Umsatzbesteuerung der privaten Nutzung, Entnahme und Veräußerung unternehmerischer Gegenstände, in: Deutsches Steuerrecht 2005, S. 809–815.

Höink, Carsten (DB 2022): Umsatzsteuerliche Organschaft: gerettet und doch Reformfall, in: Der Betrieb 2022, M14-M15.

Homburg, Stefan/Rublack, Carolin (Festschrift Lang, 2011): Anmerkungen zum Umsatzsteuergesetzbuch, einem Vorschlag zur Umsatzsteuerreform, in: Festschrift für Joachim Lang zum 70. Geburtstag, Hrsg. Tipke, Klaus, Köln 2011, S. 893–912.

Homburg, Stefan (Allgemeine Steuerlehre, 2015): Allgemeine Steuerlehre, 7. Aufl., München 2015.

Hörtnagl-Seidner, Verena (RdW 2016): Richtlinienkonforme Interpretation im Lichte der jüngsten EuGH-Rechtsprechung zur umsatzsteuerlichen Organschaft, in: Recht der Wirtschaft 2016, S. 575–581.

Hummel, David (UR 2009): Gemeinschafts- und verfassungsrechtlicher Gleichheitsgrundsatz bei Subventionen im Rahmen der Durchschnittssatzbesteuerung des § 24 UStG: Zugleich Anmerkung zur Nichtanwendung nationaler Gesetze durch BFH, Urt. vom 16.4.2008 – XI R 73/07, in: Umsatzsteuer Rundschau 2009, S. 73–78.

Hummel, David (MwStR 2013): Missbrauch der umsatzsteuerrechtlichen Organschaft bei Kooperationen im Gesundheitswesen?, in: Mehrwertsteuerrecht 2013, S. 294–300.

Hummel, David (MwStR 2021): Urteilsanmerkung zu BFH, Urt. vom 10.12.2020 – V R 5/20: Wegfall der Zweckbetriebeigenschaft einer Forschungseinrichtung infolge wirtschaftlicher Tätigkeit durch Beteiligungsveräußerung, in: Mehrwertsteuerrecht 2021, S. 333–338.

Hundsdoerfer, Jochen (Die einkommensteuerliche Abgrenzung von Einkommenserzielung und Konsum, 2002): Die einkommensteuerliche Abgrenzung von Einkommenserzielung und Konsum: Eine einzelwirtschaftliche Analyse, Wiesbaden 2002.

Huschens, Ferdinand (Küffner/Zugmaier, UStG, 2023): Kommentierung zu §§ 25, 4 Nr. 14 UStG, in: Küffner/Zugmaier, Umsatzsteuer-Kommentar, Hrsg. Küffner, Thomas/Zugmaier, Oliver, Stand des Werks: 172. Ergänzungslieferung vom 19.06.2023, Herne 2023.

Huschens, Ferdinand (DStRK 2023): Anmerkung zu BFH: EuGH-Vorlage zur Umsatzbesteuerung der Wärmeabgabe aus einer Biogas-Anlage, in: Deutsches Steuerrecht kurzgefasst 2023, S. 149.

Hüttemann, Rainer (UR 2017): Neuregelung der Umsatzbesteuerung der öffentlichen Hand – alles wird gut?, in: Umsatzsteuer Rundschau 2017, S. 129–139.

Ismer, Roland (Beiträge zur ökonomischen Theorie, 2003): Wirtschaftstheorie statt wirtschaftlicher Betrachtungsweise – Zur Rolle der Ökonomik im Steuerrecht, in: Beiträge zur ökonomischen Theorie im Öffentlichen Recht, Hrsg. van Aaken, Anne, Wiesbaden 2003, S. 69–88.

Ismer, Roland/Kaul, Ashok et al. (DStR 2010): Analyse und Bewertung der Strukturen von Regel- und ermäßigten Sätzen bei der Umsatzbesteuerung unter sozial-, wirtschafts-, steuer- und haushaltspolitischen Gesichtspunkten, in: Deutsches Steuerrecht 2010, S. 1970–1977.

Ismer, Roland/Kaul, Ashok et al. (DStR 2012): Reform der ermäßigten Umsatzsteuersätze: Was lehren neuseeländischer Einheitssatz und Schweizer Totalrevisionsvorhaben?, in: Deutsches Steuerrecht 2012, S. 682–687.

Ismer, Roland (MwStR 2015): Personenübergreifender Vorsteuerabzug? Eine Bestandsaufnahme nach den Entscheidungen Faxworld, Polski Trawertyn und Malburg, in: Mehrwertsteuerrecht 2015, S. 407–413.

Ismer, Roland (MwStR 2016): Die wirtschaftliche Tätigkeit der öffentlichen Hand im Lichte aktueller Rechtsprechung, in: Mehrwertsteuerrecht 2016, S. 654–660.

Ismer, Roland/Endres-Reich,Daniela (MwStR 2022): Anmerkung zu EuGH, Urt. vom 1.12.2022 – C-141/20, Norddeutsche Gesellschaft für Diakonie, in: Mehrwertsteuerrecht 2022, S. 887–888.

Ismer, Roland (MwStR 2023): Anmerkung zu BFH, Beschl. vom 26.01.2023 – V R 20/ 22 (V R 40/19), in. Mehrwertsteuerrecht 2023, S. 310-312.

Jachmann-Michel, Monika (Nachhaltige Entwicklung und Steuern, 2003): Nachhaltige Entwicklung und Steuern: Ansätze zu einer an der Gemeinwohlverantwortung des Einzelnen ausgerichteten Lastenverteilungsgerechtigkeit, Stuttgart 2003.

Jacobs, Thomas (DStZ 2006): Am Anfang war der Warenumsatzstempel: 90 Jahre Umsatzbesteuerung in Deutschland, in: Deutsche Steuer-Zeitung 2006, S. 654–660.

Jansen, Axel (BB 2016): Entwicklungen bei der umsatzsteuerlichen Organschaft, in: Betriebs Berater 2016, S. 2263–2273.

Jarass, Hans D. (Charta der Grundrechte der Europäischen Union, 2021): Charta der Grundrechte der Europäischen Union: Unter Einbeziehung der sonstigen Grundrechtsregelungen des Primärrechts und der EMRK, 4. Aufl., München 2021.

Jenetzky, Johannes (System und Entwicklung, 1978): System und Entwicklung des materiellen Steuerrechts in der wissenschaftlichen Literatur des Kameralismus von 1680-1840, Berlin 1978.

Jungen, André/Köster, Martina/Schleep, Christopher et al. (UR 2021): Deutsche Besteuerung nach Durchschnittssätzen und EU-Vertragsverletzungsverfahren: Eine analytische Überprüfung der unterstellten Subventionswirkung des § 24 UStG – Teil 1, in: Umsatzsteuer Rundschau 2021, S. 133–141.

Jungen, André/Köster, Martina/Schleep, Christopher et al. (UR 2021): Deutsche Besteuerung nach Durchschnittssätzen und EU-Vertragsverletzungsverfahren: Eine analytische Überprüfung der unterstellten Subventionswirkung des § 24 UStG – Teil 2, in: Umsatzsteuer Rundschau 2021, S 183–191.

Juretzek, Wolfgang (DStZ/A 1966): Der Stand der Umsatzsteuer-Harmonisierung, in: Deutsche Steuer-Zeitung 1966, S. 295–297.

Juretzek, Wolfgang (DStZ/A 1967): Die Verabschiedung der beiden EWG-Richtlinien zur Harmonisierung der Umsatzsteuern, in: Deutsche Steuer-Zeitung 1967, S. 105–108.

Juretzek, Wolfgang (DStZ/A 1967): Die Gründe für die Umsatzsteuerreform, in: Deutsche Steuer-Zeitung 1967, S. 171–174.

Justi, Johann Heinrich Gottlob von (Steuern und Abgaben, 1977): Ausführliche Abhandlung von denen Steuern und Abgaben, Faksimile-Druck nach dem Original von 1762, Wiesbaden 1977.

Kahle, Holger/Vogel, Thorsten/Schulz, Sebastian (Ubg 2011): Internationale Aspekte der Organschaft unter besonderer Berücksichtigung aktueller Reformvorschläge, in: Die Unternehmensbesteuerung 2011, S. 761–771.

Kaldor, Nicholas (Expenditure Tax, 2003): Expenditure Tax, Hoboken 2003.

Kamann, Hans-Georg (Streinz, EUV/AEUV, 2018): Kommentierung zu vor Art. 110; Art. 110 u. Art. 113 AEUV, in: Streinz, EUV/AEUV, Kommentar, Hrsg. Streinz, Rudolf, 3. Aufl., München 2018.

Kämmerer, Axel/Kotzur, Markus (NVwZ 2020): Vollendung des Grundrechtsverbunds oder Heimholung des Grundrechtsschutzes?: Die BVerfG-Beschlüsse zum „Recht auf Vergessen" als Fanal, in: Neue Zeitschrift für Verwaltungsrecht 2020, S. 177–184.

Kamps, Julia (Kreditgewährung, 2021): Kreditgewährung im europäischen Mehrwertsteuersystem, Eine interdisziplinäre Auseinandersetzung mit der geltenden Mehrwertsteuerbefreiung und etwaigen Reformoptionen, Köln 2021.

Kauffmann, Hartmut (Überwälzung und Inzidenz der Nettoumsatzsteuer, 1975): Überwälzung und Inzidenz der Nettoumsatzsteuer, Bern 1975.

Kessler, Wolfgang/Reingen, Peter (DStR 2018): Mehrwertsteuerliche Behandlung umsatzbezogener Sachprämien im Rahmen eines Verkaufsförderungsprogramms, in: Deutsches Steuerrecht 2018, S. 889–899.

Khan, Daniel-Erasmus (Geiger/Khan, EUV, AEUV, 2023): Kommentierung zu Art. 113 AEUV, in: Geiger/Khan EUV, AEUV, Kommentar, Hrsg. Geiger, Rudolf/Khan, Daniel-Erasmus, 7. Aufl., München 2023.

Kiesewetter, Dirk (Zinsbereinigte Einkommen- und Körperschaftsteuer, 1999): Zinsbereinigte Einkommen- und Körperschaftsteuer: Die Implementierung im deutschen Steuersystem, Bielefeld 1999.

Kingreen, Thorsten (Calliess/Ruffert, EUV/AEUV, 2022): Kommentierung zu Art. 51 GRCh, in: Calliess/Ruffert, EUV/AEUV, Kommentar, Hrsg. Calliess, Christian/Ruffert, Matthias, 6. Aufl., München 2022.

Kirchhof, Paul (DStJG Band 18, 1995): Rechtsstaatliche Anforderungen an den Rechtsschutz in Steuersachen, in: Der Rechtsschutz in Steuersachen, DStJG Band 18, Hrsg. Trzaskalik, Christoph, Köln 1995, S. 17–46.

Kirchhof, Paul (Besteuerung im Verfassungsstaat, 2000): Besteuerung im Verfassungsstaat, Tübingen 2000.

Kirchhof, Paul (UR 2002): Entwicklungsmöglichkeiten der Umsatzsteuer im Rahmen von Verfassungs- und Europarecht, in: Umsatzsteuer Rundschau 2002, S. 541–548.

Kirchhof, Paul (Handbuch des Staatsrechts, 2003): § 118 Die Steuern, in: Handbuch des Staatsrechts [der Bundesrepublik Deutschland]: Historische Grundlagen : Verfassungsstaat : Demokratie - Bundesorgane : Aufgaben des Staates : Rechtsquellen, Organisation, Finanzen : Bundesstaat : Freiheitsrechte : Grundrechte: Wirtschaft, Verfahren, Gleichheit : Allgemeine Grundrechtslehren, Hrsg. Isensee, Josef/Kirchhof, Paul 3. Aufl., Heidelberg 2003.

Kirchhof, Paul (DStR 2008): 40 Jahre Umsatzsteuergesetz: Eine Steuer im Umbruch, in: Deutsches Steuerrecht 2008, S. 1–8.

Kirchhof, Paul (Umsatzsteuergesetzbuch, 2008): Umsatzsteuergesetzbuch: Ein Vorschlag zur Reform der Umsatzsteuer und der Verkehrsteuern: Kommentierte Ausg. mit Rechtsverordnung und Glossar, Heidelberg 2008.

Klein, Dennis (DB 2014): Das „einheitliche Vertragswerk" zwischen Grunderwerbsteuer und Umsatzsteuer, in: Der Betrieb 2014, S. 208–212.

Klenk, Friedrich (50 Jahre Steuerreformen in Deutschland, 2003): Die Geschichte der Umsatzsteuer: Vom ersten Weltkrieg bis zur Einortregistrierung nach der E-Commerce Richtlinie, in: 50 Jahre Steuerreformen in Deutschland, Hrsg. Akademie für Steuer- und Wirtschaftsrecht des Steuerberater-Verbandes Köln GmbH, Bonn 2003, S. 122–203.

Klenk, Friedrich (UR 2017): Der personelle Anwendungsbereich der Durchschnittssatzbesteuerung, in: Umsatzsteuer Rundschau 2017, S. 175–177.

Kokott, Juliane (Steuerrecht der Europäischen Union, 2018): Das Steuerrecht der Europäischen Union, München 2018.

König, Rolf (ZfbF 1997): Ungelöste Probleme einer investitionsneutralen Besteuerung: Gemeinsame Wurzel unterschiedlicher neutraler Steuersysteme und die Berücksichtigung unsicherer Erwartungen, in: ZfbF 1997, S. 42–63.

Korn, Christian (DStRK 2023): Anm. zu EuGH: Organträger kann Steuerpflichtiger sein: Selbständigkeit von Organgesellschaften: keine Stimmrechtsmehrheit erforderlich, in: Deutsches Steuerrecht kurzgefaßt 2023, S. 23.

Korn, Christian (Bunjes/Geist, UStG, 2023): Kommentierung zu §§ 2, 2b UStG, in: Bunjes/Geist, UStG, Kommentar, Begr. Bunjes, Johann/Geist, Reinhold, 22. Aufl., München 2023.

Korte, Stefan (Calliess/Ruffert, EUV/AEUV, 2022): Kommentierung zu Art. 25 AEUV, in: Calliess/Ruffert, EUV/AEUV, Kommentar, Hrsg. Callies, Christian/Ruffert, Matthias, 6. Aufl., München 2022.

Kotzur, Markus (Geiger/Khan, EUV, AEUV, 2023): Kommentierung zu Art. 288 AEUV, in: Geiger/Khan EUV, AEUV, Kommentar, Hrsg. Geiger, Rudolf/Khan, Daniel-Erasmus, 7. Aufl., München 2023.

Kratzsch, Alexander (Koenig, AO 2021): Kommentierung zu § 73 AO, in: Koenig, Abgabenordnung, Kommentar, Hrsg. Koenig, Ulrich, 4. Aufl., München 2021.

Krieger, Richard (Unechte Umsatzsteuerbefreiungen im Unionsrecht, 2017): Unechte Umsatzsteuerbefreiungen im Unionsrecht, Köln 2017.

Kruschwitz, Lutz/Husmann, Sven/Schneider, Dirk (Investitionsneutrale Steuersysteme, 2002): Investitionsneutrale Steuersysteme vor dem Hintergrund der Kontroverse um Einkommen oder Konsum als geeignete Steuerbemessungsgrundlage, Berlin 2002.

Küffner, Thomas (Umsatzsteuerliche Behandlung von jPdöR, 2001): Umsatzsteuerliche Behandlung von juristischen Personen des öffentlichen Rechts im Lichte der 6. EG-Richtlinie: Insbesondere Abgrenzung des Betriebs gewerblicher Art vom Hoheitsbetrieb, München 2001.

Küffner, Thomas/Rust, Michael (DStR 2016): Reform der Umsatzbesteuerung der öffentlichen Hand: Probleme und Lösungsansätze bei Kooperationen zweier juristischer Personen des öffentlichen Rechts, in: Deutsches Steuerrecht 2016, S. 1633–1647.

Küffner, Thomas/Rust, Michael (DB 2016): USt-Fallen Cash Pooling und Organschaft, in: Der Betrieb 2016, S. 728–731.

Kulosa, Egmont (Schmidt, EStG, 2023): Kommentierung zu § 6 EStG, in: Schmidt, Einkommensteuergesetz, Kommentar, Hrsg. Weber-Grellet, Heinrich, 42. Aufl., München 2023.

Ladenburger, Clemens/Vondung, Julie (Stern/Sachs, Europäische Grundrechte-Charta, 2016): Kommentierung zu Art. 51 GRCh, in: Stern/Sachs, Europäische Grundrechte-Charta, Kommentar, Hrsg. Stern, Klaus/Sachs, Michael, München 2016.

Lang, Joachim (Entwurf eines Steuergesetzbuchs, 1993): Entwurf eines Steuergesetzbuchs, Bonn 1993.

Lang, Joachim (DStJG Band 24, 2001): Prinzipien und Systeme der Besteuerung von Einkommen, in: Besteuerung von Einkommen, DStJG Band 24, Hrsg. Ebling, Iris, Köln 2001, S. 49–153.

Lange, Hans-Friedrich (UR 2016): Umsatzsteuerrechtliche Organschaft und das Unionsrecht, in: Umsatzsteuer Rundschau 2016, S. 297–306.

Langenscheidt (Universal-Wörterbuch Englisch): Langenscheidt Universal-Wörterbuch Englisch, Stuttgart 2023.

Larenz, Karl/Canaris, Claus-Wilhelm (Methodenlehre der Rechtswissenschaft, 1995): Methodenlehre der Rechtswissenschaft, 3. Aufl. Berlin, Heidelberg 1995.

Lausterer, Martin (UR 2012): Streifzug durch Irrungen und Wirrungen des ermäßigten Steuersatzes, in: Umsatzsteuer Rundschau 2012, S. 506–514.

Lehner, Moris (Festschrift Tipke, 1995): Wirtschaftliche Betrachtungsweise und Besteuerung nach der wirtschaftlichen Leistungsfähigkeit: Zur Möglichkeit einer teleologischen Auslegung der Fiskalzwecknorm, in: Festschrift für Klaus Tipke: Die Steuerrechtsordnung in der Diskussion, Hrsg. Lang, Joachim, Köln 1995, S. 237–250.

Leonard, Axel (DStR 2010): Taugt die Organschaft noch als Gestaltungsinstrument bei steuerfreien Umsätzen?, in: Deutsches Steuerrecht 2010, S. 721–725.

Lippross, Otto-Gerd (Umsatzsteuer, 2022): Umsatzsteuer, 25. Aufl., Achim 2022.

Löhr, Kerstin (Optionsrecht, 2003): Das umsatzsteuerrechtliche Optionsrecht für Vermietungsumsätze: Zugleich eine Untersuchung zur Bedeutung des steuerlichen Leistungsfähigkeitsprinzips im Umsatzsteuerrecht, Berlin 2003.

Mankiw, Nicholas Gregory et al. (Grundzüge der Volkswirtschaftslehre, 2012): Grundzüge der Volkswirtschaftslehre, 5. Aufl., Stuttgart 2012.

Masuch, Andreas/Weitz, Alexander (MwStR 2023): Anmerkung zu BFH, Beschl. vom 22.11.2022 – XI R 17/20: EuGH-Vorlage zur Umsatzbesteuerung der Wärmeabgabe aus einer Biogas-Anlage, in: Mehrwertsteuerrecht 2023, S. 439–440.

Merkel, Christian (UR 2015): Vorsteuerabzug beim Erwerb von gesellschaftsrechtlichen Beteiligungen, in: Umsatzsteuer Rundschau 2015, S. 539–542.

Merkel, Christian (UR 2023): Sinn und Zweck der umsatzsteuerlichen Organschaft im Mehrwertsteuersystem unter Effizienz- und Gleichbehandlungsgesichtspunkten, in: Umsatzsteuer Rundschau 2023, S. 705–711.

Merkel, Christian (Küffner/Zugmaier, UStG, 2023): Kommentierung zu § 4 Nr. 13 UStG, in: Küffner/Zugmaier, Umsatzsteuer-Kommentar, Hrsg. Küffner, Thomas/Zugmaier, Oliver, Stand des Werks: 172. Ergänzungslieferung vom 19.06.2023, Herne 2023.

Meurer, Thomas (UStB 2016): Die Änderungen im Umsatzsteuergesetz, in: Der Umsatz-Steuer-Berater 2016, S. 14–22.

Meyer, Robert (Principien, 1884): Die Principien der gerechten Besteuerung, Berlin 1884.

Michel, Gerhard (DB 2016): Vorsteuerabzug einer geschäftsleitenden Holding und Organschaft mit einer GmbH & Co. KG als Organgesellschaft: Anmerkung zu BFH-Urteil vom 01.06.2016 – XI R 17/11, in: Der Betrieb 2016, S. 1959–1961.

Michel, Gerhard (jM 2023): Umsatzsteuerrechtliche Organschaft vor dem Aus?, in: jM 2023, S. 256–258.

Mill, John Stuart (Principles of Political Economy, 1848): Principles of Political Economy, Vol. II., London 1848.

Moes, Christoph (Steuerfreiheit Existenzminimum, 2011): Die Steuerfreiheit des Existenzminimums vor dem Bundesverfassungsgericht, Baden-Baden 2011.

Monfort, Bertrand (GmbHR 2022): Anmerkung zu EuGH Urt. vom 8.9.2022 – C-98/21: Zum Vorsteuerabzug einer geschäftsleitenden Holding, in: GmbH-Rundschau 2022, S. 1106.

Monfort, Bertrand (UR 2023): Anmerkung zu EuGH, Urt. vom 1.12.2022 – C-141/20, Norddeutsche Gesellschaft für Diakonie, in: Umsatzsteuer Rundschau 2023, S. 33–36.

Monfort, Bertrand (UR 2023): Plädoyer für die Nichtsteuerbarkeit der Innenumsätze innerhalb der Organschaft, in: Umsatzsteuer Rundschau 2023, S. 355–359.

Möser, Christian (MwStR 2021): Reiseleistungen der Drittlandsunternehmer, in: Mehrwertsteuerrecht 2021, S. 314–319.

Müller, Felix (DStZ/A 1966): Die Geschichte und der derzeitige Stand der Umsatzsteuerreform, in: Deutsche Steuer-Zeitung 1966, S. 290–294.

Müller-Hansen, Sebastian (UR 2021): Besteuerung von Reiseleistungen von Unternehmen mit Sitz im Drittland, in: Umsatzsteuer Rundschau 2021, S. 251–252.

Musgrave, Richard Abel/Musgrave, Peggy B./Kullmer, Lore (Finanzen in Theorie und Praxis, 1993): Die öffentlichen Finanzen in Theorie und Praxis, 5. Aufl., Tübingen 1993.

Neeser, Alexander (UVR 2022): Austauschbar oder vergleichbar? – Die fragwürdige Entscheidung des BFH zu Holzhackschnitzeln, in: Umsatzsteuer- und Verkehrsteuer-Recht 2022, S. 274–278.

Nettesheim, Martin (Das Recht der Europäischen Union, 2023): Kommentierung zu Art. 288 AEUV, in: Nettesheim, Das Recht der Europäischen Union, Kommentar, Hrsg. Nettesheim, Martin, Stand des Werks: 79. Ergänzungslieferung 05/2023, München 2023.

Neumann-Tomm, Axel/Hammerl, Robert (MwStR 2021): Reverse-Charge in der Organschaft?, in: Mehrwertsteuerrecht 2021, S. 409–413.

Neumark, Fritz (Steuerpolitik, 1970): Grundsätze gerechter und ökonomisch rationaler Steuerpolitik, Tübingen 1970.

Niemann, Rainer/Schreiber, Ulrich (ZfbF 2020): Herausforderungen und Entwicklungsperspektiven des Steuersystems, in: Zeitschrift für betriebswirtschaftliche Forschung 2020, S. 1–48.

Nieskens, Hans (UR 2003): Umsatzsteuerliche Änderungen im Rahmen des Steuervergünstigungsabbaugesetzes, in: Umsatzsteuer Rundschau 2003, S. 313–328.

Nieskens, Hans/Slapio, Ursula (UR 2011): Grünbuch der Europäischen Kommission über die Zukunft der Mehrwertsteuer, in Umsatzsteuer Rundschau 2011, S. 574–585.

Nieskens, Hans (BB 2015): Widerstreitende Grundprinzipien in der Umsatzsteuer: der Grundsatz der Unternehmenseinheit und der Grundsatz der Organschaft – zugleich ein Beitrag zur EuGH-Entscheidung Skandia, in: Betriebs Berater 2015, S. 1303–1307.

Nieskens, Hans (BB 2015): Mythos Unionsrecht, in: Betriebs Berater 2015, S. 2074–2076.

Nieskens, Hans (Festschrift 100 Jahre Umsatzsteuer, 2018): Umsatzsteuerliche Folgen einer bewussten oder unbewussten Asymmetrie der Steuer auf Eingangs- und Ausgangsumsätze eines Unternehmers, in: 100 Jahre Umsatzsteuer in Deutschland 1918-2018: Festschrift, Hrsg. UmsatzsteuerForum e.V./Bundesministerium der Finanzen, Köln 2018, S. 77–105.

Nieskens, Hans (UR 2022): Der Grundsatz der steuerlichen Neutralität in der Mehrwertsteuer/Umsatzsteuer – Was hat die Praxis davon?, in: Umsatzsteuer Rundschau 2022, S. 749–754.

Nieskens, Hans (Rau/Dürrwächter, UStG, 2023): Kommentierung zu § 3 UStG, in: Rau/Dürrwächter, Kommentar zum Umsatzsteuergesetz, Begr. Rau, Günter/Dürrwächter, Erich, Stand des Werks: 204. Ergänzungslieferung 6/2023, Köln 2023.

OECD (Besteuerung digitale Wirtschaft, 2015): Herausforderungen für die Besteuerung der digitalen Wirtschaft, Paris 2015.

OECD (Internationale Leitlinien für die Mehrwertbesteuerung, 2017): Internationale Leitlinien für die Mehrwertbesteuerung, Paris 2017.

OECD (Model tax convention on income, 2017): Model tax convention on income and on capital: Condensed Version, Paris 2017.

Oelmaier, Alexander (MwStR 2022): Anmerkung zu EuGH, Urt. vom 1.12.2022 – C-141/20, Norddeutsche Gesellschaft für Diakonie, in: Mehrwertsteuerrecht 2022, S. 888–889.

Oelmaier, Alexander (Sölch/Ringleb, UStG, 2023): Kommentierung zu § 25a UStG, in: Sölch/Ringleb, Umsatzsteuergesetz, Kommentar Hrsg. Treiber, Andreas, Stand des Werks: 98. Ergänzungslieferung 6/2023, München 2023.

Oelmaier, Alexander (MwStR 2023): Anmerkung zu BFH, Beschl. vom 26.1.2023 – V R 20/22 (V R 40/19), in. Mehrwertsteuerrecht 2023, S. 312-313.

Oldiges, Matthias (DStR 2010): Einlagenentsteuerung: nationales Umsatzsteuerrecht versus Richtlinienrecht?, in: Deutsches Steuerrecht 2010, S. 793–795.

Pechstein, Matthias (Streinz, EUV/AEUV, 2018): Kommentierung zu Art. 3 EUV, in: Streinz, EUV/AEUV, Kommentar, Hrsg. Streinz, Rudolf, 3. Aufl., München 2018.

Pfeiffer, Sebastian (ÖStZ 2016): (Fast) Alles wie gehabt: BFH zur umsatzsteuerlichen Organschaft nach Larentia+Minerva, in: Österreichische Steuerzeitung 2016, S. 113–116.

Pfeiffer, Sebastian (VAT Grouping, 2015): VAT Grouping from a European Perspective, Amsterdam 2015.

Pflaum, Ulrich (Wäger, UStG, 2022): Kommentierung zu §§ 23-24 UStG, Wäger, Umsatzsteuergesetz, Kommentar, Hrsg. Wäger, Christoph, 2. Aufl., Köln 2022.

Pohmer, Dieter (Handbuch der Finanzwissenschaft Bd. 2, 1980): Allgemeine Umsatzsteuern, in: Handbuch der Finanzwissenschaft Band 2, Hrsg. Neumark, Fritz, 3. Aufl., Tübingen 1980.

Pohmer, Dieter/Pflugmann-Hohlstein, Barbara (UR 1993): 25 Jahre Nettoumsatzsteuer in Deutschland, in: Umsatzsteuer Rundschau 1993, S. 37–48.

Pollak, Helga (Handbuch der Finanzwissenschaft Bd. 2, 1980): Steuertarife, in: Handbuch der Finanzwissenschaft Band 2, Hrsg. Neumark, Fritz, 3. Aufl., Tübingen 1980, S. 239–266.

Popitz, Johannes/Kloss, Richard/Grabower, Rolf (Kommentar zum Umsatzsteuergesetz, 1928): Kommentar zum Umsatzsteuergesetz in der Fassung vom 8.05.1926, 3. Aufl., Berlin 1928.

Prätzler, Robert (jurisPR-SteuerR 41/2016 Anm. 6): Umsatzsteuerliche Anerkennungsfähigkeit eines niedrigen Entgelts ("Gemeente Woerden"), in: juris PraxisReport Steuerrecht 41/2016 Anm. 6.

Prätzler, Robert/Stuber, Jürgen (BB 2016): Vorsteuerabzug bei Holdings – eine Bestandsaufnahme, in: Betriebs Berater 2016, S. 2903–2908.

Prätzler, Robert (MwStR 2020): Anmerkung zu BFH, Urteil vom 16.01.2020 – V R 42/17: Änderung der Bemessungsgrundlage bei Rabatten im Punktesystem, in: Mehrwertsteuerrecht 2020, S. 461–462.

Prätzler, Robert (jurisPR-SteuerR 44/2022 Anm. 5): Anmerkung zu EuGH, Urteil vom 08.09.2022 - C-98/21, in: juris PraxisReport Steuerrecht 44/2022 Anm. 5.

Prätzler, Robert (Umsatzsteuer-Handbuch, 2023): Kommentierung zu § 4 Nr. 8 UStG [Abschn. II, Kapitel 2, A.], in: Das große Umsatzsteuer-Handbuch, Kommentar, Hrsg. Birkenfeld, Wolfram/Wäger, Christoph, Stand des Werks: 100. Ergänzungslieferung 6/2023, Köln 2023.

Prätzler, Robert (Küffner/Zugmaier, UStG, 2023): Kommentierung zu § 3 UStG, in: Küffner/Zugmaier, Umsatzsteuer-Kommentar, Hrsg. Küffner, Thomas/Zugmaier, Oliver, Stand des Werks: 172. Ergänzungslieferung vom 19.06.2023, Herne 2023.

Prätzler, Robert (jurisPR-SteuerR 6/2023 Anm. 5): EuGH zur umsatzsteuerlichen Organschaft: Vieles bestätigt, aber neue Zweifel, in: juris PraxisReport Steuerrecht 6/2023 Anm. 5.

Prätzler, Robert (jurisPR-SteuerR 25/2023 Anm. 6): Anmerkung zu EUGH-Vorlage des BFH vom 22.11.2022 - XI R 17/20 zu unentgeltlichen Wertabgaben, in: juris PraxisReport Steuerrecht 25/2023 Anm. 6.

Prätzler, Robert (DB 2023): Umsatzsteuerliche Organschaft: (K)Ein Ende in Sicht, in: Der Betrieb 2023, S. 984–989.

Pyszka, Tillmann (DStR 2011): Umsatzsteuer bei Umwandlungen, in: Deutsches Steuerrecht 2011, S. 545–551.

Rasche, Ralf (UStB 2002): Mitunternehmerische Übertragungsvorgänge: Umsatzsteuerliche Auswirkungen der Buchwertverknüpfung, in: Der Umsatz-Steuer-Berater 2002, S. 14–19.

Rauch, Steffen Gregor (UR 2017): Quo vadis? – Zur Zukunft der umsatzsteuerrechtlichen Organschaft, in: Umsatzsteuer Rundschau 2017, S. 885–893.

Raudszus, Holger/Grebe, Christian (UStB 2020): Besteuerung von Reiseleistungen gem. § 25 UStG nach aktueller Rechtsprechung und Gesetzesänderung, in: Der Umsatz-Steuer-Berater 2020, S. 57–62.

Reimer, Ekkehart (StuW 2014): Dogmengeschichte der ertragsteuerlichen Grundprinzipien, in: Steuer und Wirtschaft 2014, S. 29–38.

Reiß, Wolfram (UR 1996): Sacheinlagen, Geschäftseinbringungen, Umwandlungen von Unternehmensträgern und steuerfreie Umsätze von Gesellschaftsanteilen, in: Umsatzsteuer Rundschau 1996, S. 357–377.

Reiß, Wolfram (UR 2007): Sanktionierung der Verletzung der europäischen Grundfreiheiten durch den EuGH bei neutralitätswidriger Umsatzbesteuerung im innergemeinschaftlichen Waren- und Dienstleistungsverkehr: Zur Billigung der Versagung des Vorsteuerabzugs für innergemeinschaftlich befreite Lieferungen durch den EuGH, in: Umsatzsteuer Rundschau 2007, S. 565–575.

Reiß, Wolfram (MwStR 2013): Vorsteuerabzugsberechtigung bei Investitionsaufwendungen des Gesellschafters für zu besteuernde Umsätze der Gesellschaft, in: Mehrwertsteuerrecht 2013, S. 500–514.

Reiß, Wolfram (DStJG Band 13, 1990): Der Belastungsgrund der Umsatzsteuer und seine Bedeutung für die Auslegung des Umsatzsteuergesetzes, in: Umsatzsteuer in nationaler und europäischer Sicht: DStJG Band 13, Hrsg. Woerner, Lothar, Köln 1990.

Reiß, Wolfram (Festschrift Tipke 1995): Der Verbraucher als Steuerträger der Umsatzsteuer im Europäischen Binnenmarkt, in: Festschrift für Klaus Tipke: Die Steuerrechtsordnung in der Diskussion, Hrsg. Lang, Joachim, Köln 1995, S. 433–455.

Reiß, Wolfram (Umsatzsteuer-Kongress-Bericht, 2007): Zukunft der Umsatzsteuer Deutschlands in Europa, in: Umsatzsteuer-Kongress-Bericht, Hrsg. Nieskens, Hans, Köln 2007, S. 13–44.

Reiß, Wolfram (Festschrift Schaumburg, 2009): Unternehmensumstrukturierungen und Umsatzsteuer, in: Steuerzentrierte Rechtsberatung: Festschrift für Harald Schaumburg zum 65. Geburtstag, Hrsg. Spindler et al., Köln 2009, S. 1165–1187.

Reiß, Wolfram (Reiß/Kraeusel/Langer, UStG, 2023): Kommentierung zu §§ 2 u. 3 UStG, in: Reiß/Kraeusel/Langer, Umsatzsteuergesetz, Kommentar, Hrsg. Reiß, Wolfram/Kraeusel, Jörg /Langer, Michael, Stand des Werks: 183. Ergänzungslieferung 4/2023, Bonn 2023.

Rennar, Thomas (MwStR 2022): Anmerkung zu BFH, Urt. vom 21.4.2022 – V R 2/22 (V R 6/18), in: Mehrwertsteuerrecht 2022, S. 713–714.

Rennar, Thomas (UStB 2023): Zukünftige Nullsteuersatzentlastung auf Lebensmittel nach der modifizierten MwStSystRL?, in: Der Umsatz-Steuer-Berater 2023, S. 231–233.

Riegler, Bernhard (UR 2015): Besteuerung landwirtschaftlicher Umsätze nach Durchschnittssätzen: Im Lichte der Pauschalregelung für landwirtschaftliche Erzeuger der Mehrwertsteuersystemrichtlinie, in: Umsatzsteuer Rundschau 2015, S. 329–339.

Robisch, Martin (Die umsatzsteuerliche Erfassung von Wertabgaben, 1997): Die umsatzsteuerliche Erfassung von Wertabgaben zu außerunternehmerischen Zwecken unter Berücksichtigung der europäischen Steuerharmonisierung, Aachen 1997.

Robisch, Martin (Bunjes/Geist, UStG, 2023): Kommentierung § 1 UStG, in: Bunjes/Geist, UStG, Kommentar, Begr. Bunjes, Johann/Geist, Reinhold, 22. Aufl., München 2023.

Rohner, Tobias Felix (Einlageentsteuerung, 2007): Der nachträgliche Vorsteuerabzug (Einlageentsteuerung) im schweizerischen MWSTG und nach der 6. MwSt-Richtlinie der EU, Bern 2007.

Rossi, Matthias (Calliess/Ruffert, EUV/AEUV, 2022): Kommentierung zu Art. 20 GRCh, in: Calliess/Ruffert, EUV/AEUV, Kommentar, Hrsg. Calliess, Christian/Ruffert, Matthias, 6. Aufl., München 2022.

Ruffert, Matthias (Calliess/Ruffert, EUV/AEUV, 2022): Kommentierung zu Art. 3 EUV u. Art. 288 AEUV, in: Calliess/Ruffert, EUV/AEUV, Kommentar, Hrsg. Calliess, Christian/Ruffert, Matthias, 6. Aufl., München 2022.

Ruppe, Hans Georg (Festschrift Tipke, 1995): "Unechte" Umsatzsteuerbefreiungen, Festschrift für Klaus Tipke: Die Steuerrechtsordnung in der Diskussion, Hrsg. Lang, Joachim, Köln 1995, S. 457–471.

Rüsken, Reinhart (Klein AO, 2022): Kommentierung zu § 73 AO, in: Klein, Abgabenordnung, Kommentar, 16. Aufl., München 2022.

Sahm, Reiner (Steuergerechtigkeit, 2019): Theorie und Ideengeschichte der Steuergerechtigkeit, Wiesbaden 2019.

Salder, Christian (MwStR 2020): Anm. zu BFH, Beschl. vom 13.11.2019 – V R 30/18 (BFHE 267, 171), in: Mehrwertsteuerrecht 2020, S. 309–313.

Scharpenberg, Benno (UR 2017): Größere Wettbewerbsverzerrungen durch Umsätze juristischer Personen des öffentlichen Rechts, in: Umsatzsteuer Rundschau 2017, S. 834–838.

Schaumburg, Harald (Umwandlung und Verschmelzung im Verkehrsteuerrecht, 1974): Umwandlung und Verschmelzung im Verkehrsteuerrecht: Zugleich ein Beitrag zum Systemgedanken im Verkehrsteuerrecht, Berlin 1974.

Schaumburg, Harald (Festschrift Reiss, 2008): Das Leistungsfähigkeitsprinzip im Verkehr- und Verbrauchsteuerrecht, in: Festschrift für Wolfram Reiss zum 65. Geburtstag, Hrsg. Kirchhof, Paul/Dürrschmidt, Daniel, Köln 2008, S. 25–43.

Schaumburg, Harald/Englisch, Joachim/Dobratz, Lars (Europäisches Steuerrecht, 2020): Europäisches Steuerrecht, Hrsg. Schaumburg, Harald/Englisch, Joachim/Dobratz, Lars, 2. Aufl., Köln 2020.

Scheer, Christian (John Stuart Mill, 2002): John Stuart Mill als Steuerphilosoph, in: Studien zur Entwicklung der ökonomischen Theorie XIX – John Stuart Mill, Hrsg. Streissler, Erich W.; Berlin 2002.

Schlienkamp, August (UR 1997): Leistungsort bei Reiseleistungen nach § 25 UStG: Anmerkungen zum EuGH-Urteil vom 20.2.1997 - Rs. C-260/95, in: Umsatzsteuer Rundschau 1997, S. 161–166.

Schmidt, Kurt (Handbuch der Finanzwissenschaft Bd. 2, 1980): Grundprobleme der Besteuerung, in: Handbuch der Finanzwissenschaft Band 2, Hrsg. Neumark, Fritz, 3. Aufl., Tübingen 1980, S 119–171.

Schmidt, Peter (Konsumbesteuerung durch Mehrwertsteuer, 1999): Konsumbesteuerung durch Mehrwertsteuer: Zur konsumorientierten Ausgestaltung mehrwertsteuerlicher Erhebungstechnik, Bielefeld 1999.

Schmitt, Lennart (Das unionsrechtliche Verbraucherleitbild, 2018): Das unionsrechtliche Verbraucherleitbild, Baden-Baden 2018.

Schmölders, Günter (Handbuch der Finanzwissenschaft Bd. 2, 1956): Das Verbrauch- und Aufwandsteuersystem, in: Handbuch der Finanzwissenschaft Band 2, Hrsg. Gerloff, Wilhelm, 2. Aufl., Tübingen 1956, S. 636-659.

Schmölders, Günter (Handbuch der Finanzwissenschaft Bd. 2, 1956), Die Umsatzsteuern, in: Handbuch der Finanzwissenschaft Band 2, Hrsg. Gerloff, Wilhelm, 2. Aufl., Tübingen 1956, S. 565–600.

Schmölders, Günter (FA 1963): Das Gerechtigkeitspostulat in der Besteuerung, in: FinanzArchiv 1963, S. 53-65.

Schneider, Dieter (StuW 1989): Reform der Unternehmensbesteuerung aus betriebswirtschaftlicher Sicht, in: Steuer und Wirtschaft 1989, S. 328–339.

Schneider, Dieter (Investition, Finanzierung und Besteuerung, 1992): Investition, Finanzierung und Besteuerung, 7. Aufl., Wiesbaden 1992.

Schneider, Dieter (Grundzüge der Unternehmensbesteuerung, 1994): Grundzüge der Unternehmensbesteuerung, 6. Aufl., Wiesbaden 1994.

Schneider Fossati, Gustavo (Leistungsfähigkeitsgrundsatz im Umsatzsteuerrecht, 2014): Die sozialstaatliche und freiheitsschonende Dimension des Leistungsfähigkeitsgrundsatzes im Umsatzsteuerrecht: Eine rechtsvergleichende Untersuchung zwischen Deutschland und Brasilien, Frankfurt 2014.

Schön, Wolfgang (DStJG Band 13, 1990): Personengesellschaften und Bruchteilsgemeinschaften im Umsatzsteuerrecht, in: Umsatzsteuer in nationaler und europäischer Sicht: DStJG Band 13, Hrsg.Woerner, Lothar, Köln 1990, S. 81–117.

Schreiber, Ulrich (Eigenständigkeit des Steuerrechts, 2019): Das Steuerrecht der Unternehmen aus ökonomischer Sicht: Neutralität der Besteuerung und Steuerwettbewerb, in: Eigenständigkeit des Steuerrechts, Hrsg. Droege, Michael/Seiler, Christian, Tübingen 2019, S. 213–245.

Schreiber, Ulrich/Kahle, Holger/Ruf, Martin (Besteuerung der Unternehmen, 2021): Besteuerung der Unternehmen: Eine Einführung in Steuerrecht und Steuerwirkung, 5. Aufl., Wiesbaden 2021.

Schuhmann, Helmut (Rau/Dürrwächter, UStG, 2023): Kommentierung zu § 24 UStG, in: Rau/Dürrwächter, Kommentar zum Umsatzsteuergesetz, Begr. Rau, Günter/Dürrwächter, Erich, Stand des Werks: 204. Ergänzungslieferung 6/2023, Köln 2023.

Schüle, Fritz (UR 1967): Der Vorsteuerabzug - Kernstück des Mehrwertsteuergesetzes, in: Umsatzsteuer Rundschau 1967, S. 217–222.

Schüler-Täsch, Sandy (Sölch/Ringleb, UStG, 2023): Kommentierung zu § 24 UStG, in: Sölch/Ringleb, Umsatzsteuergesetz, Kommentar Hrsg. Treiber, Andreas, Stand des Werks: 98. Ergänzungslieferung 6/2023, München 2023.

Schwerdtfeger, Angela (Charta der Grundrechte der EU, 2019): Kommentierung zu Art. 51 EU-GR-Charta, in: Charta der Grundrechte der Europäischen Union, Kommentar, Hrsg. Meyer, Jürgen/Hölscheidt, Sven, 5. Aufl., Baden-Baden, Bern, Wien 2019.

Schwinger, Reiner (Einkommens- und konsumorientierte Steuersysteme, 1992): Einkommens- und konsumorientierte Steuersysteme: Wirkungen auf Investition, Finanzierung und Rechnungslegung, Heidelberg 1992.

Seer, Roman (Tipke/Lang, Steuerrecht, 2020): Kapitel 2, in: Tipke/Lang, Steuerrecht, Begr. Tipke, Klaus/Lang, Joachim, Hrsg. Hey, Johanna/Seer, Roman, 24. Aufl., Köln 2020.

Seer, Roman (BB 2021): Steuervereinfachung - Postulat des Rechts, in: Betriebs Berater 2021, S. 1433–1439.

Seiler, Christian (Das Recht der Europäischen Union, 2023): Kommentierung zu Art. 113 AEUV, in: Das Recht der Europäischen Union, Nettesheim, Hrsg. Nettesheim, Martin, Stand des Werks: 79. Ergänzungslieferung 05/2023, München 2023.

Selmer, Peter (AöR 1976): Finanzordnung und Grundgesetz: Die Rechtsprechung des Bundesverfassungsgerichts in Finanz- und Steuersachen, in: Archiv des öffentlichen Rechts 1976, S. 399–462.

Siemens, Carl Friedrich von (Veredelte Umsatzsteuer, 1921): Veredelte Umsatzsteuer, 2. Aufl., Siemensstadt 1921.

Slapio, Ursula (Umsatzsteuer-Handbuch, 2023): Kommentierung zu § 3 Abs. 9a Nr. 2 UStG, § 10 Abs. 4 Satz 1 Nr. 3 UStG [Abschn. III, Kapitel 1 F], in: Das große Umsatzsteuer-Handbuch, Kommentar, Hrsg. Birkenfeld, Wolfram/Wäger, Christoph, Stand des Werks: 100. Ergänzungslieferung 6/2023, Köln 2023.

Smith, Adam (Wohlstand der Nationen, 1974): Der Wohlstand der Nationen: Eine Untersuchung seiner Natur und seiner Ursachen, München 1974 (Orig.: An Inquiry into the Nature and Causes of the Wealth of Nations, London 1776).

Söhn, Hartmut (StuW 1975): Die Umsatzsteuer als Verkehrsteuer und/oder Verbrauchsteuer, in: Steuer und Wirtschaft 1975, S. 1–18.

Söhn, Hartmut (StuW 1975): Zur Umsatzsteuer, in: Steuer und Wirtschaft 1975, S. 164–174.

Söhn, Hartmut (StuW 1976): Die Harmonisierung der Umsatzsteuern in der Europäischen Gemeinschaft: Eine steuersystematische Bestandsaufnahme, in: Steuer und Wirtschaft 1976, S. 1–31.

Söhn, Hartmut (StuW 1996), Die Umsatzsteuer als indirekte, allgemeine Verbrauchsteuer, in: Steuer und Wirtschaft 1996, S. 165–168.

Stadie, Holger (Das Recht des Vorsteuerabzugs, 1989): Das Recht des Vorsteuerabzugs, Köln 1989.

Stadie, Holger (DStJG Band 13, 1990): Probleme der Vorsteuer, in: Umsatzsteuer in nationaler und europäischer Sicht: DStJG Band 13, Hrsg. Woerner, Lothar, Köln 1990, S. 179–212.

Stadie, Holger (UR 2007): Modifizierung der Rechtsprechung des EuGH zur Unternehmereigenschaft der Holding im Umsatzsteuerrecht?, in: Umsatzsteuer Rundschau 2007, S. 1–3.

Stadie, Holger (UStG Kommentar, 2015): Umsatzsteuergesetz: Kommentar, 3. Aufl., Köln 2015.

Stadie, Holger (MwStR 2018): Das erste UStG von 1918 und die anschließende Entwicklung des Umsatzsteuerrechts, in: Mehrwertsteuerrecht 2018, S. 904–919.

Stadie, Holger (UR 2019): Nichtanrufung des Großen Senats des BFH und Nichtvorlage beim EuGH zur Nichtunternehmereigenschaft einer Bruchteilsgemeinschaft, in: Umsatzsteuer Rundschau 2019, S. 529–531.

Stadie, Holger (Rau/Dürrwächter, UStG, 2023): Kommentierung zu §§ 2, 15, 25a UStG, in: Rau/Dürrwächter, Kommentar zum Umsatzsteuergesetz, Begr. Rau, Günter/Dürrwächter, Erich, Stand des Werks: 204. Ergänzungslieferung 6/2023, Köln 2023.

Stapperfend, Thomas (Festschrift 100 Jahre Umsatzsteuer, 2018): Vorsteuerabzug bei Beteiligungsbesitz, in: 100 Jahre Umsatzsteuer in Deutschland 1918-2018: Festschrift, Hrsg. UmsatzsteuerForum e.V./Bundesministerium der Finanzen, Köln 2018, S. 387–412.

Stapperfend, Thomas (Rau/Dürrwächter, UStG, 2023): Kommentierung zu § 10 UStG, in: Rau/Dürrwächter, Kommentar zum Umsatzsteuergesetz, Begr. Rau, Günter/Dürrwächter, Erich, Stand des Werks: 204. Ergänzungslieferung 6/2023, Köln 2023.

Staringer, Claus (DStJG Band 41, 2018): Missbrauchsbekämpfung, Aufteilung der Besteuerungshoheit und Kohärenz in der Rechtsprechung des EuGH, in: Europäisches Steuerrecht: DStJG Band 41, Hrsg. Lang, Michael, Köln 2018, S. 365–382.

Sterzinger, Christian (DStR 2013): Vorsteuerabzug eines Gesellschafters, in: Deutsches Steuerrecht 2013, S. 1309–1313.

Sterzinger, Christian (UR 2015): Neuregelung der Umsatzbesteuerung der öffentlichen Hand, in: Umsatzsteuer Rundschau 2015, S. 655–671.

Sterzinger, Christian (UR 2016): Urteilsanmerkung - Vorsteuerabzug einer geschäftsleitenden Holding, in: Umsatzsteuer Rundschau 2016, S. 326–329.

Sterzinger, Christian (UR 2018): Anmerkung zu EuGH Urt. v. 25.7.2018 - C-140/17 - ECLI:EU:C:2018:595 - Gmina Ryjewo, in: Umsatzsteuer Rundschau 2018, S. 687–695.

Sterzinger, Christian (MwStR 2019): Unternehmereigenschaft einer Bruchteilsgemeinschaft und Zurechnung von Umsätzen: Zugleich Besprechung der Entscheidung des BFH vom 22.11.2018 – V R 65/17, in: Mehrwertsteuerrecht 2019, S. 298–307.

Sterzinger, Christian (Gesellschaftsrechtliche Leistungsbeziehungen, 2020): Umsatzsteuerliche Beurteilung von gesellschaftsrechtlichen Leistungsbeziehungen, Köln 2020.

Sterzinger, Christian (UR 2020): Änderungen des UStG und der UStDV durch das sog. JStG 2019 und das BEG III, in: Umsatzsteuer Rundschau 2020, S. 1–24.

Sterzinger, Christian (MwStR 2022): Anmerkung zu EuGH, Urt. vom 1.12.2022 – C-141/20, Norddeutsche Gesellschaft für Diakonie, in: Mehrwertsteuerrecht 2022, S. 889–891.

Sterzinger, Christian (DStRK 2022): Anmerkung zu BFH, Urt. vom 21.4.2022 – V R 2/22 (V R 6/18): Bedeutung des Neutralitätsgrundsatzes für Steuersatzermäßigungen, in: Deutsches Steuerrecht kurzgefaßt 2022, S. 204.

Sterzinger, Christian (Küffner/Zugmaier, UStG, 2023): Kommentierung zu §§ 1, 2, 2b, 24 UStG, in: Küffner/Zugmaier, Umsatzsteuer-Kommentar, Hrsg. Küffner, Thomas/ Zugmaier, Oliver, Stand des Werks: 172. Ergänzungslieferung vom 19.06.2023, Herne 2023.

Stier, Matthias (Der Einfluss des EuGH auf die ökonomische Effizienz, 2020): Der Einfluss des EuGH auf die ökonomische Effizienz der ertragsteuerlichen Behandlung grenzüberschreitender Investitionen, Würzburg 2020.

Stiglitz, Joseph E. (Economics of the public sector, 2000): Economics of the public sector, 3. Aufl., New York 2000.

Stiglitz, Joseph E./Schönfelder, Bruno (Finanzwissenschaft, 2000): Finanzwissenschaft, 2. Aufl., (1. dt.-sprachige Aufl.), München 2000.

Stiglitz, Joseph E.; Walsh, Carl E. (Mikroökonomie, 2010): Mikroökonomie, 4. Aufl., München 2010.

Streinz, Rudolf (Europarecht, 2016): Europarecht, 10. Aufl., Heidelberg 2016.

Streit, Georg von/Streit, Thomas (DStR 2016): Der BFH und die Missbrauchsbekämpfung: Was bleibt von der umsatzsteuerrechtlichen Organschaft?, in: Deutsches Steuerrecht 2016, S. 1448–1455.

Streit, Georg von/Streit Thomas (UStB 2016): Selektive Eingliederung von Personengesellschaften nach § 2 Abs. 2 Nr. 2 UStG?: Anmerkungen zu den BFH-Urteilen des V. Senats vom 2.12.2015 – V R 25/13 und des XI. Senats vom 19.1.2016 – XI R 38/12, in: Der Umsatz-Steuer-Berater 2016, S. 148–157.

Streit, Georg von (UStB 2023): Wann ist das Unternehmen ein Hobby und wann ist das Hobby ein Unternehmen?, Anmerkungen zu BFH vom 8.9.2022 - V R 26/21 und BFH vom 8.9.2022 - V R 27/21, in: Der Umsatz-Steuer-Berater 2023, S. 116–128.

Streit, Thomas/Schabert, Dominic (DStR 2023): Anmerkung zu EuGH, Urt. vom 13.07.2023, C-180/22, Harry Mensing II, in: Deutsches Steuerrecht 2023, S. 1842-1843.

Stumpf, Cordula (Schwarze et al., EU-Kommentar, 2019): Kommentierung zu Art. 110, Art. 113 AEUV, in: EU-Kommentar, Hrsg. Schwarze, Jürgen/Becker, Ulrich et al., 4. Aufl., Baden-Baden, Wien, Basel 2019.

Tait, Alan A. (Value added tax, 1988): Value added tax: International practice and problems, Washington, D.C. 1988.

Tarhova, Ekaterina/Yoncheva, Elena (Int. VAT Monitor 2020): The EU Special Scheme for Travel Agents: Complex Present but Desired Future – Options for Reform, in: Int. VAT Monitor 2020, S. 205–211.

Tehler, Hermann-Josef (Reiß/Kraeusel/Langer, UStG, 2023): Kommentierung zu § 10 UStG, in: Reiß/Kraeusel/Langer, Umsatzsteuergesetz, Kommentar, Hrsg. Reiß, Wolfram/Kraeusel, Jörg /Langer, Michael, Stand des Werks: 183. Ergänzungslieferung 4/2023, Bonn 2023.

Teichmann, Knud Michael (StuW 1975): Der Verlust des Vorsteuerabzugs im steuerfreien Bereich der Mehrwertsteuer (§ 15 Abs. 2 UStG): Eine steuersystematische und verfassungsrechtliche Untersuchung, in: Steuer und Wirtschaft 1975, S. 189–205.

Terra, Ben (The Ordeal of VAT Harmonisation, 2019): The Ordeal of VAT Harmonisation in the EU, Selbstverlag 2019.

Theile, Carsten (Wettbewerbsneutralität, 1995): Wettbewerbsneutralität der harmonisierten Umsatzsteuer: Theoretischer Anspruch und praktische Umsetzung, Köln 1995.

Theile, Carsten (StuW 1996): Die Belastungswirkung der Umsatzsteuer: Steuerrechtswissenschaftlicher Glaube, gesetzgeberischer Wille und ökonomische Wirklichkeit, in: Steuer und Wirtschaft 1996, S. 154–164.

Tiede, Kai (StuB 2021): Personengesellschaften als Organgesellschaften einer umsatzsteuerlichen Organschaft: Anmerkungen zum EuGH-Urteil vom 15.4.2021 – C-868/19, in: NWB Unternehmenssteuern und Bilanzen 2021, S. 389–394.

Tiede, Kai (Die Holding als umsatzsteuerlicher Unternehmer, 2001): Die Holding als umsatzsteuerlicher Unternehmer: Zur Konkretisierung des Begriffs des mittelbaren Unternehmers im Umsatzsteuerrecht, Lohmar, Köln 2001.

Tipke, Klaus (StuW 1971): Steuerrecht - Chaos, Konglomerat oder System?, in: Steuer und Wirtschaft 1971, S. 2–17.

Tipke, Klaus (StuW 1992): Über Umsatzsteuer-Gerechtigkeit, in: Steuer und Wirtschaft 1992, S. 103–120.

Tipke, Klaus (Steuerrechtsordnung Bd. I, 2000): Die Steuerrechtsordnung: Wissenschaftsorganisatorische, systematische und grundrechtlich-rechtsstaatliche Grundlagen, Band. 1, 2. Aufl., Köln 2000.

Tipke, Klaus (Steuerrechtsordnung Bd. II, 2003): Die Steuerrechtsordnung: Steuerrechtfertigungstheorie, Anwendung auf alle Steuerarten, sachgerechtes Steuersystem, Band. 2, 2. Aufl., Köln 2003.

Tipke, Klaus (StuW 2007): Steuergerechtigkeit unter besonderer Berücksichtigung des Folgerichtigkeitsgebots, in: Steuer und Wirtschaft 2007, S. 201–220.

Treiber, Andreas (Sölch/Ringleb, UStG, 2023): Kommentierung zu § 2 UStG, in: Sölch/Ringleb, Umsatzsteuergesetz, Kommentar Hrsg. Treiber, Andreas, Stand des Werks: 98. Ergänzungslieferung 6/2023, München 2023.

Treiber, Andreas (DStR 2023): Anmerkung zu EuGH-Nachfolgeentscheidung BFH, Urt. vom 18.1.2023 – XI R 29/22 (XI R 16/18), in: Deutsches Steuerrecht 2023, S. 643-644.

Treiber, Andreas (DStR 2023): Anmerkung zu EuGH-Vorlage des BFH vom 22.11.2022, XI R 17/20 zur Umsatzbesteuerung der Wärmeabgabe aus einer Biogas-Anlage, in Deutsches Steuerrecht 2023, S. 700.

Treisch, Corinna (SteuerStud 2000): Entscheidungsneutralität der Besteuerung, Ökonomische Anforderungen an ein „gutes" Steuersystem, in: Steuer und Studium 2000, S. 368–374.

Tumpel, Michael (DStJG Band 32, 2009): Prinzipien, Systemschwächen und Reformbedarf bei der Umsatzbesteuerung des internationalen Güter- und Dienstleistungsverkehrs: in: Umsatzsteuer im Europäischen Binnenmarkt, DStJG Band 32, Hrsg. Seer, Roman, Köln 2009, S. 52–102.

Urbas, Helmut (Die wirtschaftliche Betrachtungsweise im Steuerrecht, 1987): Die wirtschaftliche Betrachtungsweise im Steuerrecht, Frankfurt am Main 1987.

Vobbe, Rainald (UR 2021): Reiseleistungen in der Umsatzsteuer: Zugleich Anmerkungen zur Neufassung des Umsatzsteuer-Anwendungserlasses, in: Umsatzsteuer Rundschau 2021, S. 805–812.

Vogel, Klaus (DStZ/A 1975): Steuergerechtigkeit und soziale Gestaltung, in: Deutsche Steuer-Zeitung 1975, S. 409–415.

Vogel, Max (UR 2020): Zolltarifliche Abgrenzung vs. Neutralitätsgrundsatz, in: Umsatzsteuer Rundschau 2020, S. 861–868.

Wäger, Christoph (UR 2012): Gesellschafter im Umsatzsteuerrecht: – Vom Trennungs- zum Transparenzprinzip? , in: Umsatzsteuer Rundschau 2012, S. 911–918.

Wäger, Christoph (UR 2012): Rechtsprechungsauslese 2011, in: Umsatzsteuer Rundschau 2012, S. 125–142.

Wäger, Christoph (UR 2012): Sein und Nichtsein bei fehlender Rechtsfähigkeit: Bruchteilsgemeinschaft und Mehrwertsteuergruppe in der Umsatzsteuer, Umsatzsteuer Rundschau 2020, S. 627–633.

Wäger, Christoph (UR 2016): Organschaft: Neuausrichtung unter Berücksichtigung unionsrechtlicher Erfordernisse, in: Umsatzsteuer Rundschau 2016, S. 173–180.

Wäger, Christoph (Festschrift 100 Jahre Umsatzsteuer, 2018): Entnahme, Einlage und Berichtigung, in: 100 Jahre Umsatzsteuer in Deutschland 1918-2018: Festschrift, Hrsg. UmsatzsteuerForum e.V./Bundesministerium der Finanzen, Köln 2018, S. 477–493.

Wäger, Christoph (Umsatzsteuer-Handbuch, 2023): Kommentierung zu § 2 Abs. 2 Nr. 2 UStG [Abschn. 1, Kapitel 3, C.], § 25a UStG [Archiv C. VII. § 236], in: Das große Umsatzsteuer-Handbuch, Kommentar, Hrsg. Birkenfeld, Wolfram/Wäger, Christoph, Stand des Werks: 100. Ergänzungslieferung 6/2023, Köln 2023.

Wagner, Franz W. (FA 1986): Der gesellschaftliche Nutzen einer betriebswirtschaftlichen Steuervermeidungslehre, in: FinanzArchiv 1986, S. 32–54.

Wagner, Franz W. (StuW 1992): Neutralität und Gleichmäßigkeit als ökonomische und rechtliche Kriterien steuerlicher Normkritik, in: Steuer und Wirtschaft 1992, S. 2–13.

Wagner, Franz W. (Festschrift Schneider, 1995): Leitlinien steuerlicher Rechtskritik als Spiegel betriebswirtschaftlicher Theoriegeschichte, in: Unternehmenstheorie u. Besteuerung: Festschrift zum 60. Geburtstag von Dieter Schneider, Hrsg. Elschen, Rainer/Siegel, Theodor/Wagner, Franz W., Wiesbaden, 1995, S. 723–746.

Wagner, Franz W. (Kompendium der Betriebswirtschaftslehre, 2005): Besteuerung, in: Vahlens Kompendium der Betriebswirtschaftslehre, Band 2., Hrsg. Bitz, Michael, 5. Aufl., München 2005, S. 409–477.

Wagner, Franz W. (StuW 2006): Was bedeutet und wozu dient Rechtsformneutralität der Unternehmensbesteuerung?, in: Steuer und Wirtschaft 2006, S. 101–114.

Wagner, Franz W. (DStR 2014): Der Homo Oeconomicus als Menschenbild des Steuerrechts, in: Deutsches Steuerrecht 2014, S. 1133–1143.

Wagner, Wilfried (DStJG Band 13, 1990): Umsatzsteuer und öffentliche Hand, in: Umsatzsteuer in nationaler und europäischer Sicht: DStJG Band 13, Hrsg. Woerner, Lothar, Köln 1990, S. 59–80.

Wagner, Wilfried/Dziadkowski, Dieter et al. (ifo Schnelldienst 2/2017): Wandel bei der Umsatzbesteuerung der öffentlichen Hand: Mehr Wettbewerbsgerechtigkeit oder neue Belastungen für die Kommunen?, in: ifo Schnelldienst 2/2017, S. 3–32.

Walden, Peter (Die Umsatzsteuer als indirekte Verbrauchsteuer, 1988): Die Umsatzsteuer als indirekte Verbrauchsteuer: Eine steuerwissenschaftliche Untersuchung zur Systemgerechtigkeit der Umsatzsteuer, Berlin 1988.

Waldhoff, Christian (Calliess/Ruffert, EUV/AEUV, 2022): Kommentierung zu Art. 110, 113 AEUV, in Calliess/Ruffert, EUV/AEUV, Kommentar, Hrsg. Calliess, Christian/Ruffert, Matthias, 6. Aufl., München 2022.

Weber, Christian (UR 2011): Abschaffung oder drastische Einschränkung des ermäßigten Umsatzsteuersatzes?, in: Umsatzsteuer Rundschau 2011, S. 886–894.

Weber, Stefan (Belastungs- und Entscheidungswirkungen der Umsatzsteuer, 2016): Modelltheoretische und empirische Belastungs- und Entscheidungswirkungen der Umsatzsteuer, Aachen 2016.

Weber-Grellet, Heinrich (Steuern Verfassungsstaat, 2001): Steuern im modernen Verfassungsstaat, Köln 2001.

Wegener, Bernhard W. (Calliess/Ruffert, EUV/AEUV, 2022): Kommentierung zu Art. 19 EUV, in: Calliess/Ruffert, EUV/AEUV, Kommentar, Hrsg. Calliess, Christian/Ruffert, Matthias, 6. Aufl., München 2022.

Weiss, Eberhard (UR 1993): Quo vadis Umsatzsteuer?: Rückblick und Ausblick auf zwei Umsatzsteuersysteme, in: Umsatzsteuer Rundschau 1993, S. 329–335.

Wenger, Ekkehard (FA 1983): Gleichmäßigkeit der Besteuerung von Arbeits- und Vermögenseinkünften, in: FinanzArchiv 1983, S. 207–252.

Wenzel, Werner (Rau/Dürrwächter, UStG, 2023): Kommentierung zu § 25 UStG, in: Rau/Dürrwächter, Kommentar zum Umsatzsteuergesetz, Begr. Rau, Günter/Dürrwächter, Erich, Stand des Werks: 204. Ergänzungslieferung 6/2023, Köln 2023.

Widmann, Werner (UR 1999): Einige Fragen zu Artikel 8 des Entwurfs eines Steuerentlastungsgesetzes 1999/2000/2002, in: Umsatzsteuer Rundschau 1999, S. 20–26.

Widmann, Werner (UR 2015): Umsatzbesteuerung der juristischen Person öffentlichen Rechts, in: Umsatzsteuer Rundschau 2015, S. 5–11.

Widmann, Werner (UR 2018): Vom Handeln eines Steuerpflichtigen als solchem, in: Umsatzsteuer Rundschau 2018, S. 666–669.

Wiesch, Thomas (Die umsatzsteuerliche Behandlung der öffentlichen Hand, 2015): Die umsatzsteuerliche Behandlung der öffentlichen Hand, Köln 2015.

Wöhe, Günter/Döring, Ulrich/Brösel, Gerrit (Einführung in die Allgemeine Betriebswirtschaftslehre, 2020): Einführung in die Allgemeine Betriebswirtschaftslehre, Begr. Wöhe, Günter, 27. Aufl., München 2020.

Wüst, Christian (UR 2023): Deutsche Organschaftsregelung hat Bestand, in: Umsatzsteuer Rundschau 2023, S. 1–5.

Zimmermann, Horst/Henke, Klaus-Dirk/Broer, Michael (Finanzwissenschaft, 2017): Finanzwissenschaft: Eine Einführung in die Staatsfinanzen, 12. Aufl., München 2017.

Zippelius, Reinhold (Juristische Methodenlehre, 2012): Juristische Methodenlehre, 11. Aufl., München 2012.

Zirkl, Cornelia (Die Neutralität der Umsatzsteuer, 2015): Die Neutralität der Umsatzsteuer als europäisches Besteuerungsprinzip: Inhalt, Herleitung und der Umgang mit Neutralitätsverletzungen, Frankfurt am Main 2015.

Zugmaier, Oliver (DStR 2009): Der Share Deal in der Umsatzsteuer, in: Deutsches Steuerrecht 2009, S. 882–888.

B. Internetquellen

Böhmer, Michael/Weisser, Johannes/Drechsler, Katharina (20 Jahre Binnenmarkt, 2014): 20 Jahre Binnenmarkt: Wachstumseffekte der zunehmenden europäischen Integration, https://www.bertelsmann-stiftung.de/fileadmin/files/BSt/Presse/imported/downloads/xcms_bst_dms_40166_40167_2.pdf, Zugriffsdatum: 16.09.2023.

Böhringer, Christoph/Büttner, Thiess et al. (Allokative und distributive Effekte, 2004): Allokative und distributive Effekte einer Abschaffung des ermäßigten Umsatzsteuersatzes: Dienstleistungsauftrag des BMF. Kurzfassung, http://hdl.handle.net/10419/111451, Zugriffsdatum: 16.09.2023.

Böhringer, Christoph/Wiegard, Wolfgang et al., (Analyse der fiskalischen Auswirkungen des ermäßigten Umsatzsteuersatzes, 2013): Analyse der fiskalischen Auswirkungen des ermäßigten Umsatzsteuersatzes in Deutschland unter Verwendung eines Simulationsmodells sowie der Wachstumseffekte von Straffungskonzepten, http://hdl.handle.net/10419/111426, Zugriffsdatum: 16.09.2023.

Bundesministerium der Finanzen (Eckpunkte einer Gruppenbesteuerung, 2019): Eckpunkte einer Gruppenbesteuerung in Anlehnung an Art. 11 MwStSystRL: Identifizierung notwendiger Regelungsbereiche und mögliche Lösungen, https://www.vab.de/wp-content/uploads/2019/04/Eckpunkte_140319.pdf, Zugriffsdatum: 16.09.2023.

Bundesrechnungshof (Bericht des Bundesrechnungshofs über den ermäßigten Steuersatz, 2022): Bericht nach § 88 Absatz 2 BHO an den Finanzausschuss des Deutschen Bundestages – Reform des ermäßigten Umsatzsteuersatzes lange überfällig, https://www.bundesrechnungshof.de/SharedDocs/Downloads/DE/Berichte/2023/88-fa-umsatzsteuer-volltext.pdf?__blob=publicationFile&v=3, Zugriffsdatum: 16.09.2023.

Bundesrechnungshof (Bericht des Bundesrechnungshofs an das BMF über die Durchschnittssatzbesteuerung, 2019): Bericht an das Bundesministerium der Finanzen nach § 88 Abs. 2 BHO über die Durchschnittssatzbesteuerung nach § 24 Umsatzsteuergesetz, https://www.bundesrechnungshof.de/SharedDocs/Downloads/DE/Berichte/2019/durchschnittssatzbesteuerung-volltext.pdf?__blob=publication File&v=1, Zugriffsdatum 16.09.2023.

Burghof, Hans-Peter/Swiatkowski, Jan/Puke, Marius (Künstliche Deflation und rückläufige gefühlte Inflation, 2020): Künstliche Deflation und rückläufige gefühlte Inflation, https://bank.uni-hohenheim.de/fileadmin/einrichtungen/bank/20200817_Burghof_Swiatkowski_Puke_V3.pdf, Zugriffsdatum 16.09.2023.

Copenhagen Economics (Study on reduced VAT applied, 2007): Study on reduced VAT applied to goods and services in the Member States of the European Union, https://ec.europa.eu/taxation_customs/system/files/2016-09/study_reduced_vat.pdf, Zugriffsdatum 16.09.2023.

Deutsche Bundesbank (Preis- und Mengenwirkungen der Mehrwertsteueranhebung, 2008): Preis- und Mengenwirkungen der Mehrwertsteueranhebung zum 1. Januar 2007, Monatsbericht April 2008, https://www.bundesbank.de/resource/blob/692702/fff58a8e319a3d3ea1d022a6f53e4e44/mL/2008-04-mehrwertsteueranhebung-data.pdf, Zugriffsdatum 16.09.2023.

Eichfelder, Sebastian et al. (Auswirkungen von Steuervereinfachungen, 2010): Forschungsprojekt I C 4 – 18/10 im Auftrag des Bundesministeriums für Wirtschaft und Technologie: Auswirkungen von Steuervereinfachungen, http://hdl.handle.net/10419/110529, Zugriffsdatum 16.09.2023.

Eichfelder, Sebastian/Knaisch, Jonas (arqus Discussion Paper No. 259, 2020), Betriebliche Bürokratiekosten der befristeten Mehrwertsteuersenkung durch das Zweite Corona-Steuerhilfegesetz: arqus Discussion Paper No. 259, http://www.arqus.info/mobile/paper/arqus_259.pdf, Zugriffsdatum: 16.09.2023.

Elschner, Christina/Heinemann, Friedrich et al. (Evaluierung von Steuervergünstigungen, Bd. 2, 2009): Umsatzsteuerermäßigungen für kulturelle und unterhaltende Leistungen, Umsätze von Zahntechnikern sowie Personenbeförderung im öffentlichen Nahverkehr, in: Evaluierung von Steuervergünstigungen: Band 2 Evaluierungsberichte (erster Teilband), Hrsg. FiFo Köln/Copenhagen Economics/ZEW, https://ftp.zew.de/pub/zew-docs/gutachten/stv/BAND-II_FinalVersion.pdf, Zugriffsdatum: 16.09.2023.

Europäische Kommission (VEG No. 110, taxud.c.1(2023)1085168): VAT Expert Group, VEG No 110, Summary Minutes 32 Meeting, 6 December 2022, taxud.c.1 (2023)1085168: https://circabc.europa.eu/ui/group/cb1eaff7-eedd-413d-ab88-94f761f9773b/library/472c8bd9-069b-479b-8995-c979b2c8bc4b/details, Zugriffsdatum 16.09.2023.

Fuest, Clemens (ifo Standpunkt 218, 2020): Was leistet die temporäre Mehrwertsteuersenkung?: ifo Standpunkt 218, https://www.ifo.de/publikationen/2020/ifo-standpunkt/was-leistet-die-temporaere-mehrwertsteuersenkung, Zugriffsdatum: 16.09.2023.

Goecke, Henry/Rusche, Christian (IW-Kurzbericht 90/2020, 2020): Mehrwertsteuersenkung: Erste Effekte sichtbar: IW-Kurzbericht 90/2020, https://www.iwkoeln.de/fileadmin/user_upload/Studien/Kurzberichte/PDF/2020/IW-Kurzbericht_2020-Mehrwertsteuersenkung.pdf, Zugriffsdatum: 16.09.2023.

Idealo internet GmbH (Mehrwertsteuersenkung führt zu niedrigeren Preisen, 2020): Mehrwertsteuersenkung führt zu niedrigeren Preisen im Online-Handel, https://www.

idealo.de/unternehmen/pressemitteilungen/mehrwertsteuersenkung-fuehrt-zu-niedrigeren-preisen-im-online-handel, Zugriffsdatum: 16.09.2023.

Ismer, Roland/Kaul, Ashok et al. (Analyse und Bewertung der Strukturen, 2010): Analyse und Bewertung der Strukturen von Regel- und ermäßigten Sätzen bei der Umsatzbesteuerung unter sozial-, wirtschafts-, steuer- und haushaltspolitischen Gesichtspunkten, https://taspo.de/uploads/media/TASPO-Downloads-Mehrwertsteuer-Gutachten.pdf, Zugriffsdatum: 18.03.2023.

KPMG, (TAXUD/2016/AO-05, 2016): Study on the review of the VAT Special Scheme for travel agents and options for reform: Final Report: TAXUD/2016/AO-05, https://taxation-customs.ec.europa.eu/system/files/2017-12/travel_agents_special_vat_scheme_en.pdf, Zugriffsdatum: 16.09.2023.

aus dem Moore, Niels/Kambeck, Rainer et al. (Untersuchung des deutschen Steuersystems, 2009): Untersuchung des deutschen Steuersystems auf Überwälzungsvorgänge und ihre Wirkungen: Forschungsprojekt für das Bundesministerium der Finanzen, Hrsg. Rheinisch-Westfälisches Institut für Wirtschaftsforschung, https://www.econstor.eu/handle/10419/236519, Zugriffsdatum: 16.09.2023.

Næss-Schmidt, Sigurd et al. (Abschlussbericht für TAXUD/2009/DE/316, 2011): Mehrwertsteuer im öffentlichen Sektor und Mehrwertsteuerbefreiungen im öffentlichen Interesse: Abschlussbericht für TAXUD/2009/DE/316, Hrsg. Copenhagen Economics/KPMG, https://ec.europa.eu/taxation_customs/system/files/2016-09/vat_public_sector_de.pdf, Zugriffsdatum: 16.09.2023.

Schemmel, Lothar (Entlastung lebensnotwendiger Ausgaben von der Mehrwertsteuer, 2009): Entlastung lebensnotwendiger Ausgaben von der Mehrwertsteuer, http://hdl.handle.net/10419/45556, Zugriffsdatum: 16.09.2023.

Schreiber, Ulrich (Das Steuerrecht der Unternehmen, 2018): Das Steuerrecht der Unternehmen aus ökonomischer Sicht: Neutralität der Besteuerung und Steuerwettbewerb, https://madoc.bib.uni-mannheim.de/46275/, Zugriffsdatum: 16.09.2023.

Wagner, Franz W./Weber, Stefan/Gegenwarth, Lisa (Wird die Umsatzsteuer überwälzt?, 2014): Wird die Umsatzsteuer überwälzt? Eine empirische Studie der Preispolitik im deutschen Hotelgewerbe, http://www.arqus.info/mobile/paper/arqus_179.pdf, Zugriffsdatum: 16.09.2023.

C. Gesetzesmaterialien

Bekanntmachung vom 13.11.2009 über das Inkrafttreten des Vertrags von Lissabon (BGBl II 2009, S. 1223–1224).

Beschluss des Rates vom 21.04.1970 über die Ersetzung der Finanzbeiträge der Mitgliedstaaten durch eigene Mittel der Gemeinschaften (70/243/EGKS, EWG, Euratom) (ABl. 1970 L 94).

Beschlussempfehlung und Bericht des Finanzausschusses (7. Ausschuss) zu dem Gesetzentwurf der Bundesregierung (BT- Drucksache 18/4902), Entwurf eines Gesetzes zur Umsetzung der Protokollerklärung zum Gesetz zur Anpassung der Abgabenordnung an den Zollkodex der Union und zur Änderung weiterer steuerlicher Vorschriften, BT-Drucksache 18/6094 vom 23.09.2015.

Beschlussempfehlung und Bericht des Finanzausschusses (7. Ausschuss) zu dem Gesetzentwurf der Bundesregierung (BT- Drucksache 20/2247), Entwurf eines Achten Gesetzes zur Änderung von Verbrauchsteuergesetzen, BT-Drucksache 20/3590 vom 21.09.2022.

Beschlußempfehlung und Bericht des Finanzausschusses (7. Ausschuß) zu dem Gesetzentwurf der Fraktionen der CDU/CSU und F.D.P.: Entwurf eines Gesetzes zur Anpassung steuerlicher Vorschriften der Land- und Forstwirtschaft, BT-Drucksache 13/10315 vom 01.04.1998.

Charta der Grundrechte der Europäischen Union (2010/C 83/02) (ABl. 2010, C 83/389).

Entwurf eines Gesetzes betreffend die Abwälzung des Warenumsatzstempels nebst Begründung (RT-Drs. 808), Verhandlungen des Reichstages 1917, Nr. 808 vom 10.05.1917, S. 1569–1570.

Entwurf eines Gesetzes zur Stärkung von Wachstumschancen, Investitionen und Innovation sowie Steuervereinfachung und Steuerfairness (Wachstumschancengesetz), BR-Drs. 433/23 vom 08.09.2023.

Entwurf eines Gesetzes zur Umsetzung unionsrechtlicher Vorgaben im Umsatzsteuerrecht, Gesetzentwurf der Bundesregierung, BR-Drs. 776/21 vom 28.10.2021.

Entwurf eines Gesetzes zur weiteren steuerlichen Förderung der Elektromobilität und zur Änderung weiterer steuerlicher Vorschriften (JStG 2019), Gesetzentwurf der Bundesregierung, BT-Drs. 19/13436 vom 23.09.2019.

Entwurf eines Umsatzsteuergesetzes 1918 [nebst Begründung] (RT-Drs. 1461), Verhandlungen des Reichstages 1918, Nr. 1461, S. 1–66.

Entwurf eines Umsatzsteuergesetzes, Gesetzentwurf der Bundesregierung, BT-Drs. IV/ 1590 vom 30.10.1963.

Erklärung zur Charta der Grundrechte der Europäischen Union (ABl. 2012 C 326, S. 339).

Erste Richtlinie 67/227/EWG des Rates vom 11.04.1967 (ABl. EG, 1967, S. 1301–1303).

Gesetz über einen Warenumsatzstempel vom 26.06.1916 (RGBl. 1916, S. 639–645).

Gesetz zur Beschleunigung des Wirtschaftswachstums (Wachstumsbeschleunigungsgesetz) vom 23.12.2009 (BGBl I 2009, S. 3950–3956).

Gesetz zur Modernisierung des Personengesellschaftsrechts (Personengesellschaftsrechtsmodernisierungsgesetz – MoPeG) vom 10.08.2021 (BGBl I 2021, S. 3446-3482).

Internationale Übereinkunft vom 29. Juli 1899 betreffend die Gesetze und Gebräuche des Landkriegs (mit Reglement), https://www.jura.uni-muenchen.de/fakultaet/lehrstuehle/satzger/materialien/haag1899d.pdf, Zugriffsdatum: 22.03.2023.

Konsolidierte Fassungen des Vertrags über die Europäische Union (EUV) und des Vertrags über die Arbeitsweise der Europäischen Union (AEUV) (ABl. EU Nr. C 202 S. 1–405).

Konsultationspapier (TAXUD/C1), 2013: Überprüfung bestehender MwSt-Rechtsvorschriften zu öffentlichen Einrichtungen und Steuerbefreiungen für dem Gemeinwohl dienende Tätigkeiten, https://taxation-customs.ec.europa.eu/system/files/2016-09/consultation_document_de_4.pdf, Zugriffsdatum: 16.09.2023.

Mitteilung der Kommission an den Rat und an das Europäische Parlament über vom Normalsatz abweichende Mehrwertsteuersätze (KOM (2007) 380), https://eur-lex.europa.eu/LexUriServ/LexUriServ.do?uri=COM:2007:0380:FIN:DE:PDF, Zugriffsdatum: 16.09.2023.

Mitteilung der Kommission an das Europäische Parlament und den Rat über die Option der MwSt-Gruppe gemäß Artikel 11 der Richtlinie 2006/112/EG des Rates über das gemeinsame Mehrwertsteuersystem (KOM (2009) 325) vom 02.07.2009, https://eur-lex.europa.eu/LexUriServ/LexUriServ.do?uri=COM:2009:0325:FIN:DE:PDF, Zugriffsdatum: 16.09.2023.

Richtlinie 2006/112/EG des Rates vom 28.11.2006 über das gemeinsame Mehrwertsteuersystem (ABl. 2006, L 347).

Schriftlicher Bericht des Finanzausschusses (14. Ausschuß) über den von den Fraktionen der CDU/CSU, FDP eingebrachten Entwurf eines Umsatzsteuergesetzes (Nettoumsatzsteuer) zu BT-Drucksache V/1581, BT-Drucksache V/48 vom 30.03.1967.

Schriftlicher Bericht des Finanzausschusses (14. Ausschuß) über den Vorschlag der Kommission der EWG für zu erlassende RL zur Harmonisierung der Rechtsvorschriften betr. der Umsatzsteuern, BT-Drucksache IV/2580 vom 05.10.1964.

Sechste Richtlinie 77/388/EWG des Rates vom 17.05.1977 (ABl. 1977, L 145).

Übereinkommen zur Errichtung der Welthandelsorganisation (WTO) vom 23.12.1994 (ABl. Nr. L 336, S. 3).

Umsatzsteuergesetz vom 26.07.1918 (UStG 1918) (RGBl. 1918, S. 779).

Umsatzsteuergesetz vom 08.05.1926 (UStG 1926) (RGBl I 1926, S. 218).

Umsatzsteuergesetz vom 30.01.1932 (UStG 1932) (RGBl. I 1932, S. 39).

Umsatzsteuergesetz 1934 nebst Durchführungsbestimmungen vom 16.10.1934 (UStG 1934) (RGBl. 1934 I, S. 942).

Umsatzsteuergesetz vom 01.09.1951 (UStG 1951) (BGBl. I 1951 S. 791).

Umsatzsteuergesetz (Mehrwertsteuer) vom 29.05.1967 (UStG 1967) vom 29.05.1967, (BGBl. I 1967, S. 545).

Umsatzsteuergesetz (UStG 2005) in der Fassung der Bekanntmachung. vom 21.02.2005 (BGBl. I S. 386) geändert durch Artikel 12 des Gesetzes. vom 12.12.2019 (JStG 2019) (BGBl. I S. 2451).

Umsatzsteuergesetz (UStG 2005) in der Fassung der Bekanntmachung. vom 21.02.2005 (BGBl. I S. 386) geändert durch Art. 11 des Gesetzes vom 21.12.2020 (JStG 2020) (BGBl. I S. 3096).

Umsatzsteuergesetz (UStG 2005) in der Fassung der Bekanntmachung. vom 21.02.2005 (BGBl. I S. 386) zuletzt geändert durch Artikel 16 des Gesetzes vom 16.12.2022 (JStG 2022) (BGBl. I S. 2294).

Verordnung (EWG, Euratom) Nr. 1553/89 des Rates vom 29.05.1989 über die endgültige einheitliche Regelung für die Erhebung der Mehrwertsteuereigenmittel (ABl. L 155, S. 9).

Verordnung über Umsatzsteuervergütung vom 28.11.1932 (RGBl. I 1932, S. 536).

Vertrag von Lissabon zur Änderung des Vertrages über die Europäische Union und des Vertrags zur Gründung der Europäischen Gemeinschaft (ABl. EU 2007 Nr. C 306 S. 1).

Vertrag zur Gründung der Europäischen Wirtschaftsgemeinschaft vom 25.03.1957, https://eur-lex.europa.eu/legal-content/DE/TXT/PDF/?uri=CELEX:11957E/TXT&from=DE, Zugriffsdatum: 16.09.2023.

Vorschlag der Kommission für eine Richtlinie zur Harmonisierung der Rechtsvorschriften der Mitgliedstaaten betreffend die Umsatzsteuern, BT-Drucksache IV/850 vom 17.12.1962.

Vorschlag für eine Richtlinie zur Änderung der Richtlinie 2006/112/EG in Bezug auf die Mehrwertsteuersätze vom 18.01.2018 (COM(2018) 20), https://eur-lex.europa.eu/resource.html?uri=cellar:6ba9e0ba-fc39-11e7-b8f5-01aa75ed71a1.0002.02/DOC_1&format=PDF, Zugriffsdatum: 16.09.2023.

Vorschlag einer sechsten Richtlinie des Rates zur Harmonisierung der Rechtsvorschriften der Mitgliedstaaten über die Umsatzsteuern, Gemeinsames Mehrwertsteuersystem: einheitliche steuerpflichtige Bemessungsgrundlage, BT-Drucksache 7/913 vom 19.07.1973.

Zweite Richtlinie 67/228/EWG des Rates vom 11.04.1967 zur Harmonisierung der Rechtsvorschriften der Mitgliedstaaten über die Umsatzsteuern — Struktur und Anwendungsmodalitäten des gemeinsamen Mehrwertsteuersystems (ABl. 1967, S. 1303).

Zweites Gesetz zur Umsetzung steuerlicher Hilfsmaßnahmen zur Bewältigung der Corona-Krise (Zweites Corona-Steuerhilfegesetz) (BGBl I 2020, S. 1512).

D. Sonstige Drucksachen

Bericht des Bundesrechnungshofes nach § 99 der Bundeshaushaltsordnung über den ermäßigten Umsatzsteuersatz: Vorschläge für eine künftige Ausgestaltung der Steuerermäßigung, BR-Drucksache. 390/10 vom 28.06.2010.

Bemerkungen des Bundesrechnungshofes 2019 zur Haushalts- und Wirtschaftsführung des Bundes (einschließlich der Feststellungen zur Haushaltsrechnung und zur Vermögensrechnung 2018), BT-Drucksache 19/15700 vom 10.12.2019.

Denkschrift über eine Änderung des Umsatzsteuerrechts, BT-Drucksache 2/1924 vom 06.12.1955.

E. Verwaltungsanweisungen

BMF-Schreiben v. 16.12.2016, II C 2 - S 7107/16/10001, BStBl I, S. 1451.

BMF-Schreiben v. 19.07.2022, III C 3 - S 7189/20/10001:001, BStBl I 2022, S. 1208.

BMF-Schreiben v. 12.12.2022, III C 2 - S 7419/19/10002:004, BStBl I 2022, S. 1682.

BMF-Schreiben v 04.04.2023, III C 2 - S 7221/19/10002:004, BStBl I 2023, S. 733.

BMF-Schreiben v. 27.06.2023, III C 2 - S 7419/19/10002 :004, BStBl I 2023, S. 1124.

OFD Karlsruhe, Verfügung v. 25.09.2012, USt-Kartei BW § 2 Abs 2 Nr 2 UStG S 7105 Karte 1.

OFD Karlsruhe, Verfügung v. 14.04.2023, USt-Kartei BW § 25 UStG S 7419 Karte 1.

Umsatzsteuer-Anwendungserlass vom 1. Oktober 2010 (UStAE), BStBl I S. 846 (Stand 05.09.2023) – nach dem Stand zum 31. Dezember 2022, geändert durch:

BMF-Schreiben vom 11. Januar 2023 – III C 2 - S 7200/19/10004 :005 (2023/0008032), BStBl I S. 179;

BMF-Schreiben vom 27. Januar 2023 – III C 2 - S 7270/20/10002 :001 (2022/1206977), BStBl I S. 305;

BMF-Schreiben vom 27. Januar 2023 – III C 2 - S 7104/19/10005 :003 (2023/0087496), BStBl I S. 314;

BMF-Schreiben vom 7. Februar 2023 – III C 2 - S 7300/19/10004 :005 (2023/0117456), BStBl I S. 322;

BMF-Schreiben vom 14. Februar 2023 – III C 3 - S 7175/21/10003 :003 (2023/0067105), BStBl I S. 348;

BMF-Schreiben vom 27. Februar 2023 – III C 2 - S 7220/22/10002 :010 (2023/0197236), BStBl I S. 351;

BMF-Schreiben vom 24. März 2023 – III C 3 - S 7171/19/10002 :001 (2023/0300307), BStBl I S. 627;

BMF-Schreiben vom 12. April 2023 – III C 2 - S 7410/19/10001 :016 (2023/0328392), BStBl I S. 734;

BMF-Schreiben vom 18. April 2023 – III C 2 - S 7282/19/10001 :005 (2023/0369566), BStBl I S. 776;

BMF-Schreiben vom 25. April 2023 – III C 2 - S 7116-a/19/10001 :003 (2023/0380817), BStBl I S. 778;

BMF-Schreiben vom 28. April 2023 – III C 3 - S 7183/19/10003 :002 (2023/0408824), BStBl I S. 795;

BMF-Schreiben vom 22. Mai 2023 – III C 2 - S 7107/19/10002 :004 (2023/0487685), BStBl I S. 803;

BMF-Schreiben vom 8. Juni 2023 – III C 3 - S 7423/20/10001 :001 (2023/0533207), BStBl I S. 1069;

BMF-Schreiben vom 20. Juni 2023 III C 2 - S 7200/19/10006 :001 (2023/0553095), BStBl I S. 1123;

BMF-Schreiben vom 30. Juni 2023 III C 2 – S 7410/19/10001 :024 (2023/0333660), BStBl I S. 1125;

BMF-Schreiben vom 11. Juli 2023 III C 3 - S 7141/21/10002 :001 (2023/0679280), BStBl I S. 1499;

BMF-Schreiben vom 12. Juli 2023 III C 3 – S 7172/21/10003 :001 (2023/0634468), BStBl I S. 1505;

BMF-Schreiben vom 5. September 2023 III C 3 – S 7279/20/10004 :003 (2023/0713649), BStBl I S. 1655.

Rechtsprechungsverzeichnis

A. Entscheidungen des Europäischen Gerichtshofs

I. Urteile

27.02.1980	Rs. Kommission / Italien	169/78	Slg. 1980, 385.
27.02.1980	Rs. Kommission / Dänemark	171/78	Slg 1980, 447.
27.02.1980	Rs. Kommission / Irland	55/79	Slg 1980, 481.
09.12.1981	Rs. Kommission / Italien	193/80	Slg 1981, 3019.
06.10.1982	Rs. C.I.L.F.I.T.	283/81	Slg. 1982, 3415.
10.04.1984	Rs. Colson u. Kamann	14/83	Slg. 1984, 1892.
14.02.1985	Rs. Rompelman	268/83	Slg. 1985, I-655.
27.06.1989	Rs. Kühne	50/88	Slg. 1989, I-1948.
13.11.1990	Rs. Marleasing	C-106/89	Slg. 1990, I-4156.
11.07.1991	Rs. Lennartz	C-97/90	Slg. 1991, I-3834.
12.11.1992	Rs. Van Ginkel	C-163/91	Slg. 1992 I-5723.
25.05.1993	Rs. Mohsche	C-193/91	Slg. 1993, I-2630.
20.10.1993	Rs. Balocchi	C-10/92	Slg. 1993, I-5133.
06.07.1995	Rs. BP Soupergaz	C-62/93	Slg. 1995, I-1907.
11.08.1995	Roders u.a.	C-367/93 bis C-377/93	Slg. 1995, I-2248.
29.02.1996	Rs. Inzo	C-110/94	Slg. 1996, I-857.
11.07.1996	Rs. Régie dauphinoise	C-306/94	Slg. 1996, I-3715.
24.10.1996	Rs. Elida Gibbs Ltd.	C-317/94	Slg. 1996 I-5339.
06.02.1997	Rs. Marktgemeinde Welden	C-247/95	Slg 1997; I-785.
20.02.1997	Rs. DFDS	C-260/95	Slg. 1997, I-1022.
15.01.1998	Rs. Ghent Coal Terminal	C-37/95	Slg. 1998, I-1.
22.10.1998	Rs. Madgett u. Baldwin	C-308/96 u. C-94/97	Slg. 1998 I-6229.
25.02.1999	Rs. Carbonari	C-131/97	Slg. 1999, I-1119.
27.04.1999	Rs. Kuwait Petroleum	C-48/97	Slg. 1999, I-2346.

C. Merkel, *Das Neutralitätsprinzip im harmonisierten Mehrwertsteuersystem*,
Schriften zu Wirtschaftsprüfung, Steuerlehre und Controlling,
https://doi.org/10.1007/978-3-658-45424-1

07.09.1999	Rs. Gregg	C-216/97	Slg. 1999, I-4965.
18.11.1999	Rs. Teckal	C-107/98	Slg 1999, I-8121.
13.01.2000	Rs. Estée Lauder	C-220/98	Slg. 2000, I-135.
21.03.2000	Rs. Gabalfrisa	C-110/98 bis C-147/98	Slg. 2000, I-1595.
08.06.2000	Rs. Midland Bank plc	C-98/98	Slg. 2000, I-4296.
08.06.2000	Rs. Breitsohl	C-400/98	Slg. 2000, I-4352.
08.06.2000	Rs. Schloßstraße	C-396/98	Slg. 2000, I-4296.
12.09.2000	Rs. Kommission / Niederlande	C-408/97	Slg 2000, I-6417.
19.09.2000	Rs. Schmeink & Cofreth und Strobel	C-454/98	Slg. 2000, I-6990.
14.11.2000	Rs. Floridienne u. Berginvest	C-142/99	Slg. 2000, I-9585.
08.03.2001	Rs. Bakcsi	C-415/98	Slg. 2001, I-1847.
15.03.2001	Rs. Kommission / Frankreich	C-265/99	Slg. 2001, I-2320.
27.09.2001	Rs. Cibo Participations	C-16/00	Slg. 2001, I-6679.
11.07.2002	Rs. Marks & Spencer	C-62/00	Slg. 2002, I-6348.
08.05.2003	Rs. Seeling	C-269/00	Slg. 2003 I-4115.
26.06.2003	Rs. KapHag	C-442/01	Slg. 2003, I-6867.
01.04.2004	Rs. Förvaltnings AB Stenholmen	C-320/02	Slg. 2004, I-3524.
29.04.2004	Rs. EDM	C-77/01	Slg. 2004, I-4319.
29.04.2004	Rs. Terra Baubedarf	C-152/02	Slg. 2004, I-5597.
29.04.2004	Rs. Faxworld	C-137/02	Slg. 2004, I-5547.
05.10.2004	Rs. Pfeiffer	C-397/01 bis C-403/01	Slg. 2004, I-8878.
11.01.2005	Rs. Stadt Halle und RPL Lochau	C-26/03	Slg 2005, I-26.
17.02.2005	Rs. Linneweber u. Akritidis	C-453/02 u. C-462/02	Slg. 2005, I-1131.
26.05.2005	Rs. Kretztechnik AG	C-465/03	Slg. 2005, I-4373.
16.06.2005	Rs. Pupino	C-105/03	Slg. 2005, I-5309.
27.10.2005	Rs. Levob	C-41/04	Slg. 2005, I-9463.
08.12.2005	Rs. Jyske Finans A/S	C-280/04	Slg. 2005, I-10704.

10.01.2006	Rs. Cassa di Risparmio di Firenze	C-222/04	Slg 2006 I-289.
21.02.2006	Rs. Halifax	C-255/02	Slg. 2006, I-1655.
04.05.2006	Rs. Abbey National	C-169/04	Slg. 2006, I-4027.
08.06.2006	Rs. Feuerbestattungsverein Halle e. V.	C-430/04	Slg. 2006, I-5001.
08.06.2006	Rs. L. u. P.	C-106/05	Slg. 2006, I-5139.
06.07.2006	Rs. Kittel u. Recolta Recycling	C-439/04 u. C-440/04	Slg. 2006, I-6177.
12.09.2006	Rs. Cadbury Schweppes	C-196/04	Slg. 2006, I-8031.
14.09.2006	Rs. Wollny	C-72/05	Slg. 2006, I-8321.
03.10.2006	Rs. Banca popolare di Cremona	C-475/03	Slg. 2006, I-9440.
07.12.2006	Rs. Eurodental Sarl	C-240/05	Slg. 2006, I-11493.
08.02.2007	Rs. Investrand BV	C-435/05	Slg. 2007, I-1315.
21.06.2007	Rs. Ludwig	C-453/05	Slg. 2007, I-5083
21.02.2008	Rs. Netto Supermarkt	C-271/06	Slg. 2008, I-771.
13.03.2008	Rs. Securenta	C-437/06	Slg. 2008, I-1597.
03.04.2008	Rs. J.C.M. Beheer BV	C-124/07	Slg. 2008, I-2101.
08.04.2008	Rs. Kommission/Schweden	C-167/05	Slg. 2008, I-2127.
10.04.2008	Rs. Marks & Spencer plc	C-309/06	Slg. 2008, I-2283.
22.05.2008	Rs. Ampliscientifica und Amplifin	C-162/07	Slg. 2008, I-4019.
17.07.2008	Rs. Kommission / Italien	C-132/06	Slg. 2008, I-5457.
16.09.2008	Rs. Isle of Wight Council	C-288/07	Slg 2008, I-7203.
11.12.2008	Rs. Danfoss/AstraZeneca	C-371/07	Slg. 2008, I-9573.
23.04.2009	Rs. Puffer	C-460/07	Slg. 2009, I-3251.
04.06.2009	Rs. Salix Grundstücks-Vermietungsgesellschaft	C-102/08	Slg. 2009, I-4629.
09.06.2009	Rs. Kommission / Deutschland	C-480/06	Slg 2009, I-4747.
29.10.2009	Rs. AB SKF	C-29/08	Slg. 2009, I-10439.
29.10.2009	Rs. NCC Construction Danmark A/S	C-174/08	Slg. 2009, I-10567.
30.09.2010	Rs. Uszodaépítő	C-392/09	Slg. 2010, I-8791.

07.10.2010	Rs. Loyalty Management u. Baxi	C-53/09 u. C-55/09	Slg. 2010, I-9191.
09.12.2010	Rs. Minerva Kulturreisen GmbH	C-31/10	Slg. 2010, I-12889.
12.05.2011	Rs. Kommission / Deutschland	C-453/09	Slg. 2011, I-74.
10.11.2011	Rs. The Rank Group	C-259/10 u. C-260/10	Slg. 2011, I-10951.
01.03.2012	Rs. Polski Trawertyn	C-280/10	ECLI:EU:C:2012:107.
21.06.2012	Rs. Mahagében u. Dávid	C-80/11 u. C-142/11	ECLI:EU:C:2012:373.
19.07.2012	Rs. Deutsche Bank	C-44/11	ECLI:EU:C:2012:484.
06.09.2012	Rs. Portugal Telecom	C-496/11	ECLI:EU:C:2012:557.
26.02.2013	Rs. Åkerberg Fransson	C-617/10	ECLI:EU:C:2013:105.
07.03.2013	Rs. GfBk	C-275/11	ECLI:EU:C:2013:141.
09.04.2013	Rs. Kommission / Irland	C-85/11	ECLI:EU:C:2013:217.
20.06.2013	Rs. Newey	C-653/11	ECLI:EU:C:2013:409.
26.09.2013	Rs. Kommission /Spanien	C-189/11	ECLI:EU:C:2013:587.
27.02.2014	Rs. Pro Med Logistik und Pongratz	C-454/12 u. C-455/12	ECLI:EU:C:2014:111.
06.03.2014	Rs. Siragusa	C-206/13	ECLI:EU:C:2014:126.
13.03.2014	Rs. ATP PensionService	C-464/12	ECLI:EU:C:2014:139.
13.03.2014	Rs. Malburg	C-204/13	ECLI:EU:C:2014:147.
11.09.2014	Rs. K	C-219/13	ECLI:EU:C:2014:2207.
17.09.2014	Rs. Skandia America	C-7/13	ECLI:EU:C:2014:2225.
16.07.2015	Rs. Larentia + Minerva	C-108/14 u. C-109/14	ECLI:EU:C:2015:496.
29.09.2015	Rs. Gmina Wrocław	C-276/14	ECLI:EU:C:2015:635.
22.10.2015	Rs. Sveda	C-126/14	ECLI:EU:C:2015:712.
22.06.2016	Rs. Gemeente Woerden	C-267/15	ECLI:EU:C:2016:466.
12.01.2017	Rs. MVM Magyar	C-28/16	ECLI:EU:C:2017:7.
14.09.2017	Rs. Iberdrola	C-132/16	ECLI:EU:C:2017:683.
09.11.2017	Rs. AZ	C-499/16	ECLI:EU:C:2017:846.
08.02.2018	Rs. Kommission/Deutschland	C-380/16	ECLI:EU:C:2018:76.

26.04.2018	Rs. Zabrus	C-81/17	ECLI:EU:C:2018:283.
13.06.2018	Rs. Polfarmex	C-421/17	ECLI:EU:C:2018:432.
05.07.2018	Rs. Marle Participations	C-320/17	ECLI:EU:C:2018:537.
25.07.2018	Rs. Gmina Ryjewo	C-140/17	ECLI:EU:C:2018:595.
17.10.2018	Rs. Ryanair Ltd	C-249/17	ECLI:EU:C:2018:834.
08.11.2018	Rs. C&D Foods Acquisition ApS	C-502/17	ECLI:EU:C:2018:888.
22.11.2018	Rs. MEO	C-295/17	ECLI:EU:C:2018:942.
29.11.2018	Rs. Harry Mensing	C-264/17	ECLI:EU:C:2018:968.
19.12.2018	Rs. Alpenchalets Resorts GmbH	C-552/17	ECLI:EU:C:2018:1032.
08.05.2019	Rs. EN.SA. Srl	C-712/17	ECLI:EU:C:2019:374.
11.06.2020	Rs. Vodafone Portugal	C-43/19	ECLI:EU:C:2020:465.
02.07.2020	Rs. BlackRock Investment Management	C-231/19	ECLI:EU:C:2020:513.
16.09.2020	Rs. XT	C-312/19	ECLI:EU:C:2020:711.
16.09.2020	Rs. Mitteldeutsche Hart-stein-Industrie	C-528/19	ECLI:EU:C:2020:712.
01.10.2020	Rs. Vos Aannemingen BVBA	C-405/19	ECLI:EU:C:2020:785.
12.11.2020	Rs. Sonaecom SGPS SA	C-42/19	ECLI:EU:C:2020:913.
18.11.2020	Rs. Kaplan International colleges UK	C-77/19	ECLI:EU:C:2020:934.
17.12.2020	Rs. WEG Tevesstraße	C-449/19	ECLI:EU:C:2020:1038.
12.05.2021	Rs. technoRent Internatio-nal GmbH	C-844/19	ECLI:EU:C:2021:378.
04.03.2021	Rs. Frenetikexito	C-581/19	ECLI:EU:C:2021:167.
11.03.2021	Rs. Danske Bank A/S	C-812/19	ECLI:EU:C:2021:196.
15.04.2021	Rs. M-GmbH	C-868/19	ECLI:EU:C:2021:285.
03.06.2021	Rs. Administraţia Judeţeană a Finanţelor Publice Suceava u.a.	C-182/20	ECLI:EU:C:2021:442.
21.10.2021	Rs. Wilo Salmson France	C-80/20	ECLI:EU:C:2021:870.
03.02.2022	Rs. Finanzamt A	C-515/20	ECLI:EU:C:2022:73.
11.03.2022	Rs. Kommission ./. Deutschland	C-57/20	ECLI:EU:C:2022:229.

08.09.2022	Rs. Finanzamt R	C-98/21	ECLI:EU:C:2022:645.
01.12.2022	Rs. Norddeutsche Gesellschaft für Diakonie	C-141/20	ECLI:EU:C:2022:943.
29.06.2023	Rs. Dyrektor Krajowej Informacji Skarbowej	C-108/22	ECLI:EU:C:2023:522.
13.07.2023	Rs. Harry Mensing II	C-180/22	ECLI:EU:C:2023:565.

II. Schlussanträge

16.01.1997	Rs. DFDS	GA La Pergola, Antonio	C-260/95	Slg. 1997, I-1007.
12.01.2005	Rs. Arthur Andersen	GA Madurao, M. Poiares	C-472/03	Slg. 2005, I-1721.
20.01.2005	Rs. Charles	GA Jacobs, Francis G.	C-434/03	Slg. 2005, I-7039.
27.10.2005	Rs. Cassa di Risparmio di Firenze	GA Jacobs, Francis G.	C-222/04	Slg 2006 I-295.
11.12.2008	Rs. Puffer	GA Sharpston, Eleanor	C-460/07	Slg. 2009, I-3251.
15.09.2011	Rs. Polski Trawertyn	GA Cruz Villalón, Pedro	C-280/10	ECLI:EU:C:2011:592.
26.03.2015	Rs. Larentia + Minerva u. Marenave	GA Mengozzi, Paolo	C-108/14 u. C-109/14	ECLI:EU:C:2015:212.
23.12.2015	Rs. Aspiro	GA Kokott, Juliane	C-40/15	ECLI:EU:C:2015:850.
31.05.2017	Rs. Mercedes-Benz Financial Services UK Ltd	GA Szpunari, Maciej	C-164/16	ECLI:EU:C:2017:414.
19.04.2018	Rs. Gmina Ryjewo	GA Kokott, Juliane	C-140/17	ECLI:EU:C:2018:273.
05.09.2018	Rs. Alpenchalets Resorts GmbH	GA Bobek, Michal	C-552/17	ECLI:EU:C:2018:665.
23.04.2020	Rs. XT	GA Kokott, Juliane	C-312/19	ECLI:EU:C:2020:310.

13.01.2022	Rs. Norddeutsche Gesellschaft für Diakonie	GA Medina, Laila	C-141/20	ECLI:EU:C:2022:11.
27.01.2022	Rs. Finanzamt T	GA Medina, Laila	C-269/20	ECLI:EU:C:2022:60.
03.03.2022	Rs. Finanzamt R	GA Pitruzzella, Giovanni	C-98/21	ECLI:EU:C:2022:160.

B. Entscheidungen des Bundesverfassungsgerichts

04.02.1958	2 BvL 31/56, 33/56	BVerfGE 7, S. 244.
05.03.1958	2 BvL 18/56	BVerfGE 7, S. 282.
06.05.1964	1 BvR 320/57, 70/63	BVerfGE 18, S. 1.
20.12.1966	1 BvR 320/57, 70/63	BVerfGE 21, S. 12.
19.12.1978	1 BvR 335/76, 427/76, 811/76	BVerfGE 50, S. 57.
06.12.1983	2 BvR 1275/79	BVerfGE 65, S. 325-.
22.10.1986	2 BvR 197/83	BVerfGE 73, S. 339.
27.06.1991	2 BvR 1493/89	BVerfGE 84, S. 239.
12.10.1993	2 BvR 2134/92, 2159/92	BVerfGE 89, S. 155.
07.05.1998	2 BvR 1991/95, 004/95	BVerfGE 98, S. 106.
23.08.1999	1 BvR 2164/98	DStRE 1999, S. 801.
29.10.1999	2 BvR 1264/90	BVerfGE 101, S. 132.
10.11.1999	2 BvR 2861/93	BVerfGE 101, S. 151.
31.05.2007	1 BvR 1316/04	HFR 2007, S. 1028.
11.03.2008	1 BvR 256/08	BVerfGE 121, S. 1.
02.03.2010	1 BvR 256/08, 263/08, 586/08	BVerfGE 125, S. 260.
06.07.2010	2 BvR 2661/06	BVerfGE 126, S. 286.
24.04.2013	1 BvR 1215/07	BVerfGE 133, S. 277.
21.06.2016	2 BvE 13/13, 2 BvR 2728/13, 2729/13, 2730/13, 2731/13	BVerfGE 142, S. 123.
13.04.2017	2 BvL 6/13	BVerfGE 145, S. 171.
06.11.2019	1 BvR 16/13	BVerfGE 152, S. 152.
06.11.2019	1 BvR 276/17	BVerfGE 152, S. 216.
05.05.2020	2 BvR 859/15, 1651/15, 2006/15, 980/16	BVerfGE 154, S. 17.

22.03.2022	1 BvR 2868/15, 2886/15, 2887/15, 354/16	BVerfGE 161, S. 1.

C. Entscheidungen des Reichsfinanzhofs

26.09.1927	V A 417/27	RFHE 22, S. 69.

D. Entscheidungen des Bundesfinanzhofs

23.04.1964	V 184/61 U	BFHE 79, S. 316.
22.06.1967	V R 89/66	BFHE 89, S. 402.
08.11.1972	II B 24/72	BFHE 107, S. 315.
25.06.1987	V R 78/79	BFHE 150, S. 205.
08.11.1995	XI R 63/94	BFHE 179, S. 189.
11.06.1997	XI R 33/94	BFHE 182, S. 454.
25.06.1998	V R 76/97	BFH/NV 1998, S. 1534.
28.01.1999	V R 32/98	BFHE 187, S. 355.
06.05.2004	V R 73/03	BFHE 205, S. 531.
05.12.2007	V R 26/06	BFHE 219, S. 463.
03.04.2008	V R 76/05	BFHE 221, S. 443.
29.10.2008	XI R 74/07	BFHE 223, S. 498.
30.04.2009	V R 3/08	BFHE 226, S. 144.
20.08.2009	V R 70/05	BFHE 226, S. 458.
17.03.2010	XI R 17/08	BFHE 230, S. 466.
15.04.2010	V R 10/09	BFHE 229, S. 416.
06.05.2010	V R 26/09	BFHE 230, S. 256.
08.09.2010	XI R 40/08	BFHE 231, S. 343.
03.03.2011	V R 23/10	BStBl II 2012, S. 74.
08.06.2011	XI R 33/08	BFH/NV 2011, S. 1927.
07.07.2011	V R 53/10	BFHE 234, S. 548.
10.11.2011	V R 41/10	BFHE 235, S. 554.
09.02.2012	V R 40/10	BFHE 236, S. 258.
15.02.2012	XI R 24/09	BFHE 236, S. 267.
08.08.2013	V R 18/13	BFHE 242, S. 433.
22.08.2013	V R 30/12	BFHE 243, S. 35.

11.12.2013	XI R 17/11	BFHE 244, S. 79.
11.12.2013	XI R 38/12	BFHE 244, S. 94.
26.08.2014	XI R 26/10	BFHE 247, S. 269.
16.06.2015	XI R 17/13	BFHE 250, S. 470.
02.12.2015	V R 67/14	BFHE 251, S. 547.
02.12.2015	V R 25/13	BFHE 251, S. 534.
02.12.2015	V R 15/14	BFHE 252, S. 158.
02.12.2015	V R 12/14	BFH/NV 2016, S. 437.
03.12.2015	V R 36/13	BFHE 251, S. 556.
19.01.2016	XI R 38/12	BFHE 252, S. 516.
06.04.2016	V R 6/14	BFHE 253, S. 456.
12.10.2016	XI R 30/14	BFHE 255, S. 467.
10.05.2017	V R 7/16	BFHE 258, S. 181.
31.05.2017	XI R 2/14	BFHE 258, S. 191.
03.08.2017	V R 61/16	BFH/NV 2018, S. 63.
03.08.2017	V R 15/17	BFHE 258, S. 566.
22.11.2018	V R 65/17	BFHE 263, S. 90.
13.03.2019	XI B 89/18	BFH/NV 2019, S. 945.
18.09.2019	XI R 33/18	BFHE 266, S. 448.
13.11.2019	V R 30/18	BFHE 267, S. 171.
11.12.2019	XI R 16/18	BFHE 268, S. 240.
16.01.2020	V R 42/17	BFHE 268, S. 287.
10.06.2020	V R 6/18	BFHE 268, S. 560.
26.08.2020	V R 42/20	BStBl II 2022, S. 219.
16.12.2020	XI R 26/20	BFHE 272, S. 240.
24.02.2021	XI R 8/19	BFHE 272, S. 536.
15.09.2021	XI R 12/21, XI R 25/19	BFHE 274, S. 317.
25.11.2021	V R 45/20	BFHE 275, S. 392.
21.04.2022	V R 2/22	BFHE 276, S. 400.
22.06.2022	XI R 35/19	BFH/NV 2023, S. 39.
30.06.2022	V R 25/21	BFHE 276, S. 435.
22.11.2022	XI R 17/20	BStBl II 2023, S. 601.
18.01.2023	XI R 29/22 (XI R 16/18)	BFHE 279, S. 320.

26.01.2023	V R 20/22 (V R 40/19)	BStBl II 2023, S. 530.
15.02.2023	XI R 24/22 (XI R 22/18)	DStR 2023, S. 1531.
16.03.2023	V R 14/21	BFH/NV 2023, S. 790.
28.08.2023	V B 44/22	DStR 2023, S. 2063.

E. Entscheidungen des Bundesgerichtshofs

24.02.1988	VIII ZR 64/87	BGHZ 103, S. 284.
26.11.2008	VIII ZR 200/05	HFR 2009, S. 717.
20.02.2019	VIII ZR 115/18	BGHZ 221, S. 145.

F. Entscheidungen der Finanzgerichte

FG München v. 16.07.1998	14 K 3310/97	EFG 1998, S. 1668.
FG München v. 13.03.2013	3 K 235/10	EFG 2013, S. 1434.
FG Rheinland-Pfalz v. 15.09.2015	6 K 1844/13	EFG 2015, S. 2111.
FG des Saarlandes v. 30.08.2017	3 K 1457/14	BeckRS 2017, 143462.
FG Niedersachsen v. 17.11.2022	5 V 97/22	EFG 2023, S. 373

FSC
www.fsc.org
MIX
Papier | Fördert
gute Waldnutzung
FSC® C083411

Kolibri 360 GmbH
Ferdinand-Jühlke-Straße 7
99095 Erfurt, Deutschland
produktsicherheit@kolibri360.de